삼국유사의 세계

삼국유사의 세계

초판 1쇄 인쇄 2018년 10월 11일
초판 1쇄 발행 2018년 10월 18일

–

저 자 최광식·이강래·樓正豪·박대재·박경철·윤성호·이장웅·최희준·정순일·시노하라 히로카타·박수정·박명호·정운용
정호섭·박현숙·신선혜·박윤진·이진한·김도현·김영자·연제영·윤재운·김효경·신근영·전경욱·백영미

발행인 이방원

편 집 홍순용·김명희·이윤석·안효희·강윤경·윤원진

디자인 손경화·박혜옥 **영 업** 최성수 **마케팅** 이미선

–

발행처 세창출판사

신고번호 제300-1990-63호

주소 03735 서울시 서대문구 경기대로 88 냉천빌딩 4층

전화 02-723-8660 **팩스** 02-720-4579

이메일 edit@sechangpub.co.kr **홈페이지** http://www.sechangpub.co.kr

–

ISBN 978-89-8411-776-1 93910

「이 도서의 국립중앙도서관 출판예정도서목록(CIP)은 서지정보유통지원시스템 홈페이지(http://seoji.nl.go.kr)와 국가자료공동목록시스템(http://www.nl.go.kr/kolisnet)에서 이용하실 수 있습니다.(CIP제어번호: CIP2018031967)

삼국유사의 세계

최광식 편저

세창출판사

서두

고려대학교 사학과에 입학하여 처음으로 부여받은 리포트가 『삼국사기』와 『삼국유사』를 비교하라는 것이었다. 『삼국사기』를 읽어 보니 정치사 중심이고, 사실의 나열이 많아 재미가 없었다. 반면에 『삼국유사』는 사상사와 문화사 중심으로 재미가 있었으며, 우리 민족의 정서를 잘 표현하고 있었다. 일생동안 『삼국유사』를 연구해 보고 싶었다.

대학원에 진학한 뒤 일본에서는 '삼국유사연구회'가 중심이 되어 『고증 삼국유사』가 출판되었다는 사실을 알게 되었다. 그러나 일본학계의 입장에서 해석하여 소위 식민사학적이라고 부르는 부분들이 많았다. 그리하여 고대사를 전공하는 동료, 후배들과 윤독회를 만들어 사료를 읽고 해석하며 『삼국유사』를 본격적으로 연구하게 되었다.

그러다 1982년 효성여대 사학과 교수가 되어서는 국어학, 국문학, 철학, 미술사 등 여러 분야 전공자들과 「삼국유사연구회」를 조직하여 윤독을 해 나갔다. 이것이 모체가 되어 「전통문화연구소」가 창립되고 『전통문화연구』 학술지에 삼국유사에 대한 연구 논문을 발표하고, 그동안 교감한 내용으로 「대교 삼국유사」를 연재하였다.

이어 고려대학교에 부임한 1995년부터 대학원 한국사학과 강좌에서 『삼국유사』를 읽고 교감하여 「고려사학회」에서 발간하는 『한국사학보』에 「점교 삼국유사」를 연재하였다. 2009년에는 고려대학교 소장 만송문고본을 저본으로 하여 『점교 삼국유사』를 출간하였다. 그리고 지속적으로 역주작업을 진행하여 완성한 『삼국유사』 역주본 초고를 토대로 하여 디지털 『삼국유사』 사전 박물지 프로젝트를 수행, 탑재하게 하였다.

2013년 봄 공직을 마치고 대학에 복직하면서 이미 완성된 『삼국유사』 역주본 초고와 「디지털 삼국유사 사전 박물지」를 취합하여 『삼국유사』 역주본을 2014년에 출간하였다. 많은 분들이 이 책을 찾았으나 전문적이라 일반인들이 쉽게 접근할 수 없다고 하여 2015년에 『읽기 쉬운 삼국유사』를 간행하였다. 그리고 올해에는 『삼국유사』에 실려 있는 『삼국유사의 신화 이야기, 신화인가 역사인가』를 출간하였다.

이번에 출간되는 『삼국유사의 세계』는 필자가 『삼국유사』를 연구하면서 함께하였던 동학과 후배 그리고 제자들이 각자의 관점에서 『삼국유사』를 활용하여 다양하게 접근한 연구들을 모은 것이다. 『삼국유사』의 사료적 성격과 고대사 인식, 『삼국유사』를 통해 본 불교와 토착신앙 그리고 민속에 대해 종합적으로 살펴본 점이 특징이다. 이 책을 완성하는 데 수고를 아끼지 않은 박대재 교수와 소중한 원고를 보내 준 동학제현에게 감사를 드리며, 좋은 책을 만들어 준 세창출판사의 김명희 실장을 비롯한 편집진에게도 감사의 말씀을 드린다.

2018년 한가위

최 광 식

목 차

3부 『삼국유사』를 통해 본 불교

4부 『삼국유사』 속의 신앙과 민속

* 신라 왕경의 월성과 동궁 원경(VR 복원)

1부

『삼국유사』의 사료적 성격

『삼국유사』의 문화사적 가치

최광식(고려대학교 한국사학과 명예교수)

* 본 논문은 최광식, 2017, 「『삼국유사』의 문화사적 가치」, 『신라문화』49를 기초로 하여 정리한 것이다.

1. 머리말

『삼국유사(三國遺事)』는 『삼국사기(三國史記)』와 함께 우리 고대사를 연구하는 데 있어 매우 중요한 사료이다. 『삼국사기』는 유학자인 김부식에 의해, 『삼국유사』는 승려인 일연에 의해 쓰였다는 것은 누구나 알고 있는 사실이다. 『삼국유사』는 책 이름에서 비롯하여 고구려·백제·신라 등 삼국의 역사에서 빠진 부분을 모은 야사라고들 흔히 말한다. 즉 유학자 김부식이 지은 정사 『삼국사기』에서 다루지 않은 역사적 사실과 여러 가지 이야기들을 보충하여 저술한 것으로 보고 있다.(최남선, 1954) 그러나 『삼국유사』는 단지 『삼국사기』를 보충하는 데 그치지 않고, 우리의 역사를 반만년의 유구한 역사라고 말할 수 있도록 하는 귀중한 기록을 남기고 있다.

책 이름은 『삼국유사』이지만 고구려·백제·신라 3국뿐만 아니라 고조선(古朝鮮), 부여(夫餘), 삼한(三韓), 가야(加耶), 발해(渤海) 등 우리나라의 고대 역사 모두를 망라하고 있는 것이다. 특히 고조선조에서 환웅신화(桓雄神話)를 통해 우리의 역사가 중국의 역사와 같은 시기에 시작하였다는 것을 보여 줌으로써, 우리 역사의 독자성과 유구함을 분명히 밝히고 있다. 또한 한반도의 북쪽에 존재하였던 부여, 남쪽에 존재하였던 삼한에 대한 기록을 남겨 삼국 이전의 상고사를 체계적으로 서술하고 있는 것이다.

또한 『삼국유사』는, 『삼국사기』에서 국명만 언급한 가야와 발해에 대한 기록을 남겨 한국사의 범주를 분명히 하고 있는 것을 볼 수 있다. 따라서 최근 일본과 중국이 한국사를 왜곡하는 데 대응하여 가야사와 발해사의 정체성을 분명하게 확인시켜 주는 중요한 자료라고 하겠다. 아울러『삼국유사』는 불교와 토착신앙에 대한 기록을 남겨, 우리의 고유한 문화를 엿볼 수 있는 귀중한 문화유산의 보고 역할을 하고 있다. 불교가 전래되기 이전의 토착신앙과 불교가 수용되면서 대립·갈등하는 모습과 융화되어 가는 과정을 사실적으로 보여 주고 있다.(최광식, 2005)

한편『삼국유사』에는 향가(鄕歌) 14수와 찬시(讚詩) 48수가 남겨져 있어서 우리 민족의 정서를 살펴볼 수 있으며, 한국문학의 원초적 양상을 고찰할 수 있다. 또한 많은 설화들이 남겨져 있어서 한국 고전문학의 아카이브라고 할 수 있다. 그리고 서민들의 생활문화에 대한 모습을 남기고 있어서 민속문화의 아카이브라고도 할 수 있다.

따라서『삼국유사』는 한국의 문화유산 아카이브로서 가치를 갖고 있어서 한국의 고대 문화사를 연구하는 데 기본 텍스트라고 할 수 있다. 뿐만 아니라 한국의 전통문화를 이해하는 데 필독서라고 할 수 있다. 그리하여『삼국유사』는 일찍부터 작가들의 문학적 소재로서 활용이 되었으며, 영화나 드라마로 제작되어 최근에는 한국문화콘텐츠의 원형으로서 자리매김하고 있다.(최광식, 2016)

2.『삼국유사』와 신화

『삼국유사』는『삼국사기』와 달리 고구려와 백제 및 신라의 삼국뿐만 아니라 그 이전의 고조선과 위만조선, 마한, 72국, 낙랑국, 남대방, 북대방, 오가야, 북부여, 동부여, 말갈발해 등 고대의 여러 나라에 대한 자료를 남기고 있다. 따라서 삼국시대 이전부터 우리나라의 역사가 시작되었다는 것을 분명히 말해 주고 있는 것이다. 특히 북부여와 동부여 및 발해 등 북쪽 지역의 국가들에 대해 서술함으로써 한국 고대국가의 영역을 광범위하게 설정하고 있다. 특히 '고조선-위만-삼한'이라는 계통을 체계화하고, 기자조선은 강조하고 있지 않다. 오히려 기자조선을 단군의 고조선 속에 흡수하고 있다.(박진태 외, 2002) 또한 『삼국사기』에는 소략하게 기록되어 있는 가야에 대하여 「가락국기」를 남김으로써 가야의 역사를 복원할 수 있게 하였다는 데 큰 의미가 있다. 『삼국사기』와 『삼국유사』 모두 신라사 중심으로 서술되어 있기는 하지만 『삼국유사』는 『삼국사기』에 비하여 고대 여러 나라의 역사를 망라하고 있는 것이 특징이다.

『삼국사기』는 발해를 우리 역사 범위 안에서 별로 언급하지 않았지만, 『삼국유사』는 '말갈발해'조를 통해 발해를 분명하게 포함하고 있다.(이효형, 2007) 신라사 중심으로 서술될 수밖에 없었던 것은 역사 인식의 문제가 아니라 일연이 수집할 수 있는 자료의 문제에 기인한 것이라 할 수 있다. 즉 고려 후기에 남아 있던 자료의 대부분은 신라사에 대한 것이었고 그 밖의 것은 소략하게 남아 있었기 때문이라 생각한다.

『삼국유사』 기이(紀異)1은 고조선 단군왕검(檀君王儉)조부터 장춘랑·파랑(長春郎罷郎)조까지 36개의 편목이 설정되어 있다. 이 중에서 가장 중요한 것은 '고조선' 단군왕검조로서, 소위 '환웅신화(桓雄神話)'가 실려 있다. 이것을 통하여 우리는 우리 역사가 삼국시대부터가 아니라 고조선시대부터라고 주장할 수 있으며, 반만년의 역사를 운위할 수 있는 것이다.

환인의 아들 환웅이 항상 인간 세상에 관심을 갖고 있기에, 환인이 환웅을 인간 세상에 내려보내 이를 다스리게 하였다. 이때 천부인 세 개를 주어 신표로서 삼게 하고, 풍백·우사·운사 그리고 무리 삼천을 이끌고 태백산 신단수에 내려왔는데 그곳을 신시라고 하였다. 이때 동굴에 살고 있던 곰과 호랑이가 인간이 되기를 원하므로 환웅이 마늘과 쑥을 주며 백일 동안 햇빛을 보지 말기를 당부하였다. 이에 곰은 삼칠일 만에 인간이 되었으며, 호랑이는 이를 지키지 못해 인간이 되지 못하였다. 곰이 인간으로 변한 웅녀가 아이를 낳기를 원하였고 환웅이 관계를 하여 아이를 낳으니 바로 그가 단군왕검이다.

【『삼국유사』 권1, 기이 고조선】

환인은 일연이 제석천이라고 주석을 달고 있는 것을 볼 때 하늘을 의미한다. 따라서 환웅은 하늘의 자손을 뜻하며, 환웅신화는 곧 천강신화라 할 수 있다. 환인의 아들 환웅이 인간 세상에 뜻을 두고 있는 것을 알고, 아버지 환인이 아들인 환웅에게 무리 삼천 명을 내주어 지상세계에 내려가게 하였으며, 풍백·우사·운사를 데리고 온 것도 환웅이고, 곡식·생명·형옥·선악을 주관한 것도 환웅이며, 홍익인간의 뜻을 펼치려고 한 것도 단군이 아니라 환웅이다. 또한 곰과 범에게 쑥과 마늘을 준 것도 환웅이며, 웅녀와 결합하여 혼인을 하여 자식인 단군을 낳은 것도 환웅이다. 따라서 '고조선'조의 중요한 부분을 이루고 있는 것은 환웅으로, 우리는 이 신화를 환웅신화라고 부르는 것이 합리적이라고 할 수 있다. 물론 결국 그의 자식 단군이 개국을 하였으므로 건국신화의 요소도 갖고 있지만, 주요한 포인트는 환웅이 인간을 창조하였다는 것과 농경을 시작하였다는 것이고, 그것을 기반으로 그의 자식 단군이 결과적으로 건국을 할 수 있었다는 것이다.(최광식, 2015b)

신화는 그 자체가 모두 역사적 사실일 수는 없다. 그러나 신화는 어떤 역사적인 사실이나 상황을 상징적으로 반영하고 있기 때문에 단지 허구로 보아서도 안 된다. 따라서 고고학적 자료와 민속학적 자료를 이용하여 신화를 재해석하고 그 당시의 역사적 상황을 복원하는 작업이 필요하다. 여기서 중요한 것은 우리 역사의 출발점을 단군왕검의 고조선으로 잡고, 그 시조를 중국이 아닌 천(天)과 연결시키고 있다는 점이다.(김태영, 1974)

또한 기이편의 역사적 가치는, 고조선뿐만 아니라 부여, 고구려, 백제, 신라, 가야 등의 건국시조에 대한 기록을 비교적 상세하게 남기고 있다는 점이다. 특히 신라의 신화는 박혁거세 신화, 석탈해 신화, 김알지 신화 등이 『삼국유사』에 실려 있다. 박혁거세 신화는 시조신화이면서 신라 건국신화이기도 하지만, 석탈해 신화와 김알지 신화는 시조신화의 의미만 갖고 있다.

종래는 신라의 신화를 식민사학의 영향으로 단지 허황된 이야기이거나 원시적인 신앙과 관련시켜 이해하였다. 또한 천강신화와 난생신화를 북방문화와 남방문화를 나누는 도식적인 이해를 위한 자료로 이용하기도 하였다.(三品彰英, 1971) 또는 일률적으로 천신족과 지신족의 결합으로 이해하기도 하였다.(김철준, 1952) 그러나 1970년대 이후 고고학적 발굴성과와 인류학의 도입으로 고대사에 대한 이해가 새롭게 진행되면서 건국신화를 국가형성과 관련시켜 보게 되었다.(김영하, 1994) 그리고 난생신화는 남방에서 전래되었을 것이라는 일본학자들의 견해를 극복하게 되었다.(김화경, 2005) 물론 신화의 내용 모두를 긍정하고 신빙하자는 것이 아니라 역사적 반영으로서 이해하자는 것이다.

박혁거세 신화는『삼국사기』,『삼국유사』,『제왕운기』등에 실려 있는데 그 내용은 대동소이하다. 6부의 촌장들이 알천의 언덕에서 모여 의논하다가 양산의 나정 곁에서 알을 얻어 깨어나니 그를 혁거세왕으로 받들었다는 것이다. 앞서 언급했듯이 신화의 주인공이 큰 알이므로, 이는 흔히 난생신화로 이해하여 남방문화의 신화로서 이해하기도 하였다. 천강신화는 북방형신화이며 난생신화는 남방형신화라는 것이다. 그러나 부여와 고구려의 신화에도 난생신화의 요소가 있으며, 신라와 가야의 신화도 천강신화의 요소를 갖고 있다. 우리나라의 건국신화는 천강신화와 난생신화의 요소를 모두 갖고 있는 것이다. 천강신화의 요소만이 있는 것은 환웅신화로서 지역적인 차이가 아니라 시대적 차이가 있는 것이다. 즉 천강신화적 요소가 시기가 앞서고, 난생신화적 요소가 시기가 늦은 것으로 보는 것이 순리적일 것이다.(최광식, 2007)

박혁거세의 신화는 천강신화와 난생신화가 결합되어 있으며 그 신이한 등장을 말이 알려 주고 있다. 또한 혁거세의 신이함은 알영의 신이한 탄생과 신성혼이 더욱 보강해 주고 있는 것이 특징이다. 알영의 탄생은 용과 우물과 관련되어 있으므로 이것은 물과의 관련을 의미하며 결국 농경과 깊은 관련을 보이고 있는 것이다.

『삼국유사』에는 건국신화인 박혁거세 신화와 아울러 시조신화인 석탈해 신화와 김알지 신화가 있다. 즉 신라는 박씨 성의 시조인 박혁거세와 석씨 성의 시조인 석탈해, 그리고 김씨 성의 시조인 김알지에 대한 신화를 가지고 있다. 그리고 신라는 박씨뿐만 아니라 석씨와 김씨가 왕위를 차지하였다. 고구려나 백제와는 달리 3성이 왕위를 차지하였기 때문에 3성의 시조신화가 전해지고 있는 것이다.

신라 제4대 임금인 석탈해는 제3대 임금인 유리왕을 이어 즉위하였다. 그는 석씨의 시조로서 그의 탄생에 대한 이야기도 신이함을 바탕으로 신화로서 전하고 있다. 그의 신화는『삼국유사』에 실려 있다. 석탈해 신화는 박혁거세 신화보다 매우 사실적이다. 고기잡이를 업으로 하고 학문과 지리를 익혀 노력을 통하여 자기의 실력을 과시하였다. 탈해가 발견된 아진포 지역과 활동 상황을 볼 때 해상활동과 관련된 점이 특징이라고 할 수 있다. 물론 탄생의 신이함과 골상이 비상한 점 등은 신화적 요소를 지니지만, 그의 노력은 매우 인간적이다. 친어머니도 있고 양어머니가 있는 점도 인간적 묘사라고 하겠다. 또한 거짓 꾀를 내어 호공의 집을 취하는 대목은 매우 사실적으로 보인다. 이에 대한 자세한 내용은『삼국유사』'제4탈해왕'조에 실려 있다.

탈해는 그 골상이 크고 신이하였으며 또한 신탁으로 동악에 안치하게 하여 토함산인 동악과의 관계가 긴밀하게 나타나 있다. 일연의 주석에는 탈해가 붕어한 후 27세인 문무왕대 어느 날, 꿈에 노인의 모습으로 나타나 토함산에 소상을 만들라 하므로 왕이 이를 따라 국가제사가 끊이지 않으니 동악신이라 하였다고 하였다. 『삼국유사』를 통시적으로 살펴볼 때, 통일전쟁을 전후하여 노구나 노모의 용어 대신 노옹이나 노인으로 나타난다.(최광식, 1981b) 탈해는 토함산에 올라 양산을 바라보고 호공의 집을 취하고 요내정에서 하인인 백의의 충성을 시험하였으며, 문무왕대부터는 동악신으로서 국가제사의 대상이 되어 그 제사가 고려시대까지도 끊이지 않았다고 기록되어 있으므로, 그 신앙이 지속되고 있는 것을 알 수 있다.

김씨의 시조 김알지에 대한 신화는 『삼국사기』와 『삼국유사』에 실려 있는데 신성성이 농후하다. 탈해왕 9년(65) 3월에 왕이 밤에 금성(金城)의 서쪽 시림(始林) 나무 사이에서 닭이 우는 소리를 들었다. 여기서도 박혁거세 신화와 마찬가지로 신화의 현장은 숲이다. 또한 알지의 탄생을 알리는 데 닭 우는 소리가 난 것은 박혁거세의 탄생을 알리는 말 우는 소리와 그 구도가 같다. 알지의 모습을 처음으로 본 것은 호공인데, 호공은 앞에서도 언급했다시피 석탈해에게 집을 빼앗기고 대보(大輔)에 오른 사람이다. 금색의 조그마한 함이 나뭇가지에 걸려 있다고 한 것으로 보아 나뭇가지를 통해 내려왔음을 유추할 수 있다. 금으로 된 함은 매우 귀중하다는 점을 말하며 함 안에 사내아이가 있었다는 것은 난생이 아니라 태생임을 보여 준다. 다만 금함 안에 있다는 것으로 신성성을 나타내고자 하였으나, 이것은 난생신화보다 인간적이며 사실적이다. 그렇기 때문에 알지라 하였는데 알지는 아기라는 뜻이다. 이것을 난생으로 생각하여 알로 파악한 것은 명백히 잘못된 것이다.(최광식, 2004)

김알지는 천강신화와 난생신화가 복합된 것으로 이해하였으나 그는 태생이다. 그가 금함에서 나왔다고 되어 있을 뿐 알에서 나왔다는 기록이 없는데도 확대해석한 것이다. 이는 난생신화에 붙이려고 노력한 결과이다. 알지의 신화는 매우 인간적이며 사실적이다. 석탈해 신화와 마찬가지로 호공이 나타나는 것이 정치세력과의 관련성을 의미하는 것이라 생각한다. 김알지 탄생의 중요한 점은 금함에서 태어났다는 점이다. 따라서 김알지 탄생의 의미는 발달한 철기와 제련기술이라고 할 수 있으며 북방세력의 진출과 관련이 있는 것이다. 김알지 신화의 사실성은 가계가 나타나 있는 것으로 알 수 있으며 신화로서는 후대적 표현이라고 생각된다.

박혁거세 신화, 석탈해 신화, 김알지 신화는 각기 시대적 특징을 보여 주고 있다. 박혁거세 신화는 농경생활, 석탈해 신화는 해상활동, 김알지 신화는 발달한 제철기술을 반영하고 있으며 각 신화는 시기적 발전과정을 보여 주고 있다. 이러한 여러 계통의 신화가 나타난 것은 고구려나 백제에는 볼 수 없는 것으로 신라의 특징이다. 이러한 여러 계통의 신화가 남아 있는 것은 신라문화의 다양성과 융합성을 보여 준다. 우리는 『삼국유사』를 통해 신라문화가 일찍부터 문화융화(Acculturation) 현상을 특징으로 하였다는 것을 알 수 있다.(최광식, 2005)

3. 『삼국유사』와 불교

『삼국유사』에서 불교와 관련된 내용은 흥법(興法), 탑상(塔像), 의해(義解), 신주(神呪), 피은(避隱), 감통(感通), 효선(孝善)편 등으로 나뉘어 편성되어 있다.

홍법편은 불교의 전래, 수용, 공인에 대한 내용을 담고 있다. 순도가 고구려에 불교를 전한 것, 마라난타가 백제에 불교를 전한 것, 아도가 신라에 불교를 전한 것, 이차돈의 순교 등이 사실적으로 기록되어 있다. 삼국 불교의 전래와 수용 및 공인에 대한 자료가 상세하게 기록되어 있는 것이다.

고대의 불교 전래와 수용에 대해 많은 연구가 이루어졌으나 전래와 수용 및 공인에 대한 개념을 분명히 하지 않아 혼동을 일으켰다.(김정배, 1975) 이것은 지나치게 지배층 위주로 고대의 불교를 이해하려고 하였기 때문이라 하겠다. 전해 주는 쪽의 입장에서의 불교 전래, 받아들이는 쪽의 입장에서의 불교 수용, 국가의 법제적 조치로서 불교 공인이라는 차원에서 나누어 살펴보아야 한다. 아울러 민간에서의 전래와 수용, 왕실에서의 전래와 수용을 나누어 보아야 실체에 접근할 수가 있다.(최광식, 1991)

고대사를 연구하는 데 있어 불교의 전래와 수용에 대한 해명은 일찍부터 중요한 화두로 떠올랐다. 이 문제는 단지 고대불교사와 사상사를 밝히는 데 국한되지 않고, 고대사회와 고대국가의 형성 문제와 함께 한국고대사 연구에 있어 가장 중요한 문제로 대두되었다.(이기백, 1954) 그러나 고대국가 형성 문제와 맞물려 연구가 진행되다 보니 일본고대사에서 불교가 차지하는 위치와 그것을 밝히고자 한 틀을 한국고대사에 무비판적으로 대입하는 오류를 범하였다.

그러나 고대국가 형성에 대한 이론적 검토가 다양해지고 한국 고대국가 형성의 시기가 상향 조정됨에 따라 이에 대한 재검토가 불가피하였다.(최광식, 1996) 그럼에도 불구하고 아직까지 불교의 전래와 수용 및 공인에 대한 개념의 혼란으로 연구가 지지부진하고 있는 실정이다. 또한 민간에 전래·수용된 불교와 왕실에 전래·수용된 불교를 구분하지 않아 더욱 난맥상을 보이고 있다.(최광식, 1995b) 아직도 법흥왕 14년에 신라에 불교가 공인되었다고 하는 견해가 일반적이다.(김상현, 1999) 법흥왕 14년에는 이차돈이 순교했던 것이지 불교가 공인되었다는 기록은 나타나지 않는다. 일연은『삼국유사』에서 불교의 전래와 수용 및 공인 과정을 분명히 구분하여 기록하고 있다.

외국으로부터 불교가 전래된 것과 이것을 그 사회가 주체적으로 수용하는 것, 그리고 국가가 이를 법제적으로 공인하는 것과는 개념상에 커다란 차이가 있다. 그런 면에서 신라는 고구려와 백제에 비하여 불교가 전래된 것이 그렇게 늦었다고 할 수 없다. 이미 눌지왕 때 묵호자가 고구려로부터 와서 일선군 모례의 집에서 포교활동을 하였을 것이며, 이후 양나라 사신이 왔을 때에는 왕실에 들어가 불교를 전래했던 것이다. 더구나 소지왕 때에는 이미 내전(內殿)에 분수승(焚修僧)이 자리 잡고 있었다. 그러나 이차돈이 토착신앙의 중심지인 천경림(天鏡林)에 사찰을 지으려다가 강력한 반발에 직면하였으며, 그러한 경험이 신라인으로 하여금 불교를 받아들이는 것을 주저하게 하였던 것이다.(최광식, 1981a) 그러한 내부 진통을 겪으며 신라의 독특한 불교를 발전시켜 나가게 되었다. 처음에는 토착신앙과 불교가 대립하였으나 차츰 융화하여 선·불 융화의 문화융합을 이루게 되었다.

우리는『삼국유사』의 흥법편을 통하여 불교가 전래·수용·공인되는 과정을 알 수가 있으며, 토착신앙과 불교가 융화하는 모습을 살펴볼 수가 있다. 일연은 우리 고대문화의 특징인 문화융화 현상을 포착하고, 그러한 인식하에서『삼국유사』를 찬술하였던 것이다. 물론 불교를 통한 현세에서의 구원을 설득력 있게 하기 위해 불교가 인간사에 작용한 구체적인 실례가 필요하므로 『삼국유사』를 편찬하였을 것이다.(서영대, 2015)

탑상편에는 황룡사 9층탑을 비롯하여 불교미술에 대한 내용이 실려 있다. 황룡사의 경우 그 터를 발굴하면서 『삼국유사』의 기록이 정확하다는 것이 또 다시 입증되었다. 탑상편은 불교 고고학이나 한국미술사와 관련된 30개의 항목이 별도로 수록되어 한국 고대 불교미술사를 탐구하는 데 연구의 출발점이 되는 바이블과 같은 기록이다.(엄기표, 2015) 의해편에는 학승(學僧)들의 입당구법(入唐求法) 사실과 불법을 전하는 행적이 기록되어 있다. 즉 원광법사, 원효대사, 의상대사 등의 행적 등이 나타나 있다. 신주편은 밀본, 혜통, 명랑 등 밀교 승려들의 행적을 보이고 있다. 감통편은 불교의 신이함이 나타난 사실들을 기록하고 있다. 피은편은 승려와 거사들이 속세를 떠나 은둔한 사실들을 남기고 있다. 효선편에는 효행과 선행을 행한 진정사, 김대성, 향득, 손순 등의 이야기를 기록하였다. 『삼국유사』의 불교 관련 기록을 살펴보면 등장하는 승려 수가 250여 명, 사찰이 3백여 소이다. 그리고 보살, 부처, 경·론·소 등의 불교 전적, 불사와 법회, 사찰의 창건 연기 등에 관한 기사가 많다.(박진태 외, 2002) 그러나 대부분 신라의 승려와 사찰 및 불교미술을 다루고 있는 것이 한계라고 하겠다.

이렇게 『삼국유사』는 불교의 신앙뿐만 아니라 불교미술과 불교의례 등 불교문화 전반에 대한 실상을 전하고 있어 불교문화의 아카이브라고 할 수 있다.(최광식, 2005) 또한 『삼국유사』는 역사서, 국어 자료집, 국문학 자료집, 한문 문체 자료집 등으로 읽히고 있다.(박진태 외, 2002) 『삼국유사』는 다양한 분야의 내용을 담고 있으며, 여러 분야의 전거로 활용되고 있다. 불교와 관련해서 우리나라의 역사를 살펴보면 '문화사'를 대변해 준다고 표현해도 지나치지 않을 것이라는 견해(문성화, 2015)를 빌리면, 『삼국유사』는 한국 고대 불교문화사이면서 한국 고대 문화사라고 할 수 있다.

4.『삼국유사』와 문학

『삼국유사』는 많은 설화와 향가, 찬시 등 한국 고전문학의 자료를 남기고 있어 고전문학의 보고라고 할 수 있다. 한국 고대의 산문과 운문들을 모두 남기고 있으니 서사문학과 시문학의 자료집성이라 할 수 있다.

권1 기이1에는 역대의 왕조들에 대한 내용과 함께 연오랑·세오녀가 일본에 가서 왕이 되었다는 설화, 소지왕대 거문고 갑을 쏘라는 사금갑 설화, 진지왕대 도화녀와 비형랑 설화, 선덕왕이 이미 세 가지 일을 알았다는 설화, 장춘랑과 파랑이 꿈에 나타나 자신 등의 명복을 빌어 달라고 하였던 설화 등이 실려 있다.

권2 기이2에는 신문왕대 만파식적 설화, 성덕왕대 수로부인 설화, 경덕왕대 표훈대덕이 하늘을 왕래한 설화, 홍덕왕대 앵무새 설화, 헌강왕대 처용 설화, 백제 무왕대의 서동 설화 등이 실려 있다.(동국대학교 신라문화연구소, 2016)

권3 흥법3에는 법흥왕이 불교를 진흥시키고 염촉이 몸을 희생하였다는 이차돈 설화, 권3 탑상4에는 금관성의 파사석탑 설화, 전후소장사리 설화, 미륵선화 미시랑·진자사 설화, 남백월의 두 성인 노힐부득과 달달박박 설화, 낙산의 두 성인 관음 정취와 조신 설화 등이 실려 있다.(동국대학교 신라문화연구소, 2015)

권4 의해5에는 보양과 배나무 설화, 양지가 석장을 부린 설화, 혜숙과 혜공의 설화, 원효가 얽매이지 않았던 원효불기 설화, 사복이 말하지 않았다는 사복불언 설화, 진표가 간자를 전한 진표전간 설화, 승전과 해골 설화 등 고승들의 이야기가 실려 있다.

권5 신주6에는 밀본이 사악을 물리친 설화, 혜통이 용을 항복시킨 설화, 명랑이 당나라 배를 침몰시켰다는 설화 등이 실려 있다. 감통7에는 선도성모가 기꺼이 불사를 도와주었다는 설화, 계집종 욱면이 염불하여 서방정토로 올라갔다는 설화, 선율이 환생하였다는 설화, 김현이 호랑이를 감동시켰다는 설화 등이 실려 있다. 피은8에는 낭지가 구름을 탄 것과 보현보살나무에 대한 설화, 명

〈표 1〉『삼국유사』에 실려 있는 설화

편명	조목	설화
기이(1)	1. 연오랑세오녀	연오랑·세오녀가 일본에 가서 왕이 되었다는 설화
	2. 사금갑	소지왕대 거문고 갑을 쏘라는 설화
	3. 도화녀비형랑	진지왕대 도화녀와 비형랑 설화
	4. 선덕왕지기삼사	선덕왕이 이미 세 가지 일을 알았다는 설화
	5. 장춘랑 파랑	장춘랑과 파랑이 꿈에 나타나 자신 등의 명복을 빌어 달라고 하였던 설화
기이(2)	1. 만파식적	신문왕대 만파식적 설화
	2. 수로부인	성덕왕대 수로부인 설화
	3. 경덕왕충담사표훈대덕	경덕왕대 표훈대덕이 하늘을 왕래한 설화
	4. 흥덕왕앵무	흥덕왕대 앵무새 설화
	5. 처용랑망해사	헌강왕대 처용 설화
	6. 무왕	백제 무왕대 서동 설화
흥법	1. 원종흥법염촉멸신	법흥왕이 불교를 진흥시키고 염촉이 몸을 희생하였다는 이차돈 설화
탑상	1. 금관성파사석탑	금관성의 파사석탑 설화
	2. 전후소장사리	전후소장사리 설화
	3. 미륵선화미시랑진자사	미륵선화 미시랑·진자사 설화
	4. 남백월이성노힐부득달달박박	남백월의 두 성인 노힐부득과 달달박박 설화
	5. 낙산이대성 관음 정취 조신	낙산의 두 성인 관음 정취와 조신 설화
의해	1. 보양이목	보양과 배나무 설화
	2. 양지사석	양지가 석장을 부린 설화
	3. 이혜동진	혜숙과 혜공의 설화
	4. 원효불기	원효가 얽매이지 않았던 원효불기 설화
	5. 사복불언	사복이 말하지 않았다는 사복불언 설화
	6. 진표전간	진표가 간자를 전한 진표전간 설화
	7. 승전촉루	승전과 해골 설화
신주	1. 밀본최사	밀본이 사악을 물리친 설화
	2. 혜통항룡	혜통이 용을 항복시킨 설화
	3. 명랑신인	명랑이 당나라 배를 침몰시켰다는 설화
감통	1. 선도성모수희불사	선도성모가 기꺼이 불사를 도와주었다는 설화
	2. 욱면비염불서승	여종 욱면이 염불하여 서방정토로 올라갔다는 설화
	3. 선율환생	선율이 환생하였다는 설화
	4. 김현감호	김현이 호랑이를 감동시켰다는 설화

예를 피하던 연회와 문수점 설화, 신충이 벼슬을 그만두고 입산한 설화, 포산의 두 성사 도성과 관기에 대한 설화, 물계자가 전쟁에서 공을 세웠으나 자기를 알아주지 않자 산으로 피신한 설화, 경덕왕대의 다섯 비구에 대한 설화 등이 실려 있다. 효선9에는 진정스님의 효행과 선행이 모두 아름답다는 내용의 설화, 김대성이 두 세상의 부모에게 효도하기 위해 불국사와 석굴암을 세웠다는 설화, 경덕왕대 향득사지가 다리 살을 베어 아버지를 공양하였다는 설화, 홍덕왕대 손순이 아이를 땅에 묻다가 석종을 발견하였다는 설화 등이 실려 있다.

특히 설화는 권5에 집중적으로 실려 있는데, 단순한 이야기로 끝나는 것이 아니라 그 당시의 사회상을 잘 보여 주고 있다는 점에서 역사적인 의미도 갖고 있는 "사화(史話)"라고 할 수도 있다. 특히 설화의 주인공으로서 지배층뿐만 아니라 도화녀, 장춘랑과 파랑, 처용, 노힐부득과 달달박박, 조신, 욱면 등 서민과 노비가 나타난다는 점이 매우 중요한 의미가 있다. 그중에 계집종 욱면이 주인보다도 먼저 서방세계 극락정토에 갔다는 이야기는 당시로서는 가히 혁명적인 발상이라고 할 수 있는 것이다. 이러한 설화들은 이후 여러 설화집에 인용되고 있어서 한국 고전문학의 전통을 이어 주는 원조라고 할 수 있다. 그리고 '도화녀비형랑'조는 각종 문학작품의 소재로서 활용되었으며, 드라마와 영화로도 방영되었다. 또한 '조신'조는 근대 소설의 모티브가 되었으며, 현대에는 영화로 제작되어 한국문화사의 다양한 의미를 지니고 있는 것이다.

한국 고대의 노래인 향가는 『삼국유사』에 14수, 『균여전』에 11수 등 모두 25수가 남아 있다. 『삼국유사』 권2 기이2에는 모죽지랑가, 헌화가, 안민가, 찬기파랑가, 서동요가 실려 있다. 권3 탑상편에는 도천수대비가, 권5 감통편에는 원왕생가, 도솔가, 제망매가, 혜성가, 피은편에는 원가와 우적가가 실려 있다.

이를 보면 향가가 주로 기이편과 감통편에 집중해서 실려 있으므로 향가의 내용이 신묘함, 기이지사를 담고 있다고 할 수 있다.(최철, 1983) 그러나 현전 향가에 '남녀상열지사(男女相悅之詞)'가 없는 것은 신라 향가에 본래 그런 노래가 없어서라기보다 『삼국유사』 찬자가 승려라서 향가가 선별되었다고 보기도 한

〈표 2〉『삼국유사』에 실려 있는 향가

편명	조목	향가
기이(2)	1. 효소왕대죽지랑	모죽지랑가
	2. 수로부인	헌화가
	3. 경덕왕 충담사 표훈대덕	안민가
		찬기파랑가
	4. 처용랑 망해사	처용가
	5. 무왕	서동요
탑상	1. 분황사천수대비 맹아득안	도천수대비가
감통	1. 광덕엄장	원왕생가
	2. 월명사 도솔가	도솔가
		제망매가
	3. 융천사 혜성가 진평왕대	혜성가
피은	1. 신충괘관	원가
	2. 영재우적	우적가

다.(황패강, 1987)

향가는 노래로 불렸을 것이므로 곡조가 있었을 것이나 오늘날 곡조는 알 수가 없다. 그러나 이는 기록으로 남아 있는 우리 음악의 효시라고 할 수 있을 것이다. 향가란 노래가 불교의 포교 수단이라는 점에서 본다면 범패의 가락과 곡조를 생각해 볼 수 있을 것이다. 한편 향가의 시형이 후대 시조와 연관된다는 점에서 시조창에서 그 흔적을 찾아볼 수도 있을 것이다.(최철, 1983) 이와 같이 한국문학사에 있어서 향가가 차지하는 비중이 지대한 바, 그러한 향가를『삼국유사』가 14수를 남기고 있으며, 그 제작의 의미를 함께 전하고 있다는 점에서 문화사적 가치가 더 돋보이는 것이다.

한편『삼국유사』에는 찬시가 48수 실려 있는데 그중 찬자 일연이 직접 지은 찬시가 46수 실려 있어 문학적 관심을 끌고 있다. 이 48수 모두를 일연의 작품이라고 이해하는 견해도 있다.(김상현, 2005)『삼국유사』 소재 찬시는 서사물의 내용을 운문으로 압축 요약한 것이기 때문에 선행 서사물과 불가분의 관계에 있으며, 결국 찬시의 의미는 그것을 포함한 전체 서사구조 내에서 부여받을 수 있다.(경일남, 1987)

찬시란 편목의 내용에 대해 찬탄하는 것을 운문으로 표현한 것이다. 『삼국유사』에는 모두 138개의 조목이 있는데, 그중 44개의 조목에 48개의 찬시가 부기되어 있다. 대체로 한 조목당 하나의 찬시가 있으나, '원종흥법 염촉멸신'조에 2개, '남백월이성 노힐부득 달달박박'조에 3개, 그리고 '현유가 해화엄'조에 2개의 찬시가 부기되어 있다.

〈표 3〉을 보면, 찬시는 기이편에 '천사옥대'조 1수만 있고, 나머지는 모두 흥법편 이하 불교 관련 편목에 실려 있다. 일연이 직접 지은 찬시는 46수인데 주로 일연 자신의 신앙심에서 우러나오는 감동을 바탕으로 하여, 불력의 영험이나 이적 등을 읊었다.(김주환, 1983) 14수의 향가와 48수의 찬시를 붙이는 과정에서 일연은 이야기와 노래가 결합하여 하나의 완성된 서사물을 마무리 짓는데 분명한 개념을 세웠다고 할 수 있다.(고운기, 2005) 찬시는 저자 일연의 인생관이나 역사 인식을 집약적으로 반영하고 있으며, 저자로서 전하고 싶은 말을 담고 있다고 볼 수 있다.(김상현, 2005)

운문은 문학성이 짙은 반면 산문은 사평의 성격이 강하다는 점에서 일연의 찬시는 문학성이 강한 편이라 할 수 있다. 그런 면에서 향가와 찬시는 같은 서사문맥을 공유하고 있다. 향가는 편찬자에 의해 선택되었으며 개작되었을 가능성 또한 존재하나, 전승시기의 사회적 인식을 보여 준다. 한편 찬시는 일연이 창작한 것으로 개인의 인식과 사회적 지향을 보여 준다. 향가와 찬시를 비교 고찰한 연구는 최근에야 이루어졌을 정도로 많지 않지만, 근래의 연구는 향가가 이상과 현실의 부조화를 드러내며 상실의 세계를 그린 반면, 찬시는 주체와 세계가 조화로운 세계를 그리고 있다고 보았다.(박상영, 2006) 한편 향가는 즉흥적 시간관과 현장성을 담고 단편화된 시점을 갖고 있으며, 찬시는 통시적 시간관을 갖고 보다 종합적 시각으로 고찰하였다고 보기도 한다.(최정선, 2009)

〈표 3〉『삼국유사』에 실려 있는 찬시

편명	찬(讚)이 부기된 조목	찬시(讚詩)
기이	1. 천사옥대	雲外天頒玉帶圍 辟雍龍袞雅相宜 吾君自此身彌重 准擬明朝鐵作墀
흥법	1. 순도조려	鴨淥春深渚草鮮 白沙鷗鷺等閑眠 忽驚柔櫓一聲遠 何處漁舟客到烟
	2. 난타벽제	天造從來草昧間 大都爲伎也應難 翁翁自解呈歌舞 引得旁人借眼看
	3. 아도기라	雪擁金橋凍不開 鷄林春色未全廻 可怜青帝多才思 先着毛郎宅裏梅
	4. 원종흥법 염촉멸신	聖智從來萬世謀 區區輿議謾秋毫 法輪解逐金輪轉 舜日方將佛日高
		徇義輕生已足驚 天花白乳更多情 俄然一釰身亡後 院院鍾聲動帝京
	5. 법왕금살	詔寬羽狘千丘惠 澤洽豚魚四海仁 莫辱聖君輕下世 上方兜率正芳春
	6. 보장봉로 보덕이암	釋氏汪洋海不窮 百川儒老盡朝宗 麗王可笑封沮洳 不省滄溟徒臥龍
탑상	1. 가섭불연좌석	惠日沈輝不記年 唯餘宴坐石依然 桑田幾度成滄海 可惜巍然尙未遷
	2. 요동성육왕탑	育王寶塔遍塵寰 雨濕雲埋蘚纈斑 想像當年行路眼 幾人指點祭神墦
	3. 금관성파사석탑	載厭緋帆茜旆輕 乞靈遮莫海濤驚 豈徒到岸扶黃玉 千古南倭遏怒鯨
	4. 황룡사장육	塵方何處匪眞鄕 香火因緣最我邦 不是育王難下手 月城來訪舊行藏
	5. 황룡사구층탑	鬼拱神扶壓帝京 輝煌金碧動飛甍 登臨何啻九韓伏 始覺乾坤特地平
	6. 사불산 굴불산 만불산	天粧滿月四方裁 地湧明毫一夜開 妙手更煩彫萬佛 眞風要使遍三才
	7. 전후소장사리	華月夷風尙隔烟 鹿園鶴樹二千年 流傳海外眞堪賀 東震西乾共一天
	8. 미륵선화 미시랑 진자사	尋芳一步一瞻風 到處栽培一樣功 驀地春歸無覓處 誰知頃刻上林紅
	9. 남백월이성 노힐부득 달달박박	滴翠嵓前剝啄聲 何人日暮扣雲扃 南庵且近宜尋去 莫踏蒼苔汚我庭
		谷暗何歸已暝煙 南窗有簟且流連 夜闌百八深深轉 只恐成喧惱客眠
		十里松陰一徑迷 訪僧來試夜招提 三槽浴罷天將曉 生下雙兒擲向西
	10. 분황사천수대비 맹아득안	竹馬葱笙戱陌塵 一朝雙碧失瞳人 不因大士廻慈眼 虛度楊花幾社春
의해	1. 원광서학	航海初穿漢地雲 幾人來往挹淸芬 昔年蹤迹青山在 金谷嘉西事可聞
	2. 양지사석	齋罷堂前錫杖閑 靜裝爐鴨自焚檀 殘經讀了無餘事 聊塑圓容合掌看
	3. 귀축제사	天竺天遙萬疊山 可憐遊士力登攀 幾回月送孤帆去 未見雲隨一杖還
	4. 이혜동진	草原縱獵床頭臥 酒肆狂歌井底眠 隻履浮空何處去 一雙珍重火中蓮
	5. 자장정률	曾向淸凉夢破廻 七篇三聚一時開 欲令緇素衣慚愧 東國衣冠上國裁
	6. 원효불기	角乘初開三昧軸 舞壺終掛萬街風 月明瑤石春眠去 門掩芬皇顧影空
	7. 의상전교	披榛跨海冒烟塵 至相門開接瑞珍 采采雜花栽故國 終南太伯一般春
	8. 사복불언	淵默龍眠豈等閑 臨行一曲沒多般 苦兮生死元非苦 華藏浮休世界寬

편명	찬(讚)이 부기된 조목	찬시(讚詩)
	9. 진표전간	現身澆季激慵聾 靈岳仙溪感應通 莫謂翹懃傳搭懺 作橋東海化魚龍
	10. 심지계조	生長金閨早脫籠 儉懃聰惠自天鍾 滿庭積雪偸神簡 來放桐華最上峰
	11. 현유가 해화엄	遶佛南山像逐旋 靑丘佛日再中懸 解敎宮井淸波湧 誰識金爐一炷烟
		法海波瀾法界寬 四海盈縮未爲難 莫言百億須彌大 都在吾師一指端
신주	1. 밀본최사	紅紫紛紛幾亂朱 堪嗟魚目誑愚夫 不因居士輕彈指 多小巾箱襲碔砆
	2. 혜통항룡	山桃溪杏映籬斜 一經春深兩岸花 賴得郎君閑捕獺 盡敎魔外遠京華
감통	1. 선도성모수희불사	來宅西鳶幾十霜 招呼帝子織霓裳 長生未必無生異 故謁金仙作玉皇
	2. 욱면비염불서승	西隣古寺佛燈明 春罷歸來夜二更 自許一聲成一佛 掌穿繩子直忘形
	3. 경흥우성	昔賢垂範意彌多 胡乃兒孫莫切瑳 背底枯魚猶可事 那堪他日負龍華
	4. 진신수공	燃香擇佛看新繪 辦供齋僧喚舊知 從此琵琶嵓上月 時時雲掩到潭遲
	5. 월명사도솔가	風送飛錢資逝妹 笛搖明月住姮娥 莫言兜率連天遠 萬德花迎一曲歌
	6. 선율환생	堪羨吾師仗勝緣 魂遊却返舊林泉 爺孃若問兒安否 爲我催還一畝田
	7. 김현감호	山家不耐三兄惡 蘭吐那堪一諾芳 義重數條輕萬死 許身林下落花忙
피은	1. 낭지승운 보현수	想料嵓藏百歲間 高名曾未落人寰 不禁山鳥閑饒舌 雲馭無端洩往還
	2. 연회도명 문수점	倚市難藏久陸沉 囊錐旣露括難禁 自緣庭下靑蓮誤 不是雲山固未深
	3. 혜현구정	鹿尾傳經倦一場 去年淸誦倚雲藏 風前靑史名流遠 火後紅蓮舌帶芳
	4. 신충괘관	功名未已鬢先霜 君寵雖多百歲忙 隔岸有山頻入夢 逝將香火祝吾皇
	5. 포산이성	相過踏月弄雲泉 二老風流幾百年 滿壑烟霞餘古木 偃昻寒影尙如迎
	6. 영재우적	策杖歸山意轉深 綺紈珠玉豈治心 綠林君子休相贈 地獄無根只寸金
효선	1. 대성효이세부모 신문대	牟梁春後施三畝 香嶺秋來獲萬金 萱室百年貧富貴 槐庭一夢去來今
계	조목 44	찬시 48

그런데 이를 구체적으로 분석해 보면, 일연의 찬시는 승려가 개인적인 수행뿐만 아니라 사회와의 관계 속에서 현실에 참여하며 국가에 기여할 수 있어야 한다는 내용을 전하고 있다. 이는 일연 자신이 승려이면서도 국존의 자리에 오르는 등 국가의 중요한 일에 간여하고 있다는 점과 일치하고 있다. 일연이 『삼국유사』를 찬술한 목적은 몽고의 압제에서 벗어나 고려왕조의 국권을 회복하는 데 있었으므로 다분히 국가주의적 성격을 띠고 있다. 본문에서는 다양한 자

료를 제시하고 자신의 의견을 피력하지 않은 데 반하여, 찬시에서는 그러한 국가주의적 성격을 나타내고 있는 것이다.

이렇게 이들 향가와 찬시는 고려와 조선시대를 거쳐 현대에 이르러 범패나 시조창으로 그 전통을 계승시켰으므로 민족문화의 전통적 가치를 지닌다고 하겠다.

5.『삼국유사』와 민속

『삼국유사』에는 지금은 사라진 많은 민속을 남기고 있어서 민속문화 데이터베이스라고 할 수 있다. '고조선'조의 '환웅신화'를 보면 천신신앙, 산신신앙, 수목신앙, 토테미즘 등 토착신앙에 대한 내용뿐만 아니라 삼칠일, 백일, 돌 등 민속의례는 물론 환인과 환웅 및 단군 등 삼신을 모시는 삼신신앙의 원초적 모습을 남기고 있다. 아울러 노구와 노옹 등에 관한 귀중한 기록을 남겨 고대 토착신앙에 대한 실상을 엿볼 수 있다. '김유신'조에서는 화랑의 수련과정과 신비체험, 그리고 호국 여삼신의 실체와 관계를 보여 주고 있다.

'문무왕법민'조에서는 화장의례와 용신신앙에 대한 자료를 남기고 있으며, '수로부인'조와 '처용랑 망해사'조 및 '진성여왕대 거타지'조에도 용신과 관련된 내용이 실려 있다. 한편 '가락국기'조에는 수로왕의 등장과 함께 황후 허황옥과의 국제 결혼의례 과정이 사실적으로 실려 있다.

한편 '아도기라'조에도 "전불칠처가람지허(前佛七處伽藍之墟)"라고 하여 고대 토착신앙의 흔적을 잘 남기고 있다. 전불시대 7곳의 절터라고 하면서 천경림(天鏡林: 지금의 흥륜사), 삼천기(三川岐: 지금의 영흥사), 용궁 남(龍宮 南: 지금의 황룡사)과 북(北: 지금의 분황사), 사천미(沙川尾: 지금의 영묘사), 신유림(神遊林: 지금의 사천왕사), 서청전(婿請田: 지금의 담엄사) 등이라 하였는데, 모두 불교가 전래되기 이전 토착신앙의 제장(祭場)이었다. 그 명칭으로 볼 때 천경림은 천신신앙,

삼천기와 사천미는 하천신앙, 용궁은 용신신앙, 신유림은 수목신앙, 서청전은 토지신앙의 제장으로 고대의 토착신앙의 면모를 보이고 있다.(최광식, 1995a) 이러한 7처 가람에 대해, 중대 말부터 하대 전반기에 왕실과 승려들에 의해 초전불교를 강조하기 위해서 신라 불국토사상으로 형성되었다고 보기도 한다.(신동하, 2000) 한편 왕경의 천도와 관련하여 이를 반대한 신라 귀족들에 의하여 형성된 것으로 보기도 한다.(김복순, 2005)

한편 '선도성모수희불사'조는 토착신앙과 불교와의 관계를 잘 보여 주고 있다. 비구니 지혜가 불사를 하려는데 선도산 성모가 꿈에 나타나 불사를 도와주는 대신 불·보살과 함께 육류성중(六類聖衆)과 여러 천신(天神)·오악신군(五岳神君) 등을 받들라고 했다는 내용은 산신신앙과 불교의 융화현상을 보여 주고 있다. 현재 절에서 불·보살을 모시는 대웅전과 함께 산신을 모시는 산신각이 공존하는 전통이 이때부터 시작되었다는 것을 알 수 있다.(최광식, 1981a)

한편 『삼국유사』는 당시 서민들의 신앙과 생활에 대한 기록을 남겨 놓았다는 데 큰 의미가 있다. 『삼국유사』에 실린 서민관계 사료가 바로 민중을 중심으로 하는 사관 속에서 나온 것은 아니다. 또 일연이 왕실을 비롯한 집권층과 가깝게 지냈던 행적을 감안한다면 문제가 있을 수 있다. 그러나 『삼국유사』에는 서민들에 대한 기사가 많이 기록되어 있으며, 특히 서민의 생활에 대한 기록이 비교적 많이 실려 있다.(김태영, 1974) 더구나 지배층 위주로 찬술되어 있는 『삼국사기』와 비교해 볼 때 그 의미는 더욱 커질 수 있다. 일연이 민중주체사관을 갖고 있었던 것은 아니지만, 역사에 있어 서민들의 역할을 중요시하고 서민생활에 관심을 갖고 있었다는 데 중요한 의미가 있는 것이다.

무진주에 상수리 안길이 왕의 아우이며 재상인 거득공과 직접 연결되었다는 기사는 지방세력의 중앙 진출을 의미한다. 분황사의 천수관음은 이름 없는 아이의 소원을 들어 만 리 밖에 표류해 간 그 아들을 데려다준다. 황룡사의 승려 정수는 눈 깊은 겨울밤의 길가에서 아이를 낳고 얼어 죽어 가는 거지 모자를 자신의 체온으로 살려내고 자기의 옷으로 구해 주고는 하늘의 지시에 따라 국사가 된다. 한편 이량공의 가노였던 지통이나 아간 귀진집의 비녀였던 욱면은 그 주인인 귀족보다도 먼저 성불의 길에 오른다.(신종원, 1982) 더구나 효선편의 내용은 모두 빈곤 무의탁의 신분으로서 그 효행과 선행에 따라 응보를 받는다는 서민의 생활에 대한 설화로 되어 있다.

이들 자료는 신라 백성의 민속생활을 바탕으로 하여 서술되었다고 할 수 있다. 그리고 오늘날 우리에게 남아 있거나 지금은 소멸된 한민족의 여러 가지 민속들의 뿌리가 대부분『삼국유사』에 기록되어 있는 사실을 알 수 있다. 일연은 역사적 '사건'보다 '사람과 문화와 사회'를 우위에 두고『삼국유사』를 저술하였다.(김택규, 1987)『삼국유사』는 서민의 신앙과 생활에 대한 기록을 남기고 있다는 점에서 역사민속학적 의미가 크다고 하겠다.

6.『삼국유사』의 문화사적 의의

『삼국유사』는 그의 명칭으로 미루어 짐작하건대『삼국사기』를 보충한다는 뜻을 가지고 저술한 것으로 보고 있다.(최남선, 1954) 그러나 단순한 보충이 아니고, 저자 일연이 관심을 두고 있는 분야의 사료들을 광범하게 수집 분류하여 일정한 체제를 갖춘 사서로 재구성한 것이다. 더구나 그는 자료들을『삼국사기』와 같이 편찬자의 목적에 맞추어 수정 가필한 것이 아니라 전거의 제시와 함께 그 원형을 살려 소박한 내용을 그대로 전해 주고 있다. 그런 면에서『삼국유사』가『삼국사기』보다 사료적 가치가 높다는 평가를 할 수 있다.(이기백, 1978)

또한 남아 있는 사료가『삼국사기』와『삼국유사』이기 때문에『삼국사기』를 의식해서『삼국유사』를 썼다고 하는 이야기가 일반화되고 있지만,『삼국유사』서문에서는 그러한 내용이 나타나 있지 않다. 또한 '유사(遺事)'를『삼국사기』에서 다루지 않았던 이야기들을 정리한 것이라고 하지만 시조신화와 불교 수용 관계기사를 보면『삼국사기』와 겹치는 부분이 많으며,『삼국사기』를 많이 이용하고 있는 것이다. 따라서 『삼국유사』는 『삼국사기』에 누락된 기사를 모아서 '남긴' 것이 아니라는 것을 알 수 있다. 일연은 1231년 이후 몽고가 침입하여 우리의 황룡사를 불태우고, 대장경을 불태워 소실되자 민족의 문화유산을 남겨야 하겠다는 의도에서 자료를 모으기 시작하였던 것이다. 대장경을 다시 간행하는 작업에도 참여하였던 일연은 그 당시까지 남아 있던 일반사와 불교문화사에 해당하는 자료들을 모아 민족문화 데이터베이스를 구축한 것이다. 따라서 『삼국유사』는 민족문화유산의 아카이브라고 할 수 있는 것이다. 그런 점에서 『삼국사기』를 정사라 하고, 『삼국유사』를 야사라고 하는 육당 최남선의 견해는 더 이상 의미가 없다. 『삼국사기』는 왕명을 받고 편찬한 정치사를 위주로 편찬한 관찬사서이며, 『삼국유사』는 개인에 의해 문화사를 위주로 편찬한 사찬사서라고 불러야 할 것이다.(최광식, 2015a)

그러나 『삼국유사』 편찬의 의의가 여기에 그치는 것은 아니다. 민족적 자주성을 강조하는 입장이 『삼국유사』에 잘 나타나 있다. 즉 우리 역사의 출발점을 단군의 고조선으로 잡고, 그 시조를 중국이 아닌 천(天)과 연결시키고 있으며, 우리 고유문화와 전통을 소중하게 다루고 있다. 즉 민족사의 자주성과 그 문화의 우위성을 강조하는 인식이 전편에 흐르고 있다. 『삼국사기』에서는 다루지 않은 고조선, 부여, 발해, 가야 등을 우리 역사체계 안에서 이해하고 있다. 이것은 우리의 역사와 문화가 유구하면서도 독자성을 가지고 있다는 인식에서 비롯된 것이다. 그와 같은 자각은 몽고와 긴 전쟁을 치르고 다시 저들의 압제를 받게 된 현실에서 발흥한 민족적 자주 의식의 표현으로 이해할 수 있다. 중국에 대한 자국 역사의 대등성, 그 유원한 자주성을 역설한 것은 이민족의 압제를 뿌리칠 수 없게 되어 있던 당시의 현실에서는 곧 저항적 민족의식의 표현이었다고 할 수 있다.(이기백, 1976)

한편 『삼국유사』는 그 내용이 한국의 전통적인 정서와 맥이 닿아 있으므로 소설이나 시 등 근대문학의 소재로 많이 활용되었다. 이광수, 김동리, 서정주 등 한국의 대표적인 문인들이 『삼국유사』를 소재로 많은 작품을 남겼다. 대표적인 작품으로 이광수의 『꿈』을 들 수 있는데 이 작품은 '낙산이대성 관음 정취 조신'의 내용을 소재로 조신이 꿈속에서 겪었던 일들을 소설화한 것이다.(이광수, 1947) 이후 이 작품은 영화로도 제작되어 상영이 되어 OSMU(One Sourse Multi Use)의 선례를 남긴 바가 있다. 한편 김동리는 신라의 화랑과 원화에 관심을 가지고 『삼국유사』의 내용을 소재로 하여 『회소곡』, 『기파랑』, 『최치원』, 『수로부인』, 『김양』, 『왕거인』, 『강수선생』, 『눌지왕자』, 『원화』, 『우륵』, 『미륵랑』, 『장보고』, 『양미』, 『석탈해』, 『호원사기』, 『원왕생가』 등 16편의 작품을 남겼다. 이 소설들은 1977년 다시 편집되어 『김동리역사소설』(신라편)으로 출판되었다.

그 이후 『삼국유사』의 내용을 소재로 각색한 영화와 드라마들이 제작되었다. 문화콘텐츠란 대단히 넓은 범주의 개념인데, 흔히 영화·애니메이션·게임·캐릭터와 같이 엔터테인먼트산업에 들어가는 문화적 내용물을 의미하기도 한다.(김기덕, 2008) 최근에는 영화와 드라마뿐만 아니라 애니메이션이나 게임 등에서 『삼국유사』의 내용을 소재로 하거나 캐릭터화하여 다양한 장르에서 문화콘텐츠로 활용하고 있다.(최광식, 2016) 또한 『삼국유사』를 대중사회의 텍스트로 인식하고, 이를 콘텐츠화하려는 연구가 지속적으로 발표되고 있다.(표정옥, 2011) 이러한 연구들은 『삼국유사』에 포함된 신앙생활과 문화, 의례와 제례, 그리고 의식주 등을 현대적 텍스트, 특히 영화나 드라마로 재현되는 것에 초점을 맞추고 있다.(정진원, 2014) 필자는 『삼국유사』를 활용한 여러 가지 연구를 모아 문화콘텐츠로 활용하도록 총정리하는 역주 작업을 수행한 바가 있다.(최광식·박대재 공역, 2014)

7. 맺음말

『삼국유사』는 신이사관에 의해 찬술되었다는 견해와 불교사와 불교문화사가 중심이라는 견해가 있으나, 이 두 가지 성격을 모두 갖고 있다는 것이 특징이다. 특히 고조선을 비롯한 여러 나라의 시조신화를 살펴보면 일연이 신화의 천강신화와 난생신화의 융화현상에 주목하였다는 것을 알 수 있다. 또한 토착신앙과 불교가 융화하는 면에 주목하였다는 것도 알 수 있다. 따라서 일연은 우리 고대문화의 특징을 문화융화 현상으로 보았던 것이다.

또한『삼국유사』는 신화와 불교에 대한 내용뿐 아니라 설화와 향가 및 찬시 등을 남겨 놓아 우리 고전문학을 집대성하고 있다. 그 전통은 근대문학의 소재로서 활용되고, 범패나 시조창으로 계승되어 현재 한국문화의 맥을 이어 가고 있다. 그리고 천신, 산신, 용신 등 토착신앙과 서민생활에 대한 자료를 남겨 지금은 사라졌거나 흔적이 남아 있는 민속문화의 아카이브로서 민족지라고도 할 수 있다.

『삼국유사』는『삼국사기』와 달리 삼국뿐만 아니라 고조선을 비롯하여 부여와 고구려, 발해, 가야 등 남쪽과 북쪽의 고대국가들을 망라하여 한국 고대국가의 시간과 공간을 확대하여 기록하였다는 데 큰 의의가 있다. 또한 지배층뿐만 아니라 서민들에 대해서도 관심을 가지고 그들의 생활에 대해 기록을 남기고 있다는 데에도 그 의미가 있다. 따라서『삼국사기』는 왕명에 의해 정치사를 중심으로 편찬한 관찬사서이며,『삼국유사』는 개인에 의해 문화사를 중심으로 편찬한 사찬사서라고 불러야 하는 것이다

『삼국유사』의 내용을 소재로 한 소설이나 시와 같은 근대문학은 지금까지도 이어져 왔다. 또한 현대에는 영화나 드라마의 원천 소스로서 활용될 뿐 아니라 애니메이션이나 게임에도 활용되고 있다. 요컨대『삼국유사』는 우리 문화콘텐츠의 원형, 문화유산의 보고라고 할 수 있다.『삼국유사』는 한국의 여러 고전 중 문화사적 가치가 가장 크고 다양하다고 할 수 있는 것이다.

◎ 참고문헌

경일남, 1987, 「삼국유사 소재 찬의 서사문학적 의미」, 『어문연구』16, 충남대 어문연구회.

고운기, 2005, 「삼국유사의 찬시와 그 체재상 역할에 대하여」, 『삼국유사연구』창간호, 일연학연구원.

김기덕, 2008, 「영상역사학: 역사학의 확장과 책무」, 『역사학보』200, 역사학회.

김복순, 2005, 「신라 중대의 불교」, 『신라문화』25, 동국대학교 신라문화연구소.

김상현, 1999, 『신라의 사상과 문화』, 일지사.

______, 2005, 「『삼국유사』의 찬 연구」, 『동국사학』41, 동국사학회.

김영하, 1994, 「삼국 및 남북국시기의 사회적 성격」, 『한국사』3, 한길사.

김정배, 1975, 「불교 전입전의 사회상」, 『숭산 박길진 박사 화갑 기념 한국불교사상사』, 원광대출판부.

김주환, 1983, 「삼국유사소재 〈찬〉에 대하여」, 『삼국유사연구』상, 영남대 민족문화연구소.

김철준, 1952, 「신라상대의 Dual Organization」(하), 『역사학보』2.

김태영, 1974, 「삼국유사에 보이는 일연의 역사 인식에 대하여」, 『경희사학』5.

김택규, 1987, 「삼국유사의 민속체계」, 『삼국유사의 종합적 검토』, 한국정신문화연구원.

김화경, 2005, 『한국 신화의 원류』, 지식산업사.

동국대학교 신라문화연구소, 2015, 『『삼국유사』 흥법편 연구 I 발표논문집』(제37회 신라문화제 학술회의).

______________________, 2016, 『『삼국유사』 기이편 연구 I 발표논문집』(제38회 신라문화제 학술회의).

문성화, 2015, 『『삼국사기』와 『삼국유사』의 역사 인식과 역사의식』, 소명출판.

박상영, 2006, 「『삼국유사』 소재 찬시를 통해 본 일연의 세계인식」, 『고전문학연구』30, 고전문학회.

박진태 외, 2002, 『삼국유사의 종합적 연구』, 박이정.

서영대, 2015, 「『삼국유사』 神異 자료의 이해 방향」, 『한국고대사학회 28회 합동토론회 삼국유사의 세계 발표논문집』, 한국고대사학회.

신동하, 2000, 「신라 불국토사상의 전개양상과 역사적 의의」, 서울대 박사논문.

신종원, 1982, 「삼국유사 욱면비 염불서승조에 대한 일고찰」, 『사총』26, 고려대사학회.

엄기표, 2015, 「불교고고학·미술사의 방법과 과제」, 『한국고대사학회 28회 합동토론회 삼국유사의 세계 발표논문집』, 한국고대사학회.
이광수, 1947, 『꿈』, 면학서관.
이기백, 1954, 「삼국시대 불교의 전래와 사회적 성격」, 『역사학보』6집, 역사학회.
______, 1978, 「삼국유사의 사학사적 의의」, 『한국사학의 방향』, 일조각.
이효형, 2007, 「『역대연표』와 『삼국유사』를 통해 본 一然의 발해인식」, 『동북아역사논총』18.
정진원, 2014, 「『삼국유사』를 통한 한국문화 콘텐츠 개발 시론」, 『한국학연구』50.
최광식, 1981a, 「무속신앙이 한국불교에 끼친 영향-산신각과 장승을 중심으로-」, 『백산학보』26.
______, 1981b, 「『삼국사기』 소재 노구의 성격」, 『사총』25, 고려대학교 역사연구소.
______, 1991, 「불교의 전래·수용·공인에 대한 일고찰」, 『신라문화제학술발표회논문집』12, 신라문화선양회.
______, 1995a, 「신라 상대 왕경의 제장」, 『신라문화학술 발표회논문집』16, 신라문화선양회.
______, 1995b, 「한국 고대국가의 지배이데올로기」, 『한국사의 시대구분』, 한국사연구회.
______, 1996, 「한국고대사회의 기점과 종점」, 『경제사학』21.
______, 2004, 『우리 고대사의 성문을 열다』, 한길사.
______, 2005, 「일연의 불교사인식」, 『삼국유사연구』창간호, 일연학연구원.
______, 2007, 『한국 고대 토착신앙과 불교』, 고려대출판부.
______, 2015a, 「해제; 일연과 삼국유사」, 『읽기 쉬운 삼국유사』, 고려대학교 출판문화원.
______, 2015b, 「환웅천왕과 단군왕검에 대한 역사민속학적 고찰」, 『한국사학보』60.
______, 2016, 「한국고대사의 대중화와 대중문화화」, 『한국고대사연구』84.
______, 2017, 「『삼국유사』의 문화사적 가치」, 『新羅文化』48.
최광식·박대재 공역, 2014, 『역주 삼국유사』, 고려대출판부.
최남선, 1954, 「삼국유사 해제」, 『증보 삼국유사』, 민중서관.
최정선, 2009, 「향가와 찬시의 결합양상과 의미」, 『동방학』17, 한서대 동양고전연구소.
최철, 1983, 「삼국유사 소재 향가관련 기록의 검토」, 『삼국유사연구』상, 영남대 민족문화연구소.
표정옥, 2011, 「미디어 콘텐츠로 현현되는 『삼국유사』를 통한 한국문화 콘텐츠 개발 시론」, 『서강인문논총』30.
황패강, 1987, 「삼국유사와 향가 연구」, 『삼국유사의 종합적 검토』, 한국정신문화연구원.

三品彰英, 1971, 『三品彰英全集』3, 平凡社.

『삼국유사』 '정보' 비판을 위한 제언

이강래(전남대학교 사학과 교수)

1. 정보의 사료적 자질 문제

『삼국유사』는 『삼국사기』를 삼국의 근본 역사로 전제한 편찬물이다. '유사(遺事)'의 자의는 '남은 일들'인바, 본 몫에서 비켜 있는 것을 말한다. 물론 그와 같은 자처가 그 이후의 역사 전개와 상황의 변화에 비춰 과연 명실상부한 것인가의 문제는 따로 따져 볼 사항일 것이다. 다만 그것이 어떤 형태의 겸양에 머무는 것이라 해도, 『삼국유사』의 실체는 의연히 중심 기록물로서 『삼국사기』를 염두에 두고 있었다는 사실이야 엄연한 것이다.(이강래, 1998)

그러므로 『삼국유사』를 채우고 있는 정보들은 삼국의 '본사(本史)' 즉 『삼국사기』의 그것들과는 이미 다른 것이다. 물론 '삼국사기', '삼국사', '국사', 혹은 '삼국본사'라거나 국가별 '본기' 따위로 언급된 인용 대목들은 『삼국사기』의 내용이 다시 서술된 경우이겠다. 그러나 그와 같은 서술들은 『삼국사기』와는 다른 정보들을 언급하면서 비교하거나 논증하기 위해 거론한 것으로서, 그 자체가 새로운 정보의 자질을 지니는 문맥은 아니라는 점을 환기할 필요가 있다.

또한 그처럼 『삼국사기』와는 다른 내용, 적어도 서술자가 '다르다고 여기고 있는' 내용을 본질로 하는 이상, 그 분량의 다과나 사태의 객관성 여하가 문제는 아닐 것이다. 예컨대 후백제견훤조는 '삼국사본전', 즉 『삼국사기』 견훤전을 주요 인용 자료로 삼아 서술하였으므로 매우 많은 부분이 『삼국사기』와 중복 서술되었다. 그러나 정작 드러나거나 드러나지 않은 채 산재한 『고기』를 비롯

한 여타 계통의 정보들이야말로 『삼국유사』 편찬자가 겨냥한 중심이었던 것이다.(이강래, 2001)

사실 왕력과 기이편을 제외한다면, 『삼국유사』는 불교적 신이로서의 역사로 채워져 있다고 해야 옳다. 어쩌면 바로 그 점이 곧 『삼국유사』의 근본 지향일지도 모른다. 실로 왕력과 기이편은 흥법편 이하 불교신앙의 홍포와 신이한 이적에서 오는 감동의 공유를 위한 시공간적 배경 설정과도 같은 것이다.(이강래, 2005) 왕력과 기이편의 내용이 삼국의 역사를 복원하고 탐미하고자 할 때 주목을 받는 까닭도 여기에 있다.

그렇다고 하여 홍법편 이하 제편의 내용이 삼국의 역사를 사유하기 위한 자료로서의 자질과 전혀 무관한 것은 또한 아니다. 대개 문자 정보들이란 종종 작성자가 의도하지 못한 채 고유한 역사성을 대유하고 있기 십상이다. 『삼국유사』에서 삼국의 마당으로 들어서기 위한 통로를 찾고자 하는 이들은 오히려 그와 같이 애초 서술자가 '의도하지 않은 역사성'에 착안하고 주력해야 할 것 같다.

이러한 다짐은 어떤 정보가 과연 객관적 사실이냐 아니냐를 엄정하게 가름하는 문제와는 다른 것이어야 한다. 설사 『삼국사기』가 상대적으로 사실주의에 충실한 관찬사서라 해도, 그 또한 과거의 객관적 재현에 직접 기여하기 어려운 속성에서는 『삼국유사』와 구분될 여지가 그다지 없다고 여긴다. 하물며 『삼국유사』의 서술자나 『삼국유사』를 메우고 있는 행위자들에게 객관을 염두에 둔 경험적 인과론이란 처음부터 관심의 대상이 아니었거나 오히려 경계해야 할 타성일 뿐이었다.

7세기 신라의 화엄승 의상(義湘)은 황복사(皇福寺)에서 허공을 밟고 탑돌이를 하였는데, 함께한 무리에게 일러 "세상 사람들이 (우리의) 이 모습을 보면 반드시 괴이하게 여길 것이니 세상에 가르칠 만한 것은 아니다"라고 하였다.(의해, 의상전교) 『삼국유사』 서술자는 또한 법흥왕과 진흥왕 부처(夫妻)의 출가를 언급한 다음 "二興 —즉 법흥왕과 진흥왕— 이 세속의 왕위를 버리고 출가한 것을 사가가 쓰지 않았으니, 세상을 경영하는 가르침[經世之訓]이 아닌 때문이다"라고 하였다.(흥법, 원종흥법염촉멸신)

저들은 저처럼 스스로 절제했거니와, 성과 속의 분별에도 불구하고 이른바 '세상' 저편과 이편의 서로 다른 사유와 방식에 대해 유연하게 긍정하였다. 이는 의종대의 문인 백운자(白雲子)가 오대산(五臺山) 문수사(文殊寺)의 석탑에 관한 영험한 이야기를 듣고, "나는 괴이한 것을 좋아하는 사람[好怪者]은 아니나 부처님의 위신(威神)을 보매 이적을 드러내어 만물을 이롭게 하는 것이 이처럼 빠르거늘, 불자(佛子)된 자로서 어찌 묵묵히 아무 말이 없을 수 있으랴!"라고 한 말에 함축된 생각이기도 하다.(탑상, 오대산문수사석탑기)

'호괴(好怪)'와 '신이(神異)'는 이처럼 다른 것이겠지만, 이들로부터 역사적 맥락을 탐색하기 위해 일반적인 사료 비판 방식을 원용하는 일은 피할 수 없기도 하다. 특히 『삼국유사』의 정보들은 『삼국사기』에서 비켜진 것들이면서도, 그것들을 외면한 이들의 눈에 그저 '호괴'로 비쳐진 것들이었기 일쑤다. 한 예로 『삼국유사』의 화자들은, 고구려의 연개소문은 수의 양명(羊皿)이 원한을 품고 환생한 인물이라거나 신라의 김유신 역시 고구려의 추남(楸南)이 환생한 것이라고들 한다.(흥법, 보장봉로보덕이암; 기이, 김유신)

그들에게는 각각 그렇게 환생해야 할 연유가 분명하였고, 환생 이후 그들의 행적도 지극히 합목적적이었다. 양명의 원혼이 환생하여 고구려를 내부에서 무너뜨렸다면, 추남이 환생한 김유신은 직접 물리력으로 고구려를 패망케 한 신라의 장수였던 것이다.(이강래, 2014) 반면에 『삼국사기』 서술자가 전하는 김유신의 탄생담은 범속하지 않은 점에서는 신이보다는 괴이에 가까우며, 분산된 정보의 파편들은 모두 어떤 형태의 결손을 피하지 못한 채 문맥을 잃고 말았다.

백석(白石)이 말하기를 "저는 본래 고(句)려 사람입니다. 우리나라의 여러 신하들은 '신라의 유신은 바로 우리나라의 점치던 복사(卜士) 추남이다'라고들 합니다. 우리나라 국경에 역류하는 물이 있었는데 추남에게 점을 치게 했더니 말하기를 '대왕의 부인께서 음양의 도를 역행했으므로 나타난 표징이 이와 같습니다'라고 했습니다. 대왕이 놀라고 괴이하게 여겼으며, 왕비도 크게 노하여 이는 요망한 여우의 말이라고 왕에게 고하면서, 다시 다른 일로 시험해 물어서 그 말이 틀리면 중형에 처하기로 했습니다. 이에 쥐 한 마리를 함 속에 감추어 두고 이것이 무슨 물건이냐고 묻자 추남이 아뢰기를 '이것은 틀림없이 쥐인데 그 수는 여덟 마리입니다'라고 했습니다. 그러자 말이 틀렸다고 하여 목을 베 죽이려 하니 추남이 맹세하여 말하기를 '내가 죽은 뒤에 대장이 되어 반드시 고구려를 멸망시키리라!'라고 했습니다. 곧 목을 베어 죽이고 쥐의 배를 갈라보니, 새끼가 일곱 마리나 있었으므로, 그제야 그의 말이 맞은 것을 알게 되었습니다. 그날 밤 대왕의 꿈에 추남이 신라 서현공(舒玄公) 부인의 품으로 들어갔습니다. (대왕이) 이것을 여러 신하에게 이야기했더니, 모두 말하기를 '추남이 마음속으로 맹세하고 죽더니 그 일이 실제 그렇게 되는가 합니다'라고 했습니다. 그 때문에 나를 보내 여기에 와서 이런 계획을 꾸미게 한 것입니다"라고 했다.

【『삼국유사』 기이 김유신】

(김)서현이 경진일 밤에 꿈을 꾸었는데, 형혹성(熒惑星)과 진성(鎭星) 두 별이 자신에게 내려오는 것이었다. 만명 역시 신축일 밤 꿈속에서 금빛 갑옷을 입은 동자가 구름을 타고 집안에 들어오는 것을 보았다. 이윽고 임신을 하여 20개월 만에 유신을 낳았으니, 이때가 바로 진평왕 건복(建福) 12년이요, 수문제(文帝) 개황(開皇) 15년 을묘(595)이다. 서현이 이름을 지으려 할 때 부인에게 말하였다. "내가 경진일 밤에 길몽을 꾸어 이 아이를 얻었으니 마땅히 그로써 이름을 삼음이 좋겠지만, 한편 일·월로 이름을 삼는 것은 또한 예가 아닙니다. 이제 보면 '경(庚)'자와 '유(庾)'자는 서로 모양이 비슷하고, '진(辰)'자와 '신(信)'자는 서로 발음이 가까우며, 더구나 옛날의 어진 이로 유신(庾信)이라는 이가 있었으니 어찌 '유신'이라고 이름하지 않겠습니까." 이로써 마침내 이름을 유신이라고 하였다.

【『삼국사기』 열전 김유신 상】

『삼국사기』 김유신전의 경우, 두 행성이 김서현에게 '내려온다'는 것과 갑옷 입은 동자가 집안으로 '들어온다'는 것이 과연 김유신이라는 영웅적 인물의 탄생을 향해 어떻게 유기적 상징으로 작용하고 있는 것인지 얼른 짐작하기 어렵다. 작명의 논리는 더욱더 허망하여 부모의 태몽과 직접 만나지 못한다. 더구나 남조의 양과 북주(北周)에서 벼슬한 문인 유신과 신라의 김유신 사이에 어떤 연관의 단서도 찾을 수 없다.

반면에 추남의 김유신 환생담은 김유신의 영명함과 고구려의 패망을 동시에 효과적으로 설명한다. 그 사건들이 왜 그렇게 전개되었는가를 수긍하게 한다. 물론 이 정연한 인과의 논리가 역사적 실상을 직접 안내하는 것은 아니다. 즉 『삼국유사』의 설득력은 경험된 사태의 진실이 과연 어떠한가와는 실제 무관할 수 있다. 다만 그것이 경험 당대라 할 고대적 사유의 문제에서 훨씬 더 원형에 핍진하다면, 연구자는 그로부터 사료적 자질을 기대하고 발견해야 한다.

2. 오인(誤認·誤引)과 오각의 분별

『삼국유사』의 특정 정보를 음미할 때 서술자가 저지른 수많은 오인 앞에서 당황하게 되는 경우가 많다. 후백제견훤조에는 928년에 고려 태조가 견훤의 국서에 답하는 대목이 있다. 이미 말한 바와 인용의 주요 전거인 '삼국사본전'은 『삼국사기』 견훤전이다. 태조의 서한 역시 그로부터 인용한 것인데, 그 내용 가운데 925년 10월, 즉 을유년의 사단을 언급한 부분을 비교해 본다.

> 及至酉年 維時陽月 忽焉生事 至於交兵 足下始輕敵以直前 …
>
> 【『삼국사기』 열전 견훤】

> 及至癸酉年 維時陽月 忽焉生事 至乃交兵 足下始輕敵以直前 …
>
> 【『삼국유사』 기이 후백제견훤】

"及至酉年" 부분이 "及至癸酉年"으로 오인되었다. 계유년은 913년으로서 아직 궁예의 태봉(泰封) 시절이었으니 당착이 심하다. 이 착란은 정밀하지 못한 간지 추산에서 빚어진 것으로서, 『삼국유사』에서 빈발하는 오류의 형태이다. 이처럼 부정확하거나 불필요한 첨자가 때로는 문맥을 크게 해치기도 한다. 역시 후백제견훤조에는 936년 고려 태조가 일선군(一善郡) 전투의 선발대로 태자 무(武)와 장군 박술희(朴述希)에게 보병과 기병 1만 명을 거느리고 천안부(天安府)로 나가도록 한 대목이 있다.

先遣太子武將軍述希 領步騎一萬 趣天安府	【『삼국사기』 열전 견훤】
先遣太子及武將軍述希 領步騎十萬 趣天安府	【『삼국유사』 기이 후백제견훤】
先遣正胤武將軍述希 領步騎一萬 趣天安府	【『고려사』 세가 태조 19년 6월】

『삼국유사』 서술자는 '태자' 다음에 불필요한 첨자[及]를 함으로써 그를 동반한 자를 '무장군술희(武將軍述希)'로 오해하게 했다. 게다가 또 병력의 규모 또한 1만을 10만으로 기술하였다. 이러한 상위점은, 『고려사』를 제3의 판별 기준으로 삼아 비교해 보아도, 『삼국유사』의 오류라고 보아야 한다. 다만 숫자 '一'과 '十'의 차이와 같은 사례는 유통 판본의 병리적 흠결일 가능성도 고려할 필요가 있다. 판각의 문제는 자칫 공교로운 오판을 낳기도 한다.

> 살펴보건대 동명제(東明帝)가 왕위에 오른 지 10년에 북옥저(北沃沮)를 멸망시켰고, 온조왕 42(四十二)년에 남옥저(南沃沮)의 20여 가가 투항해 왔으며, 신라 또한 혁거세 52(五十二)년에 東沃沮가 와서 좋은 말을 바쳤으니, 동옥저도 있었던 것이다.
> 【『삼국유사』 기이 말갈발해】

1512년에 판각된 이른바 정덕본 『삼국유사』의 말갈발해조 말미에 문득 보이는 옥저 관련 정보들이 간추려진 대목이다. 이 생경함 때문에 "靺鞨·渤海조는 그 내에 나오는 黑手·沃沮조와 나누는 것이 바람직하다"라고 판단하기도 한다.(김두진, 2000)『삼국사기』에는 고구려본기 동명성왕 10년 겨울 11월에 "왕이 부위염(扶尉猒)에게 명해 북옥저(北沃沮)를 쳐 없애게 하고, 그 땅을 성읍으로 만들었다"라고 하여 위의 정보에 대응하고 있다.

문제는 북옥저와 달리 남옥저와 동옥저의 저와 같은 모습이『삼국사기』에서는 그 연대가 어긋나 있다는 점이다. 즉 백제본기에는 온조왕 43년에, 그리고 신라본기에는 혁거세거서간 53년에 같은 사건이 기록되어 있다.『삼국유사』측의 재위년이『삼국사기』보다 1년씩 늦은 것이다. 특히 백제 온조왕 재위년의 경우는 변한백제조에서 "본기(本記)를 살펴보면 온조가 일어난 것은 홍가(鴻嘉) 4년 갑진(甲辰)의 일이다"라고 한 서술과 맞물려 주목되었다.

홍가 4년 갑진년은 기원전 17년이다.『삼국사기』백제본기에 의하면 시조 온조왕의 개국년은 계묘년으로서 기원전 18년이다. 변한백제조의 온조 즉위년은『삼국사기』보다 1년 늦는 한편, 공교롭게도 말갈발해조의 온조왕 재위년 수와 서로 조응하는 것이다. 그러다 보니 변한백제조의 인용 자료 '본기'는『삼국사기』가 아니라 필시 그 이전에 있었던『구삼국사』의 백제본기일 것이라는 판단을 낳기까지에 이르렀다.(강인숙, 1985; 홍윤식, 1987)

한편 왕력은 온조왕의 즉위를『삼국사기』와 마찬가지로 '계묘'로 기록하였다. 그러나 그에 이어 "재위45(在位四十五)"라고 하였다. 이것은『삼국사기』백제본기에 온조왕이 재위 46년째 되던 해 "봄 2월에 왕이 죽었다"라고 한 바에 비춰 다시 1년이 줄어든 것이다. 재위년 산정의 경우는 역시 변한백제조나 말갈발해조와 상응하는 형국이 되고 만다. 물론 왕력은 온조왕의 아들 다루왕이 무자년에 즉위했다고 한다. 무자년은 기원후 28년으로서『삼국사기』의 편년과 일치한다.

이와 같은 현상은 마치『삼국유사』왕력이『삼국사기』의 즉위년칭원법이 아니라 해를 넘겨 원년을 칭하는 유년칭원법(踰年稱元法)을 적용한 결과처럼 간주되었다. 그러나 왕력 작성자는 특정 왕의 재위기간 즉 치세년을 산정할 때 사거한 전왕과 그를 잇는 사왕이 겹쳐지는 해를 오직 새로 즉위한 왕의 치세년으로만 산입하는 방식을 취했다. 다시 말해 왕력 역시 의연히 왕이 즉위한 해를 그 왕의 원년으로 삼은 데서는『삼국사기』와 다르지 않은 것이다.

그렇다면 말갈발해조와 변한백제조의 온조 즉위년 및 재위년의 공교로운 일치 및『삼국사기』와의 1년 차이는 또 어디에서 연유한 것인가. 우선 말갈발해조의 "溫祚四十二年"과 "赫居世五十二年"의 '二'는 일찍부터 '三'의 결각일 가능성이 높았다. 예컨대 조선 초의 고판본으로 간주되는 석남본(石南本)의 해당 부분은 모두 '三'으로 기재되었다. 역시 파른본에서도 '三'이 명료하므로, 이는 자료 계통의 차이 문제가 아니라 정덕본의 결각일 뿐이었다. 하물며 이 차이를『구삼국사』의 실체에 대한 증거로 삼는 것은 위험하고도 지나친 속단이었던 것이다.

변한백제조의 경우도 크게 다르지 않다. 이 대목은 여러 조목에 걸쳐 논리적 유기성을 드러내는『삼국유사』의 독특한 필법을 염두에 두고 판단할 일이다.

> 본기에 의하면[據本紀], 신라가 먼저 갑자에 일어나고 고구려가 그 뒤 갑신에 일어났다고 했다.
>
> 【『삼국유사』 기이 마한】
>
> 본기를 살펴보면[按本記], 온조가 일어난 것은 홍가(鴻嘉) 4년 갑진이니 곧 혁거세나 동명의 시대보다 40여 년 뒤이다.
>
> 【『삼국유사』 기이 변한백제】
>
> 시조는 성이 박씨이고 이름은 혁거세이다. 전한(前漢) 효선제(孝宣帝) 오봉(五鳳) 원년 갑자 4월 병진일에[정월 15일이라고도 한다] 즉위해, 왕호를 거서간이라 하였다.
>
> 시조 혁거세거서간 21년 … 이 해에 고구려의 시조 동명이 왕위에 올랐다.
>
> 시조 혁거세거서간 40년 백제의 시조 온조가 왕위에 올랐다.
>
> 【이상『삼국사기』 신라본기1】
>
> 시조 동명성왕 (즉위년) … 이때는 전한 효원제(孝元帝) 건소(建昭) 2년이요, 신라

시조 혁거세 21년 갑신년이었다.

【『삼국사기』 고구려본기1】

유리명왕 2년 … 백제의 시조 온조가 왕위에 올랐다.

시조 온조왕 (즉위년) … 이때는 전한 성제(成帝) 홍가(鴻嘉) 3년이었다.

【『삼국사기』 백제본기1】

기이편 서술자는 먼저 마한조에서 신라와 고구려의 건국년을 '갑자'와 '갑신'년이라고 했다. 신라본기와 고구려본기의 정보와 일치한다. 이어 변한백제조에서 백제의 건국년을 '갑진'이라고 한 것이 문제가 되는 것인데, 혁거세나 동명의 시대보다 40여 년 뒤라는 산정을 덧붙였다. 다만 세부적으로 보면 혁거세보다 40여 년 뒤이면서 동명의 시대로부터는 20여 년 뒤라고 해야 옳다. 여하튼 이것은『삼국사기』의 혁거세 40년 조를 염두에 둔 것이었다.

요컨대 고구려가 신라보다 20년 뒤인 것처럼, 백제는 신라보다 40년 뒤이므로, '갑자', '갑신'에 이어 문득 '갑진'년으로 속단한 것에 불과하다.(이강래, 2004) 게다가 하필 백제본기 온조왕 즉위기에는 신라와 고구려의 경우와는 달리 건국년인 홍가 3년의 간지가 없어서 오산할 여지가 조금 더 크기도 하다. 그러나 설사 '갑진'은 그렇게 여긴다 해도, '홍가 4년'의 오류조차 오판한 '갑진'에 맞춰 기재되었다고 추정하기는 주저된다. 즉 오기가 '三'과 '四'와 '계묘'와 '갑진' 사이에서 동시에 발생했다고 하는 설명은 얼마간 궁색하다.

사실『삼국유사』의 모든 오류와 당착의 배경이나 과정을 다 설명하거나 짐작할 수는 없다. 예컨대『삼국사기』 지리지에 인용된 '고전기(古典記)'에 백제의 건국년을 "鴻嘉三年癸卯"라고 한 것을『삼국유사』에서는 같은 '고전기'를 인용하면서도 "鴻佳三年癸酉"라고 하였다. 그러나 이렇게 된 이유로서『삼국유사』 서술자의 불철저함과 무신경함 외에 그 착란을 수긍할 만한 다른 추정이 사실상 난망한 것이다.

한편 또 다른 오류거나 오산이겠지만,「동명왕편」의 분주에 유리가 고구려에 합류해 와 주몽을 이어 왕이 된 해를 "홍가(鴻嘉) 4년 4월"이라고 한 것을 환기할 수도 있다. 즉 유리의 출현으로 온조와 비류 형제가 고구려를 이탈했다는 서사 구조상, 온조 등이 백제를 건국한 연대가 '홍가 4년'으로 간주될 여지가 있는 것이다. 그러나 「동명왕편」에서도 동명왕 주몽이 "在位十九年 升天不下莅" 하였다고 했으므로, 재위년 수는 『삼국사기』와 일치한다. 갑신년 즉위를 수정하지 않는 한, 19년 재위한 동명왕은 홍가 4년에 생존해 있을 수 없는 것이다.

요컨대 이루 열거하기 힘든 빈도로 산포되어 있는 『삼국유사』의 착종은 역사 정보로서 중대한 흠결이 아닐 수 없다. 그러한 당착은 엄정한 사료 비판을 경유하여 충분히 적출하고 수정할 수 있다고 믿는다. 특히 간지 적용과 연호 표기와 재위년 수 산정 등 기년 관련 오류들은 대부분의 경우 다른 전거들에 비춰 바로잡을 수 있다. 다만 판각이 거듭되면서 저질러진 결획의 병리 현상 등은 매우 공교로운 오독을 초래하기도 한다는 점을 각성해야겠다.

3. 정보 서술의 유기적 맥락

『삼국유사』를 구성하는 여러 편목들 사이에서 발견되는 정보의 불일치는 편찬자의 실체에 대한 논란을 증폭시킨다. 특히 왕력과 기이편 이하 제편 사이의 정보 괴리는 손쉽고도 유력한 의혹의 발단이 되어 왔다. 편찬의 과정이 단일하지 않거나 혹은 서술자가 서로 다를 경우, 그로 말미암아 동일 대상에 대한 정보가 상충할 가능성이 있기 때문이다. 다만 동일한 서술자라 해도 특정 사건에 대한 전거 자료 사이의 상충을 인지하지 못하거나 해소하지 못한 채 서로 다른 정보가 반복되었을 수도 있다.

이 문제에 대해 연구자들은 미처 명료한 대답을 공유하지 못하고 있지만, 몇 가지 검증의 단서들은 있다. 우선 서술하는 가운데 대상 항목 자체나 그 특정 내용에 대해 다른 항목이나 내용을 지시한 경우가 있을 때, 그런데 바로 그 지시 내용이 실제 다른 서술 부분에서 호응할 때, 이것은 서술 과정의 유기성을 반증하는 증거로 볼 수 있는 것이다. 『삼국사기』를 국편으로 찬수할 때도 종종 이와 같은 지시와 호응의 방식을 활용했던 것을 환기한다.

특정 자료의 내용이 여기저기에 나뉘어 인용되는 경우도 마찬가지의 증거 능력을 지닌다고 생각한다. 즉 특정 대상에 대한 서술의 토대를 이루는 정보가 복수의 항목에 분재된 경우들을 주목할 필요가 있다. 그런가 하면 『삼국유사』에 종종 보이는 정보의 시비를 판정하거나 논증하는 대목에 적용된 기준에서 서술자의 경향성을 드러내 보일 수도 있다. 서술자의 논증에는 그의 자료에 대한 신뢰의 정도와 취급의 방식 및 취사의 태도가 반영되어 있게 마련이다.

가장 주목할 만한 국면은 서술상의 한 가지 오류가 다른 대목의 서술에 다시 적용되는 사례들일 것이다. 다시 말해 단순한 오인(誤引)이나 오각이 아니라 서술자의 명백한 오인(誤認)과 오판이라면, 그것이 적용된 복수의 사례들 사이에는 지극히 심중한 서술의 유기성, 혹은 사고의 일관성이 공유되어 있다고 보아야 할 것이다.(이강래, 2010) 역시 사건 기년의 사례를 들어 이 문제를 음미해 보기로 한다. 왕력은 백제 성왕에 대해 이렇게 기록하였다.

> 聖王 … 虎寧子 癸巳立 理三十一年 戊午移都沙泚 稱南扶餘
>
> 威德王 … 甲戌立 理四十四年

성왕은 『삼국사기』에 의하면 계묘년 즉 523년에 즉위하여 재위 32년째 되는 해 7월에 신라군과 교전 중에 전사했다. 그러므로 왕력의 즉위년 간지 '계사'(513)는 '계묘'의 오기에 불과하다. 더구나 왕력의 성왕 치세년 '31년'은 이미 말한 바와 같이 사거년을 제외한 재위년 수이므로 『삼국사기』 백제본기와 일치한다. 다시 말해 성왕을 이은 위덕왕의 경우, 왕력이든 『삼국사기』 연표를 따르든, 모두 성왕 재위 32년째가 되는 갑술년에 즉위했다는 데 일치를 보이고 있다.

이처럼 천간(天干)의 일치에 따른 10년 단위의 단순 오류는 『삼국사기』 내부에서도 종종 보이는 현상이다. 예컨대 신라에서 모반하다 적발되어 백제로 달아난 길선(吉宣)을 둘러싼 양국의 갈등 사건은 백제본기와 신라본기에 각각 을미년(155)과 을사년(165)으로 어긋나게 기록되었다.(백제본기1, 개루왕 28년; 신라본기2, 아달라이사금 12년) 신라와 접경해 있던 고구려의 변장이 실직(悉直)에서 피살되었던 저명한 사건 역시 고구려본기에는 경진년(440)에 기록된 반면 신라본기에는 경인년(450)에 기록되었다.(고구려본기6, 장수왕 28년; 신라본기3, 눌지마립간 34년)

한편 왕력의 성왕 관련 정보 가운데 무오년(538)에 왕도를 사비로 옮기고 남부여를 일컬었다고 한 것은 『삼국사기』 백제본기 성왕 재위 16년(538)에 동일하게 기록되어 있다. 그런데 『삼국유사』의 남부여전백제조에도 『삼국사기』를 인용하여 이 천도 문제가 언급되었으되, 유독 그 연대가 다르게 설정되었다. 이로 말미암아 '삼국사기'라고 언명된 유일한 인용처인 이 대목에 대해서조차 현행 『삼국사기』와 다르다는 점에 의혹의 시선을 보내기도 한다.(정구복, 1993)

> 按三國史記 百濟聖王二十六年戊午 春 移都於泗沘 國號南扶餘
>
> 【『삼국유사』 기이 남부여전백제】
>
> 聖王十六年 春 移都於泗沘[一名所夫里] 國號南扶餘
>
> 【『삼국사기』 백제본기4】

남부여전백제조 서술자가 인용한 '삼국사기'는 현행본 『삼국사기』로 보아도 좋다. 그런데 해당 사건 연대의 간지 '무오'는 성왕 16년에 해당한다. 그렇다면 남부여전백제조에서 사건 연대를 성왕 '二十六'년이라고 한 부분은 '十六'년을 잘못 기록한 것이겠다. 이러한 판단은 일단 무리 없는 추정이다.(최광식·박대재, 2014) 그러나 동시에 선초본에도 '二十六'이 분명하므로 적어도 판각 과정의 단순 오각이라고는 생각할 수 없다. 더욱 주의할 사항은 성왕 26년이 무오년이

되기 위해서는 그의 즉위년이 계사년이라야 한다는 점이다.

요컨대 기이편 서술자가 성왕 재위 26년을 무오년으로 기록한 데에는 혹시 왕력의 정보, 즉 성왕이 계사년에 즉위했다는 잘못된 정보가 그의 서술 과정에 개입한 것은 아닌지 의심하게 되는 것이다. 이와 같은 공교로움은 왕력과 제편 사이의 내용적 교호 관계를 암시하는 것이라 특히 주의할 만하다. 이러한 교호의 가능성이 곧 왕력과 제편의 서술 과정이 공유되었다는 의미는 아니다. 다만 적어도 『삼국유사』 정보들의 상호 정합 관계를 주의할 필요가 있다는 것이다.

물론 왕력의 오기와 기이편의 오기가 전혀 관련이 없이 각각 별개로 발생한 것이며, 참으로 우연히 두 오기가 유기적 맥락의 외양을 지니게 된 것일 수도 있다. 쉽게 수긍하기 힘든 설명이긴 하지만, 그 가능성을 완전히 배척할 논리는 없다. 그러나 그와 같은 극단적 회의론은 『삼국유사』의 서술 과정이나 개별 정보에 대한 이해에 별반 기여하지 못한다. 한편, 그와는 반대로 그릇된 논증이거나 판단으로 비쳐지는 서술이 오히려 『삼국유사』 정보 사이의 유기성을 반증하는 경우조차 있다.

기이편 북부여조에 의하면 『고기』를 인용하여, 해모수가 오룡거를 타고 지상에 내려와 북부여 왕이 되었으며, 그의 아들이 해부루로서 동부여에 도읍했다고 한다. 아울러 동명이 북부여를 이어 졸본부여를 세웠는데 이가 곧 고구려의 시조라고 하면서, "아래를 보라[見下]"라는 분주로 마무리를 하였다. 이것은 기이편 체재상 뒤에 설정된 고구려조를 지시한 것이다. 실제 고구려조 서두는 "고구려는 곧 졸본부여다"는 말로 북부여조의 말미와 호응한다.

북부여조에 이어 서술된 동부여조와 고구려조는 '국사고려본기(國史高麗本記)', 곧 『삼국사기』 고구려본기의 내용과 다르지 않다. 즉 해부루의 왕위는 금와가 계승했으며, 금와는 해모수로부터 버림받은 유화를 거두어 유폐했다. 유화는 햇빛에 감응하여 산란하였고 그로부터 태어난 주몽은 천제의 아들이자 하백의 손자로서 여러 난관을 극복하고 고구려를 건국했다 한다. 결국 북부여, 동부여, 고구려조의 서술을 연계해 본다면, 동부여왕 해부루와 고구려왕 주몽이 모두 해모수의 아들이 된다. 이에 착안한 서술자는 고구려조를 서술하는 가운데 이렇게 판단하였다.

「단군기(壇君記)」에는 "단군이 서하(西河) 하백(河伯)의 딸과 가까이하여 아들을 낳아 부루(夫婁)라고 이름했다" 하는데, 지금 이 기록을 살펴보면[按此記] 해모수가 하백의 딸과 사통한 뒤에 주몽을 낳았다고 한다. 「단군기」에 "아들을 낳아 부루라고 이름했다" 하니, 부루와 주몽은 어머니가 다른 형제[異母兄弟]이다.

여기에 언급된 '이 기록[此記]'은 고구려조의 서두에 밝힌 인용 전거 '국사고려본기' 즉 『삼국사기』 고구려본기를 이른다. 그에 의하면 해모수가 하백의 딸과 사통한 뒤에 주몽이 태어났다. 그런데 「단군기」에는 단군과 하백의 딸 사이에서 부루가 태어났다고 하였다. 그러므로 부루와 주몽은 어머니가 다른 형제라는 것이다. 여러 연구자들은 이 경우 '이모형제(異母兄弟)'는 '이부형제(異父兄弟)' 혹은 '동모형제(同母兄弟)'를 잘못 쓴 것이리라고 추정한다.

그러나 만약 잘못 쓴 것이 아니라면, 부루의 어머니 '서하 하백의 딸'과 주몽의 어머니 '하백의 딸'은 서로 다른 사람이어야 한다. 실제로 그렇게 여겨 「동명왕편」에 등장하는 하백의 세 딸 가운데 주몽의 어머니가 되는 유화 외에 그녀의 자매 가운데 하나를 부루의 어머니로 헤아려보는 경우도 있다.(이범교, 2005) 다만 이처럼 '서하 하백의 딸'과 '하백의 딸'을 구분하는 독해는 각각의 배우자로 명시된 '단군'과 '해모수'를 동일인으로 전제하는 것이라 얼른 지지하기는 어렵다.

물론 북부여 및 동부여조와 고구려조에서 해모수가 부루와 주몽 각각의 아버지로 설정된 전승은 이미 확인된 바 있다. 즉 인용 전거로 제시된 『고기』에서는 해모수의 아들 부루가, 그리고 '국사고려본기'에서는 해모수의 아들 주몽이 있었다. 부루와 주몽 형제의 아버지로서 해모수는 이처럼 기이편 내부의 상충 정보를 아울러 포섭한다. 또한 「단군기」에서 이른바 부루의 아버지로 설정된 단군과 주몽의 혈연관계 역시 왕력 가운데서 찾을 수 있다.

高麗 第一東明王 甲申立 … 姓高 名朱蒙 一作鄒蒙 壇君之子

고구려의 시조 주몽이 단군의 아들이라 한다. 이로써 「단군기」에서 말하는 단군의 아들 부루와 주몽은 같은 아버지의 아들 형제가 된다. 고구려조 서술자가 「단군기」를 들어 논증하는 가운데 부루와 주몽의 부로 설정된 단군과 해모수 양변의 중첩된 위상을 염두에 두었다면, 부루와 주몽을 동부형제로 판단할 만한 단서는 인정되는 셈이다. 『제왕운기』가 언급한 「단군본기(檀君本紀)」가 『삼국유사』가 인용한 「단군기」와 같은 것인지 단정하기는 어렵지만, 단군과 부루의 관계 자체는 다르지 않다.

檀君本紀曰 與非西岬河泊之女 婚而生男 名夫婁

【『제왕운기』 하 동국군왕개국연대】

짐작하듯이, 부루와 주몽이 과연 형제냐 아니냐의 판단이 문제의 본질은 아니다. 하물며 그들의 어머니가 같은가 다른가 하는 문제 역시 검증의 대상이 될 수 없다. 사실 『삼국사기』 고구려본기와 「동명왕편」의 (동명)본기(本記), 그리고 『제왕운기』의 동명본기(東明本紀) 모두 해모수와 유화 사이에 주몽이 태어났다고 했으며, 『삼국유사』도 이러한 계보 인식을 부여와 고구려사를 서술함에 있어서 중심 인식으로 삼았다.

한편 이에 대해 이설의 전거로 인용한바, 『고기』는 해모수와 해부루를 부자로 설정하였고, 「단군기」와 「단군본기」는 단군과 부루를 부자로 설정한 것이었다. 고구려조 분주의 서술자는 『고기』와 『삼국사기』와 「단군기」를 다 함께 아울러 장악하였으되, 단군과 주몽을 부자로 설정한 왕력의 정보까지 아울렀을지도 모른다. 이 역시 물론 현행 왕력 자체를 아우른 것이 아니라 단군과 주몽을 부자로 설정한 미지의 전거를 아우른 것일 수도 있다. 그러나 현 단계에서 드러난 자료의 현황에서 볼 때, 이 모호한 분주의 사고 과정을 정합적으로 설명하자면 왕력의 돌발 정보를 개입시키지 않을 수 없다는 사실을 간과해서는 안 될 것이다.

4. 파편 정보의 역사성 회복

『삼국유사』의 편찬이 삼국의 '본사'로 간주한 『삼국사기』에 대해 어떤 정체성을 자부하는 것인지 단언하기는 어렵다. '본사'에 대한 '유사'를 자처했다는 것이야 편찬자의 주제의식이거나 겸양의 수사일 수도 있다. 특히 『삼국유사』에는 서술자가 의도하지 않은 채 이미 중대한 역사성을 대유한 정보들이 허다하였다. 사실 '유사'의 존재란 '본사'의 흠결을 완곡하게 웅변한다. 어떤 맥락에서든 그것은 '본사'를 보완하거나, 또한 보완함으로써 비판하고 있다.

비근한 예를 들자면, 고구려 건국 초기에 성곽과 궁실을 건조한 일을 언급한 『삼국사기』의 서술은 「동명왕편」을 매개로 비로소 유효한 정보 자질을 획득하게 되었다. 즉 『삼국사기』 고구려본기에 의하면, 동명성왕 3년 봄에 황룡이 골령(鶻嶺)에 출현하더니 가을에는 또 푸르고 붉은 구름이 골령에 서렸다 한다. 이듬해 여름에는 운무가 이레 동안 자욱하여 사물을 분간할 수 없을 지경이었다 한다. 그리고 그해 가을에 성곽과 궁실을 지었다고 한다.

이렇게 보면, 황룡과 골령과 이레 동안의 짙은 운무 등이 성곽과 궁실의 건조와 어떤 접점도 없이 유리되어 있다. 그러나 이규보가 지은 「동명왕편」의 서사 가운데 그와 같은 정보들은 긴밀하게 연동되어 나타난다. 관련 대목의 본문과 그에 대한 분주를 인용해 본다.

그윽한 구름이 골령을 덮어 [玄雲冪鶻嶺]

연이은 산조차 보이지 않고　　[不見山邐迤]
수천 명의 사람들이 있어서　　[有人數千許]
나무 베는 소리와 방불한데　　[斲木聲髣髴]
왕께서는 하늘이 나를 위해　　[王曰天爲我]
저곳에 성을 쌓는다 하시매　　[築城於其趾]
홀연히 운무가 걷히고 나니　　[忽然雲霧散]
궁궐이 올연히 솟아 있구나　　[宮闕高嵔嵬]

[7월에 검은 구름이 골령에 일어나서 사람들이 그 산은 보지 못하고 오직 수천 명 사람들의 소리가 토목 공사를 하는 것처럼 들렸다. 왕께서는 "하늘이 나를 위해 성을 쌓는 것이다"라고 했다. 7일 만에 구름과 안개가 절로 걷히자 성곽과 궁실 누대가 저절로 이루어져 있었다. 왕이 황천(皇天)께 절하여 감사하고 나아가 살았다.]

【『동국이상국전집』 3, 고율시 「동명왕편」】

이렇게, 『삼국사기』의 건조한 징검돌들에 「동명왕편」이 문맥을 부여한 것이다. 이와 유사한 방식으로, 『삼국유사』를 매개로 『삼국사기』의 정보들이 비로소 풍부한 함의를 회복하는 사례들이 적지 않다. 반대로 말하자면, 『삼국유사』의 특정 정보가 『삼국사기』를 만나 의도하지 않은 역사성을 갖추게 되는 경우들이 많다고 할 수 있겠다. 당과 갈등하던 신라의 문무왕에게 명랑법사(明朗法師)가 사천왕사의 창건을 제안한 대목을 들어 이 문제를 음미해 보려 한다.

명랑법사가 아뢰었다. "낭산(狼山) 남쪽에 신유림(神遊林)이 있으니, 그곳에 사천왕사를 세우고 도량(道場)을 열면 좋겠습니다."

【『삼국유사』 기이 문호왕법민】

문무왕은 명랑의 제안에 따라 우선 채백(彩帛)으로 절을 가설하고 문두루(文

豆婁)의 비법을 베풀어 당의 수군을 막아 냈다. 명랑법사의 이 행적은 『삼국유사』에서 여러 차례 언급되었다.(신주, 혜통항룡, 명랑신인) 『삼국사기』에 의하면 그 후 문무왕 19년(679)에 사천왕사를 제대로 낙성했다 한다. 그런데 이렇게 창건되는 사천왕사는 이미 한 세대 전에 예견되었다 한다. 즉 선덕왕이 스스로 죽을 날을 예견하고 도리천(忉利天)에 장사 지내라 하였는데, 신하들이 그 장소를 묻자 낭산 남쪽이라고 대답한 적이 있었다. 그렇게 하여 왕릉이 조성된 다음, 실제로 문무왕이 사천왕사를 그 아래 창건하게 된 것이다.

불경에 "사천왕천(四天王天)의 위에 도리천이 있다"라고 하였으니, 그제야 대왕의 영험함과 신성함을 알게 되었다.

【『삼국유사』 기이 선덕왕지기삼사】

신유림과 관련하여 『삼국유사』에 마련된 흥미로운 예견의 장치는 다시 한번 더 거슬러 올라간다. 흥법편 서술자는 「아도본비(我道本碑)」를 인용하여 고구려의 고도령(高道寧)이 그녀의 아들 아도에게 신라의 수도 안에 있는 전불(前佛)시대의 가람터 일곱 곳을 열거하였는데, 그 여섯 번째가 신유림이었다. 여기에 보이는 아도(阿道, 我道)의 실체 및 실제 연대에 대해서는 서술자부터 확정하지 못하고 있지만, 여하튼 신유림은 신라의 불교 전래 및 공인 과정에서 주목받은 곳이었다.

六曰 神遊林[今天王寺 文武王己卯開] … 皆前佛時伽藍之墟 法水長流之地

【『삼국유사』 흥법 아도기라】

신라 불국토 관념의 증좌라 할 이들 가람터에는 그 뒤 흥륜사(興輪寺)를 필두로 저명한 대찰들이 창건되었다. 천경림(天鏡林)의 흥륜사, 삼천기(三川岐)의 영흥사(永興寺), 용궁남(龍宮南)의 황룡사(黃龍寺), 용궁북(龍宮北)의 분황사(芬皇寺),

사천미(沙川尾)의 영묘사(靈妙寺), 서청전(婿請田)의 담엄사(曇嚴寺)가 이들이다. 다만 이와 같은 전불 가람터 지명들의 유래에 대해서는 짐작할 단서가 없다. 그런데 일곱 지명 가운데 오직 신유림에 대해서만은 그 역사적 유래가 『삼국사기』에 보인다.

> 실성이사금 12년(413) 가을 8월에 구름이 낭산(狼山)에서 일어났는데, 멀리서 보면 누각같이 생겼고 향기가 자욱하여 오래도록 없어지지 않았다. 왕이 이르기를 "이것은 필시 신선이 내려와 노니는 것이니, 응당 복 받은 땅이로다"라고 하여, 이 후로는 사람들이 이곳에서 나무를 베지 못하게 하였다.
>
> 【『삼국사기』 신라본기3】

발단은 낭산 위에 서린 이형의 구름이었다. 왕이 이 구름을 보고 신선이 내려와 노니는 징표로 해석한 연유는 드러나 있지 않다. 그러나 비상한 구름의 형용에 대한 왕의 해석은 당대 구성원 사이에서 설득력을 지녔거나 적어도 이견을 차단했을 것이다. 그리하여 왕권은 이곳에서 벌목하는 것을 금했다. 이렇게 하여, 신선이 내려와 노니는[神遊] 낭산의 숲[林]은 더욱 그윽하게 깊어져 전불 가람터다운 기품이 서렸을 것이다.

얼마간 거칠게 말하면, 고도령의 예언과 선덕왕의 예지야 문무왕대에 창건된 (사)천왕사의 현실에서 소급될 수 있는 연역적 장치의 하나라고 할 수 있다. 그러나 실성이사금이 관찰한 누각형 구름과 그에 대한 해석은 그것들과는 다르다. 낭산의 누각형 구름과 자욱한 향기는 차라리 동명성왕대에 골령에 서린 푸르고 붉은 구름과 그 귀결로서 하늘의 공장(工匠)들이 문득 건조한 성곽과 궁실 누대의 출현이라는 상징체계에 닿아 있다. 이 희귀한 고대적 관념이 얼마 뒤 불교적 세계관 아래에서 전불 가람터로 변용된 것일 뿐이다.

그러므로 『삼국유사』의 신유림은 오히려 『삼국사기』에서 그 관념의 연원을 찾게 된 것이다. 아울러 실성이사금의 저 비경험적 해석은 사건 관찰 당대인들의 정서를 반영한다는 점에서 그 의의가 심중하다. 흥미롭게도 「동명왕편」의 구름 정보가 『삼국사기』의 파편적 정보들에 맥락을 부여해 주었다면, 신유림의 경우는 오히려 『삼국사기』의 이형 구름에 대한 왕의 해석에서 『삼국유사』 정보의 역사성이 힘을 얻었다.

이와 같은 사례에서 알 수 있듯이 『삼국사기』와 『삼국유사』 사이에 어떤 일방이 일관되게 고대인들의 경험을 원형에 가깝게 설명한다고 구분할 근거는 없다. 기왕 이 문제를 구름에 대한 관찰과 설명을 단서로 궁리한 이상 한 가지 사례를 더하고자 한다. 『삼국유사』의 후백제견훤조 가운데는 천복(天福) 원년 9월 갑오(甲午)일에 일리천(一利川)을 사이에 두고 대진한 고려 태조와 후백제 신검군의 격돌 대목이 있다. 이 대목은 『삼국사기』 견훤전을 큰 폭으로 생략하여 서술한 인상을 주는 한편, 전혀 새로운 서술이 한 줄 개입해 있다. 유효한 비교를 위해 『고려사』의 태조 세가의 정보까지 포함하여 해당 대목을 발췌해 본다.

甲午 隔一利川相對布陣 太祖與尙父萱觀兵 … 齊進挾擊 … 甄萱憂懣發疽 數日卒於黃山佛舍

【『삼국사기』】

甲午 隔一利川相對 王師背艮向坤而陣 太祖與萱觀兵 忽白雲狀如劍戟 起我師向彼行焉 乃鼓行而進 … 甄萱憂懣發疽 數日卒於黃山佛舍 九月八日也 壽七十

【『삼국유사』】

甲午 隔一利川而陣 王與甄萱觀兵 … 鼓行而前 忽有白雲狀如劒戟 起我師上向賊陣行 … 甄萱憂懣發疽 數日卒于黃山佛舍

【『고려사』】

편찬 순서에 따라 세 자료를 나열해 놓고 보면, 서로의 출입이 간단치 않다. 생략된 부분을 아울러 판단할 때 『삼국사기』와 『고려사』는 큰 줄거리와 구조가 근사하다. 반면 『삼국유사』는 두 관찬사서에 비해 고려 군단의 구체적 편제를 비롯하여 크게 절삭한 것이 드러난다. 당연히 '본사'와 동일한 내용을 거듭 쓸 필요는 없다. 다만 양국의 군사가 접전하기 직전에 "홀연히 창칼과 같은 형상의 흰 구름이 우리 군사 쪽에서 일어나 저들을 향해 가는 것이었다"라고 한 『삼국유사』의 표현은 『삼국사기』에는 없는 한편 완연히 『고려사』의 서술과 닮았다.

흰 구름의 움직임이 의미하는 바는 고려 측의 승리일 것이다. 실제 흰 구름이 그와 같이 형성되어 움직였을 수도 있고, 혹은 고려의 승리를 신비화하면서 천의에 가탁하기 위한 수사에 불과할 수도 있다. 여하튼 이러한 기술 자체야 백제가 멸망하기 바로 전 660년 5월에 "용과 같은 검은 구름이 동쪽과 서쪽 허공 가운데서 서로 부딪쳐 싸웠다"(백제본기6, 의자왕 20)라고 한 서술이 은유하고 있는 바와 다르지 않다. 다만 『삼국유사』와 『고려사』 찬자가 놓치지 않은 이 구름 정보가 어느 자료에서 유래한 것인지는 확정하기 어려운 한편, 그것이 고대적 사유를 반영한다는 데는 이견이 없을 줄로 안다.

그에 반해 『삼국유사』에 있는 "왕의 군사가 동북방[艮]을 등지고 서남방[坤]을 향해 진을 쳤다"라거나 견훤이 죽은 일자와 나이 "9월 8일로서 70세였다"라는 서술은 나머지 두 책 어디에도 없는 정보이다. 사실 사건의 발단이 된 천복 원년 9월 갑오일 자체가 환산하면 9월 8일이 되는지라 『삼국유사』의 일자 정보는 심각한 당착이다. 후백제견훤조의 서술 구조에서 판단할 경우, 군진의 방향 정보와 견훤의 사거일 및 수명 정보는 필시 『고기』로부터 연유한 것이라고 추정할 수는 있다.(이강래, 2001)

요컨대 『삼국유사』의 세계를 '불교적 신이'로 수긍한다 하여 그에 함유되어 있는 '비경험적 역사성'을 간과해서는 안 된다. 이 역설적 정보들의 사료적 자질과 가치는 여러 방식의 비판력과 상상력을 경유하여 획득되거나 회복된다고 믿는다. 그와 함께 『삼국유사』의 정보 편들을 『삼국사기』에 견주어 반드시 일관되게 고대적 원형에 핍진한 것으로 간주한다거나, 반대로 겉으로 드러난 『삼국유사』의 비합리와 초현실적 내용에서 역사성의 탐색을 문득 방기하려는 타성을 똑같이 반대한다.

◎ 참고문헌

강인숙, 1985, 「구『삼국사』의 본기와 지」, 『력사과학』1985-4, 사회과학원 력사연구소.

高麗大學校 中央圖書館, 1983, 『晩松文庫本 三國遺事』, 旿晟社.

金杜珍, 2000, 「三國遺事의 體制와 내용」, 『韓國學論叢』23, 국민대학교 한국학연구소.

朴斗抱 譯, 1974, 『東明王篇·帝王韻紀』, 乙酉文化社.

연세대학교 박물관, 2016, 『파른본 삼국유사 교감』, 혜안.

이강래 교감, 1998, 『原本 三國史記』, 한길사.

이강래, 1998, 「本史와 遺事」, 『월운스님古稀記念 佛教學論叢』, 東國譯經院.

______, 2001, 「『三國遺事』'後百濟甄萱'條의 再檢討」, 『후백제 견훤정권과 전주』, 주류성.

______, 2004, 「『삼국유사』 기이편의 자료 수용 방식」, 『삼국유사 기이편의 연구』, 한국학중앙연구원.

______, 2005, 「『삼국유사』의 사서적 성격」, 『韓國古代史研究』40, 한국고대사학회.

______, 2010, 「『삼국유사』 편찬의 유기성 문제」, 『歷史學研究』40, 호남사학회.

______, 2014, 「고구려 멸망론의 설화적 파생」, (노태돈교수 정년기념논총 간행위원회 편)『한국고대사 연구의 자료와 해석』, 사계절.

이범교 역해, 2005, 『삼국유사의 종합적 해석 (상)』, 민족사.

鄭求福, 1993, 「高麗 初期의 『三國史』 編纂에 대한 一考」, 『國史館論叢』45, 국사편찬위원회.

최광식·박대재 역주, 2014, 『삼국사기 1』, 고려대출판부.

洪潤植, 1987, 「三國遺事에 있어 舊三國史의 諸問題」, 『韓國思想史學』1, 思社研.

三品彰英, 1975, 『三國遺事考証 上』, 塙書房.

『삼국유사』와 중국의 잡사(雜史)

樓正豪(中國 浙江海洋大學 東海發展硏究院 助理硏究員)

1. 서론

당(唐)나라의 유명한 사학자인 유지기(劉知幾, 661-721)는 『사통(史通)』에서 중국 정사(正史) 이외의 '잡사(雜史)'를 모두 10개 종류로 정리했는데, 그 항목은 편기(偏記)·소록(小錄)·일사(逸事)·쇄언(瑣言)·군서(郡書)·가사(家史)·별전(別傳)·잡기(雜記)·지리서(地理書)·도읍부(都邑簿) 등이다. 『삼국유사(三國遺事)』는 저자 일연(1206-1289)이 김부식(1075-1151)이 지은 정사인 『삼국사기(三國史記)』에서 빠진 내용을 보완할 목적으로 완성한 한국의 고대 사서(史書)인데, '遺事'는 잡사의 성격을 잘 보여 주고 있는 이름이다. 일연이 『삼국유사』를 편찬했을 때, 사지(寺誌)·금석문(金石文)·고문서(古文書)·사서(史書)·문집(文集)·승전(僧傳) 등 여러 자료를 참고하여 가치 기준에 따라 채취·수록한 후 9편목(篇目)으로 분류하였다. 왕력편(王曆篇)과 기이편(紀異篇)은 한민족(韓民族) 역사에 관한 기록이고, 흥법편(興法篇) 이하의 탑상편(塔像篇)·의해편(義解篇)·신주편(神呪篇)·감통편(感通篇)·피은편(避隱篇)은 모두 불교와 승려에 관한 서술이며, 마지막의 효선편(孝善篇)은 효행에 관한 기재이다. 그 체재는 정사체와 근본적으로 다르고, 중국의 10개 종류의 雜史 중 어느 것에도 속하지 않는다. 다만 『삼국유사』의 내용을 볼 때, 중국의 잡사인 『수신기(搜神記)』, 고승전(高僧傳), 그리고 사묘지(寺廟誌)와 유사하다. 본고는 이런 관점을 중심으로 『삼국유사』의 성격을 재조명하고자 한다.

2. 『삼국유사』와 중국의 『수신기(搜神記)』

『삼국유사』의 곳곳에서 신선(神仙)적인 요소가 산견되고 있는데, 연표인 왕력편을 빼면 모든 편명의 조목들은 대부분 신이한 설화로 채워졌다. 왕력편에 이어지는 기이편의 편명은 어느 사서나 저술에서도 발견할 수 없는 명명(命名)이며, 기이편뿐만 아니라 『삼국유사』의 다른 편목도 기이편의 연장에 불과하다고 이해된다.(김도진, 2001) 이런 특징으로 인하여 『삼국유사』는 중국의 『수신기』를 연상케 한다.

『수신기』는 동진(東晉) 시기 유명한 사학자인 간보(干寶, 279?-336)에 의하여 편찬되었는데, 유지기의 『사통』에 의하면 이 작품은 잡사 중의 잡기(雜記)류로 분류된다.(『史通』 雜述) 간보가 활동하던 사회는 귀신 이야기로 가득 차 있던 시기였다.(魯迅, 1923) 그는 어렸을 때 아버지의 첩과 형제가 죽은 후에 다시 부활한 사실을 직접 목격하고 나서 귀신이 우리가 볼 수 없는 공간에 존재한다는 것을 더욱 믿었다고 한다. 그는 일찍이 저서랑(著書郎)을 역임했으며 국사(國史)를 편찬하는 데 참여하여 『진기(晉紀)』를 저술하였다. 『수신기』도 역사서의 기준으로 저작하였으나, 민간 곳곳을 방문하여 귀신에 관한 이야기를 채집하였기 때문에 언제나 신빙성을 요구받고 있었다.(『搜神記』 序) 그러므로 『수신기』는 중국 지괴소설(志怪小說)의 효시로 여겨지는 한편 역사서 중 잡사로 평가받기도 하며, 간보는 당시 사람들로부터 "귀(鬼)의 동호(董狐; 直筆로 인해 史家들의 師表가 되어 널리 칭송된 중국 춘추시대 晉나라 太史)"라는 평가를 받기도 했다.(『晉書』 干寶傳)

『삼국유사』와 『수신기』는 다음과 같이 세 가지 공통점을 갖고 있다.

첫째, 신기하고 기이한 내용으로 구성된 『삼국유사』와 『수신기』는 모두 깊은 문학적 경향을 지니고 있는 역사 저술이다. 현대인의 인식으로는 두 책에 기록된 대부분의 내용이 허구적인 설화이지만, 저자인 일연과 간보는 모두 사학자로서 사서의 기준으로 작품을 만들었다. 『삼국유사』와 『수신기』의 내용이 된 설화가 생겼던 고대 한국과 중국 위진(魏晉) 시기에는 사람들이 여전히 미신적인 신앙을 받아들이고 있었기 때문에, 일연과 간보도 무의식으로 이런 신이한 설화의 사료 가치를 인정하여 기록하게 되었다. 구체적인 특징은 두 책에 역사적 실존 인물들이 많이 등장하여 신이한 사건들을 일으켰다는 것이다. 즉 대부분 설화에서 역사상 실존했던 주인공과 신이한 사건이 발생한 시간, 장소 등 역사적인 기록에서 반드시 있어야 할 요소가 모두 명기되고 있었다. 『삼국유사』 기이편에는 고대 한국의 각 정권과 군주(君主)의 순서대로 신이한 이야기가 기술되어 있는데, 등장한 주인공이 왕이든지 관료든지 다 역사상의 인물이라는 점이 신이함의 실재성을 입증하는 것으로 볼 수 있다. 『수신기』도 마찬가지로 26권 464조의 모든 기록에서 주인공이 국군(國君)이거나 당시의 유명한 문인, 장군, 관료 등 실명(實名) 제시의 원칙이 철저히 지켜졌다. 이 특징은 두 작품의 사서적 성격을 잘 보여 주고 있다.

둘째, 『삼국유사』와 『수신기』에는 서로 다른 계통의 저본에서 나온 같은 이야기들이 수록되어 있어서 역사적 연구를 위해 대단히 유용하다. 『삼국유사』와 『수신기』의 성격이 너무 유사하여 수록된 이야기들 중에서 같은 것도 찾을 수 있는데, 예를 들면 바로 동명왕(東明王) 신화가 그것이다. 동명왕 신화는 『삼국유사』 기이편 고구려조에 기록되어 있으며, 『수신기』 권14에도 수록되어 있다. 그러나 『삼국유사』에는 동명왕 주몽이 부여국에서 탈출한 고구려의 국주(國主)이나, 『수신기』에는 주몽이란 이름이 나오지 않으며, 동명왕은 고리국(槁離國)에서 빠져나간 부여의 시조로 기록되어 차이를 보이고 있다. 일연과 간보는 서로 다른 계통의 저본을 참고하여 후대 역사학자에게 귀중한 이본(異本)을 남겨 주었다. 이들을 통하여 역사학자들이 부여국, 고구려국과 고리국의 관계나 부여국의 지배구조, 이에 따른 시조 인식의 변용 등의 문제를 연구함에 있어서 큰 도움이 될 수 있다고 한다.(신종원, 2006; 박승범, 2009)

셋째, 『삼국유사』와 『수신기』에는 같은 패턴의 신이한 설화가 자주 나타나서 중한 양국의 문화가 같은 동아시아 문화권 안에 속하는 것을 입증하고 있다.

동아시아 문화의 특질 가운데 하나는 효의 문화이다. 『삼국유사』에는 효선편이라는 편목에 다섯 개의 효행 이야기가 실려 있으며, 『수신기』 권11에는 모두 17조목의 효행담이 실려 있다. 『삼국유사』 손순매아(孫順埋兒)와 『수신기』 곽거매아(郭巨埋兒)는 자신의 아들을 죽여 묻음으로써 어머니를 봉양하려 한 손순과 곽거의 효행에 하늘이 감동하여 그를 돕는다는 설화의 줄거리가 일치되고 있다. 『삼국유사』 감통편에 등장하는 김현감호(金現感虎)의 설화는 호랑이 처녀가 인간으로 변신하여 사람과 사랑을 나눈 후 죽음으로써 사랑하는 사람을 돕는다는 기이한 이야기이다. 『수신기』 권18에도 인간과 이류(異類)가 교감하였다는 설화가 많이 수록되어 있다. 이뿐만 아니라 천지재변(天地災變)과 인간의 화복(禍福)이 긴밀한 관계에 있음을 잘 보여 주는 이야기들이 두 책에 모두 셀 수 없이 많다. 이것은 유교의 천인감응(天人感應) 사상이 잘 반영되어 있는 흔히 볼 수 있는 주제이다. 다만 『수신기』가 유교와 도교의 신이(神異)와 감응(感應)을 강조하는 반면, 『삼국유사』의 설화는 초경험적인 요소를 불교의 관점에서 해석하는 경향이 짙다고 이해한다.(조동일, 1990) 왜냐하면 간보는 유학적인 사유 방식을 지닌 유교적 인물이고, 위진시대 현학(玄學)의 영향을 받기도 하였지만, 일연은 승려였기 때문이다. 따라서 두 작품의 큰 차이는 『삼국유사』의 설화가 주로 불교 인과응보 사상을 제시하고 불상(佛像)의 영험함을 간증하는 구조로 이루어지지만, 『수신기』에서는 불교 요소의 영향을 거의 찾아볼 수 없다는 점이다. 간보가 활동하였던 동진시기에 이르면 불교가 본격적으로 수용되고 있지만, 『수신기』 안에서 불교설화를 찾아보기 어려운 이유는 간보가 생활했던 강남(江南) 지역에서 현학이 문인 사상의 주류를 이루고 있었기 때문으로 이해할 수 있다.(嚴耀中, 2009)

그러므로 『삼국유사』의 성격을 검토하기 위해서는 중국의 불교사적(史籍)과 비교하는 것이 더 타당성이 있을 것으로 판단하여 중국의 승전(僧傳)에서 『삼국유사』의 서술체제와 승려전기의 원류를 탐색하고자 한다.

3.『삼국유사』와 중국의 승전(僧傳)

승전의 시원은 석가모니의 사적을 기록한 불경이다. 널리 알려진 바와 같이 동아시아 최초로 편찬된 고승전은 중국 양(梁)나라 때 혜교(慧皎)가 지은『양고승전(梁高僧傳)』이다. 이어서 당(唐)나라 도선(道宣)이 편찬한『속고승전(續高僧傳)』, 송(宋)나라 찬녕(贊寧)이 저술한『송고승전(宋高僧傳)』이 나타나서 중국 고승전의 찬술 체제인 "십과(十科)"의 내용 분류법이 확립되었다. 중국 삼고승전(三高僧傳)의 편목은 그 순서나 표현상 서로 약간의 차이가 있지만, 대체로 역경(譯經)·의해(義解)·습선(習禪)·명률(明律)·호법(護法)·감통(感通)·유신(遺身)·독송(讀誦)·흥복(興福)·잡과성덕(雜科聲德)으로 구성되어 있다. 유지기의『사통』 가운데 "잡사"의 종류에 따르면 正史의 傳記를 보강할 수 있는 "별전(別傳)"에 속한다.

한국 고승전의 효시는 신라 김대문의『고승전』이지만 전해지지 않으며,『삼국유사』는 고승의 이야기가 많이 수록되어 있는데 왕력·기이·흥법·탑상·의해·신주·감통·피은·효선 등 아홉 편목도 중국 삼고승전의 "십과" 분류법을 따른 것이다. 그러나『삼국유사』는 단순히 중국 고승전의 패턴을 답습한 고승전이 아니라 불교적 내용이 주를 이루는 불교사적(佛教史籍)이나 설화집으로 이해된다.(정하영, 2001)『삼국유사』와 중국 삼고승전의 편목에서 발견되는 서로 다른 점은 다음과 같다.

첫째, 중국의 삼고승전은 그 책의 이름과 내용을 통해서 알 수 있듯이, 모두 고승들의 전기를 기록하고 있으나,『삼국유사』는 왕력 및 기이편 등 역사적인 내용이 전체 분량의 약 절반에 해당하고 있어서 결코 고승들의 전기만을 쓴 것으로 보기는 어렵다.

둘째,『삼국유사』의 아홉 편목은 중국 삼고승전의 "십과"와 똑같은 것은 의해와 감통 두 편이 존재하지만, 내용과 인적 구성 면에서 양자 사이에 상당한 차이가 있어 그대로 대응되지는 않는다고 이해된다.(최병헌, 2012)『삼국유사』의

해편에 수록된 인물 가운데 원광(圓光), 원효(元曉), 의상(義湘) 등은 삼고승전에서도 의해편에 들어 있지만, 자장(慈藏)은『속고승전』에서 호법편에, 진표(真表)는『송고승전』에서 명률편에 들어 있다. 중국 고승전의 감통편에는 승려, 특히 유명한 승려에게만 신이한 현상이 일어난 것을 기록하는 반면에,『삼국유사』의 감통편은 다양한 종류의 신앙을 발현한 사례들을 모은 것으로, 대부분이 승려가 주인공이지만 드물게 일반인도 있다. 그리고 감통편이 신라 귀족불교를 배격하고 일상성이 강조되는 하층불교 속에서 감통의 진정한 의미를 부각시켰다는 견해도 있다.(윤주필, 1989)

셋째,『삼국유사』의 홍법편은 중국 고승전의 호법편과 홍복편에, 신주편은 중국 고승전의 잡과성덕편에, 피은편은 중국 고승전의 유신편에 비교되지만, 역시 내용과 구성에서 큰 차이가 있기 때문에 대응되지는 않는다. 일연은 홍법편을 통해 고대 한국의 삼국 각 나라의 불교 초전 사실과 불교 관련 상황을 보여 주고 있다. 중국 고승전의 호법편과 홍복편에는 주로 불법을 호위하거나 불교신앙자의 바른 행동으로 복을 얻은 스님의 전기가 수록된다. 그리고 중국 삼고승전 중 어느 것도 신주편과 같이 밀교 승려만으로 구성한 편목은 없으며, 단지 신주는 잡과 중의 한 가지로 여겨진다.『삼국유사』의 피은편은 세속적인 번거로움을 피하여 은거하는 승려와 속인(俗人)의 전기(傳記)인데 중국 고승전의 유신편은 불법을 위해 자신의 몸을 버린 경우를 주로 서술하고 있기에 피은편의 성격과는 다르다.

넷째,『삼국유사』의 탑상편과 효선편은 중국의 어느 고승전에서도 시도된 바가 없는 편목명이어서 그 독자성이 강조될 법하다.(이기백, 1973) 탑상편은 고대 한국 각 나라에서 이루어진 불탑과 불상의 조성 이유 및 이들에 대한 예배와 영험 등에 대해 기록하고 있으며, 효선편은 주인공의 효심에 하늘도 감동하여 그 결과가 효행에 대한 보상으로 이어지는 데에 그치지 않고, 불교의 고차원에서 선업을 쌓는 것이 곧 진정한 효를 행하는 것이라는 점을 보여 주고 있다.

이상의 분석을 통하여『삼국유사』의 승전 기록은 새로운 분류 체계를 구상하고 조직한 것을 강조하였지만, 중국 고승전의 양식과 영향을 완전히 무시할 수 없다고 생각한다. 『삼국유사』의 승전과 중국 고승전의 공통점은 다음과 같은 세 가지로 볼 수 있다.

첫째, 『삼국유사』와 중국 고승전의 저자는 모두 승려이며, 그들의 창작 의도가 유사하다. 중국 고승전은 사마천(司馬遷)의 『사기(史記)』를 비롯한 기전체 정사의 열전을 모방한 승려의 열전체 사서이다. 중국의 어느 정사에서도 승려를 위해 만든 독립적인 열전이 없으나, 양나라의 혜교, 당나라의 도선, 송나라의 찬녕 등 당대 지식인으로서의 스님들이 이 점을 유념해서 고승의 업적이 역사의 흐름에서 사라질 것을 염려하여, 고승전을 쓰기 시작하게 되었다. 『삼국유사』의 찬자인 일연도 마찬가지로 이런 역사의 사명감과 책임감을 갖고 유교사상을 중심으로 만들어진 정사 『삼국사기』와는 달리 한국 고대 승려의 사적의 보존에 주력하여 이 작품을 완성하였다.

둘째, 항목별로 본문의 서술을 끝낸 뒤에 "讚曰"이 보이는 것은 『삼국유사』와 중국 고승전의 공통적인 체제이다. "讚曰"은 중국 사서에서 객관적인 사실을 서술한 뒤에 저자가 자기 의견을 밝힌 내용이다. 『사기』에서는 "太史公曰"이라고 하였고, 『한서(漢書)』에서는 "讚曰"이라고 하여 모두 산문(散文)과 병려문(騈驪文)을 섞어 표현하였다. 『후한서(後漢書)』의 저자인 범엽(范曄)이 사언운문(四言韻文)의 형식으로 "讚曰"을 짓기도 하였다. 『삼국유사』에는 일연의 칠언절구(七言絕句)로 이루어진 찬시(讚詩) 48수가 수록되어 있다. 일연의 찬(讚)은 사평(史評)의 성격보다 중송(重頌)의 성격이 더 많고, 문학적 함축이 깊은 편이라고 이해된다.(김상현, 2005)

셋째, 앞의 부분에서 이미 검토한 바와 같이, 『삼국유사』와 중국 고승전의 편목에서 큰 차이가 보이지만, 일연이 중국 고승전 체제를 본받은 사실을 부인할 수 없다. 중국과 한국 고대불교의 발전 양상과 승려의 사료 보존 상황이 다르기 때문에 일연이 한국 승려의 특징을 중국 고승전의 편목양식 그대로 분류할 수 없어서, 나름의 기준에 따라 새로운 편목을 만들고 각 내용을 배당한 것으로 이해할 수 있다.

그렇다면 한국 고대불교는 중국과 비교할 때 어떠한 독자적인 특징을 갖는 것일까? 이것은 바로 신불교융(神佛交融)의 현상이라고 할 수 있다. 신선(神仙)에 대한 제사가 고대 한국인에 있어 중요한 종교 체험이라고 할 수 있으며, 고대 신라의 국선도(國仙道)와 화랑도(花郎道)에 있어서는 신선사상이 그 밑바탕을 이루고 있다. 삼국시대의 불교는 이런 신이의 현상과 영험이 가득 찬 사회배경 속에서 민간으로 유포가 되는 동안 미신적인 민간신앙으로 흡수·융합되면서 사회의 확고한 기반을 얻었다. 그래서 『삼국유사』의 편목은 중국 고승전과 유사하며 심지어 일치되더라도 내용의 줄거리는 중국 고승전처럼 불교적 교리의 실현만을 말하지 않으며, 승려에게 일어난 신이한 사건이 주를 이룬다. 즉 일연이 승려들의 전기 중심의 서술에 그치지 않고 수많은 신앙과 영험 사례를 널리 수용하여 불교의 신통력을 강조하고 있다. 이 특징은 감통편과 신주편에서 집중적으로 나타난다. 감통편은 중국 고승전의 고유한 편목인데 감통을 불교 수행의 증과(證果)로 이해할 수 있다. 고대 한국의 신이적인 문화 전통이 불교 수용에 있어 신라 밀교의 발전을 가져올 수 있는 계기가 되었고, 신비의 주법(呪法)으로 현세의 모든 소망을 추구하는 신통력을 보이며, 일연이 이런 특징을 주목해서 『삼국유사』 신주편을 찬술하게 되었다. 그래서 『삼국유사』의 고승의 생애는 토착 신선과 함께하는 서로 간의 교감과정이 서사에서 큰 역할을 하고 있어서,(강은해, 2004) 『삼국유사』는 불교 승려들의 전기 모음집인 역대 고승전과는 성격을 달리하는 불교 중심의 한국 고대문화사라고 할 수 있다.(최병헌, 2012)

『삼국유사』 승전(僧傳) 기사의 또 다른 특징은 민중적 시각에서 이루어졌다는 점인데, 이는 중국 사묘지(寺廟誌)와의 비교를 통해서 자세히 고찰하고자 한다.

4. 『삼국유사』와 중국의 사묘지(寺廟誌)

일연은 『삼국유사』를 찬술하면서 각종 고문서를 참고했는데 이 중에는 사묘지 문헌도 포함되어 있다. 일연이 사묘지 내용들을 직접적으로 인용하여 서술하지 않았으나, 대부분의 사찰 창건이나 중창(重創)과 관련한 연대 등의 문제점이 있는 부분에 대한 주석처럼 "寺記云", "寺中記云", "寺中有記云", "寺本記云" 등의 형식으로 나타나고 있다.(곽승훈, 2004)

지금 볼 수 있는 동아시아에서 가장 일찍 나오는 사묘지는 북위(北魏) 시대인 547년에 양현지(楊衒之)가 편찬한 『낙양가람기(洛陽伽藍記)』이다(黃建年·陶茂芹, 2014) 당나라 유지기의 『사통』에 제시된 잡사 분류에 따르면 사묘지는 지리서류에 해당한다. 유지기는 지리서가 갖고 있는 두 가지 단점을 지적한 바가 있는데, 하나는 사람들이 항상 자기의 고향을 과시하여 고향의 모든 것을 좋다고 하여 실제 상황과 맞지 않는다는 점이고, 다른 하나는 고적이나 산수의 유래가 모두 전설 이야기로 구성되어서 믿기 어렵다는 점이다. 『낙양가람기』를 볼 때도 낙양 불교 사찰의 창건 연기에 있어 불교의 신이한 사건이나 사찰에서 일어난 신이한 사례들이 많이 기록되어 있는데, 후대 사묘지에서 신이적인 경향이 더욱 뚜렷하게 나타난다. 중국 고승전에서 감통편 이외에는 신이한 설화가 대거 수록되지 않은 반면에, 『삼국유사』에는 불교의 신통력과 관련한 신앙의 영험 사례를 늘 강조하고 있다. 특히 여러 보살들을 등장시키는 점은 『삼국유사』의 고승설화에 나타나는 하나의 패턴인데, 중국의 사묘지 중 "보살현응(菩薩顯應)" 또한 "감응령이(感應靈異)"의 내용과 매우 유사하다.

『삼국유사』의 "보살화현(菩薩化現) 설화를 정리한다면 다음과 같다. 「백률사(柏栗寺)」에서는 용모가 단정한 승려로 화현된 관세음보살이 말갈족(靺鞨族)에게 잡혀갔던 부례랑(夫禮郎)을 구해 왔다. 「미륵선화(彌勒仙花)」에서는 진자(真慈)가 수원사(水源寺)에서 미륵보살의 화신인 한 젊은 남자를 만났다. 「남백월이성(南白月二聖)」에서는 부득(夫得)과 박박(朴朴)이 관세음보살의 화신인 묘령의 낭자의 시험과 도움을 통하여 성불하였다. 「낙산이대성(洛山二大聖)」에서는 의상(義湘)이 관음보살을 친견하였지만, 원효(元曉)는 관음보살을 만났음에도 미처 보살을 알아보지 못했다. 범일(梵日)은 당나라에 갔다가 왼쪽 귀가 끊어진 한 중을 만났는데 그는 바로 정취보살(正趣菩薩)의 화신이었다. 「대산월정사오류성중(臺山月精寺五類聖衆)」에서는 관음보살이 늙은 부인으로 화현하여 신효거사(信孝居士)에게 머물 수 있는 곳을 가르쳐 주었다. 「자장정률(慈藏定律)」에서는 자장이 입당(入唐)하여 오대산(五臺山)에 있을 때, 문수보살의 화신을 만나 그로부터 문수보살의 기별(記莂)을 받았다. 그 뒤에 어느 날 문수는 남루한 옷을 입은 거사의 모습으로 나타났는데 자장이 알아보지 못해서 자괴감으로 헤매다가 죽었다. 「광덕·엄장(廣德·嚴莊)」에서 엄장은 도반(道伴)인 광덕의 아내, 즉 관세음보살의 화신의 도움으로 서방정토에 나아갔다. 「경흥우성(憬興遇聖)」에는 십일면관음(十一面觀音)이 나타나 경흥(憬興)의 병을 낫게 해 주며, 문수보살도 나타나 그의 잘못된 행동을 고쳐 주었다. 「진신수공(真身受供)」에서는 경덕왕이 불교 재회(齋會)에서 차림새가 남루한 승려를 무시하여 석가모니의 화신임을 알아보지 못했다. 「월명사도솔가(月明師兜率歌)」에서는 월명사의 지성이 미륵보살을 감동시켜서 직접 화현(化現)하게 되었다. 「낭지승운(朗智乘雲)」에서 지통(智通)은 이인(異人)으로 화현한 보현보살에게서 정계(正戒)를 받았다. 「연회도명(緣會逃名)」에서는 연회가 한 노수(老叟)로 화현된 문수보살을 만났으나 알아보지 못했다.

이상의 예를 보면 설화에서 등장한 관음보살, 문수보살, 보현보살, 미륵보살 등이 모두 대승불교에만 있던 신앙 대상인데, 보살님은 위로는 깨달음을 구하고 아래로는 중생을 구제하는 보살행(上求菩提, 下化衆生)을 실천하기 때문에 대중들의 추대와 숭배를 받고 있어서 민간에서 많은 보살화현(菩薩化現) 설화가 출현하였다. 『삼국유사』에 실려 있는 보살화현 설화를 구체적으로 누가 만들었고 또 어떻게 전하다가 기록·정착되었는지는 더 연구되어야 할 과제이지만, 고대 한국 사람들이 이렇게 대승보살행 사상을 담아 불교설화를 창작하였음은 실로 자부할 일이 아닐 수 없다는 공인을 받고 있다.(임동주, 1981) 중국 고승전에도 보살화현의 줄거리가 가끔 보이지만, 『삼국유사』처럼 큰 비중을 차지하지 않는다. 이것은 사학전기(史學傳記)로서의 중국 승전(僧傳)과 서민문학 작품의 차이라고 볼 수 있다. 그런데 사묘지는 잡사 중 지리서의 성격을 갖고 있어도 보살화현 모티프로 된 설화가 많이 수록되어 있다. 왜냐하면 사찰의 공양자 가운데 보통 민중들이 가장 많은 수를 차지하고 있어서 어떤 절에 보살화현의 영이(靈異) 사건이 많으면 많을수록 더욱 많은 신중(信衆)들을 초치(招致)할 수 있다. 그래서 『보타산지(普陀山誌)』·『청량산지(清涼山誌)』·『아미산지(峨眉山誌)』와 같은 전설 중 관음·문수·보현 등 보살들이 살고 있는 중국 불교 명산에 관한 산지(山誌)나 사묘지 안에 보살화현 이야기가 가득 채워져서 이러한 예는 일일이 다 열거할 수 없다. 중국에서 체계적으로 구성된 사묘지는 대체로 불교가 세속화된 명나라 시대부터 본격화되어 편찬되는데, 내용면에서는 신이적인 "보살화현" 설화가 더욱 증가해 갔다. 이러한 경향은 아무래도 대중들에게 신앙심을 고취하기 위해서 강조되었을 것이다.

그러나 중국 사묘지의 "보살화현" 설화에는 보살들이 고승들을 인도하여 도움을 주는 이야기만 보이는데 고승들에 대한 비판적 시각을 담고 있는 것을 찾아보기 힘들다. 『삼국유사』는 그렇지 않다. 「낙산이대성」에서 의상은 이주일 동안 재계(齋戒)하고 관음보살을 친견했으나, 원효는 낙산을 찾아가는 도중에 들에서 벼를 베고 개울에서 월수백(月水帛)을 빨래하는 여인들을 만났지만 그들이 관음보살이 변한 것인 줄 모르고 지나쳤다고 한다. 『삼국유사』에서 원효만큼 비중 있게 다루어진 승려가 없지만, 그럼에도 불구하고 이 설화에서 의상은 관음의 진용을 친견한 데 반해 원효는 실패하고 만다. 자장은 신라의 율종(律宗)을 세워서 교단의 풍속을 쇄신하였으며 평생을 계율을 엄히 지켜 온 나라의 사표(師表)가 되었다. 그러나 『삼국유사』에 실린 그에 관한 설화 역시 일부 비판적 시각을 담고 있다. 「자장정률」에 자장은 남루한 도포를 입고 칡 삼태기 속에 죽은 강아지를 담고 온 늙은 거사가 문수보살의 현신임을 알아보지 못했고, 결국 자괴감으로 그를 찾아 헤매다가 허무하게 죽음을 맞이했다고 한다. 「경흥우성(憬興遇聖)」에서 國師가 되어 지위 높은 사람만 상대하는 경흥 스님이 한 초라한 거사를 만났는데 그가 경흥이 말을 타는 것을 비판하자 마침내 경흥이 그가 문수보살의 화신임을 깨달았지만 더 이상 찾을 수가 없다고 한다.

원효, 자장과 경흥은 모두 중국 승전에서 훌륭한 명승으로 부각된 인물인데 중국 승전에서는 이들을 완벽한 성인으로 묘사한다. 중국 승전에 실려 있는 이들은 서민적으로 묘사된 『삼국유사』에서 재해석되어 나타났다. 「낙산이대성」에서 월수백을 빠는 여인은 관음보살의 화신으로 등장하지만, 한편으로는 당시 신라의 평범한 여인의 일반적 모습이다. 원효가 이러한 여인들과 희롱하고 대화하도록 설정된 상황에 대한 민중들의 비판 의식을 나타낸 것이라고 볼 수 있고, 이런 모습의 원효는 서민들에게 '원효도 우리와 다르지 않다'는 공감을 불러일으키기에 충분했다.(김종의, 2015) 「자장정률」에서 남루한 옷을 걸친 문수보살의 화신은 바로 일반 민중의 모습 그대로인데 이처럼 귀족 불교의 대표인 자장이 일반 민중들과 유리될 때 민중들은 가차없이 그를 버리고 떠났다고 이해된다.(윤종배, 1995) 「경흥우성」은 비천한 계급의 모습으로 나타난 문수보살이 경흥의 사치스러운 행동을 일깨운다는 설화인데 이를 통해 보살=민중이라는 관계를 읽을 수 있는 것이다.(윤종배, 1995)

『삼국유사』의 보살화현 설화에서 국가의 지도적 위치에 있는 고위층 승려들이 잘못된 행동을 고쳤다는 것을 기록한 것은 『삼국유사』는 중국의 승전이나 사묘지보다 기층민을 향하는 경향이 더욱 두드러진 특징을 우리에게 보여 주고 있다.(정병삼, 2011) 따라서 『삼국유사』가 고전으로 사랑받는 까닭 가운데 하나가 신이한 세계에 대한 믿음이라면 다른 하나는 서민에 대한 구원의 손길이라 할 수 있다.(김종의, 2015)

5. 맺음말

본고에서 필자는 『삼국유사』의 성격을 규명할 목적으로 중국의 『수신기』, 고승전 그리고 사묘지 등 세 종류의 잡사와 비교하여 검토하였다. 『수신기』와 비교할 때, 필자는 두 책이 가진 세 가지의 공통점을 발견하였다. 그들은 모두 기이한 내용을 중심으로 하는 역사 저술인 점, 서로 다른 계통의 저본에서 나온 같은 역사 사실을 기록한 점과 같은 패턴의 설화를 수록한 점이다. 그러나 『삼국유사』의 내용은 불교 이야기가 주된 것인 반면에, 『수신기』에서는 불교의 영향을 찾기 어렵기 때문에 두 책의 성격을 똑같다고 할 수 없어서 『삼국유사』를 중국의 고승전과 비교하였다. 그 결과 『삼국유사』가 중국 고승전의 편목과 분류를 모방하면서도 나름의 기준에 따라 새로운 체계를 만들었는데, 중국과 한국 고대불교의 발전 양상의 차이점을 찾을 수 있었다. 즉 신불교융(神佛交融)의 현상이 한국 고대불교의 독자적인 특징이라고 할 수 있다. 마지막으로, 필자가 『삼국유사』와 중국의 사묘지에 실렸던 보살화현 설화를 중심으로 비교해서 『삼국유사』가 담고 있는 서민의식을 강조하였다. 이처럼 세 종류의 중국 잡사와의 비교·분석을 통하여 『삼국유사』가 우리에게 보여 주는 신이한 세계와 서민에 대한 구원한 세계라는 양종세계(兩種世界)를 더욱 잘 이해할 수 있다고 생각한다.

◎ 참고문헌

【晉】干寶, 『搜神記』, 中華書局, 1979.

【唐】劉知幾, 『史通』, 上海古籍出版社, 2015.

【唐】道宣, 『續高僧傳』, 中華書局, 2014.

【宋】贊寧, 『宋高僧傳』, 中華書局, 1987.

강은해, 2004, 「삼국유사 高僧談의 갈등양식과 의미—唐「續高僧傳」·宋「宋高僧傳」과 비교하면서」, 『한국문학이론과 비평』24.

곽승훈, 2004, 「통일신라시대의 寺誌 편찬」, 『한국사학사학보』9.

김상현, 2005, 「삼국유사의 讚 研究」, 『東國史學』41.

김종의, 2015, 「元曉와 菩薩像」, 『민족사상』9.

박승범, 2009, 「夫餘國의 신화적 변동과 東明神話의 시·공간적 推移」, 『한국사학보』37.

신종원, 2006, 「부여·고구려 건국신화의 同異樣相」, 『고구려의 역사와 대외관계』, 서경문화사.

이기백, 1973, 「삼국유사의 사학사적 의의」, 『震檀學報』36.

임동주, 1981/2, 「菩薩化現說話에 나타난 菩薩化現의 原理와 樣相—「삼국유사」소재 설화를 중심으로」, 『국제어문』.

윤종배, 1995, 「삼국유사 고승설화에 나타난 民衆意識」, 『東洋古典研究』4.

윤주필, 1989, 「삼국유사의 체재와 주제—感通篇의 체재 구성원리를 중심으로」, 『동아시아 문화연구』15.

정병삼, 2011, 「삼국유사 神呪편과 感通편의 이해」, 『신라문화제 학술발표논문집』.

정하영, 2001, 「승전의 전통과 소설적 수용」, 『東洋學』31.

조동일, 1990, 『삼국시대 설화의 뜻풀이』, 집문당.

최병헌, 2012, 「삼국유사 의해편과 신라불교사」, 『신라문화제 학술발표논문집』.

魯迅, 1923, 『中國小說史略』, 北京新潮社.

嚴耀中, 2009.3, 「關於搜神記中佛教内容的質疑」, 『中華文史論叢』.

黃建年·陶茂芹, 2014.12, 「佛教寺廟志及其分類類目研究」, 『圖書館論壇』.

* 신라 왕경의 동궁과 월지 전경(VR 복원)

2부

『삼국유사』의 고대사 인식

『삼국유사』의 고조선·삼한 인식

박대재(고려대학교 한국사학과 교수)

1. 머리말

『삼국유사』에는 『삼국사기』에 보이지 않는 단군조선에 대한 인식이 뚜렷하게 보인다는 특징이 있다. 『삼국사기』 고구려본기 동천왕 21년(247)조의 "평양은 선인왕검(仙人王儉)의 터(宅)"라는 기록에서, 선인왕검이 단군왕검을 가리키는 것으로 이해되기도 한다.(서영대, 1994) 하지만 『삼국사기』 연표에서는 해동역사가 기자(箕子)로부터 시작하여 위만(衛滿)으로 이어졌다고 하여, 단군에 대한 인식은 뚜렷하게 보이지 않는다.

반면 『삼국유사』에는 주(周) 무왕이 기자를 조선에 봉했다고 언급하긴 했지만, 기자조선 시대에 대한 인식은 드러나지 않는다. 현전하는 전통사서에서 기자조선 시대를 따로 설정하지 않은 것은 『삼국유사』가 유일하다.

『삼국유사』에서는 마한이 고구려가 되고, 변한이 백제가 되고, 진한이 신라가 되었다고 인식하였다. 이러한 삼한-삼국설은 일통삼한(一統三韓)론에 기초한 최치원 이래의 전통적인 인식으로, 조선 후기 한백겸의 『동국지리지』에 이르러서야 비로소 마한-백제, 진한-신라, 변한-가야로 연결해 보는 통설로 바뀌게 된다.(노태돈, 1982)

『삼국유사』에서는 고조선, 위만조선 다음으로 마한을 서술하고 있다. 마한을 고구려의 전신으로 보면서도, 마한과 고구려를 따로 서술하였다. 이것은 백제와 그 전신이라고 본 변한을 "변한백제(卞韓百濟)"조에서 같이 서술한 것과 다르다. 이처럼 마한을 고구려와 구분해 위만조선 다음에 세 번째로 서술한 것은, 고조선과 마한을 준왕(準王)을 매개로 선후 연결해 보려는 인식의 반영이라 할 수 있다. 이런 고조선-마한 인식은 조선 후기 삼한정통론의 단서가 되기도 했다.

조선 후기 이후 북쪽의 고조선과 남쪽의 삼한을 공간적으로 구분해 보는 시각이 일반적이지만, 조선 전기까지만 해도 고구려를 마한 또는 변한과 연결해 보는 시각이 통설이었다.(박대재, 2006a) 『삼국유사』도 마한과 고구려를 연결해 보고 있다. 이와 같이 보게 되면 고조선과 삼한이 시·공간적으로 착종되는 현상이 발생한다. 다음에서는 『삼국유사』에 보이는 고조선·삼한 인식을, 고조선과 삼한의 관계 설정 문제를 중심으로 살펴보고자 한다.

2. 고조선과 위만조선의 구분

고조선은 『삼국유사』 기이(紀異)편의 첫 번째 조목이다. 기이편 앞에 왕력(王曆)이 있지만, 『삼국유사』의 서문이 기이편 앞에 붙어 있다는 점에서 왕력은 기이편 이하의 편찬 이후 부록으로 덧붙여진 것으로 보인다.(박대재, 2009)

『삼국유사』의 고조선은 '왕검조선(王儉朝鮮)' 즉 단군조선을 의미한다. '고조선(古朝鮮)' 제목 아래에 작은 글씨로 '왕검조선'이라는 세주가 붙어 있는데, 본문의 '단군왕검(壇君王儉)'이란 표현을 미루어 보아 고조선이 단군조선을 가리킴을 알 수 있다.(이기백, 1988) 『삼국유사』에서는 고조선(단군조선)을 우리 고대사의 시점으로 인식한 것이다.

『삼국유사』의 두 번째 조목은 고조선 다음의 '위만조선'이다. 위만의 한자 이름을 '魏滿'이라고 표기하여, 『삼국사기』, 『제왕운기』, 『동국통감』 등의 일반적인 '衛滿' 표기와 차이가 난다. 중국 사서에서도 차이가 나는데, 진수의 『삼국지』나 범엽의 『후한서』에서는 '衛滿'이라고 했지만, 그보다 앞서 후한 때 편찬된 왕부의 『잠부론(潛夫論)』에서는 '魏滿'이라고 했다. 『삼국유사』 위만조선조에서는 『한서』 조선전을 인용하였는데, 『한서』 원문에서 '滿'이라고만 한 것을 『삼국유사』에서는 '魏滿'이라 바꾸어 표기하였다. 어떤 자료에 근거한 것인지 불분명하다.

『삼국유사』에서 고조선과 위만조선을 구분하였다는 점이 눈에 띈다. 일반적으로 '고조선'이란 용어가 1392년 건국된 조선 왕조와 구분하기 위해 조선에 '고'자를 붙인 것으로 이해하지만, 1280년대에 편찬된 『삼국유사』에서는 조선 왕조와 구분할 필요가 없었다. 위만조선 앞에 고조선이 있는 것에서 알 수 있듯이, 위만조선보다 오래된 조선이란 의미에서 '고'자가 붙은 것이다. 물론 조선시대 이후 사용된 '고조선'이란 용어에는 단군·기자·위만의 3조선을 모두 포괄하는 의미가 있었다. 하지만 『삼국유사』 단계에서는 위만조선보다 앞선 단군조선만을 '고조선'이라 하였다. 조선 건국 이전과 이후에 '고조선' 용어의 의미가 달라진 것이다.

『삼국유사』와 비슷한 시기(1287)에 편찬된 이승휴(李承休, 1224-1300)의 『제왕운기』에는 단군의 조선을 '전조선(前朝鮮)', 기자의 조선을 '후조선(後朝鮮)'이라 하고, 위만은 한(漢)을 배반하고 후조선의 준왕을 내쫓았다고 비판하며 단군·기자의 2조선과 구별해 보았다. 『제왕운기』에서 기자의 후조선을 단군의 전조선과 구분해 따로 설정한 것은 고려 중기 이후 성장한 '소중화(小中華)' 의식의 반영이기도 하다.(박대재, 2016) 이에 반해 『삼국유사』에서는 기자조선의 시기를 따로 설정하지 않고, 고조선(단군조선)과 위만조선의 2조선만 기록한 것이다.

정도전의 『조선경국전』 이래 조선시대 『고려사』, 『동국통감』 등의 역사서에서 단군-기자-위만으로 이어지는 3조선사의 체계가 확립되었다.(김정배, 2010) 조선시대 사서에서 단군조선-기자조선-위만조선의 3조선사 체계가 처음 갖춰진 것은 1403년 태종의 명으로 하륜(河崙)·이첨(李詹)·권근(權近) 등이 편찬한 『동국사략(東國史略)』인 것으로 보인다. 현재 『동국사략』은 권 3~4만 전해져 그 전모를 파악할 수 없지만, 이첨의 문집(『雙梅堂篋藏文集』)에 전하는 그 일문(逸

文)을 통해, 『동국사략』의 첫 부분이 단군조선, 기자조선, 위만조선의 3조선으로 정리되었음을 짐작할 수 있다. 이첨의 일문에 보이는 '魏滿朝鮮' 표기나, '二府' 서술은 모두 『삼국유사』의 영향으로 이해된다.(박대재, 2018)

고려 후기에 편찬된 『삼국유사』와 『제왕운기』에서는 고조선-위만조선, 또는 전조선-후조선의 2조선사 체계로 이해되었다. 조선시대의 3조선사는 『삼국유사』와 『제왕운기』의 2조선사를 종합한 것이라 할 수 있다.

『삼국유사』에서는 고조선(단군조선)과 위만조선 사이에 기자조선의 단계를 따로 설정하지 않았다. 이것은 『삼국유사』의 고조선사 인식에서 보이는 가장 큰 특징이다. 사실 『삼국유사』 고조선조에는 기자에 대한 기록도 짧지만 포함되어 있다. 이를 보면 『삼국유사』에서는 기자조선을 단군조선의 시대 속에 포함해 파악한 것이다.

『삼국유사』 고조선조는 『위서(魏書)』, 「고기(古記)」, 「당배구전(唐裵矩傳)」 등 3개 사료를 인용해 서술되어 있다. 먼저 『위서』를 인용해, "2천 년 전에 단군왕검이 아사달에 도읍하고 나라를 세워 조선이라 하였는데 요(堯) 임금과 같은 때"라고 했다.

다음으로 「고기」를 인용해, 환인의 서자 환웅이 하늘로부터 내려와 웅녀를 만나 단군왕검을 낳았다는 이야기가 서술되어 있고, 이어서 요임금 50년에 단군이 평양성에 도읍하고 조선이라 칭했고, 나중에 백악산 아사달로 도읍을 옮겨 1천 5백 년간 나라를 다스렸다고 했다. 그리고 주 무왕 즉위년에 기자를 조선에 봉하자, 단군은 다시 장당경(藏唐京)으로 도읍을 옮겼고, 뒤에 다시 아사달로 피해 산신이 되니 나이 1천 908세라고 했다.

「고기」를 인용한 부분은 단군신화가 포함되어 있어 잘 알려져 있는 기록이다. 이 기록 말미에 "기자가 조선에 봉해졌다"는 기록이 있는 것이다.

세 번째로 「당배구전」을 인용해, "고려(高麗)는 본래 고죽국(孤竹國)으로 주(周)가 기자를 봉해 조선으로 삼았다"고 하고, 또 한(漢)이 3군을 나누어 설치했는데 현도(玄菟)·낙랑(樂浪)·대방(帶方) 등이 그것이라 했다. 그리고 마지막에

“『통전(通典)』 또한 이(당배구전) 설과 같다”는 기록이 붙어 있다.

「당배구전」은 『당서』 배구전을 가리키는데, 『구당서』(권63)에는 배구가 수(隋) 양제(煬帝)에게 고구려가 본래 고죽국이며 주가 기자를 그 지역에 봉했음을 말하면서 고구려를 복속시켜야 한다고 권하는 내용이 있다.

현도, 낙랑, 대방 등 3군에 대한 기록은 『당서』에 보이지 않는다. 3군 기록은 『삼국유사』 편찬자가 덧붙인 것으로 볼 수도 있지만, 세주에서 “『한서』에서는 진(眞)·임(臨)·낙(樂)·현(玄) 4군이라 했는데 지금 3군을 말하고 또 이름이 같지 않으니 무슨 이유인가”라고 한 것을 보면, 3군 기록도 참고한 원래 사료에 들어 있던 내용인 것이다. 아마도 『삼국유사』 편찬자는 『당서』를 인용하며 3군 기록을 덧붙여 놓은 다른 기록을 참고한 것인 듯하다.

『삼국유사』에서는 「당배구전」을 인용한 가운데, 고죽국의 위치를 “지금의 해주(海州)”라고 세주를 붙여 놓았다. 고죽국-기자조선-고구려로 이어지는 연혁을 고려하면, 기자가 처음 봉해진 조선지역이 해주였다고 보는 것이다. ‘해주’에 대해 기존에는 황해도 해주로만 생각해 왔다. 그런데 여기서 ‘해주’는 황해도가 아니라 요동지역의 ‘해주’ 즉 지금의 해성(海城)으로 보아야 한다.

지금의 요녕성 해성시에 해주가 처음 설치된 것은 요(遼) 때부터다. 원대에 폐지되었다가 명대에 다시 해주위(海州衛)가 되고, 청 순치(順治) 10년(1653)에 해성현이 되었다. 「당배구전」에 의하면 고죽국지역은 기자조선을 거쳐 고구려 영역이 됐다. 『삼국유사』 고구려조에서는 시조 주몽이 도읍한 졸본주(卒本州)가 요동(遼東)에 있다(“卒本州在遼東界”)고 했다. 고구려의 초기 중심지역을 요동으로 파악한 것이다. 고구려의 전신 고죽국의 위치를 요동 해주(해성)에 비정한 것과 서로 통한다.

『구당서』에서 배구가 고구려를 쳐야 한다고 주청한 이유도 당시 고구려가 요동을 차지하고 있었기 때문이었다. 요동이 본래 고죽국, 기자조선의 영역이었는데 현재는 고구려가 차지하고 있다는 논리다. 『삼국유사』의 찬자가 고죽국의 위치를 해주(해성)에 비정한 것은 단군조선과 기자의 관계를 이해하는 데 시사가 있다. 기자가 조선에 봉해진 것은 인정했지만 그 지역을 요동지역으로 국한해 보면서, 단군조선의 중심지역인 평양 일대와는 지리적으로 구분해서 본 것이다. 이것은 『삼국유사』에서 기자조선 단계를 따로 설정하지 않은 또 하나의 배경이라고 할 수 있다.(박대재, 2018)

첫 번째 인용한 『위서』가 어떤 책인지 그동안 많은 논란이 있었다. 『삼국유사』 편찬자가 조작해 낸 가짜 서명이라는 설부터, '魏滿朝鮮'의 사서여서 '魏書'라고 했다는 설, 진수의 『삼국지』 중 '위지(魏志)'라는 설, 왕침(王沈)의 『위서』라는 설, 위수(魏收)의 『위서』(북위서)라는 설까지 다양하다.(박대재, 2001)

왕침의 『위서』는 현재 전하지 않고, 현재 전하는 『삼국지』나 『위서』(북위서)에는 모두 고조선 기록이 보이지 않는다. 하지만 현재 전하는 사서에서 확인되지 않는다고 하여 조작됐다고 단정하기는 어렵다. 『위서』가 『삼국유사』의 첫 기록이라는 점에서 사료의 조작 가능성은 낮다고 생각된다. 또한 '위서'가 위만조선의 역사서라면, 정작 위만조선조에서는 왜 인용되지 않았는지 의문이다. 한편 『삼국유사』에서 『삼국지』를 인용한 경우에는 모두 『위지』라고 표기했다. 따라서 '위서'를 『삼국지』(위지)를 가리킨다고 보기도 어렵다. 왕침의 『위서』에는 동이전이 입전되지 않았던 것으로 이해된다.

따라서 '위서'는 일단 동이전이 입전된 위수의 『위서』(북위서)일 가능성이 가장 높다. 다만 현재 전하는 위수의 『위서』가 편찬 당시의 원래 모습이 아니라 당대 이후 원문이 산일되어 송대에 새롭게 보완한 것이라는 점을 고려해야 한다. 원래의 『위서』에 고조선 관련 기록이 들어 있었을 가능성이 있는 것이다.

『위서』에서는 단군왕검이 조선을 개국한 때가 2천 년 전으로 요임금과 같은 때라고 하였다. 『맹자』와 『사기』의 5백 년마다 성인이 나타난다는 천운설(天運說)에 입각해 보면, 요임금 시기로부터 2천 년이 되는 시점은 사마천이 『사기』를 편찬한 기원전 1세기 초에 해당한다. 『위서』의 서술 기준 시점이 기원전 1세기라는 점은 거기에 보이는 고조선 기록이 기원전 1세기에 건국된 나라의 전사(前史)와 관련될 가능성을 시사해 준다.

『삼국유사』 왕력과 고구려조에서는 「단군기(壇君記)」를 인용하여, 고구려 시조 주몽과 동부여 시조 부루(夫婁)가 단군의 아들이라고 했다. 이에 주목하면 동부여나 고구려 건국의 전사(前史)로 2천 년 전에 단군이 조선을 세웠다는 기록이 거론됐을 수 있다. 『위서』(북위서)에는 중국 정사에서 처음으로 고구려의 주몽 설화가 수록됐다. 이런 정황을 고려하면 위수의 원 『위서』에서 고구려 건국의 전사로 고조선이 언급됐을 가능성도 추정할 수 있다.(박대재, 2015)

위에서 보았듯이 『삼국유사』 고조선조에 인용된 3개의 사료 가운데 『위서』를 제외하고, 「고기」, 「당배구전」에는 짧지만 기자의 조선 수봉 기록이 있다. 그러나 『삼국유사』에서는 기자조선 조목을 따로 설정하지 않았다. 기자의 조선 수봉 이후에도 단군은 아사달에서 장당경으로 도읍을 옮기고 뒤에 다시 아사달에 와 산신이 되어 1천 908세까지 살았다고 한다. 기자의 시기를 단군조선의 시대 속에 포괄해 이해한 것이다.

단군의 어국(御國) 기간 1천 5백 년과 산신이 된 후 누린 향수(享壽) 1천 908년을 합하면 3천 408년이 된다.(이홍직, 1959) 『제왕운기』에서는 단군 원년(무진)으로부터 고려 태조 18년(935)까지의 적년(積年)이 3천 288년이라고 했다. 『제왕운기』에서는 단군 원년을 요 원년 무진이라 했지만, 「고기」에서는 요임금 50년 경인이라고 해서 기년에 차이가 크다. 『제왕운기』가 근거한 『통감외기(通鑑外紀)』의 기년은 「고기」가 참고한 『대연력(大衍曆)』보다 2주갑(120년) 늦다. 이러한 기년 차이를 감안하고 3천 408년을 계산하면, 「고기」의 단군기원(檀君紀元) 시점은 고려 태조 원년(918, 무인)이 된다. 즉 단군원년(경인)부터 918년(무인)까지의 적년이 3천 408년이 되는 것이다.(박대재, 2015)

이러한 사실은 「고기」에 보이는 단군신화의 성격을 이해하는 데도 시사가 적지 않다. 이에 대해서는 고려 초기의 도참(圖讖)이나 「고기」의 성격과 관련하여 향후 논의를 더 발전시킬 필요가 있을 것이다.

뒤에 보겠지만 『삼국유사』 마한조에서는 『위지』를 인용하여, 준왕이 위만의 공격을 받고 좌우 궁인을 거느리고 바다를 건너 한지(韓地)로 남하했다는 내용을 소개하고 있다. 『삼국지』 동이전 예조에는 준왕이 기자의 40여 세손으로 기록되어 있다. 그럼에도 『삼국유사』에서는 기자와 준왕의 관계에 대해 언급하지 않았다.

『삼국유사』에서 준왕은 마한의 전사(前史)로 나오고, 기자조선의 왕으로는 명확하게 자리매김되지 않았다. 기자로부터 준왕에 이르는 기자조선의 역사가 『삼국유사』에서는 서술되지 않은 것이다. 이것은 같은 시기 편찬된 『제왕운기』에서 준왕을 기자의 41대손, 후조선(기자조선)의 시대를 '928년간'이라고 설정한 것과 크게 다른 부분이다.

3. 고조선과 삼한의 관계

『삼국유사』 기이편의 네 번째 조목인 72국조에서는, 고조선의 유민이 나뉘어 삼한 70여 국이 되었다고 서술하였다.

> A. 『通典』에 이르길, 朝鮮의 유민이 나뉘어 70여 國이 되었으니 모두 지방 1백 리다. 『後漢書』에 이르길, 西漢이 조선의 옛 지역에 처음에 4郡을 설치했는데 나중에 2府를 두었다. 법령이 점차 번잡해지고 나뉘어 78國이 되었는데 각각 1만 호이다.[馬韓은 서쪽에 있으며 54小邑이 있는데 모두 國을 칭했다. 辰韓은 동쪽에 있으며 12小邑이 있는데 國을 칭했다. 卞韓은 남쪽에 있으며 12小邑이 있는데 각각 國을 칭했다]
>
> 【『삼국유사』 권1, 기이 72국】

『통전』을 인용하여 고조선의 유민이 나뉘어 70여 국이 되었다고 한 기록에서 '70여 국'은 『후한서』의 '78국'과 연결된 것으로, 주에 보이는 마한 54국, 진·변한 24국을 가리키는 것이다.

이처럼 고조선과 삼한을 선후로 연결해 보는 인식은 조선 후기 실학자들 이래 고조선과 삼한을 구분해 보는 지금의 통설과 매우 다른 것이다. 현재의 고조선·삼한 인식의 발단은 조선 후기 한백겸(韓百謙, 1552-1615)의『동국지리지』로부터 열렸는데 그 주요 논지는 아래와 같다.

B. 생각건대, 우리 동방은 옛날에 스스로 나뉘어 남북이 되었는데, 그 북은 본래 三朝鮮의 땅으로 檀君이 堯임금과 나란히 섰고, 箕子를 지나 衛滿에 이르러 나뉘어 4郡이 되고 합하여 2府가 되어 高朱蒙과 더불어 번갈아 성쇠하더니 東晉 이후 高氏가 마침내 그 지역을 병합하여 고구려가 되었다. 그 남은 三韓의 땅으로 漢初에 箕準이 위만에 의해 쫓겨 바다를 건너 남쪽으로 韓地 金馬郡에 이르러 도읍하고 韓王이라 칭하니 이것이 마한이다. 秦의 망인이 役을 피해 韓地에 들어오자 韓이 그 동쪽 경계를 떼어 주니 이것이 진한이다. 또 그 남쪽에 변한이 있어 진한에 속하였으니 각각 거수가 있었다.

【『東國地理誌』後漢書 三韓傳 愚按】

한백겸은 단군조선, 기자조선, 위만조선의 삼조선과 마한, 진한, 변한의 삼한은 지역적으로 남과 북으로 명확히 구분되어 있었다고 보았다. 삼조선의 지역에서 고구려가 일어나고, 삼한의 지역에서 백제, 신라, 가락(가야)이 일어났다는 것이다. 그리고 북(삼조선)과 남(삼한)의 경계로 한강 일대를 비정하였다.

이러한 고조선/삼한 구분 인식은 최치원 이래 전통적인 삼한-삼국 인식에서 벗어난 것이다. 신라의 최치원으로부터 영향을 받아 고려시대의 김부식이나 일연, 이승휴 등의 학자들은 모두 마한이 고구려가 되고, 진한이 신라가 되고, 변한이 백제가 되었다는 삼한-삼국 연결 인식을 가지고 있었다.

다만 조선 초의 권근(權近, 1352-1409)은 마한이 백제가 되고, 변한이 고구려가 되었다고 조금 달리 보기는 했지만, 역시 삼한-삼국을 연결해 보았다. 반면 한백겸은 고구려는 북쪽의 고조선지역에서 일어난 것이며, 마한, 진한, 변한 3한은 한강 이남에서 각각 백제, 신라, 가야가 되어 남과 북이 서로 명확히 구분되었다고 본 것이다. 이러한 고조선/삼한 구분 인식은 정약용, 한치윤, 안정복 등 조선 후기 실학자들에게 계승되어 지금까지 정설로 받아들여지고 있다.

그렇다면 『삼국유사』에 보이는 고조선-삼한 계승 인식은 어디로부터 기원한 것일까. 『삼국유사』뿐만 아니라 『삼국사기』나 『제왕운기』에서도 고조선이 삼한, 다시 삼국이 되었다는 역사 인식이 보인다. 그 가운데 『삼국유사』의 72국조는 고조선-삼한 계승 인식을 가장 단적으로 보여 주는 대표적 기록이다.

고조선-삼한-삼국을 선후로 연결해 보는 인식은 근대에도 영향을 미쳐 신채호(申采浩, 1880-1936)의 전후삼한(前後三韓)설이 등장하기도 했다. 삼조선을 전삼한으로 보고, 삼한을 후삼한으로 보아 양자를 연결해 본 것이다. 또한 전후삼한설은 천관우(千寬宇, 1925-1991)의 북삼한·남삼한설(천관우, 1989)로 발전되기도 했다. 하지만 신채호와 천관우의 삼한이동설은 『요사(遼史)』 지리지, 고염무(顧炎武, 1613-1682)의 『일지록(日知錄)』 등 후대의 인식이 반영된 기록에 근거하고 있다는 데 문제가 있다.(박대재, 1999)

고조선-삼한 계승 인식의 핵심은 마한이 고구려가 되었다고 보는 부분이다. 마한지역에서 주몽이 고구려를 건국했다고 보는 인식은 이승휴의 『제왕운기』에서도 명확하게 나타난다.

> C. 漢 元帝 建昭 2년 갑신(기원전 37) 해에 馬韓의 王儉城에서 나라를 건설했네. 하늘이 사람을 보내와 궁궐을 세움에 산속 어두운 골짜기에 쩌렁쩌렁한 소리 들리더니, 7일 만에 완공하여 구름 안개 걷히니 금벽 왕궁 우뚝 솟아 새로운 하늘 어루만지네. 오이, 마리, 협보 세 신하가 함께 王業을 도왔네.
>
> 【『帝王韻紀』 卷下 高句麗紀】

『제왕운기』에서는 기원전 37년 고구려 시조 주몽이 건국한 지역을 "마한의 왕검성"이라고 기록하고 있다. 이것은 최치원 이래의 마한-고구려 인식이 반영된 것이다. 최치원의 삼한 인식은 『삼국사기』에 전하는 다음 기록을 통해 확인할 수 있다.

D. 그 문집에 있는 太師 侍中에게 올린 글에서 이르길, 엎드려 듣건대 동쪽 바다 밖에 三國이 있어 그 이름이 馬韓·卞韓·辰韓입니다. 마한은 곧 고려(고구려), 변한은 곧 백제, 진한은 곧 신라입니다.

【『삼국사기』 권46, 열전(6) 최치원】

최치원은 당의 태사 시중에게 올린 글에서 해동 삼국의 역사를 서술하면서 삼국을 가리켜 삼한이라고 칭하였다. 여기서 삼한은 『삼국지』 동이전에 보이는 마한, 진한, 변한의 실제 삼한이라기보다 삼국에 대한 이칭으로 이해된다. 이와 같은 기록이 『삼국사기』 지리지 서두에도 똑같이 보인다.

최치원은 마한=고구려, 변한=백제, 진한=신라의 인식을 가지고 있었던 것인데, 그 국명의 거명 순서가 『삼국사기』의 신라, 고구려, 백제의 순서와 다르다. 『삼국지』 동이전에서 삼한을 거명할 때 마한, 진한, 변한의 순서로 한 것과도 다르다.

중국 정사 가운데 삼국을 동이전에 처음 갖추어 서술한 『양서(梁書)』에서 고구려, 백제, 신라의 순서로 입전하였다. 『양서』에서는 백제가 마한 54국의 하나였으며 뒤에 강대해져 여러 소국을 통합하였다고 서술하였다. 이것은 『후한서』 동이전 이래 백제를 "마한의 1국"으로 기록한 것과 연결된다.

최치원의 마한=고구려 인식은 『삼국유사』에서도 그대로 받아들여졌다. 『삼국유사』의 마한조와 변한·백제조에서 다음과 같이 삼한의 연혁에 대해 서술하였다.

E-1. 魏志에 이르길, 위만이 조선을 치자 조선왕 準이 궁인 좌우를 거느리고 바다를 건너 남쪽으로 韓地에 이르러 개국하고 馬韓이라 하였다. 견훤이 (고려) 태조에게 올린 글에서 이르길, 옛날에 마한이 먼저 일어나고 赫世(혁거세)가 발흥하자,

이에 백제가 金馬山에서 개국하였다. 최치원이 이르길, 마한은 고구려이고 진한은 신라이다. [本紀에 근거하면, 즉 신라가 먼저 갑자년에 일어나고 고구려가 뒤에 갑신년에 일어났다. 여기서 (마한을 먼저) 일컬은 것은 준왕의 일로 말한 것일 뿐이다. 이로써 동명의 건국은 마한을 병합한 후에 일어난 것임을 알 수 있다. 그래서 고구려를 칭해 마한이라 한 것이다. 지금 사람들이 간혹 金馬山을 인식해 마한을 백제라고 생각하는 경우가 있으나 대개 잘못이다. 고구려지역에 본디 (馬)邑山이 있는 까닭에 마한이라 한 것이다.]

【『삼국유사』 권1, 기이 마한】

E-2. (최)치원이 이르길, 변한이 백제라고 했다. 본기를 살펴보니, 온조의 건국이 鴻嘉 4년(기원전 18) 갑신으로 혁거세나 동명의 시기보다 40여 년 늦다. 『唐書』에서 卞韓의 묘예가 낙랑지역에 있다고 한 것은 온조의 계보가 동명에서 나왔기 때문에 그렇게 말한 것일 뿐이다. 혹 어떤 사람이 낙랑지역을 나와 변한에서 건국하여 마한과 나란히 대치한 것은 온조의 앞에 있었던 일이며 낙랑지역에 도읍한 것은 아니라고 하고, 혹자는 함부로 九龍山을 卞那山이라고도 부른 까닭에 고구려를 변한이라고 생각하기도 하는데 대개 잘못이다. 마땅히 옛 현인(최치원)의 설이 맞다. 백제지역에 본디 卞山이 있던 까닭에 卞韓이라고 하였다.

【『삼국유사』 권1, 기이 변한·백제】

여기서 「본기」는 『삼국사기』의 신라본기와 고구려본기를 가리키는 것으로 보인다. 이에 따르면 신라가 기원전 57년, 고구려가 기원전 37년에 건국하여, 신라가 20년 앞서 일어났다.

『삼국유사』의 찬자는, 신라보다 마한이 먼저 일어났다는 견원의 말이나, 최치원이 고구려를 신라보다 먼저 언급한 이유를, 준왕이 남하하여 마한을 세웠다고 한 『위지』의 준왕 고사에서 찾고 있다. 기원전 195년 무렵 마한이 준왕에 의해 성립되어 신라보다 먼저 일어난 것이며, 동명이 그 마한을 아우르고 고구려를 세웠으므로 신라보다 먼저 언급했다는 것이다.

『삼국지』 동이전 한(韓)조에는 준왕이 좌우궁인을 거느리고 와 한지(韓地)에 머물며 스스로 한왕(韓王)이라 불렀다고 서술되어 있다. 이 기록에 기초해 『삼국유사』에서는 준왕이 마한을 세웠다고 본 것이다. 마한으로부터 고구려가 나왔기 때문에 건국은 신라보다 늦었지만 먼저 언급하였다고 이해한 것이다.

하지만 마한이 고구려로부터 나왔기 때문에 고구려를 신라보다 먼저 언급하였다고 본 『삼국유사』의 이해는 쉽게 납득하기 어렵다. 앞서 본 최치원의 글에서 마한, 변한, 진한의 순서로 언급하여, 변한(백제)을 진한(신라)보다 먼저 언급하고 있다. 『삼국유사』의 논리대로라면, 변한이 진한보다 먼저 성립되었기 때문에 백제를 신라보다 먼저 언급하였다는 것이다. 하지만 실제로 변한이 진한보다 먼저 성립되었다고 보기는 어렵다. 아마도 최치원이 마한, 변한, 진한의 순서로 언급한 것은, 『양서』 동이전 등 중국 정사에 보이는 고구려, 백제, 신라의 기재 순서대로 이해했기 때문으로 추정된다.

『삼국유사』 신라시조 혁거세왕조의 주에 인용된 고본(古本)에 의하면, 진한 6부(部)의 조상이 "立邦設都"를 논의하고 혁거세와 알영을 얻은 때를 "建虎 元年"이라고 한다. 『삼국유사』 본문에서 이때를 "前漢 地節 원년 壬子"(기원전 69)라고 한 것과 차이가 난다. 建虎(虎는 고려 혜종 武의 피휘) 즉 건무 원년은 후한 광무제 원년(기원후 25)이므로, 본문의 연도보다 94년 늦은 것이다. 혁거세가 13세에 왕으로 즉위하였으므로, 「고본」에 따르면 기원후 37년이 신라의 건국 연대가 된다. 이것은 『삼국사기』나 『삼국유사』의 신라 건국 연도인 기원전 57년보다 94년 늦은 것이다.

「고본」의 실체가 분명하지 않지만, 최치원의 삼국사 인식은 고본과 비슷한 계통의 사료에 입각하고 있었다고 이해된다. 「고본」은 『삼국사기』 이전에 있었던 고기(古記)의 일종으로 이해되며, 거기에는 신라의 건국이 고구려나 백제보다 늦게 기록된 것으로 보인다.

E-1 기록의 말미에서 보듯이, 『삼국유사』에서 마한을 고구려와 연결시켜 본 가장 큰 이유는 '(馬)邑山' 때문이다. 일본 덴리대학(天理大學) 소장 순암(順庵, 안정복) 수택본 『삼국유사』에 의하면, 원래는 '馬邑山'이었는데 '馬'자가 빠지고 현

재는 '邑山'만 보인다.

『삼국사기』 고구려본기 보장왕 20년(661) 8월, 소정방이 고구려 군사를 패강(浿江)에서 깨뜨리고 '마읍산'을 빼앗은 후 마침내 평양성을 포위하였다. 이 '마읍산' 기록은 『삼국유사』 태종춘추공조에서도 똑같이 보인다. 『동국여지승람』 평양부 고적조에서는 일통지(一統志)를 인용해 평양성 서남쪽에 마읍산이 있으며, 소정방이 평양을 포위할 때 빼앗은 마읍산이 바로 이 산이라고 하였다. 이처럼 『삼국유사』에서는 평양 근교의 마읍산을 근거로 마한이 고구려지역이라고 본 것이다.

『삼국유사』에서는 준왕의 남래지역을 구체적으로 서술하지 않았다. 다만 준왕이 마한을 개국했고, 마한은 마읍산이 있는 평양 일대라고 하여 전후 관계에 의해 짐작할 뿐이다. 이것은 『제왕운기』에서 준왕의 남래지역을 금마군이라고 명시한 것과 다른 점으로, 전통적인 마한-고구려설을 염두에 두었기 때문일 것이다. 하지만 준왕의 남래지역을 평양 일대로 보게 되면 위만조선의 위치와 중복되는 문제가 생기게 된다. 이런 점들 때문에 준왕의 남래지역을 구체적으로 언급하지 않은 듯하다.

『삼국유사』에서는 마읍산이 있는 평양 일대를 마한의 고지로 보면서 마한과 고구려를 연결해 보았다. 앞서 본 A 기록에서 조선 유민이 나뉘어 삼한 70여 국이 되었다고 한 것도 마한-고구려 인식의 연장선상에서 나온 것으로 보인다. A 기록에서는 『통전』을 인용한 것처럼 서술하였지만, 사실 『통전』에는 이와 같은 기록이 보이지 않는다. 『통전』에서는 다음과 같이 고조선과 삼국의 역사를 약술하였다.

F. 周 초에 商 太師의 國을 조선에 봉했다. (중략) 秦이 천하를 병합하자 그 淮·泗 유역의 夷는 모두 흩어져 人戶가 되었다. 그 조선은 천여 년이 지나 漢 高帝 때 이르러 멸망하였다. 武帝 元狩(기원전 122-117) 중에 그 지역을 개척하여 낙랑 등 군을 설치하였다. 後漢 말에 이르러 公孫康에 의해 점유되었다. 魏·晉도 그 지역

을 차지하였다. 그 삼한지역은 海島 상에 있는데 조선의 동남쪽인 百濟와 新羅로, 위·진 이후 韓地를 나누어 다스렸다. 신라는 또 백제의 동남쪽에 있고, 倭는 또 그 동남쪽으로 큰 바다 건너에 떨어져 있다. 夫餘는 高麗(고구려)의 북쪽, 挹婁의 남쪽에 있다. 그 왜와 부여는 後漢 이래, 백제와 신라는 魏 이래, 역대로 함께 중국에 조공하여 끊이지 않았다. 백제는 大唐 顯慶(656-660) 중에 소정방이 멸망시켰다. 고려는 본디 조선지역으로 漢 武帝가 현을 설치하여 낙랑군에 속하게 했을 때는 매우 미약했다. 후한 이후 여러 대 모두 중국의 봉작을 받고 평양성에 도읍하니 곧 옛 조선국 王險城이다. 後魏·周·齊 때 점점 강성해졌다. 隋 文帝 때 遼西를 침략하자, 漢王 諒이 병사를 이끌고 토벌하였으나 遼水에 이르러 어려움을 당해 돌아왔다. 煬帝가 3번 親征했는데, 처음에는 遼水를 건너 패하였고, 두 번째 행군에서는 요수에 주둔할 때 마침 楊玄感이 반란을 일으켜 후퇴하였고, 또 가서는 涿郡에 이르렀으나 천하의 도적이 일어나고 기근 때문에 군사를 되돌렸다. 貞觀(627-649) 중에 太宗도 親征하여 요수를 건너 격파했다. 高宗 總章(668-669) 초에 英國公 李勣이 마침내 그 나라를 멸망시켰다.

【『通典』 권185, 邊防(1) 東夷上 序略】

이 기록에서 보는 바와 같이 실제 『통전』에서는 조선과 삼한의 지역을 구분해 보고 있다. 삼한은 조선의 동남쪽으로 백제와 신라의 지역이라고 보았다. 『통전』에서는 마한, 진한, 변진(변한)에 대해 차례로 서술하고, 그 말미에 "삼한은 대개 백제와 신라에 의해 병탄되었다"고 기록하였다. 본래 조선지역인 고구려와 삼한지역인 백제·신라를 구분해 본 것이다. 이러한 고조선/삼한 구분 인식은 한백겸의 『동국지리지』에서 본 것과 동일한 것이다.

A 기록의 "모두 지방 1백 리" 표현도 『통전』에서는 확인되지 않는다. 조선의 영역에 대해선 "지방 수천 리"라 하였고, 삼한에 대해선 "地合方 4천여 리"라고 하였다. A 기록은 『통전』을 전거로 제시했지만, 사실은 『삼국유사』 찬자의 인식에서 나온 기록임을 알 수 있다.

"지방 1백 리"는 삼한 70여 각국의 규모를 짐작해 서술한 표현으로 보인다. A 기록의 주에서 삼한의 '국'은 사실 '소읍(小邑)'의 규모라고 파악했다. 『삼국유사』의 찬자는 삼한 각 국을 1백 리 규모의 소읍으로 인식한 것이다. 이러한 『삼국유사』의 "국=소읍" 인식은 삼한의 구조나 발전단계를 이해하는 데 시사점이 있다.

4. 고조선의 유민과 삼한

앞서 본 바와 같이 『삼국유사』에서는 고조선의 유민이 나뉘어 삼한 70여 국이 되었다고 보았다. 삼한이 삼국이 되었다고 보는 최치원 이래의 전통적인 인식에 더해, 다시 고조선 유민이 삼한을 세웠다고 보게 되면, 고조선-삼한-삼국으로 이어지는 하나의 고대사 체계가 성립하게 된다.

『삼국유사』에서는 준왕이 남천한 기원전 195년부터 고구려가 건국된 기원전 37년까지 159년을 마한의 시기로 보았다. 또한 백제와 신라의 건국 이전을 변한과 진한의 시기로 보았다. 『삼국유사』에서는 삼한을 삼국 건국 이전 시대로 한정해 파악하고 있다. 이러한 삼한시기 인식은 『제왕운기』에서도 나타나는데, 삼한을 삼국시대의 앞 시대(前代)로 구분해 보는 전통적인 입장이라 할 수 있다.(박대재, 2017)

『삼국사기』 연표에서는 기자조선-위만조선-삼국으로 이어지는 선에서 고대사의 흐름을 이해하고 있다. 『삼국사기』에서도 삼한=삼국 인식은 나타나지만, 삼한을 고조선과 삼국의 중간 단계로 분명하게 자리매김하지는 않았다. 이에 비해 『삼국유사』에서는 마한, 72국, 변한백제, 진한 등을 위만조선과 신라시조 혁거세왕조 사이에 서술하여, 고조선이 삼한을 거쳐 삼국으로 발전하는 과정을 드러내고자 했다.

고조선 유민이 나뉘어 삼한(72국)이 되었다고 한 서술은 기원전 108년 이후 위만조선 유민의 이산을 보여 준다. 위만조선 멸망 이전에도 그 주민이 삼한

지역으로 유입되었는데, 관련 기록을 정리하면 다음과 같다.

G-1. 일찍이 (조선왕) 右渠가 아직 격파되지 않았을 때, 朝鮮相 歷谿卿이 우거에게 간언하였으나 소용없자 동쪽으로 辰國으로 갔다. 그때 따라 나온 주민이 2천여 호이며, 또한 조선·진번과 서로 왕래하지 않았다.

【『삼국지』 권30, 동이전 한 魏略】

G-2. 진한은 마한의 동쪽에 있다. 그 노인들이 세상에 전하여 스스로 말하기를, 옛날 망인들이 秦役을 피해 韓國에 왔는데 마한이 그 동쪽 지역을 떼어 주었다고 한다. 城柵이 있고 그 언어는 마한과 같지 않으니 國을 일러 邦이라 하고, 弓을 弧라 하고, 賊을 寇라 하고, 술 돌리는 것(行酒)을 잔 돌린다(行觴)고 하고, 서로 불러 모두 徒라고 하여, 秦나라 사람과 비슷하니 비단 燕·齊의 명칭만 아니었다. 樂浪人을 阿殘이라 부르는데, 동방 사람들이 我를 阿라 부르니, 낙랑인이 본디 그 유민[殘餘人]임을 말한 것이다.

【『삼국지』 권30, 동이전 한】

G-3. 시조 성은 박씨고 휘는 혁거세로, 전한 孝宣帝 五鳳 원년 갑자(기원전 57) 4월 병진[혹은 정월 15일이라 함]에 즉위하고 거서간이라 부르니 그때 나이 13세이고 국호는 서나벌(徐那伐)이라 하였다. 이보다 앞서 조선 유민이 산곡 사이에 나뉘어 살며 6村을 이루었는데, 첫째 알천 양산촌, 둘째 돌산 고허촌, 셋째 취산 진지촌[혹은 우진촌이라 함], 넷째 무산 대수촌, 다섯째 금산 가리촌, 여섯째 명활산 고야촌이니, 이들이 진한 6部가 되었다.

【『삼국사기』 권1, 신라본기 시조 혁거세거서간】

G-4. 國史에 이르길, 혁거세 30년 낙랑인이 와서 투항하였다. 또 제3 弩禮王 4년 고려(고구려) 제3 無恤王이 낙랑을 쳐서 멸망시키자 그 국인이 대방[北帶方]과 함께 신라에 투항하였다.

【『삼국유사』 권1, 기이 낙랑국】

G-5. 또 최치원이 이르길, 진한은 본디 燕人들이 피신한 것이기 때문에 涿水의

이름을 취해 거처하는 읍리를 沙涿·漸涿 등이라 칭한다.[신라인 방언에 涿을 道라고 읽기 때문에 지금 혹 沙梁이라고도 하는데, 梁도 道라고 읽는다]

【『삼국유사』 권1, 기이 진한】

이상의 기록은 고조선 유민이 삼한 가운데 주로 진한 쪽으로 많이 유입되었음을 보여 준다. 『삼국지』에서 진국(辰國)은 진한의 전신으로 이해되므로, 역계경(歷谿卿) 집단 역시 진한 고지로 유입된 것이다. 역계경 집단의 진국 망명 기록은 명신의 말로를 장식하려는 심리에 의해 만들어진 것으로 기자동래설의 재판에 불과하다고 이해되기도 한다.(조좌호, 1973) 위만조선의 주민들이 진한 지역으로 유입된 사실은 다른 기록에서도 많이 확인된다.

G-2에서는 진한 사람들이 본래 진(秦)의 고역을 피해 망명해 온 유민들로 서술되어 있다. 그런데 낙랑인을 '阿殘'이라고 하여 자신들의 유민이라고 한 것으로 보아, 낙랑지역 즉 위만조선에 머물다가 다시 남하해 온 유민들임을 알 수 있다.

『사기』 조선전에 의하면 위만은 "진번·조선의 만이와 옛 연·제의 망명자들"을 복속시켜 왕이 되었는데, 연·제의 망명자들이 바로 진(秦)의 고역을 피해 온 유민들이었으며, 이들이 G-3과 같이 위만조선 멸망 후 다시 남하하여 진한에 유입된 것이다. 위만조선의 유민인 낙랑인들이 G-4와 같이 그 이후에도 신라에 유입되었다. G-5에서 진한이 본래 연인들로부터 나왔다고 한 최치원의 말도 위만조선에 들어와 있던 위만과 같은 연인들이 멸망 후 다시 남하하여 진한에 많이 유입되었기 때문에 나온 것이다.

요컨대 위만조선을 거쳐 온 중국 전국시대 망인들이 진한의 성립에 기여하게 되면서, 진(秦)을 피해 온 망인들이 진한을 세웠다고 하는 식의 함축적인 전승이 생겨난 것이다.(이현혜, 1984) 이런 배경 속에서 진한인들이 낙랑인을 자신들의 유민이라고 인식한 것이다. 그런데 어떤 연구자들은 『삼국지』의 기록을 문면 그대로 좇아, 기원전 3세기 진(秦)의 유민들이 곧바로 진한에 유입했다고

보기도 한다.(노중국, 1987; 주보돈, 2002)

하지만 『삼국사기』의 G-3 기록에서 보듯이, 진한의 형성은 기원전 2세기 말 위만조선 멸망 직후 유입한 '조선유민'에 의해 시작되었으며, 전국시대 연·제 유민 → 위만조선 → 진한으로 이어지는 계기적인 과정을 통해 주민의 이동이 이루어졌다고 이해된다. 이런 축차적인 과정이 『삼국지』(G-2)와 『삼국유사』(G-5)의 기록에서는 압축적으로 기록된 것이다.(박대재, 2006b)

한편 고조선 유민이 진한지역으로 유입된 것보다 사례는 적지만 마한지역으로 유입된 경우도 보인다.

H-1. (조선)侯 準이 왕을 함부로 칭한 후 燕 망인 衛滿에게 공격받아 왕위를 빼앗기고 좌우 궁인을 거느리고 바다로 달아나 韓地에 거주하며 스스로 韓王이라 불렀다. 그 후손이 절멸되었으나, 지금도 韓人 가운데 여전히 그 제사를 모시는 자가 있다. 桓帝·靈帝 말기 韓·濊가 강성해져 군현이 제어할 수 없게 되자 (군현) 民들이 많이 韓國에 유입했다.

【『삼국지』 권30, 동이전 한】

H-2. (箕子의) 41대 손은 이름이 準으로 다른 사람에게 침탈당해 백성을 잃으니, 928년간 다스려 그(기자) 유풍이 남아 찬연히 전하였네. 준은 金馬郡으로 거처를 옮겨 도읍을 세우고 다시 임금이 될 수 있었네.

【『제왕운기』 권하, 東國君王開國年代】

고조선의 준왕이 위만에게 쫓기어 한(韓)으로 망명했다는 기록은 『사기』나 『한서』에서는 보이지 않는다. 준왕 망명 기록은 3세기 중엽 편찬된 『위략(魏略)』에서 처음 보이는데, 거기서도 "준이 해중(海中)에서 왕이 되어 조선과 서로 왕래하지 않았다"고만 하여 망명지역은 언급되지 않았다. 준왕의 망명지역이 '한지(韓地)'로 나타난 것은 3세기 후반 편찬된 『삼국지』 동이전이 처음이다. 이후 5세기에 편찬된 범엽(范曄)의 『후한서』 동이전에서는 준왕이 '마한'을 공파하였다고 기록이 다시 바뀐다.

이런 기록의 변화 양상을 보아 준왕의 남래 기록은 기자동래설의 연장선상에서 3세기 이후 부회된 기록일 가능성이 높다. 기자가 동래하여 조선에 봉해졌다고 한 것처럼, 기자의 41세손 준왕이 남래하여 기자의 유풍이 다시 마한까지 전해졌다고 부연한 것이다. 기자동래설이나 준왕남래설은 모두 화이론에 입각한 중화주의적 설화란 점에서 비판되어야 한다.(박대재, 2011)

실제로 준왕이 기원전 195년 무렵 위만에게 쫓겨 한지로 남하한 것은 아니지만, "그 후손은 절멸되었으나 지금도 한인 가운데 그(준왕) 제사를 모시는 자가 있다"고 한 것으로 보아, 준왕 제사를 지내는 고조선 유민이 마한지역에 있었던 것은 추정 가능하다. '지금'의 시점은 『삼국지』가 편찬된 3세기 후반인데, 당시 제사를 지낸 사람들은 고조선에서 내려온 유민들일 것이다.

815년 일본에서 편찬된 『신찬성씨록(新撰姓氏錄)』(右京諸蕃下)에는, "百濟國 朝鮮王淮(准)에서 나온" 도래인(渡來人) 성씨로 '마전연(麻田連)'이 보인다. 마전(麻田, 아사다)은 지명이고 연(連)은 백제계 유민에게 많이 쓰인 성(姓, 가바네)으로, 고대의 섭진국(攝津國) 풍도군(豊島郡) 마전촌(麻田村), 즉 지금의 오사카부(大阪府) 도요나카시(豊中市) 호타루가이케(螢池)에 근거를 둔 성씨였다. '회(淮)'는 사본에 따라 '준(准)'으로도 보이는데, 조선왕과 연결해 보면 '准'이 원문일 것으로 추정된다. 『삼국지』 동이전에도 판본에 따라 '准'와 '準'으로 다르게 보인다.

실제로 마전연(麻田連)이 조선왕 준의 후예라고 믿기는 어렵지만, 백제계 도래인 성씨로 보인다는 점이 주목된다. 『삼국지』 동이전에서도 준왕의 후손은 끊어졌지만 한인(韓人) 가운데 그 제사를 모시는 사람이 있다고 한 것을 보면, 준왕의 직계는 아니더라도 준왕과 관련된 고조선 유민이 마한지역에 들어와 있었음을 시사해 준다. 마전연(麻田連)이 준왕 제사를 지내던 마한(백제)지역의 고조선 유민집단과 관련이 있을지도 모르겠지만, 그보다는 준왕남래설에서 파생된 가공된 출자인식이라고 보는 것이 타당할 듯하다.

따라서 마전연(麻田連)의 존재가 준왕 남래를 역사적 사실로 증명해 주는 것은 아니다. 『신찬성씨록』에 보이는 다른 도래계 성씨의 출자 전승과 마찬가지로 마전연 역시 9세기 초에 수집된 고대 일본 경기(京畿)지역의 가계 전승에 불과하다. 다만 조선왕 준의 후손이 백제계로 기록된 것은 고대 일본에서도 준왕의 남래지역을 백제(마한)지역으로 이해하고 있었음을 보여 준다.

한편 『신찬성씨록』(未定雜姓 右京)에는 "燕相國 衛滿公의 후손"이라고 한 '필씨(筆氏)'도 보인다. 붓을 잘 만들어서 필성(筆姓)을 내려 주었다고 한다. 이 기록은 『사기』에서 "조선왕 滿은 옛 燕人이다"라고 한 기록과 관련된 것인데, 위만이 조선왕이 아니라 연의 상국(相國, 재상)으로 나온다는 점이 주목된다.

위만을 '조선왕'이라 표현하지 않은 것은 준왕만을 조선왕으로 인정하는 『신찬성씨록』의 정통론적 인식을 보여 주는 것인지도 모른다. 필씨는 연(燕) 계통 도래인으로 보인다는 특징이 있다. 준왕 계통이 백제계로 분류된 것과 달리 위만 계통은 중국계 도래인으로 인식된 것이다.

위만조선의 유민이 마한보다는 진한 쪽으로 많이 유입된 사실은 앞서 살펴보았다. 위만조선의 유민이 지리적으로 가까운 마한을 지나 영남의 진한지역으로 이주한 것이다. 이것은 위만조선과 마한의 전신이었던 진국(辰國) 사이의 적대관계에서 비롯된 것이 아닌가 짐작된다.

『사기』와 『한서』 조선전에 따르면, 진국이 한(漢)과 통교하려고 할 때 위만조선이 중간에서 길을 막았다고 한다. 이것은 위만조선을 침공하기 위해 한이 내세운 명분일 수도 있지만, 『위략』에서 역계경이 우거왕에게 간언을 했으나 받아들여지지 않자 진국으로 망명했고 조선과 서로 왕래하지 않았다고 한 것으로 보아, 진국과 위만조선은 적대관계에 있었던 것으로 추정된다.

『삼국지』 동이전에는 진한이 진국의 후신으로 나온다. 하지만 이 기록은 '진(辰)'자의 공통에서 비롯된 두찬(杜撰)으로 이해된다.(이병도, 1976) 『사기』와 『한서』에 의하면, 진국은 진번(眞番)과 인접해 있던 지역으로 나온다. 진번은 지금의 황해도에 있던 것으로 추정되므로, 그와 인접한 마한지역에 진국이 있었다고 보는 것이 타당할 것이다.

진국의 위치에 대해선 한강 유역, 금강 유역, 낙동강 유역으로 연구자마다 시각이 나뉘어져 있지만(박순발, 1998), 기원전 2세기 무렵 남한지역의 초기 철기문화 양상을 고려하면 가장 선진지역이었던 아산만~금강 유역에 위치했을 가능성이 높다.(권오영, 1996; 박대재, 2006b) 이 지역은 이후 마한의 중심지역이 되기도 한다. 『삼국사기』 백제본기에 보이는 마한의 '국읍(國邑)'도 이 일대에 위치했던 것으로 이해된다.

진국이 위치했던 지역이 이후 마한의 중심지역이 되었다고 보면, 진국과 적대 관계에 있던 위만조선의 유민들이 이 지역으로 유입되었을 가능성은 희박하다. 이와 같은 배경에서 위만조선의 유민들은 진국(마한)지역이 아니라 그 동쪽의 진한지역으로 유입되었다고 추정된다.

또한 진국지역에 초기 철기문화를 영위하던 토착세력이 이미 성장해 있던 점도 위만조선 유민이 이 지역을 회피한 배경이 되었을 것이다.

진한지역에 철기문화가 유입된 계기는 기원전 2세기 위만조선과의 교섭 내지 주민의 남하와 관련이 있는 것으로 보인다. 기존에는 기원전 108년 낙랑군 설치 이후 철기문화가 유입된 것으로 보았으나, 최근 발굴조사에 의해 그보다 앞선 위만조선 시기에 이미 서북한지역의 철기문화가 들어온 것으로 이해된다.(정인성, 2013)

반면 마한지역, 특히 금강-만경강 유역에 서북한지역의 철기문화가 유입된 것은 위만조선 이전의 고조선 단계인 기원전 4-3세기에 이미 시작된 것으로 이해된다.(최완규, 2015) 고조선 지역에서 내려온 철기문화가 중서부지역에 먼저 유입되면서 정치세력이 등장하게 되고, 이들이 향후 마한의 중심세력으로 성장하였다. 이에 따라 위만조선 유민들은 마한지역을 피해 영남지역으로 유입되었고, 이를 계기로 진한 사회가 성립된 것이다.

이상과 같이 조선 유민의 남하 과정을 이해하면, 마한지역에는 고조선계 주민이, 진한지역에는 위만조선계 주민이 상대적으로 많이 유입되는 경향이 나타난다. 이런 역사적 맥락 속에서 마한에서는 준왕 전승이, 진한에서는 "낙랑인아잔(樂浪人阿殘)” 인식이 성립되었던 것이다.

5. 맺음말

『삼국유사』에 나타난 고조선·삼한 인식은 다음과 같은 특징이 있다고 정리할 수 있다.

① 고조선(단군조선)과 위만조선을 중심으로 이해하며, 기자조선에 대한 인식은 분명하게 나타나지 않는다. 고조선조에서 기자가 주 무왕에 의해 조선에 봉해졌다는 기록은 소개하였지만, 기자부터 준왕까지 이어지는 기자조선 시대에 대한 인식은 보이지 않는다.

② 마한이 위만조선에 이어 세 번째 조목으로 서술되어 있는데, 준왕이 마한의 건국자로 서술되어 있다. 기자조선 단계가 설정되지 않으면서, 준왕은 기자의 41세손이나 기자조선의 말왕으로 서술되지 않고 마한의 창시자로 부각된 것이다. 마한조의 세주에서 신라보다 마한을 먼저 거론한 것도 준왕 때문이라고 하였다.

③ 마한이 고구려, 변한이 백제, 진한이 신라가 되었다고 이해하고 있다. 이러한 삼한-삼국 인식은 최치원 이래의 전통적인 삼한관인데, 『삼국유사』에서는 평양 인근의 마읍산을 마한-고구려설의 근거로 제시하고 있다.

④ 고조선 유민이 나뉘어져 삼한 70여 국을 이루었다고 이해하고 있다. 이것은 전통적인 삼한-삼국설에 더해 고조선을 더한 것인데, 이에 따라 고조선-삼한-삼국설의 체계가 이루어지게 되었다. 고조선 유민의 이주를 삼한 성립의 계기로 보는 인식은 지금 학계에서도 공감되고 있다.

『삼국유사』는 마한과 고구려를 연결시켜 보면서 전통적인 삼한-삼국(일통삼한)설을 넘어서지 못한 한계가 있지만, 고조선사와 삼한사를 연결해 보려 했던 통사적인 안목은 평가할 만하다. 한백겸의 『동국지리지』 이후 북쪽의 삼조선(三朝鮮)과 남쪽의 삼한(三韓)을 시·공간적으로 구분해 보는 시각이 일반적이다. 하지만 이런 남북 분리사관은 일제시기 만선사학과 같이 한국사 체계를 분절적으로 이해하는 데 빌미가 될 수도 있다.

고조선과 삼한은 시·공간적으로 구분되어 있었지만, 주민 이동과 문물 교류를 통해 서로 연결되는 지점도 많다. 『삼국유사』에 나타난 고조선과 삼한의 관계에 대한 인식은 이러한 연결고리를 찾는 데 단서가 될 수 있을 것이다.

◎ 참고문헌

권오영, 1996, 『三韓의 '國'에 대한 硏究』, 서울대 박사학위 논문.

김정배, 2010, 『고조선에 대한 새로운 해석』, 고려대 민족문화연구원.

노중국, 1987, 「馬韓의 成立과 變遷」, 『馬韓·百濟文化』10.

노태돈, 1982, 「三韓에 대한 認識의 變遷」, 『韓國史硏究』38.

박대재, 1999, 「『三國史記』 高句麗本紀의 「馬韓」에 관한 一考察」, 『史學硏究』58·59.

______, 2001, 「『三國遺事』 古朝鮮條 인용 「魏書」論」, 『韓國史硏究』112.

______, 2006a, 「삼한의 기원과 국가형성」, 『한국고대사입문』1, 신서원.

______, 2006b, 『고대한국 초기국가의 왕과 전쟁』, 경인문화사.

______, 2009, 「《三國遺事》 판본의 몇 가지 문제점」, 『점교 삼국유사』, 고려대출판부.

______, 2011, 「準王南來說에 대한 비판적 검토-조선유민의 마한 유입과 관련하여-」, 『先史와 古代』35.

______, 2015, 「檀君紀元과 「古記」」, 『韓國史學報』61.

______, 2016, 「箕子朝鮮과 小中華」, 『韓國史學報』65.

______, 2017, 「삼한시기 논쟁의 맥락과 접점」, 『韓國古代史硏究』87.

______, 2018, 「고조선사 체계의 재인식」, 『한국학논총』50.

박순발, 1998, 「前期 馬韓의 時·空間的 位置에 대하여」, 『馬韓史硏究』, 충남대출판부.

서영대, 1994, 「檀君關係 文獻資料 硏究」, 『檀君-그 이해와 자료-』, 서울대출판부.

이기백, 1988, 「古朝鮮의 國家 형성」, 『한국사시민강좌』2, 일조각.

이병도, 1976, 『韓國古代史硏究』, 박영사.

이현혜, 1984, 『三韓社會形成過程硏究』, 일조각.

이홍직, 1959, 「檀君神話와 民族의 이념」, 『國史上의 諸問題』1, 국사편찬위원회.

정인성, 2013, 「衛滿朝鮮의 鐵器文化」, 『白山學報』96.

조좌호, 1973, 「魏志東夷傳의 史料的 價値」, 『大東文化硏究』13.

주보돈, 2002, 「辰·弁韓의 成立과 展開」, 『辰·弁韓史硏究』, 경상북도.

천관우, 1989, 『古朝鮮史·三韓史硏究』, 일조각.

최완규, 2015, 「마한 성립의 고고학적 고찰」, 『韓國古代史硏究』79.

『삼국유사』를 통해 본 '부여'

박경철(강남대학교 교양학부 대우교수)

* 본 논문의 3장 '부여사의 실상'은 朴京哲, 2011,「扶餘의 國勢變動相 認識에 관한 試論」,『高句麗渤海研究』39를 수정·보완해 정리한 것이다.

1. 머리말

부여(夫餘 혹은 扶餘)는 시기적으로는 고조선(古朝鮮)보다는 다소 늦게 우리 역사 인식의 지평선상에 포착되는 나라이다. 부여는 기원전 3-2세기 이래 7백여 년간 고조선·고구려(高句麗) 등 예맥(濊貊)계 제 세력뿐만 아니라 중국의 한(漢) 세력 외에도 읍루(挹婁)·물길(勿吉)과 선비(鮮卑) 등 이질적 세력들과 일정한 화전(和戰)관계를 유지하면서 우리 민족사의 한 줄기를 지켜 왔던 것이다. 더구나 부여가 두 차례(285, 346)에 걸친 선비 모용씨(慕容氏)의 강공(强攻) 아래서도 끝내 거듭날 수 있었던 점은 이 나라의 뒷심이 만만치 않았음을 엿볼 수 있게 하는 대목이기도 하다. 부여사는 그만큼 매우 굴곡진 행보를 보여 주고 있었던 것이다.

이제까지 이러한 부여사가 우리의 민족사 인식체계에 있어 점하는 위상은 고조선·삼한(三韓)·삼국의 그것에 비하여 상대적으로 초라한 실정이었다. 곧 이제까지 우리 역사에 있어 부여는 '고대사의 변경(邊境)'에 속한 것으로 자리매김되어 오고 있다. 따라서 현재 부여사에 관한 연구는 질·량 면에서 겨우 입문단계 수준에 머물고 있는 실정이다.

이러한 연구 환경 아래서 오늘날 우리 학계는 올바른 부여사상(夫餘史像)의 정립 노력을 둘러싸고 여러 가지 상이한 견해들을 개진하고 있다. 특히 '북부여(北扶餘)-동부여(東扶餘)-부여(扶餘)'의 실체 및 이를 얼개로 하여 엮이는 부여사 전개의 인식체계 문제가 그러하다. 또 부여국가—사회 성격 해명의 실마리가 되는 민(民)/하호(下戶) 문제 역시 그 견해의 틈이 작다고만은 볼 수 없다. 더구나 이 두 가지 문제는 부여사의 재구성을 위해서는 반드시 해명되고 넘어가야 할 문제들이다. 뿐만 아니라 '부여문화'의 실상 또한 명쾌히 밝혀지지 않고 있는 실정이다. 부여는 아직도 그림자와 같은 나라로 남아 있는 셈이다.

본고는 이러한 부여사의 숨은그림찾기를 위한 실마리를 찾아보고자 먼저 『삼국유사(三國遺事)』와 『삼국사기(三國史記)』를 비롯한 관련 여러 사료의 착종(錯綜)에서 빚어진 부여사 전개의 인식체계상의 혼선 문제를 검토해 보고자 한다. 다음으로 본고는 이러한 고찰을 바탕으로 부여사의 전개와 그 실상을 에워싸고 개진된 주요 논점들을 일별(一瞥)해 보고자 한다.

마지막으로 사료상에 나타나는 부여의 한자표기용례(漢字表記用例)는 대체로 夫餘나 扶餘 두 가지이다. 즉 부여는 각기 『한서(漢書)』·『삼국지(三國志)』·『후한서(後漢書)』 등의 중국 측 사료 및 〈광개토왕릉비문(廣開土王陵碑文)〉·〈모두루묘지(牟頭婁墓誌)〉 등 한국 측 금석문(金石文)에서는 夫餘로, 그리고 『삼국사기』·『삼국유사』·「동명왕편(東明王篇)」·『제왕운기(帝王韻紀)』 등 우리의 문헌사료와 『위서(魏書)』·『당서(唐書)』에서는 扶餘로 표기되고 있다. 따라서 본고는 편의상 후자의 입장을 좇아 부여를 扶餘로 쓰되, 꼭 필요한 경우 夫餘로 명기하고자 한다.

2. 『삼국유사』와 부여사 전개의 인식체계

『삼국사기』·『삼국유사』 및 중국 측 여러 사료와 〈광개토왕릉비문〉·〈모두루묘지〉 등에는 부여(扶餘)-동부여(東扶餘)-북부여(北扶餘)-졸본부여(卒本扶餘)라 지칭되는 다양한 부여의 존재가 기록되어 있다. 이 사실은 부여사의 전개과정 자체를 이해하는 얼개 곧 부여사 인식체계를 짜는 데 있어 적지 않은 혼선을 초래하고 있다. 그리고 이 문제의 핵심은 북부여·동부여의 실체 구명 여하에 있다. 이에 관한 제 논의는 일단 북(北)·동부여(東夫餘) 공시적 실재론(共時的 實在論)과 북(北)·동부여(東夫餘) 통시적 분기론(通時的 分岐論)으로 대별할 수 있다.

북·동부여 공시적 실재론이란 중국의 다수 학자와 한국 학계 일각에서 개진되고 있는 견해로써, 고구려 건국 당시 북부여·동부여가 같은 시기에 각기 다른 지역에 실재해 있었다고 보고 있다. 이와 관련되어 여러 가지 견해가 제시된 바 있다. 즉 홀승골성(訖升骨城) 곧 환인(桓仁) 지방을 그 중심지로 하는 북부여에서 출자한 동부여는 가섭원(迦葉原)에 입국하였으나, 기원후 22년 대소(帶素)왕대에 고구려 대무신왕(大武神王)에게 공멸되었다고 주장하는 중국학계 일각의 견해가 그 대표적인 예가 된다. 또 다른 견해는 '북부여'의 실존(實存)을 주장, 북부여가 동명(東明)의 '부여'와는 구별되는 부여족의 한 지파(支派)로서, 광개토왕(廣開土王)의 공격을 받고 나하(那河) 북쪽으로 패주·입국한 것이 두막루(豆莫婁)라 주장하고 있다. 아울러 이 견해는 '전(前)-동부여'는 부여인들이 함흥(咸興) 지방에 건국한 것으로, 기원후 22년 대소왕대에 대무신왕에게 공멸되었으며, '후-동부여'는 285년 '부여'가 모용외(慕容廆)의 공격을 받고 옥저 지방에 들어가 세운 나라로서, 410년 광개토왕에 의하여 공벌당하였다고 주장하고 있다.

한편 우리 학계 일각에서는 고구려의 건국 당시 계루부(桂婁部)의 고지(故地)로 비정되는 두만강(豆滿江) 유역에 동부여가 실재했었는데, 고구려 대무신왕에게 정복되었다고 파악하고 있다. 또 이 견해는 고구려 광개토왕이 410년 원정한 동부여란, 285년 모용씨에 의해 북부여가 망하자 그 잔류가 친연관계에 있는 이 동부여의 고지로 옮겨 온 이래 성립된 존재라 보고, 494년 고구려로의 부여왕 내항(來降)을 이 동부여의 멸망과 연계시켜 이해하고 있다. 또 다른 견해는 부여를 송눈평원(松嫩平原)의 북부여(원부여)·송화강(松花江) 유역의 부여 및 원부여 동쪽의 동부여의 실재를 인정하고 있다. 곧 동부여는 동해안 일대에 실재했던 국가라기보다 원부여(북부여)의 동쪽에 있었기 때문에 붙여진 이름이라고 보고 있다.

이러한 논의들의 주요한 입론의 근거로는 『삼국유사』 기이(紀異)편의 북부여-동부여-고구려 조의 기사(記事)들을 꼽을 수 있다. 즉 북부여조는 "고기(古記)에 이르기를 전한(前漢) 선제(宣帝) 신작(神雀) 3년 임술(壬戌) 4월 8일 천제(天帝)가 흘승골성에 오룡(五龍)이 끄는 수레를 타고 내려와 도읍을 정하고 왕으로 일컬었다. 나라 이름을 북부여라 하고 스스로 해모수(解慕漱)라 하였다. 아들을 낳아 이름을 부루(夫婁)라 하고 해(解)를 성으로 하였다. 왕이 뒤에 상제(上帝)의 명을 따라 도읍을 동부여로 옮겼다. 동명제(東明帝)가 북부여를 이어 일어나 졸본주에 도읍하고 졸본부여라 이르니, 곧 고구려의 시조이시다"라고 밝히고 있다.

또 동부여조는 "북부여왕 해부루의 신하 아란불(阿蘭弗)의 꿈에 천제가 내려와 말하기를, '장차 나의 자손으로 하여금 이곳에 나라를 세우려 하니 너희는 이곳을 피하라.[동명이 장차 왕이 될 징조를 말하는 것이다—원주] 동해 바닷가에 가섭원이라는 땅이 있는데, 땅이 기름져서 왕도를 세울 만한 곳이다' 하였다. 아란불은 해부루왕에게 권하여 왕도를 가섭원으로 옮겼다. 그러고는 국호를 동부여라 했다"고 기록되어 있다. 이들 기사에 잇닿은 고구려조는 앞의 두 기사와 같은 맥락에서 금와(金蛙)와 유화(柳花)를 연결고리로 하여 주몽(朱蒙)=동명성제(東明聖帝)의 고구려=졸본부여의 건국과정을 서술하고 있다.

그런데 이 『삼국유사』상의 기사들을 그대로 역사적 사실로 새길 경우 여러 가지 혼선이 일어나게 된다. 곧 해부루가 가섭원으로 옮겨 가서 동부여를 세운 후 흘승골성이라 칭해지던 북부여의 고지는 동명제(東明帝)의 졸본부여=고구려의 입국지가 된 것으로 파악될 수도 있다. 이러한 '흘승골성=북부여(졸본부여=고구려)의 입국지'라는 논지는 역사적 사실과는 매우 다르다. 고구려조 기사의 말미에 주림전(珠琳傳)의 내용과 관련하여 졸본부여는 북부여의 별도(別都)라 파악하고 동명제=졸본부여왕=부여왕론을 개진한 것도 이 점과 무관하지 않다. 뿐만 아니라 동부여조에서 기원후 22년 고구려 대무신왕에 의해 부여왕 대소가 죽임을 당하고 나라가 없어진 것으로 기록되고 있다. 그러나 『삼국사기』를 비롯한 중국 사료들은 모두 부여가 5세기 말에 이르기까지 고구려와 더불어 동북아시아 일각에 자리하며 우리 민족사 흐름의 큰 줄기 가운데 하나를 담당하는 역사적 실체로 존재했다는 점을 명기하고 있다. 더구나 〈광개토왕릉비문〉에 따르면 당대에서의 자기 출자(出自)로서의 북부여 인식과 동부여의 실재(實在)를 확인해 주고 있다.

부여는 공시적(共時的)으로 고조선과 병존하였고, 통시적(通時的)으로도 고구려·백제(百濟)가 모두 이 나라를 자기들의 뿌리로서 인식하고 있었다. 무엇보다도 부여가 위만조선(衛滿朝鮮)의 국망 이후 기원전 37년 고구려가 출현할 때까지 예맥문화권(濊貊文化圈)을 지탱하는 핵심세력으로 굳건히 버티어 온 점은 결코 소홀히 취급할 수 없는 사실이다. 더불어 고구려·백제가 부여와 공존하고 있던 시기마저도 각각 부여와의 연고의식을 강조하고 있었던 점은 부여사가 당시 이들이 간직한 역사의 기억 속에 점하는 유의미성을 짐작하게 해 주고 있다. 이 사실은 『삼국유사』상 졸본부여=고구려·남부여=사비기 백제라는 인식과 백제 개로왕(蓋鹵王)의 자기 출자 인식에서도 확인할 수 있다. 이러한 역사의 기억들이 장기간의 부여사 진전 상황과 맞물리면서 부여사 인식체계의 착종(錯綜)을 불러온 것으로 짐작된다. 더구나 『삼국사기』·『삼국유사』·「동명왕편」 등 우리의 부여 관련 제 자료들은 부여사 자체보다는 해모수에서 연원(淵源)한 주몽을 주인공으로 하는 고구려 국가형성과정을 역사적으로 형상화(形象化)하고자 했던 여러 전승(傳承)의 재편집 작업의 소산이라고 본다. 이 점에 비추어 볼 때 『삼국유사』 기이편의 '북부여-동부여-고구려'조뿐 아니라 이와는 결이 다른 『삼국사기』를 비롯한 모든 자료에 대한 비판적 인식과 분석 그리고 재구성을 위한 노력이 따를 때만 부여사의 실상 해명의 실마리를 찾을 수 있을 것이다.

오늘날의 우리 학계의 다수는 기존의 제 사료에 대한 비판적 인식을 전제로 북부여=부여이며, 동부여란 훗날 이들로부터 갈라져 나온 세력이 세운 나라로 보고 있다. 곧 이는 북·동부여 통시적 분기론이라 볼 수도 있다.

이 견해는 본래 주몽의 고향은 송화강 유역의 북부여(부여)로서 5세기 말 고구려에 합병(合倂)되었고, 동부여란 3세기 말 선비족 모용씨의 공격을 받은 북부여의 일족이 세운 나라인바, 광개토왕대에 고구려에 통합되었다고 보는 입장이다.

즉『논형』에 따라 북부여란 탁리국 출신의 동명 집단이 중심이 되어 길림(吉林) 지방을 그 중핵지(中核地)로 기원전 3-2세기 말경 국가(國家)를 형성, 4세기 중반경 그 중심지를 이동, 이후 494년까지 존속한 바 있는 부여 그 자체를 지칭하는 것이다.

또 동부여란 고구려 건국 당초부터 실재했던 것이 아니라, 285년 선비 모용외의 제1차 부여 강습으로 부여(북부여)의 일부 핵심 지배집단이 옥저(沃沮) 지방으로 망명·건국한 나라로서, 410년 고구려 광개토왕의 군사행동에 의하여 공멸되었던 것이다.

동부여의 입지 문제와 관련 다양한 논의가 진행된 바 있다. 이를 옥저와 예(濊)의 관련성 속에서 접근하는 입장은 그곳을 함남(咸南) 지방으로 비정하고 있다. 또 치구루(置溝婁)=책성(柵城)의 입론 위에서 동부여를 훈춘(琿春)을 중심 지역으로 하는 두만강(豆滿江) 유역이라고 파악하는 견해가 있다. 최근 동부여의 입지로서 단결(團結)/크로우노브카 문화를 남긴 북옥저(北沃沮)지역에 주목하는 견해도 제시되고 있다. 이에 대해 훈춘을 중심으로 하는 두만강 유역 북옥저 지방은 고구려가 국초부터 그 세력을 진출시킨 지역이었던 점에 주목, 이 동부여의 입지를 훈춘이 아닌 화룡(和龍) 지방으로 비정하는 견해가 주장되기도 한다. 이러한 논의를 도시하면 〈표 1〉과 같다.

본고의 경우, '북·동부여 통시적 분기론'을 입론의 근거로 삼아 부여사의 실상(實相)과 관련된 주요 논점들을 개략적으로 검토해 보고자 한다.

〈표 1〉 '북·동부여 통시적 분기론'의 관점에서 본 부여사 인식체계

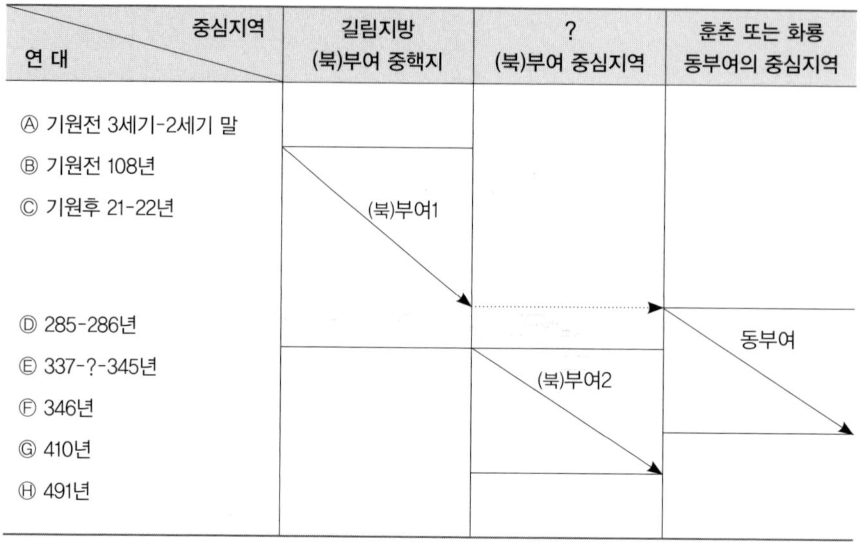

Ⓐ (북)부여국가형성(기원전 3세기-기원후 2세기)
Ⓑ 위만조선 멸망(기원전 108년)
Ⓒ 고구려 대무신왕의 (북)부여 공격(기원후 21-22년)
Ⓓ 선비 모용씨의 제1차 북부여 강습 및 동부여 건국(285-286년)
Ⓔ (북)부여 중심지역 이동(337년에서 345년 사이의 일 시점)
Ⓕ 선비 모용씨 제2차 부여 강습(346년)
Ⓖ 고구려 광개토왕, 동부여 공멸(410년)
Ⓗ 고구려 (북)부여 병합(491년)

3. 부여사의 실상

1) 국가형성론

『삼국사기』·『삼국유사』·「동명왕편」 등 우리 문헌사료들은 주몽(朱蒙)=동명성왕(東明聖帝)/왕(王)이라는 인식을 공유함으로써 부여 건국시조 문제 해명에 있어 혼선을 더하고 있다. 그러나 후한(後漢) 초인 기원후 1세기대 왕충(王充)은 전한 때 또는 그 이전부터 부여인들 사이에 전승되어 오던 그들의 시조인 동

명(東明)에 관한 설화를 『논형(論衡)』에 수록하였다. 이에 따르면, 동명은 탁리국(槀離國)의 시비(侍婢)가 일광(日光)에 감응(感應)하여 출생한 자라 한다. 그러나 그는 그 출생과정이나 혹은 그 성장과정에서 나타난 여러 가지 신이(神異)한 바가 왕에게 용납되지 못하여 남쪽으로 망명, 물고기와 자라 떼의 도움으로 엄호수를 건너 부여 땅에 와서 왕이 되었다고 전해진다. 그런데 여기서 눈여겨볼 사실은 『논형』에 수록된 부여의 동명 설화와 『위서(魏書)』상 고구려의 주몽 설화의 뒤얽힘 현상이다. 고구려 시조(始祖)로서의 주몽의 설화는 이 부여의 동명 설화와 그 에피소드(Episode)나 모티브(Motive) 단위 및 그 전반적인 서사구조(敍事構造)에 있어서 동질성을 갖고 있다. 그런데 12-13세기 『삼국사기』와 『삼국유사』·「동명왕편」에서는 고구려의 시조신화로서 부여의 그것과 동질적인 주몽 신화가 저록(著錄)되어 있을 뿐 아니라, 이 주몽을 바로 동명성왕(『삼국사기』)·동명(성)제(『삼국유사』)·동명왕(「동명왕편」)이라 지칭하고 있다. 그러나 실제로 5세기 초 고구려인들은 〈광개토왕릉비문〉상에서 자기들 국가형성의 창기(創基)자로서 추모(鄒牟)의 존재를 부각시키고 있었다. 이러한 고구려·부여의 시조로서의 동명·주몽(추모)의 착종 문제는 일찍부터 학계의 논쟁 대상이 되어 온 바 있다. 이 사실은 당해 사서가 쓰일 당시의 부여·고구려를 중심으로 한 동북아시아 정세의 진전상 및 그에 대한 중국 측의 역사 인식 시각의 편차에서 비롯된 것으로 판단된다. 그러므로 일단 『논형』의 동명은 부여의 시조로서 고구려 시조인 주몽 혹은 추모(鄒牟)와는 준별되는 존재로서 이해하되, 고구려의 주몽 설화는 부여의 동명 설화에 바탕을 둔 것이라고 파악·이해함이 보다 타당할 것이다.

고고문화적으로 볼 때, 기원전 7-8세기경 이래 예맥 청동기문화를 내포로 하는 예맥문화권의 하위 단위로 자리매김되고 있는 송화강(松花江) 유역 서단산(西團山)문화가 훗날 부여의 선행(先行)문화로서, 또 한서(漢書)문화·백금보(白金寶)문화가 탁리국(槀離國)의 문화로서 부여의 그것과 일정한 상관관계를 가졌던 것으로 추론되어 왔다. 그러나 정작 부여문화의 실상에 관한 논의가 미흡했던 것도 사실이다.

그런데 고고학 자료에 따르면, 청동기시대 송요평원(松遼平原)의 서단산문화(기원전 10-2세기)와 송눈평원(松嫩平原)의 백금보문화(기원전 8세기 이전)=한서 I기 문화가 병존(竝存)하고 있다가, 송눈평원에서는 초기 철기시대에 해당하는 한서 II기 문화(기원전 4-3~2-1세기)가 전개되는 데 반해, 송요평원에서는 기원전 4-3세기의 과도기를 거쳐 기원전 2세기 초 길림(吉林)시 일대에 포자연식(泡子沿式) 문화가 등장하게 된다. 이러한 [포자연문화=서단산문화를 직접 계승한 부여문화]라는 입장에 따르면, 송눈평원의 예족(濊族)이 송요평원으로 점진적 이주를 시작하다가, 기원전 3세기 탁리국 동명집단의 남하·망명을 계기로 길림시 일대를 중심으로 국가형성단계에 진입하였다고 보고 있다. 또 기원전 128년경 이미 예군남려(濊君南閭)로 표상(表象)되는 원(原)-부여국가(夫餘國家)가 형성되어 있었던 점, 그리고 고조선의 국가형성 시점을 논자에 따라서는 기원전 3-4세기로 파악하고 있는 점 등을 감안할 때, 부여국가의 형성의 움직임이 기원전 3세기 이후에서 기원전 2세기 말 사이를 시점(始點)으로 태동되고 있었음을 파악할 수 있다.

2) 부여사 시기 구분론

오늘날 우리 학계에서는 부여사 전개의 시기 구분(時期區分)과 관련한 일련의 논의가 있었다. 먼저 그것을 문화적 기반을 지표로 초기 부여(기원전 2세기-기원후 1세기) → 전성기 부여(기원후 1-3세기)로 일단 구분하면서, 4세기 이후에는 고구려가 부여를 사실상 지배한 것으로 파악하는 견해가 있다. 또 부여 변경의 가변성(可變性)을 전제로 부여사가 ① 부여 초기=부여 성립기(기원전 3-1세기) → ② 부여 중기=부여 전성기(기원전 1세기-기원후 285년 모용외 강습) → ③ 부여 후기=부여 쇠락기(285-494)라는 세 단계로 진전되었다고 이해하고 있는 입장도 있다. 이렇듯 문화와 경역을 지표로 시기 구분 노력을 행할 경우, 대체로 부여사가 세 단계로 분별됨을 알 수 있다. 그런데 전쟁(戰爭)이라는 국가의 총체적 역량투사(力量投射) 현상을 기준지표 삼아 부여사 전개의 시기 구분을 시도하는 경우, 본고는 부여사가 ① 국가형성기(기원전 2세기-기원후 1세기) → ② 전기 부여(기원후 1-3세기) → ③ 후기 부여(3-5세기)라는 세 단계를 거쳐 진전되었다는 견해에 그 입장을 같이하고자 한다.

3) 부여의 중심지와 세력권 그리고 4출도체제

중국 및 우리 학계는 고고학적 발굴성과와 제 문헌사료 등을 참작, 부여의 초기 중심지를 길림시 일대, 보다 구체적으로는 초기 부여의 왕성(王城)을 길림시 동단산(東團山) 남성자(南城子)로 파악하고 있다. 그리고 오늘날 우리 학계 일각에서는 종래의 후기 부여 중심지=농안(農安)·장춘(長春)설에 대하여, 고고학적 자료의 부재를 근거로, 그에 갈음한 서풍현(西豊縣) 성산자산성(城山子山城)설 및 요원(遼源)설 등 다양한 견해를 제시하고 있다.

우리 학계는 부여의 초기 중심지를 길림으로 비정한다는 전제 아래 3세기경까지의 부여의 세력권(勢力圈)이 약수 곧 제1송화강(동류 송화강)을 그 북한(北限)으로, 동으로는 장광재령, 서로는 이통하(伊通河) 유역, 그리고 남으로는 휘발하(輝發河) 유역을 포섭하고 있었을 것으로 추정하고 있다. 〈지도 1〉은 기원후 1-3세기경 부여의 세력권과 4출도(四出道)라 지칭되던 하위 4개 지역권(地域圈)을 도시한 것이다.

부여의 국력은 광대한 공간적 기반을 바탕으로 축적되었을 것이다.(〈지도 1〉 참조) 기원후 1-3세기 부여의 공간적 세력권(강역·경역)은 국가형성기의 그것을 바탕으로 확대·안정화되었다. 그런데 "땅이 사방 2천 리[地方二千里]"라는 부여의 터전은 대체로 "동이지역에서 가장 평탄하고 넓은[東夷之域最平敞]" 입지조건 아래서도 지역적으로는 일정한 차별성을 보이면서 다양한 생태적·지형적 조건을 갖추고 있다. 부여 유적지들의 입지 및 분포상황과 문화내용 또한

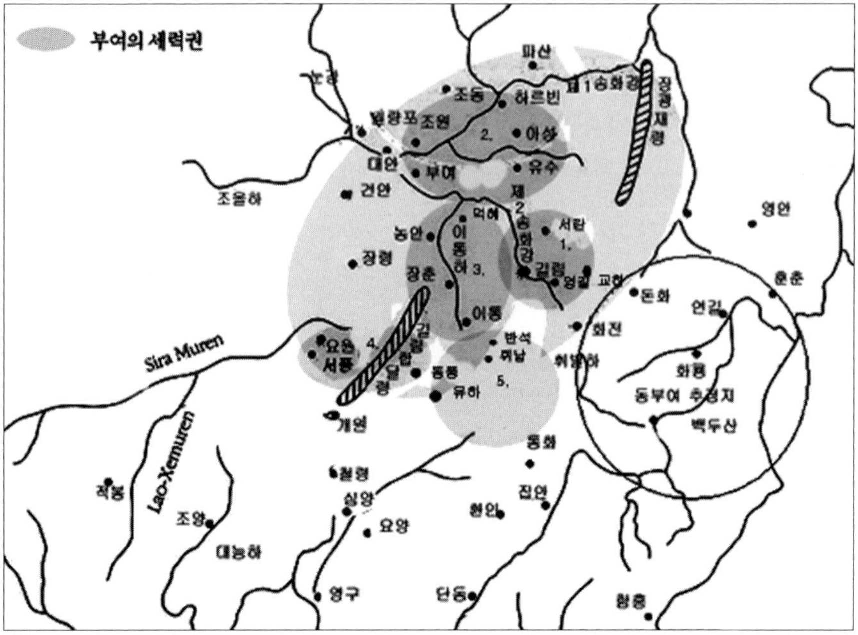

지도 1 기원후 1-3세기 부여의 勢力圈과 4출도
중심지(1): 길림시 일원[길림시·영길(永吉)·교하(蛟河) 등]
유수 일대 지역(2)
농안·덕혜 지역 일대(3)
요원·동요·동풍·서풍 일대 지역(4)
반석·휘남·유하지역(5)

이들과 같은 양상을 보이고 있다. 부여는 중심지 길림시 일대(길림시·영길·교하 등)-북쪽 혹은 동북쪽 유수 일대 지역-남서쪽 요원(遼源) 및 동요(東遼)·동풍(東豐)·서풍(西豊) 일대 지역-남쪽 반석(磐石)·휘남(輝南)·유하(柳河) 지역-서쪽 농안·덕혜(德惠) 지역 일대라는 다섯 개의 지역권으로 분별된다.

부여국가의 4출도체제(四出道體制)는 중앙 부여 국왕의 통제 아래 상이한 지역적 기반을 가진 제 세력 집단[제가(諸加)]이 웅거하고 있는 광역의 세력권을 가진 네 개의 하위지역권을 매개로 하는 지방통치체제로서 기능하였던 것으로 판단된다. 아울러 부여는 이 4출도를 대외관계 운영의 접근로로써 활용하였을 것으로 추정된다. 이 경우 반석·휘남·유하지역은 고구려에 대한, 요원·동요·

동풍·서풍 일대 지역은 한 세력과의, 농안·덕혜 지역 일대는 선비와의, 유수 일대 지역은 읍루와의 접속 루트로 운용되었을 것으로 판단된다. 다만 이런 원심성(遠心性)이 강한 4출도체제는 중앙 국왕의 구심성(求心性)과 원만히 조화될 경우에만 순기능(順機能)을 한다는 한계성이 있다.

4) 부여에서의 민과 하호

부여국가 지배질서의 주요한 인식지표로서 상정될 수 있는 부여사회의 계층-신분 편제에 관해서는 각 연구자들이 선택한 시각·입장·인식준거 틀에 따라 다양한 견해가 제시되고 있다. 그리고 이러한 제 논의가 부여사회의 계서구조(階序構造) 내에서 제가(諸加)·호민(豪民)·민(民)·하호(下戶)·노비(奴婢) 또는 노복(奴僕)의, 특히 『삼국지(三國志): 송본(宋本)·전본(殿本)』 동이전(東夷傳) 부여조 상의 "邑落有豪民, 民下戶, 皆爲奴僕"와 『삼국지: 급고각본(汲古閣本)』의 "邑落有豪民名下戶皆爲奴僕" 기사에 적시된 하호(또는 민)의 존재양태 구명을 그 단서범주로 진행되어 오고 있다.

곧 이러한 논의는 민(民)=하호론(下戶論)·민(民)/하호 분별론(下戶 分別論)·명하호론(名下戶論)으로 집약된다. 우리 학계는 일반적으로 민=하호론의 입장에서서, 송본·전본의 사료를 "읍락에는 호민이 있고, 민은 하호로서 모두 노복으로 삼았다"고 새기면서, 부여의 기본적 지배질서가 왕(王)-제가(諸加)-호민(豪民)-민(民)=하호(下戶)-노복(奴僕)·노비(奴婢)라는 계서구조를 바탕으로 운영되었음을 상정하고 있다.

그러나 위의 견해처럼 부여의 기층집단으로서의 하호를 곧 民으로 인식함(민=하호론)은 부여사의 발전수준을 부족국가론의 경우 그것을 "실제적인 기능을 수행하고 있는 국가체제가 결여"된 부족연맹 단계로, 성읍국가론에서는 국가권력의 집중도가 현저하게 낮은 연맹왕국 수준 정도로 파악, 부여국가 권력의 주요기반이 되는 집단 중의 하나인 民의 존재를 간과한 데서 비롯된 측면이 없지 않다.

이에 대한 비판적 대안인 '민/하호 분별론'은 송본·전본의 사료를 "읍락에는 호민과 민이 있고, 하호는 모두가 노복처럼 되었다"고 새기는 입장이다. 이 견해는 당시 부여국가의 피지배계층을 구성하는 제 신분 집단은 읍락에 거주하는 민과 하호 및 노복 신분을 가진 집단들이라 상정한다. 이 견해는 부여국가 지배구조 자체가 읍락을 그 기저(基底) 지배단위로 하는 제 군장사회(君長社會: chiefdom=國邑+諸邑落)를 대소를 기준으로 계서적·누층적(累層的)으로 편제한 결과물이었던 데서 비롯된 것으로 이해하고 있다.

이 견해는 국가권력의 표상인 국왕으로의 권력 집중이 여의치 못했음에도 불구하고, 부여가 일정한 전쟁수행능력과 소정의 외교·행정 역량은 물론 일정한 사법제도(司法制度)까지 운용하고 있는 국가(state)로서 엄존하고 있었던 만큼, 그 국가권력의 인적·물적 또는 군사적·경제적 기반이 되는 국가공민·자유민(國家公民·自由民)으로서의 민의 실재(實在)는 자명한 것이라 본다.

또 이 견해는 민=하호로 파악하는 우리 학계의 다수설이 당해 사료상에 명시된 민(民)의 존재론적 유의미성을 간과하고 있는 측면이 없지 않을 뿐만 아니라, 무엇보다도 당시 존재하던 부여라는 정치조직체의 전쟁수행능력 및 그 담당 집단의 인식에 적지 않은 혼선을 야기시키고 있다고 비판하고 있다. 즉 이 견해는 '민=하호론'은 부여의 제가를 전쟁수행 담당 집단으로 파악하면서, 당해 전장(戰場)의 주 타격원으로 구사되어야만 할 하호 곧 민은 다만 병참지원 기능만을 수행했음을 주장하는 문제점이 있다고 본다. 반면 '민/하호 분별론'을 따르면 당시 부여 군사동원 체제의 실상은 보다 합리적으로 해명될 수 있다. 즉 부여국가의 군사행동은 제가 집단의 지휘 아래 스스로 무장한 민 신분 집단을 주 전력(主戰力)으로 하여 수행되었고, 하호 신분집단은 비전투원으로서 주로 병참지원 기능을 담당하였던 것으로 파악할 수 있다. 이 점에 비추어 부여의 민 신분집단이 같은 피지배계층의 범주에 속하는 하호 신분집단과는 준별되는 자유민이며 국가공민으로서 그 국가권력의 주요한 군사적 기반이 되었음을 확인할 수 있다.

한편 명하호론이란 민/하호 관련 논의에 있어 종래와는 달리 『삼국지: 급고각본』을 바탕으로 "읍락에는 호민이 있고, 하호라 이름하는 것은 모두 노복이 되었다"고 새기고 있다. 이런 입장에 선 견해는 읍락은 호민/하호 두 계층으로 분별되었는바, 계급 분화가 진행된 결과 평민 중의 부유해진 상층은 호민이 되었고, 일반민은 하호가 되었다고 파악한다. 곧 이 견해는 하호가 이런 빈곤으로 인하여 병장기를 갖출 수 없었기 때문에 전투에 참여할 수 없었다고 보고 있는 것이다. 따라서 이 견해는 호민 이상의 계층이 개별적으로 무기를 소지하고 전사층(戰士層)을 형성하였고, 부여 군사력의 근간은 호민 이상의 전사들이었다고 보고 있는 셈이다. 이에 대해 '민/하호 분별론'은 급고각본 기사란 그 사료 비판적 측면에서의 가치성 여하는 차치하더라도, 부여국가의 지배질서 내에 있어서의 하호라는 존재의 광범위성과 그 지속성을 시사하고 있는 나름대로 유의미한 자료라고 판단하고 있다.

5) 부여국가의 성격

'포자연문화=서단산문화를 직접 계승한 부여문화'라는 입장에 따르면, 부여는 동명 집단을 중심축으로 다양한 생태적·지형적 조건을 갖추고 있는 광범위한 지역에서 여러 차별성이 있는 문화를 가진 다기한 세력들에 의한 점진적 국가형성과정을 경과한 것으로 판단된다. 유수 노하심은 전한~후한 초라는 국가형성기 부여의 대표적 유적지이다. 이곳에서 출토된 철기들이 한(漢)과 북방초원 문화 계통의 유물이라면, 그 토기는 협사조도(夾砂粗陶)로서 포자연식 문화의 소산이다. 중심지인 길림시 일대가 "산지가 많은[多山陵]" 데 비하여, 1백 킬로미터 이상 떨어져 있는 유수지역은 소택지(沼澤地)가 많은 저습초원(低濕草原) 지대이다[廣澤]. 이처럼 노하심 유적의 문화 내용은 중심문화와는 생태적·지정학적·생업경제적 조건에 따라 다소 차별성을 드러내고 있으면서도, 부여

문화로서의 일정한 공통성을 함께 가지고 있다. 또 동요하(東遼河)와 휘발하(輝發河) 상류의 요원·동풍·서풍과 유하 일대의 주민집단 역시 그들의 공간적·생태적 기반이 달랐기 때문에 보산(寶山)문화라는 차별성 있는 문화를 가지고 출발하여 이형동질적(異形同質的)인 부여문화를 구성하는 일익(一翼)을 담당하였을 것으로 추론된다. 논자에 따라서 이곳 주민들이 재지적(在地的) 문화 기반 위에 송눈평원지역의 문화와 요동(遼東)지역 한식(漢式)문화를 받아들인 것이 서풍의 서차구식고분(西岔溝式古墳)문화라 파악하기도 한다. 동요현 석역향 채람 유적(東遼縣 石驛鄕 彩嵐遺蹟: 기원전후) 역시 같은 성격의 유적으로 파악되기도 한다. 한때 중국 학계 일각에서 거론한 서풍현 양천진 유지로 대표되는 양천유형(涼泉類型)문화 역시 부여의 외곽문화로 꼽을 수 있을 것이다. 이처럼 부여는 국가형성기 이래 길림시 일대의 중심지와 주민집단별·지역별 주변성이 강한 제 지역으로 분별되면서 원심성과 다변성(多邊性)이 강한 특질을 가지고 역사의 무대에 등장하였던 것이다. 부여는 이러한 다양다기한 제 세력의 계서적·누층적 편제를 기반으로 국가가 형성된 까닭에 권력 집중을 위한 노력의 실효도가 감하되고 국가 지배구조 운영의 중심세력에 있어서의 원심성과 다원성이 심화될 수밖에 없었다.

부여국가의 지배질서는 국왕을 그 정점으로 왕실과 제가로서 구성된 지배계층을 기축으로 하여 중간지배계층으로서 기능하는 호민 그리고 자유민인 민과 비자유민인 하호와 노비로 이루어진 피지배계층을 기반으로 운영되고 있었다. 아울러 부여는 그 국가적 차원에서 읍루(挹婁)와 같은 이 종족을 집단예속민으로서 파악하고 있었다. 이와 관련하여 진행되고 있는 '민=하호론·민/하호 분별론·명하호론'이라는 논의들은 그 시비(是非)는 여하간에 부여국가의 지배질서 내에 있어서의 하호라는 존재의 광범위성과 그 지속성을 확인해 주고 있다. 결국 부여가 고구려를 상대로 한 동북아시아지역에서의 패권쟁탈전에서 끝내 좌절하고 만 것은 고구려에 비해 지배계층의 사적 지배권(私的 支配權)하에 예속되어 있던 하호들을 민으로의 수렴(收斂)·재편하여 국가권력의 공적

(公的) 지배 범역(範域)으로 귀일(歸一)시키는 정책을 효율적으로 집행·관철하는 데 실패한 사실과 무관하지 않은 것이다. 그리고 이 사실은 부여국가 권력 및 그것을 표상하는 국왕권의 집중성과 구심성(求心性)이 고구려에 비해 상대적으로 취약하였음을 의미하는 것이기도 하다.

부여국가의 4출도체제 역시 생태적·생업경제적·지정학적으로 편차가 있는 제 세력 집단(제가)이 할거(割據)하고 있는 네 개의 하위지역권을 매개로 하는 지방통치체제로서 기능하였다. 따라서 이런 원심성이 강한 4출도체제는 중앙 국왕의 구심성과 원만히 조화될 경우에만 정상적으로 가동(稼動)될 수 있는 지방통제 방식으로 판단된다.

부여의 국가형성과정과 민-하호 존재 양태를 통해 엿볼 수 있는 부여 지배구조 및 4출도체제라는 지방통치체제 등에 대한 논의는 모두 부여국가 권력이 원심성과 다원성을 내재적 특성으로 하여 운영되고 있었음을 시사한다.

따라서 부여는 기원후 21-22년 고구려의 저돌적(猪突的) 군사행동에서 비롯한 국왕이 전사하는 전역(戰役: campaign)과 285년과 346년 두 차례에 걸친 선비 모용씨의 중심지 강습(强襲) 등 수차례에 걸쳐서 그 위기관리 역량상 현저한 취약상을 노정시키곤 했다. 아울러 이러한 국가적 위기상황의 발발을 전후하여 주요 핵심 지배집단의 부여 지배권(支配圈) 외로의 방출(放出)·이탈(離脫)·이반(離反) 사태를 연출하곤 하였다. 그러나 부여국가의 원심성과 다원성이라는 취약성이 역설적(逆說的)으로 여러 차례 외부세력에 의하여 조성·강요된 중심부에 대한 치명적인 군사적 타격에도 불구하고 부여로 하여금 끝내 거듭나게 하는 국가의 지속성을 담보해 주는 기제(機制)로 작용하고 있었다. 이 점은 부여사의 굴곡진 전개과정 자체가 입증해 주고 있는 셈이다

4. 맺음말

부여사 인식체계 정립 노력에 있어 핵심은 북부여·동부여의 실체 구명 여하에 있다. 이에 관한 제 논의는 일단 북·동부여 공시적 실재론과 북·동부여 통시적 분기론으로 대별할 수 있다.

북·동부여 공시적 실재론이란 고구려 건국 당시 북부여·동부여가 같은 시기에 각기 다른 지역에 실재해 있었다고 보고 있는 견해이다. 이러한 논의들의 주요한 입론의 근거로는 『삼국유사』 기이편의 북부여-동부여-고구려조의 기사(記事)들이다.

그런데 이 『삼국유사』상의 기사들을 그대로 역사적 사실로 새길 경우 여러 가지 혼선이 일어나게 된다. 곧 이 경우 홀승골성=북부여='졸본부여=고구려'의 입국지라는 역사적 사실과는 다른 결과를 초래하게 된다. 또 기원후 22년 부여가 멸망한 것으로 기록되어 있다. 그러나 이 사실은 『삼국사기』를 비롯한 중국 사료들은 모두 부여가 5세기 말에 이르기까지 고구려와 더불어 동북아시아 일각에서 역사적 실체로 존재했다는 점에서 문제가 된다.

고구려·백제가 부여와 공존하고 있던 시기에마저도 각각 부여와의 연고의식을 강조하고 있었던 점은 부여사가 당시 이들이 간직한 역사의 기억 속에 점하는 유의미성을 짐작하게 해 주고 있다. 이러한 역사의 기억들이 장기간의 부여사 진전 상황과 맞물리면서 부여사 인식체계의 착종을 불러온 것으로 짐작된다. 더구나 『삼국사기』·『삼국유사』·「동명왕편」 등 우리의 부여 관련 제 자료들은 부여사 자체보다는 해모수에서 연원한 주몽을 주인공으로 하는 고구려 국가형성과정을 역사적으로 형상화하고자 했던 여러 전승의 재편집 작업의 소산이라고 본다.

이 점에 비추어 볼 때 『삼국유사』 기이편의 북부여-동부여-고구려조뿐 아니라 이와는 결이 다른 『삼국사기』를 비롯한 모든 자료에 대한 비판적 인식과 분석 그리고 재구성을 위한 노력이 따를 때만 부여사의 실상 해명의 실마리를 찾을 수 있을 것이다.

오늘날의 우리 학계의 다수는 기존의 제 사료에 대한 비판적 인식을 전제로 북부여=부여이며, 동부여란 훗날 이들로부터 갈라져 나온 세력이 세운 나라로 보고 있다. 곧 이는 북·동부여 통시적 분기론이라 볼 수도 있다. 이 견해는 본래 주몽의 고향은 송화강 유역의 북부여(부여)로서 5세기 말 고구려에 합병(合倂)되었고, 동부여란 3세기 말 선비족 모용씨의 공격을 받은 북부여의 일족이 세운 나라인바, 광개토왕대에 고구려에 통합되었다고 보는 입장이다.

본고의 경우, 북·동부여 통시적 분기론을 입론의 근거로 삼아 부여사의 실상(實相)과 관련된 주요 논점들을 개략적으로 검토해 보았다.

『논형』의 동명은 부여의 시조로서 고구려 시조인 주몽 혹은 추모(鄒牟)와는 준별되는 존재로서 이해하되, 고구려의 주몽 설화는 부여의 동명 설화에 바탕을 둔 것이라고 파악·이해함이 보다 타당할 것이다. 고고문화적으로 볼 때, 서단산문화가 훗날 부여의 선행문화로서, 또 한서문화·백금보문화가 탁리국의 문화로서 부여의 그것과 일정한 상관관계를 가졌던 것으로 파악되어 왔다. 최근의 '포자연문화가 서단산문화를 직접 계승한 부여문화'라는 입장에 따르면, 부여국가의 형성 움직임이 기원전 3세기 이후에서 기원전 2세기 말 사이를 시점(始點)으로 태동되고 있었음을 파악할 수 있다.

전쟁을 기준지표 삼아 부여사 전개의 시기구분을 시도하는 경우, 부여사가 ① 국가형성기(기원전 2세기-기원후 1세기) → ② 전기 부여(기원후 1-3세기) → ③ 후기 부여(3-5세기)라는 세 단계를 거쳐 진전되었고 볼 수 있다.

부여의 초기 중심지는 길림시 일대, 보다 구체적으로는 초기 부여의 왕성은 길림시 동단산 남성자이다. 또 후기 부여 중심지에 대하여는 서풍현 성산자산성설 및 요원설 등 다양한 견해를 제시하고 있다. 아울러 기원후 3세기경까지의 부여의 세력권은 제1송화강을 그 북한으로, 동으로는 장광재령, 서로는 이통하 유역, 그리고 남으로는 휘발하 유역을 포섭하고 있다.

부여는 ① 중심지인 길림시 일대(길림시·영길·교하 등)-② 북쪽 혹은 동북쪽

유수 일대 지역-③ 남서쪽 요원 및 동요·동풍·서풍 일대 지역-④ 남쪽 반석·휘남·유하지역-⑤ 서쪽 농안·덕혜 일대 지역이라는 다섯 개의 지역권으로 분별된다. 부여의 4출도체제는 중앙 부여 국왕의 통제 아래 상이한 지역적 기반을 가진 제 세력 집단("제가")이 웅거하고 있는 광역의 세력권을 가진 네 개의 하위지역권을 매개로 하는 지방통치체제로서 기능하였다.

부여사회의 계서구조에 관한 논의는 '민=하호론·민/하호 분별론·명하호론'으로 집약된다. '민=하호론'의 경우, 부여국가 권력의 주요기반이 되는 집단 중의 하나인 民의 존재를 간과한 측면이 없지 않다. '민/하호 분별론'은 부여가 국가(state)로서 엄존하고 있었던 만큼, 그 국가권력의 인적·물적 또는 군사적·경제적 기반이 되는 국가공민·자유민으로서의 민의 실재는 자명한 것이라 본다.

부여는 다양다기한 제 세력의 계서적·누층적 편제를 기반으로 국가가 형성된 까닭에 권력 집중을 위한 노력의 실효도가 감하되고 국가 지배구조 운영의 중심세력에 있어서의 원심성과 다원성이 심화될 수밖에 없었다. 부여국가의 지배질서와 관련되어 진행되고 있는 '민=하호론·민/하호 분별론·명하호론'이라는 논의들은 그 시비(是非)는 여하간에 부여국가의 지배질서 내에 있어서의 '하호'라는 존재의 광범위성과 그 지속성을 확인해 주고 있다. 결국 부여가 동북아시아지역에서의 패권쟁탈전에서 끝내 좌절하고 만 것은 국가권력 및 그것을 표상하는 국왕권의 집중성과 구심성이 고구려에 비해 상대적으로 취약하였음을 의미하는 것이기도 하다. 부여국가의 4출도체제 역시 생태적·생업경제적·지정학적으로 편차가 있는 제 세력 집단(제가)이 할거하고 있는 네 개의 하위지역권을 매개로 하는 지방통치 방식으로서 기능하였다. 따라서 이런 원심성이 강한 4출도체제는 중앙 국왕의 구심성과 원만히 조화될 경우에만 정상적으로 가동될 수 있는 지방통제장치로 판단된다.

부여의 국가형성과정과 민-하호 존재 양태를 통해 엿볼 수 있는 부여 지배구조 및 4출도체제라는 지방통치체제 등에 대한 논의는 모두 부여국가 권력이 원심성과 다원성을 내재적 특성으로 하여 운영되고 있었음을 시사한다. 그러나 부여국가의 원심성과 다원성이라는 취약성이 역설적으로 중심부에 대한 치명적인 군사적 타격에도 불구하고 부여로 하여금 끝내 거듭나게 하는 국가의 지속성을 담보해 주는 기제로 작용하고 있었다. 이 점은 부여사의 굴곡진 전개과정 자체가 입증해 주고 있는 셈이다

◎ 참고문헌

孔錫龜, 1990, 「廣開土王陵碑의 東夫餘에 대한 考察」, 『韓國史硏究』70.

金貞培, 1991, 「豆莫婁國 硏究: 扶餘史의 連結과 관련하여」, 『國史館論叢』29.

金哲埈, 1978, 「部族國家의 成長」, 國史編纂委員會 編, 『한국사2: 민족의 성장』.

盧泰敦, 1989, 「扶餘國의 境域과 그 變遷」, 『國史館論叢』4, 국사편찬위원회.

리지린·강인숙, 1976, 『고구려사 연구』, 평양, 사회과학출판부.

朴京哲, 1992, 「扶餘史展開에 關한 再認識試論」, 『白山學報』40.

______, 1994, 「부여사의 전개와 지배구조」, 『한국사2: 원시사회에서 고대사회로-2』, 한길사.

______, 1996, 「扶餘國家의 支配構造 考察을 위한 一試論」, 『韓國古代史硏究』9.

______, 2004, 「부여」, 고구려연구재단 편, 『고조선·단군·부여』, 고구려연구재단.

______, 2004, 「扶餘史 硏究의 諸問題」, 이성규·신종원·박경철·임기환·오강원·이청규, 『동북아시아 선사 및 고대사 연구의 방향』, 학연문화사.

______, 2004.10, 「濊貊·扶餘와 高句麗의 正體性」, 『高句麗硏究』18.

______, 2005.8, 「古朝鮮·扶餘의 住民構成과 種族」, 『북방사논총』6.

______, 2005.12, 「새로운 扶餘史像 定立을 위한 몇 가지 課題」, 『先史와 古代』23.

______, 2007, 「부여」, 조법종 외, 『이야기 한국고대사』, 청아출판사.

______, 2010, 「부여」, 김정배 편·저, 『한국고대사 입문 I』, 신서원.

______, 2011, 「扶餘의 國勢變動相 認識에 관한 試論」, 『高句麗渤海硏究』39.

박기범, 2011, 「부여·고구려 건국신화의 계통과 형성과정」, 『동북아역사논총』3.

朴大在, 2008.11, 「夫餘의 왕권과 왕위계승: 2~3세기를 중심으로」, 『韓國史學報』33.

朴相彬, 1996, 「중국 동북지방 西團山文化의 무덤 연구」, 檀國大學校 大學院 史學科 考古學 專攻, 碩士學位論文.

박양진, 1998, 「族屬 추정과 夫餘 및 鮮卑 고고학 자료의 비교분석」, 『韓國上古史學報』39.

______, 2005.3, 「考古學에서 본 夫餘」, 『韓國古代史硏究』37.

徐榮洙, 1988, 「廣開土王陵碑文의 征服記事의 再檢討(中)」, 『歷史學報』119.

송기호, 2005.3, 「扶餘史 연구 쟁점과 자료 해석」, 『韓國古代史硏究』37.

송호정, 1997, 「Ⅲ. 부여」, 『한국사 4: 초기국가-고조선·부여·삼한』, 국사편찬위원회.

吳江原, 2000.10, 「中滿地域의 初期鐵器文化: 泡子沿式文化의 成立과 展開樣相-文化背景 및 夫餘문제와 관련하여」, 韓國上古史學會, 『전환기의 고고학 Ⅲ: 歷史時代의 黎明: 第24回 韓國上古史學會 學術發表大會』.

_____, 2007.6, 「西團山文化의 社會構造와 發展段階에 관한 試論」, 『先史와 古代』26.

_____, 2007.8, 「서단산문화의 농경과 생업경제」, 『韓國上古史學報』57.

오영찬, 1999, 「Ⅷ. 楡樹 老河深 유적을 통해 본 부여 사회」, 김시준 외, 『한반도와 동북 3성의 역사문화』, 서울대학교출판부.

이기동, 2005.3, 「한국민족사에서 본 부여」, 『韓國古代史研究』37.

李丙燾, 1959, 震檀學會 編, 『韓國史 古代篇』, 乙酉文化社.

李道學, 1991, 「方位名 夫餘國의 성립에 관한 檢討」, 『白山學報』38.

李鍾洙, 2003, 「夫餘城郭의 特徵과 關防體系 研究」, 『白山學報』67.

_____, 2004, 「夫餘文化研究」, 吉林大學文學院, 博士學位論文.

_____, 2005.6, 「松花江流域 初期鐵器文化 研究 Ⅱ: 西荒山屯古墳群을 중심으로」, 『先史와 古代』22.

_____, 2005 , 「高句麗의 夫餘진출과정 연구」, 『高句麗研究-廣開土太王과 東아시아 世界-』21.

_____, 2007.4, 「西岔溝古墳群의 性格과 使用集團에 대하여」, 『白山學報』77.

_____, 2009, 「松嫩平原地域 青銅器文化의 寶庫 白金寶」, 『한국청동기학보』5.

_____, 2009.6, 「무덤의 변화양상을 통해 본 부여사 전개과정 고찰」, 『先史와 古代』30.

임기환, 2016, 「고구려 건국전승의 始祖出自와 北夫餘, 東夫餘: 광개토왕비문의 北夫餘, 東夫餘를 중심으로 」, 『고구려발해연구』54.

鄭雲龍, 1991, 「부여의 판도와 예맥문화권」, 『展望』52.

朱昇澤, 1993, 「北方系 建國神話의 文獻學的 再考察: 解夫婁神話의 再構成을 中心으로」, 『韓國學報』70.

董學增·李澍田, 1984, 「略談西團山文化的族屬問題」, 『東北師大學報(哲學社會科學版)』1984-2.

武國勛, 1983, 「扶餘王城新考: 前期夫餘王城的發現」, 『黑龍江文物叢刊』1983-4.

孫正甲, 1984, 「夫餘源流辨析」, 『學習與探索』1984-6.

李建才, 1982, 「夫餘的疆域和王城」,『社會科學戰線』1982-4.

張博泉, 1981, 「夫餘史地叢說」, 『社會科學輯刊』1981-6.

張忠培 主編, 2009, 『肇源白金寶-嫩江下游一處青銅時代遺址的揭示』, 科學出版社.

周向永, 1994, 「"絡氏"考」, 『遼海文物學刊』總18期, 1994年2期.

『삼국유사』 소재 진성 전투와 진흥왕대의 대외관계

윤성호(서울특별시 광진구청 학예연구사)

1. 서론

『삼국유사』는 사상사적인 내용뿐만이 아니라, 『삼국사기』에서 누락된 정치사, 사회사, 경제사 등의 다양한 자료를 포함하고 있다는 점에서 한국고대사 연구의 중요한 사료가 되고 있는 것은 주지의 사실이다.(崔南善, 1927; 최광식, 2017)

특히 『삼국유사』 권1 기이1 진흥왕조에는 내용은 소략하지만 『삼국사기』에서 확인되지 않는 내용을 포함하고 있다는 점에서 이 시기를 연구하는 데 중요한 자료로 활용되고 있다. 진흥왕이 즉위하기 이전인 6세기를 전후하여 신라는 동해안지역과 낙동강 동안의 가야지역으로 팽창해 나갔다. 신라는 진흥왕이 즉위한 이후에 새롭게 획득한 인적·물적인 역량을 결집하여 한강 유역으로 본격적으로 진출하게 되었고, 이로 인하여 한반도 내 모든 세력의 역관계가 급변하게 되었다. 이러한 점에서 그동안 진흥왕 즉위를 전후한 시기를 중심으로 많은 연구가 진행되었고, 『삼국유사』 진흥왕조에 대한 검토도 이루어졌다. 다만 기왕의 연구에서는 『삼국유사』와 타 사료 간의 시기나 내용의 차이를 두고, 한쪽 사료를 신뢰하고 한쪽을 부정하는 경우가 많았다. 이에 개별 사건의 발생 시기나 경과에 대한 분석에서 이견이 제시되고 있는 실정이다.

따라서 이러한 진흥왕대의 역사적인 상황에 대한 연구성과를 바탕으로, 『삼국유사』에 언급된 진흥왕대의 사료를 분석해 볼 필요가 있다.

우선 진흥왕의 즉위를 전후한 신라의 대외 팽창을 살펴보겠다. 그 과정에서 진흥왕의 즉위 시 연령과 관련된 『삼국유사』의 내용과 백제와 연합하여 한강 유역으로 진출한 이후에 신라가 고구려와 연화를 하게 되면서 대외적인 상황이 급변하는 내용에 대하여 살펴보겠다.

다음으로 백제가 한강 유역을 상실한 이후에 신라에게 보복을 가하는 관산성 전투에 대하여 살펴보고자 한다. 『삼국유사』에는 554년 9월에 관산성 전투와 연결되는 진성 전투가 기록되어 있는데, 그 내용과 의미를 자세히 검토해 보고자 한다.

마지막으로 이러한 고찰을 통하여 『삼국유사』 진흥왕조의 사료적인 가치와 그 의미를 정리해 보겠다.

2. 진흥왕의 한강 유역 진출과 신라-고구려의 연화

신라는 중고기 이전부터 왕경의 북방을 안정화시키기 위하여 동해안을 따라서 북진을 하였고, 낙동강 수계의 안정적인 확보를 위하여 가야지역에 대한 남진을 시도하였다. 이러한 신라의 노력은 소지마립간에서 지증왕대에 이르러 괄목할 만한 성과를 보이기 시작하였다. 지증왕 6년(505)에 동해안지역의 영역화를 위한 실직주를 설치하여 안정적인 지배를 시도하였고, 창녕, 양산, 부산을 낙동강 이서지역으로 진출하는 전진기지로 운영하였다. 법흥왕 19년(532)에는 금관국을 복속시키는 등의 성과를 거두었는데, 이를 이어받아 540년에 즉위한 진흥왕은 이듬해에 대외진출에 많은 공을 세웠던 이사부를 병부령으로 임명하면서 본격적인 대외팽창을 시도하였다.

548년에 고구려가 백제의 한북 독산성을 공격하는 사건이 발생한다. 독산성 전투는 『일본서기』 흠명 9년조의 마진성(馬津城) 전투와 동일한데, 안라국이 고구려와 결탁하여 백제에 대응하고, 신라가 백제를 지원하면서 한반도의 모든 세력이 결부된 사건으로 확대되었다. 신라는 독산성 전투를 지원하여 나제동맹의 관계를 재정리하고 한강 유역으로 진출하는 명분을 만들 수 있었다. 또한 고구려와 백제의 군사적인 상황과 지리적인 정보를 파악할 수 있었다. 550년에는 백제가 고구려의 도살성(증평지역)을 빼앗고, 고구려는 백제의 금현성(진천지역)을 빼앗은 사건이 발생한다. 이때 신라가 두 성을 모두 탈취하였고, 금현성을 되찾기 위한 고구려의 공격을 막아 내는 승세를 타고 고구려의 남진 거점인 국원(충주)을 확보하였다. 당시 고구려는 양원왕의 즉위와 관련하여 내부의 정치적 혼란과 북방세력으로 인한 위협을 받고 있던 터라, 충주의 상실로 인하여 고구려는 한강 유역에 대한 통제가 어려운 상황이 되었다.(盧泰敦, 1976)

551년에 신라 진흥왕은 연호를 개국으로 고치고, 새롭게 확보한 미호천 유역과 남한강 상류지역을 순수하였다. 여기서 연호의 개칭과 관련하여『삼국유사』진흥왕조의 기록을 살펴볼 필요가 있다.

> A. 제24대 진흥왕은 왕위에 올랐을 때 나이가 15세였으므로 태후가 섭정을 하였다. 태후는 법흥왕의 딸로서 입종갈문왕의 부인이었다. 왕은 임종할 때에 머리를 깎고 법의를 입고 운명했다.
>
> 【『삼국유사』권1, 기이(1) 진흥왕】

A 기사에서는 진흥왕 즉위 시 나이와 태후의 섭정이 확인되고, 마지막에서는 진흥왕이 불법에 귀의하여 임종하였다는 것을 알 수 있다. 이와 달리『삼국사기』권4 신라본기4 진흥왕 즉위년(540)조에는 "진흥왕이 왕위에 올랐다. 이름은 삼맥종(彡麥宗)[또는 심맥부(深麥夫)라고도 썼다]이고, 이때 나이는 7세였다. 법흥왕의 동생인 갈문왕 입종의 아들이고, 어머니는 김씨로 법흥왕의 딸이다. 왕비는 박씨 사도부인(思道夫人)이다. 왕이 어렸으므로 왕태후가 섭정하였다" 라고 기록되어 있다. 여기서 어린 나이에 진흥왕이 즉위하였기 때문에 왕태후

가 섭정하였다는 내용은 동일하지만, 즉위 시 연령이 7세로 되어 있어 『삼국유사』의 15세와 차이가 있다. 기왕의 연구에서는 『삼국사기』의 기록을 받아들여 7세에 즉위한 것으로 파악하는 것이 일반적이다.(李丙燾, 1976) 그렇지만 15세에 즉위한 것으로 이해한 견해도 있고,(李晶淑, 1994) 두 사료에 기록된 것을 절충하여 7세에 왕위를 계승하였고, 15세에 친정에 들어간 것을 의미한다는 견해도 있다.(金昌謙, 1996) 『삼국사기』의 7세 진흥왕 즉위설을 신뢰하는 입장에서는 연호를 개국으로 고친 551년에 18세가 되어 친정을 시작하였다고 이해한 것이다. 이러한 가능성도 배제할 수 없겠지만, 추가 자료가 확인되지 않는 상황에서 더 이상의 검토는 진행하기 어렵다. 다만 개국이라는 연호의 개정은 진흥왕이 한강 유역으로 진출하는 기반을 완성하였다는 의미를 부여한 것으로 파악하는 데 무리가 없다. 낭성을 순수한 진흥왕이 대가야의 유민인 우륵을 불러서 음악을 연주하게 하는 방식으로 신복속지의 통합의지를 밝힌 것도 이와 무관하지 않기 때문이다.

같은 해 신라는 백제와 함께 한강 유역으로 북상하게 된다. 백제는 한성과 남평양을 포함한 6군(한성, 남평양을 중심으로 용인, 광주, 이천, 안성 일대 또는 파주, 양주 일대 포함)을 점령하여 한강 유역을 확보하였고, 신라는 거칠부 등에게 명하여 승세를 타고 고구려의 10군(춘천, 원주, 제천, 가평, 양구, 화천, 회양, 김화, 창도)을 확보하여 북한강 상류와 추가령 구조곡 일대까지 진출하였다.(尹星鎬, 2017)

이와 같이 한강 유역을 차지한 백제와 남한강과 북한강 유역을 확보한 신라의 관계는 오래가지 않았다. 신라가 백제가 확보한 한성을 빼앗아 장악하는 기록이 확인되기 때문이다.

B-1. (진흥왕) 14년(553) 가을 7월에 백제의 동북쪽 변두리를 빼앗아 신주(新州)를 설치하고 아찬 무력을 군주로 삼았다.

【『삼국사기』 권4, 신라본기4 진흥왕 14년】

B-2. (성왕) 31년(553) 가을 7월에 신라가 동북쪽 변경을 빼앗아 신주를 설치하였다.

【『삼국사기』 권26, 백제본기5 성왕 31년】

B-3. [흠명 13년(552)] 이해 백제가 한성(漢城)과 (남)평양(平壤)을 포기[棄]하였다. 신라는 이로 인하여 한성에 들어가 살게 되었다. …

【『일본서기』 권19, 흠명천황 13년】

『삼국사기』 신라본기 B-1 기사에서는 "백제의 동북쪽 변두리를 빼앗아 신주를 설치하고 무력을 군주로 삼았다"는 기록이 있고, 백제본기 B-2 기사에서는 "신라가 동북쪽 변경을 빼앗아 신주를 설치하였다"는 기록이 확인된다. 이를 통하여 553년 7월에 신라가 백제로부터 한강 유역을 탈취하였음을 알 수 있다. 신라가 설치한 신주라는 명칭은 한강 유역을 새롭게 개척하여 성장할 수 있는 중요한 지역으로 인식하였던 것임을 유추해 볼 수 있고, 신라의 한강 유역 확보에 대한 강한 의지도 확인할 수 있다. 그런데 『일본서기』 B-3 기사에서는 552년에 백제가 한성과 서울 아차산 일대의 남평양을 포기한 것으로 기록되어 있다. 여기서 『삼국사기』와 다르게 552년으로 기록하였으나, 이는 553년의 오류로 파악하는 것이 일반적이다.

한편 신라가 신주를 설치하는 과정과 관련하여 기록에는 누락되었으나 신라가 백제를 공격한 것으로 이해하는 견해도 있다.(張彰恩, 2011) 그렇지만 실제 전투가 발생한 것인지 혹은 백제가 스스로 한강 유역을 포기한 것인지를 확인하기는 어렵다. 다만 신라가 한강 유역을 확보하게 된 원인과 관련하여 다음의 『삼국유사』 진흥왕조의 기사가 주목된다.

C. 이보다 먼저 백제가 신라와 군사를 합하여 고(구)려를 치자고 하니 진흥왕이 말하기를 "나라의 흥망은 하늘에 달려 있는데, 만약 하늘이 고(구)려를 미워하지 않는다면 내가 어찌 바라겠느냐" 하였다. 그리고 이 말을 고(구)려에 전하니 고(구)려는 이 말에 감동이 되어서 신라와 평화롭게 지냈다. 그러나 백제가 이것을 원망

하여 침범을 한 것이다.

【『삼국유사』 권1, 기이(1) 진흥왕】

『삼국유사』 진흥왕조에서는 뒤에서 살펴볼 백제가 신라의 진성을 공격한 원인을 언급하였다. 여기서는 백제가 신라에게 고구려를 공격할 것으로 제안하였으나, 신라는 이를 거부하고 고구려에 접촉하였다. 신라와 고구려 간에 우호적인 관계가 이루어졌으며 백제가 이를 원망하게 되었다는 것이다. 이 기사를 근거로 신라와 고구려 간에 소위 여라밀약(麗羅密約)이 맺어진 것으로 이해한 연구가 나오게 되었다.(盧泰暾, 1976)

즉, 한강 유역의 북쪽과 측면에서 위기에 몰린 백제가 한강 유역을 포기하고 후퇴하자, 신라가 백제가 확보한 지역까지 장악한 뒤 신주를 설치하게 된 것임을 알 수 있다. 또한 B-3 기사에서 남평양지역에 대한 언급이 없다는 점에서 신라는 한강 유역 북쪽의 남평양을 고구려에게 넘겨주고, 한강 유역 남쪽 한성지역만 확보하였을 가능성도 생각해 볼 수 있다.(주보돈, 2006)

한편 C 기사의 『삼국유사』 진흥왕조에서는 신라와 고구려가 연화한 시기를 언급하지 않았지만, 『일본서기』를 통하여 그 시기를 유추해 볼 수 있다.

D-1. [흠명 13년(552)] 5월 무진 초하루 을해 백제·가라·안라가 중부 덕솔 목리금돈(木刕今敦)·하내부(河內部) 아사비다(阿斯比多) 등을 보내어 "고(구)려와 신라가 서로 화친하고 세력을 합쳐 신의 나라와 임나를 멸하려고 도모합니다. 그러하므로 삼가 구원병을 청하여 먼저 불시에 공격하고자 합니다. 군사의 많고 적음은 천황의 명령에 따르겠습니다"라고 아뢰었다. …

【『일본서기』 권19, 흠명천황 13년】

D-2. [흠명 14년(553)] 8월 신묘 초하루 정유 백제가 상부의 나솔 과야신라(科野新羅), 하부의 고덕 문휴대산(汶休帶山) 등을 보내 표를 올려 "지난해 … 올해 문득 들으니 신라가 박국(狛國: 고구려)과 함께 모의하여 '백제와 임나가 자주 일본에 나아

가니, 생각건대 군사를 빌려 우리나라를 치려는 듯하다. 이 일이 만약 사실이라면 나라의 패망은 발꿈치를 들고 기다리는 것과 같을 것이다. 일본의 군대가 떠나기 전에 안라를 공격해 빼앗아 일본과의 통로를 끊자"라 하였다고 합니다. …

【『일본서기』 권19, 흠명천황 14년】

D-1 기사를 통하여 신라가 한강 유역을 차지하고 신주를 설치하기 1년 전인 552년 8월에 고구려와 화친이 성립된 상황임을 알 수 있다. D-2 기사에서도 553년 8월에 백제가 신라와 고구려가 백제를 공격할 것이라는 언급이 확인된다. 따라서 553년 7월에 신라가 신주를 설치하기 이전에 신라와 고구려의 연화가 성립된 것으로 추정해 볼 수 있다. 그런데도 『삼국사기』에 의하면 신라가 신주를 설치한 3개월 뒤에 백제는 오히려 성왕의 딸을 신라왕에게 혼인을 시키는 유화책을 진행하였다. 한강 유역을 상실한 백제가 혼인을 통하여 신라와 외교를 시도한 것은 나제동맹을 유지하고 관계를 회복하기 위한 시도로 이해하거나,(盧重國, 1981) 한강 유역을 돌려받기 위한 고육책으로도 생각해 볼 수 있지만,(金秉柱, 1984) 백제가 신라를 공격할 시간을 벌기 위한 위장전술일 가능성이 크다.(金泰植, 1993) 이것은 『일본서기』의 553년 10월에 백제가 고구려를 공격했다는 기사를 통하여 확인이 가능하다.

E-1. [흠명 14년(553)] 겨울 10월 경인 그믐 기유. 백제왕자 여창(餘昌)[성왕의 아들 위덕왕이다]이 나라 안의 군대를 내어 고(구)려국을 향했는데, 백합(百合)의 들판에 요새를 쌓고 군사들과 함께 먹고 잤다. … 백제는 고(구)려의 용사를 창으로 찔러 말에서 떨어뜨려 머리를 베었다. 그리고 머리를 창끝에 꽂아 들고 돌아와 군사들에게 보였다. 고(구)려군 장수들의 분노가 심하였다. 이때 백제군이 환호하는 소리에 천지가 찢어질 듯하였다. 다시 부장이 북을 치며 달려 나아가 고(구)려왕을 동성산(東聖山) 위까지 쫓아가 물리쳤다.

【『일본서기』 권19, 흠명천황 14년】

E-2. 고조는 이미 해동의 세 나라가 오래전부터 원한이 맺혀 서로 번갈아 가며 공격을 한다는 사실을 들었다. 그들은 같은 번국으로서 힘쓸 것은 서로 화목하게 지내는 것이라 하여, 이에 그 사신에게 원한을 맺게 된 까닭을 물으니, (사신은) "① 지난날 백제가 고(구)려를 치러 갈 적에, 신라에 구원을 청하였는데 신라는 군사를 동원하여 백제국을 쳐부수었습니다. ② 이로 인하여 원수가 되어 늘 서로 공격하게 되었으며, ③ 신라가 백제의 왕을 잡아다 죽였으므로 원한은 이로 말미암아 비롯되었습니다"고 답하였다.

【『구당서』 권199상, 열전149상 동이 신라】

E-1 기사의 내용은 『삼국사기』에서 확인되지 않지만, 백제가 한강 유역을 상실하고 신라와 혼인외교를 시도하는 도중에 고구려를 공격하였다는 것이다. 553년 10월에 백제는 백합(百合)의 요새에 주둔하였다가 고구려를 공격하였고, 고구려 양원왕을 동성산까지 몰았다는 내용인데, 백합을 황해도 황주, 동성산은 평양 동북쪽의 대성산에 비정한 견해가 있었다.(坂本太郎 外, 1965) 그렇지만 신라가 한강 유역을 확보한 상황에서 예성강 이북지역에서 백제와 고구려 간에 전투가 가능한 것인지 의문을 제기하고, 551년 백제가 한강하류로 진출할 당시의 내용을 재구성한 것으로 추정한 견해도 있었다.(김주성, 2000)

또한 『구당서』 E-2 기사는 백제가 고구려를 공격할 때, 백제가 신라에 구원을 청하였다고 해석하여 551년의 상황으로 이해한 견해가 일반적이다.(國史編纂委員會, 1987) 그런데 E-2 ①에서 백제의 구원을 요청받은 신라가 오히려 백제를 공격하여 원수가 되었다는 내용은 E-2 ②와 매끄럽게 연결되지 않는다. E-2 ②는 뒤에서 살펴볼 관산성 전투에서 신라가 백제 성왕을 죽이는 내용과 관련되므로, E-2 ①은 고구려가 신라에 구원을 청하자, 신라가 백제를 공격하였고, 신라와 백제의 관계가 파국을 맞이하는 것과 연결될 여지가 있다.

이러한 점에서 백합지역은 남평양에서 멀지 않은 곳으로 이해되고, 백합에서의 전투의 사실성도 인정할 필요가 있다.(盧重國, 1988) 신라가 대중국 항구를 확보하고 북제(北齊)에 사신을 파견하는 것이 564년의 일이므로, 당시에 신주의 범위가 서해안 일대까지 미치지 못하였을 가능성이 높다. 따라서 백제는 고구려의 상황을 파악하기 위하여 서해안지역의 육상을 통하여 한강 유역 북안지역의 고구려를 공격하였던 것으로 추정해 볼 수 있다.(尹星鎬, 2017)

요컨대 551년에 신라는 백제와 함께 고구려로부터 한강 유역을 확보하였는데, 552년 무렵에 신라는 고구려와 연화를 하여, 백제를 한강 유역에서 축출하였다. 백제는 충돌을 피하고자 한강 유역에서 자진 철수하였으나, 신라와는 혼인외교를 통해 시간을 벌면서 고구려의 백합지역을 공격하는 양국에 대한 탈환전을 준비한 것이다. 이러한 백제의 신라에 대한 반격은 이듬해인 554년에 시작된다.

3. 진성 전투와 관산성 전투

백제는 백합지역에서 고구려와 전투를 통하여 고구려의 군사적인 상황을 파악하고, 신라가 군사적으로 고구려를 지원하지 않고 있다는 것을 확인하였다. 이에 신라와 고구려가 연합하여 백제를 공격하는 것이 어렵다고 판단한 백제는 554년에 신라의 관산성에 대한 공격을 진행하였다. 『삼국사기』에서 기록된 내용은 다음과 같다.

F-1. (진흥왕) 15년(554) 7월에 명활성을 수리하여 쌓았다. 백제의 왕 명농(明襛: 성왕)이 가량(加郞: 가야)과 함께 관산성(管山城)을 공격하였다. 군주 각간 우덕과 이찬 탐지 등이 맞서 싸웠으나 전세가 불리하였다. 신주 군주 김무력이 주의 군사를 이끌고 나아가 교전하였는데, 비장 삼년산군의 고간 도도가 급히 쳐서 백제 왕을 죽였다. 이에 모든 군사가 승리의 기세를 타고 크게 이겨서 좌평 4명과 군사 2만 9천 6백 명의 목을 베었고, 한 마리의 말도 돌아간 것이 없었다.

【『삼국사기』 권4, 신라본기4 진흥왕 15년】

F-2. (성왕) 32년(554) 가을 7월에 왕이 신라를 습격하기 위하여 직접 보병과 기병 50명을 거느리고 밤에 구천(仇川)에 이르렀는데 신라의 복병이 나타나 그들과 싸우다가 왕이 난병들에게 살해되었다.

【『삼국사기』 권26, 백제본기4 성왕 32년】

F-3. 김유신의 … 할아버지 무력은 신주도행군총관이 되어, 일찍이 군사를 거느리고 가서 백제왕과 그 장수 4명을 잡고 1만여 명의 머리를 베었다.

【『삼국사기』 권43, 열전3 김유신 상】

F-4. 문무대왕은 이미 영공(당 이적)과 함께 평양을 격파하고 돌아오며 남한주에 이르러 여러 신하들에게 이야기하였다. "옛날 백제의 명농왕(明襛王: 성왕)이 고리산(古利山)에 있으면서 우리나라를 침략하고자 꾀하고 있을 때 유신의 할아버지인 무력 각간이 우두머리가 되어 그들을 맞받아 공격하여 승기를 타고, 그 왕 및 재상 4명과 사졸들을 사로잡아 그 예기를 꺾었다."

【『삼국사기』 권43, 열전3 김유신 하】

『삼국사기』의 F-1 기사에서는 554년 7월에 백제가 가야와 함께 신라의 관산성(管山城)을 공격하였는데, 처음에는 전황이 불리하였으나 신라가 적은 병력을 대동하고 이동 중인 성왕을 급습하여 살해하게 되면서 결국 백제군을 격파하였다는 내용이다. 관산성의 위치와 관련하여 『대동지지』 권6 충청도 옥천 전고조에서 김정호는 관산성 전투와 관련된 내용을 기술하였는데, 충북 옥천에 해당하는 관성군(管城郡)을 관산성과 관련시켰다. 『삼국사기』 권34 잡지3 지리1 신라 상주 관성군조에서 관성군은 본래 고시산군으로 되어 있는데, 관산성과 관성군의 음이 유사할 뿐만 아니라 고시산의 '시'는 '라'의 성문으로 'ㄹ' 받침을 나타내는 글자라는 점에서,(梁柱東, 1965) F-4 기사의 고리산과도 음이 상통한다.

F-1~3 기사에서 구체적으로 백제가 관산성을 점령하였는지에 대해서는 명확하게 기록하지 않았지만, F-4 기사에서 성왕이 고리산에 있으면서 신라를 공격하기를 꾀하였다는 내용을 참고한다면 백제는 관산성을 점령하였거나 관

산성 인근에서 신라를 압박하였다는 것을 유추해 볼 수 있다.

이와 함께 『삼국유사』 진흥왕조의 진성과 관련된 내용은 이러한 관산성 전투의 상황을 보완해 준다.

G. 승성 3년(554) 9월 백제 병사가 진성(珎城)을 침범하여 남녀 3만 9천 명과 말 8천 필을 빼앗아 갔다.

【『삼국유사』 권1, 기이(1) 진흥왕】

『삼국유사』 G 기사에서는 승성(양 원제의 연호) 3년(554) 9월에 백제가 신라의 진성(珎城)을 공격하여 주변 주민들과 말을 대량으로 노획한 뒤에 돌아갔다는 기록이 확인된다. 앞서 C 기사를 통하여 살펴보았지만 이와 연결되는 G 기사에서는 진성 전투의 원인을 백제가 신라에게 고구려를 함께 공격하자는 제안을 거절하고 신라와 고구려가 연화를 하게 된 것으로 기록하였다. 그렇다면 백제의 진성 공격은 관산성 전투와 무관하지 않은 것임을 알 수 있으며, 진성은 관산성이 위치한 것으로 비정하는 옥천 인근 지역에 해당하는 것으로 추정된다.

이와 달리 진성 전투를 관산성 전투와 별개의 사건으로 파악하고, 552년 9월 혹은 553년 9월에 한강 유역을 빼앗긴 백제가 신라에 대한 보복전으로 이해한 견해도 있다.(김주성, 2008) 그렇지만 기년을 임의로 수정하였다는 문제도 있고, 553년 10월 백제와 신라의 혼인외교가 이루어진 것을 생각한다면 설득력이 낮다.

한편 진성을 현재의 금산군 진산면 일대에 비정한 견해가 있었다.(三品彰英, 1975) 옥천 인근 지역에서 음상사가 유사한 지역을 찾은 것인데, 백제군이 옥천으로 이동하는 교통로를 검토하여 사비에서 옥천으로 연결되는 교통로상에 위치한 금산·진산지역이 부합된다는 논증이 추가되기도 하였다.(張彰恩, 2011) 그렇지만 금산지역에서 관산성을 신라가 축조하고 이용한 무렵에 조성된 것으로 확인되는 유적지가 존재하지 않는다. 금산 장대리 고분에서는 6세기 중반경의 유물이 확인되었으나,(한남대학교 박물관, 1992) 인근 마전리 산성의 경우도 성 내부에서는 소량의 백제 토기와 신라의 승석문 와편이 수습되었기 때문에 관산성 전투가 발생하기 이전에 신라가 사용하고 있었다고 생각하기 어렵다.(최병화, 2005) 금산 추부지역은 남서쪽에서 관산성으로 진입하는 교통로를 차단하는 곳이며, 추부의 서남쪽으로 백령성을 비롯한 다수의 백제 성곽이 분포하는 것을 통하여 관산성 전투 이후에 신라와 백제의 접경지역이 되었던 것으로 생각된다. 이러한 점에서 진성은 막연하지만 관산성 인근 지역의 어느 곳으로 추정된다. 백제가 진성을 함락하여 주둔한 것으로 기록되지 않았기 때문에 관산성 전투를 위한 전초전으로 진성 전투가 이루어진 것으로 생각된다. 또한 전투의 결과로 신라군의 사상자에 대한 언급 없이 포획한 인마의 수량이 매우 많다는 점에서 기록된 수치는 다소 과장되었을 가능성이 높다.

한편 진성 전투 이후인 554년 10월에 고구려가 백제를 공격하는 기사가 확인되는데, 관산성 전투를 이해하기 위해 주목할 필요가 있다.

H-1. (양원왕) 10년(554) 겨울에 백제 웅천성(熊川城)을 공격하였으나 이기지 못했다.

【『삼국사기』 권19, 고구려본기7 양원왕 10년】

H-2. (위덕왕) 원년(554) 겨울 10월에 고구려가 크게 군사를 일으켜 웅천성을 공격해 왔으나 패하여 돌아갔다.

【『삼국사기』 권26, 백제본기5 위덕왕 원년】

H 기사군은 소략한 내용이지만 554년 10월에 고구려가 대규모 병력으로 백제의 웅천성(熊川城)을 공격하였으나 실패하였음을 알 수 있다.

앞서 F-1~2 기사에서 554년 7월에 관산성 전투가 발생하여 성왕이 사망하여 전쟁이 종결되었다면, 전쟁으로 상당한 타격을 받은 백제가 3개월 뒤에 고구려의 공격을 격퇴하였다는 것을 쉽게 수긍하기 어렵다. 오히려 9월 진성 전투로 백제가 승세를 잡아가는 상황에서 벌어진 사건으로 이해하는 것이 자연스러운 것이다.

웅천성은 백제가 사비에 도읍하기 이전의 수도인 공주지역을 지칭하는 데 이견이 없다. 신라가 신주를 설치하여 한강 유역을 확보한 상황이라는 점에서 고구려가 해상으로 웅천성을 공격하였을 가능성이 언급되기도 하였다.(김주성, 2000) 또한 신라의 동의하에 신주의 신라 영역을 경유하여 고구려가 웅천성을 공격하였다는 견해도 있다.(張彰恩, 2011) 그렇지만 앞서 D 기사에서 살펴본 백합지역의 전투와 마찬가지로 신라가 확보하지 못한 서해안의 육상교통로를 통하여 고구려가 남진하였을 것으로 추정된다. 한편 신라가 신주에서 병력을 차출하여 관산성 전투에 투입하였음에도 고구려가 한강 유역에서 신라를 공격하지 않고, 백제의 군사력이 관산성에서 분산되도록 후방을 압박한 것은 고구려가 신라를 지원한 것으로 생각된다.(전덕재, 2009) 따라서 앞서 언급한 신주설치 이후 신라와 고구려 간의 연화가 지속되는 상황에서 관산성으로 압박해 들어오는 백제에 대하여 양국이 공동으로 대응한 사건으로 파악하는 것이 자연스럽다.

그리고 『일본서기』에서도 관산성 전투와 관련된 기록이 확인된다. 부분적으로 『삼국사기』와 『삼국유사』에서 언급된 동일한 내용도 있는데, 전체 사건의 전개와 관련하여 보다 자세한 내용을 전하고 있다.

I. [흠명 15년(554)] 12월 … 12월 9일에 사라(斯羅, 신라)를 공격하러 보내면서, 신이 먼저 동방령 물부막기무련(物部莫奇武連)을 보내 자기 방의 군사를 거느리고 함산성(函山城)을 공격하도록 하였는데, 유지신(有至臣)이 데리고 온 백성 죽사물부막기위사기(竹斯物部莫奇委沙奇)가 불화살을 잘 쏘았습니다. 천황의 위령의 도움을 받아 이달 9일 유시에 성을 불태우고 빼앗았으므로 한 사람의 사신을 보내 배를 달려 아룁니다"라고 하였다. 따로 아뢰기를 "만약 신라뿐이라면 유지신이 데

리고 온 군사로도 충분할 것입니다. 그러나 박(狛: 고구려)이 사라와 마음을 함께하고 힘을 합하였으므로 성공하기 어렵습니다. 죽사도에 있는 군사들을 빨리 보내, (그들이) 와서 신의 나라를 돕고 또 임나를 돕기를 바랍니다. 그렇게 한다면 일을 이룰 수 있을 것입니다"라 하였다. 또 "신이 따로 군사 1만 명을 보내 임나를 돕겠습니다. … 여창(餘昌: 위덕왕)이 신라를 정벌할 것을 계획하자 늙은이들이 "하늘이 함께하지 않으니 화가 미칠까 두렵습니다"라고 간하였다. 여창이 "늙었구려. 어찌 겁내시오. 우리는 대국을 섬기고 있으니 어찌 겁낼 것이 있겠소"라 하고, 드디어 신라국에 들어가 구타모라(久陀牟羅)에 보루를 쌓았다. 그 아버지 명왕(明王: 성왕)은 여창이 행군에 오랫동안 고통을 겪고 한참 동안 잠을 자지도 먹지도 못했음을 걱정하였다. 아버지의 자애로움에 부족함이 많으면 아들의 효도가 이루어지기 어렵다 생각하고 스스로 가서 위로하였다. 신라는 명왕이 직접 왔음을 듣고 나라 안의 모든 군사를 내어 길을 끊고 격파하였다. … 얼마 후 고도(苦都)가 명왕을 사로잡아 두 번 절하고 "왕의 머리를 베기를 청합니다"라고 하였다. … 고도는 머리를 베어 죽이고 구덩이를 파묻었다 … 여창은 포위당하자 빠져나오려 하였으나 나올 수 없었는데 사졸들은 놀라 어찌할 줄 몰랐다. … 이로 말미암아 여창과 여러 장수가 샛길로 도망하여 돌아왔다.

【『일본서기』 권19, 흠명천황 14년】

『일본서기』 I 기사에서는 554년 12월에 백제가 신라의 함산성(函山城)을 공격하여 함락한 내용이 확인된다. 여기서 함산성은 관산성과 동일한 곳의 이칭으로 보는 것이 일반적이다. 또한 백제가 신라를 공격하기 위하여 축조한 구타모라(久陀牟羅)는 『남산신성비』 제2비의 구리성(仇利城, 久利城)과 자비마립간 17년(474)에 축성한 구례성(仇禮城)이 동일한 곳으로 파악되고,(秦弘燮, 1965) 이견이 있기는 하지만 함안 성산산성 출토 목간의 구리벌(仇利伐)도 같은 곳으로 추정된다.(朱甫暾, 2000) 즉, 함산성과 구타모라도 관산성과 같은 옥천지역에 해당하는 것이다.

그런데 관산성을 함락한 시기가 F, G 기사군과 다르게 554년 12월 9일로 기록되어 있다. 이러한 점에서 I 기사의 12월을 F 기사군에 언급된 7월의 오기로 파악하여 전투가 7월에 종결된 것으로 이해하는 견해가 있다.(坂本太郎 外, 1965; 조경철, 2009) 그렇지만 I 기사가 가장 자세하다는 점을 주목할 필요가 있다. F-1 기사의 서두에 명활성을 수축한 기사가 7월에 있었던 것이며, 관산성 관련 내용은 앞부분과 동일한 시기를 기록한 것이 아니라, 그 해(時世)가 생략된 것일 가능성이 높다. 백제본기 F-2 기사의 성왕이 전사한 7월로 되어 있고, 성왕을 이어서 위덕왕이 즉위한 시기가 554년 7월로 되어 있는데, 이러한 표기는 오류이며 신라본기 F-1 기사의 시점에 영향을 받은 것이다.(김태식, 2006) 한편 부여 능산리 사지에서 발견된『창왕명석조사리감(昌王銘石造舍利龕)』에서는 F-2 기사와 다르게 위덕왕이 555년에 즉위한 것이 확인된다. 이러한 삼국사기와 금석문의 기년의 차이와 관련하여『삼국사기』가 즉위년칭원(卽位年稱元)을 하였고, 금석문이 유년칭원(踰年稱元)을 한 결과의 차이로 이해되기도 하였다. 그렇지만 554년 12월에 성왕이 전사하였고, 이어서 상황을 수습하고 위덕왕이 즉위한 시기는 555년이 되어도 무리가 없다. 이러한 점에서 여러 기사를 종합하여 백제가 관산성을 공격한 것을 12월로 파악한 견해도 있다.(전덕재, 2009)

그렇다면 시기와 내용에 차이가 있는 관산성 전투와 관련된 내용들을 다시 한번 정리할 필요가 있다.『삼국유사』에서 9월에 백제가 신라의 진성을 공격한 것으로 기록한 것을 참고한다면, 관산성 전투는 단기간에 벌어진 사건이 아니라 9월 이전에 개시되어 12월에 종결된 것으로 생각된다.(노중국, 2006; 김영심, 2007; 張彰恩, 2011)

한편 관산성의 위치와 관련된 기왕의 연구에서 관산성을 옥천읍 서북편의 평지에 위치한 삼양리 토성과 북쪽의 서산성과 서남쪽의 삼성산성의 조합으로 이해한 견해가 있었다.(車勇杰·趙順欽, 2008) 향후 정밀 조사를 통해 결과가 바뀔 수도 있지만, 6세기 중반에 신라가 낮은 고도의 토성을 치소로 사용한 것을 확인하기 어렵고, 서산성에서는 백제 유물이 다수 출토되고 있다. 반면에 옥천 삼성산성은 옥천 중심과 옥천에서 논산과 대전 방향으로 연결되는 교통로의 요충지의 남쪽에 위치한 재건산 정상부에 축조된 석축산성으로, 지표조사에서 신라 고배편이 확인되었다.(忠北大學校 中原文化硏究所, 2003) 그리고 삼성산성의 동쪽 하단부의 금구리 고분군과 연결하여 살펴볼 필요가 있다. 금구리 고분군의 석곽묘 중에서 가장 이른 시기 3·4호 석곽묘에서는 5세기 후반으로 편년되는 이단투창고배와 대부장경호가 수습되었고, 1·2·5·7·9호 석곽묘에서는 6세기 전반의 토기가 확인되었다. 그리고 가장 늦은 시기의 10호 석곽묘에서는 6세기 중엽으로 비정되는 대부장경호와 완이 출토된 것을 통하여, 신라는 554년을 전후하여 장기간 옥천지역을 영유하였음을 알 수 있다.(中原文化財硏究院, 2011)

앞서 501년에 백제는 탄현(炭峴)에 목책을 세워 신라의 침입에 대비하였다는 기록이 『삼국사기』에서 확인되는데, 탄현은 현재의 사비-논산과 옥천을 연결하는 금산 진산면 교촌리 숯고개로 추정된다.(成周鐸, 1990) 이는 나제동맹의 와중에도 신라가 소백산맥을 넘어 사비 방면으로 진출하지 못하도록 백제가 방어시설을 설치하여 경계에 소홀히 하지 않았음을 보여 준다. 옥천 금구리 고분을 통하여 신라는 5세기 후반경에 옥천 일대로 진출하였다는 것을 명확하게 알 수 있으므로, 관산성은 474년에 신라가 축조한 구례성과 무관하지 않을 것이다. 그렇다면 관산성은 사비-공주-대전(회인)-옥천 또는 사비-논산-금산 진산-금산 추부-옥천으로 연결되는 교통로의 요충지에 위치하여, 옥천-청산(굴산성)-상주로 연결되는 교통로를 방어하는 역할을 수행한 것이다.

신라는 5세기 후반부터 삼년산성을 중심으로 북진하여 금강 상류지역을 확보한 뒤에 남한강과 북한강으로 진출한 상황이었다. 백제는 신라가 국원과 미호천 유역을 확보한 상황에서 한강 유역으로 북상하기에는 부담이 되었을 것이다. 백제는 우선 옥천지역을 확보하여 옥천-상주 또는 옥천-영동-김천으로 연결되는 추풍령로를 차단하고, 소백산맥 이북으로 진출한 신라를 위협하고자 하였을 것이다. 백제 성왕은 직접 군사를 이끌고 가야의 지원군까지 동원하여 신라의 관산성을 공격하였으나 신라는 이를 막아 내었다. 신라와 고구려가 결탁한 상황을 바탕으로 영역화가 진행 중이던 신주에서 군대를 차출하여 옥천까지 내려가 전투를 벌였다. 여기서 신라가 관산성 전투에서 느낀 위기감을 확인할 수 있으며, 동시에 한강 유역의 유지가 관산성 전투의 결과에 지대한 영향을 미치게 되는 상황이라는 것을 알 수 있다.

관산성 전투 초반에 백제가 우세한 상황이었으나, 구천에서 성왕이 죽임을 당하면서 백제군의 전세가 무너지게 된다. 구천은 옥천 구진베루로 비정한 견해가 있지만,(鄭永鎬, 1972) 구체적인 검토는 어렵다. 백제의 피해 인원은 사료별로 차이가 있지만 F-1 기사에서 신주 군주인 김무력이 주의 군사를 이끌고 지원하여 성왕과 좌평 4인, 군사 2만 9천 6백 명을 죽인 것으로 되어 있고, F-3 기사에서는 장수 4명을 잡고 1만 명을 죽이는 전과가 기록되어 있다. 비록 전사자의 수치가 과장되었을 수도 있지만,(李熙眞, 1994) 전사자가 2만 9천 6백 명이라면 참전 병력은 이보다 많았을 것이다. I 기사에서 백제의 군사가 1만 명에 왜의 군사가 천 명이라고 하였는데, 이들을 제외한다면 전쟁에 파병된 상당수의 군사는 대가야(가라국)에서 보낸 것으로 추정된다.(金泰植, 1993) 백제의 군사적인 손실이 국가의 심각한 위기를 가져올 수준이 아니었다고 하더라도, 성왕의 뒤를 이은 위덕왕은 I 기사에서 耆老로 표현된 전쟁 반대 세력과의 갈등이 발생하게 된다. 이로 인하여 위덕왕은 집권 초반에 왕권을 제대로 발휘하기 힘들게 되었다.(盧重國, 1988) 이후 위덕왕은 여러 가지 조치를 취하지만, 관산성 전투의 패배로 백제는 한강 유역에 대한 영향력을 완전히 상실하게 된다.

아울러 관산성 전투의 이듬해인 555년 정월에 신라는 비사벌(창녕)에 완산주를 설치하였다. 관산성 전투에서 백제를 지원하여 동원된 대가야(가라국)도 상당한 피해를 입었던 것으로 보이며, 패전 이후 백제와의 관계가 악화되었을 것이다. 이러한 상황에서 신라는 가야지역 전체를 복속시키는 전 단계로 창녕에 전진거점을 세운 것이다. 또한 555년 10월에는 진흥왕이 북한산에 순행하여 강역을 확정하였다는 것을 통하여 552년 무렵에 맺어졌던 신라와 고구려 간의 관계에 변화가 발생한 것을 알 수 있다. 신라는 관산성 전투에서 승리한 이후에 한강 유역 북쪽의 남평양지역에서 고구려군을 축출한 것으로 추정된다. 이어서 562년에는 신라는 대가야를 완전히 복속시키게 되면서 가야지역에 대한 영역화 작업까지 완성할 수 있었다.(尹星鎬, 2011)

4. 결론 — 『삼국유사』 진흥왕조의 의미와 가치

이상에서 『삼국유사』 진흥왕조의 내용과 관련되는 신라의 한강 유역 진출과 관련된 내용을 살펴보았다. 기왕의 연구에서는 『삼국사기』의 기록을 중시하면서, 여타 자료에 대해서는 보조적인 자료로 사용하거나, 사료적인 가치를 부정하는 경우도 있었다. 그렇지만 진흥왕 대의 연호의 개정과 관련된 즉위시의 연령 관련 내용과 한강 유역 진출 이후의 고구려·백제와의 새로운 관계의 재편과 진성 전투는 중요한 의미가 있는 기사임을 확인할 수 있었다.

551년 나제동맹의 기조하에서 신라는 백제와 함께 고구려가 영향력을 미치던 한강 유역으로 진출하였다. 그런데 553년에 백제가 확보한 한성 일대의 한강 유역을 빼앗아 신주를 설치하는 역동적인 당시의 상황을 『삼국유사』에 언급된 신라의 고구려와의 연화를 통하여 유추해 볼 수 있었다. 또한 『삼국사기』에서 554년 7월에 발생한 관산성 전투와 『일본서기』에서 확인되는 554년 12월까지 진행된 함산성(관산성) 전투 관련 기록의 충돌을 『삼국유사』의 554년 9월의 진성 전투에 대한 검토를 통하여 단시간에 발생한 전투가 아니라 554년 하반기에 진행된 한반도 일대의 대부분의 세력이 개입한 전쟁의 과정임을 확인할 수 있었다.

신라는 진흥왕대 관산성 전투를 통하여 한강 유역의 영역화를 공고히 할 수 있었고, 가야지역에 대한 영역화도 완성하면서 최대의 영역을 확보하게 되었다. 이후 신라는 고구려와 백제를 적으로 돌리게 되면서 양국으로부터 공세를 받게 되었고 이러한 상황은 660년 백제의 멸망과 668년 고구려의 멸망시기까지 지속된다. 이와 같이 신라는 진흥왕대의 한강 유역 진출과 관산성 전투를 전후한 백제와 고구려에 대한 적절한 외교적 접근으로 최종적으로는 양국을 멸망시켜 남북국시대로 진행되는 중요한 계기를 마련한 것이다. 『삼국유사』 진흥왕조는 신라의 대외적인 팽창이 절정에 이른 진흥왕대의 삼국의 관계에 대한 이해의 폭을 넓혀 줄 수 있다는 사료적 가치를 확인할 수 있었으며, 사상사나 문화사뿐만 아니라 정치사적인 관점에서도 중요한 가치가 있다는 것을 다시 한번 확인할 수 있었다. 이와 같이 『삼국유사』의 기사는 『삼국사기』와 다른 전거를 바탕으로 편찬된 내용이 포함되어 있다는 점에서, 향후 면밀한 검토를 지속하여 한국고대사 이해의 폭을 넓혀 가야 할 것이다.

◎ 참고문헌

國史編纂委員會, 1987, 『中國正史東夷傳』 譯註2.

金秉柱, 1984, 「羅濟同盟에 관한 硏究」, 『韓國史硏究』4.

김영심, 2007, 「관산성 전투 전후 시기 대가야·백제와 신라의 대립」, 『5~6세기 동아시아의 국제정세와 대가야』, 고령군 대가야박물관·계명대학교 한국학연구원.

김주성, 2000, 「聖王의 漢江流域 占領과 喪失」, 『百濟史上의 戰爭』, 서경문화사.

______, 2008, 「管山城 戰鬪의 背景」, 『中原文化論叢』12.

金昌謙, 1996, 「新羅 眞興王의 卽位過程」, 『韓國上古史學報』23.

金泰植, 1993, 『加耶聯盟史』, 一潮閣.

김태식, 2006, 「5~6세기 高句麗와 加耶의 관계」, 『北方史論叢』11.

김현구·박현숙·우재병·이재석, 2003, 『일본서기 한국관계기사 연구(II)』, 일지사.

盧重國, 1981, 「高句麗·百濟·新羅 사이의 力關係變化에 대한 一考察」, 『東方學志』28.

______, 1988, 『百濟政治史硏究』, 一潮閣.

______, 2006, 「5~6세기 고구려와 백제의 관계-고구려의 한강 유역 점령과 상실을 중심으로-」, 『北方史論叢』11.

盧泰敦, 1976, 「高句麗의 漢水流域 喪失의 原因에 대하여」, 『韓國史硏究』13; 1999, 『고구려사연구』, 사계절.

成周鐸, 1990, 「百濟 炭峴 小考 -金庾信將軍의 百濟攻擊路를 中心으로-」, 『百濟論叢』2.

신형식, 2005, 「신라의 영토와 북한산주」, 『鄕土서울』66; 2009, 『한국고대사의 새로운 이해』, 주류성.

尹星鎬, 2011, 「新羅의 大加耶 복속 과정에 대한 재검토」, 『韓國史硏究』155.

______, 2017, 『新羅의 漢江流域 領域化 過程 硏究』, 高麗大學校 韓國史學科 博士學位論文.

李文基, 1998, 「泗沘時代 百濟의 軍事組織과 그 運用」, 『百濟硏究』28.

李丙燾, 1976, 『韓國古代史硏究』, 博英社.

李晶淑, 1994, 「眞興王 즉위에 대한 몇가지 문제」, 『釜山女大史學』12; 2012, 『신라 중고기 정치 사회 연구』, 혜안.

李熙眞, 1994, 「加耶의 消滅過程을 통해 본 加耶-百濟-新羅關係」, 『歷史學報』141; 1998, 『加耶政治史研究』, 學研文化社.
張彰恩, 2011, 「6세기 중반 한강 유역 쟁탈전과 管山城 戰鬪」, 『震檀學報』111; 2014, 『고구려 남방진출사』, 景仁文化社.
전덕재, 2009, 「관산성 전투에 대한 새로운 고찰」, 『新羅文化』34.
鄭永鎬, 1972, 「金庾信의 百濟攻擊路 研究」, 『史學志』13.
조경철, 2009, 「백제 왕실의 3년상-무령왕과 성왕을 중심으로-」, 『東方學志』145.
朱甫暾, 2000, 「咸安 城山山城 出土木簡의 基礎的 檢討」, 『韓國古代史研究』19; 2002, 『금석문과 신라사』, 지식산업사.
______, 2006, 「5~6세기 高句麗와 新羅의 관계-신라의 漢江流域 진출과 관련하여-」, 『北方史論叢』11.
中原文化財研究院, 2011, 『沃川 農産物 集散團地 內 文化遺蹟 發掘調査 沃川 金龜里 新羅 古墳群』.
秦弘燮, 1965, 「南山新城碑의 綜合的 考察」, 『歷史學報』26.
車勇杰·趙順欽, 2008, 「管山城 關聯遺蹟의 現狀과 保存方向」, 『中原文化論叢』12.
최광식, 2017, 「『삼국유사』의 문화사적 가치」, 『신라문화』49.
최병화, 2005, 『금산지역 백제산성에 관한 연구』, 공주대학교 사학과 석사학위 논문.
忠北大學校 中原文化研究所, 2003, 『新羅 百濟激戰地(管山城) 地表調査報告書』.
한남대학교 박물관, 1992, 『금산 장대리고분군』.
坂本太郎 外 校注, 1965, 『日本書紀』下, 岩波書店.

『삼국유사』 '무왕'조를 통해 본 역사적 사실과 설화적 진실

이장웅(한성백제박물관 백제학연구소 학예연구사)

1. 머리말

『삼국사기』를 중심으로 한 역사 속에서 백제 무왕은 법왕의 아들로 사비에서 태어나 신라를 원수의 나라로 여기면서 사활(死活)을 건 전쟁에 몰두한 모습으로 나타나고 있다. 그런데 『삼국유사(三國遺事)』 기이(紀異)편 무왕조(武王條)를 중심으로 한 서동 설화 속에서 백제 무왕은 지룡(池龍)과 교통(交通)한 과부의 아들로 태어나 신라 진평왕의 셋째 딸 선화공주와 로맨스를 벌이고 중요 자원인 금을 신라에 보냈으며, 신라 진평왕은 편지를 보내 안부를 묻고 미륵사를 짓는 데 백공을 보내 돕는 등 평화로운 교류의 모습으로 나타나고 있다.

이에 따라 백제 무왕에 대한 연구는 출자(出自)와 즉위 과정, 익산(益山) 천도(遷都), 미륵사(彌勒寺) 건립, 대(對)신라(新羅) 관계를 중심으로 한 정국 운영에 이르기까지 다양한 의견들이 개진되고 있는데, 이러한 논의의 중심에는 『삼국사기』와 「익산 미륵사지 서탑 사리봉안기(舍利奉安記)」를 비롯한 역사 기록과 『삼국유사』 기이 무왕조를 비롯한 서동 설화 사이에 보이고 있는 간극을 어떻게 합리적으로 이해하는가에 대한 문제가 중심에 자리하고 있다.(이장웅, 2012; 2017)

『삼국유사』와 『삼국사기』의 서술을 함께 합리적으로 이해하기 위한 역사학계의 시도는 일찍부터 다양하게 이루어져 왔다. 백제와 신라 사이의 결혼은 동성왕이 신라 이찬의 딸과 행한 사실이 있다는 점에서 서동요의 작가는 동성왕으로 보아야 하며, 『삼국유사』 무왕조가 참고한 원자료에는 그 주인공이 무강왕(武康王)이라 서술되었다는 점에서 그를 무왕이 아닌 무령왕(武寧王)으로 고증한 견해가 있었고(이병도, 1952), 이를 보완하여 서동 설화가 반영하고 있는 역사적 내용도 무왕보다 무령왕의 행적에 가깝다는 연구도(오계화, 2004) 있었다. 이외에 대부분의 연구는『삼국유사』의 서동(薯童)과 선화공주(善花公主) 설화를 백제 무왕 시기에 있었던 역사적 사실로 바로 수용하여 출자와 즉위 과정 및 그에 따른 왕권의 동향을 설명하려 한 연구가 주류가 되었고, 당시 백제와 신라가 군사적으로 자주 충돌하고 있었더라도 문화적 교류는 가능했을 것으로 보았다.(노중국, 1986; 2000) 하지만『삼국사기』백제본기의 무왕 기사는 재위 42년 동안 대부분 백제의 선제 공격으로 이루어진 신라와의 전쟁 횟수가 13번이나 되므로, 백제 왕실과 신라 왕실 사이의 혼인, 미륵사 창건에 신라의 장인 파견, 백제에서 신라에 금을 보내는 것 등이 모두 사실일 수 없다면서『삼국유사』의 서동 설화를 부정하는 견해도 있었다.(강봉원, 2002)

한편,『삼국유사』무왕조는 설화이면서 내용 중에 향가「서동요」도 실려 있다는 점에서 국문학계의 연구도 많이 이루어졌다. 국문학계에서도 무강왕(武康王)은 글자가 비슷하고 뜻이 서로 통하는 무령왕(武寧王)의 오기라는 견해가 있은 후(사재동, 1974), 이에 동의하면서 논의를 발전시킨 견해가 있고(나경수, 1999; 서대석, 2001; 김화경, 2002; 김종진, 2004), 무강왕을 무왕으로 인정하면서 민간설화가 수용되어 그에게 결부된 것으로 보는 견해도(현승환, 2000; 2001) 있었다.

그런데 2009년에 미륵사지 서탑에서「사리봉안기」가 발견되면서, 무왕비인 좌평(佐平) 사탁적덕(沙乇積德)의 딸이 정재(淨財)를 희사하여 미륵사 가람(伽藍)을 세웠음이 밝혀졌다. 이후의 연구 경향은 이 기록과 함께『삼국사기』를 중시하여 서동 설화 속 신라 진평왕(眞平王)의 딸 선화공주는 부정되어야 한다는 견해와(김상현, 2009), 그럼에도 불구하고 선화공주를 버릴 수 없다는 입장에서 긴 무왕의 재위 기간을 나누어 전기에는 선화공주를, 후기에는 좌평 사탁적덕녀(沙乇積德女)를 병렬 배치하여 무왕대의 정치와 대외관계를 바라보려는 견해로 나누어진다.

자료 1 미륵사지 사리봉안기 (출처: 국립문화재연구소)

후자의 입장에서는 『삼국유사』 무왕조와 「사리봉안기」의 사건을 동등한 역사 기록으로 보아, 시간 순서에 따라 앞뒤로 병렬 배치하여 계기적인 상황 변화를 보고 있다. 무왕은 재위 기간이 41년으로 상당히 길었으며, 『일본서기』 권24 황극천황(皇極天皇) 원년(642) 2월조에 의하면 의자왕 즉위 2년에 국주모(國主母)가 죽자 그와 관련된 인물들을 내쫓은 친위정변이 있었다는 점에서(김수태, 1992; 이도학, 2004) 무왕비인 국주모를 의자왕의 친모(親母)로 보지 않고, 무왕 즉위 초에 선화공주를 상정하여 그를 의자왕의 친모로 보면서 즉위 후반기의 국주모 및 사탁(사택) 왕후와의 대립각을 설정하고 있다.(김수태, 1999; 정재윤, 1999; 이도학, 2010) 이들 연구는 『삼국유사』와 『삼국사기』를 동등한 역사 기록으로 보면서 그 모순을 시간의 선후 관계로 해결하고자 한 특징이 있다.

물론 무왕의 재위 기간이 길었다는 점에서 정황상 왕비가 여럿 있었을 개연성은 인정할 수도 있지만, 그것이 곧 서동 설화 속의 선화공주가 실재했다는 근거가 될 수는 없다. 이를 위해서는 먼저 『삼국유사』 무왕조를 대표로 하는 설화의 특성을 이해해야 하며, 이를 바탕으로 하여 설화(說話)와 역사(歷史) 사이의 면밀한 관계 설정이 필요하다. 아울러 구전(口傳)되던 서동 설화가 채록된 자료로 『삼국유사』 이외에 『고려사』와 『신증동국여지승람』 등에도 다른 각편(各篇, version)이 전해지고 있다는 점에서, 이들 각편에 대한 비교 검토도 진행되어야 한다. 『삼국유사』의 설화와 『삼국사기』, 「사리봉안기」의 역사 기록이 서로 다르게 나타나는 모순을 실증적 역사학만으로는 설명하기 힘든 것이다. 그리고 『삼국유사』의 내용이 설화라고 하여 가치가 없는 것이 아니며, 이 설화가 담고 있는 진실은 무엇인지에 대한 검토 역시 중요하다.

이러한 관점에서 『삼국유사』 무왕조와 「사리봉안기」 내용을 각각 시차를 두고 일어난 별개의 역사적 사실로 인정하여 그 사이에 정책이 바뀌었다고 보는 태도는 사료 취급과 해석 모두에 문제가 있으며, 두 사료는 동일한 사건에 대하여 역사와 설화로 그 표현방식과 강조점이 다른 각편으로 보아야 한다는 견해를(신종원, 2011) 주목할 수 있다. 그리고 이를 발전시켜 엘리아데(Mircea Eliade)의 '역사적(歷史的) 인물(人物)의 신화화(神話化)' 이론을 적용하여 역사와 설화가 자료상에서 차이가 있지만 모두 진실을 담고 있다고 보면서, 이러한 면모가 나타난 이유를 백제 무왕 시기에 정치적 이데올로기로 마한의 서동(무강왕) 신화가 수용되었기 때문으로 설명한 견해가 있다.(이장웅, 2012)

역사는 연속적으로 흐르는 시간에 일어난 사건의 기술(記述)이며, 정치적 상황, 경제 및 사회 구조, 문화적 조건 등에 의하여 일어나는 인간 경험의 총체(總體)이다. 그런데 인간은 이처럼 시간에서 벗어날 수 없다는 점에서 시간에 대한 실존적 공포를 가지고 있으며, 이에 따라 민중의 기억은 시간을 지우고 역사로부터 벗어나기 위해 현재의 시간이 아닌 그 원형(原型)이 되는 탈시간적 구조를 통한 구원을 바란다고 한다. 역사 기록과 민중의 기억인 설화 사이의 간극은 여기서 발생하며, 엘리아데는 역사적 인물의 신화화 이론을 통해 이 문제에 접근하였다.

엘리아데는 역사적 인물의 신화화가 이루어진 예로 14세기 후반에 생존했던 유고슬라비아 서사시의 주인공 '마르코 크랄예비체'를 들고 있다. 이 영웅적 인물은 민간의 기억 속에 전승되면서 '역사적 인격(historical personality)'이 소거되었고, 실제 일어난 사건이 아니라 전통적인 원형인 신화의 규범에 의해 그의 전기가 재구성되었다. 그리스 영웅들이 여정(女精, nymph)이나 수정(水精, naidas)의 아들이었던 점을 따라 그의 어머니와 아내도 모두 선녀 빌라(Vila)

로 설정되었고, 인드라·트레타오나·헤라클레스 등의 모델을 따라 그도 삼두룡(三頭龍)과 싸워 이긴 영웅으로 설정되었으며, 형제가 서로 적이 되는 신화를 따라 그도 자기 아우 안드리야(Andrija)와 싸워 죽이는 것으로 설정되었다. 또한, 실제 1394년에 사망한 그가 전승에서는 1450년경 터키인에게 저항하는 전쟁에서 용맹을 떨친 존 훈야디(John Hunyadi)의 친구도 되고 적도 되는 시대 착오도 나타나고 있다. 심지어 1912년에 세르비아 한 포병대대의 전장병에 의해 그가 자신의 영지였던 프릴레프성의 공격을 지휘하는 것을 보았다는 전승까지 생겨났다.(Eliade, M., 1959; 정진홍 역, 1976)

이로 보아 역사적 인물이나 사건에 대한 민중의 기억을 가능하게 하는 구조는 역사적 인물에 대한 실제의 사건 자체가 아니라 보다 큰 범주의 모범이 되는 원형 인물이다. 그리하여 역사적 인물이 그의 신화적인 모델과 동화되고(역사적 인물의 신화화), 역사적 사건은 신화적인 행동의 범주와 일치되면서 전승이 이루어진다. 그러므로 설화는 전승 과정에서 각편(version)에 따라 구성요소 가운데 자잘한 것들은 변화하지만, 전승자들이 공유하는 인식체계라 할 수 있는 뼈대를 이루는 주요한 구성 틀은 그대로 남아 전해진다. 역사적인 자료로 구비문학이 가치를 가진다는 견해는(함한희, 2002) 이런 관점을 제대로 이해할 때에 가능하다. 이는 설화의 큰 구성 틀이 민중들이 기억하는 진실을 보존하고 있다는 의미이며, 설화의 세부적인 내용인 구체적 인물이나 사건이 곧 역사적 사실이라는 뜻이 아니다.

따라서 설화 속의 모든 사실을 그것이 부회된 역사적 인물과 바로 등치시켜 해석할 수는 없으며, 그 설화의 형성과정을 면밀하게 검토한 후, 그것이 어떤 역사적 인물과 결부될 수 있었던 상황을 살펴야 한다. 다시 말하면, 텍스트 자체의 내용에 대한 충실한 해석도 중요하지만, 설화가 민중집단에게 신성성을 지닌 신화로 받아들여지면서 살아 있는 진실(眞實)로 여겨졌을 당시의 역사적·문화적인 맥락(context)을 살펴 역사적 사실을 파악하려는 노력이 더욱 중요하다는 것이다.

본고는『삼국유사』무왕조를 대표로 하는 서동 설화의 각편들을 민중집단 기억의 특징에 따라 면밀하게 분석하여 해석하고자 한다.「사리봉안기」와『삼국사기』등은 실제 일어난 역사적 사실(事實)에 대한 지배층의 기록이며, 서동 설화는 민중들에게 구비 전승되던 기억이 시간이 흐른 후에 채록된 기록이다. 여기서 일견 역사적 사실과 모순되어 보이기도 하지만 설화적 진실을 담고 있는『삼국유사』를 어떻게 이해해야 할 것인지에 대한 문제가 중요하게 다가온다.

2.『삼국유사』무왕조와 서동 설화의 화소 분석

A-①. 무왕(武王) [『고본(古本)』에는 무강(武康)이라 했으나 잘못이다. 백제(百濟)에는 무강(武康)이 없다.]

A-②. 제30대 무왕의 이름은 장(璋)이다. 어머니가 과부가 되어 경사(京師) 남쪽 못가에 집을 짓고 살았는데, 지룡(池龍)과 관계하여 태어났으며, 어릴 때 이름을 서동(薯童)이라 하였다. 재기와 도량이 커서 헤아리기 어려웠다. 항상 마를 캐어 팔아서 생업을 삼았으므로 국인(國人)이 이로 인하여 이름하였다.

A-③. 신라 진평왕(眞平王)의 셋째 공주 선화(善花)[혹은 선화(善化)]가 아름답기 짝이 없다는 말을 듣고 머리를 깎고 경사(京師)로 갔다. 마를 동네 아이들에게 먹이니 아이들이 친해져 그를 따르게 되었다. 이에 노래를 지어 아이들을 꾀어서 부르게 하니 그것은 이러하다. "선화공주님은 남몰래 사귀어 두고 서동방을 밤에 몰래 안고 간다." 동요가 서울에 가득 퍼져서 궁 안에까지 도달하자 백관(百官)들이 극력 간하여 공주를 먼 곳으로 귀양 보내게 했다. 장차 떠나려 하는데 왕후(王后)는 순금 한 말을 주어 가게 했다. 공주가 장차 귀양지에 도착하려는데 서동이 도중에 나타나 절하면서 장차 모시고 가겠다고 했다. 공주는 비록 그가 어디서 왔는지 알지 못했지만 우연히 믿고 기뻐했다. 이로 말미암아 따라가면서 몰래 정을 통하였다. 그런 후에야 서동의 이름을 알았고, 이에 동요의 영험을 믿었다. 함께 백제에

이르러 모후(母后)가 준 금을 내어 장차 살아갈 계획을 의논하니 서동이 크게 웃으며 말했다. "이것이 어떤 물건이오?" 공주가 말하기를, "이것은 황금으로, 가히 백년의 부를 누릴 수 있습니다"라고 하였다. 서동이 말하기를, "내가 어릴 때부터 마를 캐던 곳에는 진흙처럼 많이 쌓여 있소"라고 하였다. 공주가 듣고 크게 놀라면서 말했다. "이것은 천하의 지극한 보물입니다. 그대가 지금 금이 있는 곳을 아시면, 이 보물을 (제) 부모의 궁전으로 보내는 것이 어떻겠습니까?" 서동은 좋다고 말했다. 이에 금을 모아 구릉과 같이 쌓고, 용화산(龍華山) 사자사(師子寺)의 지명법사(知命法師)에게 가서 금을 옮길 계책을 물으니, 법사가 말하기를, "내가 신통한 힘으로 옮길 수 있으니 금을 가져 오시오"라고 하였다. 공주는 편지를 써서 금과 함께 사자사 앞에 두었다. 법사는 신통한 힘으로 하룻밤에 신라 궁중으로 옮겨 두었다. 진평왕은 그 신이한 변화를 뛰어나게 여겨 존경함이 더욱 깊어져, 항상 편지를 보내 안부를 물었다. 서동은 이로 인하여 인심을 얻어 왕위에 올랐다.

A-④. 어느 날 왕이 부인(夫人)과 함께 사자사(師子寺)에 가려고 용화산(龍華山) 아래의 큰 못가에 이르니, 미륵(彌勒) 삼존(三尊)이 못 가운데에서 나타나므로 수레를 멈추고 공경하였다. 부인이 왕에게 말하기를 "모름지기 이 땅에 큰 가람을 짓는 것이 굳은 소원입니다"라고 하였다. 왕은 그것을 허락했다. 지명법사에게 가서 못을 메울 일을 물으니 신통한 힘으로 하룻밤에 산을 무너뜨려 못을 메워 평지로 만들었다. 이에 미륵(彌勒) 삼회(三會)의 형상을 본떠서 전(殿)과 탑(塔)과 낭무(廊廡)를 각각 세 곳에 세우고, 절 이름을 미륵사(彌勒寺)[『국사(國史)』에서는 왕흥사(王興寺)라 하였다]라고 하였다. 진평왕이 백공(百工)을 보내 이를 도왔다. 지금도 그 절이 남아 있다. [『삼국사(三國史)』에서는 이를 법왕(法王)의 아들이라 하였는데, 이 전(傳)에서는 과부의 아들이라고 했으니 자세히 알 수 없다.]

【『삼국유사』 권2, 기이(2) 무왕】

B. 백제 제29대 법왕(法王)의 휘(諱)는 선(宣)인데, 혹은 효순(孝順)이라고도 한다. 개황(開皇) 19년 기미(己未, 599)에 즉위하였다. 이해 겨울에 詔를 내려 살생을 금하였다. 민가(民家)에서 기르던 매(鷹鸇)의 종류들을 놓아 주었고, 어렵지구(漁獵

之具)를 불태워 일체(一切) 금지(禁止)하였다. 이듬해 경신(庚申, 600)에는 승려 30명을 득도(得度)시키고, 당시의 도읍인 사비성(泗沘城)[지금의 부여(扶餘)]에 왕흥사(王興寺)를 창건하여 비로소 기초를 세우고는 승하하였다. 무왕(武王)이 왕위를 계승하여 아버지가 기초를 닦고 아들이 집을 지어 수십 년을 지나서 완성하였으니, 그 절은 또한 미륵사(彌勒寺)라고도 이름하였다. 산을 등지고 물에 임했으며 꽃나무가 수려하여 사시(四時)의 아름다움을 갖추었다. 왕은 매번 배를 타고 물을 따라 절에 들어가서 그 형승(形勝)의 장려함을 감상하였다. [『고기(古記)』에 기록된 것은 조금 다르다. 무왕은 가난한 어머니가 지룡(池龍)과 교통(通交)하여 태어났는데, 어릴 때의 이름은 서여(薯蕷)이고, 즉위 후의 시호가 무왕이다. 처음에 왕비와 함께 초창(草創)하였다.]

【『삼국유사』 권3, 흥법(興法)(3) 법왕금살(法王禁殺)】

C. 제삼십(第三十) 무왕(武王) 혹운무강(或云武康) 명장(名璋) 소명서여(小名薯蕷)* 경신립(庚申立) 치사십일년(治四十一年)

【『삼국유사』 왕력(王曆) 파른본】

D. 무왕(武王)의 휘(諱)는 장(璋)이며 법왕(法王)의 아들이다. 풍채가 훌륭하고 뜻이 호방하며 기상이 걸출하였다. 법왕이 왕위에 오른 이듬해에 사망하자 아들이 왕위를 이었다.

【『삼국사기』 권27, 백제본기5 무왕】

위의 A, B, C 사료는 『삼국유사』에 수록된 무왕에 관한 기록들이다. A-①은 기이(紀異) 무왕조(武王條) 제목으로, 원주(原註)를 달아 『고본(古本)』에는 원래 '무강(武康)'이라 기록되어 있던 것을 『삼국유사』의 찬자가 백제에 '무강'이 없다는 이유로 제목을 '무왕'으로 고쳤다고 밝힌 점이 중요하다.

B의 흥법(興法) 법왕금살조(法王禁殺條) 본문은 『삼국사기』에 입각하여 서술

---

* 원래 목판본에는 여(蕷)자가 결락되어 있으나 『삼국유사』 흥법 법왕금살조에 의거해 추가함.

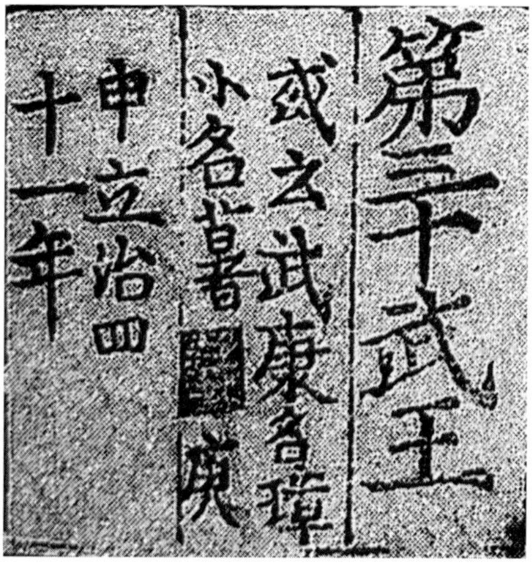
第三十武王
或云武康名璋
小名薯童 庚
申立治四
十一年

자료 2 『삼국유사』 왕력 파른본의 무왕 부분

하였으며(박현숙, 2014), 여기에 달린 원주의 근거로 제시한 『고기(古記)』는 A 무왕조의 내용을 가리킨다는 점에서, 무왕조의 서술은 『고기』, 곧 『고본(古本)』에 입각한 자료로 볼 수 있다. 『고기』의 기록은 영웅의 신이한 출생 및 비현실적 체험과 초자연적 능력이라는 특징적 요소를 갖는 경향성이 있다는 점에서(이강래, 1992), 대개 구전되던 설화가 채록된 자료로 볼 수 있다. 그리고 A-④의 무왕조 맨 뒤에서는 『삼국사(삼국사기)』에서 법왕의 아들이라 한 것과 여기서 과부의 아들이라 한 것이 서로 맞지 않음을 역시 원주를 달아 지적하고 있다.

이로 보면, A 무왕조와 B 법왕금살조는 서로 다른 근거 자료를 가지고 본문을 서술하면서, 본문 서술에 채택하지 않은 자료는 각각 원주를 통해 의문을 제기하는 근거로 사용하였다. 『삼국유사』의 찬자는 자신이 모은 자료들을 최대한 가감없이 제시하려 하고 있으며, 그 자료들 사이에 보이는 모순에 대한 생각을 원주를 통해 솔직하게 기록하고 있어, 사료의 고증에 충실한 자세를 보여 주고 있다.

한편, 기존에 알려진 『삼국유사』 판본인 중종 임신본, 순암 수택본, 범어사본 등에서는 C의 『삼국유사』 왕력에서 "제삼십(第三十) 무왕(武王)"에 대하여 "혹운무강(或云武康) 헌병술(獻丙戌) 소명일기사덕(小名一耆篩德)"이라는 이해하기 어려운 단어들로 판독되었으나, 최근 알려진 조선 초기본인 파른본(연세대학교 박물관, 2016)을 통해 "혹운무강(或云武康) 명장(名璋) 소명서여(小名薯蕷)"라는 제대로 된 기록을 찾게 되었다. 『고기(고본)』 형태의 자료가 실재했음은 이 C 자료에서 백제 무왕에 대해 "혹은 무강(武康)이라고도 한다"는 기록을 통해서도 알 수 있다.(이강래, 2010) 이를 통해서도 『삼국유사』 내에서 기이, 흥법, 왕력의 무왕 관련 기록들이 서로 유기적으로 연계되어 서술되고 있음을 알 수 있다. 그러므로 필자는 파른본의 "소명서□(小名薯□)"를 흥법 법왕금살조 원주에 따라 "소명서여(小名薯蕷)"로 교감하였다.

D의 『삼국사기』에는 무왕이 법왕의 아들로, 풍채가 훌륭하고 뜻이 호방하며 기상이 걸출하다고 기록하였다. B의 『삼국유사』 법왕금살조에도 왕흥사 창건에 대하여 아버지 법왕이 기초를 닦고 아들 무왕이 집을 지어 수십 년을 지나 완성하였다고 하여, 부자관계임을 명시하고 있다. 하지만 무왕의 출자에 대해서는 A 기록을 의식하면서 다양한 의견이 개진되었으니, 「왕흥사지 사리함 명문」에서 丁酉(577)년에 사망한 것으로 나타난 위덕왕 왕자의 적자라는 견해까지 제기되었다.(강종원, 2010)

E-1. 금마군(金馬郡)은 본래 마한국(馬韓國)이다. [후조선왕(後朝鮮王) 기준(箕準)이 위만(衛滿)의 난을 피해 바다를 건너 남쪽으로 한(韓)의 땅에 이르러 나라를 열고 마한(馬韓)이라 하였다.] 백제 시조(始祖) 온조왕(溫祚王)이 그를 병합한 후에 금마저(金馬渚)라 이름하였고, 신라 경덕왕(景德王) 때 지금 이름으로 고쳤다. 고려에 이르러 내속(來屬)하였다. 충혜왕(忠惠王) 후5년(1344)에 원(元) 순제(順帝) 기황후(奇皇后)의 외향(外鄕)이라 하여 승격시켜 익주(益州)가 되었다. 미륵사(彌勒山)에는 석성(石城)이 있다. [전하는 말로는 기준(箕準)이 처음 축성하였으므로 그것을 기준성(箕準城)이라 한다.] 또 후조선(後朝鮮) 무강왕(武康王)과 비(妃)의 능(陵)이 있다. [속칭 말통대왕릉(末通大王陵)이라고 부른다. 혹은 백제 무왕의 어릴적 이름이 서동(薯童)이라 한다.]

【『고려사』 권57, 지11 지리2 전라도 전주목 금마군】

E-2. 당시 금마군(金馬郡)의 마한(馬韓) 시조(始祖) 무강왕릉(武康王陵)을 도굴한 도둑이 체포되어 전법사(典法司)에 수감되어 있다가 탈옥하였다. 정방길(鄭方吉)이 전법관(典法官)을 탄핵하려고 하니, 찬성사(贊成事) 임중연(林仲沇)이 저지하며 말하기를, "도적들이 2년이나 수감되어 있었지만 장물이 드러나지 않았고 죽은 자도 많다"고 하였다. 정방길이 말하기를, "나는 진실로 무덤을 도굴한 사람들이 금(金)을 많이 가지고 있음을 알고 있다"고 하였다.

【『고려사』 권124, 열전37 폐행(嬖幸) 정방길】

F-1. 마룡지(馬龍池)는 오금사(五金寺) 남쪽 백여 보(步) 되는 자리에 있다. 세상에 전하기를, 서동대왕(薯童大王)의 어머니가 집을 지은 곳이라 한다.

【『신증동국여지승람』 권33, 전라도 익산군 산천】

F-2. 미륵사(彌勒寺)는 용화산(龍華山)에 있다. 세상에 전하기를 "무강왕(武康王)이 인심을 얻어 마한(馬韓)을 세우고, 하루는 선화부인(善花夫人)과 함께 사자사(獅子寺)에 가고자 산 아래 큰 못가에 이르렀는데, 세 미륵(彌勒)이 못 속에서 나왔다. 부인이 왕에게 아뢰기를 이 땅에 가람을 창건하고자 원하니 왕이 허락하였다. 지명법사(知命法師)에게 가서 못을 메울 방술을 물었더니, 법사가 신력(神力)으로 하룻밤 사이에 산으로 못을 메워 이에 불전(佛殿)을 창건하고, 또 세 미륵상(彌勒像)을 만들었다. 신라 진평왕이 백공(百工)을 보내 도왔는데, 석탑(石塔)이 매우 커서 높이가 여러 장(丈)이나 되어 동방(東方)의 석탑 중에 가장 큰 것이다"라고 하였다. … 오금사(五金寺)는 보덕성(報德城) 남쪽에 있다. 세상에 전하기를, 서동(薯童)이 어머니를 지성으로 섬겼는데, 마를 캐던 땅에서 갑자기 오금(五金)을 얻었다. 뒤에 그는 임금이 되어 그 땅에 절을 짓고 오금사라 하였다.

【『신증동국여지승람』 권33, 전라도 익산군 불우(佛宇)】

1285년경에 편찬된 『삼국유사』의 서술 방식과 함께 이 설화를 보다 합리적으로 이해하기 위해서는 이 설화의 다른 각편인 E와 F 자료도 함께 살펴보아야 한다. 1451년에 편찬된 『고려사』에서는 E-1에 후조선왕 기준(箕準)이 남쪽 한

(韓)의 땅에 이르러 마한(馬韓)을 세웠으며, 금마군(金馬郡)에 후조선 무강왕(武康王)과 왕비(王妃)의 능(陵)이 있다고 하였다. E-2의 열전에서는 무강왕이 마한 시조임을 밝히고 있어, 후조선왕 기준이 곧 마한 시조 무강왕과 연결됨을 언급하고 있다.

1481년에 편찬된 『동국여지승람』이 증보된 F의 『신증동국여지승람』과 A의 『삼국유사』 무왕조는 선화부인(善花夫人), 사자사(獅子寺), 지명법사(知命法師)가 등장하고, 미륵사를 세우는 역사(役事)에 신라 진평왕이 백공(百工)을 보내어 도왔다고 한 점이 같지만, E에서는 무강왕(武康王)이 인심을 얻어 마한(馬韓)을 세웠고, 마한 무강왕비인 선화부인이 왕에게 절을 짓기를 소망하여 미륵사를 짓게 되었다는 부분이 다르다.

이러한 서동 설화의 각편들을 비교해 보면, 왕은 모두 익산을 배경으로 한 무강왕이며, E와 F 자료에는 후조선왕 기준(箕準)의 왕비가 곧 마한 무강왕비인 선화부인으로 나타난다. 따라서 '무강왕'이란 표현이 우성(優性)이고 '무왕'이란 표현은 열성(劣性)임을 알 수 있다.(신종원, 2011) 특히 A-①에서 『삼국유사』 찬자가 본 『고기(고본)』의 원래 기록에도 '무강(武康)'이라 되어 있었다고 밝힌 점에서, E와 F 기록이 본래 설화의 원형에 더 가까운 것으로 보아야 할 것이다. 정리해 보면, 이들 서동 설화 각편 자료들의 원형은 후조선왕으로 익산지역에 남하하여 마한을 세웠다는 무강왕 기준(箕準)과 익산 토착세력인 선화부인이 주인공이 되는 신화였던 것이다.

『삼국유사』 기이 무왕조는 A-②의 서동의 출생 부분, A-③의 선화공주와 혼인 후 금을 얻고 왕위에 오르게 된 과정 부분, A-④의 미륵사 창건이라는 세 부분으로 나누어 볼 수 있다. 그리고 그 세 부분은 각각 마한 무강왕 신화와 관련된 야래자(夜來者) 설화(서대석, 1985; 김화경, 2002), 내복에 사는 셋째 딸(감은장애기) 민담(황인덕, 1988; 현승환, 2000), 미륵사 창사 전설 등으로 따로 전승되어 오던 설화들이 하나로 엮이게 된 것으로 볼 수 있다.(현승환, 2000; 나경수, 2009)

G. 또 『고기(古記)』에는 다음과 같이 기록하였다. 옛날에 한 부자가 광주(光州) 북촌(北村)에 살았다. 딸 하나가 있어 자태와 용모가 단정한데, 아버지에게 말하기를, "매번 한 자줏빛 옷을 입은 남자가 침실에 와서 관계하고 갑니다"라고 하자, 아버지가 말하기를, "너는 긴 실을 바늘에 꿰어 그 남자의 옷에 꽂아 두어라"라고 하니 따랐다. 날이 밝자 실을 찾아 북쪽 담 아래에 이르니, 바늘이 큰 지렁이(蚯蚓)의 허리에 꽂혀 있었다. 이로 말미암아 임신하여 한 사내아이를 낳았는데, 나이 15세가 되자 스스로 견훤(甄萱)이라 일컬었다. 경복(景福) 원년(892) 임자(壬子)에 이르러 왕이라 일컫고 완산군(完山郡)에 도읍을 정하였다.

【『삼국유사』 권2, 기이(2) 후백제견훤】

H. 견훤(甄萱)이 인심을 얻은 것을 기뻐하며 좌우(左右)에 일렀다. 내가 삼국(三國)의 시원을 상고해 보건대, 마한(馬韓)이 먼저 일어나고 후에 혁거세(赫居世)가 발흥하였으므로 진(辰)·변(卞)이 그에 따라 일어났다. 이에 백제는 금마산(金馬山)에서 개국(開國)하여 육백여 년이 되었다.

【『삼국사기』 권50, 열전10 견훤】

먼저 A-② 부분은 마한 건국신화인 무강왕의 영웅신화를 원형으로 하고 있는 야래자(夜來者) 신화와 관련된다. 『삼국유사』 기이(紀異)편에 수록된 자료는 대체로 건국신화와 신이한 행적들이며, 백제와 관련된 세 조목 중 남부여(南扶餘) 전백제(前百濟)와 후백제(後百濟) 견훤(甄萱)이 모두 국조(國祖)의 건국신화와 대응하는 내용들이므로, 이와 나란히 수록된 무왕조의 서동 설화도 신화의 성격을 지닌 것으로 볼 수 있다.(서대석, 2001)

『고기(古記)』가 인용된 G의 후백제견훤조에서 견훤은 밤에 찾아온 큰 지렁이(蚯蚓)에 광주(光州) 북촌(北村) 부인(富人)의 딸이 감응되어 태어나고 있어, 보다 구체적인 야래자의 모습을 보여 주고 있다. 『고기』가 인용된 『삼국유사』에서 무왕은 지룡(池龍)의 아들이고, 견훤은 밤에 찾아온 큰 지렁이(蚯蚓)의 아들이며, 이들의 원형은 건국신화의 요건을 갖춘 야래자(夜來者) 신화로 마한의 무강왕 신화였을 것이다.

야래자 신화는 지모신(地母神)과 수부신(水父神)의 결합으로 시조가 탄생한다는 신화로, 농경 생산신인 수신(水神)을 숭앙했던 집단의 신화였으며, 농경의 풍요를 비는 제의(祭儀)를 통해서 전승되었다고 한다. 그리고 이처럼 부계(父系)보다 모계(母系)를 존중하는 수부(水父)-지모형(地母型)의 마한신화가 그 신화적 기능을 잃고 전설로 남아 변모된 것이 오늘날 전하는 야래자 설화이다.(서대석, 2001)

마한신화와 서동 설화에 나타난 용은 이후『삼국유사』권2 기이2 남부여 전백제조에서 백제 멸망의 상징으로 소정방이 용을 낚았다는 조룡대(釣龍臺) 또는 용암(龍嵒) 설화에도 나타나고 있으니, 여기서 용은 백제왕의 상징이며, 용의 죽음은 백제의 완전한 죽음을 뜻한다.(정병헌, 1994; 황인덕, 2004) 또한 G에 보이는 견훤의 후백제 건국신화로도 재현되었다.

마한신화가 백제와 후백제에 수용된 면모는 H에 보이는 후백제 견훤의 발언을 통해서도 확인할 수 있다. H는 견훤이 왕건에게 보낸 글인데, 여기에는 마한(馬韓)이 삼한(三韓) 중 가장 먼저 일어났다는 점과, 백제가 현재의 익산지역을 가리키는 금마산(金馬山)에서 개국했다는 내용이 들어 있어, 견훤이 마한 및 백제의 정통성을 염두에 두고 한 발언이라 할 수 있다. 특히 〈갈양사(葛陽寺) 혜거국사비(惠居國師碑)〉에 의하면 922년(후백제 견훤 31, 신라 경명왕 6)에는 익산 미륵사의 개탑(開塔)이 이루어졌는데(허흥식, 1986; 1990), 이 역시 후백제가 마한과 백제의 정통성을 이었다는 점을 드러내기 위함이었을 것이다. 견훤의 백제 익산 개국설은 이곳이 백제의 왕도(王都)였기 때문에 가능한 것이었으며, 무왕대에 있었던 마한신화의 수용과 관련이 있을 것이다. 견훤은 옛 마한지역인 전라도 광주에서 시작하여 익산에 가까운 전주에 이르러 도읍을 삼았기 때문에, 마한을 포용한 백제의 정체성을 이었다는 사실의 강조가 무엇보다 중요했던 것이다.

이러한 점에서 마한의 무강왕 신화는 마한지역 사회에서 영웅신화의 원형이라 할 수 있으므로, 이것이 후에 이 지역을 중시한 백제의 무왕 신화에 결부되었고, 이후 후백제 견훤도 신화의 원형에 따라 마한신화와 같은 행적을 한 인물로 재구성된 것이다.

I. 백제 무광왕(武廣王)은 지모밀지(枳慕蜜地)로 천도(遷都)하고 새롭게 정사(精舍)를 경영하였다. 정관(貞觀) 13년(639) 세차(歲次) 기해(己亥) 겨울 11월에 하늘에서 크게 천둥과 함께 비가 들이쳐 결국 제석정사(帝釋精舍)는 그 재해를 입어 불당(佛堂), 칠급부도(七級浮圖), 회랑(回廊), 낭방(廊房) 등이 모두 불타 사라졌다.

【『관세음응험기(觀世音應驗記)』】

J-①. 후조선(後朝鮮)의 시조(始祖)는 기자(箕子)인데, 주(周) 무왕(武王) 원년 기묘(己卯, 기원전 1122) 봄에 이곳에 도망해 와서 스스로 나라를 세웠다. … 41대손의 이름은 준(準)인데, 다른 이에게 침탈을 당하여 백성이 떠났다. 928년을 다스렸으니 유풍(遺風)이 아름답고 도탑게 전하였다. 준은 이에 금마군(金馬郡)으로 이거(移居)하여 도읍을 세우고 또다시 능히 인군(人君)이 되었다.

J-②. 백제기(百濟紀) … 후대의 왕은 혹 남부여(南扶餘)라 부르거나 혹 응준(鷹準)이라 칭하면서 신라와 겨루었다.

【『제왕운기(帝王韻紀)』 권하, 동국군왕개국연대(東國君王開國年代)(1287)】

I의 『관세음응험기』는 현재 일본 경도(京都)의 청련원(青蓮院)에 소장되어 있는데, 11세기경 청련원에서 승려 양우(良祐)에 의해 서사된 뒤 겸창시대(鎌倉時代) 중기에 다시 전사된 필사본이다. 중국 육조시대(六朝時代) 남제(南齊)의 육고(陸杲, 459-532)가 유송(劉宋) 부량(傅亮, 374-426)의 『광세음응험기(光世音應驗記)』와 장연(張演, 5세기 전반)의 『속광세음응험기(續光世音應驗記)』에 이어 자신의 『계관세음응험기(繫觀世音應驗記)』 등 삼서(三書)를 합본하여 하나의 책으로 만들고, 『관세음응험기』라는 제목을 붙인 책이다. 이 청련원본에는 육고 이후 어떤 후대인이 백제의 관세음응험에 관한 새로운 두 사례를 채록하여 책의 말미

에 덧붙여 놓았는데, 그중 하나가 바로 이 무광왕(武廣王) 시기의 제석정사 기록이다. 여기서 백제 무왕은 무광왕(武廣王), 또는 무강왕(武康王)으로도 불렸으며, 현재의 익산지역인 지모밀지(枳慕蜜地)로 천도했다고 기록하였다. 이는 백제 무왕이 마한 무강왕 신화를 차용하여 마한의 정통성을 주장하고, 익산을 도성의 하나로 중시했음을 직접적으로 보여 주는 자료이다.

백제는 북방에서 남쪽으로 이동해 온 부여족(扶餘族)의 일파가 마한지역에서 지배권을 확립한 국가로 외래집단과 토착집단 간에 문화적 차이가 있었으니, 백제사는 이러한 이중성을 극복하는 과정이었다.(이기동, 1996) 백제는 성왕 16년(538) 사비 천도와 함께 국호를 남부여(南扶餘)로 바꾸었는데, 이는 부여계 왕실이 마한의 터전에 한걸음 더 들어가면서 자신들이 멸망한 부여의 정통성을 계승하였음을 국호 개정을 통해 선포한 것이지만, 이는 국내외적으로 널리 사용되지 못했다. 아마 한성 수복이 실패하고 성왕도 전사하면서 부여계 정체성 회복 운동도 약화된 것으로 보인다.

J 자료는 이 시기 백제 왕실이 한편으로 주민의 다수를 차지하고 있는 마한 토착세력의 진정한 복속과 협력을 얻기 위하여, 국호를 마한 선주민과 관련된 명칭인 응준(鷹準)으로도 칭했음을 보여 주는 자료이다. 곧, J-②의 『제왕운기』 백제기 기록에 의하면, 백제의 별칭으로 남부여와 함께 응준이라 칭하면서 신라와 겨루었음을 보여 주고 있는데, 응준(鷹準) 혹은 『삼국유사』 권3 탑상4 황룡사구층탑조에 등장하는 응유(鷹遊)는 광의의 '매'로 대표되는 맹금류(猛禽類)를 포괄하는 표현이며, 백제 이전부터 존재한 마한의 문화 성격과 관련된 명칭이라 한다.(조법종, 1989)

고조선에서 마한지역에 이르러 한왕(韓王)이 되었다는 준왕(準王)은 앞서 살핀 E와 F 자료로 보아 마한 시조 무강왕으로 여겨졌음을 알 수 있는데, 그의 남하지역에 대하여 2세기 후반에 활동한 후한(後漢) 왕부(王符)의 『잠부론(潛夫論)』과 260년대에 찬술된 『위략(魏略)』에서는 '해중(海中)'으로, 『삼국지』에서는 '한지(韓地)'로, 『후한서』에서는 '마한(馬韓)'으로 되어 있다. 우리 기록에서는 13세기 말의 J-① 『제왕운기』에 후조선의 41대손인 준(準)이 금마군으로 이거(移居)하였다는 기록이 있은 이후, 『고려사』와 『신증동국여지승람』 등을 비롯한 많은 기록에 전북 익산이라 하였다.

이처럼 익산은 준왕과의 연관성이 나타나고 있고, 마한 54국 중 주요 중심지로 언급되는 건마국(乾馬國)이 있었다고 한다.(노중국, 2001) 『신찬성씨록(新撰姓氏錄)』 우경제번(右京諸蕃) 하 백제조에 의하면, 백제에서 온 조선왕(朝鮮王) 준(准)의 후예를 칭한 마전련(麻田連)이라는 인물이 당시 일본에 있었음을 알 수 있는데, 이는 백제 내에 준왕의 후예라고 여겨지는 이들이 있었음을 보여 준다. 『삼국지』 한조(韓條)에 의하면, 준왕은 근신(近臣)과 궁인(宮人)들을 거느리고 도망하여 바다를 경유하여 한지(韓地)에 거주하면서 스스로 한왕(韓王)이라 칭하였으며, 주(注)에 달린 『위략(魏略)』에는 그 뒤 준(準)의 후손이 절멸되었지만 지금 한인(韓人) 중에 아직 그의 제사를 받드는 사람이 있다고 기록하였다. 이로 보아 마한지역에는 그의 후손을 칭하는 이들이 3세기경에도 있었으며, 이들이 뒤에 백제의 세력권 내에 들게 되고 일부는 일본에까지 진출했던 것으로 볼 수 있다.(이장웅, 2012)

『남제서(南齊書)』에 의하면, 백제왕 모대(牟大)가 파견한 인물로 행건위장군(行建威將軍) 조선태수(朝鮮太守) 겸(兼) 사마(司馬)인 양무(楊茂)와 겸(兼) 참군(參軍) 행진무장군(行振武將軍) 조선태수(朝鮮太守)인 장새(張塞)가 있다는 점에서, 조선은 일정 기간 독자적 명맥을 유지하다가 백제에 포섭된 정치 집단의 공간을 의미하며, 마한-백제와 연결되면서 동성왕 시기에는 백제의 지역 명칭 개념으로도 표출되어 태수호(太守號)로 나타난 것이란 견해도 있다.(조법종, 2015)

A-③에서 셋째 딸인 선화공주가 궁궐에서 쫓겨나 금을 얻어 잘 산다는 유형의 설화는 '내 복에 산다'(황인덕, 1988; 현승환, 2000), '쫓겨난 여인 발복설화(發福說話)'(최운식, 1973), '숯구이 총각의 생금장(生金場)'(이인경, 2008) 등으로 불리는 정형화된 설화이다. 내 복에 사는 셋째 딸 이야기는 전국적으로 전승되어 있으며, 특히 제주도에 전해 오는 무가(巫歌) 「삼공본풀이(감은장 애기)」가 선화공

주 이야기와 닮아 있다. 「삼공본풀이」의 줄거리는 셋째 딸인 감은장 애기가 누구 덕에 사느냐는 아버지의 질문에 대해 하나님이나 부모님이 아니라 자신의 덕으로 산다고 대답하여 쫓겨났고, 이후 산에서 마를 캐다가 팔아서 생계를 유지하는 세 아들(마퉁이)이 있는 가난한 집 셋째 마퉁이와 연분을 맺었는데, 마퉁이가 마를 파는 곳에 가보니 자갈이라 던져 버린 것들이 금덩이와 은덩이였으므로 이것들을 팔아서 일시에 큰 부자가 되었으며, 이후 부모를 찾게 된다는 내용이다.(현용준, 1976; 김대숙, 1988) 이 이야기는 한눈에도 서동 설화와 매우 비슷한 화소를 지니고 있는 설화임을 알 수 있다. 감은장 애기도 삶의 본질이 하나님이나 부모님이 아닌 자신에게 있다는 자각과 용기를 모두 갖추고 이를 스스로 실현시키고 있다는 점에서(정운채, 1995) 영웅신화의 범주에 위치시킬 수 있다.

서동 설화의 이 부분과 비슷한 이야기로는 쫓겨난 공주가 어리석은 남편을 만나 부와 명예를 쥐어 주는 온달이야기도 함께 들어 볼 수 있다. 서동이나 온달은 모두 '바보사위(痴壻)'로(손진태, 1947; 신연우, 2001) 볼 수 있으며, 바보 남편을 출세시키는 공주 이야기도 이미 정형화된 패턴의 설화이다.

서동 설화의 마지막 부분인 A-④의 미륵사 창사 설화는 못 가운데에서 미륵(彌勒) 삼존(三尊)이 나타나 지명법사(知命法師)의 신력으로 못을 메운 후 3탑 3금당의 절을 지었다는 내용이다. 미륵 삼존이 출현한 못은 A-②의 마한 무강왕 신화에서 용이 살던 못과 관련된다는 점에서, 이는 마한 신화가 제의(祭儀)로 구현되었을 토착 지룡(池龍)신앙의 제장(祭場)에 백제 불교 미륵신앙의 대제장(大祭場)인 미륵사가 들어서는 과정을 보여 주고 있다. 백제 무왕은 지룡(池龍)의 아들이면서 못을 메워 미륵신앙을 일으키고 미륵사를 창건하였다. 이러한 매지형(埋池型) 창사 전설은 재래의 용신신앙이 불교신앙으로 대체되는 모습을 보여 주는 설화이다. 실제 미륵사지 발굴 결과, 『삼국유사』 기록과 같이 못을 메워 터를 닦고 3탑 3금당을 지은 구조가 드러났으며, 동·서 금당 하부 구조는 신라의 감은사에 앞서는 상징적인 용의 처소로 감실까지 두었음이 밝혀졌다.

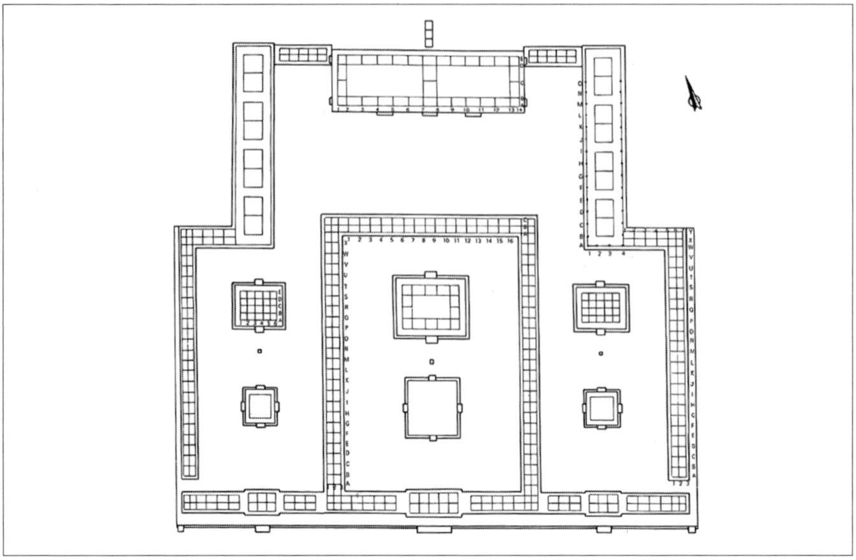

자료 3 미륵사지 배치도 (출처: 국립문화재연구소)

정리해 보면, 서동 설화는 무왕이라는 역사적 인물에 대한 사실(史實)의 기록이 아니라, 기존의 구전설화를 차용(借用)하여 주어진 패턴에서 장소와 인명 등 고유명사만 바뀌고 거기에 맞는 시대 설정이 이루어져 백제 무왕에 부회된 것이다.(신종원, 2011) 이는 '역사적 인물의 신화화'를 통해 역사적 시간이 소거되고, 원형이 되는 탈시간적 구조로 민중 기억(설화)이 이루어진 예로 볼 수 있다.

서동 설화는 백제의 멸망 이후에 약간의 변화 과정을 더 거쳐 『삼국유사』에 채록되었다. 신라가 백제를 통합한 이후 백제인을 회유하기 위한 사상 통합 정책의 일환으로, 신라 중심의 입장에서 진평왕대 신라와 백제가 매우 우호적이었다는 점이 첨가된 이야기로 전개되었다는 견해가 있고(강민식, 2003; 이내옥, 2005), 고려 초에 후백제인과 신라인을 고려인화하기 위해 서동요가 지어진 것으로 판단하는 견해도 있다.(김창호, 2002) 이러한 점은 고려 말 『삼국유사』에 채록되기까지 구비 전승되었던 서동 설화가 역사의 흐름 속에서 약간의 변용을 거친 것으로 볼 수 있다.(이장웅, 2012)

3. 백제 무왕 시기 역사의 충돌과 설화의 화해

이번 장에서는 앞 장에서 살핀 서동 설화의 진실과 백제 무왕 시기 역사적 사실과의 조화를 역사의 충돌과 설화의 화해라는 키워드로 정리해 보고자 한다.

백제는 성왕 말엽인 551년에 신라, 가야와의 연합 작전으로 한강 유역에 진출하였으나, 신라가 고구려와 밀약을 맺게 되면서 백제, 신라, 가야 사이에 형성되었던 대고구려 공동 전선(戰線)은 분열하게 되며, 백제는 고구려와 신라지역을 모두 전선으로 하는 상황이 전개된다. 이는 백제가 한강 유역과 가야지역 중 한 지역을 선택하여 전력을 기울이게 만들었을 것이며, 결국 백제는 새로 확보한 한강 유역을 포기하고 가야지역을 선택하면서 즉위 이래 최대 목표였던 대고구려전을 대신라전으로 방향을 틀었다는 견해가 있다.(김수태, 2007)

백제의 이 새로운 정책은 가야지역을 둘러싼 신라와의 치열한 대립으로 이어졌으니, 그 시작이 554년의 가야 병력을 동원한 신라와의 관산성(管山城) 전투였다. 그러나 여기서 신라에 대패하고 성왕까지 피살되면서 양국은 서로 원수관계가 되고, 가야는 완전히 신라 영토가 되었다. 이후 위덕왕은 대내 체제정비와 중국과의 외교관계를 통해 고구려를 견제하면서 신라에 대한 공세를 준비하였고, 45년간 재위하다가 598년에 죽었다. 이어 70대의 노령인 동생 혜왕(惠王)이 즉위하였으나 599년에 죽었고, 아들 법왕(法王)이 즉위하였으나 600년에 역시 사망하고 무왕이 즉위하였다. 무왕이 즉위하면서 백제와 신라의 군사적 대립은 매우 치열하게 전개되었으니, 재위 42년 동안 신라와 13회, 고구려와 1회의 전쟁을 하였고, 수(隋)에 6회, 당(唐)에 14회, 왜(倭)에 6회의 사신을 파견하였다.

백제는 성왕대 이후 한강 유역에 대한 진출을 일단 포기하고, 백두대간 동쪽 가야지역의 패권을 놓고 신라와 국운을 건 전쟁을 수행하였고, 그 과정에서 옛 마한의 흔적이 남아 있는 익산지역을 매우 중시하여 사비와 함께 동서(東西) 양성(兩城)을 이루는 별도(別都)로 경영하였다.(이장웅, 2012) 이는 백제가 부여계 정통성보다 마한의 정통성을 강조하면서 삼한의 패권을 노리고, 도성의 범위를 익산에까지 확장한 것으로 볼 수 있다. 신라와의 관계와 그에 따른 정치적 상황은 과거 마한(馬韓)이 중심이 되어 진한(辰韓)과 변한(卞韓)을 아울렀던 기억을 일깨워 주었으며, 바로 마한 무강왕(武康王)의 정통성을 이은 백제 무왕이 진한(신라)과 변한(가야)을 아울러 일통삼한(一統三韓)을 이루겠다는 의지를 신라보다 앞서 보여 준 것으로 볼 수 있다. 백제가 마한의 정통성을 이어받은 국가라는 점을 백제의 민중들에게 정치 이데올로기로 심어 주고자 했다는 점이 중요하며, 바로 그 중심에 백제 무왕의 마한 무강왕 신화 수용이라는 장치가 있었던 것이다.

그리고 이후 전승된 서동 설화 속에서는 백제·신라 사이의 치열한 대립관계와 달리 선화공주와 지명법사가 매개가 되어 평화로운 관계를 맺는다는 점에서 이 두 인물에 주목하여 '역사의 충돌과 설화의 화해'에 대해 살펴보고자 한다. 먼저 역사 속 무왕비 사탁적덕녀(沙乇積德女)와 선화공주의 관계부터 살펴보겠다.

K. 우리 백제 왕후께서는 좌평(佐平) 사탁적덕(沙乇積德)의 따님으로, 지극히 오랜 세월에 선인(善因)을 심어, 금생(今生)에 뛰어난 과보를 받아 만민(萬民)을 어루만져 기르시고 삼보(三寶)의 동량(棟梁)이 되셨기에, 능히 정재(淨財)를 희사하여 가람(伽藍)을 세우시고, 기해년(己亥年; 639) 정월 29일에 사리(舍利)를 받들어 맞이했다. 원하옵나니, 세세토록 공양하고 영원토록 다함이 없어서 이 선근(善根)을 우러러 자산으로 하고, 대왕(大王) 폐하(陛下)의 수명은 산악(山岳)과 같이 견고하며 보력(寶曆)은 천지(天地)와 함께 영구하여, 위로는 정법(正法)을 넓히고 아래로는 창생(蒼生)을 교화하게 하소서.

【미륵사지(彌勒寺址) 서탑(西塔) 사리봉안기(舍利奉安記)(639)】

L. 2월 정해삭(丁亥朔) 무자(戊子) … 지난해(641) 11월 대좌평(大佐平) 지적(智積)이 죽었다. 또 백제 사신이 곤륜(崑崙)의 사신을 바닷속에 던졌다. 금년 정월에 국

주모(國主母)가 죽었고, 또 아우 왕자의 아들 교기(翹岐)와 그 누이동생(母妹女子) 4명, 내좌평(內佐平) 기미(岐味), 그리고 이름 높은 사람 40여 명이 섬으로 추방되었다. … 5月 병자(丙子)에 교기의 아이가 죽었다. 이때 교기와 처(妻)는 아이가 죽은 것을 두려워하고 꺼려 상(喪)에 나아가지 않았다. 무릇 백제와 신라의 풍속에 죽은 사람이 있을 경우, 비록 부모·형제·부부·자매라 할지라도 절대로 스스로 보지 않는다.

【『일본서기』 권24, 황극천황 원년(642)】

K는 「사리봉안기」에서 백제 무왕 말년인 639년에 무왕비가 좌평 사탁적덕의 딸임을 보여 주는 기록이다. L은 『일본서기』 황극천황 원년(642)인 의자왕 2년에 국주모(國主母)가 죽자 그와 관련된 왕실 가족들을 내쫓는 친위정변을 보여 주는 기록이다. 무왕 초기 왕후로 선화공주를 설정하고, 후기에 사택 왕후를 상정하는 견해에서는 이 기록을 중시한다. 곧, 642년의 국주모는 639년에 무왕비로 나타난 사택 왕후로 볼 수 있는 가능성이 큰데, 그의 죽음과 동시에 의자왕이 친위정변을 일으킨 점에서, 의자왕은 국주모(사택 왕후)의 소생이 아니라 일찍 죽은 선화공주의 소생으로 보고 정치적 상황을 해석하려는 것이다.(이도학, 2009)

〈부여융묘지(扶餘隆墓誌)〉에 의하면 615년에 부여융이 태어났다는 점에서, 그의 아버지 의자왕은 595년경에는 태어났을 것이므로, 642년 당시 의자왕의 나이는 50세 정도였다. 그리고 아우 왕자의 아들 교기(翹岐)의 나이는 L 기록에서 이때 처를 대동하고 왜(倭)에 가서 아이가 사망했다는 점에서 20대 초반으로 추정할 수 있다. 그렇다면 의자왕의 아우 왕자는 40대 초반으로 볼 수 있고, 그를 낳은 국주모는 60대 초반에 죽은 것으로 볼 수 있다. 이러한 점에서 무왕비인 국주모(사택 왕후)는 무왕 즉위 시인 600년부터 이미 왕비였다고 보아도 무리가 없다.

다음으로 신라 진평왕의 딸 이름으로 '선화(善花)'가 가능한지에 대하여 살펴보겠다. 당시 신라 왕실은 자신들이 석가족(釋迦族)이라는 석종의식(釋宗意識)을 드러내고 있다.(김두진, 1987) 진평왕의 이름은 백정(白淨)으로 석가의 아버지 이름이며, 왕비 김씨는 마야부인(摩耶夫人)으로 석가의 어머니 이름이다. 진평왕의 두 동생은 백반(伯飯)과 국반(國飯)인데, 이는 모두 석가 삼촌의 이름들이다. 만약 진평왕에게서 왕자가 태어났다면 그는 석가로 불리웠을 것이다. 그런데 진평왕에게는 후에 선덕여왕이 되는 덕만(德曼)과 김춘추의 어머니가 되는 천명(天明) 두 공주만 정사에 기록되어 있다. '선화(善花)'는 이러한 석종의식과 달리 미륵신앙과 관련된다는 점에서 진평왕의 딸이 될 수 없다는 견해가 있는데(문경현, 2010), 이러한 지적은 다음 M 기록처럼 백제지역에서 미륵(彌勒)과 선화(仙花)가 일찍부터 보이고 있다는 점에서 타당하다고 본다.

M. 진지왕대(眞智王代, 576-579)에 흥륜사(興輪寺)의 승려 진자(眞慈) [혹은 정자(貞慈)라고도 한다]는 매번 당주(堂主) 미륵상(彌勒像) 앞에 나아가 서원을 발하여 말하기를, "원컨대 우리 대성(大聖)께서는 화랑(花郎)으로 화하시어 세상에 나타나셔서 제가 항상 거룩하신 모습을 가까이 뵙고 받들어 시중들 수 있도록 하시옵소서"라고 하였다. 그의 정성스럽고 간절하며 지극한 기도의 마음은 날이 갈수록 더욱 독실해졌다. 어느 날 밤 꿈에 한 승려가 일러 말하기를, "그대가 웅천(熊川)[지금의 공주(公州)]의 수원사(水源寺)에 가면 미륵선화(彌勒仙花)를 볼 수 있을 것이다"라고 하였다.

【『삼국유사』 권3, 탑상(塔像)(4) 미륵선화 미시랑 진자사】

M에 의하면, 신라 진지왕대(576-579) 흥륜사 승려 진자(眞慈)가 미륵선화(彌勒仙花)를 친견하기 위해 백제 땅의 공주 수원사(水源寺)로 찾아왔다고 하므로, 당시 백제 땅 공주지역이 미륵신앙의 성지로 여겨졌으며, 미륵선화는 그 명칭에서 미륵(彌勒)인 불교신앙과 선화(仙花)인 토착신앙을 아울러 갖춘 무불(巫佛)융화를 상징한 것으로 볼 수 있다. 이런 시대적 분위기로 보아 '선화(善花)'는 미

륵선화(彌勒仙花)의 또 다른 상징으로 파악하는 것이(김두진, 1994) 옳을 것이다. 미륵선화 설화가 생겨난 배경은 570년대 후반에 공주지역이 미륵신앙과 일정한 관계를 맺고 있어 신라의 승려가 찾아올 정도였으니, 이후 백제 무왕대(600-641) 전후에도 미륵신앙이 성행했던 상황을 짐작할 수 있다.

한편, 『삼국유사』 권1 기이1 천사옥대(天賜玉帶)조에 의하면, 진지왕을 폐위시키고 즉위한 신라 진평왕은 원년(579)에 천제(天帝)로부터 왕권의 상징물인 천사옥대(天賜玉帶)를 받고, 왕이 친히 제사하는 신궁(神宮)인 교묘(郊廟)와 대사(大祀)를 행할 때에 항상 이를 착용하였으며, 내제석궁(內帝釋宮) 또는 천주사(天柱寺)를 창건하였다. 이 진평왕의 천사옥대는 토착신앙의 천명사상(天命思想)을 불교의 제석천(帝釋天) 형식을 빌어 표현한 설화로, 왕권의 정통성을 천신(天神)에게서 승인받았음을 상징한다.(김재경, 2007) 앞서 살핀 I의 『관세음응험기』에 의하면, 백제에도 무광왕(무왕)대 익산지역에 제석정사(帝釋精舍)가 있었음이 기록되어 있는데, 실제 익산 왕궁리 유적의 동쪽에서 '제석사(帝釋寺)'명 와편이 출토된 절터가 발굴되어 그 존재가 입증되었다.(황수영, 1973; 국립부여문화재연구소, 2011; 2013) 이로 보아 토착 천신의 불교적 변용이라 할 수 있는 제석(帝釋) 신앙은 백제와 신라에 공통된 것으로 볼 수 있다.

다음으로 만약 진평왕에게 셋째 딸이 있었다면 무왕비가 될 가능성은 있는지 살펴보겠다. 앞서 살핀대로 의자왕은 무왕의 즉위 이전인 595년경에 태어났으므로, 만약 진평왕의 셋째 딸이 의자왕을 낳으려면 575년경에는 태어났어야 한다. 그런데 김춘추가 603년생이라는 점에서 그의 어머니이자 진평왕의 첫째 혹은 둘째 딸인 천명공주는 583년경에 태어난 것으로 볼 수 있으므로, 셋째 딸이 있었다면 대략 585년 이후에 태어났을 것이다. 그렇다면 의자왕이 태어날 당시에 진평왕의 셋째 딸은 10살 정도 되었을 것이므로, 그는 무왕비가 될 수 없다.

사라졌던 달이 다시 나타나는 날짜가 초 3일이라는 점에서, 3은 죽음과 생명을 동시에 충족하는 완전수이자 신비수이며 거룩한 성수(聖數)라고 한다.(이경재, 2002) 선화공주가 설화 속에서 셋째 딸로 설정된 것은 이러한 상징성과 관련된 것으로 볼 수 있다. 서동 설화의 화소를 가지고 있는 무속신화인 '감은장애기'에서도 주인공은 셋째 딸로 설정되고 있다. '셋째'와 '가장 아름다움'의 연결 역시 실제 역사적 사실이라기보다는 '최진사댁 셋째 딸' 이야기와 같은 정형화된 패턴의 설화 유형으로 볼 수 있다.

이번에는 미륵사의 단계적 건립 가능성을 통해, 미륵사 창건의 발원 주체를 단계별로 나누면서 선화공주를 끌어들여 사상적 차이를 보려는 견해에(길기태, 2009; 조경철, 2009) 대해 살펴보고자 한다.

미륵사의 건립은, 이에 비견되는 신라 황룡사와 마찬가지로 많은 시간이 걸려 완성되었을 것이다. 신라 황룡사의 경우 『삼국사기』에 의하면, 진흥왕 14년(553)에 착공하여 27년(566)에 완공되었고, 진흥왕 35년(574)에 황룡사 장륙존상(丈六尊像)을 주조하였다고 한다. 『삼국유사』에서는 진흥왕 30년(569)에 절의 주위에 담을 돌려 절이 완공된 것으로 기록하였다. 이후 진평왕 6년(584)에 금당(金堂)을 조성하여 3금당이 이루어졌으며, 선덕여왕 14년(645)에 9층 목탑을 세워 대가람을 완성하였다.

미륵사의 탑 건립 순서는 중원의 목탑이 먼저 건립되었으며, 서원의 서탑이 그 다음, 동원의 동탑이 마지막에 건립되었다고 한다. 서탑에서는 기둥석과 면석을 별개의 석재로 조립하였으나, 동탑은 2층 이상의 탑신석에서 기둥과 면석을 같은 부재로 하여 탑신에 기둥의 모양을 모각(模刻)하여 나타내는 기법을 사용했기 때문이다.(장경호, 2004) 이러한 건립 순서는 발굴보고서의 토층을 면밀하게 살핀 결과에서도 동일하게 나타나고 있으므로, 「사리봉안기」에 나타난 639년에 서탑 1층 심초석 상면 심주에 사리를 봉안한 것으로 보아, 동탑까지 축성되는 미륵사의 완공은 무왕의 재위 기간을 넘은 시점에 이루어졌을 것이다.(양정석, 2009)

이처럼 미륵사가 중원이 먼저 건립되고 동·서원이 이후 건립되었다는 점을 이용하여, 여기에 사상적 차이까지 상정하면서 선화공주를 끼워 넣으려는 견해가 있다. 서탑에서 발견된 「사리봉안기」의 내용에는 미륵신앙의 요소가 보이지 않고 석가모니를 가리키는 법왕(法王)과 사리 봉양의 석가불신앙만을 찾을 수 있다는 점에서 서원과 동원은 법화신앙자인 사택왕후가 건립한 것으로, 중원은 미륵신앙자인 선화공주가 건립했다고 보는 것이다.(조경철, 2009)

미륵신앙과 석가신앙의 대립 속에 미륵사가 건립되었다는 견해도 있다. 법왕(法王)과 사리(舍利)는 석가모니와 관련되므로 「사리봉안기」를 석가신앙으로 파악하면서, 국왕과 사씨 세력이 주축이 된 사비 중심의 석가신앙 세력이 익산 중심의 미륵신앙을 구축(驅逐)하기 위해 건립하였다는 것이다.(김수태, 2009)

하지만 「사리봉안기」 발견 이후 선화공주는 실존 인물로 볼 수 없고, 하나의 사찰을 법화신앙과 미륵신앙으로 나누어 보거나, 사리 봉안을 석가불신앙으로 이해하여 이를 미륵불신앙과 구별해 볼 수는 없으며, 미륵사 3원 3탑의 가람 구조는 처음부터 백제 왕후 사택적덕의 딸에 의하여 일정한 기획 의도 아래 건립된 것이라는 견해가 있다. 이 견해에서는 미륵사 서탑의 불사리 봉안도 석가불신앙만이 아니라 탑을 세워 사리를 공양한 공덕으로 미래세에 미륵불의 처소에 이를 수 있다는 『미륵하생성불경』의 내용과도 관련되는 것으로 보았다.(김상현, 2009)

필자 역시 미륵사의 단계적 건립에는 동의하나, 발원 주체까지 단계별로 나누어 사상적 차이를 추정하여 선화공주를 끌어들이는 데에는 부정적이다. 특히 「사리봉안기」에는 왕후 사택적덕의 딸이 재물을 희사하여 미륵사 가람(伽藍) 전체를 조성한 것으로 기록하고 있어, 「왕흥사지(王興寺址) 사리기(舍利器) 명문(銘文)」에서 '입찰(立刹)'이라 표현한 점과 명확한 차이를 보여 주고 있다.

지금까지 서동 설화 속의 선화공주가 백제 무왕대 역사 속 실존 인물은 될 수 없음을 살펴보았다. 그러나 「사리봉안기」에서 미륵사를 창건한 주체가 비록 선화공주는 아니지만 설화와 마찬가지로 무왕비라는 점에서, 역사적 사실이 설화와 결부될 개연성을 보이고 있었다. 이제부터는 이러한 선화공주를 어떻게 이해해야 하는지에 대해 검토하고자 한다.

선화공주를 실존 인물로 보는 견해에서는 적대관계 때문에 백제 무왕과 신라 진평왕의 딸 선화공주의 혼인을 역사적 사실로 보기 어렵다는 점에서, 그를 익산 재지세력으로 재설정하기도 한다.(김수태, 2010; 강종원, 2017) 필자는 이와 다른 설화적 관점에서 선화공주를 익산 재지세력으로 본다. 무왕은 익산을 중시하면서 마한 무강왕 신화를 백제신화로 받아들여 정치 이데올로기로 활용하였으며, 선화공주는 무왕 때 실존한 인물은 아니지만 익산지역에 전해지던 서동 설화의 원형이 되는 이 무강왕 신화 속의 인물이다. 익산은 무왕의 실제 성장지가 아니었지만 신화 속에서는 그의 성장지로 설정되었고, 실제 무왕비였던 좌평 사택적덕의 딸은 마한 무강왕비 선화부인에 부회되면서 백제 무왕 시기에 맞게 신라 진평왕의 셋째 딸로 재설정되었다. 백제 무왕대에는 익산을 비롯한 마한세력을 백제 속에 끌어들이려는 정치 이데올로기에 따라 마한신화의 백제신화화 작업이 진행되었고, 이것이 민중집단에 구전되면서 서동 설화가 형성된 것이다.

백제 무왕을 이은 의자왕도 아버지를 이어 신라에 대한 공격에 집중하였다. 2년(642) 7월에는 친히 신라를 공격하여 미후성(獼猴城) 등 40여 성을 함락하였고, 8월에는 장군 윤충(允忠)을 보내 신라 대야성(大耶城)을 공격하여 성주 품석(品釋)과 처(妻)인 김춘추의 딸을 죽이고 성을 함락시켰다. 643년에는 백제가 고구려와 연결하여 신라의 대당 교통로 거점인 당항성 공격을 시도하였고, 이에 신라는 당에 구원을 요청하였다. 그런데 이러한 정치적 상황에서도 백제와 신라의 문화교류를 살펴볼 수 있는 기록이 있다.

N. 선덕대왕(善德大王) 12년(643) 계묘세(癸卯歲) … 황룡사(皇龍寺)에 9층 솔도파(窣堵波)를 세우면 해동(海東)의 여러 나라가 모두 그대의 나라에 항복할 것이라고 하였다. 자장(慈藏)이 이 말을 듣고 돌아와 왕에게 알렸다. 이에 이간(伊干) 용수(龍樹)를 감군(監君)으로 하여 대장(大匠)인 백제의 아비(阿非) 등이 소장(小匠) 2백 인을 데리고 이 탑(塔)을 만들도록 명했다. 14년(645) 세차(歲次) 을사(乙巳)에 처음 건립

하기 시작하여 4월 □□에 찰주(刹柱)를 세우고 이듬해에 공사를 마쳤다.

【황룡사(皇龍寺) 구층목탑(九層木塔) 찰주본기(刹柱本記)(872)】

N의 「황룡사 구층목탑 찰주본기」에 의하면, 대야성 전투 다음해인 643년 무렵에 백제 대장(大匠) 아비(阿非)가 신라에 초청되어 645-646년에 황룡사 9층 목탑을 만들었다. 전쟁이 치열하게 계속되는 상황에도 불구하고 신라는 백제에 공장 파견을 요청하였고, 백제는 이에 응해 대장 아비 등을 보낸 것이다. 이는 이미 미륵사 9층 목탑 등을 건립했던 백제의 뛰어난 기술에 대한 필요와 함께, 이를 매개로 백제의 군사적 압박을 완충시켜 보려는 신라의 외교적 의도로도 볼 수 있다.(노중국, 2000)

A-④의 『삼국유사』 서동 설화에서는 N의 기록과 반대로 신라 진평왕이 백공을 보내 백제의 미륵사 건립을 돕고 있다. 하지만 당시의 기술 수준과 N 기록으로 보아 백제가 신라에 장인을 보낸 것이 역사적 사실에 가까울 것이다. 또한, A-③에서는 백제 무왕이 지명법사를 통해 많은 금을 신라 진평왕에게 보냈고, 진평왕은 그 신이함을 뛰어나게 여겨 존경함이 깊어져 항상 편지를 보내 안부를 물었다고 한다. 실제 백제 무왕은 옛 가야지역이자 대단위 철 산지였음이 최근에 밝혀지고 있는 장수와 운봉지역을(곽장근, 2017) 두고 신라와 치열한 전투를 벌였다는 점에서, 이는 중요 자원이었던 철의 확보를 설화 속에서 금으로 표현한 것일 수도 있다. 그리고 신라가 백제를 통합한 이후 백제인을 회유하기 위한 사상 통합의 일환으로, 백제와 신라가 무왕대에도 친밀한 관계였다는 내용이 신라의 입장에서 설화에 덧붙여진 것으로 볼 수도 있다.

마지막으로 서동 설화 속에서 선화공주와 함께 백제와 신라관계의 평화로운 매개로 등장하는 지명법사(知命法師)의 실체에 대해서 살펴보고자 한다.

O. 거칠부(居柒夫)는 젊었을 때 마음이 해이하여 실없지 않았고 원대한 뜻을 품었으며 머리를 깎고 승려가 되어 사방(四方)을 돌아다니며 구경하였다. 곧 고구려

를 엿보려고 그곳에 들어갔다가 혜량법사(惠亮法師)가 당(堂)을 개창하여 경(經)을 강설(講說)한다는 말을 듣고는 나아가 강경(講經)을 들었다. … 12년 신미(辛未: 551) … 백제와 함께 고구려를 침공하였다. 백제인이 먼저 평양(平壤)을 공격하여 깨뜨렸다. 거칠부 등은 승리를 틈타서 죽령(竹嶺) 바깥 고현(高峴) 이내의 10군(郡)을 빼앗았다. 이때 혜량법사가 그 무리를 거느리고 길가로 나왔다. … "지금 우리나라의 정치가 어지러워 멸망할 날이 얼마 남지 않았다. 나를 그대 나라로 데려가 주기를 바란다"고 대답하였다. 이에 거칠부와 함께 수레를 타고 돌아와서 그를 왕에게 뵙게 하니, 왕이 승통(僧統)으로 삼았다. 비로소 백좌강회(百座講會) 및 팔관(八關)의 법(法)이 두어졌다.

【『삼국사기』 권44, 열전4 거칠부】

P-1. 7월에 고승(高僧) 지명(智明)이 불법을 배우러 진(陳)에 들어갔다.

【『삼국사기』 권4, 신라본기4 진평왕 7년(585)】

P-2. 9월에 고승(高僧) 지명(智明)이 입조사(入朝使)인 상군(上軍)을 따라서 돌아왔다. 왕이 계행(戒行)을 존경하여 대덕(大德)으로 삼았다.

【『삼국사기』 권4, 신라본기4 진평왕 24년(602)】

Q. 승려 지명(智明)은 신라인이다. … 스님은 세상에 뛰어난 재목으로 진평왕 7년(585) 가을 7월에 나루(道)를 묻는 지름길을 찾고자, 진(陳)에 들어가 법(法)을 구하였다. … 표연히 한번 떠난 것이 어느새 10년으로, 학문은 이미 진수를 얻었으므로 마음은 법등(法燈)을 전하는 데에 간절하였다. 진평왕 24년(602) 9월에 입조사(入朝使)를 따라 귀국하였다. 왕은 그의 풍격(風格)을 우러러 사모하고, 계율(戒律)을 추앙하고 귀중히 여겨 대덕(大德)으로 포상하고 가까이 오기를 권하였다. … 뒤에는 대대덕(大大德)이 더해져 우뚝 높은 자리에 있었으나 죽은 곳은 알지 못한다.

【『해동고승전』 권2, 유통(流通) 2 석지명(釋智明)】

O 사료는 신라 거칠부(居柒夫)가 젊었을 때 승려가 되어 고구려를 염탐하다가 혜량법사(惠亮法師)를 처음 만났으며, 이후 백제와 신라가 동맹을 맺고 고구

려를 공격하여 한강 유역을 확보하던 551년 무렵에 다시 만나 함께 신라로 돌아와 혜량이 최초의 승통(僧統)에 임명되는 과정에 대한 기록이다. 이로 보아 삼국 통합 전쟁이 치열하게 벌어지던 당시에도 승려는 타국과의 왕래가 비교적 자유로운 편이었음을 알 수 있고, 이를 이용한 첩보전도 활발히 전개되었음을 보여 주고 있다.

그리고 당시의 이러한 사례로 보아 P와 Q 사료에 등장하는 신라 진평왕대에 활약한 신라 승려 지명(智明)을 서동 설화 속 백제 사자사지역에서 활동한 지명법사(知命法師)와 연결시켜 첩보 승려로 보려는 견해가 있다. 곧, 신라승 지명(智明)과 서동 설화 속의 지명(知命)을 동일인으로 보면서, 그가 진평왕 7년(585) 진(陳)에 유학하여 10년 정도 머물렀으며, 이후 백제에 머무르면서 첩보 승려 노릇을 하다가 총 17년 만인 진평왕 24년(602)에 신라로 돌아왔다는 것이다. 진평왕이 지명(智明)의 귀국과 동시에 대덕(大德)을 제수하고, 이후 대대덕(大大德)까지 더한 것은 그 반대급부였다고 한다.(김복순, 2002)

하지만 지명(智明)의 10년은 진(陳)에서 불법(佛法)의 진수를 얻은 시간일 뿐 백제에 머문 적은 없으며, 그가 17년간 계속 진에 머무르다가 신라로 귀국한 사실이 P와 Q의 기록에서 일치하기 때문에 지명(智明)과 지명(知命)은 별개의 인물이라는 견해도 제기되었다.(노중국, 1999)

서동 설화에서 사자사에 거주하던 지명법사(知命法師)는 선화공주로부터 서동이 캔 금을 신라에 보내 달라는 부탁을 받고 직접 편지와 금을 신라 진평왕에게 전달하였고, 무왕이 선화공주의 청으로 미륵사를 창건할 때 못을 메울 방도를 묻자 산을 무너뜨려 평지로 만드는 등 백제와 신라 사이의 평화로운 연결통로로 주도적 역할을 하고 있다. 이러한 서동 설화 속의 지명(知命)은 선화공주와 마찬가지로 실존 인물이 아니며, 신라 진평왕대에 실존했던 승려 지명(智明)을 바탕으로 하여 역사의 충돌을 설화의 화해로 이끌기 위한 장치로 재구성된 인물로 보아야 할 것이다.

4. 마무리

본고는 「사리봉안기」에 나타나는 사탁적덕의 딸이라는 역사적 사실(事實)과 『삼국유사』의 서동 설화에 나타나는 선화공주(善花公主)를 역사와 설화라는 다른 각도에서 표현된 각편(各篇)으로 보았으며, 두 기록의 내용을 모두 역사적 사실로 인정하여 서로 병렬되어 일어난 사건으로 보지 않았다. 다만, 두 기록에서 모두 왕과 왕비(사탁적덕의 딸 혹은 선화공주)가 함께 발원하여 가람을 조영하고 있다는 공통점에 주목하여 이를 해석하고자 하였다. 중요한 것은 두 기록의 모순을 시간의 병렬에 따라 나열하여 해결하려는 것이 아니라, 역사적 사실과는 거리가 멀게 보일 수도 있는 서동 설화가 왜 등장하게 되었는지에 대한 인문학적 검토라고 생각한다.

역사적 사실은 법왕(法王)의 아들인 무왕(武王)이 왕비인 사탁적덕의 딸과 함께 익산에 미륵사를 세워 마한의 정통성 계승을 내세우면서 일통삼한(一統三韓)을 이루고자 신라와의 전쟁을 치열하게 전개한 것이겠지만, 민중의 집단 심성이 반영된 설화에서는 지룡(池龍)의 아들로 마한의 영웅이었던 무강왕과 동일시된 백제 무왕이 신라 진평왕, 그의 셋째 딸 선화공주, 사자사 지명법사와의 친근한 관계 속에서 평화롭게 익산에 미륵사를 세웠다고 하여, 탈시간적 구조 속에서 이를 진실(眞實)로 받아들였던 것이다.

설화 속에서 탁월한 능력을 지닌 영웅은 신과 마찬가지로 여러 시대와 장소를 넘나들며 활동한다. 그 인물은 역사적으로 실재했다 하더라도 그와 관련된 실제 사건들과는 무관하게 다른 시대와 상황 속을 종횡무진 활약하면서 역사 속에서 끊임없이 재탄생하는 존재가 되는 것이다. 이렇게 형성된 설화는 민중들에게 실제 역사보다 더 소중한 진실로 여겨지게 되었고, 실제의 역사는 오히려 곡해된 것으로 이해되기도 한다.

그렇다면 이처럼 민중의 집단 무의식이 작용한 심성의 역사이자 탈역사화된 역사인 설화는 역사적 사실의 왜곡으로 보아야만 할까? 그러나 이는 잊혀 가는 역사, 소외된 역사에 대한 민중의 기억이며, 이를 통해 공동체의 문화적 정체성이 구축되어 간다고 한다.(김현자, 2004) 이러한 점에서 실제 전개되어 지배층의 공식 역사에 기록된 사실만이 중요한 것이 아니라, 오랫동안 민중들 속에서 구전되다가 기록된 설화에 담긴 인문학적 진실도 함께 중요하게 여겨져야 할 필요가 있다. 앞으로는 지배자들이 기록한 역사적 사실과 민중의 집단 무의식이 담긴 설화적 진실을 함께 이해할 수 있는, 백제·신라의 역사적 원수관계와 설화 속 선화공주의 화해라는 꿈이 함께 조화되는 역사학이 필요하다고 본다. 그리고 그러한 역사학의 중심에는『삼국유사』에 대한 올바른 이해가 자리하고 있다.

◎ 참고문헌

강민식, 2003, 「薯童說話의 생성과 전개」, 『先史와 古代』19.

강봉원, 2002, 「백제 무왕과 '서동'의 관계 재검토」, 『白山學報』63.

강종원, 2010, 「百濟 武王의 出系와 王位繼承」, 『역사와 담론』56.

______, 2017, 「백제 무왕의 대신라 강경책과 그 배경」, 『百濟研究』65.

곽장근, 2017, 「장수군 제철유적의 분포양상과 그 의미」, 『湖南考古學報』57.

국립부여문화재연구소, 2011·2013, 『帝釋寺址 발굴조사보고서』1·2.

길기태, 2009, 「彌勒寺 創建의 信仰的 性格」, 『韓國思想史學』30.

김대숙, 1988, 『女人發福 說話의 研究』, 梨花女子大學校 박사논문.

김두진, 1987, 「新羅 眞平王代의 釋迦佛信仰」, 『한국학논총』10.

______, 1994, 「百濟의 彌勒信仰과 戒律」, 『百濟佛教의 研究』, 서경.

김복순, 2002, 「三國의 諜報戰과 僧侶」, 『韓國 古代佛教史 研究』, 민족사.

김상현, 2009, 「백제 무왕대 불교계의 동향과 미륵사」, 『韓國史學報』37.

김수태, 1992, 「百濟 義慈王代의 政治變動」, 『韓國古代史研究』5.

______, 2007, 『백제의 전쟁』, 주류성, 160쪽.

______, 2009, 「백제 무왕대의 미륵사 서탑 사리 봉안」, 『新羅史學報』16.

______, 2010, 「백제 무왕대의 대신라관계」, 『백제문화』42.

김재경, 2007, 『신라 토착신앙과 불교의 융합사상사 연구』, 民族社.

김종진, 2004, 「무왕설화의 형성과 〈서동요〉의 비평적 해석」, 『한국문학연구』27.

김창호, 2002, 「三國遺事 武王條의 새로운 해석」, 『新羅學研究』6.

김현자, 2004, 『신화, 신들의 역사 인간의 이미지』, 책세상.

김화경, 2002, 『韓國 說話의 研究』, 영남대학교출판부.

나경수, 1999, 「진시황의 천하통일과 한국 신화사의 변용-탈해신화와 무강신화를 중심으로」, 『아시아문화』14.

______, 2009, 「薯童說話와 百濟 武王의 彌勒寺」, 『韓國史學報』36.

노중국, 1986, 「三國遺事 武王條의 再檢討」, 『韓國傳統文化研究』2.

______, 1999, 「百濟 武王과 知命法師」, 『韓國史研究』107.

______, 2000, 「新羅와 百濟의 交涉과 交流-6·7세기를 중심으로-」, 『新羅文化』17·18合.

______, 2001, 「益山지역 정치체의 史的 전개와 百濟史上의 益山勢力」, 『馬韓·百濟文化』15.

문경현, 2010, 「백제 武王과 선화공주고」, 『新羅史學報』19.

박현숙, 2014, 「백제사에서의 興法과 『三國遺事』 '法王禁殺'條의 의미」, 『新羅文化』43.

사재동, 1974, 「「武康王傳說」의 研究」, 『百濟研究』5.

서대석, 1985, 「百濟神話의 研究」, 『百濟論叢』1.

______, 2001, 「백제신화」, 『한국신화의 연구』, 집문당.

손진태, 1947, 『韓國民族說話의 研究』, 을유문화사.

신연우, 2001, 「〈바보사위〉 설화의 神話的 素因」, 『淵民學志』9.

신종원, 2011, 「사리봉안기를 통해 본 『삼국유사』 무왕조의 이해」, 『익산 미륵사와 백제』, 일지사.

양정석, 2009, 「彌勒寺址 塔址의 調査過程에 대한 檢討」, 『韓國史學報』36.

연세대학교 박물관, 2016, 『파른본 삼국유사 교감』, 혜안.

오계화, 2004, 「百濟 武寧王의 出自와 王位繼承」, 『한국고대사연구』33.

이강래, 1992, 「《三國遺事》引用 古記의 性格」, 『서지학보』7.

______, 2010, 「『삼국유사』 편찬의 유기성 문제」, 『역사학연구』40.

이경재, 2002, 「별의 심리학」, 『신화해석학』, 다산글방.

이기동, 1996, 「백제사의 특성」, 『百濟史研究』, 一潮閣.

이내옥, 2005, 「미륵사와 서동 설화」, 『歷史學報』, 188.

이도학, 2004, 「百濟 義慈王代의 政治 變動에 대한 檢討」, 『東國史學』40.

______, 2009, 「彌勒寺址 西塔 「舍利奉安記」의 分析」, 『白山學報』83.

______, 2010, 『백제 사비성 시대 연구』, 일지사.

이병도, 1952, 「薯童說話에 대한 新考察」, 『歷史學報』1.

이인경, 2008, 『'한국구비문학대계' 소재 설화 해제』, 민속원.

이장웅, 2012, 「百濟의 馬韓 薯童(武康王) 神話 수용과 益山 彌勒寺」, 『역사민속학』38.

______, 2017, 『신화 속에 깃든 백제의 역사』, 학연문화사.

장경호, 2004, 『아름다운 백제건축』, 주류성.

정병헌, 1994, 「백제 용신 설화의 양상과 전개」, 『口碑文學研究』1.

정운채, 1995, 「선화공주를 중심으로 본 「무왕설화」의 특성과 「서동요」 출현의 계기」, 『建國語文學』19·20合.

정재윤, 2009, 「彌勒寺 舍利奉安記를 통해 본 武王·義慈王代의 政治的 動向」, 『韓國史學報』37.

조경철, 2009, 「백제 익산 彌勒寺 창건의 신앙적 배경-彌勒信仰과 法華信仰을 중심으로」, 『韓國思想史學』32.
조법종, 1989, 「百濟 別稱 鷹準考」, 『韓國史研究』66.
______, 2015, 「준왕조선의 남래와 '일본' 명칭의 기원」, 『고조선과 익산』, 주류성.
최운식, 1973, 「쫓겨난 여인 發福說話考」, 『韓國民俗學』6.
함한희, 2002, 「구비문학을 통한 문화연구 방법」, 『구비문학과 인접학문』, 박이정.
허흥식, 1986, 「惠居國師의 生涯와 行績」, 『韓國史研究』52.
______, 1990, 「葛陽寺 惠居國師碑」, 『高麗佛教史研究』, 一潮閣.
현승환, 2000, 「서동 설화와 무왕의 등극」, 『說話와 歷史』, 集文堂.
______, 2001, 「三國遺事 武王條 檢討」, 『白鹿論叢』3-1.
현용준, 1976, 『제주도신화』, 서문당.
황수영, 1973, 「百濟帝釋寺址의 研究」, 『百濟研究』4.
황인덕, 1988, 「'내복에 먹고 산다'형 민담과 '삼공본풀이' 무가의 상관성」, 『어문연구』18.
______, 2004, 「의자왕 관련 전설의 전개 양상」, 『百濟文化』30.

Eliade, M., 1959, Cosmos and History : The Myth of Eternal Return, trans. Willard R. Trask; 정진홍 역, 1976, 『宇宙와 歷史-永遠回歸의 神話』, 現代思想社.

『삼국유사』 '황룡사구층탑'조에 대한 재검토와 아비(阿比)의 출자

최희준(고려대학교 한국사연구소 연구교수)

* 본 논문은 필자가 『韓國學論叢』36에 게재한 「『三國遺事』 皇龍寺九層塔條에 대한 재검토와 阿非의 출자」(2011)를 수정·보완한 것이다.

1. 머리말

황룡사구층탑은 현 경상북도 경주시 구황동에 축조된 신라시대의 목탑으로, 신라가 7세기 중엽 국가적 차원에서 계획·축조한 상징적인 건축물이다. 특히 이 탑의 건립에는 당시 신라가 처해 있었던 대내외적 위기를 극복하고자 하는 신라인들의 강렬한 염원이 담겼다고 전해지고 있어, 7세기 중엽의 신라 사회를 들여다볼 수 있는 중요한 키워드 중 하나로 인식되었다. 때문에 선덕왕대 정치적 상황은 물론이고 주변국과의 관계, 불교계의 동향, 그리고 불교 건축의 축조 기술에 이르기까지 다양한 분야에 걸쳐 이에 대한 활발한 연구가 진행되어 왔다.(金正基, 1980; 金相鉉, 1992; 南東信, 1992; 盧重國, 2000; 權種湳, 2001; 蔡尙植, 2001; 박순교, 2002; 양정석, 2004; 한욱, 2009) 그리고 『삼국유사』 탑상편 황룡사구층탑조는 이들 연구에 있어서 가장 우선적으로 활용되는 중요한 기초 자료 중 하나이다. 이 조목은 황룡사구층탑의 건립 경위나 과정, 그리고 중수기 등과 같은 다양한 내용을 그 어떤 사료보다도 풍부하게 전하고 있기 때문이다.

그런데 『삼국유사』 황룡사구층탑조의 기록에 따르면 신라는 백제로부터 아비지(阿非知)라는 공장(工匠)을 지원받아 645년에 이 탑을 완성했다고 한다. 그러나 신라와 백제의 대외관계라는 측면에서 본다면 640년대는 양국 간의 잦은 전투로 군사적 갈등이 그 어느 때보다도 심각했던 시기였다. 따라서 신라가 황

자료 1 보물 제1870호 경주 황룡사구층목탑금동찰주본기(출처: 국립경주박물관)

룡사구층탑을 조성할 당시, 실제로 두 나라 사이에 조탑기술자(造塔技術者)의 파견이라는 문화·기술적 교류가 가능했는지에 대해서는 짙은 의구심이 생길 수밖에 없다.

이와 관련하여 신라의 조탑기술자 요청을 당시 백제의 공격으로 인해 심각한 국가적 위기에 처해 있던 신라가 백제의 군사적 압박을 완화시키기 위해서 내놓은 외교책으로 이해하기도 한다.(노중국, 2000) 하지만 이 같은 해석에는 기술자를 파견한 백제 측의 입장이 충분히 반영되어 있지 않다. 즉 이 주장을 따르더라도 당시 신라에 대해서 적극적인 공세를 취하고 있던 백제가 어떠한 이유로 신라의 이 같은 외교책에 조응하여 아비지를 파견해 주었는지에 대해서는 여전히 의문이 남는 것이다.

이에 본고에서는 『삼국유사』 황룡사구층탑조에 보이는 신라의 조탑기술자 요청과 백제의 아비지 파견이라는 문제를 새로운 시각에서 재검토해 보고자 한다. 이를 위하여 먼저 2장에서는 황룡사구층탑 연구에 있어 또 하나의 중요한 기록물인 「황룡사구층목탑찰주본기(皇龍寺九層木塔刹柱本紀)」(이하 「찰주본기」)의 내용을 『삼국유사』 황룡사구층탑조와 비교·검토하고, 두 기록이 갖는 공통점과 차이점을 확인하도록 한다. 3장에서는 이 문제의 배경이 되는 640년대 나제관계의 추이를 살핀 뒤, 당시의 역사적 맥락 속에서 백제의 아비지 파견이라는 문제가 실현 가능했는지의 여부를 타진해 보겠다. 마지막 4장에서는 이상에서 얻어진 소결론을 바탕으로 『삼국유사』 황룡사구층탑조의 성격을 규정하는 한편, 사료상에 등장하는 아비지, 또는 아비(阿非)를 어떻게 이해할지에 대해서도 함께 논하도록 한다.

2. 『삼국유사』 황룡사구층탑조와 관련 사료 검토

『삼국유사』 황룡사구층탑조의 내용은 전거로 삼은 원전에 따라서 다음 사료 A-①~③과 같이 크게 세 부분으로 구분된다.

A-① 신라 제27대 선덕왕 즉위 5년인 정관(貞觀) 10년 병신(636)에 자장법사(慈藏法師)가 당(唐)으로 유학하여 오대산(五臺山)에서 문수보살이 주는 법을 받아 감응하였다. (중략) 중국의 태화지(太和池) 가를 지나는데 문득 신인(神人)이 나타나서 묻기를, "어찌하여 이곳까지 오셨습니까?"라고 하니 자장이 대답하기를, "깨달음을 구하고자 합니다"라고 하였다. 신인이 절을 하고 또 묻기를, "그대 나라에 무슨 어려움이 있습니까?"라고 하니 자장이 말하기를, "우리나라는 북으로 말갈과 이어졌고 남으로는 왜인과 접해 있으며, 또 고구려·백제 두 나라가 번갈아 변경을 침범하는 등 이웃의 적들이 어지러우니 이것이 백성들의 걱정입니다"라고 하였다. 신인이 말하기를, "지금 당신 나라는 여자를 임금으로 삼으니 덕은 있으나 위엄이 없습니다. 그러한 까닭에 이웃 나라가 침략을 도모하고자 하니 속히 본국으로 돌아가셔야 합니다"라고 하였다. 자장이 묻기를, "고국에 돌아가서 장차 무슨 일을 하면 이익이 되겠습니까?"라고 하였다. 신인이 말하기를, "황룡사의 호법룡은 저의 맏아들입니다. 범왕(梵王)의 명을 받고 가서 이 절을 호위하고 있으니 본국으로 돌아가서 절 안에 9층탑을 이룩하면, 이웃 나라들이 항복하고 9한(九韓)이 와서 조공하여 왕업이 길이 편안해질 것입니다. 탑을 세운 후에 팔관회를 베풀고 죄인을 사면하면 외적이 침해하지 못할 것입니다. 다시 나를 위하여 경기(京畿)

남쪽 가에 절을 지어 나의 복을 함께 빌어 주면 나 역시 그 은덕을 갚겠습니다"라고 하였다. 말을 마친 뒤 옥을 바치고는 홀연히 형체를 숨겨 나타나지 않았다. [절기록에는 종남산(終南山) 원향선사(圓香禪師)의 처소에서 탑 세울 까닭을 받았다고 한다.] 정관 17년 계묘(643) 16일에 (자장은) 당 황제가 준 불경·불상·가사·폐백을 가지고 본국으로 돌아왔다. (자장이) 탑 세울 일을 왕에게 아뢰니, 선덕왕은 신하들과 의논하였다. 신하들이 말하기를, "백제로부터 공장(工匠)을 청한 뒤에야 비로소 가능할 것입니다"라고 하였다. 이에 보물과 비단으로써 백제에 (공장을) 청하니, 아비지(阿非知)라는 이름의 장인이 명을 받고 와서 목재와 석재를 경영하였다. 이간(伊干) 용춘(龍春)[용수(龍樹)라고도 한다.]이 일을 주관하여 소장(小匠) 2백 명을 인솔하였다. 처음 찰주를 세우는 날에 공장은 꿈에서 본국인 백제가 멸망하는 형상을 보았다. 공장은 마음속으로 의심이 일어 일손을 멈추었더니, 홀연히 대지가 진동하고 어두워지면서 늙은 승려 한 명과 장사 한 명이 금당 문으로부터 나와 그 기둥을 세운 뒤 사라졌다. 공장은 이에 뉘우치고 그 탑을 완성하였다. 「찰주기」에서는 "철반(鐵盤) 이상의 높이는 42척이고, 그 이하는 1백 83척이다"라고 하였다. 자장이 오대산에서 얻은 사리 백 낱을 그 기둥 속과 아울러 통도사 계단과 태화사 탑에 나누어 모셨으니, 이로써 못에 있는 용의 청에 부합하였다. [태화사는 아곡현 남쪽에 있는데 지금의 울주이니 역시 자장법사가 세운 것이다.] 탑을 세운 후 천지가 태평해지고 삼한(三韓)이 통일되었으니 어찌 탑의 영험이 아니겠는가. (중략)

A-② 또 해동의 명현(名賢)인 안홍(安弘)이 지은 『동도성립기(東都成立記)』에는 "신라 제27대에는 여왕이 임금이 되었는데 비록 도리는 있으나 위엄이 없어 9한(韓)이 침노하였다. 만약 용궁 남쪽 황룡사에 9층탑을 세우면 이웃 나라의 재앙을 진압할 수 있을 것이니 제1층은 일본(日本)이요, 제2층은 중화(中華)요, 제3층은 오월(吳越)이요, 제4층은 탁라(托羅)요, 제5층은 응유(鷹遊)요, 제6층은 말갈(靺鞨)이요, 제7층은 단국(丹國)이요, 제8층은 여적(女狄)이요, 제9층은 예맥(穢貊)이다"라고 하였다.

A-③ 또 『국사(國史)』와 절의 고기(古記)를 살펴보면, "진흥왕 계유(553)에 절을

세운 후 선덕왕 때인 정관 19년 을사(645)에 탑이 처음으로 이루어졌다. 제32대 효소왕 즉위 7년인 성력(聖曆) 원년 무술(698) 6월에 벼락을 맞아[절의 고기에서 성덕왕 때라고 한 것은 잘못이다. 성덕왕 때는 무술년이 없다.] 제33대 성덕왕대 경신(720)에 다시 탑을 수축하였으며, 제48대 경문왕대 무자(868) 6월에 두 번째 벼락을 맞아 그 임금 때에 세 번째로 다시 수축하였다. 고려 광종 즉위 5년 계축(953) 10월에 세 번째 벼락을 맞아 현종 13년 신유(1021)에 네 번째로 다시 수축하였으며, 또 정종 2년 을해(1035)에 네 번째 벼락을 맞아 문종 갑진(1064)에 다섯 번째로 다시 수축하였다. 또 헌종 말년 을해(1095)에 다섯 번째 벼락을 맞아 숙종 병자(1096)에 여섯 번째로 다시 수축하였으며, 고종 25년 무술(1238) 겨울에 몽고의 침입으로 탑과 장육존상, 절의 전각들이 모두 타 버렸다"라고 하였다.

【『삼국유사』 권3, 탑상(4) 황룡사구층탑】

사료 A-①은 신라가 황룡사에 구층탑을 건립하게 된 배경과 그 과정에 대해서 기술하고 있다. 이에 따르면 황룡사구층탑은 신라 선덕왕대 당에서 유학하고 돌아온 자장의 건의로 세워졌다. 자장은 왕에게 당에서 만난 신인의 말을 빌어 황룡사에 9층의 탑을 세우면 이웃 나라들이 항복하고 9한(韓)이 와서 조공하여 왕업이 길이 편안해질 것임을 아뢰었고, 이 같은 주장이 받아들여져 9층탑 건립이라는 대공사가 시작되었다. 그런데 당시 신라의 기술로는 9층탑을 세우기 어려웠으므로 백제에 공장을 요청하였고, 이에 백제가 아비지라는 장인을 파견해 줌으로써 신라는 그 탑을 완성할 수 있었다고 한다. 사료 A-②는 안홍의 『동도성립기』를 인용한 부분으로 9층탑의 각 층에 대입되는 제압될 9개의 이웃나라들을 구체적으로 언급하였다. 9한으로 명명된 이들 이웃 나라는 일본·중화·오월·탁라·응유·말갈·단국·여적·예맥으로 기록되어 있다. 사료 A-③은 '국사(國史)'와 '절의 고기(寺中古記)'를 함께 참고하여 탑의 건립과 중수, 그리고 소실의 연혁을 시기 순으로 정리하였다.

이들 사료의 조목 내 구성을 살펴보면 사료 A-① 다음으로 『삼국유사』 찬자의 황룡사구층탑에 대한 찬(讚)이 제시되었으며, 찬의 바로 뒤에 사료 A-②와 ③이 순서대로 기술되어 있다. 『삼국유사』에서의 찬은 항목별로 본문의 서술을 끝낸 뒤에 찬자가 자신의 느낌을 칠언절구의 형식으로 표현한 것이므로(김상현, 2005), 찬의 앞부분에 위치한 사료 A-①은 『삼국유사』의 찬자가 황룡사구층탑조에서 가장 중점적으로 서술하고자 한 내용으로 판단된다. 마찬가지로 찬의 뒤에 기술된 사료 A-②와 ③은 사료 A-①과 전거를 달리하는 부연 설명, 즉, 부기(附記)의 성격을 지니고 있다.

이렇듯 『삼국유사』 황룡사구층탑조의 중심 내용인 사료 A-①은 이 탑에 대한 일종의 완결된 형태의 연기설화이다. 그런데 본문의 세주에 "절 기록에는 종남산 원향선사의 처소에서 탑 세울 까닭을 받았다고 한다(寺中記云 於終南山圓香禪師處 受建塔因由)"라는 언급이 있는 것으로 보아, 『삼국유사』 편찬 당시까지도 사료 A-①과 계통을 달리하는 연기가 존재하고 있었음을 확인시켜 준다. 이와 관련하여 다음 사료 B를 살펴보도록 하자.

B. 시독(侍讀) 우군대감(右軍大監) 겸성공(兼省公) 신(臣) 박거물(朴居勿)이 교(敎)를 받들어 지었다.

황룡사구층탑은 선덕대왕 때에 세운 것이다. 전에 선종랑(善宗郎)이라는 진골 귀인이 있었다. 그는 어려서 살생을 좋아하여 매를 놓아 꿩을 잡았는데, 그 꿩이 눈물을 흘리며 울자 이에 감동하여 마음을 일으켜 출가하여 도에 들어갈 것을 청하고 법호를 자장(慈藏)이라 하였다. 선덕대왕이 즉위한 지 7년째 되는 당나라 정관 12년 우리나라 인평(仁平) 5년 무술(638)에 우리나라의 사신 신통(神通)을 따라 당에 들어갔다. 선덕왕 12년 계묘(643)에 신라에 돌아오고자 하여 (종)남산의 원향선사에게 머리 조아려 사직하니 선사가 "내가 관심(觀心)으로 그대의 나라를 보았으니, 황룡사에 9층의 탑을 세우면 해동의 여러 나라가 모두 그대의 나라에 항복할 것이다"라고 하였다. 자장이 이 말을 듣고 돌아와 나라에 알렸다. 이에 (왕은) 감군(監君) 이간(伊干) 용수와 대장(大匠) 백제 아비 등에게 명하여 소장(小匠) 2백

명을 데리고 이 탑을 만들도록 하였다. 선덕왕 14년 을사(645)에 처음 건립하기 시작하여 4월에 … 찰주를 세우고 이듬해(646)에 모두 마쳤다. (탑의) 철반 이상은 높이가 7보이고 그 이하는 높이가 30보 3척이다. 과연 삼한이 합쳐져 …되고 군신이 안락한 것은 지금에 이르기까지 이에 힘입은 것이다.

【황룡사구층목탑찰주본기(皇龍寺九層木塔刹柱本記)】

사료 B는 「찰주본기」의 내용 중 조탑기에 해당하는 부분을 추려 내 제시한 것이다. 이 문자자료는 사료 A-③에서 언급된 바와 같이 신라 경문왕 8년 무자(868)에 벼락 맞은 황룡사탑을, 같은 왕 13년(873)에 새로 수리하면서 그 경위를 작성하여 탑의 중심 초석 내 사리함 속에 넣어 둔 것이다.(정병삼, 1992) 이는 870년대에 박거물이 왕명을 받아 작성한 일종의 국가기록물로, 고려 충렬왕대에 편찬된『삼국유사』보다도 약 4백 년가량 앞선다.

먼저 「찰주본기」에서도 황룡사탑의 건립을 건의한 인물은 당에서 유학을 마치고 돌아온 자장으로 되어 있다. 신라 선덕왕은 그의 말에 따라서 감군인 이간 용수와 대장인 백제인 아비에게 명을 내려 소장 2백여 명과 더불어 탑을 완성하게 하였다고 한다. 이처럼 사료 A-①의 연기설화는 사료 B의 조탑기와 비교했을 때, 모티브는 물론이고 탑의 건립 제안자(자장), 건립 주체자(선덕왕), 감독자(용춘 또는 용수), 기술자(아비와 소장 2백 명) 등과 같은 중요 요소들에서 모두 일치한다.

반면 다음 몇 가지 점에 있어서는 양측 기록이 서로 차이를 보인다. 먼저 자장에게 황룡사구층탑의 건립을 조언해 준 주체가 다르게 나타나는데, 사료 A-①에서는 당 태화지에서 만난 신인이라고 한 것과 달리 사료 B에서는 당 종남산의 원향선사라고 기술되어 있다. 이는 사료 A-①의 세주에서 언급한 '사중기'의 설명과 동일하다. 또한 탑을 건립함으로 해서 장차 복속해 올 대상으로 사료 A-①에서는 '이웃 나라들'과 '9한'을 들었는데, 특히 '9한'에 대해서는 사료 A-②에서 구체적인 국명 및 종족명을 명기해 두고 있다. 반면 사료 B에서는 이를 단

〈표 1〉『삼국유사』 황룡사구층탑조와 「황룡사구층목탑찰주본기」의 세부내용 비교

구 분	『삼국유사』 황룡사구층탑조	「황룡사구층목탑찰주본기」
건립제안자	자장	자장
제안경위	당 오대산 태화지에서 신인의 조언을 얻음	당 종남산에서 원향선사의 조언을 얻음
건립 후 효과	이웃나라들이 항복하고 9한이 와서 조공함	해동의 여러 나라들이 모두 신라에 항복함
자장 귀국시점	643년	643년
건립주체자	선덕왕	선덕왕
책임감독자	이간 용춘(또는 용수)	이간 용수
기술자	백제 공장 아비지와 소장 2백인	대장 백제 아비와 소장 2백인
착공시기	미상	645년
완공시기	645년	646년
탑높이	철반 이상 42척, 그 이하 183척	철반 이상 7보, 그 이하 30보 3척

지 '해동의 여러 나라들'이라고만 기술하고 있다. 마지막으로 사료 B에서는 탑의 착공 시기를 645년, 완공 시기를 646년으로 기록하고 있으나 사료 A-①에서는 이에 대한 구체적인 언급이 없다. 다만 『국사』와 「사중고기」를 함께 참고한 사료 A-③에서 완공된 시점을 645년으로 밝히고 있는데, 이 역시도 사료 B와는 1년의 차이를 보인다. 두 사료의 내용을 비교·정리하면 위의 〈표 1〉과 같다.

3. 선덕왕대의 나제관계와 백제의 공장 파견 문제

신라의 황룡사구층탑 축조와 관련하여 백제의 공장 파견 여부를 타진해 보려면 이 탑의 건립 과정을 역사적 맥락 속에서 짚어 볼 필요가 있다. 이를 위해서 우선 황룡사구층탑의 건립 계획에서부터 착공, 완공에 이르는 시기까지를 정리해 보도록 하자.

앞서 살핀 사료 A-①과 사료 B에서 언급된 바와 같이 황룡사구층탑은 당에서 귀국한 자장의 발원에 의해 건립되었다. 따라서 황룡사구층탑을 건립하기 위한 최초의 구체적인 계획은 자장의 귀국 시점인 선덕왕 12년(643) 3월 이후에야 수립 가능하였다.

탑의 착공과 완공 시점은 사료의 계통에 따라 약간의 차이를 보인다. 『삼국유사』 황룡사구층탑조(사료 A-③)는 탑의 착공 시점에 대한 언급이 없는 대신, 완공 시점을 정관 19년(645)으로 기술하였다. 반면, 「찰주본기」(사료 B)에서는 선덕왕 14년(645)에 착공하여, 이듬해인 646년에 완공하였다고 기록하여 『삼국유사』의 기록과 1년의 차이를 보인다. 이와 관련하여 『삼국사기』 신라본기 선덕왕 14년(645) 3월조에는 "創造皇龍寺塔 從慈藏之請也"라는 기록이 보이는데, 여기서의 "創"을 자구 그대로 풀이하여 '비롯되다', '시작하다'의 의미로 본다면, "황룡사탑을 조성하기 시작하였는데, 자장의 요청에 따른 것이다" 정도로 해석할 수 있다. 즉, 『삼국사기』 신라본기에서는 황룡사탑의 착공을 645년 3월의 일로 기록하고 있는 것이다. 그렇다면 이는 앞서 살핀 「찰주본기」의 기록과도 일치하므로, 황룡사구층탑의 착공은 645년 3월에 이루어졌고, 이듬해인 646년에 완공되었다고 파악하는 것이 좋겠다. 사료 A-③에 보이는 "선덕왕대인 정관 19년 을사(645)에 탑이 처음으로 이루어졌다"는 기록은 『삼국유사』의 찬자가 『국사』와 절의 고기를 살펴보고 기입한 것이라 하였는데 그 연도에서 『삼국사기』나 「찰주본기」와 1년의 차이를 보이므로, 이는 『삼국유사』 찬자의 착각에 기인한 오류로 판단된다.

정리하자면, 황룡사구층탑은 643년 3월에서 645년 3월 사이의 어느 시점에 조성계획이 수립·확정되어, 645년 3월에 착공이 이루어졌으며, 646년에 완공되었다. 만약 사료 A-①에서와 같이 신라가 백제에 조탑기술자를 요청하고 이에 응하여 백제가 공장 아비지를 파견했다면, 그 시기는 자장이 귀국한 643년 3월 이후부터 구층탑 조성공사가 착공되기 전인 645년 3월 이전의 어느 시점일 것이다.

그런데 문제는 공교롭게도 이 탑의 축조가 계획되고 착공하여 완공에 이르렀던 몇 년 동안이 신라에 있어서는 선덕왕대 다른 어느 시기보다도 백제와의 군사적 대립으로 첨예한 갈등을 겪고 있었던 때라는 점에 있다. 주지하다시피 선덕왕대의 신라는 내부적으로 여주(女主)의 재위를 둘러싸고 그를 지지하는 세력과 반대하는 세력으로 정치세력이 양분되어, 서로 간의 갈등과 타협이 반복되던 시기였다.(주보돈, 1994; 정용숙, 1994; 김덕원, 2007; 최희준, 2016) 이와 더불어 신라는 대외적으로도 주변국과의 군사적 대립으로 심각한 국가적 위기 상황에까지 내몰려 있었다. 〈표 2〉는 『삼국사기』에서 선덕왕대에 벌어진 신라와 주변국 사이의 전투 기사를 시기 순으로 정리해 제시한 것이다.

이에 따르면 신라는 선덕왕이 재임한 15년 동안 주변의 고구려·백제 두 나라와 총 10회의 직접적인 전투를 벌였다. 이 중 신라가 백제와 고구려를 선공한 2차례의 사례(644·645)를 제외한 나머지 8회는 모두 백제나 고구려로부터 공격을 당한 상황이었다. 그중에서도 백제는 고구려와 연합하여 당항성을 공

〈표 2〉 『삼국사기』 중 선덕왕대 신라의 전투 기사

연번	전투시기		전투양상		내용	전거
	년	월	공격	방어		
1	633	8	백제	신라	백제가 신라의 西谷城을 공격·함락	新5, 百5
2	636	5	백제	신라	백제가 신라의 玉門谷에 잠입	新5, 百5
3	638	10	고구려	신라	고구려가 신라의 七重城을 공격	新5, 高8
4	642	7	백제	신라	백제가 신라의 大耶城 및 40여 성 공격·함락	新5, 百6, 列7
5	643	11	백제 고구려	신라	백제·고구려가 신라 党項城을 공격	新5, 百6, 高9
6	644	9	신라	백제	신라가 백제의 加兮城 등 7성을 공격·함락	新5, 百6, 列1
7	645	1	백제	신라	백제가 신라의 買利浦城 공격	新5, 列1
8		3	백제	신라	백제가 신라를 공격	新5, 列1
9		5	신라	고구려	당의 고구려 공격에 조응하여 후방을 공격	新5
10			백제	신라	백제가 신라의 서쪽 7성을 공격·함락	新, 百6

※ 新: 신라본기, 百: 백제본기, 高: 고구려본기, 列: 열전

격한 643년의 사례를 포함하여, 총 일곱 차례 공격해 온 것이 확인된다. 이 때문에 선덕왕대 신라의 대외적 위기는 백제의 지속적인 공격으로부터 비롯되었다고 해도 과언이 아니다.

특히 이 같은 백제의 대신라 공세는 641년 의자왕(義慈王)의 즉위를 기점으로 이전과는 확연히 다른 양상을 보이기 시작하였다. 642년 7월, 백제의 의자왕은 친히 군사를 지휘하여 신라의 변방 40여 성을 함락시켰고, 뒤이은 8월에는 윤충(允忠)을 보내 낙동강 서안의 군사요충지인 대야성마저 함락시키고 김춘추의 사위이자 대야성의 성주였던 김품석의 목을 베었다. 또한 643년 11월에는 고구려와 연합하여 신라의 대당 항로 거점인 당항성(党項城)을 공격함으로써 당과의 교섭을 차단하고자 하였다. 이에 신라는 이듬해인 644년 9월에 백제에 선공을 가하여 가혜성 등 7성을 빼앗기도 하였으나, 백제는 이 같은 신라의 역습에 대응하여 이듬해(645) 1월, 신라의 매리포성을 공격하고, 같은 해 3월에도 군사를 동원해 신라를 압박해 들어갔다. 그리고 같은 해 5월 백제는 신라가 당 태종의 고구려 공격을 돕기 위해 병사 3만으로 고구려의 후방을 공격했을 때, 그 빈틈을 노려 신라의 서쪽 변경 7개 성을 탈취해 가기도 하였다.

이처럼 신라와 백제 양국은 641년 의자왕의 즉위 이후, 다음 해인 642년부터 단 한 해도 거르지 않고 매년 치열한 공방을 주고받았다. 그리고 그 구체적인 내용을 들여다봤을 때, 주로 백제가 적극적인 공세를 취했던 반면, 신라는 대체적으로 수세에 몰려 있는 양상이었다. 특히 645년의 경우에는 백제가 그해 상반기에만 무려 3차례에 걸쳐 신라를 파상적으로 공격했다는 점에서 신라에 대한 백제의 군사적 압박 수위가 그 어느 해보다도 높았음을 알 수 있다.

이 같은 640년대 전반 나제관계의 추이에, 앞서 살핀 황룡사구층탑 건립 사업의 진행 과정을 겹쳐 놓고 비교해 보면, 사료 A-①에서처럼 신라가 황룡사에 9층탑을 세우기 위해 백제에 공장을 요청했다거나, 백제 국왕이 이를 받아들여 흔쾌히 아비지를 신라에 파견해 주었다는 내용의 서술은 쉽게 수긍이 가지 않는다. 특히나 황룡사구층탑의 착공이 이루어졌던 645년은 양국 간의 갈등이 최고조에 달했던 해였으며, 그 공세는 탑의 조성공사가 한창 진행되고 있었을 그 해 5월에도 멈추지 않았다. 이처럼 『삼국유사』 황룡사구층탑조에 보이는 신라의 조탑기술자 요청과 이에 따른 백제의 아비지 파견이라는 이야기는 당시의 역사적 맥락에서 따져봤을 때, 현실과는 너무나도 큰 괴리감을 느끼게 한다.

그럼에도 불구하고 지금까지의 연구들은 대체적으로 『삼국유사』 황룡사구층탑조의 내용을 역사적 사실로 받아들여 왔다.(김정기, 1980; 장경호, 1991; 김상현, 1992; 박순교, 2002; 양정석, 2004; 한욱, 2009) 이들 연구는 대부분 황룡사구층탑의 축조에 집중했을 뿐, 이를 선덕왕대의 대외관계 속에서 검토하는 데에는 큰 관심을 가지지 않았기 때문이다.

반면 당시의 나제관계에 주목하여 신라의 황룡사구층탑 축조에 따른 공장 요청 문제를 해석해 보려는 시도가 있어 주목된다. 이에 따르면 당시 신라는 9층의 목탑을 건립하는 데 있어 백제의 기술이 필요했을 뿐만 아니라, 백제의 군사적 압박으로 인하여 심각한 국가적 위기에 처하자 이를 완충시켜 보려는 외교적 의도를 가지고 백제에 공장을 요청했다고 한다.(노중국, 2000) 이 같은 해석이라면 당시 나제관계의 추이 속에서 신라 측의 입장을 나름 합리적으로 설명할 수 있다. 하지만 여기에는 신라의 의도에 대응하여 아비지를 파견한 백제 측의 입장이 전혀 반영되어 있지 않다. 다시 말해, 당시 신라를 상대로 파상적 공세를 퍼붓고 있던 백제가 어째서 신라에 9층 목탑 축조라는 국가적 기술을 보유한 공장을 파견해 주었는지에 대해서는 설명되지 않는 것이다. 결국 이 같은 해석은 당시 정치·군사적 긴장관계와는 별도로 문화·기술적 교류만큼은 가능했을 것이라는 막연한 대전제에 기반하고 있음을 부정하기 어렵다.

그러나 두 나라의 도성에서 확인되는 고고학적 물질 양상을 놓고 봤을 때, 이 같은 정치·군사적 관계와 문화·기술적 교류를 분리시켜 이해할 수 있다는 대전제가 성립 가능한 것인지 의구심이 든다. 하나의 사례로 경주에서 출토된 6-7세기의 기와 양상을 살펴보면, 신라에서 기와가 생산되기 시작한 시기는 6세기 전반이다. 당시의 신라 기와에는 고구려·백제 기와의 양식 계통이 모두 확인되는데,(국립경주박물관, 2000) 특히 경주 손곡동 물천리의 기와 생산 유적을 통해서 기와 생산에 있어 신라와 백제의 기술 교류를 확인할 수 있다고 한다.(권오영, 2008) 그러나 6세기 후반에 이르면 신라 기와에서 백제계의 요소가 사라지는데, 이는 신라가 앞서 수용한 와당 제작기술을 자기화하여 신라 나름의 기와를 생산하는 단계에 접어들었음을 의미하는 한편, 양국의 기술 교류가 더 이상 이루어지지 않았음을 시사하는 현상이다. 이 시기가 되면 비단 기와뿐만 아니라 신라와 백제 영역에서 확인되던 상대국 계통의 유물들도 더 이상 발견되지 않는다는 사실은 6세기 중엽 이후 냉각된 양국관계가 유물의 양상에 반영된 것이라 하겠다.(홍보식, 2007) 그렇다면 기존 연구에서처럼 당시에는 정치·군사적 관계와 문화·기술적 교류가 분리되어 있었다는 식의 막연한 이해로『삼국유사』 황룡사구층탑조 속의 백제 공장 아비지 파견 문제를 설명하기는 어렵다.

4. 황룡사구층탑조의 성격과 아비의 출자

황룡사구층탑이 축조되었던 640년대의 나제관계를 통해 봤을 때,『삼국유사』 황룡사구층탑조의 연기설화 중 신라의 조탑기술자 요청과 백제의 아비지 파견은 현실적으로 실현되기 어려운 내용이라 판단된다. 그렇다면 이 같은 내용이 어째서『삼국유사』 황룡사구층탑조에 기재되어 있는 것인지 의문이 들지 않을 수 없다. 결국 이 같은 의문의 해답을 찾기 위해서는 다시 한번『삼국유사』 황룡사구층탑조의 내용을 검토해 보아야 할 듯하다.

앞 장에서 살펴본 바와 같이 이 조목은 크게 전거를 달리하는 세 부분의 기록들로 구성되어 있다. 그중 사료 A-①은 황룡사구층탑에 대한 연기설화를 정리한 부분으로, 설화적 색채가 강하여 그 자체를 역사적 사실로 받아들이기 어려운 부분이 존재한다. 황룡사탑 건립의 조언자로 등장하는 오대산 태화지에서 만난 신인(용) 관련 이야기라던가, 아비지의 꿈에 나타났다는 노승과 장사 관련 이야기들은 실재한 사건이라기보다는 탑 건립의 당위성을 꾸며 주는 신이한 설화적 요소로 보아야 한다.

특히 자장과 관련된 여러 계통의 자료들 중에서 그를 중국 오대산과 연결짓는 것은 모두 고려시대 이후의 기록들로 파악된다. 자장과 동시기의 자료인 도선(道宣, 596-667)의 『속고승전』에서는 자장의 입당 기간 중 수행처로서 종남산을 언급한 반면, 오대산에 대한 기술은 전혀 확인되지 않는다. 이러한 사실로 미루어 봤을 때, 황룡사구층탑의 건립을 조언한 인물로 오대산 신인을 들고 있는 『삼국유사』 황룡사구층탑조보다는, 종남산 원향선사라고 기술한 「찰주본기」의 내용이 보다 역사적 사실에 가까울 것으로 판단된다.

또한 사료 A-①에서는 후대의 인식이 가미된 부분도 포착된다. 태화지에서 만난 신인의 조언 중에는 "신라가 황룡사에 9층의 탑을 세운다면 이웃 나라들이 항복하고 9한이 와서 조공할 것"이라는 언급이 있다. 여기에 보이는 '9한'은 뒤이어 서술된 사료 A-②에서의 '9한'과 일맥상통하는 용어이다. 『삼국유사』의 찬자는 사료 A-②를 『동도성립기』로부터 인용했다고 하였는데, 여기에 보이는 9한의 명칭은 당 말기에서부터 오대(五代)에 걸쳐 사용되었던 것이다. 그리고 서명인 『동도성립기』의 '동도(東都)' 역시 고려 때의 지명인 개경이나 서경과 대비되는 용어이다. 따라서 사료 A-②에 보이는 『동도성립기』는 고려 초의 위작으로 6세기 신라의 고승인 안홍에게 가탁한 것이거나,(前間恭作, 1925) 신라의 안홍과는 별도의 인물인 고려 초의 안홍이 서술한 책으로 이해하기도 한다.(末松保和, 1966) 신라 하대의 국가기록물인 「찰주본기」(사료 B)에서는 문제가 되는 '9한'이라는 표현 대신에 '해동제국(海東諸國)'이라고 기술하고 있다. 따라서 『삼국유사』에서와 같이 탑의 '9층'과 '9한'을 연결지어 보는 관념 자체도 후대의 부회일 가능성이 높다.(신동하, 2001)

이러한 점들로 미루어 봤을 때, 『삼국유사』 황룡사구층탑조 중에서 탑의 연기와 관련된 기록(사료 A-①)은 이 탑에 대한 고려인들의 인식이 투영된 고려시대의 연기설화로 판단된다. 그렇다면 『삼국유사』 황룡사구층탑조의 연기설화에 기술된, 그리고 앞서 살핀 바와 같이 당시의 역사적 맥락에 부합되지 않는 신라의 조탑기술자 요청과 백제의 아비지 파견 문제 또한 이러한 연장선에서 이해할 필요가 있다. 다시 말해 이는 실재한 역사적 사실이 아니라, 연기설화의 극적 요소를 배가시키기 위해 후대에 삽입된 가상의 이야기인 것이다.

이와 같은 가상의 이야기가 황룡사구층탑의 연기설화 속에 형성·삽입될 수 있었던 것은, 「찰주본기」에 보이는 '大匠百濟阿非'라는 문구를 통해서도 알 수 있듯이, 당시 대장직을 맡았던 아비라는 인물이 백제인이었기 때문일 것이다.

C-1. 이에 (왕은) 감군(監君) 이간(伊干) 용수(龍樹)와 대장(大匠) 백제(百濟) 아비(阿非) 등에게 명하여 소장(小匠) 2백 명을 데리고 이 탑을 만들도록 하였다.

【황룡사구층목탑찰주본기】

C-2. (태화) 2년(648) 가을 8월 (중략) 장군(將軍) 달솔(達率) 정중(正仲)과 병사 1백 명을 사로잡고, 좌평(佐平) 은상(殷相)·달솔(達率) 자견(自堅) 등 10명과 병사 8천 980명을 참수하였다.

【『삼국사기』 권42, 열전2 김유신 중】

다음 사료 C-1은 검토의 편의를 위해서 앞서 살핀 「찰주본기」의 내용 중 '大匠百濟阿非'가 등장하는 단락만을 추려 제시한 것이다. 이에 따르면 선덕왕이 조탑의 명을 내린 대상은 '監君伊干龍樹'와 '大匠百濟阿非'였다. 여기서 이들 두 사람의 이름 기재 방식은 동일한 원칙 아래 서로 대구를 이루고 있는데, '용수(龍樹)'와 '아비(阿非)'는 이들의 이름이며, '감군(監君)'과 '대장(大匠)'은 이들이 탑 조성사업에서 부여받은 직명이었다. 마지막으로 용수의 경우 직명인 감군과 자신의 이름 사이에 '이간(伊干)'이라는 관등이 기재되어 있다. 그렇다면 아비 역시도 직명과 이름 사이에는 그의 관등이 기재되어야 하지만, 그의 경우 관등 대신에 그의 출신을 보여 주는 '백제(百濟)'라는 국명이 기입되어 있어 차이를 보인다.

사료 C-2는 『삼국사기』 김유신 열전의 내용 중 일부로, 7세기 중반의 신라가 백제인의 이름을 어떠한 방식으로 기술하였는지 보여 주는 사례이다. 여기서는 648년 백제와의 전투에서 사로잡거나 목 베어 죽인 백제인의 이름을 기재하고 있는데, 그 방식은 사료 C-1의 그것과 동일하다. 예를 들어 '將軍達率正仲'의 경우, '장군(將軍)'이라는 직명, '달솔(達率)'이라는 관등명, 그리고 '정중(正仲)'이라는 이름순으로 기재하고 있으며, 뒤이어 보이는 은상과 자견의 경우 역시도 직명은 생략되었지만 관등명과 이름의 순서는 지켜지고 있다. 이처럼 7세기 중엽 당시 신라의 백제인에 대한 이름 기재 방식은 신라인에 대한 그것과 동일하였다.

그럼에도 불구하고 「찰주본기」에서는 아비의 관등을 대신해 '백제(百濟)'라고만 기입하였는데, 이는 선덕왕으로부터 황룡사구층탑의 조성을 명받을 당시 그가 아무런 관등을 지니고 있지 않았음을 의미하는 것이다. 만약 그가 『삼국유사』 황룡사구층탑조의 연기설화 서술에서처럼 백제에서 파견된 장인이었다면, '대장'이라는 직명과 '아비'라는 이름 사이에는 그의 지위에 걸맞는 백제의 관등이 기재되어 있어야 한다. 하지만 그 위치에는 '백제'라는 국명만이 기입되어 있다. 이는 그가 백제 조정에 의해서 공식적으로 신라에 파견된 장인이 아니었음을 재차 확인시켜 주는 문구라 하겠다.

백제에 있어서도 9층 목탑은 미륵사(彌勒寺)와 같이 왕실 관련 사찰에만 조성할 수 있었던 최고 위계의 종교 건축물이었다. 따라서 아비가 지니고 있던 9층 목탑의 축조 기술 역시도 백제가 국가적인 차원에서 관리·통제한 당대 최고 수준의 기술 중 하나였을 것임은 어렵지 않게 짐작할 수 있다. 다시 말해 아비는 본래 백제의 중앙에 소속된 조탑 관련 장인이었던 것이다. 하지만 지금까지의 검토에 따르면 그는 황룡사구층탑의 조성을 위해서 백제가 신라에 파견한 공장이기는 어렵다. 그렇다면 백제인이자 9층 목탑의 축조 기술을 보유한 장인 아비가 황룡사구층탑의 건립이라는 신라의 국가적 사업에 총책임을 맡게 된 연유는 무엇이었는지 의문이 생기지 않을 수 없다. 이에 대해서는 다음의 사료를 참고하여 추론을 제시하고자 한다.

D-1. (진흥왕 12년: 551) 3월에 왕이 순행하다가 낭성(娘城)에 이르렀는데, 우륵(于勒)과 그의 제자 이문(尼文)이 음악을 잘한다는 말을 듣고 그들을 특별히 불렀다. 왕이 하림궁(河臨宮)에 머물며 음악을 연주하게 하니, 두 사람이 각각 새로운 노래를 지어 연주하였다. 가야국 가실왕(嘉悉王)이 12줄 현금을 만들었는데, 그것은 12달의 음률을 본뜬 것이다. 이에 우륵에게 명하여 곡을 만들게 하였던바, 나라가 어지러워지자 (우륵은) 악기를 가지고 우리에게 귀의하였다. 그 악기의 이름이 가야금(加耶琴)이다.

【『삼국사기』 권4, 신라본기4 진흥왕 12년】

D-2. (진흥왕 13년: 552) 왕이 계고(階古), 법지(法知), 만덕(萬德) 세 사람에게 명하여 우륵에게 음악을 배우도록 하였다. 우륵은 그들의 재능을 헤아려 계고에게는 가야금을, 법지에게는 노래를, 만덕에게는 춤을 가르쳤다. 학업이 끝나자 왕이 그들에게 연주하게 하고, 말하기를 "예전 낭성에서 들었던 음과 다름이 없다"라고 하며 후하게 상을 내려 주었다.

【『삼국사기』 권4, 신라본기4 진흥왕 13년】

D-3. 가야국 가실왕이 당의 악기를 보고 (가야금을) 만들었다. 왕이 말하기를, "여러 나라의 방언이 각기 다르니 음악이 어찌 한결같을 수 있으랴?"라고 하고는 악사 성열현 사람 우륵에게 명하여 12곡을 짓게 하였다. 후에 우륵은 그 나라가 장차 어지러워질 것이라 생각하여 악기를 지니고 신라 진흥왕에게 투항하였다. 왕은 그를 받아 국원(國原)에 안치하고, 대나마 법지·계고와 대사 만덕을 보내 그 업을 전수받게 하였다. 세 사람이 이미 12곡을 전수받고 서로 말하기를, "이것은 번잡하고 음란하니, 우아하고 바른 것이라고 할 수 없다"라고 하고는 드디어 축약하여 다섯 곡으로 만들었다. 우륵이 처음에 (그 말을) 듣고 노하였으나, 그 다섯 가지의 음곡을 듣고 나서는 눈물을 흘리고 탄식하며 말하기를, "즐거우면서도 무절제하지 않고 슬프면서도 비통하지 않으니, 바르다고 할 만하구나. 너희는 그것

을 왕의 앞에서 연주하여라"라고 하였다. 왕은 이를 듣고 크게 기뻐하였는데, 간신(諫臣)이 논하여 아뢰기를, "가야에서 나라를 망친 음악이니, (이는) 취할 것이 못됩니다"라고 하였다. 왕이 말하기를, "가야의 왕이 음란하여 스스로 멸망한 것이지, 음악이야 무슨 죄가 있겠는가. 대개 성인이 음악을 제정함은 인정에 연유하여 법도를 따르도록 한 것이니, 나라의 다스려짐과 어지러움은 음악 곡조로 말미암은 것이 아니다"라고 하고는, 마침내 그것을 행하게 하여 대악(大樂)으로 삼았다.

【『삼국사기』 권32, 잡지1 악】

D-1~3의 사료들은 『삼국사기』 중에서 우륵과 관련된 기록들을 제시한 것이다. 이에 따르면 우륵은 가야국의 악공 출신으로 진흥왕대에 가야국의 정세가 혼란스러워지자 제자 이문를 데리고 신라로 망명한 인물이다. 진흥왕은 그를 국원지역에 안치시켰고, 계고·법지·만덕 등 세 사람을 보내어 그의 음악을 전수받도록 하였다. 이후 학업을 마친 세 사람은 우륵으로부터 전수받은 음악 12곡을 축약하여 5곡으로 만들었고, 그 음악은 진흥왕에게 채택되어 신라의 대악이 되었다고 한다. 이 같은 우륵의 사례는 중고기 신라가 자국으로 망명해 온 전문 기술자 집단을 어떻게 활용하였는지를 구체적으로 보여 주는 사례라 하겠다.(주보돈, 2002)

이에 견주어 봤을 때, 아비 역시 백제의 혼란한 정치 상황을 피하여 신라로 망명한 인물이 아니었을까 추측해 본다. 사비기 백제 역시도 말기의 가야국과 같이 크고 작은 정치적 혼란이 발생하였고, 그 과정에서 주변국으로 망명했을 전문 기술인들을 상정해 볼 수 있기 때문이다. 『일본서기』 황극천황 원년(642) 2월조의 기사에 따르면 의자왕 즉위 후 백제에서는 대좌평(大佐平) 지적(智積)과 국왕의 어머니가 죽었으며, 아우 왕자의 아들 교기(翹岐)와 누이동생 4명, 내좌평(內佐平) 기미(岐味), 그리고 이름 높은 사람 40여 명이 섬으로 추방되었다고 한다. 기록의 구체성으로 봤을 때, 의자왕의 왕위계승을 둘러싸고 640년대 초 백제 내부에서는 커다란 정쟁이 있었던 것으로 판단된다.(김현구 외, 2004) 따라서 백제 중앙에 소속되어 있던 아비 역시도 이 같은 정치세력 간의 다툼 속에 휘말리게 되었다가, 그 불안한 정세를 피하여 신라로 망명한 것은 아닐까 싶다.

앞서 살펴본 바와 같이 황룡사구층탑의 조성 공사 시 아비는 관등을 대신하여 '백제'라는 국명만을 이름 앞에 기재하고 있었다. 이는 그가 백제로부터 귀의한 인물이라는 사실을 밝히는 동시에, 그가 신라로 망명한 기간이 그다지 길지 않았음을 보여 주는 것이라 생각한다. 후일 무열왕대에 활약한 유학자 강수(强首)의 경우 본래 대가야 출신으로 그의 아버지도 나마(奈麻)의 관등을 지녔던 사실을 참고한다면, 신라는 주변국 출신의 주요 인물들에게도 신라의 관등을 수여했을 것으로 판단되기 때문이다.

만약 이 같은 추정이 가능하다면, 중고기 신라는 자국의 음악 체계를 세우는 데 있어 가야로부터 망명해 온 악공 우륵을 활용한 것처럼, 국가적 불사인 황룡사구층탑 건립을 위하여 백제로부터 망명한 공장 아비를 등용했다고 이해할 수 있겠다. 그렇다면 「찰주본기」에 '大匠百濟阿非'라는 문구는, 황룡사구층탑의 건립 사업에 있어 "대장의 직을 맡은 백제인 아비"라는 의미이며, 아비는 백제 중앙에서 활동하다가 백제 정계의 정치적 혼란을 피하여 신라로 망명한 조탑기술을 지닌 장인으로 추정된다. 그리고 중고기 신라는 우륵과 같이 전문 기술을 지닌 망명자들을 적극적으로 활용하였는데, 그 같은 흐름 속에서 아비 역시도 황룡사구층탑 조성이라는 국가적 사업에서 대장이라는 직을 수행하였던 것이다.

5. 맺음말

지금까지 『삼국유사』 황룡사구층탑조에 보이는 신라의 조탑기술자 요청과 백제의 아비지 파견에 대해서 기존 연구와는 달리 선덕왕대의 나제관계라는 대외관계적 시각에서 재검토해 보았다. 본고의 맺음말은 이상의 검토를 통하여 밝힌 내용을 정리하는 것으로 갈음하도록 한다.

먼저 『삼국유사』 황룡사구층탑조를 비롯하여 「황룡사구층목탑찰주본기」 등 황룡사구층탑 건립과 관련된 기록들을 종합해 본 결과, 이 탑은 643년 자장의 귀국과 함께 구체적인 조성계획이 수립된 뒤, 645년 3월에 착공하였고, 이듬해인 646년에 완공되었다. 그런데 신라에서 이와 같은 황룡사구층탑 조성사업이 진행되는 동안에도, 신라와 백제는 매해 끊임없이 치열한 전투를 벌이고 있었다. 특히나 탑 조성공사의 착공이 이루어졌던 645년에는 백제의 대신라 공격이 그해 상반기에만도 무려 세 차례에 걸쳐 파상적으로 이루어졌다. 이러한 나제관계의 추이를 놓고 봤을 때, 이 시기 백제가 신라에 공장을 파견하여 황룡사구층탑의 건립을 도와주었다는 『삼국유사』 황룡사구층탑조의 기록은 역사적 사실로 받아들이기 어렵다.

이처럼 당시의 나제관계의 추이와 『삼국유사』 황룡사구층탑조의 서술 사이에 큰 괴리감이 존재하는 까닭은, 이 조목 중 탑의 연기와 관련된 부분이 고려인들의 인식이 투영된 후대의 연기설화이기 때문이다. 이러한 사실은 설화 중에 포함되어 있는 실재하기 어려운 신이한 이야기들이라든가, '9한'과 같은 고려 초에나 등장할 수 있는 국가명, 또는 종족명의 존재 등에서 확인할 수 있다. 따라서 황룡사구층탑을 건립하는 데 있어 백제에서 공장 아비지를 파견해 주었다는 내용 역시도 연기설화의 극적 요소를 배가시키기 위해 꾸며진 이야기로 이해할 수 있겠다.

이같은 이야기가 만들어질 수 있었던 것은 황룡사구층탑을 조성할 당시 대장의 직을 맡았던 공장 아비가 백제인이었기 때문이라고 생각한다. 이러한 사실은 「찰주본기」에 기록된 '대장백제아비'라는 문구를 통해서 확인할 수 있다. 본고에서는 그의 출자를 우륵의 사례에 견주어 중고기 신라로 망명해 온 백제 출신의 공장이 아니었을까 추측하였다. 아비는 9층의 목탑을 세울 수 있는 기술을 지녔던 백제 출신의 공장으로, 백제의 중앙에서 활약하다가 의자왕 즉위 직후 있었던 중앙 정계의 혼란한 정세를 피하여 신라로 망명해 온 인물로 생각된다.

◎ 참고문헌

國立慶州博物館, 2000, 『新羅瓦塼』.

權悳永, 1997, 『古代韓中外交史-遣唐使硏究-』, 一潮閣.

권오영, 2008, 「대외교섭」, 『유적·유물로 본 백제(I)』, 충청남도역사문화연구원.

權種湳, 2001, 「皇龍寺 木塔의 建築制度」, 『新羅文化祭學術論文集:皇龍寺의 綜合的 考察』22.

金德原, 2007, 『新羅中古政治史硏究』, 景仁文化社.

金相鉉, 1992, 「皇龍寺九層塔考」, 『(中齋 張忠植博士)華甲紀念論叢 上: 歷史學篇』.

______, 2005, 「『三國遺事』의 讚 硏究」, 『東國史學』41.

金正基, 1980, 「皇龍寺址發掘과 三國遺事의 記錄」, 『三國遺事의 新硏究』.

김현구 외, 2004, 『일본서기 한국관계기사 연구(III)』, 일지사.

南東信, 1992, 「慈藏의 佛敎思想과 佛敎治國策」, 『韓國史硏究』76.

盧重國, 2000, 「新羅와 百濟의 交涉과 交流」, 『新羅文化』17·18合.

文化財管理局, 1989, 『彌勒寺 遺蹟發掘調査報告書』I.

박순교, 2002, 「皇龍寺九層塔의 歷史的 虛實」, 『淸溪史學』16·17合.

申東河, 2001, 「新羅 佛國土思想과 皇龍寺」, 『新羅文化祭學術論文集 :皇龍寺의 綜合的 考察』22.

辛種遠, 1992, 『新羅初期佛敎史硏究』, 民族史.

양정석, 2004, 『皇龍寺의 造營과 王權』, 서경.

鄭炳三, 1992, 「皇龍寺 九層木塔 舍利函記」, 『(譯註) 韓國古代金石文』3, 駕洛國史蹟開發硏究院.

鄭容淑, 1994, 「新羅 善德王代의 정국동향과 毗曇의 亂」, 『李基白先生古稀紀念 韓國史學論叢(上)-古代編·高麗時代編-』, 一潮閣.

趙由典, 1984, 「九層木塔造成 및 經過」, 『皇龍寺 遺蹟發掘調査報告書』I.

朱甫暾, 1994, 「毗曇의 亂과 善德王代 政治運營」, 『李基白先生古稀紀念 韓國史學論叢(上)-古代編·高麗時代編-』, 一潮閣.

______, 2002, 「于勒의 삶과 가야금」, 『악성 우륵의 생애와 대가야의 문화』, 고령군 대가야 박물관·계명대학교 한국학연구원.

蔡尙植, 2001, 「新羅史에 있어서 皇龍寺의 位相과 그 推移」, 『新羅文化祭學術論文集: 皇龍寺의 綜合

的 考察』22.
최희준, 2016, 「신라 '党項城'의 연혁과 善德王代 羅唐關係」, 『先史와 古代』47.
한욱, 2009, 「6~8世紀 百濟·新羅建築의 基礎部 比較硏究」, 『文化財』42.
홍보식, 2007, 「신라와의 문물교류」, 『백제의 문물교류』, 충청남도역사문화연구원.

末松保和, 1966, 「三國遺事の經籍關係記事」, 『靑丘史草』2.
前間恭作, 1925, 「新羅王の世次と其の名について」, 『東洋學報』15-2.

'백제해적'과 '신라해적'

–『삼국유사』'진성여대왕 거타지'조에 보이는 해역세계 –

정순일(고려대학교 역사교육과 교수)

* 본 논문의 3장은 정순일, 2013,「마쯔라·아키타·쓰시마에 출현한 寬平 新羅海賊」,『한국고대사탐구』14를 바탕으로 수정·보완한 것이다.

1. 머리말

9세기 후반의 시대상을 전하는 한·일 양국의 사료에 '해적(海賊)'과 관련된 기사가 보이고 있다. 『일본삼대실록』을 비롯하여 『일본기략』, 『부상략기』 등의 일본 측 사료에 나오는 '신라해적(新羅海賊)'에 대해서는 관련 연구의 축적도 방대하고 근년에는 해당 주제를 전론한 연구서도 출간된 바 있다.(鄭淳一, 2015a) 그러나 한반도 측 사료인 『삼국유사』에 등장하는 '해적', 즉 '백제해적'에 대한 본격적인 연구는 찾아보기 힘들다. 관련 내용이 단편적이라는 기록적 한계도 영향을 미쳤을 것으로 보이나 '해적'이라고 하는 용어가 가지는 부정적인 속성으로 인해 주저된 측면도 있으리라 추정된다. 이 글이 '해적' 용어의 이면에 존재하는 고대인의 역동성과 해역세계의 생동감에 특별히 주목하고자 하는 이유도 거기에 있다.

종래의 '해적' 연구는 '해상(海商)' 연구의 연장선으로 인식되어 왔고, 실제로 교역의 활성화라는 액션(action)과 교역의 통제라는 리액션(reaction)의 길항관계 속에서 그 성격이 구명되어 왔다. 국제 상인의 상업활동이 강력하게 통제되면 해적화(海賊化)한다는 논리이다. 그러나 필자의 연구에서도 확인된 바 있듯이 동아시아 해역에서 확인되는 '해적'을 반드시 경제, 교역, 무역의 영역에 국한하여 이해할 필요는 없다. 경우에 따라서는 정치, 군사, 외교의 측면에서도 접근이 가능하다.(鄭淳一, 2015a) 특히 이 글에서 다루고자 하는 9세기 말(890년대)의 '백제해적'과 '신라해적'이 그러한 속성을 여실히 보여 준다.

'백제해적'과 '신라해적'은 신라 진성여왕 재위기에 출현하였다는 공통점이 있다. 어떠한 배경에서 이들이 '해적'으로 인식되었던 것일지에 대해서도 진성여왕대의 한반도 동향에 유의하면서 고찰해야 하는 것도 그 때문이다. 본론에서는 먼저 『삼국유사』 '진성여대왕 거타지'조에 보이는 '백제해적'의 성격을 살펴보고, 다음으로는 일본 측 사료에 보이는 '신라해적'의 동향과 특징을 검토한다. 이를 바탕으로 맺음말을 대신하여 양자(兩者)와 같은 인식이 투영하고 있는 역사상과 그 의의에 대해 논함으로써 그동안 그다지 주목받지 않았던 해역세계의 실태에 다가가려고 한다.

2. 『삼국유사』의 '백제해적'

『삼국유사』 권2 기이편 진성여대왕(眞聖女大王) 거타지(居陀知)조의 '백제해적(百濟海賊)'은 어떤 존재이며 어떠한 맥락에서 해당 기사에 실리게 된 것일까. 한국고대사 사료 가운데 '해적(海賊)' 관련 기록이 흔하지 않다는 점을 고려하면 진성여대왕 거타지조에 등장하는 '백제해적' 기사는 고대 한반도를 둘러싼 해역세계의 실태를 복원하는 데에 적지 않은 실마리를 제공할 것이라 기대된다. 각종 『삼국유사』 역주본의 '백제해적'에 대한 설명 방식은 저마다 약간의 차이를 보인다.

이가원은 "(후)백제의 해적"이라 번역하고 별다른 주석을 달지 않았다.(이가원, 2006) 두계학술재단에서 제작한 이병도 역주 CD-ROM 판의 경우 "백제(百濟)[후백제(後百濟)]의 해적(海賊)"이라 기재한 후 보주(補註)하지 않았다.(이병도, 1999) 근년 새로운 역주본을 간행한 최광식은 '백제해적'을 "백제의 해적"으로 번역하고 주석에서는 별다른 설명을 달고 있지 않다.(최광식, 2014) '진성여대왕 거타지'조를 다루는 여러 논저에서도 '백제해적'을 직간접적으로 언급하고 있는데, 해당 용어의 번역 내지 기재에는 대체로 "백제(후백제)의 해적"과 같은 방식이 취해지고 있음을 확인할 수 있다.(윤명철, 2001; 최영호, 2011)

역주본을 비롯한 선행 연구에서는 '백제해적'을 '후백제의 해적', 즉 견훤세력과 무관하지 않은 존재로 이해하고 있다는 공통점을 보이고는 있으나, 그들이 해당 기사의 맥락에서 어떤 의미를 지니는지에 대해 충분히 고찰하고 있다고 말하기는 어려운 형편이다. 따라서 이 글에서는 '백제해적'의 존재에 유의하면서 '진성여대왕 거타지'조의 전체적인 구조를 파악하고, 나아가 그 속에 투영된 고대 해역세계의 실태를 부분적으로나마 구명하고자 한다. 논의의 편의를 위해, 또 관련 기사에 대한 이해를 돕기 위해 다소 긴 문장이기는 하지만 '진성여대왕 거타지'조 전문(全文)을 아래에 제시해 둔다.(최광식, 2014)

제51대 진성여왕이 나라 정사에 임한 지 몇 해 만에 유모 부호부인과 그의 남편 위홍 잡간 등 서너 명의 총신이 권세를 잡고 정사를 휘두르니, 도적이 벌떼같이 일어났다. 나라 사람이 이를 근심하여 다라니의 은어를 지어 써서 길바닥에 던져두었다. 왕과 권신들이 이를 얻어 보고 말하기를, "왕거인이 아니고야 누가 이 글을 지었겠는가?"라고 하고, 곧 거인을 옥에 가두었다. 거인이 시를 지어 하늘에 호소하니, 하늘이 곧 그 옥에 벼락을 쳐서 벗어나게 되었다.

시에 이르길, "(연나라 태자) 단의 피눈물에 무지개가 해를 뚫고 (제나라 사람) 추연의 품은 원한 여름에 서리 내렸네. 지금의 내 신세가 예전과 같건만 황천은 어찌하여 아무 조짐을 내리지 않는가"라고 하였고, 다라니에는 "나무망국 찰니나제 판니판니소판니 우우삼아간 부이사파하"라고 하였다. 풀이하는 이가 말하기를, "찰니나제는 여왕을 말하고, 판니판니소판니는 소판 두 사람을 말한다. 소판은 벼슬 이름이다. 우우삼아간은 (서너 사람의 총신을 말하고) 부이는 부호를 말한다"고 하였다.

이 왕의 시대에 아찬 양패는 왕의 막내 아들로서 당나라에 사신으로 가게 되었는데, 백제의 해적이 진도에서 막고 있다는 말을 듣고, 궁사 50인을 뽑아 데리고 갔다. 배가 곡도[우리말로 골대도라고 한다]에 이르니, 풍랑이 크게 일어나 열흘 남짓 묵게 되었다. 공이 근심하여 사람을 시켜 점을 치니, 말하기를, "섬에 신령한 못이 있으니 그곳에 제사 지내야 되겠습니다"고 하였다. 이에 못 위에 제사를 지냈더니, 못물이 한 길 남짓 솟아올랐다. 그날 밤 꿈에 노인이 공에게 말하기를, "활 잘 쏘는 사람 하나를 이 섬 안에 머물게 하면 순풍을 얻을 수 있습니다"라고 하였다. 공이 꿈에서 깨어나 좌우에게 이 일을 묻기를, "누구를 머물게 하면 좋을까?"라고 하니, 여러 사람이 말하기를, "나무조각 50쪽에 우리 이름들을 써서 물에 띄워 가라앉는 것으로 제비를 뽑읍시다"라고 하였다. 공이 이에 따랐다.

군사 중에 거타지란 이가 있어 그의 이름이 물에 가라앉았으므로 그를 머물게 하니, 순풍이 갑자기 일어나 배는 지체 없이 나아갔다. 거타지가 수심에 쌓여 섬에 서 있었더니, 갑자기 한 노인이 못에서 나와 말하기를, "나는 서해약(西海若)인데, 매번 한 승려가 해 돋을 때 하늘에서 내려와 다라니를 외우면서 이 못을 세 바퀴 돌면, 우리 부부와 자손들이 모두 물 위에 떠오릅니다. 승려는 내 자손의 간과 창자를 다 취해 먹고, 우리 부부와 딸 하나가 남았을 뿐입니다. 내일 아침에도 반드시 올 것이니, 청컨대 그대는 이를 쏘아 주시오"라고 하였다. 거타가 말하기를, "활 쏘는 일은 나의 장기이니 말씀대로 하겠습니다" 하였다. 노인이 감사하고 물속으로 돌아가고, 거타는 숨어서 기다렸다.

이튿날 동쪽에서 해가 뜨자 과연 승려가 와서 전과 같이 주문을 외워 늙은 용의 간을 취하려고 하였다. 이때 거타가 활을 쏘아 맞추니 승려는 즉시 늙은 여우로 변해 땅에 떨어져 죽었다. 이때 노인이 나타나 감사하며 말하기를, "공의 덕택으로 우리 목숨을 보전하였으니, 내 딸을 아내로 삼아 주십시오"라고 하였다. 거타가 말하기를, "따님을 주시고 저버리지 않으시니 진실로 원하던 바입니다"고 하였다. 노인은 그 딸을 한 가지 꽃으로 바꿔 그의 품 속에 넣어 주고, 또 두 용에게 명하니 거타를 받들고 사신이 탄 배를 따라가 그 배를 호위하게 하여 당나라 경계에 들어갔다. 당나라 사람들이 두 용이 신라의 배를 지고 오는 것을 보고 이 사실을 황제에게 아뢰니, 황제가 말하기를, "신라 사신은 반드시 비상한 사람일 것이다"라고 하고, 잔치를 베풀어 여러 신하들의 위에 앉히고, 금과 비단을 후하게 주었다. 본국에 돌아와서 거타가 꽃가지를 꺼내니, 꽃이 여자로 변하였으므로 함께 살았다.

제시문을 통해서도 알 수 있듯이 진성여대왕 거타지조는 신라가 몰락의 시기로 넘어가는 시기의 이야기로 크게 왕거인 사건과 거타지 설화의 두 부분으로 구성되어 있다. 먼저 왕거인 사건이란 왕거인이라는 인물의 투옥과 방면에 관한 이야기로 국정을 비판하였던 다라니에 대한 해석이 첨부되어 있다. 두 번째로 나오는 거타지 설화는 당으로 가던 거타지가 해상에서 용왕을 구원하고 용녀와 보화를 얻어 돌아왔다는 모험담이다. 전자는 왕경 내부의 분열과 지배층에 대한 불만이 분출되는 왕경의 불안한 사회상을 보여 주며, 위홍 사후의 정치적 변화도 이 사건을 계기로 시작되고 있어서 그 중요성이 매우 크다고 평가된다. 후자에 대해서는 강주지역의 해상세력과 연관성 속에서 이해되는 경향이 있다. 바다에 나아가 모험을 겪고 보화를 얻어 귀환하는 상인의 성공담이라는 해석이다. 일연이 추락하는 왕경의 분열하는 사회상과 활발하고 진취적인 지방 해상세력의 양상을 두 개의 설화를 통하여 상징적으로 대비하고 있다는 것이다.(전기웅, 2010)

문학적 시각으로 접근한 최근 연구에서는 왕거인 이야기와 거타지 이야기가 해결 구조에서 차이를 보인다는 점에 주목한다. 이러한 차이는 문제 해결 방법에 기인한다는 것이다. 왕거인 이야기에서는 직면한 문제를 각각 계층에서 개별적인 노력으로 해결하려고 했다면 거타지 이야기에서는 직면한 문제를 하층인을 중심으로 아래에서 위로의 연대를 통해 해결하고자 하였다. 그 결과 왕거인 이야기에서는 왕거인 일인만의 문제 해결에 이를 수 있었고 그를 제외한 다른 계층들은 미해결 구조를 가지게 된 반면, 거타지 이야기에서는 거타지뿐만 아니라 다른 계층들 또한 문제 해결의 구조를 가질 수 있었다는 설명이다.(박유미, 2012)

일부 선행 연구에서 왕거인 이야기는 왕거인 '사건'이라고 부르고 있는 데 대해, 거타지 이야기는 거타지 '설화'라고 표현하고 있는 것으로 보아,(전기웅, 2010) 대체적으로 진성여대왕 거타지조의 전반부는 실제 있었던 사건으로 이해하는 한편, 후반부의 거타지 이야기는 비교적 사실성이 결여된 내러티브로 규정하는 듯이 여겨지기도 한다. 더군다나 '백제해적'의 존재가 거타지 이야기의 맥락 속에서 등장하기 때문에 해당 기사가 어느 정도 사실을 반영하는가는 '백제해적'의 성격 구명이 가지는 의의를 결정지을 수 있는 요소라고 해도 과언이 아닐 것이다. 그러나 해당 이야기가 설화의 형태를 띤다고 해서 그로부터 역사적 사실을 도출할 수 없는 것은 아니다. 설화라는 형식은 역사의 기술과 달라서 상상과 해석의 여지가 많다. 당시의 사회상을 상징과 은유를 통해 오히려 더욱 선명하게 드러낼 수 있다는 평가가 나오는 것도 그와 무관하지 않다.(전기웅, 2010)

'백제해적'이 등장하는 거타지 이야기가 설화적 속성을 짙게 내포하고 있다는 점을 부정하지 않더라도 그 속에서 사실성을 도출해 내는 것은 불가능한 일일까. 여기서는 진성여왕 재위기(887-897)에 파견된 신라 견당사(遣唐使)의 실태, 그리고 해당시기 중국과의 교섭에서 이용된 해상항로의 양상을 검토함으로써 9세기 말의 해역세계에 다가가고자 한다.

먼저, 신라가 당에 파견한 사신의 실태를 살펴보자. 진성여대왕 거타지조에는 아찬 양패가 '백제해적'이 길[진도(津島): 포구와 섬]을 막고 있다는 이유로 궁사 50명을 동반하여 당으로 간다는 내용이 나온다. 거타지도 이때 양패와 함께 당으로 향하던 인물이다.

이 대목에 대해서는 대부분의 선행 연구가 '역사적 사실'로 이해하고 있는 것 같다.(전기웅, 2010; 박유미, 2012; 허인욱, 2016) 그러나, 설화적 요소라기보다는 역사적 사실을 반영한다고 봐도 좋다고 논하면서도, 한편으로 이야기 속에 등장하는 인물 자체의 실재성에 대해서는 의문시하는 태도가 엿보인다.(권오영, 2004)

'왕(진성여왕)의 막내 아들'로 등장하고 있지만 진성여왕에게 아들이 있었다는 기록은 이 기사에만 보이고 있다는 것이다. 나아가, 진성여왕의 부친 경문왕은 헌안왕 4년(860) 9월에 헌안왕의 장녀와 혼인하였고, 그의 딸이었던 진성여왕은 위로 두 명의 오빠가 있어 적어도 경문왕이 혼인한 후 5년 전후쯤에 출생했을 것으로 추정된다는 것이다. 그렇다면 진성여왕의 출생연도는 865년 전후가 되고, 887년 즉위 시의 연령은 많아도 20대 초반이었다고 볼 수 있다. 재위 10년 만에 조카인 김요(金嶢)에게 양위하고 같은 해 12월에 사망한 것으로 나오기 때문에 사망 시의 연령도 30대 초반 정도라는 것이다. 그러나 앞서 제시한 사료에서도 확인되듯이 양패는 사절단의 대표로 배를 타고 당으로 갈 수 있는 나이였다. 진성여왕이 왕위에서 물러났을 때도 30대 초반 정도였는데, 이때 아찬의 관등을 가진 성년이 '막내 아들(계자, 季子)'이었다는 것은 어색하다는 해석이다. 더군다나 '막내 아들'이라는 표현에서 그 위로 이미 장성한 다른 아들의 존재가 상정되는데 이것은 진성여왕이 재위 9년에 지학(志學)의 나이에도 못 미치는 조카를 태자로 삼고, 이듬해 양위한 사실과도 부합하지 않는다는 것이다.(권오영, 2004)

하지만, 양패의 존재를 인정하는 입장에서 진성여왕에게 양패 위로 몇 명의 장성한 아들이 더 있었을 것이라는 견해도 존재한다.(김창겸, 2003) 실제로 당시 중국으로 파견된 '왕자' 가운데는 왕족인 '가왕자(假王子)'가 적지 않게 포함되어 있었고,(권오영, 2004) 이때의 '왕자'라는 것은 외교적 목적을 위한 칭호였다고 보는 이해도 있다.(전기웅, 2010) 게다가 『고려사』 권1 고려 세계(世系)를 보면 민지(閔漬)의 편년강목(編年綱目)에 '신라 김양정(金良貞)'이라는 인물이 등장하고, 이때의 '양정(良貞)'이 『삼국유사』에 보이는 '양패(良貝)'와 같은 사람이 아닐까 하면서 '양패'의 실존성에 무게를 두기도 한다.(허인욱, 2016)

'양패'가 실재하지 않았더라도, 또 그가 진성여왕의 '막내 아들'이 아니었다고 하더라도 진성여왕 재위기에 여러 차례에 걸친 견당사 파견이 시도된 것은 사실로 인정하지 않을 수 없다. 진성여왕 5년(891)의 최원(崔元), 진성여왕 7년(893)의 김처회(金處誨)와 김준(金峻)·최치원(崔致遠), 진성여왕 11년(897) 6월의 김영(金穎)이 대표적인 사례이다. 891년의 최원 사행은 당 소종(昭宗)

이 888년 4월에 등극한 것을 축하하고 숙위 학생 최영(崔霙) 등의 유학을 청하기 위해 파견되었으며, 893년의 김처회 사행은 의장(儀仗)의 한 종류인 정절(旌節)을 바치려는 목적으로, 추성군(樞城郡) 태수(太守) 김준의 사행은 고주(告奏)를 위해, 부성군(富城郡) 태수 최치원의 사행은 하정(賀正)을 위해, 그리고 897년의 김영 사행은 하정(賀正)과 함께 요(嶢, 후의 효공왕)에게 선위를 하겠다는 양위표(讓位表)를 보내기 위한 목적에서였다. 사신이 끊이지 않고 파견되었음을 보여 주는 기록들이다.

다만 이 가운데 893년의 견당 사행은 끝내 이루어지지 못하였다. 897년에 당에 보낸 양위표를 보면, "서절(瑞節)이 서쪽으로 들어갈 적에는 배가 침몰되고, 책서(冊書)가 동쪽으로 내릴 적에 봉초(鳳軺)가 중간에 되돌아왔다"고 되어 있는데, 배가 침몰하였다는 것은 893년에 병부시랑 김처회가 사행 도중에 익사한 것을, 봉초가 중간에 되돌아왔다는 것은 김처회 사망 후 파견한 고주사(告奏使) 김준과 하정사(賀正使) 최치원이 도적의 흥기로 인해 길이 막혀 당에 가지 못한 사실을 가리킨다.

진성여왕 재위기에 해상항로를 통한 견당 사행이 순탄치 않았음은 양위표의 "나룻길은 사방으로 막혀 뗏목은 8월에도 오지 아니하였으며, 노정(路程)은 오히려 하늘보다 멀기 때문에, 진작 사다리로 산을 넘고 배로 바다를 건너서 어전(御前)에 주달하지 못하였습니다. … 오랑캐의 침략이 매우 많아서 진작 보내야 될 사행이 어쩔 수 없이 오랫동안 막혔습니다"라는 구절과 891년에 파견된 최원이 897년 7월 5일에 가서야 귀국할 수 있었던 사실에서도 확인할 수 있다. 신라가 891년에 최원을 보낸 이래 897년 6월까지 견당사 파견이 6-7년 정도 공백을 둘 수밖에 없었음을 전하고 있는 것이다.(허인욱, 2016)

『삼국유사』 '진성여대왕 거타지'조에 보이는 신라 견당사 양패가 실존 인물이 아니었다고 하더라도, 진성여왕 재위기에 견당 사행이 이루어졌던 점, 이들의 견당 사행이 바다를 건너는 동안 여러 가지 어려움에 직면하였다는 점 등은 동 시기의 사회상을 전하는 대응 사료에 나오는 내용과 부합한다. 그렇다면 거타지 이야기에서 양패의 견당 사행을 방해한 존재로서 '백제해적'이 등장하는 것도 특정한 역사적 사실이 투영된 결과라 봐도 좋을 것이다.

결론부터 앞당겨 이야기하면 이는 초기 견훤세력의 실태가 반영된 것이라 생각된다. 거타지 이야기에서 '백제해적'은 당(唐)으로 가는 신라 사신을 막고 있는데 이는 견훤세력, 나아가 후백제가 당('후당'이 아님)과 외교한 바 없다는 사실과도 잘 맞아떨어진다. 890년대의 초기 견훤세력이 가지고 있던 '반당(反唐)-반신라(反新羅)'적 속성을 잘 보여 주는 사례라고 해도 과언이 아닐 것이다.

한편, 〈광조사진철대사비(廣照寺眞澈大師碑)〉에 보이는 건녕(乾寧) 3년(896)의 입절사(入浙使) 최예희(崔藝熙)는 한반도의 특정세력이 중국 남부 오월(吳越) 지역으로 파견한 사신으로 이해되는데, 최근 연구에 의하면 신라나 궁예세력이 보냈다기보다도 견훤세력이 오월과 통교하려고 한 흔적일 가능성이 높다고 한다.(허인욱, 2016)

한반도 내의 질서가 새롭게 재편되고 있는 각축의 장에서 유리한 고지를 점하기 위해 견훤세력은 서쪽 해역을 장악 내지 제패할 필요가 있었을 것이다. 당의 경우, 자신을 정식 외교 파트너로 인정해 주지 않을 것이라 판단한 견훤은 당과의 통교에 집착하기보다 기존에 구축되어 있던 신라와 당의 외교 네트워크를 차단함과 동시에, 새로운 외교 상대로서 오월을 택하여 긴밀하게 접근한 셈이 된다.

『삼국사기』에서는 진성여왕 재위기의 견당 사행이 어려움을 겪거나 실패로 돌아간 직접적 이유가 명시되지 않았지만, 오히려 『삼국유사』의 거타지 이야기에 나오는 '백제해적'이라는 은유와 상징을 통해 889년 내지 892년 무렵 정치적 자립을 선언한 초기 견훤세력의 영향이었음이 밝혀지게 되는 것이다.

『삼국사기』 권11 신라본기11 진성여왕 10년(869)조에는 "도적이 나라의 서남쪽에서 일어났다. 바지를 붉은색으로 하여서 스스로를 [다른 사람과] 다르게 하였으므로 사람들이 적고적(赤袴賊)이라 했다. 주현을 도륙하여 해를 입히고 수도 서부인 모량리까지 와서 민가를 노략질하고 갔다"는 사실이 전해지고 있다. 그런데『삼국유사』권5 효선(孝善)편 손순매아(孫順埋兒)조를 보면, 896년 경주 서부의 모량리를 침입한 적고적이 '백제횡적(百濟橫賊)'으로 표현되고 있다. 여기서의 '백제횡적'은 거타지 이야기의 '백제해적'과 마찬가지로 신라 왕권을 힘겹게 한 존재가 초기 견훤세력이었다는 사실과 무관하지 않을 것이다. 이는 890년대의 견훤세력이 신라 왕권과 대중국 외교에서 우위를 다투고, 나아가 외교 네트워크를 둘러싼 경쟁을 펼친 사실이 한반도 내부의 정세 변화, 즉 후삼국으로 재편되는 과정에서 전개된 치열한 각축의 연장선에서 이해되어야 함을 잘 보여 준다고 생각된다.

거타지(居陀知)라는 인물의 실재성에 대해서는 대부분의 선행 연구도 회의적인 입장을 취하는 듯하다. 고려 건국과 관련 있는 작제건 설화가 거타지 설화와 유사성이 있음을 지적하는 주장, 또 구체적으로 어떤 부분이 유사한지를 밝힌 연구도 적지 않게 소개되어 있다.(최광식, 2014)

그런데 최근의 연구 가운데 거타지라는 이름으로부터 해상세력과의 관련성을 추론한 것이 있어 주목을 끈다. 거타지의 이름에서 거타(居陀)는 강주(康州, 현 진주)의 옛 명칭이며, 지(知)는 신라 인명 뒤에 붙는 우두머리의 존칭이라는 것이다. 거타지는 거타주, 즉 강주지역의 유력한 인물이라는 의미를 담고 있으며, 출신지역의 명칭을 이름처럼 사용하는 경우가 흔히 보이는데 거타지 또한 거타사람, 즉 '강주인'이라는 이름이라는 설명이다.(전기웅, 2010) 해당 연구에서는 거타를 현재의 경남 진주 일대로 상정하고 있지만 그렇게 단정할 수 있는지는 의문시된다. 현재의 경상남도 거창군 또한 '거타', '거열'로 불린 바 있기 때문이다. '강주'의 성립을 현재의 진주지역에 국한하여 설명하는 방식도 쉽게 동의되지 않는다. 강주는 도시의 명칭인 동시에 광역 행정구역의 명칭이기도 하기 때문이다. 이에 대한 상세한 논의는 필자의 별고를 소개하는 것으로 대신하더라도,(鄭淳一, 2015b) 다만, 거타지가 해역과 면해 있거나 혹은 해역과 관련성이 깊은 지역의 인물일 가능성은 열린 자세로 검토해 볼 여지가 있다고 생각한다.

진성여대왕 거타지조에 보이는 '곡도(골대도)'의 존재는 전성여왕 재위기에 중요시된 해상교통로의 단면을 보여 주는 장치이기에 유의할 필요가 있다. 『삼국사기』 권37 잡지6 지리4 고구려조에서는 곡도를 지금(고려)의 백령진이라고 하였으며 『세종실록지리지』 권152 황해도 해주목 강령현조에서는 백령도가 원래 고구려의 곡도였는데 고려조에 백령진이라 하고 현종대에 진장(鎭將)을 두었다고 나온다. 그후 조선 세종 10년(1428)에 영강과 백령을 합하여 강령현으로 만들었다고 한다. 『신증동국여지승람』 권43 황해도 강령현 건치연혁조에도 『세종실록지리지』와 동일한 내용이 기재되어 있다. 이러한 내용을 바탕으로 보면 곡도는 현재의 인천광역시 옹진군 백령도로 비정할 수 있다.(최광식, 2014)

『삼국유사』의 거타지 이야기에서는 신라 견당사 양패 일행이 '백제해적'이 '진도(津島)'를 가로막았기 때문에 곡도 쪽으로 방향을 선회한 것으로 묘사된다. 견훤세력이 장악하고 있던 '진도', 즉 포구와 섬은 한반도 서남해의 무진주(무주) 관할이었던 것으로 보이며, 신라의 견당사가 그곳을 지나 동중국해로 나가는 것을 견훤세력이 차단하고 있었기 때문에 곡도 방면, 즉 서해안 중부지역에서 산둥반도로 가는 해상교통로를 이용하게 된 것이라 생각된다. 앞서 검토한 바 있는, 납정절사 김처회, 고주사 김준, 하정사 최치원 등의 경우도 흉년과 도적들의 창궐로 길이 막혀 당으로 갈 수 없다고 되어 있었는데, 이는 무진주(무주) 방면을 통해 동중국해를 대각선으로 건너는 항로가 막혔고, 따라서 곡도 등을 경유하여 산둥반도에 이르는 서해 중부 횡단항로를 이용할 수밖에 없었던 해역세계의 실태를 잘 보여 준다.

3. 『일본기략』 및 『부상략기』의 '신라해적'

일본 측 사료에는 9세기 후반 일본열도에 '신라해적(新羅海賊)'이 출현했다는 기록이 존재한다. 출몰배경, 세력규모, 활동범위, 사용항로, 행동양식, 조직화 정도 등의 제 요소를 검토해 보면 '신라해적'의 성격을 크게 두 단계로 나누어 설명할 수 있다. 먼저, 『일본삼대실록』에 기재된 '정관(貞觀) 11년(869)의 신라해적'이다. 이들은 당(중국) 강남 지방에 거점을 두고 있던 신라인(신라상인)이 하카타(博多)에 정박해 있던 부젠노쿠니(豊前国) 연공견면(年貢絹綿) 선박을 탈취한 흔적이라 생각된다.(정순일, 2010) 다음으로는 '관평연간(寬平年間, 889-898)의 신라해적'이다. 이와 관련해서는 주로 『일본기략』과 『부상략기』의 기록이 참고된다. 앞서 살펴본 '백제해적'이 출현한 때와 인접한 시기(890년대)에 나타나고 있으며 사료상에서는 '신라적(新羅賊)', '신라구적(新羅寇賊)', '신라적도(新羅賊徒)' 등으로 표기되고 있다.(정순일, 2013)

이 글의 주제와 관련해서는 후자인 '관평연간(寬平年間)의 신라해적', 즉 '관평 신라해적'이 주목된다. 이들의 움직임을 시계열적으로 검토하게 되면 몇 가지 특징을 지적할 수 있는데, 첫째, '신라해적'의 출몰시기를 크게 세 단계로 나눌 수 있다는 사실이다. 관평 5년(893) 5월 말-6월 말, 관평 6년(894) 2월 말-5월 초, 그리고 관평 6년(894) 9월의 세 차례에 걸쳐 움직임이 드러났음을 알 수 있다. 둘째, 일본 측의 군사적 방비 태세가 시간의 흐름에 따라 점차 강화되었다는 사실을 꼽을 수 있다. 처음에는 해적 출현 장소와 근접한 다자이후 관인이 지휘 체계의 중심이었던 데 대해, 서서히 중앙에 지휘관의 파견을 요청하는 형식으로 바뀌어 갔던 것이다. 조직적이고 체계적인 방비 태세가 아니면 더 이상 막기 힘든 상황이 되어 갔음을 엿볼 수 있다. 셋째, '신라해적'이 특정한 시기에, 특정한 지역을 의도적으로 노렸다는 점이다. 그들은 893-894년 2년에 걸쳐 히젠노쿠니(肥前国) 마쓰라군(松浦郡), 히고노쿠니(肥後国) 아키타군(飽田郡), 쓰시마(対馬嶋)와 같은 특정한 지역을 중심으로 출몰하였던 것이다.(정순일, 2013. 이하에서도 별도의 설명이 없는 경우는 같은 논문을 참조.)

왜 하필 해당 시기에 특정한 지역을 집중적으로 노렸던 것일까. 아마도 당시 사이카이도(西海道)에서 운용되고 있던 사키모리제(防人制) 및 물자 조달방식과 밀접한 관련이 있었던 것으로 추정된다. 사키모리제란, 663년 백촌강 싸움(백강 전투) 이후, 쓰시마·이키(壱岐島)·치쿠시노쿠니(筑紫国)에 사키모리(防人)와 봉수('烽')를 설치하였던 것에서 비롯된다. 이때의 사키모리는 임기 3년을 기본으로 하는, 동국(東国)에서 파견되어 온 병사를 가리킨다.[『日本書紀』天智 3년(664) 是歳条 참조] 이 제도는 시행 이후 9세기 초까지 여러 차례 개정되었는데 재정상의 곤란, 교통·운수상의 위기를 맞으면서도, 또 일본열도 전체적으로 병력 감소의 경향이 뚜렷하였을지라도, 이키·쓰시마 및 사이카이도 북부에서만큼은 어떻게든 유지·존속되었던 것으로 보인다. 뿐만 아니라 운영방식의 면에서 조금씩 변화는 있었다고 하더라도, 특히 쓰시마·이키에 한해서는 방어 병력으로서의 사키모리를 어떻게든 지속시키려고 했던 태도를 확인할 수 있다. 한편, 사이카이도의 사키모리제 운용이란, 단순히 병력 관리라는 인사적 측면뿐만 아니라 물류·교통·재정부담 등의 여러 측면, 즉 재지 병력을 어떻게 뒷받침할 것인가 등의 물자 조달방식과도 밀접하게 연동되고 있었다는 사실 또한 간과해서는 안 된다.

890년대에 '신라해적'이 출몰한 규슈의 쓰시마, 마쓰라, 아키타는 어떠한 지역이었나. 바로 규슈 지역 조운 시스템의 심장부였으며 풍부한 물자가 집적하였던 곳이라는 공통점을 지니고 있다.

먼저 쓰시마에 대해서는, 사키모리제가 느슨해져 있는 가운데에 곡(穀) 2천 석 등 다량의 병력 유지용 물자가 매년 빠짐없이 모이고 있는 상황이 '신라해적'에게 대단히 매력적으로 느껴졌을 개연성이 충분하다. 다음으로, 히젠 마쓰라지역은 어떨까. 쓰시마로 향하는 사이카이도 6국의 물자가 해당지역에 일시 집적되었으며, 마쓰라군 관할의 토모역·오우카역과 같은 항구는 규슈 본토에서 쓰시마로 향하는 물자 운송선의 출항지로 기능하였다. 이 두 역으로부터 멀리 떨어지지 않은 장소인 오늘날의 가라쓰시(唐津市) 일대는 오래전부터 대외적으로나, 국내적으로나 중요한 교통로로서의 역할을 수행하고 있었다. 게다가 가라쓰시에 소재한 나카바루(中原) 유적 출토 '8호 목간'[사키모리를 뜻하는 '수인(戍人)'이 기재되어 있음]에서 확인되듯이 해당지역은 사키모리를 배치할 필요가 있을 정도로 지정학적인 요충지였다. 이 같은 사실에 유의한다면 '신라해적'이 마쓰라를 특정하여 노렸던 일도 납득하기 어렵지 않다.

'신라해적'이 히고 아키타지역을 습격한 이유도 유사한 맥락에서 설명할 수 있다. 첫째, 당시 다른 지역에 비해 압도적인 수준이었던 히고노쿠니의 생산력과 그에 동반하여 이루어진 풍부한 물산의 집적. 둘째, 히고노쿠니의 국부(國府) 내지 주요 군아(郡衙)의 소재지였던 아키타군에 풍부한 물자가 집중되었을 가능성. 셋째, 해외로부터 접근하기 용이한 임해의 입지 조건. 넷째, 히고노쿠니의 '조(調)'로서 등장하고 있는 '견(絹)'(『연희식』 주계·상에 따르면, 히고노쿠니가 유일하다고 함)은 '신라해적'이 취하고자 했던 물자 가운데 하나였다는 점. 다섯째, 아키타군 관할지역에 '견'과의 연관성을 연상케 하는 '잠양역(蚕養駅)'[『엔기식』 병부성(兵部省) 역전(駅伝)조]이 위치하고 있었다는 사실 등은 '신라해적'이 아키타군을 노렸던 배경이 될 수 있을 것이다.

이상에서 '신라해적'의 출몰지역이 가지는 지역적 특성을 사키모리제의 운용 실태, 물자의 이동 경로 및 조달 방법, 교통로로서의 역할, 생산력 등의 측면에서 검토하였다. 그런데 일본 측에게 '신라해적'이라 인식되었던 집단, 이들 스스로가 앞서 언급한 농밀한 정보를 입수하였다고 보기는 어려울 것이다. 이들에 호응 내지 협력하는 현지 세력이 존재하였을 가능성도 배제할 수 없는 이유이다.

'신라해적'이 관평 5년(893) 5월 말-6월 말, 관평 6년(894) 2월 말-5월 초, 관평 6년(894) 9월 세 차례에 걸쳐 출몰하였음을 지적한 바 있지만, 필자는 짧은 기간에 유사한 행동양식을 보인 그들을 동질적인 세력으로 봐도 좋다고 생각한다. 따라서 크게 세 차례 출현한 그들이 특정한 지역에 출현한 이유나 배경도 성격을 같이하고 있을 가능성이 높다. 그렇다면, 왜 하필 893-894년이란 시기였을까.

『부상략기』 관평 6년(894) 9월 5일 조는 이 시기 '신라해적' 관련 기사 가운데 가장 상세한 내용을 전하고 있어 이 문제를 해명하는 데 커다란 실마리가 될 것이라 여겨진다. 해당 사료를 검토해 보면, 이들 해적 집단은 893-894년 시점에 이미 수십 소 내지 1백 소 정도의 선박 및 2천 명 이상의 대규모 조직을 운용할 수 있는 해상세력이었으며, 일본의 정규군(관군)에 대적할 만한 뛰어난 전투능력을 갖추고 있는 무장세력이었음을 알 수 있다. 한편, 해당 기사의 말미에 보이는 포로 현춘의 진술에서는 동 시기 신라의 국내 상황을 엿볼 수 있다. 즉, 신라인 포로 현춘은 흉작, 기근의 만연, 비축 재정의 고갈, 정치의 불안정 등을 언급하며 이러한 상황임에도 불구하고 국왕이 곡·견 등의 조세를 징수하려고 하였기 때문에 쓰시마까지 오게 되었다면서 자신들의 내일(來日) 경위를 설명하고 있는 것이다.

유의해야 할 점은 적어도 '신라해적'이 문제시된 관평 5년(893)·6년(894) 단계에는 한반도의 궁예세력이나 견훤세력을 제외하고 수십 소~1백 소 정도의 선박 및 2천 명 이상의 병력을 보유할 수 있는 해상세력을 상정하기가 힘들다는 사실이다. 그렇게 생각할 수 있다면 이들 가운데 한 세력이 '신라해적'과 연계되었을 것이라고 가정해 보는 것도 불가능한 일은 아니라 여겨진다.

먼저 궁예와 그 세력에 대해서 검토해 보자. 궁예는 일찍이 죽주(竹州: 현재의 경기도 안성 일대)의 '적괴(賊魁)' 기훤의 휘하에 있다가 다시 북원(北原: 현재의 강원도 원주시)의 '적수(賊帥)'라 불린 양길의 부하로 들어가 성장한 인물이다. 892년 무렵에는 양길의 병사를 이끌고 북원의 동쪽 부락을 공략하였으며, 명주(溟州) 관내의 주천(酒泉: 강원도 영월군 주천면), 나성(奈城: 강원도 영월군 영월면), 울오(鬱烏: 강원도 평창군 평창읍), 어진(御珍: 경북 울진군 울진읍) 등의 군현을 확보하였다. 894년 10월에 명주(현재의 강원도 강릉)로 들어갔을 때는 거느리고 있던 3천 5백 명으로 14개의 부대를 편성하고 '사상(舍上)'이라 불리는 부장(部長)을 두었다고 전해진다. 그가 '장군(將軍)'이라 불리기 시작한 것도 바로 그 무렵부터이다. 이후 저족(猪足: 강원도 인제군 인제읍), 성천(狌川: 강원도 화천군 화천읍), 부약(夫若: 강원도 철원군 김화읍), 금성(金城: 강원도 금성현), 철원(鐵圓: 강원도 철원군) 등의 군현을 격파하고 군세를 확대해 나갔다. 897-8년 무렵에는 송악군(松岳郡: 현재의 개성 지방)에 도읍을 정하고, 901년(효공왕 5=연희원년)에는 '왕'을 자칭하였다고 전해진다.

이상의 성장과정에서도 알 수 있듯이 궁예세력은 고구려의 옛 땅을 근거지로 하고 있었으며, 주된 활동 무대는 신라의 도읍을 기준으로 했을 때 북측에 해당하는 지역이었다. 초기에는 주로 강원도의 내륙을 중심으로 세력을 확장하였던 것으로 보아 해전보다는 육상전(陸上戰)을 통하여 성장해 갔던 것으로 추정된다. 이러한 궁예세력의 성격은 '신라해적'의 그것과는 상당히 거리가 있는 듯 생각된다.

궁예의 성장 과정에서 확인되는 기훤과 양길도 '신라해적'이 출현한 893년 이전에 어느 정도 힘을 갖춘 세력으로 성장하였을 것이다. 특히 양길은 899년(효공왕 3) 단계까지도 독자세력을 이끌고 있었던 것으로 보인다. 따라서 여기서 말하는 궁예세력이란 기훤 및 양길세력과 인적 구성상 중첩되고 있으며, 나아가 그 양 세력을 흡수·계승하였다는 측면도 있음에 유의해야 할 것이다. 다만 '신라해적'이 문제시되고 있는 893-894년 단계에는 이미 궁예가 '장군'을 칭하는 등 해당지역의 확실한 맹주로 활약하였던 것으로 보아 기훤 및 양길 세력 자체가 '신라해적'의 규모를 갖추었을 것으로 보기는 힘들다.

다음으로는 견훤과 그 세력에 대해 검토해 보자. 『삼국사기』 및 『삼국유사』에 의하면, 견훤은 국가기강의 문란, 기근, 유망백성의 증가, 군도(群盜)의 봉기 등을 명분으로 자립하였다고 한다.(『삼국사기』 권50, 열전10 견훤조; 『삼국유사』 권2, 기이2 후백제견훤조) 그가 독립된 정치세력으로 자립한 시점은 대개 889년(진성왕 3=관평원년) 무렵으로 이해된다.(신호철, 1993; 이윤미, 2010) 게다가 세력의 독자화를 시도하기 전에는, 신라의 정규군에 들어가 '서남해방수(西南海防戍)'를 맡았던 적도 있다. 그때의 업적이 높게 평가되어 '비장(裨將)'의 자리까지 오르는 등 해상전뿐만 아니라 육상전에도 뛰어난 능력을 발휘할 수 있는 입장에 있었다고 판단된다.

견훤은 백제의 옛 땅이기도 한 신라의 서남지역을 장악해 갔다. 자신의 정규군 활동 경험은 신라 왕권에 대항해 나가는 가운데에도 커다란 역량이 되었던 듯하다. 정치적 자립을 선언하고 1개월 만에 세력규모를 5천 명으로 증가시켰으며, 게다가 자립 초기임에도 불구하고 '경주(京)의 서남주현(西南州県)'이면서 '무주(武州: 현재의 광주광역시 또는 전라남도 전역에 해당하는 지역)의 동남군현(東南郡県)'인 주요지역을 확보하기도 하였다. 견훤세력이 점령한 이 지역은 현재의 전라남도와 경상남도 접경지역 가운데서도 바다에 면한 곳이며, 구체적으로는 전라남도 여수시, 순천시, 광양시 일대, 그리고 경상남도 하동군, 남해군, 사천시 일대로 추정된다.(이도학, 2006) 이 지역은 당시 강주(康州) 관할이었던 것으로 보인다. 견훤은 신라의 중심부로의 접근성이 좋고, 대외교통에 있어서도 중요한 역할 —특히 대 일본교섭의 창구 기능— 을 수행하고 있던 해당지역을 확보함으로써 신라의 대외 접촉루트를 차단함과 동시에 신라를 압박하는 효과를 노렸던 것이라 생각된다.(鄭淳一, 2015b) 한편, 한반도의 남해안을 중심으로 활약한 신라 말의 유력한 인물로는 왕봉규(강주지역), 박영규(승주=순천 출신) 그리고 소충좌·소율희 형제(김해지역) 등을 들 수 있다. 다만 이들의 등장 시기 및 활동 시기는 '신라해적'이 문제시되던 893-894년보다 훨씬 이후라는 점에서 직접적인 관련성을 상정하기 힘들다.

첫째, '서남해방수' 및 '비장'을 경험한 자로 해상세력과의 제휴가 가능하며, 해상세력을 운용할 수 있는 능력을 보유하고 있었던 점. 둘째, 일본 측 사료에서 '신라해적'의 출몰이 확인되는 893년 이전에 이미 독자화에 성공한 점. 셋째, 자립 초기단계부터 5천 명 이상을 규합하고 대규모 세력을 이끌고 있었던 점. 넷째, 893년 무렵에 이미 일본으로의 접근이 용이한 항구(강주 관할)를 확보하고 있었던 점. 이상의 네 가지 측면만을 보더라도, 앞서 확인할 수 있었던 '관평 신라해적'의 특성 즉, 893-894년 무렵에 이미 수십 소~1백 소 정도의 선박 및 2천 명 이상의 대규모 조직을 운용할 수 있는 해상세력, 게다가 뛰어난 전투능력을 갖추고 있는 무장세력이었다는 점과 잘 부합하는 듯 보인다. 이로부터 견훤세력과 '신라해적'의 상관성을 상정할 수 있는 것이다.

『삼국사기』 권11 신라본기11 진성여왕 3년(889)조에는, 여러 주군(州郡)에서 조세가 걷히지 않는 상황이 이어져 국가재정이 궁핍해졌기 때문에 국왕이 납부를 독촉하게 하였더니 각지에서 도적이 봉기하였다고 하는 신라 말기의 사회상이 전해지고 있다. 이는 앞에서 언급한 바 있는 신라인 포로 현춘이 진술한 내용의 사실성을 뒷받침하는 방증 자료로 자주 인용되어 왔다.(濱田, 2002; 山内, 2003) 그런데 이는 앞서 서술한 것처럼, 견훤이 자립할 당시 그 자립의 명분으로 내세운 논리, 즉 국가기강의 문란, 기근, 유망백성의 증가, 군도봉기 등과도 일맥상통한다. 궁핍한 생활이 이어지는 가운데 납세까지 독촉하는 신라 왕권의 가렴주구에 항전을 선언한 '도적'의 봉기논리와 견훤의 자립논리가 상당히 닮아 있는 듯 보이는 것이다. 게다가, 〈오대산사길상탑사(五臺山寺吉祥塔詞)〉에서 전란의 시기를 '己酉年(889)에서 乙卯年(895)까지의 7년간'이라 기록하고 있는 것에서 알 수 있는 것처럼 신라 하대의 '도적' 봉기의 기점이 일반적으로 '889년' 무렵이라 이해되고 있는데 이 또한 견훤의 자립 시기(889)와 일치한다. (견훤이 892년에 자립했다는 견해를 따르더라도 문제없음.) 현춘이 일본으로 건너오게 된 배경을 진술하는 장면에서 신라 국왕의 가렴주구를 강조하고 있는 것은, 어쩌면 자신들의 '해적'(사료에서는 '賊徒') 행위를 정당화하기 위한 하나의 방편으로써 자국 내에서 통용하던 정치적 명분을 이용하려고 한 결과일지도 모른다.

만약 '신라해적'이 견훤세력과 관련된 존재라는 견해가 인정된다고 한다면, 포로 현춘이 '곡견(穀絹)'을 구하러 왔다고 한 것이나 본거지에 있는 장군 3명 가운데 당인이 1명(大唐一人) 포함되어 있다고 한 것은 어떻게 이해하면 좋을까. 먼저 '곡견'에 대해서이다. 신라 국왕과의 직접적인 관련이 있는가는 차치하고라도, 현춘의 진술에서 '신라해적'이 곡·견을 취하기 위해 왔다고 말한 부분은 어느 정도 신용해도 좋은 게 아닌가 생각된다. 앞선 검토에서도 확인할 수 있었던 것처럼, '신라해적'이 집중적으로 공략한 지역이 곡물의 집적지였거나 견의 산지였던 점에서도 그 사실성을 엿볼 수 있다. 오히려 문제는 그 용도 일 것이다. 필자는 견훤세력과의 관련성이 예측되는 '신라해적'이 특별히 곡·견을 노렸던 것은 한반도 내에서의 전투를 수행하는 데 필요한 병량미 등의 군수물자를 조달하기 위함이었다고 보고 있다. '곡'이 식량에 해당하는 물품이었다면, '견'의 경우는 의복의 제작에 사용되었을 것이라 생각된다. 9세기 당시 사료에서는 '견'이 반드시 고급 의복만이 아니라 일반 민중(병력도 포함)의 옷을 만드는 재료로써도 자주 등장하고 있다는 점에서 군수물자로서의 유용성이 상정되는 것이다. 흉작, 기근, 재정적 궁핍에 시달리고 있는 가운데 전투를 계속 수행할 수밖에 없었던 신라의 국내세력으로서 곡·견과 같은 물자확보를 위해 시선을 바깥으로 돌렸을 가능성은 충분히 있다고 여겨진다.

다음으로, 현춘의 진술 가운데 해적 그룹에 당인 장군 1명이 포함되어 있다는 내용이다. 그 이유를 명확히 설명하기는 어렵지만, 이미 여러 연구자들에게서 지적되고 있는 것처럼, 당 말기 지방세력의 반란 및 그에 따른 유민(遺民)·유민(流民)의 발생이라는 시대배경을 고려한다면 당인이 신라인 그룹, 특히 9세기 말 무렵부터 정치적 자립을 선언한 지방세력의 일원으로 편입되는 경우는 그리 드문 일이 아니었을 것이라 추정된다.(山内, 2003) 당시의 상황을 전하고 있는 금석문의 기재에서는 신라-당 간의 해상왕래가 상당히 빈번했음을 알 수 있는데, 흥미로운 점은 금석문에 등장하는 지명(특히, 항구 명칭)의 대부분이 견훤의 영향 아래에 있던 지역이라는 사실이다.(이도학, 2006) 그만큼 당인과 견훤세력이 접촉하는 빈도 내지는 접촉할 수 있는 가능성이 높았음을 의미한다.

4. '백제해적'과 '신라해적': 초기 견훤세력의 역사상

이상에서 『삼국유사』에 보이는 '백제해적'과 『일본기략』 및 『부상략기』에 보이는 '신라해적'에 대해 검토해 보았다. 양자(兩者)는 '해적'이라는 표기(표현)의

〈표 1〉 백제해적과 신라해적의 비교

명칭	백제해적 [같은 시기 봉기한 적고적이 '백제횡적(百濟橫賊)'으로 표기되기도 함]	신라해적 [정확하게는 '신라적(新羅賊)', '신라구적(新羅寇賊)', '신라적도(新羅賊徒)' 등으로 표기됨]
전거	삼국유사	일본기략, 부상략기
출몰 지역	진도(津島) [한반도 서남해 연해, 도서지역으로 추정됨. 무진주(무주) 관할의 포구와 섬]	마쓰라, 아키타, 쓰시마
출몰 시기	887-897년 [진성여왕 재위기]	893-894년 [진성여왕 재위기]
세력 규모	궁사 50명이 상대해야 할 세력	수십 소~1백 소 정도의 선박 및 2천 명 이상의 대규모 조직
조직화 정도	불명확함 [단, 신라 정규군으로 볼 수 있는 궁사의 전투 상대]	- 본거지에 있는 장군 3명 가운데 1명은 당인 - 일본 정규군에 사살된 병력의 합계 302명. 그 가운데 대장군이 3명, 부장군이 11명 [부대 조직으로 편성되었음을 알 수 있음] - 무기, 무구 체계 갖추고 있음
행동 양상의 특징 (행동 목적)	신라 견당사 파견 루트의 차단	규슈(사이카이도) 지역 가운데 물자가 집적되는 도서 연해지역을 노리고 있음
견훤(세력)과의 관련성	있음	있을 것으로 추정됨

유사성 이외에도 견훤세력, 구체적으로는 900년 전주에 도읍하기 전 단계의 초기 견훤세력과 연관성이 상정된다는 공통점을 가지고 있다. 각각이 보이고 있는 특징은 〈표 1〉과 같다.

이 글에서의 논증과 추론이 어느 정도 인정된다면 초기 견훤세력은 신라에 대해서는 '백제해적'으로, 일본에 대해서는 '신라해적'으로 인식되었다고 말할 수 있다. 이는 견훤 혹은 후백제가 스스로 악인(惡人)적 속성을 가졌기 때문이라거나 흉악했기 때문이라기보다, 9세기 말 동아시아 해역세계에서 각축을 벌이고 있던 라이벌이 견훤 혹은 후백제를 극도로 경계하고 있던 상황이 투영된 결과라 생각된다. 뒤집어서 생각하면, 견훤 혹은 후백제세력은 주변 여러 왕권 및 세력이 강력한 배외의식을 표출할 만큼 건재하였다는 의미로도 해석할 수 있다.

한반도 서남해 도서·연해지역을 장악한다거나 현해탄을 오가며 열도 사회의 연해지역을 공략할 정도로 초기 견훤세력은 해역세계의 실력자였던 것으로 추찰된다. 다만, 정치적으로 자립하였으나(독자화를 선언하였으나) 아직은 완결된 정권으로서 인정받지 못하는 상황이었고, 주변 제 세력으로부터 공인되지 않은 왕권이었기에, 더욱이 너무나도 위협적인 존재였기에 '해적'으로 인식되었던 것이 아닐까 생각된다.

'백제해적', '신라해적'이라는 명칭에서 범위를 조금 더 확장하게 되면 견훤 혹은 후백제가 오월, 후당, 고려, 일본 등과 지속적으로 외교관계를 맺기 위해 노력한 사실이 시야에 들어오게 된다.(허인욱, 2016; 박현숙, 2017) 이 과정에서 견훤세력과 후백제가 어떻게 '자칭(自稱)'하였고, '타칭(他稱)'되었는지를 고찰해 보면 흥미로운 점이 다수 발견된다. 금후의 과제로 삼고 싶은 이유이다.

◎ 참고문헌

권영오, 2004, 「김위홍과 진성왕대 초기 정국 운영」, 『대구사학』76.

김창겸, 2003, 『신라하대 왕위계승연구』, 경인문화사.

박유미, 2012, 「〈진성여대왕거타지〉 설화에 나타난 사회구조와 그 의미」, 『한민족어문학』61.

박현숙, 2017, 「외교문서를 통해 본 후백제와 일본의 외교 양상」, 『역사학보』236.

신호철, 1993, 『후백제 견훤정권 연구』, 일조각.

야마사키 마사토시, 2004, 「甄萱政權과 日本의 交涉」, 『한국고대사연구』35.

윤명철, 2001, 「후백제의 해양활동과 대외교류」, 『후백제 견훤정권과 전주』, 주류성.

이가원·허경진 역, 2006, 『삼국유사』, 한길사.

이도학, 2001, 「진훤을 출신지와 그 초기 세력기반」, 『후백제 견훤정권과 전주』, 주류성.

______, 2006, 「신라말 견훤의 세력형성과 교역」, 『신라문화』28.

이병도 역, 1999, 『삼국사기·삼국유사』, 두계학술재단.

이윤미, 2010, 「9세기 후반 무주지역의 정치적 동향과 甄萱의 自立」, 『역사교육논집』44.

전기웅, 2010, 「『삼국유사』 소재 '眞聖女大王居陁知'조 설화의 검토」, 『한국민족문화』38.

정순일, 2010, 「'貞觀 11년(869) 신라해적'의 來日航路에 관한 小考」, 『동아시아 속의 한일관계사』 상, 제이앤씨.

______, 2013, 「마츠라·아키타·쓰시마에 출현한 寬平新羅海賊」, 『한국고대사탐구학보』14.

최광식·박대재 역주, 2014, 『삼국유사』1, 고려대학교출판부.

최영호, 2011, 「나말여초 김해지역의 대중국 해상교섭」, 『석당논총』50.

허인욱, 2016, 「後百濟의 對중국 교류 연구」, 『사학연구』122.

濱田耕策, 2002, 「王権と海上勢力―特に張保皐の清海鎮と海賊に関連して―」, 『新羅国史の研究』, 吉川弘文館.

山内晋次, 2003, 「朝鮮半島漂流民の送還をめぐって」, 『奈良平安期の日本とアジア』, 吉川弘文館.

鄭淳一, 2015a, 『九世紀の来航新羅人と日本列島』, 勉誠出版.

______, 2015b, 「承和年間における対外交渉と新羅康州」, 『九世紀の来航新羅人と日本列島』, 勉誠出版.

『삼국유사』에 보이는 군주명과 군주호

- 신라 군주의 사례를 중심으로 -

시노하라 히로카타(篠原 啓方)
(일본 간사이關西 대학 문학부 교수)

1. 들어가며

신라에서는 한국 고대국가 중에서 가장 다양한 군주호가 사용되었다. 『삼국유사』와 『삼국사기』를 읽어 보면 군주호의 변화와 신라의 역사적 발전이 궤를 같이하는 듯한 서술이 확인된다. 그런데 신라에서 제작된 금석문 자료에 보이는 군주호의 양상은 『삼국유사』·『삼국사기』와 꼭 일치하지 않는 부분이 있다.

이에 이 글에서는 신라의 군주명과 군주호, 특히 그 표기방식에 주목하여 『삼국유사』와 『삼국사기』, 그리고 금석문을 비교·고찰해 보고자 한다. 아울러 이를 통해 『삼국유사』·『삼국사기』 편찬 과정에서 참고된 자료에 대해서도 언급해 볼 것이다.

2. "왕" 이전의 군주호

『삼국유사』(이하 『유사』)와 『삼국사기』(이하 『사기』)에서는 왕호가 사용되기 이전의 신라군주호가 등장한다. 이를 정리하면 〈표 1〉과 같다.

왕호가 사용되기 전의 신라에서는 거서간(居西干), 차차웅(次次雄), 이사금(尼師今), 마립간(麻立干) 등 네 가지 군주호가 사용되었다고 한다. 『유사』의 이질금(尼叱今)과 『사기』의 이사금(尼師今) 같은 표기 차이, 그리고 이사금과 마립간으

〈표 1〉 군주호 표기례

대수	군주명		군주호 표기		대수	군주명		군주호 표기	
	유사 왕력	사기 신라 본기	유사 왕력	사기 신라 본기		유사 왕력	사기 신라 본기	유사 왕력	사기 신라 본기
1	赫居世	赫居世	居西干	居西干	12	理解	沾解	尼叱今	尼師今
2	南解	南解	次次雄	次次雄	13	未鄒	味鄒	尼叱今	尼師今
3	弩礼	儒理	尼叱今	尼師今	14	儒禮	儒禮	尼叱今	尼師今
4	脫解	脫解	尼叱今	尼師今	15	基臨	基臨	尼叱今	尼師今
5	婆娑	婆娑	尼叱今	尼師今	16	乞解	訖解	尼叱今	尼師今
6	祇(祗)磨	祗摩	尼叱今	尼師今	17	奈勿	奈勿 那密	麻立干	尼師今
7	逸聖	逸聖	尼叱今	尼師今	18	實聖	實聖	麻立干	尼師今
8	阿達羅	阿達羅	尼叱今	尼師今	19	訥祇	訥祇	麻立干	麻立干
9	伐休	伐休	尼叱今	尼師今	20	慈悲	慈悲	麻立干	麻立干
10	奈解	奈解	尼叱今	尼師今	21	毗處	炤知	麻立干	麻立干
11	助賁	助賁	尼叱今	尼師今	22	智訂	智證	麻立干	麻立干

로 변하는 시기 차이(17, 18대 군주) 등은 『유사』와 『사기』가 전거(典據)로 삼은 자료의 계통이 달랐을 가능성을 시사하나 기본적으로 큰 괴리가 보이지는 않는다.

군주명 및 군주호 표기를 보면 동일인물에 대해 다른 표기가 사용된 사례가 보이는데, 이는 대강 세 가지 유형으로 나누어진다. 첫째로, 한자 모양이 비슷하나 음이 다른 한자 표기이다.[6의 "지(祇)"와 "기(祗)" 등] 이에 대해서는 필사[또는 목판을 제작]할 때 담당자가 비슷한 한자를 잘못 썼(또는 새겼)기 때문으로 생각된다. 둘째로, 모양은 다른데 음이 같은 한자이다.[6의 "마(磨)"와 "마(摩)" 등] 이와 같은 인명·지명의 이표기(異表記)는 특히 7세기 이전 자료에서 흔히 찾아볼 수 있는데, 이는 당시 사람들이 문자보다 음성으로 인식하고자 하는 경향을 보여 주는 사례라고 생각된다. 셋째로, 한자도 다르고 음도 다른(비슷한) 경우이

〈표 2〉 매금이 등장하는 자료

번호	명칭	연대	자료 유형	제작국
1	〈광개토왕비〉	414년	금석문	고구려
2	〈충주(중원)고구려비〉	5세기의 내용	금석문	고구려
3	〈울진봉평신라비〉	524년	금석문	신라
4	『일본서기』	720년	문헌사료	일본
5	〈지증대사비〉	924년 입비	금석문	신라

다.[17의 "물(勿)"과 "밀(密)", 22의 "정(訂)"과 "증(證)" 등] 이는 동일인물을 부를 때 음이 조금씩 달랐을 가능성을 시사한다. 고대사회에서는 현대 한국어와 같이 한자음과 한국어 음이 체계적으로 정리되거나 표준어가 제정된 흔적을 찾을 수 없어 지역 차이 등으로 인한 음 차이가 현대보다 컸을 가능성이 있다.

한편 금석문 및 다른 나라 사료에는 신라 고유의 군주호로서 "매금(寐錦)"이 등장한다. 〈광개토왕비〉에 나오는 매금은 나물마립간 또는 실성마립간으로 비정된다. 〈충주(중원)고구려비〉 연대에 대해서는 여러 설이 있으나 대체적으로 5세기 중엽의 내용을 전하는 것으로 보는 견해가 많다.(장창은, 2006, 317쪽) 〈울진봉평신라비〉는 매금이 군주호로 사용되었던 시기에 신라인의 제작한 유일한 금석문이다. 〈지증대사비〉는 10세기 전반에 세워진 비로, 신라군주호는 이미 매금이 아니었지만 과거의 군주호가 아직까지 기억되고 있었음을 보여주는 귀중한 자료이다. 한편 문헌사료이기는 하나 720년에 완성된 『일본서기』에서 신라군주는 "신라왕"으로 표현된 경우가 많으나 유일하게 매금이 사용된 사례로서 "파사매금(波沙寐錦)"이 보인다. 이처럼 매금은 5세기부터 10세기 전반까지 국내외에서 신라군주호로서 인식, 사용되고 있었음을 알 수 있다.

이와 같은 여러 군주호에 대해, 연구자들은 우선 매금이 이사금과 마립간 중 어느 것에 해당되는가를 검토하였다. 20세기 전반에는, 『사기』의 파사이사금(80-112)과 『일본서기』의 파사매금(신공황후 섭정전기, 일본서기 기년에 따르면

200년 기사에 등장), 그리고 〈광개토왕비〉(414)를 매금의 사용연대로 보고 이것이 『사기』에서 이사금이 사용된 시기와 일치되므로 매금과 이사금을 같은 것으로 보았다. 그러나 20세기 후반에 들어 〈충주(중원)고구려비〉(1979년 발견), 〈울진봉평신라비〉(1988년 발견) 등의 발견으로 인해 매금의 사용기간이 5-6세기에 걸쳐 있음을 인식, 매금을 마립간의 이표기로 보는 설이 많은 지지를 얻게 되었다.

이처럼 매금과 이사금·마립간의 관계를 연구자들이 논했던 이유는 사료 계통이 다르기 때문이다. 『유사』·『사기』 등 국내 문헌사료에는 매금이 일체 등장하지 않은 반면, 금석문에는 마립간·이사금이 전무하다. 『유사』·『사기』는 모두 고려시대에 편찬된 사서인 반면 금석문은 신라 사람들이 직접 사용했던 언어와 표기를 보여 준다. 또 『유사』에는 "향칭(鄕稱)에 왕을 마립간이라 한 것도 이 왕(지증마립간) 때부터 시작되었다"(권1, 기이1 지철로왕)는 내용이 있으나 금석문에는 "매금"뿐이다. 따라서 적어도 5-6세기 신라군주호의 표기는 매금이었다고 봄이 타당하다.

다만 여기서 유의해야 할 것은 음(발음)과 문자(표기)의 차이이다. 현재 통설에 의하면 매금과 마립간은 같은 군주호의 이표기가 되는데, 매금이 "비단 위에서 잠자는 사람"(=고귀한 인물)으로 해석되는 등(김병곤, 2006, 12쪽), 좋은 뜻을 지닌 한자를 의도적으로 골라 썼을 흔적이 보이므로 오직 음차만이 고려된 표기라 하기 어렵다. 따라서 고대 한국어(신라어)의 음과 뜻을 복원하는 데는 매금보다 이사금이나 마립간이 더 중요하다고 할 수 있다.

그런데 마립간과 이사금이 매금보다 발음·어원적 측면에서 원형에 가깝다는 것이 꼭 문자표기 면에서 마립간·이사금이 매금보다 오래되었음을 의미하지는 않는다. 현재 문자자료의 출토·발견 상황을 볼 때, 6세기 신라 사회에서 문자가 광범하게 사용되었음을 알 수 있고 매금 표기가 확인되는 금석문을 통해 4-5세기가 문자 문화의 수용, 보급단계였음을 유추할 수는 있다. 그러나 3세기 신라 사회에서 문자가 사용된 흔적은 아직까지 찾기 힘들다. 따라서 현

시점에서는 마립간·이사금이라는 표기가 매금 이전부터 사용되고 있었을 가능성은 희박하다.

그렇다면 다음 문제는 이사금·마립간이라는 군주호 표기가 언제 등장했는가 하는 점이다. 이 표기가 등장하는 현존하는 최고의 사료인 『사기』에는 신라시대의 인물인 김대문(金大問)이 군주호의 뜻을 해설하는 내용이 소개되어 있다.

A. 김대문은 다음과 같이 말하였다. "이사금은 방언으로 잇금을 일컫는 말이다. 옛날에 남해가 장차 죽을 즈음에 아들 유리와 사위 탈해에게 일러 말하기를 '내가 죽은 후에 너희 박·석 두 성 가운데 나이가 많은 사람이 왕위를 이어라'고 하였다. 그 후 김씨 성이 또한 일어나 3성에서 나이가 많은 사람이 서로 왕위를 이었던 까닭에 이사금이라 불렀다"

【『사기』 권1, 신라본기1 유리이사금】

B. 김대문이 말하였다. "마립은 방언으로 말뚝을 일컫는 말이다. 말뚝은 함조를 말하는데 그것은 위계에 따라서 설치되었다. 왕의 말뚝은 주가 되고 신하의 말뚝은 그 아래에 배열되었기 때문에 이로 말미암아 (왕의) 명칭으로 삼았다"

【『사기』 권3, 신라본기3 눌지마립간】

C. 혹은 이사금이라고 한다. 잇금을 뜻하는데, 처음에 남해왕이 죽자 아들 노례가 탈해에게 왕위를 양보하였다. 탈해가 말하기를 "내가 듣기로는 성스럽고 지혜로운 사람은 이가 많다"라고 하고 이에 떡을 물어 그것을 시험하였다. 예로부터 전해 오는 것이 이와 같다. …, 김대문이 이르기를 "마립이란 것은 방언으로 말뚝을 뜻한다. 말뚝의 표시는 지위에 따라 설치하는데, 곧 왕의 말뚝이 주가 되어 신하의 말뚝이 아래에 늘어서기 때문에 말미암아 그것으로 이름 삼은 것이다"라고 하였다.

【『삼국유사』 권1, 기이(1) 제2남해왕】

김대문에 대해서는 『사기』에 다음과 같은 기록이 남아 있다.

D. 김대문은 본래 신라의 귀족 가문 자제로 성덕왕 3년(704)에 한산주도독(漢山州都督)이 되었으며 전기 몇 권을 지었다. 그가 쓴 고승전(高僧傳), 화랑세기(花郎世記)·악본(樂本), 한산기(漢山記)가 아직도 남아 있다.

【『사기』 권46, 열전6 설총】

704년에 한산주 도독이 되었다는 기록으로 보아 그는 7세기 후반-8세기 전반에 살았던 인물로 보이며(이기백, 1978, 12쪽), 그의 저술 또한 8세기 전반 이전으로 완성된 것으로 볼 수 있다. 그렇다면 마립간, 이사금의 표기는 매금이 사용되고 있었던 5-6세기부터 김대문의 저술이 완성된 8세기 전반 사이에 등장한 셈이다.

마립간·이사금 표기가 등장하는 배경은 확실하지 않으나, 이들이 6세기 신라의 공식적인 군주호였던 매금(왕)을 대체할 만한 표기가 되기 위해서는 우선 설득력이 있는 주장이 필요했을 것이다. 이와 관련하여 주목되는 것은 "마립이란 것은 방언으로 말뚝을 뜻한다. …, 때문에 말미암아 그것으로 이름 삼은 것이다"(麻立者, 方言謂橛也…, 因以名之)는 김대문의 해설문이다. 그의 1차적인 목적은 마립이라는 말(발음)의 뜻을 해설하는 것이었는데 그때 사용된 한자표기가 바로 "마립(麻立)"이었다. 이 글을 본 사람들에게 말(발음)과 한자표기는 별개의 것이 아니라 하나의 개념으로 인식된다. 즉 김대문은 결과적으로 "마립(麻立)"이라는 한자표기에 대해서도 일정한 정통성을 부여한 셈이다.

물론 김대문의 저술보다 이른 시기에 이와 같은 해설이나 주장이 존재했을 가능성도 있다. 그런데 『사기』의 인용문에서도 알 수 있듯이, 그의 저술이 고려시대까지 유통되고 있었으며 마립간·이사금이라는 군주호의 표기가 채용된 근거는 결국 그의 저술에 있었다. 따라서 현재로서는 마립간·이사금 표기는 8세기 전반 이전에 완성되었던 김대문의 저술을 계기로, 점차 사람들에게 인식되어 간 것으로 보아도 문제는 없을 것이다. 그 후 신라 말기까지 마립간, 이사금, 매금이라는 세 가지 표기가 함께 사용되었다.

그렇다면 『유사』·『사기』의 서술처럼 마립간·이사금 표기가 완전히 매금을 대체하게 된 시기는 언제일까? 현존 사료로 볼 때 신라시대에는 그 흔적을 찾아볼 수 없다. 오히려 정사류(正史類)를 비롯한 공식적인 기록에 채용되는 것은 고려시대 이후였을 가능성도 배제할 수 없다. 어쨌든 『유사』와 『사기』에 보이는 마립간·이사금 표기는 7-8세기 이후에 등장한 기록을 근거로 한 것이다.

3. 왕과 대왕, 그리고 태왕

마립간 다음으로 등장하는 군주호는 "왕(王)"이다. 『사기』에는 왕호를 사용하는 의의에 대해 다음과 같이 서술되어 있다.

E. 4년 겨울 10월, 여러 신하가 아뢰었다. "시조께서 나라를 세우신 이래 나라 이름을 정하지 않아 시라라고도 하고 혹은 사로 또는 신라라고도 칭하였습니다. 신 등의 생각으로는, 신은 '덕 없이 날로 새로워진다'는 뜻이고 나는 '사방을 망라한다'는 뜻이므로 이를 나라 이름으로 삼는 것이 마땅하다고 여겨집니다. 또 살펴보건대 옛부터 국가를 가진 이는 모두 제나 왕을 칭하였는데, 우리 시조께서 나라를 세운 지 지금 22대에 이르기까지 단지 방언만을 칭하고 높이는 호칭을 정하지 못하였으니, 이제 뭇 신하가 일치된 의견으로 삼가 신라국왕이라는 칭호를 올립니다." 왕이 그것을 따랐다.

【『사기』 권4, 신라본기4 지증마립간】

지증마립간 4년(503)부터 왕호가 사용되었다는 내용이다. 그런데 〈포항(영일)냉수리신라비〉(503)에 의하면, 지증마립간은 "지도로갈문왕(至都盧葛文王)"으로 등장한다. 이 시기 갈문왕은 군주에 준하는 존재로서 정치 운영에도 참여했던 것으로 이해되고 있는데(이기백, 1973, 14-16쪽), 그가 군주호가 아닌 또 다른 "王"호를 칭하고 있었던 점에 유의할 필요가 있다. 그리고 〈포항(영일)냉수리신라비〉에는 "사부지왕(斯夫智王)"·"내지왕(乃智王)"이라는 지증마립간 이전의 군주(혹은 갈문왕)도 등장하는데, 이를 통해 지증마립간 이전부터 왕호가 사용되었던 흔적을 확인할 수 있다. 한편『유사』와『사기』를 보면 이사금·마립간이 사용되었던 시기의 군주에게도 "王"호가 사용된 사례가 적지 않으나 이는 공식적인 군주호라기보다는 편의적으로 사용된 약칭으로 보는 것이 타당할 것이다.

한편『유사』와『사기』에는 이 왕호와 함께 대왕(大王)호가 등장한다. 금석문을 포함하여 대왕호가 사용된 군주를 정리하면 〈표 3〉과 같다.

신라군주 56명 중 대왕호가 확인되는 인물은『사기』 20명,『유사』 22명, 금석문 20명이다. 이 중에서『사기』의 시조대왕(始祖大王)은 미추이사금으로 보는 설이 일반적이며 태조대왕(太祖大王)에 대해서는 여러 설(혁거세거서간, 미추이사금, 김알지, 나물마립간 등)이 있으나 왕호가 사용되기 이전의 군주라는 점에서는 같다. 또『유사』의 4대 군주(탈해)와 16대 군주(흘해) 또한 이사금이 사용되었던 시기이므로 재위시의 왕호가 아니다.

다음으로 대왕호의 특징에 대해 살펴보고자 한다. 첫째로, 대왕호가 사용된 군주에 대해서는 왕호도 사용되고 있다는 점이다. 즉 대왕호와 왕호에는, 예컨대 황제와 제후(왕)와 같은 지위상의 차이(상하관계)가 없음을 의미하며 대왕호에는 왕호를 더 높인 존칭으로서의 성격이 있다고 할 수 있다. 둘째로, 표에서는 생략하였으나 추봉된 왕에게도 대왕호가 사용되고 있다는 점이다. 여기서 말하는 추봉이란 흥무대왕(興武大王, 김유신), 문흥대왕(文興大王, 김용춘) 등 군주의 혈연이자 왕위에 오르지 않은 인물에게 명호(대왕)를 추증하는 것을 말한다.(채미하, 2008) 이 대왕호는 왕이 죽은 조상에게 제사 지내기 위한 공식적인 칭호로 사용되었음을 의미한다.

셋째로, 대왕호는 죽은 왕에게만 사용된 것은 아니었다. 금석문에 의하면, "융기대왕(隆基大王)"(=성덕왕, 〈황복사석탑금동사리함명〉: 706년), "경신대왕(敬信大

〈표 3〉 대왕호 표기 사례

대수	군주명	대왕 표기의 유무			대수	군주명	대왕 표기의 유무		
		사기	유사	금석문			사기	유사	금석문
4	脫解		○ 東岳大王		40	哀莊	—	—	—
16	訖解		○		41	憲德	○	○	○
23	法興		○	○	42	興德	○	○	○
24	眞興	○	○		43	僖康	—	—	—
25	眞智	○	○	○	44	閔哀			○
26	眞平	○	○		45	神武		○	
27	善德	○	○ 女大王		46	文聖	○		○
28	眞德	○			47	憲安		○	○
29	武烈	○	○	○	48	景文		○	○
30	文武	○	○	○	49	憲康	○	○	○
31	神文	○	○	○	50	定康	○		○
32	孝昭	○	○	○	51	眞聖		○ 女大王	○
33	聖德	○	○	○	52	孝恭			○
34	孝成	—	—	—	53	神德			○
35	景德		○	○	54	景明	—	—	—
36	惠恭	○	○		55	景哀	—	—	—
37	宣德	—	—	—	56	敬順	—	—	—
38	元聖	○	○	○	不明		○ 始祖大王		
39	昭聖	○			不明		○ 太祖大王		

※ 凡例

- '군주명'란은 삼국사기의 표기를 따랐음.
- '대왕 표기의 유무'란은 생전에 군주로서 왕위에 오른 인물만을 대상으로 하였으며, 군주의 이름[명(名), 휘(諱), 시(諡)]과 대왕이 병기된 사례만을 들었음. 단 법흥왕 이후 군주에 대해서는 대왕호 사용 여부를 막론하고 모두 표시하였음.
- 금석문은 현존 자료(일부만 남아 있는 것도 포함) 중 연대가 확실한 것만을 들었음.

王)"(=원성왕, 〈갈항사석탑기〉: 원성왕대), "경응대왕(慶膺大王)"(=문성왕, 〈염거화상탑지〉: 844년) 등 생전의 왕에 대해서도 사용되었다.

이처럼 대왕호는 제도적으로 왕을 초월하는 특수한 지위를 가리키는 것이 아니었지만, 기록자가 편의적으로 붙이는 단순한 수사적 표현도 아니었다. 대왕호는 시호, 추봉 등 신라 국내의 공식적 칭호를 근거로 하여 생전의 군주에 대해서도 일상적으로 사용되었다.

다음은 대왕호가 사용된 시기에 대해서이다. 제작 연대가 확실한 금석문 중에서 가장 이른 시기의 사례는 〈울주천전리각석〉(을묘년: 535)의 "성법흥대왕(聖法興大王)"이며 그 다음은 〈황복사석탑금동사리함명〉(706)의 신문대왕, 효조(孝照: 효소왕을 가리킴)대왕, 금주대왕(今主大王: 성덕왕을 가리킴)인데, 신라 말기에서는 〈낭공대사비〉(924년 이전 찬술)의 신덕대왕까지 대왕호가 확인된다. 〈표 3〉을 보면 진지왕에 대해 대왕호가 사용되었음을 제시하였으나 이는 그가 죽은 지 약 2세기 후 〈성덕대왕신종명〉(771)에 나오는 것이다. 따라서 대왕호는 기본적으로 8세기 이후 신라군주호로서 사용되었다고 볼 수 있으며 『유사』와 『사기』에 보이는 대왕호는 그러한 신라시대 자료의 흔적이라고 할 수 있다. 단 『유사』의 "여대왕(女大王)"(선덕여왕 및 진성여왕에 대한 표현)처럼 "여"자를 덧붙이는 것은 신라 금석문에서 확인되지 않으므로 고려시대 이후의 표현으로 생각된다.

여기서 유의해야 할 점은 6-7세기 대왕호의 공백기이다. 〈표 3〉의 금석문란과 전술한 진지왕에 대한 대왕호의 사례를 종합하면, 진흥왕~진덕왕에 이르는 약 100년(6세기 중엽-7세기 중엽) 동안 대왕호가 사용된 흔적을 찾을 수 없다. 이에 대해서는 단순한 당대 자료 부족으로 간주할 수도 있지만, 주목되는 것은 이 시기 大王과 다른 군주호, 즉 "태왕(太王)"호가 확인되는 점이다.

F. 另卽知太王妃 … 〈천전리각석〉 추명, 539년

G. 眞興太王□□管境刊石銘記也 〈황초령 진흥왕순수비〉, 568년

H. □興太王巡狩□□刊石銘記也 〈마운령 진흥왕순수비〉, 568년

I. 眞興太王及衆臣等巡狩 … 〈북한산 진흥왕순수비〉, 6세기 후반

이는 모두 6세기의 사례로서 우선 F에서는 법흥왕에 대해, 앞서 소개한 성법흥대왕 외에도 "모즉지태왕(另卽知太王)"이라는 태왕호가 사용되었다. 다음으로 진흥왕대(540-576) 금석문인 G, H는 신라 연호인 태창(太昌) 원년(568)에 제작된 것이다. I의 입비연대에 대해서는 555년설(노용필, 1996, 54-55쪽)과 568년 이후설(한국고대사회연구소, 1992, 68쪽)로 나뉘는데, 진흥왕대에는 기본적으로 태왕호가 사용되었다고 보아도 좋을 것이다. 이처럼 태왕호는 법흥, 진흥 2대에 걸쳐 사용되었음을 알 수 있다.

학계에서는 이 신라의 태왕호를 대왕과 동일한 것으로 보는 견해도 있으나, 필자가 이 두 군주호가 다르다고 생각하는 이유는 한국고대사에서의 "太王"의 특수성 때문이다. 태왕이라는 표기는 중국사에서도 보기 힘들며 특히 신라에 앞서 태왕호가 사용되었던 고구려에서 국내·국제적 계기를 통해 독자적인 자존의식, 천하관, 국제질서 인식 등을 정립시켰음이 지적된 바 있다.(양기석, 1983; 노태돈, 1988; 武田幸男, 1989; 시노하라, 2004) 이에 대해 4세기 이후부터 지속되어 온 고구려의 정치적 간섭을 벗어나 6세기에 국가적으로 크게 도약한 신라에서 태왕호가 등장하게 된 것이다. 한국고대사에서의 이와 같은 맥락을 고려해 볼 때, 신라에 대한 고구려의 문화적·사상적 영향을 생각하지 않을 수 없으며, 6세기 신라의 군주호는 "太王"으로 이해해야 할 것이다.

그렇다면 신라의 태왕호가 대왕호로 바뀌는 시점은 언제였을까? 앞서 〈황복사석탑금동사리함명〉(706)의 사례를 통해 8세기 이후 신라군주호가 대왕이었음을 지적하였는데, 연대가 정확하지 않아 〈표 3〉에서 제외된 금석문 중 〈무열왕릉비편〉(무열왕릉비 이수 제액)에는 "태종무열대왕지비(太宗武烈大王之碑)"라는 글이 새겨져 있다. 이는 태종이라는 묘호(廟號)와 시호(諡號, 죽은 후 추증되는 칭호. 3장 참조)를 아우른 공식적인 군주호이다. 그리고 무열왕릉비는 석조물의

양식 면에서 볼 때도 이수, 귀부 등 신라에서 가장 이른 시기 작품으로 간주되므로, 문무왕~신문왕대에 제작된 것으로 볼 수 있다. 이렇게 볼 때, 신라군주들이 대왕호를 사용하기 시작한 시기는 7세기 후반이라고 할 수 있다.

한편 법흥왕, 진흥왕의 "태왕"은 대왕호의 등장 이후 어떻게 표기되었을까? 『유사』와 『사기』에는 법흥왕, 진흥왕을 포함하여 모두 대왕호로 통일되어 있으므로 그 이전 어느 시점에서 태왕호가 사라진 것은 확실하다. 현존 신라 금석문을 보면, 법흥왕과 진흥왕의 군주호를 태왕 또는 대왕으로 표기한 사례가 없지만, 대왕으로의 변화를 시사하는 것이 앞서 소개한 〈성덕대왕신종명〉(771)에 나오는 "진지대왕(眞智大王)"이다. 진지왕(재위 576-579)은 진흥왕 다음으로 즉위한 군주로서 태왕호를 사용했을 것으로 생각되는데, 명문에는 진지대왕으로 나온다. 이로 보아 적어도 8세기 후반 이후가 되면, 과거에 태왕을 칭했던 군주에 대해서도 대왕호가 사용된 것으로 보인다.

이상 신라의 왕호는, 6세기 이후 태왕호와 함께 사용되고 있었으나 7세기 후반-8세기 전반에 걸쳐 대왕 표기가 본격적으로 등장하여 왕과 대왕이 함께 사용되기에 이르렀다. 태왕호는 대왕호가 정착됨에 따라 점차 신라에서도 잊혀갔던 것으로 생각된다. 이런 점에서 『유사』·『사기』는 군주호가 "대왕"호로 일괄적으로 표기된 이후의 기록을 근거로 한 것이라고 할 수 있다.

4. 신라군주의 시호

시호란 추증, 즉 죽은 사람에게 올리는 칭호를 말한다. 시호는 주로 고인을 기리는 목적으로 고인의 행적을 참고하여 지어진다. 추증은 주로 군주가 죽은 신하에게 내리는 경우와 국가에서 과거의 군주에게 올리는 경우가 있다. 『사기』·『유사』에 보이는 신라군주의 시호를 정리하면, 〈표 4〉와 같다.

〈표 4〉에 의하면 시호 추증은 지증마립간 이후 시작되었으며 지증마립간 이

〈표 4〉 신라군주의 시호

대수	공식 군주명	설 명		재위시 이름과 설명		
		사기	유사	이름	사기	유사
22	智訂 智證	謚	謚	智大路 智度路 智哲老	諱	名
23	法興	謚	謚	原宗	諱	名
24	眞興	謚		彡麥宗 深麥夫	諱	名
25	眞智	謚	謚	舍輪 金輪	諱	名
26	眞平	謚	謚	白淨	諱	名
27	善德		謚	德曼	諱	名
28	眞德	謚		勝曼	名	名
29	武烈	謚		春秋	諱	名
30	文武	謚	謚	法敏	諱	名
31	神文	謚		政明	諱	名
32	孝昭	謚		理洪 理恭	諱	名
33	聖德	謚		隆基 興光	諱	名
34	孝成	謚		承慶	諱	名
35	景德	謚		憲英	諱	名
36	惠恭	謚		乾運	諱	名
37	宣德	謚		良相	諱	名
38	元聖	謚		敬信	諱	名
39	昭聖	謚		俊邕	諱	名
40	哀莊	謚		重熙 清明	諱	名
41	憲德	謚		彦昇	諱	名
42	興德	謚		秀宗 景徽	諱	名
43	僖康	謚		悌隆 悌顒	諱	名
44	閔哀	謚		明	諱	名

대수	공식 군주명	설 명		재위시 이름과 설명		
		사기	유사	이름	사기	유사
45	神武	諡		祐徵	諱	名
46	文聖	諡		慶膺	諱	名
47	憲安	諡		誼靖	諱	名
48	景文	諡	諡	膺廉	諱	名
49	憲康	諡		晸	諱	名
50	定康	諡		晃	諱	名
51	眞聖	諡		曼	諱	名
52	孝恭	諡		嶢	諱	名
53	神德	諡		景暉 景徽 秀宗	諱	名
54	景明	諡		昇英	諱	名
55	景哀	諡		魏膺	諱	名
56	敬順	諡	諡	傅	諱	名

※ 일러두기
- '공식 군주명'란은 『삼국유사』 왕력, 『삼국사기』 신라본기를 따랐음
- '설명'란에는 공식 군주명이 무엇인지 설명하는 표현을 제시하였음
- '재위시 이름과 설명'란에는 공식 군주명이 아닌 명칭과 그 명칭에 대한 설명(표현)을 제시하였음

후의 공식적인 군주명은 모두 시호로 인식되어 있다. 시호의 개시에 대해 『유사』·『사기』에는 다음과 같은 내용이 보인다.

J. 지증마립간이 왕위에 올랐다. 성은 김씨이고 이름은 지대로이다.(지도로 혹은 지철로라고도 하였다) …, 15년 가을 7월 …, 시호를 지증이라 하였는데 신라에서 시호를 쓰는 법은 이로부터 시작되었다.(智證麻立干立, 姓金氏, 諱智大路〈或云智度路, 又云智哲老〉…, 十五年…, 秋七月…, 王薨, 諡曰智證, 新羅諡法始於此)

【『사기』 권4, 신라본기4 지증마립간】

K. 이름은 원종이고, 김씨이다…, 법흥은 시호인데, 시호는 이로부터 시작되었다.(名原宗, 金氏…, 法興諡, 諡始乎此)

【『삼국유사』 왕력】

L. 제22대 지철로왕의 성은 김씨, 이름은 지대로 또는 지도로이며, 시호는 지증이다. 시호는 이때부터 시작되었다.(第二十二智哲老王, 姓金氏, 名智大路, 又智度路, 謚曰智證, 謚號始于此)

【『삼국유사』 권1, 기이(1) 智哲老王】

한편 『유사』에서는 시호의 개시에 대해 지증왕(왕력)과 법흥왕(기이)이라는 두 가지가 소개되어 있다. L은 J를 축약시킨 인상을 주는 서술로 『유사』가 신라본기 혹은 신라본기의 전거와 같은 자료를 참고했을 가능성을 보여 주는데, 제목은 J가 "지증마립간"인 데 반해 L은 "지철로왕"으로 표기하는 등 차이를 보이고 있다.

한편 생전의 이름에 대해서는, 『사기』에서는 휘(諱), 『유사』에서는 명(名)으로 표현되는 경향을 보이고 있다. 또 『유사』에서는 공식 군주명을 시호라고 명기하지 않은 경우가 많으나 생전의 이름과 함께 소개되어 있으므로 찬자가 공식 군주명을 시호로 인식하고 있었음은 확실하다.

그런데 법흥, 진흥에 대해서는 금석문을 통해 시호가 아니었음을 알 수 있다. 2장에서 언급한 〈울주천전리각석〉(을묘명: 535)과 〈진흥왕순수비〉는 모두 두 왕의 재위 기간에 제작된 것이다. 즉 법흥, 진흥은 원래 시호가 아니었으나 『사기』, 『유사』 찬자는 이를 시호로 잘못 이해한 것이다. 나아가 진평(眞平), 선덕(善德), 진덕(眞德) 등 6세기 전반-7세기 중엽에 이르는 왕명도 시호가 아닌 생전의 이름이라는 것이 중국사서를 통해 알 수 있다.(김정희, 1934; 今西龍, 1933)

그렇다면, 『유사』·『사기』에서 시호로 잘못 이해된 이름들은 언제 지어졌을까? 금석문과 문헌사료를 보면, 법흥왕은 "모즉지(牟即智)"(〈울진봉평신라비〉, 524)과 "모즉지(另卽知)"(〈울주천전리각석〉 추명, 539), 진흥왕은 "삼맥종(彡麥宗)", "심맥부(深麥夫)"라는 이름이 있음을 확인할 수 있다. 즉 법흥과 진흥은 그들의 생전의 이름과는 또 다른 별명인 것이다.

이 별명이 좋은 뜻을 지닌 한자 표기임을 고려해 볼 때, 주목되는 것이 법흥왕이다. "법(法)을 홍(興)하게 하다(법이 홍하다)"는 뜻에서 상기되는 것이 불법(佛法) 즉 불교와의 관계이다. 법흥왕은 이른바 이차돈(異次頓) 설화에서 알 수 있듯이 불교에 대한 신앙심이 두터운 군주였다. 또 법흥왕의 이름이 처음 나오는 〈울주천전리각석〉에서는 승려로 보이는 2명이 등장한다.(한국고대사회연구소 제2권, 1992, 164쪽) 이처럼 법흥이라는 이름은 불교와 관련된 왕의 행적을 바탕으로 하여 자칭 또는 지지세력들이 올린 것으로 볼 수 있다.

그런데 법과 법흥왕의 행적에 대해서는 그뿐만이 아니다.

M. 지난번에 왕의 위대한 교와 법이(前時王大教法) …

【〈울진 봉평리 신라비〉 524년】

M에 보이는 "법"은『사기』에 보이는 이른바 율령반포 기사(법흥왕 7년: 520)를 가리키는 것으로 보는 견해가 많다.(한국고대사연구회, 1989) 국가 차원에서 볼 때 신라 법제도의 중요성은 말할 것도 없다. 그렇다면 법흥이라는 표현에는 불교뿐만 아니라 법제도라는 뜻도 담겨 있을 가능성이 있다. 한편 진흥에 대해서는, "진(眞)을 홍하게 하다(진이 홍하다)"는 표현이 구체적으로 무엇을 가리키는지 분명하지 않으나 법흥처럼 재위 기간 중의 행적이나 왕의 성격에 얽힌 명칭으로 이해된다.

이처럼 6세기 전반-7세기 중엽에 걸쳐 사용된 신라군주호는, 앞 장에서 언급한 태왕호와 더불어 당시 동아시아에서 보기 드문 신라만의 특징적인 양상을 보여 주고 있다.

원래의 뜻을 가진 시호의 첫 사례는 김춘추의 공식 군주명인 "武烈大王"(〈무열왕릉비편〉)이다. 그리고 7세기 후반 이후의 금석문을 보면,『사기』·『유사』에서 말하는 시호가 재위 중인 왕에게 사용된 사례는 없고, 재위 중인 왕은 "국주대왕(國主大王)"(〈황복사석탑금동사리함기〉: 706년), "금주대왕(今主大王)"(〈감산사미륵보살조상기〉: 719년)과 같은 표현이나 융기대왕(=성덕왕) 등 시호가 아닌 왕명

(2장 참조)이 사용되었다. 이로 보아 7세기 후반 이후 신라에서는 시호가 정착되어 있었다고 할 수 있다.

그렇다면, 법흥~진덕에 이르는 군주명이 시호로 인식된 시기는 언제였을까? 정확한 시기를 말해 주는 자료는 없으나, 그것을 시사하는 것이 대왕호로의 변화이다. 위에서 검토한 바에 의하면, 대왕호와 시호는 비슷한 시기(7세기 후반-8세기 전반)에 정착된 것으로 보인다. 대왕호는 시호에만 사용되는 것이 아니지만, 이미 과거의 군주인 법흥왕, 진흥왕에 대해 대왕호가 사용됨으로써 시호로서의 "(모)대왕"과 혼동되어 점차 시호로 인식되어 갔을 가능성이 있다. 『유사』·『사기』의 시호 관련 서술은 그러한 인식이 반영된 이후의 기록에 근거한 것이다.

5. 나가며

이상 신라군주호의 표기에 대해 『유사』·『사기』, 그리고 금석문을 비교하여 살펴보았다. 신라군주호의 표기는 고유어의 음을 한자로 표기한 "매금(寐錦)"으로부터 시작되었다. 매금 다음으로 등장한 왕호는, 태왕호라는 한국고대사의 특징적인 군주호와 함께 사용되었으며, 그 후 멸망까지 왕호와 대왕호가 함께 사용되었다. 매금이 왕으로 바뀌는 시기는 6세기 전반이며 태왕이 대왕으로 바뀌는 시기는 7세기 후반-8세기 전반 사이로 보인다.

군주호의 변화와 관련된 특징으로서 주목되는 것은, 매금·태왕 등의 표기를 사용했던 과거의 군주에 대해, 후대 기록에서는 당시와는 다른 군주호를 사용했다는 점이다. 매금은 마립간·이사금으로 바뀌고 태왕은 대왕으로 바뀌었다. 그리고 법흥왕·진흥왕의 법흥, 진흥은 원래 시호가 아니었는데 후대 기록에서는 시호로 잘못 이해하였다.

이와 같은 변화의 시기에 대해서는, 우선 태왕 → 대왕이라는 변화는 8세기에 이루어진 것으로 보인다. 다음으로 매금과 마립간·이사금의 관계에 대해서는, 8세기 전반에는 마립간·이사금 표기가 등장하였으며 신라 말기까지 세 가지 표기가 함께 사용되고 있었는데 『사기』와 『유사』 단계에 이르면 매금이 완전히 사라진다. 정사류(正史類)를 비롯한 공식적인 표기가 마립간·이사금으로 대체된 시기는 확실하지 않으나 현존자료로 볼 때 고려시대였을 가능성도 배제할 수 없다.

한편 시호에 대해서는, 『유사』·『사기』에서 6세기 전반-7세기 중엽의 군주명(법흥~진덕)을 시호로 본 것은 잘못이며 시호는 7세기 후반 이후에 처음 등장한다. 법흥~진덕의 이름이 시호로 인식된 시기는 확실하지 않으나 그들의 군주호를 후대 "대왕"으로 표기함으로써 시호로서의 "(모)대왕"과 혼동되어 점차 시호로 인식되어 갔을 가능성이 있다.

군주호를 기준으로 『유사』·『사기』의 특징을 보면, 6세기 전반부터 7세기 중엽에 사용되었던 표기가 보이지 않는다는 점을 들 수 있다. 바꾸어 말하면 『유사』·『사기』 서술은 적어도 8세기 이후 군주호 표기가 정리, 개변(改變)된 후의 기록에 의거했던 것이다.

그렇다면 이와 같은 개변이 왜 일어났던 것일까? 이것은 군주호가 지닌 의의와도 관련이 있을 것이다. 군주란 권력·권위의 상징이자 국가통치의 정통성을 체현한 존재이다. 따라서 군주호는, 군주와 국가의 위상을 국내 및 국제사회에서 어떻게 자리매김할 것인가 하는 점이 고려되어야 할 것이다. 그런 점에서 군주호는 그 나라의 국가상, 군주상, 그리고 역사 인식과 밀접한 관계를 가지지 않을 수 없으며 군주호의 변화란 결국 그러한 인식에 어떠한 변화가 있었음을 시사한다. 나아가 그 변화를 공식화하기 위해서는, 자료 정리, 사서 편찬과 같은 국가 차원의 사업이 필요했을 것이다.

이른바 중고기 신라의 역사를 연구할 때 『사기』·『유사』의 서술, 특히 표기에 대해서는 후대에 개변되었을 가능성을 염두에 두어야 하며, 금석문·목간 등 당대 문자자료의 표기가 존중되어야 할 것이다.

◎ 참고문헌

김병곤, 2006, 「新羅 王號 '寐錦'의 由來와 性格」, 『사학연구』84.

김정희, 1934, 「진흥이비고」, 『완당선생전집』1.

노용필, 1996, 『新羅眞興王巡狩碑硏究』, 일조각.

盧泰敦, 1988, 「5세기 金石文에 보이는 高句麗人의 天下觀」, 『한국사론(서울대)』19.

선석열, 「신라 금석문을 통해 본 갈문왕」, 『신라문화제학술발표논문집』23.

시노하라 히로카타, 2004, 「高句麗의 太王號와 太王家認識의 確立」, 『한국사연구』125.

梁起錫, 1983, 「4~5C 高句麗 王者의 天下觀에 對하여」, 『호서사학』11.

이강래, 2005, 「『삼국유사』와 『삼국사기』의 왕대력 비교 연구」, 『한국사학보』21.

이기백, 1973, 「新羅時代의 葛文王」, 『역사학보』58.

張彰恩, 2006, 「中原高句麗碑의 연구동향과 주요 쟁점」, 『역사학보』189.

정구복·노중국·신동하·김태식·권덕영, 2012, 『개정증보 역주 삼국사기 3 주석편(상)』, 한국학중앙연구원출판부.

_______________, 2012, 『개정증보 역주 삼국사기 2 번역편』, 한국학중앙연구원출판부.

채미하, 2008, 『신라 국가제사와 왕권, 혜안, 제3장 오묘제와 중대 왕권』, 혜안.

최광식, 2007, 『한국 고대의 토착신앙과 불교』, 고려대학교출판부.

최광식·박대재, 2014, 『삼국유사』(1~3), 고려대학교출판부.

한국고대사연구회, 1989, 『한국고대사연구』2(울진봉평신라비특집호), 지식산업사.

한국고대사회연구소 편, 1992, 『역주 한국고대금석문 제2권(신라1·가야 편)』.

_______________, 1992, 『역주 한국고대금석문 제3권(신라2·발해 편)』.

韓延錫, 2012, 「文獻에 보이는 新羅의 人名·官名·地名·國名의 語言文字學的 探索」, 『漢文敎育硏究』39.

今西龍, 1933, 『新羅史硏究』, 近澤書店.

武田幸男, 1989, 「高句麗「太王」の國際性」, 『高句麗史と東アジア』, 岩波書店.

_______, 1990, 「新羅六部와 그 展開」, 『碧史李佑成敎授定年退職紀念論叢 民族史의 展開와 그 文化』상, 벽사이우성교수정년퇴직기념논총간행위원회.

『삼국유사』 재상 기록의 이해 방향

박수정(고려대학교 한국사연구소 연구교수)

1. 머리말

재상은 국왕을 보필하던 최고 관직자를 가리키는 호칭으로, 『신당서(新唐書)』에서 언급했듯이 "천자를 보좌하고 백관을 총령하며 만사를 다스리는" 위치로서 그 책임이 막중하였다. 중국에서는 진한(秦漢) 이래 꾸준히 재상제도가 유지되었는데, 그러나 재상에 속하는 관품(官品)·관직(官職)이 항상 일정했던 것은 아니었다. 오히려 직제를 고정하지 않는 것이 중국 재상제도의 일관된 특징이었다.(김명희, 2002) 대표적으로 당나라의 경우 국정을 총괄했던 중서성(中書省)·문하성(門下省)·상서성(尚書省) 등 3성(省)의 장관인 중서령(中書令)·시중(侍中)·상서복야(尚書僕射)뿐 아니라 "참의조정(參議朝政)", "참예조정(參預朝政)", "참지정사(參知政事)", "동중서문하평장사(同中書門下平章事)", "동중서문하삼품(同中書門下三品)" 등 다양한 명칭을 더한 상급 관직자가 재상의 반열에 들었다.

즉 재상은 특정 관부에 설치된 별도의 관직이 아니라 정사당(政事堂)에서 국가의 대사를 논의할 수 있는 자격을 얻은 일정 품계 이상의 관직자를 총칭하는 용어였고, 당에서는 기본적으로 3성의 장관으로 구성되었기 때문에 각 성의 기능과 긴밀히 연결되어 있었다.(염경이, 1997) 재상의 명칭 또한 역대로 재보(宰輔), 재신(宰臣), 재추(宰樞), 대신(大臣), 상공(相公) 등이 다양하게 사용되었다.

삼국은 관제(官制)를 포함한 중국의 율령(律令)을 그대로 계수하지는 않았지만, 제도적으로 그 영향을 깊이 받은 것은 사실이다. 재상의 경우 삼국의 관련

사료에 그 제도의 운용이 분명히 드러나지는 않는다. 그러나 『삼국사기』에서는 백제의 상좌평을 고려의 총재(冢宰)라 지칭하기도 하였으며(『삼국사기』 백제본기 전지왕 4) 또한 고구려 초기 관직명인 국상(國相)은 이미 재상의 의미를 내포하는 명칭이기도 하였다. 신라는 재상과 관련된 기록이 가장 많이 남아 있고, 『삼국유사』에도 관련 기록이 적지 않게 등장한다. 다만 각 기록이 모두 재상제도의 실체를 사실적으로 전하는 것은 아니기 때문에 그에 대한 접근에는 신중한 태도가 필요하다. 이하에서는 신라 재상의 명칭과 재상제도 관련 연구성과 그리고 『삼국유사』의 재상 명칭 중 최고 서열을 가리키는 총재·상재·국재·대상 등의 사례와 이에 대한 기존의 해석을 살피면서, 『삼국유사』 재상 관련 기록의 이해 방향을 정리해 보고자 한다.

2. 신라 재상 관련 기록과 그 명칭

신라의 재상 기록은 『삼국사기』·『삼국유사』와 『당서(唐書)』·『신당서』 그리고 〈황룡사구층목탑찰주본기(皇龍寺九層木塔刹柱本記)〉(872)와 같은 금석문을 비롯한 여러 사료에서 확인할 수 있다. 그 명칭은 상상(上相), 상재(上宰), 상재상(上宰相), 대재상(大宰相), 대상(大相), 제일상공(第一相公), 총재(冢宰), 이재(二宰), 차재상(次宰相), 제삼재상(第三宰相), 상국(上國), 국상(國相), 국재(國宰), 승상(丞相), 재보(宰輔), 재(宰), 상(相) 등 다양하게 나타난다. 재상 관련 기록과 그 명칭이 결코 적지 않다는 점에서, 일단 신라에도 국정운영을 총괄하는 최고 관직자에 대한 칭호로서 재상이 존재했던 사실을 확인할 수 있다.

사료에 따른 기록 형태를 보면, 『삼국사기』나 중국 기록에는 위의 여러 표현 중 "재상"이라 직접적으로 기록한 것이 다수이다. 특히 『삼국사기』 신라본기에는 신문왕(神文王) 원년(681) 교서에서 쓰인 "재보" 표기를 제외하면 대체로 재상(상)이라는 표현으로 통일되어 있다. 이에 비해, 『삼국유사』의 표기는 재상

이외에도 총재, 상재, 이재, 대상, 국상, 국재, 승상, 재관(宰官) 등이 다양하게 등장한다. 한편 신라의 최고 관직이었던 상대등(上大等)이나 시중(侍中), 병부령(兵部令), 사신(私臣)과 같은 구체적인 관직명은 보이지 않는데, 그러한 점에서 『삼국유사』의 재상 관련 기록이 더욱 눈에 띈다. 『삼국유사』의 재상 관련 기록을 명칭별로 구분해 정리하면 〈표 1〉과 같다.

『삼국유사』에 가장 많은 빈도로 등장하는 명칭은 '총재'와 '재상'으로 각각 4번과 3번 보인다. 그러나 이차돈 순교 후 당황하는 신료들의 모습을 묘사한 1의 기록이나 문무왕이 거득공을 총재로 임명하자 거득공이 먼저 국내를 잠행하면서 시정을 살폈다는 2의 기록, 죽지가 진덕왕·태종무열왕·문무왕·신문왕 4왕대에 걸쳐 총재가 되어 나라를 안정시켰다는 3의 기록, 그리고 신문왕대 재상 충원공이 장산국에 목욕을 다녀오다가 매와 꿩의 모습을 보고 감동하여 영취사(靈鷲寺)를 창건했다는 10의 기록, 신문왕이 전생에 재관으로서 당시 양인이었던 신충의 일을 잘못 처리한 일로 원망을 얻게 되자 이생에서 이에 대한 해원으로서 신충봉성사(信忠奉聖寺)를 창건했다는 15의 기록 등은, 고위 관직자나 실력자에 대한 범칭이거나 실체가 불분명한 내용을 담고 있어서 특별한 의미부여가 어려운 기록일 뿐이라 재상제도를 설명하는 직접적인 사료로서 사용하기가 어렵다.

그러나 『삼국유사』의 재상 중에는 신라 재상에 일정한 서열이 존재했음을 분명히 보여 주는 것도 있다. 대표적으로 『삼국유사』 원성왕조에 보이는 5의 상재·이재는, 『삼국사기』 신라본기 원성왕 2년(786)과 헌덕왕(憲德王) 즉위년(795), 그리고 경문왕(景文王) 5년(865) 조와 『당서』 및 『신당서』 신라전에서 확인되는 대재상·차재상과 유사하게, 신라 재상의 서열을 나타내는 용어이다. 『주례(周禮)』 이하 백관(百官)의 장(長)이 되는 재상을 가리키는 명칭이었던 총재 또한 재상의 서열을 전제로 하는 명칭이다.

문제는 신라 중대~하대 초의 정치제도를 수록한 『삼국사기』 직관지에 재상의 설치시기, 운영 방식, 재상의 열에 들 수 있는 관직·관등의 범위 등 재상제

〈표 1〉 『삼국유사』의 재상 명칭과 관련 기록

연번	명칭	출전		연대	기사	보충설명
		편명	조목			
1	총재(冢宰)	흥법	원종흥법 염촉멸신		聖人哀戚 沾悲淚於龍衣 冢宰憂傷 流輕汗於蟬冕	이차돈 순교 후 재상이 당황하는 모습
2	총재(冢宰)	기이	문무왕 법민	문무왕대(661-681)	王一日召庶弟車得公曰 汝爲冢宰 均理百官 平章四海 公曰 陛下若以小臣爲宰 則臣願潛行國內	
3	총재(冢宰)	기이	효소왕대 죽지랑	진덕왕~신문왕대(648-692)	因名竹旨 (중략) 眞德太宗文武神文 四代爲冢宰 安定厥邦	
4	총재(冢宰)	탑상	백률사		封郎(부례랑)爲大角干 [羅之冢宰爵名]	대각간에 대한 설명
5	상재(上宰)	기이	원성대왕	785년경	伊飡金周元 初爲上宰 王(원성왕)爲角干 居二宰	
6	국재(國宰)	효선	대성효이세부모 신문왕대	8세기 전반	是日夜 國宰金文亮家有天唱云 牟梁里大城兒 今托汝家	
7	대상(大相)	효선	대성효이세부모 신문왕대	천보 10년(751)	景德王代大相大城 以天寶十年辛卯 始創佛國寺	
8	국상(國相)	기이	후백제 견훤	927	(견훤)寄書于太祖曰 昨者國相金雄廉等 將召足下入京	견훤이 왕건에게 보내는 편지 속의 내용
9	재상(宰相)	기이	후백제 견훤	천성 2년(927)	以王之族弟金傅嗣位 然後虜王弟孝廉宰相英景	견훤이 경애왕을 죽이고 재상 영경을 사로잡음
10	재상(宰相)	탑상	영취사	영순 2년(683)	宰相忠元公 萇山國 溫井沐浴	
11	재상(宰相)	신주	혜통항룡		角干乃新羅之宰相峻級	각간에 대한 설명
12	재보(宰輔)	흥법	원종흥법 염촉멸신	무열왕대(654-661)	後至太宗王時 宰輔金良圖信向佛法 有二女 曰花寶蓮寶 捨身爲此寺婢	
13	승상(承相)	의해	의상전교	669	旣而本國承相金欽純[一作仁問]良圖等 往囚於唐 高宗將大擧東征 欽純等密遣湘誘而先之	

연번	명칭	출전		연대	기사	보충설명
		편명	조목			
14	승상(承相)	신주	밀본최사	무열왕대(654-661)	又承相金良圖爲阿孩時 忽口噤體硬 不言不遂	
15	재관(宰官)	신주	혜통항룡		陛下(신문왕)曩昔爲宰官身 誤決臧人 信忠爲隸 信忠有怨 生生作報 今玆惡疽	신문왕의 전생에 대한 혜통의 설명

도와 관련된 구체적인 규정이 없다는 점이다. 직관지에는 다만 병부(兵部)조에서 병부령이 재상과 사신(내성의 장관)을 겸할 수 있다는 단편적인 언급이 존재할 뿐이다. 위의 다양한 사료 역시 재상제도 운영의 구체적인 실태를 명확하게 보여 주는 것은 아니어서, 신라에서 재상제가 언제부터 시작되었는지는 불분명하며, 재상이 독자적인 관직명이었는지 아니면 중국처럼 고위 관직자의 범칭으로 사용된 것인지에 대해서도 여러 의견이 있다.

『삼국유사』에서 제상제도와 관련해 주목해야 하는 사료는, 범칭보다는 신라 재상의 성격을 보다 분명히 해 줄 수 있는 기록과 명칭일 것이다. 구체적으로는 총재와 상재·이재, 대상·국재 등의 사례가 검토의 대상이 될 수 있다. 검토에 앞서 일단 신라 재상제도의 전반적인 연구 경향을 살펴볼 필요가 있을 것이다.

3. 신라 재상제도의 성립과 운영 방식

초창기 신라 관제 연구에서는 신라 재상에 대한 언급이 많지 않았다. 이를 다룬 일부 연구자들도 재상 사료를 ① 상대등의 별칭, ② 상대등을 포함한 3인의 고위 관직자에 대한 지칭, ③ 특정 관직 등으로 구분할 수 있다고 하거나(이기백, 1962), 혹은 『신당서』의 "재상"은 상대등의 당식(唐式) 번안일 수 있고, 『속

일본기(續日本記)』의 "상재(上宰)"는 신라 사신(使臣)의 과장된 표현이거나 일본 측의 번역 표기일지도 모른다고 설명하는 등(鈴木靖民, 1967; 1985) 그 이해에 신중을 기해야 한다는 입장을 취하고 있었다.

이어서 1970년대 말 재상제도에 대한 본격적인 연구가 이루어졌다. 이에 따르면 신라에서 재상은 선덕왕(善德王) 16년(647) 비담(毗曇)의 난이라는 격동의 정치 정세를 바탕으로, 김춘추(金春秋) 등에 의한 권력 장악 수단으로서 마련되었으며, 8세기 초 재상직의 서열화가 이루어지면서 안정적으로 제도화했다고 한다. 재상제도가 마련된 시기가 7세기 중반으로 정해진 것은 이 시기에 처음으로 "재상" 알천(閼川)(『삼국사기』 열전 김유신), "상" 혹은 "국상" 김춘추(『구당서』 태종본기 정관 22년, 열전 신라) 등으로 표현되는 인물들이 등장했기 때문이다.

또한 재상은 타관에 의한 겸직(兼職)이 원칙이지만, 후에 소성왕(昭聖王, 재위 799-800)이 되는 준옹(俊邕)과 헌덕왕(재위 809-826)이 되는 언승(彦昇)의 즉위 이전 관력(官歷)이 각각 대아찬(大阿飡) → 파진찬(波珍飡)으로서 재상 → 시중 → 병부령(『삼국사기』 신라본기 소성왕 즉위년), 대아찬 → 잡찬(迊飡) → 시중 → 이찬(伊飡)으로서 재상 → 병부령 → 각간 → 어룡성사신 → 상대등(『삼국사기』 신라본기 헌덕왕 즉위년)으로 기록되어 있다는 점에서, 상대등 및 시중·병부령 등과 다른 별도의 재상직이 존재했음은 의심의 여지가 없다고 설명하였다. 아울러 상대등과 병부령은 7세기 중반부터 이미 재상 취임 자격을 가졌던 데 비해, 시중과 내성·어룡성 사신은 8세기 말에 이르러 재상의 열(列)에 더해졌다고 이해하였다.(木村誠, 1977; 2004)

위 의견과는 달리 재상은 신라의 권력구조상 제도적으로 마련된 것이 아니며 또한 모든 행정권을 행사한 것은 아니었다는 의견도 있었다. 재상은 당시의 정치적 실권자를 가리키는 말로서, 상대등이나 시중에서 병부령 또는 사신을 겸하는 자를 재상으로 칭하거나, 상대등·시중·병부령 등 3개의 관직에 있는 인물로서 화백회의(和白會議)의 의장이나 당대 최대의 실력자를 지칭하는 범칭이었다는 것이다.(신형식, 1985; 1993) 사실 『삼국사기』에는 재상 관련 기록이 7세기 중반에 등장한 이후 약 1백여 년간 보이지 않다가 다시 8세기 후반에야 나타나기 시작하므로, 제도화된 재상의 실체가 분명하게 드러나는 것은 아니다.

그러나 일반적으로 근래의 신라 재상 연구는 통상적인 재상제도가 마련되어 있었다는 쪽으로 기울고 있다. 구체적으로 보면, 먼저 기존의 연구를 바탕으로 특히 재상 여러 명으로 구성된 '재상회의'에 관심을 두면서, 신라의 재상제도는 진덕왕(眞德王) 5년(651) 군신회의(君臣會議)에 참가하는 신료들의 범위를 각 부 장관으로 제한하는 규정을 두고 아울러 상대등을 재상으로 정함으로써 성립되었으며, 경덕왕 즈음에 재상이 3인으로 늘어났고, 흥덕왕(興德王) 9년(834)경에는 6명으로 정해졌을 것으로 추정하는 견해가 있다. 이때에 이르러 재상회의는 율령에 규정된 국가의 최고 정책결정의 합의기구가 되었다고 한다. 또한 이처럼 기본적으로 당의 재상제도를 본받은 신라의 재상제도가 고려의 재상제도로 발전되어 갔다고 설명하였다.(이인철, 1991; 1993)

나아가 신라의 재상을 상대등·시중·병부령 등의 관직을 말하는 좁은 의미의 재상과 진골(眞骨)로써 대아찬 이상의 관등과 귀족 가문을 나타내는 넓은 의미의 재상(재상의 열)으로 구분해야 한다는 의견도 있다. 아울러 넓은 의미의 재상에는 대장군(大將軍)·상장군(上將軍)에 임명된 인물을 포함시켰다. 여기서는 병부령이 설치된 법흥왕(法興王) 3년(516) 이후 진덕왕 5년 시중직이 마련되기 전까지 병부령·상대등은 '진재상(眞宰相)'이었고, 통일전쟁을 겪으면서 그 범위가 넓어져 임시적이지만 대장군이나 상장군에 임명된 자들이 재상의 열에 들었다고 추정하였다.(구효선, 2004) 다만 중국에서 장군직 자체를 재상의 열에 넣는 경우는 거의 없었으므로, 임시적이라 하더라도 재상의 범위를 너무 넓게 본 것이 아닌가 생각된다.

최근에는 사료에 나오는 여러 재상의 명칭을 하나하나 살피면서, 대재상·대상·국상·국재·상국·상재상·상재·상상·제일재상·총재·평장사(平章事)는 상위 재상, 이재·차재상·남북상(南北相)·재상·재·상·상공·재보·승상(丞相)·승상(承相)은 2인의 하위 재상을 각각 가리키는 것이라고 재상 관련 용어를 좀 더 명확히 구분해 보는 견해가 나오기도 하였다. 또한 재상은 상대등, 병부령, 시중, 어룡성사신, 수성부령(修城府令), 검교사(檢校使) 등의 관직을 갖고 있었으나, 관직을 갖고 있지 않다고 해서 재상이 될 수 없는 것은 아니며, 관등이 파진찬 이상이라면 재상이 될 수 있었다고 설명하였다.(이명세, 2013)

이상과 같은 연구 결과를 종합해 보면, ① 신라에서는 최고 관직자 혹은 일정 관등 이상의 인물 중 일부를 재상이라 칭하는 재상제도가 존재하고 있었고, ② 재상이라 불릴 수 있는 관직은 상대등, 병부령, 시중, 사신(내성사신·어룡성사신) 정도이지만 이러한 관직에 있는 자가 아니어도 파진찬 이상의 높은 관등을 가진 인물로서 재상의 열에 드는 경우가 있었으며, ③ 재상에는 제1, 제2, 제3 정도의 서열이 있었다는 점을 알 수 있다. 따라서 큰 틀에서 신라의 재상제도는 대체로 중국과 유사한 형태를 취하였던 듯하다. 다만 신라는 당과 같은 3성의 정치체제를 받아들이지 않았기 때문에, 실제 운영상에서는 그 독자성이 나타나는 부분도 있었던 것이다.

한편 재상의 역할은 정사당에서 국가의 대사를 논하는 것이었다. 당에서 3성과 재상이 긴밀한 관련을 가진 것도, 또한 3성의 장관이 아니더라도 "참지정사"나 "평장사" 등의 명칭을 띠고 재상의 반열에 들 수 있게 한 것도, 결국은 국가의 주요 정책 결정에 참여하고 이에 대해 왕에게 상주할 수 있는 권한을 갖는 인물들이 최고의 권력자라는 점을 확인시켜 준다. 따라서 재상제도는 회의체에 대한 이해와도 밀접하게 연결된다.

중국에서는 전통적으로 군신 백관에 의한 회의 및 고급 관료 회의인 공경의(公卿議), 그리고 예관의(禮官議)·법관의(法官議) 등 여러 단계의 회의가 존재하고 있었고, 수당대에는 새로 재상회의가 추가되었다.(와타나베 신이치로 지음, 임대희·문정희 옮김, 2002) 당의 율령을 계수한 일본에서는 당 3성의 직장을 결합한 최고의 율령관부로 태정관(太政官)을 두었는데, 이는 하나의 관부이면서 동시에 최고기관의 합의체이기도 하였다. 태정관의 의정(議定)에 참여할 수 있는 관인은 좌대신(左大臣)·우대신(右大臣)과 대납언(大納言) 등 6인으로 정해져 있었으나, 실제 8세기 의정관은 좌·우대신, 대·중납언과 참의(參議)로 구성되었고 각각의 시점에 정4위 정도 이상의 고위자(高位者)가 임명되었다. 단, 사람이 부족할 경우 정4위 이상으로서 중요 관직에 취임해 있거나 천황의 일가인 사람으로 하여금 참의를 겸대(兼帶)하게 하는 사례도 있었다.(倉本一宏, 1997)

신라에서도『수서(隋書)』에서 "국가에 큰일이 있으면 군관(群官)을 모아 자세히 논의한 후 결정한다"고 한 것처럼 넓은 범위의 군관들이 참여하는 군신회의(남당회의)와 함께,『신당서』의 화백(和白)과 같은 비상특별회의, 그리고 재상들이 구성원인 재상회의 또는 정사당회의 등 여러 회의체가 존재했을 것이다.『삼국사기』열전 녹진전에는 헌덕왕대 상대등 충공(忠恭)이 "정사당"에서 인사와 관련된 업무를 보았던 사실이 기록되어 있기도 하다. 신라의 회의는 '화백회의' 또는 '귀족회의'라 부르는 경우가 많지만, '화백회의'는 만장일치의 회의 방식을 가리키는 것이고, '귀족회의'라는 명칭은 군신이나 재상들이 관등을 가지고 중앙관부의 관직에 재임하면서 국정을 논하는 회의라는 의미를 희석시킬 수 있다. 최근에는, 회의체의 존재를 통해 신라 정치 운영상의 귀족적 특징을 확인하기는 어려우며, 회의는 어느 나라에서나 일반적인 정책 결정 방식이었음이 지적되기도 하였다.(이재환, 2015) 따라서 재상들이 참여하는 의정회의는 '귀족회의'보다 '재상회의' 또는 '정사당회의'라고 부르는 것이 타당할 것이다.

결국 신라 재상제도의 운영 및 실체에 대한 문제는 이 회의의 주재자, 재상의 열에 든 관직자들 사이의 서열 관계 등으로 귀결된다고 할 수 있다. 그런데 재상의 서열과 관련해서 가장 많이 언급되는 기록 중 하나가 바로『삼국유사』기이편 원성대왕조의 상재·이재 기사이다. 다음에서 관련 기록을 구체적으로 살펴보도록 하자.

4. 상재상의 존재와 『삼국유사』 원성대왕조의 상재·이재

신라의 재상 중 첫 번째 서열은 보통 상상, 상재, 대재상, 대상, 총재 등으로 표현된다. 이 중 상상은 〈성덕대왕신종명(聖德大王神鍾銘)〉(771)에 등장하는 책임자 김옹(金邕)의 관직명 "검교사(檢校使) 병부령(兵部令) 겸(兼) 전중령(殿中令) 사어부령(司馭府令) 수성부령(修城府令) 감사천왕사부령(監四天王寺府令) 병(幷) 검교진지대왕사사(檢校眞智大王寺使) 상상(上相) 대각간(大角干)"이나 『구당서』 신라전의 "상상 김양상", "상상 경신" 등에서 확인된다. 다만 『구당서』의 상상이 상대등을 가리키는 것인 데 비해, 〈성덕대왕신종명〉의 상상은 그렇지 않은 것으로 여겨진다. 『삼국사기』에서 771년 즉 혜공왕 7년 당시 상대등은 혜공왕 4년부터 재직하였던 신유(神猷)로 확인되기 때문이다.

한편 『속일본기』 보귀(寶龜) 5년(772) 3월 계묘(癸卯)조에는, 신라의 사신 김삼현(金三玄)이 대재부(大宰府)에 이르렀을 때 일본의 관리와 문답하는 와중에 "본국 상재 김순정(金順貞)"이라는 표현이 등장한다. 이때 사신은, 신라에 상재 김순정이 있을 때 항상 일본과 배를 잇고 직공(職貢)을 닦았는데, 지금 그 손(孫)인 옹(김옹)이 그 지위를 이어 집정하고 있으니[繼位執政] 옛 우호를 다시 수복하기를 청한다고 말하고 있다. 김순정은 성덕왕 24년(724)에 죽었으며[『속일본기』 신귀(神龜) 3년 7월 무자(戊子)조], 역시 이 시기를 전후하여 상대등에 있었던 인물은 인품(仁品), 배부(裴賦) 등이었다. 즉 상재 또한 상대등과 일치하는 명칭은 아니었던 것이다. 김순정의 직함 상재는 김옹의 직함 상상과 대략 같은 명칭일 것이다.(鈴木靖民, 1967)

그런데 앞서 언급한 대로, 『삼국유사』 기이편 원성대왕조에도 상재가 등장한다. 관련 기록은 다음과 같다.

> 이찬(伊飡) 김주원(金周元)이 처음 상재(上宰)가 되고, 왕(원성왕, 김경신)은 각간(角

干)으로서 이재(二宰)의 자리에 있었다.(伊飡金周元 初爲上宰 王爲角干 居二宰) 꿈에 머리에 쓴 두건을 벗고 흰 갓을 쓴 채 12현금을 들고 천관사(天官寺) 우물 속으로 들어갔는데, 꿈에서 깨자 사람을 시켜 점을 쳤다. 이르기를, "두건을 벗은 것은 관직을 잃을 징조이고, 가야금을 든 것은 칼을 쓸 징조이며, 우물 속으로 들어간 것은 옥에 갇힐 징조입니다"라고 하였다. 왕은 이를 듣고 매우 근심하여 문을 잠그고 밖으로 나오지 않았다.

이때 아찬(阿飡) 여삼(餘三) 혹은 여산(餘山)이라는 자가 와서 뵙기를 청하였는데 (중략) 왕이 이에 좌우를 물리고 해몽을 청하였다. 말하기를 "두건을 벗은 것은 위에 앉은 이가 없음이고, 흰 갓을 쓴 것은 면류관을 쓸 징조이며, 12현금을 든 것은 12대 자손에게 왕위를 전할 징조요, 천관사 우물에 들어간 것은 궁궐에 들어갈 상서입니다"라고 하였다. 왕이 말하기를 "위에 김주원이 있는데 내가 어떻게 왕위에 오를 수 있다는 말이오"라 하니, 아찬이 말하기를 "비밀리에 북천(北川)의 신에게 제사를 지내면 가능할 것입니다"라고 하였다. 왕은 이를 따랐다.

얼마 안 되어 선덕왕(宣德王)이 세상을 떠나자 국인(國人)들이 김주원을 받들어 왕으로 삼아 장차 궁으로 맞아들이려고 하였다. 그의 집은 북천의 북쪽에 있었는데, 갑자기 냇물이 불어 건널 수 없었다. 왕이 먼저 궁에 들어가 왕위에 오르자, 상재의 무리들이 모두 와서 따르고 새로 오른 임금에게 축하드리니, 이가 원성대왕이다.

【『삼국유사』 권1, 기이 원성대왕】

위 기록을 보면 당시 재상의 서열이 상재·이재로 구분되어 있었음이 나타난다. 이때 김경신은 본래 이재로서 당시 상재였던 김주원보다 왕위계승서열이 밀렸는데, 785년 선덕왕이 죽은 후 북천의 범람으로 김주원이 입궁하지 못하자 먼저 궁에 들어가 즉위하였다. 이가 곧 원성왕이다. 그 사이에는 김경신이 불길하게 여겼던 꿈을 여삼이 해몽하는 과정에서 이것이 왕위계승을 암시한다는 말을 듣고 비밀리에 북천의 신에게 제사를 지냈던 일이 있었다. 한편 『삼국사기』 신라본기 원성왕 즉위년 조에도 선덕왕 사후 김주원과 김경신의 왕위계승 다툼이 실려 있는데, 그 내용은 다음과 같다.

> 선덕왕이 죽고 아들이 없자, 군신(群臣)이 논의하여 왕의 족자(族子) 주원을 왕으로 세우려고 하였다. 그때 주원은 왕경의 북쪽 20리 되는 곳에 살았는데, 마침 큰 비가 내려 알천(閼川)의 물이 불어나 건너올 수 없었다. 혹자가 말하기를, "인군(人君)은 큰 자리인지라 진실로 사람이 마음대로 할 수 없는데, 오늘 폭우가 내리니 하늘이 혹시 주원을 왕으로 세우려 하지 않는 것이 아닌가? 지금 상대등 경신은 전왕(前王)의 동생으로서 덕망이 높고 인군의 체통을 가졌다"라고 하였다. 이에 여러 의견이 일치하여, 경신을 세워 왕위를 잇게 하였다. 곧 비가 그치니 국인들이 모두 만세를 불렀다.
>
> 【『삼국사기』 권10, 신라본기10 원성왕 즉위년】

이를 보면, 『삼국유사』가 주원과 경신을 이찬·상재와 각간·이재로 나누어 기록한 반면, 『삼국사기』는 관직의 서열은 알 수 없는 대신 김주원은 왕의 '족자', 김경신은 '상대등이자 전왕의 동생'으로 그 신분을 서술하였다. 김주원은 태종무열왕계로 무열왕의 둘째 아들 인문(仁問)의 후손(최병헌, 1978; 이기동, 1980) 또는 무열왕의 셋째 아들 문왕(文王)의 5대손(김정숙, 1984)으로 추정되고 있다. 김주원은 혜공왕 13년(777) 10월 이찬으로서 시중이 되었으나, 780년 김양상의 혜공왕 시해 당시 물러났던 것으로 여겨진다. 한편 김경신은 내물왕의 12세손으로, 혜공왕 말년(780) 김양상과 함께 김지정(金志貞)의 난을 진압하였다. 곧이어 김양상이 선덕왕으로 즉위하자 이찬으로서 상대등에 임명되었고, 선덕왕대 내내 상대등직을 유지하였다.

상재·상상에 대해서는, 먼저 이들의 직함이 상대등·시중·병부령 등 『삼국사기』에서 표기한 명칭을 드러내지 않는다는 점에서 특정한 정치적 상황에 따라 임시로 설치한 역직(役職)으로 추정된 바 있다. 김순정과 김옹이 상재·상상으로 호칭된 것은 왕과 혈연적으로 가까운 상황에서 원구(元舅)로서 왕을 보좌하여 섭정(攝政)해야 했던 당시의 특수한 정치적 상황과 관련 있다는 것이다.(鈴木靖民, 1967) 이러한 견해를 받아들이면서 특히 김주원의 사례를 통해 8세기대에는 무열왕계와 밀접한 관련을 맺고 있는 유력한 진골세력의 수장을 상재로 칭했을 것이라고 추정하기도 한다.(강은영, 2011) 한편 김순정, 김옹, 김주원 등 중대에 상재로 등장하는 인물들은 모두 무열왕계로서 대체로 내성사신(전중령)을 역임하였으며, 이를 통해 이재였던 상대등보다 정치적으로 우위를 점했다는 설명도 있다.(박남수, 2012) 그리고 상대등과 상재상을 대립 경쟁관계로 보고, 상대등을 중심으로 한 대등집단과 상재를 중심으로 한 재상집단이라는 이원적 정계 구성을 상정하는 견해도 확인된다.(이인철, 1991) 최근에는 원성대왕조의 사례를 들어, 중대 상대등의 정치적 위상이 상재상 아래로 격하되었으며, 신라의 상재상과 재상제는 상대등과 대등제에 대한 안티테제로서 선덕여왕 이후 기획되고, 중대 왕실에 의해 점차 안정화된 직제였다는 설명도 나왔다.(윤선태, 2017)

그런데 『삼국유사』와 『삼국사기』에 기록된 선덕왕 사후 김주원·김경신의 관력을 보면, 김주원의 관직이 불분명한 데 비해 김경신의 관직은 확실히 상대등이었다. 상대등의 직장은 "국사에 대한 총괄(摠知國事)"로서, 대부분 왕과 가까운 왕족이었고 취임 전후 군사 관련 분야에서 활동하였다. 이들은 진골 출신으로 원칙적으로 각간(이벌찬)·이찬이 임명되었으며, 당대 제일의 인재가 기용되었다.(전봉덕, 1956; 이기백, 1962) 또한 상대등은 관부의 장관이 아닌 단독 관직이었으므로, 실제 국사를 총괄함에 있어 기밀사무를 관장한 집사성과 밀접한 관계를 맺었을 것으로 추측된다.(박수정, 2017)

아울러 『삼국유사』 기이편 미추왕 죽엽군조에는, 혜공왕대인 779년 김유신(金庾信)의 무덤에서 갑자기 일어난 회오리바람이 미추왕의 무덤으로 나아가자 그 속에서 김유신이 미추왕에게 자손의 억울함을 호소하는 목소리가 들렸다는 소식이 알려졌고, 이에 왕명으로 "대신(大臣)"이었던 김경신이 김유신의 무덤에 가서 사과했다는 기록이 있다. 김경신은 혜공왕대부터 이미 대신으로 표현될 정도로 고위 관직에 있었던 것이다. 아울러 『삼국사기』 열전 성각(聖覺)조에는, 성각이 어머니께 효성을 다하자, “대신 각간 경신과 이찬 주원” 등이 왕에게 아뢰어 향덕(向德)의 선례와 같은 상을 내렸다고 되어 있다. 여기에서도 김경신은 각간이자 대신, 김주원은 그보다 한 단계 낮은 관등인 이찬으로 되어 있는 것이다. 이를 보면 관력에 있어서는 분명히 김경신이 김주원보다 앞서 있었다는 점을 부인하기 어렵다.

그럼에도 불구하고, 『삼국유사』 원성대왕조의 상재·이재 기사만을 근거로 하여, 김경신보다 김주원의 정치적 위상이 높았다고 보아야 하는 것일까. 앞서 살펴보았듯이 중국에서 재상직은 기본적으로 그가 가지고 있는 관품·관직과 깊은 관련 하에 주어지는 것이었다. 물론 신라가 중국의 관직제도를 그대로 받아들이지는 않았다는 점을 강조할 수는 있을 것이다. 그러나 관등·관직이 아니라면, 신라에서는 과연 무엇을 기준으로 상재(상상)를 임명했던 것인지가 재차 논의되어야 한다. 이를 정치적 위상이나 영향력 등으로 뭉뚱그려 언급한다면, 관제 연구에 또 다른 혼란이 가중될 수도 있다.

『삼국유사』 원성대왕조에서는 꿈 해몽과 제사, 그리고 주원보다 먼저 왕궁에 들어가는 행동 등에서 왕위에 적극적인 의지를 가지고 있는 김경신의 모습이 두드러진다. 반면 『삼국사기』 원성왕 즉위년조에서는 마침 내린 폭우가 하늘의 뜻이라는 여론의 형성과 본인의 덕망에 의한 추대로 김경신이 왕위에 올랐다는 맥락이 읽힌다. 그러나 선덕왕 사후 왕위계승 1순위로 인정받고 있었던 김주원이 북천(알천)의 범람으로 즉위하지 못했고, 이에 2순위였던 경신이 즉위하였다는 점은 차이가 없다. 참고로 『신증동국여지승람(新增東國輿地勝覽)』 권44 강릉대도호부 인물조에서도 여러 신하가 주원을 왕으로 세우려 하자 경신이 뭇사람을 위협하고 먼저 궁에 들어가 왕이 되었다고 하였다. 당시의 세력은 김주원이 우세했다는 견해도 있고 김경신이 우세했다는 이해도 있으나, 지지자는 김경신 쪽이 더 많았던 것이 아닐까 싶다.(권영오, 1995; 김수태, 1996) 『삼국유사』 원성대왕조에서 굳이 상재·이재를 순서가 엇갈린 관등 이찬·각간과 함께 기록한 것은 혈연적으로 무열왕계였던 김주원이 좀 더 왕실과 밀착되어 있었다는 것을 나타내기 위함이었을 뿐, 권력이나 관직의 서열을 직접적으로 나타내는 표현은 아니었던 셈이다.

그러므로 위 원성대왕조의 상재·이재를 근거로 하여, 김주원의 전반적인 정치적 서열이 김경신보다 높았다고 설명하기는 어려울 듯하다. 더구나 이 기록을 상대등보다 서열이 앞서는 상재상의 존재를 확인시켜 주는 사례로 들고, 상재상과 상대등이 정치적으로 서로 대립되는 입장에 있었다고 설정하는 것은 지나친 추측이다. 상재·이재를 관직의 고하만으로는 설명할 수 없으며(이기백, 1974), 실제 재상직과는 상관없이 왕위계승의 첫째, 둘째 후보라는 의미로 사용된 것이라고 한 견해(최병헌, 1976)는 타당한 것이라고 생각된다.

다만 김주원·김경신의 실제 관직 서열과는 관계없이, 원성대왕조의 상재·이재라는 표현 자체는 〈성덕대왕신종명〉의 상상, 『속일본기』의 상재와 함께 신라 재상 중에서 대표자가 될 만한 지위·인물을 지칭하는 용어가 따로 정해져 있었다는 사실을 증명해 주는 사례이다. 앞서 언급했듯이 재상은 국가의 대사를 논의하는 재상회의 혹은 정사당회의의 구성원이었다. 아마도 상재 혹은 상상 등은 그러한 재상 가운데 회의를 주재하는 인물을 가리키는 표현이었을 것이다. 대부분의 국사는 재상회의에서 의결되었을 것이고, 여기서 정해진 내용을 상재상이 국왕에게 보고하여 재가를 받는 것이 상식적인 과정이었을 것으로 여겨진다.

혹 상대등을 겸하지 않더라도 상재상이 국사를 총괄하는 '집정자(執政者)'의 역할을 했을 수도 있다.(전덕재, 2004) 그러나 상대등이나 시중이 존재하는 상황에서 다시 집정자로서 상재상을 따로 두어야 했던 이유가 분명하지는 않다. 관련해서는 당 정사당회의의 의장은 윤번제(輪番制)였다거나(錢穆 著, 김준권 역, 2005), 의정대신인 재상이 꼭 행정 수장을 의미하는 것은 아니라는 지적이 참고될 수 있을 것 같다. 아울러 상대등이 재상으로 지칭되는 사료가 여전히 많다는 점에서, 상대등과 재상집단을 분리해 볼 수는 없다는 점도 지적해 두고자 한다.

한편『삼국유사』에는 상상, 상재와 같은 의미로 사용된 명칭으로서 대상(大相)이라는 표현도 나온다. 대상은 앞의 〈표 1〉의 7에 있는 김대성을 지칭하는 명칭인데, 이 기록에 따르면 김대성은 경덕왕대인 751년 대상으로서 불국사 창건을 시작하였다. 그 아버지 김문량(金文亮)은 국재로 지칭되고 있다. 이와 관련해서는 김문량을 성덕왕대 중시를 역임했던 문량(文良)과, 김대성을 경덕왕 4년(745)부터 9년까지 시중을 역임했던 대정(大正)과 각각 동일인으로 본 견해가 받아들여져 왔다.(이기백, 1964)

그런데 2007년 석가탑 중수문서로서 확인된 〈불국사무구정광탑중수기〉(1024)와 〈불국사서석탑중수형지기〉(1038)에는 불국사 창건이『삼국유사』에 기록된 751년보다 앞선 742년이라고 기록되어 있다. 또한 여기서는 김대성을 각각 "신라 제35대 경덕대왕조 상공 대성 각간(新羅第[三]十五代景德大王朝相公大城角干)", "신라 제35대 경덕대왕의 제1상공 대성 각간(新羅第三十五代(景)德大王矣第一相公大城角干)"이라고 표현하였다. 이를 보면『삼국유사』의 대상은 제1상공과 같은 의미였음을 알 수 있다. 이 문서들은 비록 고려시대에 작성된 것이지만,『삼국유사』보다 250년가량 앞선 기록이다. 역시 재상의 대표자를 정하는 관례는 8세기 전반부터 이미 마련되어 있었던 것이다.

이와 유사한 의미로『삼국유사』에 등장하는 또 다른 명칭은 총재(冢宰)이다. 앞서『삼국유사』의 총재 기록에 신빙성이 떨어진다는 언급을 한 바 있지만, 그러한 와중에도 〈표 1〉의 4에서 대각간은 "신라 총재의 작명"이라 한 기록과 11에서 각간은 "신라 재상의 준급"이라 한 부분은 약간의 주목을 요한다. 이 부분은『삼국유사』찬자의 설명으로 보이는데, 일단 대각간을 작(爵)이라 표현한 것은 신라의 경위(京位)가 고려의 작제와 다르다 하더라도, 중국 선진시대의 작명을 활용해 비유적인 설명이 가능하다고 생각했기 때문이었다.(하일식, 2006)

그런데 위 기록을 보면, 총재는 대각간, 재상 이하는 각간으로 각각 연결시키고 있는 듯하다. 물론 재상의 대표자가 꼭 대각간의 관등을 가지고 있었던 것은 아니었다. 그렇다 하더라도 이 기록은 신라 재상의 1등 서열을 정하는 데에는 관직의 서열보다 관등의 고하가 더욱 영향을 미쳤음을 나타내는 것이 아닐까 생각된다. 사실 신라의 관등과 관직은 1:1로 대응하는 것이 아니라 각 관직에 취임할 수 있는 관등의 범위를 규정해 놓는 방식으로 정해져 있었고, 그 중에는 시중과 같이 '관등규정'이 관직의 중요성과 서로 대응되지 않는 것처럼 보이는 부분도 존재한다. 이 때문에 각 관부의 서열을 정하기도 매우 애매한데, 이럴 경우 상대등, 시중, 병부령, 사신과 이들 관직을 띠지 않고도 재상의 열에 들었던 인물들 사이에는 결국 관등의 고하를 통해 서열이 정해질 수밖에 없었을 것이다.

5. 맺음말

이상 살펴보았듯이 『삼국유사』의 재상 관련 기록은 결코 적지 않다. 그중 특히 원성대왕조의 상재·이재 기사는 재상의 서열 및 신라 중·하대 권력관계와 관련해 매우 중요하게 다루어졌던 사료이다. 신라에서 8세기 전반부터 상재·상상·대상 등 재상의 대표자를 지칭하는 듯한 명칭이 나타나고, 이들이 상대등을 겸하지 않는 경우가 확인되면서, 그 성격과 정치적 역할에 대해 관심이 집중되었던 것이다. 그 과정에서 왕위계승서열이 앞섰던 것으로 보이지만 관등은 낮은 김주원이 상재, 관등은 높지만 김주원보다 왕위계승서열이 떨어졌던 것으로 판단되는 김경신이 이재로 표현되어 있는 『삼국유사』의 원성대왕조가 주목을 받았다.

확실히 원성대왕조의 상재·이재라는 표현 자체는 〈성덕대왕신종명〉의 상상, 『속일본기』의 상재와 함께 신라 재상 중에서 대표자로 지칭할 만한 지위가 정해져 있었다는 사실을 증명해 주는 사례이다. 그러나 김주원의 관직이 불분명한 데 비해 김경신의 관직은 확실히 상대등으로서 나타나고, 『삼국사기』에도

"대신 각간 경신과 이찬 주원"이라 기록되어 있는 등 관력에서 분명히 김경신이 김주원보다 앞서 있었다. 『삼국유사』 원성대왕조에서는 꿈 해몽과 제사, 그리고 주원보다 먼저 왕궁에 들어가는 행동 등에서 왕위에 적극적인 의지를 가지고 있는 김경신의 모습이 두드러지는데, 이는 당시 혈연적으로는 김주원에 비해 왕실과 거리가 떨어져 있던 김경신의 당시 상황을 반영하는 듯하다. 그러나 이 기록이 김주원의 전반적인 정치적 세력이 김경신보다 높았다는 것을 증명해 주지는 못하며, 더구나 이를 근거로 상대등보다 상재상의 서열이 앞섰다거나 상재상과 상대등이 정치적으로 서로 대립되는 입장에 있었다고 설정하는 것은 지나친 추측이다.

한편 『삼국유사』에는 상상, 상재와 같은 의미로 사용된 명칭으로서 대상이나 총재라는 표현도 존재한다. 이들 역시 재상의 대표자를 정하는 관례가 8세기 전반부터 마련되어 있었음을 보여 준다. 특히 총재와 대각간, 재상과 각간을 연결시켜 설명하는 듯한 『삼국유사』의 설명은 신라 재상의 1등 서열을 정하는 데 관직의 서열보다 관등의 고하가 더욱 영향을 미쳤음을 나타내는 것이 아닐까 생각된다.

◎ 참고문헌

강은영, 2011, 「779년 신라의 遣日本使 파견과 '彼國上宰'에 관한 검토」, 『日本歷史硏究』34.

구효선, 2004, 「6~8세기 신라 재상의 성격」, 『韓國史學報』16.

권영오, 1995, 「新羅 元聖王의 즉위과정」, 『釜大史學』19.

김명희, 2002, 「唐 太宗과 貞觀의 治」, 『全南史學』19.

김수태, 1996, 『新羅中代政治史硏究』, 일조각.

김정숙, 1984, 「金周元世系의 成立과 그 變遷」, 『白山學報』28.

박남수, 2012, 「新羅 聖德王代 '上宰' 金順貞과 對日交涉」, 『新羅史學報』25.

박수정, 2017, 「신라 執事省의 성격과 위상에 대한 再論」, 『新羅史學報』40.

신형식, 1985, 「新羅의 政治構造」, 『新羅史』, 이화여대출판부.

염경이, 1997, 「唐初 宰相制 確立過程에 관하여」, 『全北史學』19·20합.

와타나베 신이치로 지음, 임대희·문정희 옮김, 2002, 『天空의 玉座-중국 고대제국의 조정과 의례』, 신서원.

윤선태, 2017, 「『三國遺事』 紀異篇 '元聖大王'條의 가치-신라 '下古'시기의 정치구조와 그 함의」, 『『삼국유사』「기이」편 연구I』(신라문화제학술논문집38), 경주시·신라문화선양회·동국대학교 신라문화연구소.

이기동, 1980, 「新羅 下代 王位繼承과 政治過程」, 『歷史學報』85; 『新羅 骨品制社會와 花郞徒』, 일조각.

이기백, 1962, 「上大等考」, 『歷史學報』19; 1974, 『新羅政治社會史硏究』, 일조각.

______, 1964, 「新羅 執事部의 成立」, 『震檀學報』25·26·27합; 1974, 『新羅政治社會史硏究』, 일조각.

이명세, 2013, 「신라 宰相의 기능과 역할」, 『靑藍史學』21.

이인철, 1991, 「新羅의 群臣會議와 宰相制度」, 『韓國學報』65; 1993, 『新羅政治制度史硏究』, 일지사.

이재환, 2015, 「新羅 眞骨 硏究」, 서울대학교 박사학위 논문.

전덕재, 2004, 「新羅 和白會議의 성격과 그 변화」, 『歷史學報』182.

錢穆 著, 김준권 譯, 2005, 『강좌 중국정치제도사』, 한국학술정보.

田鳳德, 1956, 「新羅 最高官職 上大等論」, 『法曹協會雜誌』 제5권 1·2·3合; 1968, 『韓國法制史硏究』,

서울大學校出版部.
최병헌, 1978, 「新羅下代의 動搖」, 『한국사』3, 국사편찬위원회.
하일식, 2006, 『신라 집권 관료제 연구』, 혜안.

木村誠, 1977, 「新羅の宰相制度」, 『人文學報』118, 東京都立大學; 2004, 『古代朝鮮の國家と社會』, 吉川弘文館.
鈴木靖民, 1967, 「金順貞·金邕論-新羅政治史の一考察」, 『朝鮮學報』45; 1985, 『古代對外關係史の研究』, 吉川弘文館.
倉本一宏, 1997, 『日本古代國家成立期の政權構造』, 吉川弘文館.

『삼국유사』의 신라 중대 정치사건 이해 방법

-『삼국사기』와의 비교를 통해-

박명호(서울역사편찬원 전임연구원)

1. 머리말

사서(史書)에는 글쓴이, 또는 편찬자의 시각과 인식, 그리고 의도가 들어가 있다. 그리고 이를 보고 지금의 역사학자들은 지금의 시각과 인식을 가지고 해석을 한다. 이를 사료분석이라고 한다면, 당대 사서의 편찬자 내지 필자가 가지는 인식은 지금의 역사학자가 당시의 역사적 사실을 이해하는 중요한 요인이다. 그 인식, 시각, 의도를 얼마나 정확히 이해하고 해석하느냐는 오롯이 지금 연구자들의 몫이다.

고대사에서 『삼국사기』와 『삼국유사』는 당대 사료는 아니지만 한국고대사를 이해하는 기초자료이자 근간(根幹)이 되는 사서이다. 그럼에도 두 사서의 시각과 인식은 상당히 다르다. 이는 새삼스러운 말은 아니지만 다시 한번 환기할 필요성은 있다. 즉 관찬(官撰)인 『삼국사기』는 신라 중심의 시각, 유교의 도덕적 합리주의에 기초를 둔 역사 해석, 개인의 역할을 강조하는 영웅주의사관, 우리나라 최초로 중국 정사의 기전체(紀傳體) 형식 도입 등을 특징이라 할 수 있다. 반면 사찬(私撰)인 『삼국유사』는 사서로서의 체제는 미숙하다 할 수 있지만 우리나라의 역사전통을 불교 중심으로 파악한, 종교적 신앙이 강하게 표출되어 있는 특징이 있다. 또한 신비화된 상고사를 적극적으로 다루고 있으며, '유사(遺事)'라는 이름에서 알 수 있듯이 기존 사서에서 간과해 버린 고대사와 불교사의 많은 사료들을 다방면으로 모아 보족(補足)의 의도에서 찬술되었다 할 수

있다.(조동걸 등, 1994)

이처럼 두 사서의 다른 시각과 인식은 물론이고 『삼국사기』와 『삼국유사』에 보이는 같은 사실(事實)에 대한 다른 내용(內容)은 지금의 연구자들에게 혼란을 준다. 연구자들은 두 사서에 보이는 내용을 보고 당대 사실을 합리적으로 인식하고자 노력하는데, 경우에 따라 연구자들마다 다른 견해를 제시한다.

이 글에서는 신라 중대(中代)의 시작과 끝점에서 발생한 정치적 사건에 대한 『삼국사기』와 『삼국유사』 두 사서의 시각을 살펴보고자 한다. 즉 신라 중대를 개창한 태종무열왕 때 장춘랑과 파랑을 위한 장의사(莊義寺) 창건 이야기와 중대의 마지막 왕인 혜공왕의 죽음에 대한 두 사서의 내용을 검토하고, 그 시대를 이해하는 사서로서 『삼국유사』의 가치를 다시 한번 확인하고자 한다.

먼저, 태종무열왕 때 김춘추 앞에 나타난 장춘랑과 파랑을 위해 창건한 장의사 관련 이야기를 살펴보겠다. 장의사 창건 이야기는 두 사서에 모두 보이는데, 창건했다는 사실은 동일하지만 창건의 이유는 사뭇 다르다. 『삼국사기』에서는 두 화랑을 충신으로 묘사하였지만, 『삼국유사』에서는 충신이 아닌 원혼(冤魂)으로 묘사하였다.

이와 관련하여 기존 연구에서는 이러한 두 사서의 차이는 물론 장의사 창건 이야기에 그리 큰 관심을 가지지 않았다. 최근에 이르러서야 그 창건 배경과 설화 내용, 두 사서의 내용상 차이점 등에 대해 집중적인 논의가 이루어졌다.(박찬홍, 2017) 이에 두 사서의 내용을 바탕으로 왜 이렇게 내용상 차이가 있는지에 대해 추론하고, 당시의 역사적·정치적 현실을 논하고자 한다.

다음으로는 중대의 마지막 왕이자 시해된 혜공왕의 죽음에 대한 두 사서의 내용을 살펴보겠다. 혜공왕은 『삼국사기』에는 모반세력인 김지정이, 『삼국유사』에는 모반 진압세력인 김양상에 의해 시해된 것으로 서술되어 있다. 이 시기는 중대 왕권이 몰락하고 하대의 새로운 왕계가 성립되는 중요한 시기로, 때문에 많은 연구자들이 혜공왕과 그의 죽음에 대해 각기 의견을 내놓았다.(이기백, 1958; 김수태, 1983; 이영호, 1990; 박해현, 1997; 이문기, 1999)

이에 당시의 시대적 배경을 바탕으로 각 인물들에 대한 분석과 용어 사용례를 통해 『삼국유사』의 내용대로 김양상에 의한 시해 가능성을 제시하고자 한다. 이러한 시각과 해석은 『삼국유사』가 가지는 역사적 가치를 좀 더 드러낼 수 있으리라 본다.

이미 두 사서의 시각과 역사 이해 방법, 서술 등등의 차이는 기존 연구에서 많은 논의가 이루어졌다. 이 글도 이러한 연구 성과를 바탕으로 이루어졌다. 신라 중대에 발생한 정치적 사건에 대한 두 사서의 서로 다른 시각을 비교 검토한 이번 논의는 『삼국유사』의 사료적 가치에 대한 재인식뿐만 아니라 신라 중대시기의 실질적인 정치 상황을 확인할 수 있는 좋은 사례 검토가 될 것이다.

2. 장의사 창건 이야기

지금의 서울 세검정초등학교 안에는 신라 태종무열왕 때에 창건된 장의사의 당간지주(보물 235호)가 있다. 이는 『삼국사기』와 『삼국유사』, 그리고 조선시대 사료인 『신증동국여지승람』의 내용을 통해 확인할 수 있다. 각 사료들의 내용을 살펴보면 다음과 같다.

> 국왕인 김춘추가 조정에 앉아 있는데, 당나라에 군사를 요청하나 응답이 없어 근심하는 빛이 드러나 있었다. 그때 홀연히 어떤 사람이 왕의 앞에 나타났는데, 마치 죽은 신하인 장춘과 파랑과 같았다. 그들이 말하기를 "신은 이미 죽었지만 아직 보국의 마음이 있어 어제 당나라에 갔었는데, 황제가 소정방 등에게 명하여 군사를 거느리고 내년 5월에 백제를 칠 것을 알았습니다. 대왕께서 이처럼 애태우며 기다리는 까닭에 이렇게 알려 드립니다"라 하고 말을 끝내자 사라졌다. 국왕이 매우 놀라고 이상하게 여겨 두 집안 자손들에게 후한 상을 주고 해당 관청에

자료 1 서울 장의사지 당간지주

자료 2 당간지주 상부의 곡선과 둥근 홈

(출처: 문화재청)

명령하여 한산주에 장의사를 창건하여 명복을 빌게 하였다.

【『삼국사기』 신라본기 태종무열왕 6년 10월】

처음에 백제 군사와 황산에서 싸우다 장춘랑과 파랑은 진중에서 죽었다. 나중에 백제를 공격할 때쯤 김춘추의 꿈에 나타나 "신 등은 오래 전에 나라를 위하여 몸을 버리었고 지금은 백골이 되었지만 나라를 지키고자 종군함에 게을리하지 않았습니다. 그러나 당나라 장수 소정방의 위험에 눌려 남의 뒤만 좇아다녔습니다. 원컨대 왕께서는 저희에게 작은 세력이라도 주십시오"라 하였다. 국왕이 놀라고 괴이하게 여겨 두 혼을 위하여 하루 동안 모산정에서 불경을 설파하고 한산주에 장의사를 창건하여 명복을 도왔다.

【『삼국유사』 권1, 기이】

창의문 밖에 있다. 신라와 백제가 황산 벌판에서 싸울 때 장춘랑과 파랑이 전사하니, 태종무열왕이 두 사람을 위해 이 절을 창건하였다.

【『신증동국여지승람』 권3, 한성부 불우조】

〈표 1〉 장춘랑·파랑 관련 내용 차이점

	『삼국사기』	『삼국유사』
출현 인물	마치 장춘랑과 파랑 같음	장춘랑과 파랑
출현 시점	659년 10월(김춘추가 근심할 때)	신라가 백제를 공격할 때
출현 방법	김춘추 앞에 홀연히 나타남	김춘추의 꿈에 나타남
사망 장소	불명	황산
출현 이유	당나라 군사가 와서 백제를 공격한다는 소식을 알려 주기 위하여	작은 세력(힘)이라도 달라 하기 위하여
대처 방법	놀랍고 이상하게 여겨 두 집안 자손들에게 후한 상 지급	놀라고 괴이하게 여겨 두 혼을 위해 모산정에서 불경을 설파

장의사 관련 『삼국사기』와 『삼국유사』의 내용들은 비슷한 듯 하지만 자세히 살펴보면 차이가 많다. 먼저 공통된 사실은 화랑으로 추정되는 사망한 장춘랑(長春郎)과 파랑(罷郎)이라는 인물이 태종무열왕 앞에 나타났으며, 그들을 위해 한산주에 장의사라는 절을 창건하였다는 것이다. 즉 장의사는 장춘랑과 파랑의 명복을 빌기 위한 사찰이었다. 반면 차이점도 보이는데, 정리하면 다음과 같다.

『삼국사기』의 내용은 갑자기 장춘랑과 파랑과 같은 사람이 나타나 당나라에 청병했으나 응답이 없어 근심하는 김춘추에게 백제를 치기 위해 당나라 군대가 온다는 소식을 알려 준다. 실제로 다음 해 5월에 소정방은 군대를 이끌고 와 김유신 등과 함께 백제를 공격하여 7월 18일에 백제의 의자왕 등은 항복한다. 『삼국사기』의 내용은 실제 역사적 사실이 반영되어 있는 기록이라 할 수 있다.

반면 『삼국유사』의 내용은 김춘추의 꿈에 나타나 종군함에 당나라 군사만 좇아다니고 제대로 싸워 보지도 못하였으니 작은 세력(또는 힘)이라도 달라고 요청한다. 시기는 정확히 알 수 없지만 소정방이 신라를 돕기 위해 출정한 때에 장춘랑과 파랑은 전쟁에 참가하였고, 황산(논산으로 추정)에서 사망하였으니 꿈에 나타난 때는 이러한 사실들 이후로 짐작할 수 있다. 660년 5월 소정방이 군대를 이끌고 왔으니 『삼국사기』 내용과 비교하면 시기적으로도 차이가 있다.

두 화랑의 출현에 대한 김춘추의 대응도 두 사서는 다르다. 『삼국사기』에서는 자손들에게 후한 상을 주었고, 『삼국유사』에서는 두 화랑을 위해 불경을 설파하였다고 되어 있다. 이는 두 화랑이 전한 내용의 차이에 따른 대응방법일 것이다. 한편 조선시대 기록인 『신증동국여지승람』은 장의사를 설명하면서 대부분 『삼국유사』의 내용을 바탕으로 간단히 내용을 서술하였다. 장의사 창건과 관련하여 두 사서는 왜 다른 내용이 기록되어 있는 것일까? 실제 역사적 사실에 부합되는 내용은 무엇일까?

그간 장의사 창건과 관련된 연구는 거의 없다고 해도 과언이 아니다. 다만 『삼국유사』 역주서에서 「삼국사기」와의 차이점을 간단히 언급하였고,(최광식 등, 2014) 최근 구체적인 내용 분석이 들어간 것이 거의 유일하다 할 수 있다.(박찬홍, 2017) 박찬홍은 장의사 창건과 관련하여 두 사서의 시대적 배경, 기사의 사실성, 내용의 공통점과 차이점, 그 의미 등을 자세히 논의하였다.

먼저, 장춘랑과 파랑은 진평왕 24년(602) 백제와의 아막성 전투에서 사망했을 것으로 추정하고, 죽은 장춘랑과 파랑이 소식을 전해 주었다는 것은 믿을 수 없으며, 김춘추가 백제와의 전투를 앞두고 국론을 통일하기 위해 장춘랑과 파랑을 부각시키고 불교의 힘을 빌리고자 장의사를 창건했다고 보았다.

즉 장춘랑과 파랑, 장의사 창건 관련 역사적 사실이 『삼국사기』의 내용이며, 『삼국유사』의 내용은 『삼국사기』의 기록을 토대로 불교적으로 윤색된 설화로 보고 '장춘랑파랑 설화'라 명명하였다. 아막산 전투지역의 남쪽이 황산(荒山)인데, 660년 계백과 싸웠던 황산(黃山)과 발음이 같아서 장춘랑파랑 설화가 만들어졌던 시기에 혼동이 일어났던 것 같다고 보았다.

마지막으로 장춘랑파랑 설화는 660년 7월의 백제 멸망을 전후하여 9월까지 신라군과 당나라군의 갈등을 반영한 것으로, 고구려·백제 멸망 후 신라에서 소정방을 신격화했다는 점을 고려할 때 소정방의 위력에 대항하려는 내용이 포함되는 이 설화는 신라와 당나라가 쇠약해진 신라 말이나 고려 초에 만들어졌을 것으로 추측하였다. 결론적으로 『삼국사기』의 내용이 역사적 사실이며,

『삼국유사』의 내용은 신라 말이나 고려 초에 불교적인 윤색을 거쳐 만들어진 설화라는 것이다.

이러한 연구성과는 기존 연구에서 간과하였던 장의사 창건의 이유와 시대적 배경, 두 사서의 내용 차이 이유 등을 자세하고 명확히 제시하여 앞서 의문시했던 두 사서에 왜 다른 내용이 기록되어 있는지, 실제 역사적 사실에 부합되는 내용은 무엇인지에 대해 어느 정도 대답을 하였다 할 수 있다. 단지, 그럼에도 불구하고 이러한 성과를 바탕으로 조금 더 논의는 필요하다. 앞서 말한 바와 같이 당대 역사서의 편찬자가 가지는 인식이 당시의 역사적 사실을 이해하는 중요한 요인이라는 점을 고려하여 두 사서의 내용 차이를 이해해 보고자 한다.

먼저, 생각해 볼 점은 두 사서에 보이는 장춘랑과 파랑이라는 인물의 이해 방법이다. 장춘랑과 파랑은 다른 기록에서는 전혀 확인할 수 없는 인물이다. 그렇기 때문에 두 인물에 대해 더 이상의 구체적인 추측은 불가능하고 단지 두 사서의 내용을 통해 추측이 가능할 뿐이다.

물론 두 사서에 표기가 약간 다르기는 하지만 이름이 '~郞'임을 보아 화랑으로 추측이 가능하고 모두 사망한 인물이다. 그러나 두 인물이 전장(戰場)에서 사망한 전몰군사(戰歿軍士)임은 『삼국유사』에서만 확인이 된다. 『삼국사기』에서는 '선신(先臣)', 즉 죽은 신하라고만 되어 있어 그들이 전쟁 중에 사망한 사실은 알 수가 없다. 화랑임을 고려한다면 특별한 언급이 없어도 그들이 전쟁 중에 사망했을 가능성은 있지만 『삼국유사』의 내용처럼 사료상 그 사실을 확인할 수는 없다는 것이다.

이러한 사실을 고려한다면 『삼국사기』의 내용이 역사적 사실을 반영한 것이고, 『삼국유사』는 『삼국사기』의 내용을 바탕으로 불교적으로 윤색된 설화라는 기존의 견해는 재고의 여지가 있다. 즉 진평왕 때인 602년 장춘랑과 파랑이 아막성 전투에서 사망하였다는 견해는 『삼국사기』가 아닌 전몰군사임을 알 수 있는 『삼국유사』의 기록을 바탕으로 추출한 것이다. 이는 『삼국유사』의 내용을 『삼국사기』의 기록을 바탕으로 윤색한 설화로만 본다면 사료 해석과 순서상 잘

못되었다는 뜻이다.

이와 관련하여 두 사서에 보이는 두 인물의 역할도 사뭇 다르다. 『삼국사기』의 내용은 당의 군사 원조에 전전긍긍하는 김춘추에게 희망의 메시지를 들려주는 충성스러운 신하이고, 『삼국유사』의 내용은 황산에서의 백제와의 싸움에서 숨진 전몰군사인 신하이다. 즉 『삼국사기』의 내용은 당나라 군대가 곧 올 것을 알려 주는, 이미 죽었지만 충성스러운 신하의 모습이지만 그들이 전몰군사인지는 알 수가 없다. 반면 『삼국유사』에는 황산 전투에서 사망한 전몰군사이자 백제와의 전투에서 제대로 싸워 보지도 못하고 죽은 한을 풀게 작은 힘을 달라는 일종의 신원(伸寃)을 요청하는 내용이다.

이러한 인물들의 성격과 역할 차이로 인해 김춘추의 대응 방법도 두 사서에서 다르다. 희망의 메시지를 준 두 인물의 후손들에게는 그 대가로 후한 상을 주었으며, 원혼(寃魂)의 모습으로 나타난 『삼국유사』에서는 두 혼을 달래기 위해, 즉 신원을 위해 하루 동안 불경을 설파하였다. 이와 같은 내용을 볼 때 단순히 『삼국유사』의 내용을 시간이 한참 지난 이후 불교적으로 윤색한 설화로만 보기에는 주저된다. 『삼국사기』뿐만 아니라 『삼국유사』의 내용도 일정하게 당시의 상황을 보여 주는 역사적 사실로 파악하는 것이 더 합리적인 해석이라 판단된다.

이러한 내용 분석과 함께 두 사서의 편찬자가 왜 장의사 창건 이야기를 수록했는지, 그리고 내용상 왜 이렇게 차이를 보이는지에 대해 좀 더 고민할 필요가 있다. 두 사서에 보이는 김춘추 앞에 홀연히 나타나거나, 꿈에 나타나 희망의 메시지를 주거나 작은 힘이라도 달라고 요청하는 내용은 기존 견해에서 말한 바와 같이 있는 그대로의 역사적 사실이라기보다는 백제와의 전쟁에서 국론을 통일하고자 장춘랑과 파랑을 부각시키고, 불교적 색채를 가했다 할 수 있다. 그러나 그 밖의 두 사서의 내용은 각 사서들이 가지고 있는 편찬의 방향과 시각, 당나라에 대한 인식 등이 드러나 있다.

『삼국사기』의 장춘랑과 파랑은 죽어서도 국왕의 근심을 덜어 주는 충성스러운 신하의 모습이다. 이들은 『삼국사기』의 본기나 열전에서 많이 볼 수 있는 충성스러운 관료, 화랑, 군사들의 모습과 일맥상통한다. 앞서 말한 바와 같이 김부식의 유교주의적 사관이 반영된 내용이라 할 수 있다. 즉 신라와의 오랜 숙적인 백제를 멸망시킬 당나라의 군사를 기다리는, 그래서 당나라 군대가 오는 사실이 매우 기쁜 일이라 그 소식을 알려 준 충성스러운 두 신하의 후손에게 후한 상을 준다는 내용은 당시 전쟁 수행 주체인 국왕과 지배층의 인식이 반영되어 있다 할 수 있다.

반면 『삼국유사』의 장춘랑과 파랑은 국왕의 근심을 덜어 주는 인물이라기보다는 전쟁에서 당나라 군사만 쫓아다니고 제대로 싸워 보지도 못해 원한을 가진 신라 화랑의 모습이다. 이를 당에 대한 부정적인 인식을 보여 준다는 기존 견해(박찬홍, 2017)는 적절하다. 이는 여러 사료들에서 확인할 수 있듯이, 전쟁 과정 중 벌어지는 신라와 당의 갈등, 전쟁으로 인한 일반 민들의 고통을 반영한, 즉 기존 사서에서 간과한 많은 사료를 모아 보족의 의도에서 찬술한(조동걸, 1994) '유사(遺事)'의 성격이 잘 드러난 『삼국유사』의 인식과 시각을 적절히 보여 줬다 할 수 있다.

장의사는 김춘추가 장춘랑과 파랑을 위해 창건하였다. 두 사서에 보이는 장의사 창건 내용은 그 내용 속에 다소의 의도적인 정치적 목적과 불교적 윤색이 보이지만, 두 사서 모두 7세기 중후반의 치열했던 전쟁기의 역사적 사실을 반영하고, 당나라에 대한 당시 사람들의 인식이 반영되어 있다. 『삼국사기』에는 신라 지배층의, 『삼국유사』에는 일반 민들과 참전군사들의 인식이 반영된 기록으로 이해할 수 있다.

3. 혜공왕의 죽음에 대하여

신라 중대 왕권의 마지막 왕인 혜공왕의 죽음에 대한 기록은 『삼국유사』와 『삼국사기』가 전혀 다르다. 각 사료들을 살펴보면 다음과 같다.

나라에 큰 난리가 있어 결국 (국왕은) 선덕왕과 김양상에게 시해되었다.

【『삼국유사』 권2, 기이 경덕왕 충담사 표훈대덕】

상대등 김양상이 이찬 경신과 함께 거병하여 김지정 등을 죽였다. 왕과 왕비는 반란병에게 해를 입었다. 양상 등이 왕의 시호를 혜공왕이라 했다.

【『삼국사기』 권9, 혜공왕 16년 4월】

『삼국유사』에 따르면 혜공왕은 선덕왕과 김양상에게 시해되었다. 그러나 김양상이 왕위에 오른 이후 왕호가 선덕왕임을 안다면 이때의 김양상은 김경신의 오자임을 알 수 있다. 즉 혜공왕은 김양상과 김경신에게 시해된 것이다. 이때 기록을 보면 '所弑'로 되어 있는데, 기록 그대로 '죽임을 당했다'라는 의미이고 죽인 주체는 김양상과 김경신이다.

『삼국사기』에는 왕(혜공왕)과 왕비가 반란병에 의해 해를 입었다고 기록하고 있다. 한자 원문은 '爲亂兵所害'이다. 이때의 반란병은 "김양상과 김경신이 김지정 등을 죽였다"라는 앞서의 내용을 통해 반란의 주체세력은 김지정세력임을 알 수 있다. 또한 뒤이어 나오는 "김양상이 왕의 시호를 혜공왕이라 했다"라는 내용을 통해 '所害'를 '살해되었다'라고 해석하여 혜공왕이 반란병에 의해 죽임을 당했다고 이해하고 있다.

이처럼 혜공왕은 두 사서에 반란세력에 의해, 아니면 반란을 진압한 진압세력에 의해 죽임을 당한 것으로 상반되게 기록되어 있어 연구자들마다 이해의 방향과 폭이 다르다. 더욱이 혜공왕의 죽음이 『삼국사기』의 신라사 구분법인 중대의 종점이자 하대의 시작점이라는 정치적 관점에서 본다면 시해의 주체 문제는 이 시기 신라사 이해에서 중요한 문제 중의 하나이다. 또한 시해 주체 중의 한쪽인 김양상이 바로 이어 즉위하여 신라 하대를 시작한 국왕이라는 점은 많은 정치적 함의를 가지고 있음이 분명하다.

이에 혜공왕의 탄생설화 및 즉위와 책봉 과정, 그리고 혜공왕대 발생한 모반 사건들의 검토를 통해 혜공왕 죽음에 대한 기존 연구자들의 견해를 살펴보고,

사료의 분석과 용례를 통해 두 사서가 전하는 혜공왕의 죽음에 대한 역사적 사실을 추론해 보고자 한다.

1) 혜공왕의 즉위와 책봉 과정

신라 중대 왕권이 성립된 이후 꾸준히 추진된 정치세력의 관료화와 국가통치조직의 완비에도 불구하고(박명호, 2016) 혜공왕대에 이르러 급격하게 국왕권이 붕괴되고 있었다. 즉 혜공왕대 사료들을 살펴보면, 국정운영이라는 면에서 볼 때 경덕왕대까지 정치적으로 안정되어 보였던 중대의 국왕권이 한순간에 붕괴되고 있었다 추측할 수 있다.

먼저, 『삼국사기』와 『삼국유사』의 기록을 통해 혜공왕의 즉위와 탄생설화를 살펴보면 8세에 즉위하여 그의 모(母)인 만월부인이 섭정을 하였음을 알 수가 있다. 중고기인 진흥왕 즉위 때에 태후인 지도부인의 섭정이 있었다. 중대에는 효소왕이 6세에 즉위하였는데, 일부 연구자들은 섭정의 가능성을 추정하였지만(김영미, 1988; 김수태, 1996) 섭정 사실은 확인할 수 없다. 국왕이 어리다고 무조건 섭정이 이루어졌다고 할 수는 없다. 즉 혜공왕에 대한 태후의 섭정은 경덕왕 후반부에 성장한 외척세력이 있었기 때문에 가능했을 것이다.(박해현, 2003)

『삼국유사』의 혜공왕 관련 내용은 부정적이다. 즉 국왕이 나이가 어려 태후가 조정에 임하였으나 정사가 다스려지지 못하고, 도적이 벌떼처럼 일어나 미처 막을 수가 없었다고 하여 혜공왕대 정치적 불안정이 있었음을 보여 준다. 이어지는 "표훈대사의 말이 맞았다"는 내용은 『삼국유사』에 보이는 혜공왕의 탄생설화를 말하는 것으로 남자아이가 태어나면 나라가 위태로워질 것이라는 표훈의 말이 맞았다는 것이다. 이에 대해서는 경덕왕의 전제주의적 성격을 보여 주는 것으로 이해하기도 하지만(이기백, 1974) 글자 그대로 아들을 고집한 경덕왕 때문에 나라가 어지러워졌다는 것으로 해석하는 것이(김상현, 1991) 합리적이다.

이와 관련하여 견당사인 김은거가 당에 책봉을 청하는 것도 유의하여야 할 내용이다. 선왕인 경덕왕은 당의 신라로의 조문사(弔問使) 파견과 함께 바로 책봉을 받았다. 그러나 혜공왕은 즉위 4년째인 768년 봄에 이르러서야 책봉을 받았다. 거기에 함께 왕모(王母)를 대비(大妃)로 책봉한다. 보통 국왕에 대한 책봉이 즉위 후 바로 이어지는 경우와 비교하면 시기적으로 늦었으며, 『삼국사기』에서 신라가 당에 책봉을 청하는 기록은 일반적인 모습이 아니다. 왕모를 대비로 책봉하는 기록은 더더욱 일반적인 모습이 아니다.

그런 면에서 혜공왕의 즉위와 관련하여 신라와 당 사이에 모종의 문제가 발생했을 가능성이 있다. 만약 그렇다면 태후를 대비로 책봉하였음이 국왕의 책봉과 함께 있었던 것은 신라의 요청이었을 가능성이 높으며, 이에 대한 당의 거부로 책봉이 늦어졌을 가능성이 농후하다. 기존 견해에서 태후의 대비 책봉이 섭정체제를 굳히고, 태후의 정치적 지위를 강화하고 당으로부터 인정받고자 하는 의도로 보는 것은(김수태, 1996; 박해현, 2003) 적절하다. 따라서 혜공왕대 정치세력에 대한 이해에는 섭정에 대한 이해와 논의가 전제되어야 할 것이다.

2) 혜공왕대 모반 발생의 원인

책봉이 이루어진 몇 달 후인 7월 3일에 대공과 그의 동생 대렴이 모반을 일으킨다. 이 모반은 『삼국사기』와 『삼국유사』는 물론 『신당서』에도 기록되어 있을 정도로 규모나 세력면에서 상당한 정치적 사건으로 파악된다. 이후 혜공왕대는 빈번하게 모반이 발생하였고, 결국 모반으로 인해 국왕이 시해당하는 경우에까지 이른다.

사료에 보이는 반란(또는 모반)은 피지배층인 민들의 반란과 지배세력들인 정치세력에 의한 반란으로 나눌 수 있다. 혜공왕대는 정치적 인물들에 의해 모반이 일어났는데, 그런 면에서 혜공왕대의 이해는 정치적 관점이 우선이고, 모반이 이 시대를 이해하는 핵심요소라 할 수 있다. 그렇기 때문에 모반 관련 각 정치세력의 이해를 위한 다각도의 접근이 있었고, 연구자들에 따라 동일인물을 상이한 성격으로 규정하기도 하였다. 혜공왕의 시해 주체가 누구인가 하는 문제도 결국 각 정치세력을 어떠한 성격으로 이해하느냐의 차이이다.

중대에 발생한 모반을 정리해 보자. 신문왕 원년(681)에 국왕의 장인인 김흠돌의 모반 이후에 효소왕 9년(700) 5월에 이찬 경영, 효성왕 4년(740) 8월에 영종의 모반 등 총 세 차례만이 확인된다. 경덕왕대는 모반의 발생은 없고, 충신들인 김사인과 이순의 간언(諫言)만이 확인된다. 대체로 혜공왕 이전까지 신라 중대 사회는 정치적 안정을 유지했다 할 수 있다. 반면 혜공왕 때는 혜공왕 4년(768)부터 16년(780)까지 총 다섯 차례에 걸쳐 모반이 발생하였다.

즉 이전까지 국정운영의 난맥을 보여 주는 정치 혼란이 발생하지 않았지만, 경덕왕 때에 신하들의 간언이 보이고, 혜공왕 때는 간언이 아닌 무력 반란이 지속적으로 발생하기 시작하였던 것이다. 이는 중대 말기부터 상소(上疏) → 모반(謀叛) → 국왕 시해라는 정치적 과정을 겪었으며, 이러한 과정은 경덕왕대부터 문제가 발생하고 있었음을 암시하는 것으로 이해할 수 있다. 경덕왕대에 내부적으로 서서히 사회적인 몰락이 일어난 시기로 본 견해는(이기백, 1974) 적절하다.

그러면 혜공왕대 발생하여 국왕의 시해에까지 이른 모반들을 각 연구자들은 어떻게 보고 있는지 각각의 모반 사건을 살펴보자. 먼저, 앞서 살펴본 혜공왕대 첫 번째 모반인 대공과 대렴의 모반은 96각간이라든지, 5도 주군(州郡)이라는 표현으로 보아 『신당서』의 표현대로 나라의 대란(大亂)이었음이 분명하다. 이에 대해서는 중대적인 정치적 성격의 부정을 의미하는 반혜공왕적 모반으로 이해하는 견해(이기백, 1974)와 그동안 중대 정권에서 배제되면서 쌓인 귀족들의 불만이 폭발한 것으로, 중대 왕권에서 처음 발생한 태후의 섭정 등에 대한 반발이었을 가능성을 제시하였다.(박해현, 2003)

이 모반이 태후의 대비 책봉 이후에 발생하였다는 점에서 그와 관련하여 이해할 수 있는 여지는 크다. 즉 섭정을 유지 내지 강화하려는 시도는 그간 중대

왕권이 추구하였던 국왕 중심의 중앙집권체제 방향과는 어긋나는 국정운영 방식이었다. 그에 대한 반발과 지지가 대규모의 정쟁 형태로 나타난 것이며, 왕궁의 포위도 그 대상은 섭정을 하던 태후가 아니었을까 추측해 본다.

이후 혜공왕 6년(770) 8월에 대아찬 김융이 모반을 일으켰다 죽임을 당했고, 혜공왕 11년(775) 6월에는 이찬 김은거가, 같은 해 8월에는 이찬 염상이 시중 정문과 함께 모반을 하려다 모두 죽임을 당하였다. 먼저 김융은 김유신의 후손인데, 대공·대렴과 같이 반혜공왕적인 모반으로 보았으며(이기백, 1974), 당시 시중인 김은거가 모반 이후 시중 자리에서 물러난 사실을 두고 이 모반이 성공한 것으로까지 보았다.(김수태, 1996) 그러나 모반 주체가 죽임을 당한 모반을 성공이라 한 것은 이해하기 어렵고, 시중 김은거가 사직한 시기는 12월로 모반 발생 시기인 8월과 차이가 있음을 고려한다면 김은거와 연관하여 모반을 이해하는 것은 합리적이지 않다. 대공·대렴의 모반과 같이 국왕 중심 중앙집권체제의 방향과는 어긋나는 국정운영방식에 대한 반발로 이해해야 할 것이다.

이후 같은 해에 발생한 김은거의 모반과 염상·정문의 모반은 상당히 흥미롭다. 김은거는 혜공왕 3년(767) 7월에 당에 들어가 책봉을 요청한 인물로, 768년 10월부터 770년 12월까지 시중 자리에 있었다. 김은거의 뒤를 이어 시중이 된 인물이 정문이다. 정문이 시중에서 물러난 시기는 정확히 알 수가 없지만 혜공왕 11년(775) 김순을 시중으로 임명한 기록으로 보아 이때에, 또는 이때보다 이전에 정문은 시중에서 물러났음을 알 수 있다. 또다른 모반 인물인 염상은 경덕왕 17년(758) 1월에 시중에 임명되어 경덕왕 19년(760) 4월에 물러났다.

김은거와 정문은 혜공왕 때에, 염상은 혜공왕의 선친인 경덕왕 때에 시중을 역임한 인물들로 국왕의 최측근이자 중심 관부의 수장이었던 관료들이 두 달 내에 연이어 모반을 한 것이다. 특히 김은거는 책봉을 청하기 위해 당으로 간 인물로 혜공왕, 또는 왕모인 태후와 정치적 지향이 같다고 추측할 수 있다. 그렇다면 이 모반들을 앞서 발생한 모반들과의 연장선상에서 이해를 해야 하는 것일까?

기존의 견해들을 살펴보자. 먼저 김은거의 반란은 친왕파 혹은 왕당파들의 모반으로 이해하였다.(이기백, 1974; 김수태, 1996) 이것은 혜공왕 10년(774) 9월 김양상의 상대등 취임을 획기적인 역사적 의의가 있는 것으로 생각하는 견해로, 친왕파에서 반왕파(反王派)로 정권이 교체되어 모반들이 일어났다는 것이다. 혜공왕의 시해 주체 중 한 명인 김양상과 관련하여 이해한다는 점에서 주의를 요하는 견해이다.

반면 외척과 관련하여 귀족들 간의 정쟁으로 이해한 견해도 있다.(박해현, 2003) 즉 김양상이 당시 정치적으로 소외되어 있던 김주원, 김유신세력과의 연계를 통해 정치력을 강화해 나갔으며, 그러한 과정에서 외척세력인 김옹 등에 연계된 자들이 김양상의 정국 주도에 반발하여 일으킨 모반으로 보았다. 이 견해 역시 김양상에 대한 반발이라는 면에서 앞의 견해와 동일하다. 그 밖에 혜공왕 12년(776) 정월에 백관(百官)의 복고정책을 펴려 하자 그에 대한 반발로 한화정책 추진자인 김은거, 염상, 정문 등이 모반을 일으킨 것으로 보는 견해도 있다.(전덕재, 1997)

이처럼 각 인물들의 정치적 성향이나 가계(家系)와 관련하여 이해한 것과는 달리 신라 오묘제(五廟制)의 개정을 정치사적으로 접근하여 모반의 성격을 규명한 견해도 있다. 즉 혜공왕 12년(776) 정월 백관의 복고정책 때에 오묘제도 개정이 이루어졌는데, 혜공왕 12년에 주의하여 혜공왕이 섭정을 벗어나 국왕 자신이 정국 운영의 주체가 되는 친정(親政)을 시작했던 것으로 보았다. 이것은 18세가 되는 혜공왕 11년부터 친정을 시작하여 오묘제에 대한 개정을 단행, 국왕이 주도하는 새로운 정치질서의 수립에 활용하려고 했던 것으로 이해하는 것이다.

즉 이러한 시각에서 혜공왕 11년 김은거와 염상·정문의 연속적인 모반은 태후 섭정기 때의 기득권세력의 반발로 생각하였다.(이문기, 1999) 혜공왕 11년 정문의 퇴임과 김순의 시중 임용을 혜공왕이 친정 지지세력을 중심으로 정치세력을 재편하는 상징적인 조치로 이해한 이 견해는, 혜공왕대에 시중을 역임한 인물들이 모반을 일으킨 사실을 설명함에 부족함이 없다.

이처럼 혜공왕 때 발생한 4건의 모반은 모두 동일한 정치적 성격을 가지고 있지는 않은 듯하다. 사료에 대한 이해와 분석, 그리고 기존 견해 등을 통해 정리해 보면, 혜공왕 4년(768) 대공·대렴의 모반과 6년(770) 김융의 모반은 신라 중대 국왕 중심 중앙집권체제의 방향과는 어긋나는, 섭정이라는 국정운영 방식에 대한 반발로, 반면 혜공왕 11년(775) 김은거의 모반과 염상·정문의 모반은 섭정기 때 기득권세력의 혜공왕에 대한 반발로 일으킨 것으로 생각한다.

3) 혜공왕의 죽음과 시해 주체

혜공왕 16년 2월에 발생하여 혜공왕을 죽음에 이르게 한 김지정세력의 모반은 어떠한 성격의 모반일까? 그리고 혜공왕을 죽인 정치세력은 모반을 일으킨 김지정세력인가, 모반을 진압한 김양상세력인가?

사료에서 김지정이라는 인물에 대한 정보는 매우 한정적이다. 단지 신라의 제2관등인 이찬에 이르렀으며, 모반 과정에서 무리를 모아 궁궐을 에워싸 침범하였다는 기록으로 보아 진골귀족으로 막강한 권력을 가지고 있었을 가능성이 높은 인물이다. 하지만 이것만으로 정치적 성격이나 지향점을 확인할 수는 없다. 김지정과 관련하여 기존 견해를 살펴보자.

먼저, 김지정은 왕당파이지만 혜공왕을 죽인 것은 국왕에 대한 정치적 불만에서 비롯된 것으로 보는 입장이다.(김수태, 1996) 이 견해는『삼국사기』에 따라 난병(亂兵)에 의해 혜공왕이 시해되었음을 이해하기 위함이다. 그러나 김지정이 왕권을 수호하고 반전제주의 귀족세력을 제거하고자 모반을 일으켰다면, 모반 과정에서 국왕을 시해함은 합리적으로 이해하기에 어렵다.

반대의 견해도 있다. 김지정은 혜공왕의 정치적 입장과 반대되는 인물로, 혜공왕의 정국 운영에 불만을 가지고 김양상에 반대된 세력으로 이해하는 것이다.(박해현, 2003) 이는 김양상을 섭정의 지지자이자, 친정의 지지자로 보는 것

이다.(이문기, 1999)

이에 기존 연구자들은 김지정세력의 반란을 진압한 김양상을 통해 모반의 성격을 파악한다. 이는 모반을 진압한 김양상이 최소한 김지정과 정치적 지향점이 동일하지 않다는 점을 통해 역으로 김지정의 정치적 성격을 파악하는 것이다. 문제는 김양상을 이해하는 시각들이 다양하다는 것이다. 김양상을 반왕파의 중심인물이자 반전제주의 운동의 기수로 이해하기도 하고(이기백, 1974; 김수태, 1996), 반대로 그의 다양한 정치활동을 통해 혜공왕의 적극적인 지지자로 이해하기도 하는 것이다.(이영호, 2014) 특히 『삼국유사』에는 혜공왕을 시해한 주체로 김지정이 아닌 김양상으로 서술되어 있기 때문에 과연 김양상이 실질적으로 왕권 쟁취를 위해 혜공왕을 시해했는지에 대해서는 두 사서의 내용에 차이가 있기 때문에 판단에 신중을 요한다.

김양상 관련 기록들을 살펴보자. 혜공왕 죽음 이후 김양상이 즉위한 후 손위(遜位)를 하려고 했다거나 하조(下詔)의 내용을 보면 왕권 탈취를 위한 정치적 의도는 없었던 것으로 이해된다. 즉 김양상은 처음부터 반왕파가 아니며, 혜공왕을 시해하면서까지 왕위를 차지할 인물도 아니었음은 그의 유조를 통해서도 알 수가 있다.(이영호, 2014) 물론 『삼국사기』에 보이는 내용을 정치적 수사(修辭)로 이해할 일면도 있음은 부정할 수 없다. 그러나 〈성덕대왕신종비〉에 보이는 활발한 정치활동 등을 보건대, 김양상은 혜공왕의 국정운영에 적극적으로 참여한 인물로 보인다.

이와 관련하여 혜공왕 13년(777) 4월 상대등인 김양상의 상소는 김양상의 정치적 성격과 관련하여 많은 연구자들의 흥미를 끈다. 이와 관련하여 이 상소를 중대 왕권복구운동에 대한 경고(이기백, 1974; 김수태, 1996), 혜공왕이 주도하는 연합정치에 대한 반기이자 김양상으로 대표되는 내물왕계 김씨세력들의 이탈(이문기, 1999)로 보기도 하지만, 사료에 보이는 그대로 일련의 재앙과 이변에 적절하게 대처하지 못한 국왕의 실정(失政)에 대한 충성된 신하로서의 비장한 간언이자(이영호, 2014) 반대 정치세력의 움직임을 적극 차단하기 위한 상소로

(박해현, 2003) 보는 것이 더 합리적이다. 김양상과 그 정치세력은 혜공왕과 정치적 지향점이 같다고 할 수 있다.

그러면 혜공왕을 죽인 인물은『삼국사기』의 기록대로 김지정인가?『삼국유사』에 기록된 김양상의 혜공왕 시해는 잘못된 기록인가? 김양상은 혜공왕과 정치 지향점이 같고 혜공왕의 국정운영에 적극적으로 참여한 인물로 추측된다. 그러나 이러한 견해가 김양상이 혜공왕을 시해한 인물이 아님을 말하는 것은 아니다. 정치세력들은 당시의 처해진 상황, 정치 현안, 이해관계에 따라 정치적 입장은 언제든지 변할 수 있다. 이에 두 사서에 보이는 용어의 사용례를 통해 혜공왕 시해 주체를 종합적으로 파악해 보고자 한다.

앞서 살펴본 바와 같이『삼국유사』에는 김양상과 김경신에게 혜공왕이 "시해되었는데", 한자 원문을 보면 '所弑'이다. 반면『삼국사기』에는 왕(혜공왕)과 왕비가 반란병에 의해 "해를 입었다"고 기록되어 있는데 한자 원문은 '爲亂兵所害'이다. 즉 정확히 해석하면 난병(亂兵)에 의해 해를 입었다고만 기록되어 있지 죽임을 당했다는 기록은 없다. 단지 뒤이어 나오는 "김양상이 왕의 시호를 혜공왕이라 했다"라는 내용을 통해 혜공왕이 죽었음을 알기에 '所害'를 '살해되었다'라고 해석하여 혜공왕이 반란병에 의해 죽임을 당했다고 이해하고 있는 것이다. 그러니까 용어상 김양상세력이 혜공왕을 죽인 사실은『삼국유사』에 '所弑'라는 용어를 통해 정확히 나와 있지만,『삼국사기』에는 "살해되었다" 내지 "시해되었다"라는 용어가 아닌 "해를 입었다"는 '所害'라는 용어만이 보이는 것이다.

그러면『삼국사기』에서 '所害'를 어떤 뜻으로 사용하고 그것을 어떻게 해석했는지 확인해 보자. 총 3건이 확인된다. 먼저 백제본기 책계왕 13년 9월을 보면 '爲敵兵所害薨'이 있는데, "적병에게 살해되었다" 또는 "적의 군사에게 해를 입어 죽었다"라고 해석된다.

다음으로 백제본기 성왕 32년 7월에 '爲亂兵所害薨 諡曰聖'이라 하여 "난병들에게 살해되었다. 시호를 성(聖)이라 하였다." 또는 "난병에게 해침을 당하여 죽었다. 시호를 성이라 하였다"라고 해석할 수 있다.

마지막으로 열전 궁예를 보면 '爲斧壤民所害'라 하여 "부양 백성들에게 살해당했다" 또는 "부양 사람들에게 해를 입었다"라고 해석할 수 있다.

『삼국유사』에서는 1건의 사용례가 있다. 왕력편 애장왕에 '所害而崩'이라는 용례가 보인다. "해를 입고 돌아가셨다"로 해석이 가능하다. 『삼국사기』를 보면 애장왕은 숙부인 언승과 그의 아우인 제옹에게 시해당했는데, 한문 원문은 '弑王'이다.

이처럼 많은 용례가 확인되는 바는 아니지만 '所害'의 사용례를 통해 몇 가지를 알 수가 있다. 먼저 '所害' 다음에 죽음을 뜻하는 '薨'과 '崩'이 함께 쓰인 경우가 다수임을 알 수가 있다. 두 번째는 성왕의 경우 혜공왕과 유사한 문장 형식을 보여 주는데, 이중 혜공왕의 경우 '薨'이 보이지 않는다. 세 번째는 궁예의 경우 혜공왕과 같이 '所害'만을 사용했는데, 일반적으로 "살해당했다"라고 해석하였다.

몇 개의 사용례를 통해 일반화하기는 상당히 주저되지만, 이처럼 상반된 사료의 내용을 합리적으로 이해하기 위해 보조적 방법으로는 가능하다 생각한다. '所害'의 사용례를 보면 바로 이어서 죽었다는 의미의 '薨'과 '崩'이 사용했음을 알 수 있다. 따라서 혜공왕의 경우도 성왕의 경우와 같이 '所害薨'으로 쓰는 것이 맞을 것이다. 이의 해석은 "해를 입고 죽었다"라고 함이 맞을 것이다. 그렇다면 『삼국유사』에 보이는 '所弑'와는 어떤 차이가 있을까?

'所弑'의 사용례를 살펴보면 『삼국사기』와 『삼국유사』에는 더 이상 없고, 『고려사』의 경우에는 '所弑'로 문장이 모두 끝났다. 이는 '所害'와는 달리 '所弑'에 이미 죽임을 당했다는 의미가 포함되어 있기 때문일 것이다. 그런 면에서 사료에서 사용하는 '所害(薨)'와 '所弑'는 다르게 해석이 가능할 것이다. 즉 '所弑'는 "(바로)살해당했다"는 의미라면 '所害(薨)'은 "해를 입고 (이후에) 죽었다"라는 의미로 해석이 가능할 것이다.

이러한 해석이 가능하다면 『삼국유사』에 나와 있는 김양상에 의한 혜공왕의 '所弑'와 『삼국사기』에 난병에 의한 혜공왕의 '所害' 기록은 어느 정도 합리적인 해석이 가능하다. 즉 1차적으로 김지정 모반세력에 의해 해를 당한 혜공왕을 김양상 모반 제압세력이 2차적으로 왕권찬탈을 목적으로 시해를 가한 것으로 해석이 가능할 것이다. 이는 두 사서의 내용을 상반된 내용이 아닌 연립하여 순차적으로 이해한 것이다. 김양상세력이 처음부터 혜공왕 시해를 계획적이거나 의도적으로 실행했다고 보이진 않는다. 아마도 김양상은 원래 혜공왕과 정치적 입장을 공유하는 친왕적 인물이었지만, 이미 김지정세력에 의해 공격을 당해 육체적·정신적으로 매우 위해(危害)한 상태에 있는 혜공왕에게 시해를 가하였을 것이다. 이른바 왕계(王系)의 변화를 가져온 신라 하대(下代)가 시작된 것이다.

4. 맺음말

이상 신라 중대의 시작점과 종점에서 발생한 정치적 사건에 대한 『삼국유사』와 『삼국사기』의 서술 내용을 바탕으로 그 차이점을 살펴보았다. 이는 당시의 실질적인 정치적 배경을 고려하여 두 사서가 서술한 내용이 어느 정도 당시의 사실과 부합하는지에 대한 논증이었다.

먼저, 장의사를 창건하게 된 배경인 장춘랑과 파랑이라는 두 명의 화랑이 과연 김춘추를 위한 충신인지, 아니면 전몰(戰歿)한 원혼인지에 대해 살펴보았는데, 특히 당시의 대국인 당나라에 대한 인식이 서로 다름에 유의하였다.

즉 장춘랑과 파랑은 『삼국사기』에는 신라가 백제를 공격하기 위한 원군 요청에 대한 회답을 주는 희망의 메신저였다면, 『삼국유사』에는 당나라에 수동적으로 이끌려 다니며 제대로 싸워 보지도 못하고 죽어 이제라도 싸우게 해 달라는 한이 있는 혼령들이었다.

7세기 신라는 이미 고구려, 백제와의 치열한 전투가 진행되고 있었고, 태종무열왕 때도 역시나 격전의 시기였다. 이때 지배층의 입장에서 볼 때 당나라는 두 나라와의 전쟁에서 신라를 구원할 수 있는 강대국이였기에 원군에 대한 갈망은 대단하였을 것이다. 이러한 인식이 투영된 것이『삼국사기』에 보이는 장춘랑과 파랑의 모습일 것이다.

반면『삼국유사』에 보이는 장춘랑과 파랑은 신라를 위해 제대로 싸워 보지도 못한 화랑의 원한과 함께 당나라에 대한 불만이 보인다. 즉 7세기에 본격적으로 진행된 삼국 간의 전쟁에서 신라는 당나라의 참전으로 도리어 실질적인 전쟁에서 수동적인 태도를 가졌고, 이는 화랑들의 원한으로 남아 있었던 것이다. 이러한 두 화랑의 모습은 대국이자 지원군인 당나라에 대한 당시 민들의 불만을 간접적으로 보여 주는 사실로도 좀 더 확대해석이 가능할 것이다.

백제, 고구려와의 전쟁과정에서 보이는 김유신의 성난 모습 등 당나라 군대와의 의견 충돌, 통일 이후 영토를 둘러싼 당나라와의 치열한 전투 및 외교전략 등을 보건대, 당시 당나라에 대한 신라의 인식은 상당히 부정적이었을 것이다. 즉『삼국사기』의 장춘랑과 파랑의 모습에 지배층의 의견이 투영되었다면,『삼국유사』의 모습은 화랑 등 일반민들의 의식이 반영된 것으로 추측된다.

다음은 혜공왕 시해세력에 대한 두 사서의 내용을 살펴보았다. 이 주제는 이미 연구자들 사이에 신라 중대 왕권의 몰락 및 하대의 시작이라는 시기와 맞물려 치열한 논의가 있는 내용이다. 당시 정치세력에 대한 각 연구자들의 이해범위와 방향에 따라 혜공왕 시해세력을『삼국사기』처럼 김지정세력으로, 또는『삼국유사』처럼 김양상세력으로 보기도 하는 등 아직까지도 계속 논쟁 중이라 할 수 있다.

신라 하대 왕권을 시작한 김양상세력들이 혜공왕 시해를 계획적이거나 의도적으로 실행했다고 보이진 않는다. 이는 사료에서 확인되는 친왕권적이고 이미 상당한 정치적 지위를 가진 김양상의 모습을 통해 추측한 것이다. 김지정을 이해할 수 있는 다른 사료가 없어 전체적인 맥락 이해에는 어려움이 있지만, 김지정의 반란을 계기로 위기에 처한 혜공왕을 반란을 진압한 김양상세력이 결국 왕위까지 찬탈한 것이 아닌가 한다.

이러한 견해는 용어의 사용례를 통해 두 사서의 내용을 종합적으로 파악한 것이다. 즉『삼국사기』에 보이는 김지정세력에 의해 1차적으로 위해(危害)에 있는 혜공왕을『삼국유사』에 보이는 김양상세력이 2차적으로 왕권찬탈을 목적으로 시해를 가한 것으로 이해한 것이다.

이처럼 같은 사건에 대한 두 사서의 내용은 사뭇 달라 당시의 사실을 이해하는 데에 많은 어려움을 준다. 이에 당대의 정치적 배경과 사료분석 등을 통해『삼국유사』의 사료적 가치를 좀 더 구체적으로 확인하였다. 장의사 창건과 관련해서는 지배층이 아닌 일반민들의 당나라에 대한 인식을 추정하였고, 혜공왕 시해 사건은 주체를 김양상으로 추정하면서 한편으론『삼국사기』의 내용을 보충자료로 이해하여 좀 더 구체적인 시해 과정을 추론하였다.

앞으로도 불교 관련 내용뿐만 아니라『삼국유사』에 보이는 정치·제도·사회 내용에 대해『삼국사기』와 금석문 등 다른 자료와의 비교·검토를 통해 더 많은 역사적 사실들을 추출할 수 있기를 바란다.

◎ 참고문헌

김상현, 1991, 『신라화엄사상사연구』, 민족사.

김수태, 1983, 「통일신라기 전제왕권의 붕괴와 김옹」, 『역사학보』99·100합집.

______, 1996, 『신라중대정치사연구』, 일조각.

김영미, 1988, 「성덕왕대 전제왕권에 대한 일고찰」, 『이대사원』22·23합집.

박명호, 2016, 『7세기 신라 정치사의 이해』, 경인문화사.

박찬홍, 2017, 「장의사의 창건배경과 장춘랑파랑 설화」, 『서울과 역사』96.

박해현, 1997, 「혜공왕대 귀족세력과 중대 왕권」, 『전남사학』11.

______, 2003, 『신라 중대 정치사 연구』, 국학자료원.

이기백, 1958, 「신라 혜공왕대의 정치적 변혁」, 『사회과학』2.

______, 1974, 『신라정치사회사연구』, 일조각.

이문기, 1999, 「신라 혜공왕대 오묘제 개혁의 정치적 의미」, 『백산학보』52.

이영호, 1990, 「신라 혜공왕대 정변의 새로운 해석」, 『역사교육논집』13·14합집.

______, 2014, 『신라 중대의 정치와 권력구조』, 지식산업사.

전덕재, 1997, 「신라 중대 대일외교의 추이와 진골귀족의 동향」, 『한국사론』37.

조동걸·한영우·박찬승 엮음, 1994, 『한국의 역사가와 역사학』(상), 창작과비평사.

최광식·박대재, 2014, 『삼국유사』1, 고려대출판부.

『삼국유사』의 신라 장보고 인식

정운용(고려대학교 문화유산융합학부 교수)

* 이 글은 정운용, 2018, 『백산학보』111호에 게재한 동일 제목의 논문을 재정리한 것임.

1. 머리말

장보고(張保皐, ?-841)는 신라 흥덕왕(826-836) 시기 지금의 전라남도 완도군인 청해진을 중심으로 강한 군사력을 유지하면서 동아시아 해상무역을 장악하였다. 때문에 장보고나 청해진에 대한 연구 초기의 성과들은 모두 그의 해상무역을 조명하고 있다.(이병도, 1964) 특히 해상무역을 장악했던 장보고를 골품제에 의해 희생된 지방호족세력으로 이해하면서, 장보고 이후 신라의 역사가 중앙에서 지방으로 전환하였다는 시각은 시사하는 바가 크다.(이기백, 1975)

이처럼 장보고에 대한 현대 역사학계의 인식은 해상무역의 측면에서 접근해 온 경향이 짙다. 그 과정에서 1999년 10월 해상왕장보고기념사업회가 출범하고, 2000년 5월 그 부설 연구 기관으로 해상왕장보고연구회가 결성되면서, 10여 년간 장보고 연구는 상당한 진전을 보았다. 이 기념사업회와 연구회는 2012년 해양문화재단과 통합되면서 한국해양재단으로 재편되었다. 기념사업회의 활동으로 장보고 관련 자료집이나 장보고 관련 서술의 기초적 검토가 수행된 것은 이후 장보고 연구에 기폭제 역할을 하였다고 본다.(김문경, 2006; 장득진·최근영, 2002)

장보고에 대한 기록은 우리나라는 물론, 중국과 일본의 기록에도 나타나고 있다. 중국 기록의 경우는 당나라 두목(杜牧, 803-852)의 『번천문집(樊川文集)』을 비롯하여 그것을 그대로 옮겨 놓은 『신당서(新唐書)』 신라전(新羅傳)이 대표적인 사례이다. 일본 기록의 경우는 『속일본후기(續日本後紀)』 등에 장보고 및 청해진 세력의 움직임에 대한 내용이 전하고 있다. 특히 원인(圓仁)의 『입당구법순례행기(入唐求法巡禮行記)』에는 중국 내 장보고의 활동, 항해·운송 및 중국 정치·행정세력과의 관계를 알 수 있게 해 주는 내용이 전하고 있다.

우리나라의 경우는 『번천문집』이나 『신당서』의 내용을 참고로 하여 작성한 『삼국사기』 장보고 열전과, 『삼국유사』의 궁파(弓巴: 장보고)와 염장(閻長)에 대한 기록이 주요 자료이다. 이 중 『삼국사기』는 신라본기에도 장보고 관련 사료를 남기고 있어, 여타 사서에 비해 많은 정보를 제공해 주고 있다. 물론 관찬사서에서는 보이지 않으나, 조선시대에도 장보고 관련 내용은 여러 저술에 기록되어 있다. 이 글에서는 『삼국사기』 등 기본 자료에 해당하는 사서들을 활용하여 『삼국유사』의 장보고에 대한 인식을 검토해 보고자 한다. 이는 『삼국유사』의 사학사적 위치나 사료적 가치, 한국고대사 인식 등의 문제는 검토된 적이 있지만, 장보고 연구와 관련하여 『삼국유사』의 장보고에 대한 인식 문제는 다루어진 적이 없기 때문이다.

2. 『삼국유사』의 장보고 관련 기록

잘 알려져 있듯이, 『삼국유사』의 장보고 관련 기록은 『삼국유사』 권2 기이(紀異)2 '신무대왕·염장·궁파(神武大王·閻長·弓巴)'에 남아 있다. 『삼국유사』의 해당 기록은 『번천문집』을 전재한 『삼국사기』 장보고 열전과 함께 주목의 대상이 되어 왔다. 그런데 『삼국유사』의 내용은 사실 문성왕(839-857) 때 장보고의 '모란(謀亂)'과 그를 제어한 염장에 대한 서술이다. 따라서 대부분의 연구자들이 해당 서술의 주인공은 염장이라 판단하고 있는 실정이다.(장득진·최근영, 2002)

이러한 『삼국유사』의 장보고 관련 서술을 이해하기 위해서는 『삼국사기』를 통하여 신무왕 즉위 전후의 신라 왕위계승 문제를 살펴볼 필요가 있다. 장보고에게 청해진 설치를 허락해 준 42대 홍덕왕은 41대 헌덕왕(809-826)의 동생이다. 홍덕왕 때 신라 중앙정부의 중요 직책을 맡고 있었던 인물이 훗날 장보고의 도움으로 신무왕(839년 초-7월 재위)에 즉위하게 되는 김우징이다. 김우징은 홍덕왕의 조카로서, 홍덕왕 때 두 번에 걸쳐 시중(侍中)에 임명된 바 있다. 그러다 홍덕왕의 사촌동생이며 자신의 아버지인 김균정이 홍덕왕 10년(835)에 상대등으로 임명되자, 김우징은 시중 직책에서 사퇴하였다.

홍덕왕에게는 김균정 이외에 김헌정이라는 사촌동생이 있었다. 홍덕왕 사후(死後) 김균정과 김헌정의 아들인 김제융 사이에 왕권을 둘러싼 다툼이 있었다. 그 결과 조카인 김제융이 삼촌인 김균정을 살해하고 43대 희강왕(836-838)으로 즉위하였다. 희강왕 즉위 이후 김균정의 아들인 김우징은 청해진의 장보고에게로 도망하였으며, 그 후 생존해 있던 김균정 일파는 대거 청해진으로 가게 되었다. 김우징과 장보고의 인연은 장보고가 홍덕왕에게 청해진 설치를 건의할 당시 김우징이 시중의 직책에 있었던 때문으로 여겨진다.(정운용, 2015)

그러나 희강왕의 즉위를 적극적으로 도왔던 김명이 희강왕을 핍박하여 자살하도록 몰고, 스스로 왕위에 올라 44대 민애왕(838-839)으로 즉위하였다. 이에 김우징 일파인 김양이 군대를 모아 청해진으로 가서 김우징에게 민애왕의 즉위 소식을 전하였다. 김양에게서 민애왕의 즉위 소식을 들은 김우징이 장보고에게 청해진 병력을 동원하여 민애왕을 공격하자고 제안하였다. 이때 장보고는 자신의 고향 후배이며 친구로, 당나라에서 함께 지냈던 정년(鄭年)에게 군사 5천 명을 내어 주며 민애왕을 공격하도록 하였다. 장보고의 도움으로 김우징은 민애왕을 몰아내고 신무왕으로 즉위할 수 있었던 것이다. 이와 같은 『삼국사기』의 서술 내용과 연관된 상황이 『삼국유사』에 실린 장보고 관련 기록이다.

『삼국유사』 해당 내용을 사건의 전개 과정에 따라 사료 A-사료 D로 구분하여 살펴보기로 한다.

A-①. 제45대 신무대왕께서 아직 왕위에 오르기 전에 의협심이 있는 사람[俠士]인 궁파(弓巴)에게 "내가 이 하늘 아래 함께 살지 못할 원수가 있는데, 그대가 나를 위해 그 원수를 없애고 (내가) 왕위를 차지하게 해 준다면 그대의 딸을 왕비로 삼겠소"라고 하였다.

A-②. 궁파가 (왕위에 오르기 전) 신무대왕의 부탁을 들어주기로 하고, 마음을 함께하고 힘을 합하여 군사를 일으켜 서울[京師]로 쳐들어가 그 일을 이루어 냈다.

【『삼국유사』 권2, 기이(2) 신무대왕·염장·궁파】

사료 A-①의 신무대왕은 신라 제45대 국왕으로, 원성왕(785-798)의 손자인 김균정의 아들이며, 이름은 김우징이다. 앞서 언급한 대로 김우징의 아버지 김균정을 죽이고 희강왕의 즉위를 적극 도왔던 김명이 희강왕을 몰아내고 스스로 민애왕으로 즉위하자, 김우징이 사료 A-①과 같은 제안을 한 것이었다.

이때 사료 A-①~②에서 볼 수 있듯이, '의협심이 있는 사람[俠士]'인 장보고가 김우징을 도와 군사를 보내 경주로 진공한 후, 민애왕을 살해하고 신무왕의 즉위를 도왔던 것이다. 이때 김우징과 장보고가 '마음을 함께하고 힘을 합하여[協心同力]' 군사를 일으켰다고 한 것은, 『삼국사기』를 통해 볼 때, 김우징 예하의 김양이 총대장이 되어 장보고 예하의 정년 등 6명의 장수를 이끌고 출전한 것을 지칭한다고 여겨진다. 이때 출전한 인물로 다음에 언급할 염장도 있었다. 그러나 신무왕은 재위 몇 개월 만에 병으로 사망하였다.

대체로 보아, 『삼국사기』 장보고 열전은 위 사료 A의 상황까지만 서술하고 있다. 『삼국유사』에 보이는 장보고 관련 기록 중 사료 B 이후의 상황은 『삼국사기』 신라본기의 기록에서 찾아진다. 이는 별도의 편년체 기사를 갖고 있지 않은 『삼국유사』의 특성과 일연의 『삼국유사』 찬술 의도에서 비롯한 것이라 여겨진다.

B-①. (신무왕으로 즉위하는 김우징이) 왕위를 빼앗은[簒位] 다음 궁파의 딸을 왕비

로 삼으려 하셨다. 여러 신하들이 극렬히 간언하기를 "궁파는 (신분이) 매우 미천[側微]하니 국왕께서 그의 딸을 왕비로 삼는 것은 불가합니다"라고 하였다. 국왕이 그 말을 따랐다.

B-②. 그때 궁파는 청해진에서 군진을 지키고 있었는데, 국왕이 약속을 어긴 것을 원망하여 난을 꾀하려고[欲謀亂] 하였다.

B-③. 이때 장군 염장이 그러한 상황을 듣고 (국왕께) 아뢰기를 "궁파가 장차[將] 불충한 일을 하려고 하니, 바라옵건대 소신이 궁파를 제거하겠습니다"라고 하였다. 국왕이 기뻐하며 허락하였다.

【『삼국유사』 권2, 기이(2) 신무대왕·염장·궁파】

사료 B-①에서 '왕위를 빼앗은[簒位]' 사람은 문장 구조로 보아 당연히 신무왕을 지칭한다. 그렇지만, 신무왕은 즉위 후 얼마 되지 않아 병으로 사망하였기 때문에 약속을 이행할 여유가 없었다. 『삼국사기』에 의하면 장보고의 딸에 대한 납비(納妃) 문제를 제기한 국왕은 신무왕의 아들인 46대 문성왕이다. 따라서 이 글에서는 이후 『삼국유사』의 장보고 관련 신라 국왕을 문성왕이라 지칭하기로 한다.

이때 여러 신하들이 장보고의 신분이 '매우 미천[側微]'하다고 한 것은, 『삼국사기』에 의하면, 그가 지방 섬사람[海島人]이기 때문이었다. 청해진 설치 당시 신라는 골품제에 입각한 철저한 신분제 사회였다. 따라서 섬사람인 장보고는 그 자신의 역량과 무역 기반을 갖추고는 있었으나, 관료로 임명되어 출세한다거나 중앙 정치무대에서 활동하기에는 여러 제약이 있었던 것으로 보인다. 문성왕이 장보고의 딸을 두 번째 왕비로 맞으려 했던 것은 일단 외형적으로는 아버지 신무왕이 장보고에게 신세 진 것을 갚는다는 의미가 있다. 그러나 여기에는 왕실과의 혼인을 통해 신분 상승 및 정치적 영향력 확대를 꾀하고자 한 장보고의 의도나 압력이 숨어 있을 수 있다.(정운용, 2015)

그러나 장보고 세력의 확대를 경계하는 중앙귀족들이 장보고의 정치적 영향력 확대를 사전에 방지·차단하고자 장보고 딸의 납비 문제에 반대하였다. 이로써 장보고의 의도는 수포로 끝나고 말았다. 이에 청해진을 지키고 있던 장보고는 사료 B-②에서 볼 수 있듯이, 『삼국유사』에 '모란(謀亂)'을 기도한 것으로 기록되어 있다. 여기서의 '모란'이나 사료 B-①의 '찬위'에 대한 논의는 다음 장(章)에서 다루기로 한다.

장보고의 움직임에 대하여 문성왕이 염려를 하자, 사료 B-③에서 볼 수 있듯이, '장군 염장'이 국왕에게 장보고 제거를 건의하였다. 염장은 장보고와 김우징이 민애왕을 몰아낼 때 평동장군(平東將軍) 김양을 도와 출정했던 인물로, 『삼국사기』에는 염장, 장변, 정년, 낙금, 장건영, 이순행의 순서로 기록하고 있다. 인명의 기록 순서를 참작한다면, 염장은 김양의 최측근 또는 출정 인물 중 중요한 역할을 한 사람이라 판단된다. 그러나 『삼국사기』에는 염장이 '장군'으로 기록되어 있지 않다. 오히려 『삼국사기』에는 민애왕을 축출하고자 장보고에게 병력 동원을 부탁하는 김우징이 장보고를 '장군'이라 칭하고 있다.

그런데 『삼국사기』「잡지(雜志)」 직관(職官)을 보면, 신라의 '장군'은 시위부(侍衛府)의 경우 급찬(제9등)-아찬(제6등)까지의 경위(京位) 관등 보유자가 임명되었다고 여겨진다. 아울러 여러 군관으로서의 '장군'은 36명인데, 모두 급찬 이상의 진골 출신으로 임명하였다고 한다. 그렇다면 사료 B-③의 '장군'은 『삼국유사』에서 염장을 아호(雅號)인 장군으로 지칭하였든지, 뒤에서 살펴볼 사료 D-②처럼 문성왕이 장보고를 제거한 염장에게 아찬의 관등을 사여한 뒤에 보유하게 된 관직이라 여겨진다.

염장의 신분 문제는 다음의 사료 C를 통해 유추해 보기로 한다.

C-①. 염장이 국왕의 뜻을 받들어 청해진에 돌아와[歸] (궁파의) 면회 담당자를 만나 그를 통해 "제가 국왕에게 작은 원망이 있어, 높은 자리에 있는 귀한 분[明公]께 (제 몸을) 의탁하여 몸과 목숨을 보전하고자 합니다"라고 하였다. 궁파가 (염장의 말을) 듣고 크게 노하여 "너희 무리[爾輩]가 국왕에게 간언을 하여 나의 딸을 (왕

비로 들이는 것을) 폐하고도 어찌 나를 보려 생각하느냐?"고 하였다.

C-②. 염장이 다시 (담당자를) 통하여 "그것은 여러 신하들이 간언을 한 것이지, 제가 그 논의에 참여한 것은 아닙니다. 높은 자리에 있는 귀한 분께서는 (저를) 의심하지 마십시오"라고 하였다.

C-③. 궁파가 (염장의) 그 말을 듣고 (염장을) 관청 안의 사무를 보는 곳에 불러들여 "그대는 무슨 일로 여기에 왔는가?"라고 물었다. 염장이 "국왕의 뜻을 거스른 바가 있어, (궁파의) 휘하에 (제 몸을) 의탁하여 해를 면하려 합니다"라고 하였다.

C-④. 궁파가 "다행한 일이다"라고 말하고 술을 나누며 매우 기뻐하였다.

【『삼국유사』 권2, 기이(2) 신무대왕·염장·궁파】

사료 C-①에서 염장이 청해진으로 '돌아왔다[歸]'는 것은, 『삼국사기』에 따르면, 김우징이나 김양이 청해진에 의탁했을 때, 염장 자신도 청해진으로 왔었기 때문이다. 아울러 염장이 김양을 도와 출정하여 민애왕을 축출할 때 역시 청해진에서 출발하였기 때문이다. 『삼국유사』는 이러한 상황을 간략히 '귀(歸)'라는 표현으로 압축적인 묘사를 한 것이다. 여러 연구자들의 견해대로, 『삼국유사』 장보고 관련 서술의 주인공이 염장이라면, 염장에 대한 언급을 이렇게 압축적으로 간략히 표현했을까 하는 의문이 든다.

아울러 사료 C-①은 염장이 면회 담당자[謁者]를 통해 장보고에게 만남을 구하자, 장보고는 염장의 무리[輩]가 자기 딸의 납비 문제에 극력 반대하였다고 노여움을 표하였다고 한다. 중앙정부 신하들이 장보고 딸의 납비 문제에 대하여 문성왕에게 극력 반대 의견을 표한 것은 사료 B-①에서 볼 수 있는데, 장보고는 이 신하들과 염장을 한 무리로 파악하고 있다. 일단, 납비 문제를 의논한 신하들은 아마도 상위 귀족층으로 그 신분은 진골이 아니었을까 여겨진다.

그런데 사료 C-②에서 염장은 납비 논의 과정에 자신은 관여하지 않았다고 주장하고 있다. 이러한 염장의 주장을 그대로 받아들인다면, 염장은 납비 문제에 의견을 제시할 수 있는 진골층의 인물이 아니었다는 것으로 이해된다.

그렇기 때문에 뒤에서 살펴볼 사료 D-②처럼, 문성왕이 염장의 장보고 제거 공로를 인정하여 포상의 성격으로 하사한 관등이 아찬이었던 것이라 여겨진다. 아찬은 6두품이 가질 수 있는 최고 관등이다. 또 사료 C-①~②에서, 비록 겸사(謙辭)이기는 하지만, 염장이 장보고를 지칭하여 '높은 자리에 있는 귀한 분[明公]'이라 한 것에서도 염장의 현실적 신분이나 지위가 장보고보다 하위임을 알 수 있다. 이러한 점을 참작한다면, 염장의 신분은 진골은 아니었다고 여겨진다.

따라서 『삼국유사』가 사료 B-③에서 염장을 '장군'으로 표현한 것은 단순한 아호(雅號)라고 보인다. 이는 『속일본후기』 승화(承和) 9년(842) 을사(乙巳) 기록에 장보고 사망 이후 반란을 일으키려 한 장보고의 부장(副將) 이창진을 토벌한 것이 무진주(武珍州) 별가(別駕) 염장(閻丈)이라고 한 것에서도 알 수 있다. '별가'가 신라 관직에는 보이지 않지만, 고려시대에는 중서문하성 산하에서 도필(刀筆)의 임무를 수행하는 행정 실무직인 이속(吏屬)이었다.(박용운, 2009)

결국 장보고는 사료 C-③처럼 염장을 맞아들여 자신의 휘하로 들이면서, 사료 C-④에서 볼 수 있듯이 매우 흡족해 하였다. 이는 어떤 사건으로 인하여 염장과 문성왕의 사이가 벌어졌다고 오인(誤認)하고, 염장과 자신이 같은 처지에 처해 있다고 판단했기 때문이라 보인다. 아울러 민애왕을 축출할 때 보았듯이, 염장의 무예가 출중했기 때문이기도 하다.

D-①. (그때) 염장이 궁파의 긴 칼을 빼어 (궁파를) 베어 죽이니 (궁파) 휘하의 군사가 놀랍고 두려워 모두 땅에 엎드렸다.

D-②. 염장이 (청해진 군사를) 이끌고 서울에 이르러 임금에게 "이미 궁파를 베었습니다"라고 아뢰니, 국왕이 기뻐하여 염장에게 상을 주며 아간(阿干: 아찬)의 작위[爵]를 주었다.

【『삼국유사』 권2, 기이(2) 신무대왕·염장·궁파】

사료 D-①에서 볼 수 있듯이, 이처럼 거짓으로 청해진에 돌아온 염장은 아주 손쉽게 장보고를 제거하였다. 이때 청해진의 장보고세력은 염장에게 별다른 저항을 하지 못한 채, 모두 염장에게 복종한 것으로 되어 있다. 이는 청해진세력에 장보고 이외에는 출중한 인물이 없었다는 정치적 한계를 잘 드러내 주는 사례이다.(정운용, 2015)

현재 우리는 장보고의 청해진에 어떠한 인물들이 있었는지 잘 알지 못한다. 청해진에는 당나라와의 무역을 책임지는 대당매물사(大唐賣物使)나 일본과의 무역을 관장하는 회역사(廻易使) 등이 있었지만, 신라 중앙정부와 관련하여 역할을 보여 주는 인물은 찾아보기 어렵다. 민애왕 축출 시에서도 볼 수 있듯이, 위기의 순간에 장보고가 믿을 만한 인물은 정년 정도였다.

장보고 사망 이후 장보고의 잔존세력들이 염장에 반발, 이탈하여 일본과의 직접 교역을 수행하기도 하였다.(윤재운, 2006) 그러나 사료 D-①에서 볼 수 있듯이, 장보고를 살해한 염장에게 무기력하게 모두가 복종하였다는 것은 청해진세력에는 장보고의 뒤를 이을 만한 사람이 없었음을 잘 보여 준다. 아마도 그 결과가 청해진의 해체와, 청해진세력의 벽골군(碧骨郡: 전북 김제) 이주로 귀결되었다고 보인다.

이처럼 『삼국유사』는 김우징의 청해진 의탁과, '협사'인 장보고가 김우징을 도와 그의 신무왕 즉위에 결정적 역할을 했음에서 '신무대왕·염장·장보고'조의 이야기를 시작하고 있다. 아울러 신무왕의 아들 문성왕 때 장보고 딸의 납비 문제로 중앙과 청해진세력이 갈등을 빚고 있음과, 염장이 거짓으로 장보고에게 의탁하는 척하면서 장보고를 살해함으로써 그러한 상황이 종료되었음을 기록하고 있다. 이러한 서술 과정에서 『삼국유사』는 여타 사서와는 다른 장보고 인식을 보여 주는바, 이에 대하여는 장(章)을 달리하여 살펴보기로 한다.

3. 『삼국유사』의 장보고 인식

『삼국유사』에 보이는 장보고에 대한 인식을 살펴보기 위해서는 먼저 저자 일연(一然, 1206-1289)의 『삼국유사』 집필 의도에 대한 이해가 필요하다. 일반적으로 보아 『삼국유사』는 중국의 고승전(高僧傳) 체제를 참고하였지만, 기이편과 효선(孝善)편 같이 독창적인 편목이 포함되어 있다.(박대재, 2014) 따라서 『삼국유사』는 단순히 『삼국사기』를 보충하려는 의미에서 저술된 것이 아니라, 일연이 관심을 두고 있는 분야의 사료들을 광범하게 수집·분류하여 일정한 체계를 갖춘 사서로 재구성한 것이다.(최광식, 2009)

이 글의 주제와 관련하여서는 『삼국유사』 기이편 첫머리에 일연이 언급한 서(敍)를 주목할 필요가 있다. 기이편의 첫머리에서 일연은 "대체로 옛 성인께서는 예(禮)와 악(樂)으로 나라를 홍성시켰으며, 인(仁)과 의(義)로 가르침을 베푸셨다"고 하면서, 그 결과 유학자[聖人]들은 "괴력난신(怪力亂神)에 대한 것은 언급하지 않았다"고 지적하고 있다. 그렇기 때문에 일연 자신은 시조·건국 등과 관련한 신비로운 내용들을 수록하겠다고 하였다.

이러한 일연의 언급에서 우리는 『삼국유사』가 고대사회를 살던 사람들의 소박한 인식을 그대로 전달해 주는 역할을 한 것이라 평가하고 있다. 그러나 거꾸로 이러한 일연의 언급에서 우리는 일연 자신이 기존 역사서들이 유교적 인·의·예·악에 입각하여 서술되었음을 인식하고 있다는 점을 끄집어낼 필요가 있다. 즉, 일연 자신이 충(忠)·효(孝)에 입각한 유가적(儒家的) 정치 이념을 잘 이해하고 있었음을 지적하고자 한다.

확언할 수는 없으나, 일연의 이러한 유가적 정치 이념에 대한 이해가 『삼국유사』 해당 항목의 제목을 '신무대왕·염장·궁파'라 한 것으로 보인다. 즉 제목에서 언급한 신무대왕, 곧 신무왕은 기이편이 국왕에 대한 기록이기 때문에, 사건 발생 시점의 국왕을 언급한 것이라 여겨진다. 아울러 서술의 대상 및 주인공은 장보고이지만, 유교적 관점에서 국왕의 명령을 수행한 염장을 두 번째로 언급한 것이 아닐까 여겨진다.

또한 『삼국사기』도 참고하여 서술한 『삼국유사』가 『삼국사기』에 별로 언급되지 않은 염장을 주인공으로 설정하여 해당 편목을 기술했다고 보기는 어렵다. 특히 『삼국사기』 장보고 열전의 기록이 신무왕의 즉위까지 서술한 반면, 『삼국유사』의 장보고 관련 서술은 신무왕의 즉위 과정 및 장보고의 사망까지 서술하고 있다는 점에서 더욱 그러하다. 그렇기 때문에 『삼국유사』의 장보고 관련 기사 내용은 『삼국사기』 장보고 열전보다는 신라본기의 서술 내용과 부합하는 것이기도 하다.

그럼에도 불구하고 『삼국유사』는 장보고가 직접적·실질적으로 반란을 일으킨 인물이라 판단하지는 않았다고 여겨진다. 이는 장보고에 대해 서술한 『삼국유사』의 몇몇 용어에서 잘 드러난다.

첫째는 앞서 살펴본 사료 A-①에서 『삼국유사』는 장보고를 '협사(俠士)'로 표현하였다는 점이다. 한자(漢字) 용어로서의 '협사'는 '의협심이 있는 사람'이라는 의미이다.(諸橋轍次, 1955) 기왕의 장보고 관련 연구에서는 이 표현을 주목하지 않았다. 단순히 역주 과정에서 이 협사를 어떻게 번역하는가의 차이 정도가 있을 뿐이다.

『삼국유사』에 대한 초기 연구자 중 한 사람인 일본인 연구자도 그 유고(遺稿)에서 '협사'를 '의협심이 있는(男ぎのあった) 사람'이라고 한 바 있다.(三品彰英, 1979) 북한에서도 이를 '의협스러운 인물'로 번역한 바 있다.(리상호, 1960) 남한의 경우는 '의협심이 강한 선비'(강인구 외, 2002) 또는 '의협스러운 인물'이라 이해하였다.(이범교, 2005) 또 '호방하고 의협심이 강한' 인물로 이해하기도 한다.(장득진·최근영, 2002) 아울러 많은 경우는 현대어로 번역하지 않은 채, '협사'라는 『삼국유사』의 표현을 그대로 노출하기도 한다.(이민수, 1983; 최광식·박대재, 2014)

최근에는 '협사'가 제도권 내에 있는 사람이 아닌, 무예적 능력이 출중하고 기개가 있는 유협(遊俠)과 같은 의미라는 주장도 제기된 바 있다.(서영교, 2017)

이 경우 '유협'은 '협객(俠客)'이나 '협사'와 같은 말로서, 호방하고 의협심이 있는 사람을 의미한다. 따라서 여타 장보고 관련 자료에서는 보이지 않는 표현이지만, 일단 『삼국유사』는 장보고를 '협사', 즉 '의협심이 있는 사람'으로 규정짓고 해당 서술을 시작한 것이라 이해된다.

그러나 단지 의협심이 있다 해서 그 인물의 무예 능력이 출중하다 단언할 수는 없다. 아울러 제도권 내에 있지 않은, 즉 정치 현실 및 정부에서 직책을 맡지 않은 인물로 볼 수도 없다. 의협심의 보유 여부가 국가 공직 담당과는 무관한 것이기 때문이다. 아울러 많지는 않으나, 중국이나 한국의 사서에도 공직 담당 여부와는 무관하게 '협사'라는 표현이 등장한다. 우리의 고려시대에 해당하는 중국 왕조인 송(宋)·원(元) 등에 대한 역사를 정리한 『송사(宋史)』나 『원사(元史)』 등에도 '협사'라는 표현이 보인다. 즉, 『송사』「열전」 충의(忠義)에 입전(立傳)된 이언선(李彦仙)이나 반신(叛臣)에 입전된 이전(李全), 『원사』「열전」에 입전된 임속가(任速哥)와 유합자불화(劉哈剌不花) 등에 대한 언급에서 '협사'가 찾아진다. 이때의 '협사'는 의협심과 관련한 표현일 뿐, 관직 보유 여부와는 상관이 없다.

특히 조선시대 『선조실록(宣祖實錄)』에서 선조 36년(1603) 조선 중기의 문신(文臣)인 허잠(許潛)에 대한 사론(史論)이 보이는 아래의 사료 E는 '협사'에 대한 이해를 돕는다.

> E. 사신(史臣)은 논한다. 허잠은 의협심이 있는 사람[俠士]이다. 만년까지 절개와 지조를 지켰으며, 관직에 임해서는 청렴하고 근검하였다. 그러나 처신에 있어서는 인정이 아닌 일을 억지로 행한 것이 없지 않았으니…
>
> 【『선조실록』 권160, 선조 36년 3월 5일 신유】

『선조실록』에 의하면 허잠은 품행이 바르고 어질어, 천거에 의하여 관직에 나아가기 시작한 인물이다. 1580-90년대에 중앙 관직을 역임하고, 1601년에 외직으로 나가 중화부사·성천부사·개성유수 등을 역임하였다. 1605년에 다시 중앙으로 들어와 지중추부사가 되었다. 생활이 검소하고 처사가 공정하여 모두가 그의 공덕을 칭송하였다고 한다. 이러한 사례를 보면 '협사'를 무예가 출중하다거나 제도권 밖의 인물이라 볼 수는 없다. 단지, 관직 보유 유무와는 상관없이, '의협심이 있는 사람'으로 파악하여야 할 것이다.

둘째, 『삼국유사』는 사료 B-②에서 장보고가 '모란(謀亂)'을 한 것일 뿐, '반란'의 상태에까지 진입한 것은 아니라 파악했다고 보인다.(고경석, 2002) 자기 딸의 납비 문제로 인하여 국왕이나 중앙정부에 대한 장보고의 서운한 감정은 당연한 것이다. 그러나 사료 B에서 보이는 『삼국유사』의 장보고에 대한 '모란'이라는 언급은, 장보고가 '청해진을 근거로 반란[叛]을 일으켰다'고 기록한 『삼국사기』 신라본기의 기록과는 다르다. 그렇기 때문에 『삼국유사』는 장보고가 반란을 일으켰다고 단정하지 않고, 가능성만을 시사하고 있다고 보기도 한다.(진영미, 1990)

여러 사서에서 자주 찾아지는 '모란'은 반란을 모의하는 단계일 뿐, 이른바 거사(擧事)하여 반란의 단계에까지 이른 것은 아니다. 장보고의 '모란'과 관련하여 사료 B-②는 실질적인 반란으로 언급하지 않고 '난을 꾀하려고[欲謀亂]' 한다 하였다. 앞으로의 계획이나 희망 정도의 단계로 이해하고 '욕(欲)'이라는 수식어를 사용한 것이다. 그렇기 때문에 사료 B-③에서 염장이 문성왕에게 장보고가 '장차[將] 불충한 일을 하려고' 한다는 점을 지적한 것이라 보인다.

따라서 『삼국유사』에 의하면, 염장의 판단으로는 '장차' 반란이 일어날 가능성을 언급한 것이다. 이는 장보고 딸의 납비 문제를 무산시킨 중앙귀족 및 국왕의 입장에서 장보고의 서운함이 무력으로 표출되어 반란으로 이어질 것을 염려하고 있었을 뿐, 당시까지 장보고의 직접적인 군사행동은 없었다는 것을 나타낸다. 염장은 단지 국왕의 염려를 불식시키기 위하여 사전에 장보고를 제거하고자 계획하였을 뿐이다.

그런데 『삼국유사』가 반란에 대해 이러한 인식을 보여 주고 있음에도, 『삼국유사』는 흥덕왕-희강왕-민애왕-신무왕 등으로 이어지는 신라 왕위계승 문제에 대해서는 찬탈의 개념으로 받아들이는 듯하다. 이는 사료 B-①에서 김우징이 민애왕으로부터 '왕위를 빼앗은[簒位]' 것으로 서술하였기 때문이다. 이는 앞서 언급한 대로 일연이 인·의·예·악의 유교적 가치관 또는 정치 이념에 대한 이해를 갖고 있었기 때문이라 여겨진다.

이처럼 『삼국유사』는 장보고의 입장을 '모란'의 수준에 그쳤다고 파악할 뿐, 국가나 군주를 바꾸려는 직접적인 군사행동의 반란으로 인식하지는 않았다고 여겨진다. 이러한 인식은 『양촌선생문집(陽村先生文集)』에 보이는 권근(權近)의 인식 이후 조선의 유학자들에게도 계승된 것으로 보인다. 고려시대에 쓰인 『삼국사기』나 『삼국유사』와는 달리, 조선시대의 관찬사서에는 장보고에 대한 기록이 없다. 그러나 아래의 사료 F에서 볼 수 있듯이, 안정복이 저술한 『동사강목(東史綱目)』 문성왕 8년(846) 기사의 끝 부분 인용문이 이러한 점을 극명하게 보여 준다.

F. 그러나 반란의 죄상이 이미 드러났으면 죄를 범한 사실을 세상에 알리고 전력을 다하여 토벌할 것이요, 만약 (죄상이) 애매하여 분명하게 밝히기 어려우면 (장보고) 그의 공로로서 잘못을 덮어 주어야 옳을 것이다. 이제 (반란을 일으켰다는) 이름만 있고 (실질적인) 죄상이 없으니, 어찌 그의 공로를 시기하고 이익을 탐내는 무리들이 그 임금과 신하 사이를 엇갈리게 한 것이 아니겠는가?

【『동사강목』 제5상 문성왕 8년】

이처럼 장보고에 대한 것은 조선시대의 여러 사서에서도 '반란'이라는 실제적인 죄상이 없는 사건으로 이해하거나, 장보고의 정치적 성장에 따른 중앙귀족들의 견제로 인한 희생 등으로 파악하고 있다.(장득진·최근영, 2002) 그렇기 때문에 『삼국사기』도 신라본기에서는 장보고가 '반란'을 일으켰다고 기술한 반면에, 「열전」의 장보고에 대한 언급에서는 신무왕의 즉위까지만 서술하면서

『번천문집』에 보이는 장보고에 대한 긍정적 평가를 인용한 것이라 보인다.

셋째는 비록 염장의 말을 빌려서 표현한 것이기는 하지만, 『삼국유사』는 장보고를 '높은 자리에 있는 귀한 분[明公]'으로 인식하고 있다. 자전적(字典的)인 의미로 '명공'은 '명예로운 지위에 있는 사람에 대한 존칭'(諸橋轍次, 1955) 또는 '높은 자리에 있는 사람의 존칭'이다.(민중서관편집국, 1966) 그럼에도 불구하고 이 '명공'에 대한 의미 부여 또한 제대로 이루어지지 않았다.

『삼국유사』에 대한 연구 초기의 일본인 연구자는 '명공'을 '귀공(貴公)'이라 번역한 바 있다.(三品彰英, 1979) 이때의 '귀공'은, 현대 우리말 '귀하' 정도의 일반적 의미로, 상대방을 높여 부르는 이인칭 대명사이다. 일본어에서는 'あなた', 즉 동년배나 손아래 사람에 대한 칭호라 여겨진다. 이에 대하여 북한에서는 '명공'을 '총명하신 당신'이라 보았다.(리상호, 1960) 한편 우리 학계에서는 단순하게 '그대'로 이해하거나,(이민수, 1983) 북한 학계와 마찬가지로 '명철하신 공'(강인구 외, 2002) 또는 '현명한 그대'로(이범교, 2005) 오역하기도 하였다.

자전의 의미를 참작할 때, '명공'은 염장이 장보고를 '높은 자리에 있는 귀한 분'으로 표현했다고 파악하는 것이 옳다. 앞서 우리는 염장을 6두품 신분으로 추정한 바 있다. 그러나 장보고의 출신 성분을 분명하게 알려 주는 자료는 없다. 그럼에도 불구하고 대부분의 연구자들은 장보고를 지방호족 출신으로 파악하고 있다.(최근식, 2005) 그렇다면 골품제 사회에서 지방 출신이라는 신분적 한계를 갖고 있었던 장보고가 홍덕왕의 허락으로 청해진을 설치한 이후 정치적·경제적·군사적으로 급성장한 것이라 보인다.

특히 이 글의 서술과 연관한 신무왕의 즉위 과정에서 청해진대사(淸海鎭大使) 장보고의 역할은 결정적인 것이었다. 그렇기 때문에 『삼국사기』 신라본기에 의하면 신무왕은 즉위 직후 장보고를 감의군사(感義軍使)로 삼고 식읍(食實) 2천 호를 내려 주었던 것이다. 아울러 문성왕은 즉위 직후 부왕인 신무왕을 도운 장보고의 공로에 대한 감사로, 교서를 내려 장보고를 진해장군(鎭海將軍)으로 삼고 장복(章服)을 내려 주었다. 이러한 상황에 대하여 신무왕·문성왕 당시 신라 조정에서는 장보고세력의 독립성을 합법적으로 인정해 준 것이며, 따라서 당시 장보고와 신라 조정 사이에 분쟁 관계는 없었다고 보기도 한다.(전미희, 2004)

청해진대사·감의군사·진해장군 등의 명칭은 『삼국사기』 직관지(職官志)에서는 찾아지지 않는다. 아울러 문성왕이 내려 준 장복도 관등의 높고 낮음에 따라 자색(紫色)·비색(緋色)·청색(靑色)·황색(黃色)으로 구분된 신라의 공복(公服) 중 어느 등급의 것인지 알 수 없다. 특히 흥덕왕 때 장보고에게 신라 정치체제 내의 관등이나 관직에 해당하지 않는 청해진 '대사'라는 특이한 직함을 주었다는 것은 장보고가 자신의 출신이나 신분적 제약으로 인하여 골품제에 입각한 신라 지배 체제에 참여하기 곤란한 신분이었음을 상징적으로 보여 준다.(정운용, 2015)

그런데 신라에서 '장군'은 진골만으로 임명하였다. 따라서 실질적인 직책이나 신분이 아니라 할지라도, 문성왕이 장보고를 '진해장군'으로 삼았다는 것은 그를 진골 등급으로 대우해 준 것이라 보아도 틀림이 없다. 그렇기 때문에 염장은 장보고를 '명공'이라 칭한 것이고, 『삼국유사』는 그러한 내용을 기록으로 남긴 것이다.

그러나 문성왕에 의하여 진골에 준하는 예우를 받았다 할지라도, 사료 B-① 에서 볼 수 있듯이, 중앙귀족들의 입장에서는 장보고의 신분이 여전히 '매우 미천[側微]'하다고 인식되었다. 그렇기 때문에 자신의 신분적 지위를 상승시키고자 장보고는 국왕과 혼사를 맺으려 한 것이고, 중앙귀족들은 그것을 극렬 반대한 것이다. 이는 금관가야 국왕의 후손으로 진골에 편입된 김유신이 신분적 한계를 극복하고자 자신의 여동생을 김춘추와 혼인시킨 사례와 비견된다.

이렇게 볼 때 『삼국유사』 '신무대왕·염장·궁파'조의 기술 내용은 장보고를 주인공으로 서술한 것이다. 아울러 『삼국유사』는 장보고를 의협심이 있는 사람으로 인식하고, 그가 직접적으로 반란을 일으킨 것은 아니라 보았다고 여겨진다. 오히려 지방 출신임에도 불구하고 진골에 해당하는 대접을 받은 귀한 존재로 파악한 것이라 보인다.

4. 맺음말

이상에서 소략하나마 『삼국유사』의 서술에서 엿보이는 장보고에 대한 인식을 검토하여 보았다. 논의 과정에서 『삼국사기』 등 연관된 일부 자료를 사용하여 논지를 보완하였다. 논지의 전개 과정에서 다소의 억측도 있으리라 여겨지나, 논의의 개략을 정리하면서 맺음말을 대신하기로 한다.

『삼국유사』에 언급된 장보고는 기이편의 '신무대왕·염장·궁파'조에서 찾아진다. 이 항목의 제목이 신무왕-염장-궁파(장보고)의 순서로 되어 있고, 서술 내용 또한 염장이 장보고를 살해하는 것으로 끝나기 때문에, 기왕의 연구에서는 대부분 그 서술의 주인공을 염장으로 이해하여 왔다.

그러나 해당 항목이 『삼국유사』에서 주로 국왕에 대한 기록을 남긴 기이편이기 때문에 신무왕이 표제로 등장한 것일 뿐이지, 해당 서술 내용은 사실 문성왕 때의 사안이 주를 이루고 있다. 아울러 선사(禪師)인 일연 자신이 유가적 정치 이념이나 유가류(儒家類) 사서의 서술 방식에 대한 이해를 갖고 있었다고 보이기 때문에, 문성왕의 명령을 수행한 염장을 두 번째로 기입한 것이라 여겨진다. 전반적인 서술 내용과 의미는 역시 장보고를 주 대상으로 한 것이다.

이 경우 앞서 말한 것처럼 염장은 아마도 6두품 이하의 신분층이었을 것으로 보이며, 청해진대사·감의군사·진해장군 등의 칭호를 받은 장보고는 지방호족 출신이기는 하지만, 국왕으로부터 진골에 상당하는 예우를 받았다고 여겨진다. 이러한 장보고에 대하여 『삼국유사』는 여타 사서에서 보이지 않는 독특한 용어로 장보고를 표현하고 있다. '협사(俠士)', '모란(謀亂)', '명공(明公)' 등이 바로 그것이다.

'협사'의 경우는 기왕에도 대체로 '의협심이 있는 사람'이라는 이해가 주류를 이루어 왔다. 단지 최근 '협사'가 무예에 출중하며 제도권 밖에 있는 인물을 지칭한다고 이해하는 견해가 제기되었다. 그러나 중국 사서나 한국의 사서를 검토해 보면 '협사'는 무예와 직접적인 연관을 갖는 용어가 아닐 뿐더러, 관직의 보유 여부를 판단하여 구사하는 용어도 아니다. 조선시대 문신에게도 '협사'라는 표현이 사용되고 있다. 따라서 '협사'는 자전적 의미 그대로 '의협심이 있는 사람'으로 이해하는 것이 타당하다. 단지, 여타 사서와는 달리 『삼국유사』가 장보고에 대하여 '협사'라고 규정하며 그 서술을 시작한 것에 주목할 필요가 있다.

'모란'의 경우는 사서에 그 용례가 상당히 많이 찾아진다. 그러나 대체로 직접적인 '반란'의 단계에까지 이르기 전인, '모의'의 단계에 머문 수준을 지칭하는 것이라 판단된다. 장보고가 실질적으로 반란을 일으켰는가는 조선시대 성리학자들 사이에서도 많은 논란이 제기되어 왔다. 안정복 같은 경우는 반란의 실체가 없을 뿐더러, 장보고의 공로를 시기한 귀족들이 국왕과 장보고 사이를 이간시킨 것이라 보기도 하였다. 게다가 『삼국유사』는 '모란' 앞에 '욕(欲)'자를 덧붙여, 장보고가 '모란'을 염두에 두었거나 의도한 수준에 불과함을 드러내고 있다. 그렇기 때문에 장보고를 살해하고자 한 염장이 문성왕에게 장보고가 '장차[將]' 반란을 일으킬 가능성을 지적한 것이라 보인다. 따라서 '모란'이란 장보고의 의지와는 무관하게, 국왕이나 중앙귀족의 입장에서 장보고에 대한 깊은 우려감이 내재되어 있는 표현일 뿐이라 생각한다.

'명공'의 경우는 기존의 연구에서 너무도 등한시되어 왔다. 그저 단순하게 '그대' 또는 '총명하신 당신'이나 '현명한 그대' 등으로 그릇된 번역을 하여 왔다. '명공'은 자전에 보이는 용어로, '명예로운 지위에 있는 사람에 대한 존칭' 또는 '높은 자리에 있는 사람의 존칭'이다. 『삼국유사』는 장보고에 대하여 그 어떤 자료에서도 보이지 않는 '명공'이라는 표현을 염장의 입을 빌려 드러내고 있다. 이는 장보고가 진골에 해당하는 예우를 받았기 때문에, 명예롭고 높은 자리에 있는 사람이라 기술한 것이다. 신라 하대 왕위 쟁탈전의 과정에서 신무왕 즉위를 도운 장보고의 행위를 의로운 일이라 보고, 장보고를 '협사'라 표현한 것과 함께, '명공'이라는 표현은 장보고가 누릴 수 있는 현실적인 영예를 그대로 드러내 준 것이다.

이처럼 『삼국유사』는 신무왕의 즉위에서부터 문성왕 때 염장에 의해 장보고가 살해되는 때까지를 서술하고 있다. 이는 다분히 『삼국사기』 장보고 열전이 장보고가 당나라에 가서 활동하다 귀국하여 청해진을 건설하고, 신무왕의 즉위에 도움을 준 것까지 기술한 것과 대조된다. 두 사서를 종합할 때 시간적 연속성에서나마 장보고 전기(傳記)가 완성된다고 여겨진다.

◎ 참고문헌

강인구 외, 2002, 『譯註 三國遺事』II, 이화문화사.

고경석, 2002, 「장보고 대사에 대한 인식의 변화」, 『장보고와 미래 대화』(최영호 외), 해군사관학교 해군해양연구소.

김문경, 2006, 『장보고자료집』, 해상왕장보고기념사업회.

리상호 번역, 1960, 『삼국유사』, 과학원출판사.

민중서관편집국, 1966, 『한한대자전』, 민중서관.

박대재, 2014, 「해제」, 『삼국유사』1(최광식·박대재 역주), 고려대출판부.

朴龍雲, 2009, 『高麗史 百官志 譯註』, 신서원.

서영교, 2017, 「『삼국유사』 神武大王·閻長·弓巴 조의 이해」, 『신라문화제학술논문집』38, 경주시.

윤재운, 2006, 「南北國時代 육상·해상 네트워크」, 『장보고와 한국 해양 네트워크의 역사』(최덕수 외), 해상왕장보고기념사업회.

李基白, 1975, 『韓國史新論』, 一潮閣.

이범교 역해, 2005, 『삼국유사의 종합적 해석』, 민족사.

李丙燾, 1964, 『韓國史大觀』, 普文閣.

張得振·崔根泳, 2002, 『장보고 관련 서술의 종합적 검토』, 해상왕장보고기념사업회.

田美姬, 2004, 「840년 張保皐의 對日朝貢의 배경과 실체」, 『대외문물교류연구』3, 해상왕장보고연구회.

鄭雲龍, 2015, 「淸海鎭 張保皐 勢力의 政治的 限界」, 『韓國史學報』59, 高麗史學會.

晋永美, 1990, 「張保皐의 說話化 過程과 그 樣相」, 『首善論集』15, 성균관대 대학원.

최광식, 2009, 「一然의 역사 인식」, 『점교 삼국유사』(최광식·박대재), 고려대출판부.

최광식·박대재, 2009, 『點校 三國遺事』, 고려대출판부.

__________, 2014, 『삼국유사』, 고려대출판부.

최근식, 2005, 『신라해양사연구』, 고려대출판부.

三品彰英, 1979, 『三國遺事考証』中, 塙書房.

諸橋轍次, 1955, 『大漢和辭典』, 大修館書店.

* 울산의 영축사 탑과 금당 전경(VR 복원)

3부

『삼국유사』를 통해 본 불교

『삼국유사』의 고구려 불교사 서술

정호섭(한성대학교 역사문화학부 교수)

* 본 논문은 정호섭, 2018, 「삼국유사의 고구려 불교사 서술과 그 한계」, 『사학연구』130에 수록된 내용 가운데 일부를 재정리한 것이다.

1. 머리말

고구려 불교사와 관련해서는 그동안 고구려 불교 전래 및 수용과 의미, 불교 신앙, 승려들의 활동과 삼론종, 고구려 말기의 사상계의 추이 등이 중심이었고, 다른 분야에 비해 적극적으로 연구가 이루어졌다고 보기는 어렵다. 그것은 고구려 불교사와 관련한 자료가 매우 제한적이고, 그 내용도 단편적이고 소략한 것에 기인할 것이다. 『삼국사기』, 『삼국유사』, 『해동고승전』 등의 국내사서와 중국 정사류, 고승전류 등 중국 문헌기록, 그리고 『일본서기』 등의 일본측 기록 등이 있지만, 고구려 불교사를 명확하게 해명할 만한 기록이라고 하기에는 매우 미흡한 편이다. 실물자료 가운데에는 4세기부터 불교적 요소가 나타나는 인물 및 생활풍속계 고분벽화와 5세기 이후 연꽃으로 장식된 장식무늬계 고분벽화, 이후 시기의 선불혼합적인 특징을 나타내는 고분벽화 등에서의 불교적인 소재가 보인다. 그리고 조사를 통해 확인된 몇몇 사지와 불상 몇 구 정도가 그나마 문헌기록을 보충하는 정도이다.

삼국유사에 수록된 고구려 불교사에 대한 것은 흥법편과 탑상편에 수록된 내용이 거의 전부라 할 수 있을 정도인데, 삼국유사가 불교 관련 문헌이라고 할 때 고구려 불교에 대한 내용은 매우 빈약한 편이다. 본고에서는 삼국유사의 고구려 불교사와 관련한 편린들을 통해 고구려 불교사 서술의 일면을 살펴보고자 한다.

2. 흥법편의 고구려 불교사 서술

4세기부터 7세기까지 고구려의 불교사의 전반적 추이는 4-5세기 불교의 수용과 전개, 6세기에서 7세기 전반기까지 불교의 발전과 확산, 7세기 중반대의 불교정책의 변화와 쇠퇴로 구분해 볼 수 있을 것이다. 일반적으로 고구려 불교는 전래 이후부터 왕실 및 귀족세력들과 밀접한 관계 속에서 발전하였고, 정치적·사회적 상황이 변화하고 지배세력들의 불교에 대한 후원과 인식이 달라지면서 불교의 사회적 위치와 영향력이 변화되었으며, 지배세력들을 중심으로 불교에 대한 관심이 변화되자 불교가 약화되는 모습이 나타나게 되었던 것으로 이해되고 있다.(정선여, 2007)

고구려의 경우 신라에 비해 불교 전래, 수용, 공인의 모습이 뚜렷하게 구별되어 기록되어 있지 않다. 삼국유사 흥법편 순도조려조에는 고구려 불교 전래에 대해 서술하고 있다.

順道肇麗[순도공의 다음에 또한 법심·의연·담엄의 무리가 서로 잇따라 불교를 興하게 하였으나, 고전에는 기록이 없으므로 여기서도 감히 순서를 따라 편집할 수가 없다. 자세한 것은『승전』에 보인다.]

「高麗本記」에 이런 말이 있다. 소수림왕 즉위 2년 임신은 곧 동진의 함안 2년이니, 효무제가 즉위한 해였다. 전진의 苻堅이 사신과 순도스님을 시켜 불상과 경문을 보내왔다. [당시 苻堅은 관중에 도읍했으니 곧 장안이다.] 또 4년 갑술에는 阿道가 동진에서 왔다. 이듬해인 을해 2월에는 초문사를 지어 순도를 두고, 또 이불란사를 지어 아도를 두었으니, 이것이 고구려 불법의 시초다.『승전』에서 二道가 魏에서 왔다고 한 것은 잘못이다. 실은 전진에서 왔던 것이다. 또 초문사는 지금의 흥국사이고 이불란사는 지금의 흥복사라 한 것도 잘못이다. 살펴보건대 고구려 때의 도읍은 안시성, 다른 이름은 안정홀이니 요수의 북쪽에 있었다. 요수의 다른 이름은 압록인데 지금은 안민강이라 하니 어찌 송경 흥국사의 이름이 있겠는가.

고구려의 불교 초전에 대해 기록하고 있는 순도조려조는 승전과 고려본기를 인용하고 있다. 여기에서 승전은 보통 해동고승전으로 이해되는데, 내용상 약간의 차이는 있다. 특히 이도(二道)가 위(魏)에서 왔다는 것을 승전에서 전하고 있다고 하였지만, 해동고승전에는 순도는 진(秦)에서 왔으며, 아도(阿道)만이 위(魏)에서 왔다고 기록되어 있다. 고려본기도 삼국사기 고구려본기로 여겨지긴 하지만, 현존하는 삼국사기의 기록과는 약간 차이가 있다. 때문에 고려본기를 삼국사기가 아닌 구삼국사와 같은 사서로 이해하기도 한다.(신종원, 2006) 삼국유사가 해동고승전에 기록된 일부 내용에 대해 비판적 입장을 견지하면서 서술하였고, 이러한 이유 때문에 상당히 합리적인 고증을 하고 있다고 평가받고 있다.(이기백, 1987) 삼국유사와 해동고승전의 불교 전래에 대한 기본적인 내용은 거의 동일한 편인데, 다만 해동고승전에는 순도와 아도의 출자에 대해 상반된 기록이 보인다.

> 고구려 제17대 해미류왕[혹은 소수림왕] 2년 임신년 여름 6월에 秦왕 符堅이 사신과 승려 순도를 시켜 불상과 경문을 보내왔다. 이에 임금과 신하들은 예의를 갖추어 성문까지 나가 맞아들였으며, 정성을 다해 믿고 공경하니 감격과 경사가 널리 퍼졌다. 왕은 사신을 보내어 감사의 뜻으로서 토산물을 바쳤다. 혹은 순도는 東晋에서 와서 처음으로 불법을 전했다고 하지만, 秦과 晋을 구별할 수가 없으니 어느 것이 옳고 어느 것이 그른가. (중략) 그 뒤 4년에 神僧 阿道가 魏에서 들어왔으며 (옛글에 있음) 처음으로 省門寺를 창건하여 순도를 머무르게 하였다. 기록에 말하기를 "성문을 절로 만들었다"고 하였으니 지금의 홍국사가 그것이며, 뒤에는 잘못 기록하여 肖門이라 하였다. 또 伊佛蘭寺를 창건하여 아도를 머물게 하였으니, 古記에는 홍복사가 그것이라고 하였다. 이것이 해동 불교의 시작이다.

해동고승전에서는 순도의 출자를 진(秦), 동진(東晋) 등으로 기록하고 있고, 아도는 위(魏)에서 온 것으로 기록하고 있다. 삼국유사에서는 아도가 동진에서 온 것으로 적고 있어 차이가 있다. 일반적으로 순도에 대해서는 전진 출자설이 유력한 것으로 보고 있고, 아도는 동진에서 왔을 것이라는 추측이 보편적이다.(이기백, 1954) 여기서의 문제는 삼국유사의 '이도(二道)'가 순도와 아도를 가리키는 것으로 이해될 여지도 있지만 확실하지는 않다. '이도'가 위에서 온 것을 비판하면서 전진에서 왔다고 했기 때문에 같은 조목 내에서 인식상의 혼선이 발생하기 때문이다. 때문에 이도를 아도를 잘못 기록한 것으로 보는 시각도 있다.(신종원, 1993; 2016)

고구려는 이들 두 외국 승려를 각기 다른 사찰을 지어 거주하게 하였다. 이는 이들의 국적이 다른 까닭에 각기 불교의례를 행하는 것도 차이가 있어서 별도로 사찰을 지어 머물게 한 것으로 여겨진다. 그것은 초문사(肖門寺)가 성문사(省門寺)로서 관청으로서의 성격이 강하게 나타나는 명칭이 와전되었다는 것과 이불란사의 명칭은 토어 내지 외국어의 음역에서 나온 것이기 때문이다. 또한 후일 홍국·홍복으로 개칭되는 사명을 통해서도 전자는 국가와의 관계가 후자는 기복인 성격이 드러나고 있어, 처음부터 그 출발이 달랐음을 알 수 있게 한다.(김복순, 2011) 특히 전진의 부견이 사신과 함께 순도를 통해 불상과 경문을 고구려에 보낸 것은 당시 정치적인 상황과 연관이 있어 보인다. 이를 두고 고구려 초전불교가 공인된 것으로 이해하기도 한다. (김두진, 2011)

(태화 5년 11월) 신사일에 秦王 符堅이 鄴에 있는 궁전에 들어갔다.(중략) 郭慶이 龍城에 이르니 太傅 모용평이 고구려로 달아나고, 고구려는 모용평을 잡아서 秦으로 호송하였다.

【『자치통감』 권102, 진기 24 해서공 下】

진의 王猛이 연을 정벌하여 무너뜨렸다. 연의 태부 모용평이 도망해 오자 왕이 잡아서 진으로 보냈다.

【『삼국사기』 권18, 고구려본기6】

위 기록에 따르면 고국원왕 때에(370) 모용평이 고구려로 피난해 오자 고국원왕은 즉각 모용평을 잡아서 전진으로 보냈다. 모용선비세력에게 원한이 있었던 전진 황제 부견에게 고구려의 고국원왕이 모용평을 보냄으로써 전진과 고구려는 우호적인 관계에 있었던 것으로 짐작된다. 고국원왕이 371년에 백제와의 전쟁에서 전사하고 소수림왕이 즉위하자 전진의 부견이 고구려에 사신을 파견하였다. 그것은 부견이 고구려에 대한 보답의 차원이기도 하고, 신왕의 즉위와 관련한 외교적 차원에서 사신을 파견한 것으로 볼 수 있다. 당시 부견은 불교를 신봉하였고, 특히 중국 불교 교단을 새로 확립하여 그 수장의 지위에 올라 있던 도안(道安, 314-385)을 지극히 존숭하기도 하였다. 부견이 사절과 함께 공식적으로 불교를 전함으로써 고구려도 별다른 저항 없이 불교를 순조롭게 받아들였다. 그것은 아마 고구려 집권화가 무르익는 시기인 소수림왕대에 전래되었기에 가능한 측면도 있을 수 있다. 또한, 고구려에는 불교 공전 이전 시기에 이미 불교가 전래되어 이해되고 있었으므로 큰 반발이 없었을 것으로도 볼 수 있다. 그동안 대체로 고구려의 불교 수용과 관련해서는 대부분 왕권강화나 중앙집권화의 이론체계로서의 성격에 주목하여 왔다.(이기백, 1954) 고구려에서 국가통치에 불교를 이용할 필요성이 있었다는 사실은 전진의 부견이 불교를 국가통치의 방편으로 보호하였다는 사실과 연결해 볼 때 충분히 수긍이 가는 부분이기도 하다. 이에 대해 불교가 왕권정당화 내지는 중앙집권화의 이론장치의 역할을 했다거나, 평양지역의 중국계 집단을 효과적으로 통제하기 위해서라는 등 불교의 정치적 기능을 강조한 것에 대해서 근래 비판적 의견이 개진되기도 하였다.(조우연, 2011) 고구려의 불교수용은 사회 전반에 걸친 일반민과 지배세력 다수의 공감을 전제로 한 새로운 종교 내지는 문화의 수입이지, 왕권강화 목적으로 받아들이지 않았을 수도 있다는 것이다. 아울러 고구려 불교 전래 및 수용 문제와 관련해 왕권의 역할이 지나치게 강조되었음을 비판하고, 이른바 국가적 공인 이전의 불교사전의 중요성과 의미에 대해 강조한 견해(최광식, 2007)도 있다. 이처럼 불교 전래와 수용에 대한 이해가 다르게 나타나는 것은 4-5세기 고구려의 상황에 대한 인식의 차이에서 비롯된다고 할 것이다.

그런데 또 다른 고구려의 불교 전래의 기록이 삼국유사 아도기라(阿道基羅) 조에 보인다.

> 또 북위의 중 담시[혹은 혜시라고도 함]의 전기를 살펴보자. 담시는 관중 사람인데 출가한 후로는 기이한 행적이 많았다. 동진 효무제 태원 9년 말에는 경장·율장 수십 부를 싸 가지고 요동으로 가서 불교를 전파하고 3승을 가르쳐 즉시 불계에 귀의하게 했는데 대개 이것이 고구려가 불교를 받아들이게 된 시초일 것이다. 의희 초년에는 다시 관중으로 돌아가서 삼보 지방을 개도시켰다. 담시는 발이 얼굴보다 희었으며, 비록 흙탕물을 건너더라도 발이 젖지 않았으므로 세상에서는 모두 백족화상이라 불렀다고 한다. (중략) 논평하여 말한다. 담시는 태원 말년에 해동에 왔다가 의희 초년에 관중으로 돌아갔다고 하니 곧 이곳에 머물러 있은 지 10여 년이 되는데 어찌 동국의 역사에 기록이 없는가? 담시가 이미 괴이하여 헤아릴 수 없는 사람이며, 아도·묵호자·마라난타와 연대 및 사적이 서로 같으니 세 사람 중에서 아마도 한 사람이 필경 그의 變名이 아닌가 한다.

위의 기록에 보이는 담시는 고구려 불교 전래자로 묘사되고 있는데, 해동고승전에도 동일한 기록이 보인다. 최치원의 희양산봉암사지증대사적조탑비명(曦陽山鳳巖寺智證大師寂照塔碑銘)에도 "서진의 담시가 고구려로 들어온 것은 섭마등(攝摩騰)이 동으로 후한(後漢)에 들어온 것과 같았다"라고 적고 있어 담시에 관한 유사한 인식이 있다. 문헌기록상으로 보면 이것은 어디까지나 삼국사기 고구려본기 및 삼국유사 흥법편 초반부에 불교의 초전이 기록되어 있는 반면, 중국 측 사료에는 대부분 불교의 초전자를 담시로 기록하고 있다. 전체적으로 보면 고구려의 불교 전래에 대해서는 민간으로의 전래, 왕실로의 전래를 구분해야 할 필요성이 있고(최광식, 1991), 불교의 전래와 전개에 대한 여러 가지 차이가 있는 기록에 대한 합리적인 해석도 필요할 것이다. 담시에 관한 기록은 고구려에 불교가 전래된 지 오래되었으나 그에 의해서 비로소 본격적으로 불교가 전해져 불교 본연의 면목을 지니게 되었다는 뜻에서 표현된 것으로 해석하기도 한다.(김영태, 1986; 1990) 또한 초전 불교가 격의불교였다면, 담시는 격의불교에서 벗어난 새로운 불교경향을 고구려에 전했다는 점에서 순도와 아도 이후 변화된 중국 불교경향을 고구려에 전해서 불교 전래자로 기록되었을 것으로 보기도 한다.(김상현, 2007) 아울러 담시가 고구려에 온 것을 중시하는 것은 그가 불경과 율장을 가지고 와서 구복적인 성격의 불교가 아닌 본의불교로서의 내용을 고구려에 알렸기에 이것이 사상사적으로도 큰 의미를 둘 수 있는 내왕이라고 이해하기도 한다.(김복순, 2011) 한편 담시가 북조불교를 전했을 것으로 보고, 담시는 광개토왕대 요동지역에서 활동하였던 승려로 파악하기도 하며(남무희, 2011) 반대로 담시가 중국 남방불교신앙과 연결되었던 점에서 공인 불교신앙의 모습으로 여기기도 한다.(김두진, 2011) 전체적으로 보면 불교가 수용, 확산되는 과정에 대한 이해가 다를 수 있기 때문에 문헌기록상 차이가 있는 부분에 대한 인식의 차이가 있는 것이다. 이와 관련하여 삼국유사 찬술자는 오히려 담시가 아도, 묵호자, 마라난타 세 사람 중의 한 사람인 것으로 추측하기도 하였다. 담시가 그 사적이 명확함에도 불구하고 삼국유사에서 별도의 조목을 설정하지 않은 것은 바로 이러한 인식 때문이었다. 해동고승전에서는 담시가 3승으로 현수하고 귀계(歸戒)를 세웠다고 전하고 있음으로 보아 계율을 중요시한 것으로도 볼 수 있다.

그런데 실제로 고구려 불교 전래는 양고승전과 해동고승전에 동진 고승 지둔도림(314-366)과 고구려 도인(高麗道人)이 편지를 주고받았던 사실을 볼 때 훨씬 이전이었던 것으로 볼 수 있다. 사문을 도인으로 칭하면서 도교의 도사와 구별하는 것은 남조불교의 특징이라는 견해가 있는 만큼(신종원, 1992) 고구려 도인에게 글을 보냈던 지둔도림은 격의불교의 대표적 인물로 고구려 초기 불교에 큰 영향을 끼친 것으로 여겨진다.(김상현, 2005; 김두진, 2011) 또한 고구려에는 일찍이 북방불교가 왕실을 중심으로 전래되어 있다고 보기도 하는데(이용범, 1973), 전연(前燕) 왕실에서 불교가 성행하였고, 모용씨(慕容氏)가 침입하였을 때에 고구려에 불교가 알려졌다는 것이다.(박윤선, 2004) 혹은 미천왕대 후조와의 교류를 통해서도 고구려에 불교가 전래되었을 가능성이 지적된 바 있고(전호태, 2000; 표영관, 2008) 낙랑, 대방지역을 통해 고구려에 불교가 유입되었을 가능성도 고려된다. 따라서 4세기 중엽경에 이미 고구려에 불교가 전해졌던 것은 분명하다고 할 수 있다.

불교가 공식적으로 전래된 것이 소수림왕대로 기록된 것은 당시 이루어졌던 일련의 체제정비의 일환으로 국가 차원에서의 불교의 전래를 강조하기 위한 것으로 볼 수 있다. 고구려 초기불교의 성격이 외교적이고 시책적인 성격이 강하다고 이해하는 것(신종원, 2006)도 동일한 맥락에서 이해할 수 있다. 소수림왕대 불교가 전래되어 수도였던 국내성 지역에는 초문사와 이불란사가 창건되어 순도, 아도 등과 같은 승려들이 주석하였다. 현재 국내성 지역에서 사찰로 보이는 유적을 확인하기는 매우 어렵다. 과거 동대자유지를 초문사로, 집안역 남쪽에 위치한 석주건물지를 이불란사로 보기도 하였지만,(문명대, 1998) 이를 그대로 인정하기는 어렵다. 현재 동대자유지는 소수림왕 이후인 비교적 늦은 시기의 유적으로 보이고, 집안역 인근의 석주건물지도 사찰로 보기는 어렵다.

고국양왕 9년의 불법구복에 대한 숭신을 하교하고, 광개토왕대에 평양에 9사를 창건하는 등 고구려 불교는 점차 발전하는 모습을 보인다. 고국양왕 9년의 하교에 대해서는 고구려 불교의 공인으로 보는 시각도 있기도 하지만(최광식, 1991) 대체로 고국양왕대의 불교의 확산과 관련이 있다. 이후 광개토왕대에는 천도를 준비한다는 측면에서 평양에 9사를 창건하기 시작하였다.(서영대, 1981) 광개토왕대에 평양에 9사가 한꺼번에 창건되었다고 보는 것은 현실적으로 무리가 있기에 광개토왕부터 평양에 9사가 창건되기 시작한 것으로 보아야 할 것이며(신동하, 1988), 아마 장수왕대에 모두 완성되었을 것으로 여겨지기도 한다.(정선여, 2007) 이것은 광개토왕에서 장수왕으로 이어지는 평양 천도와 맞물려 진행된 것으로 볼 수 있으며, 그것의 완성도 광개토왕에서 장수왕까지 수십 년에 걸쳐 이루어진 것으로 이해된다는 것이다. 9사가 창건된 것은 평양을 불사로 둘러싸여 부처의 보호를 받는 왕도로서 인식하였던 것이며(전호태, 2000) 9사는 중앙과 8방의 개념으로 이해하기도 한다.(조경철, 2008) 결국 평양의 9사 창건은 왕권강화를 위해 불교를 숭신할 것을 권장하는 측면뿐 아니라, 국내성 귀족들의 권한을 약화시키기 위한 것(서영대, 1981)과 더불어 백제의 침입과 연관지어 불교의 호국적 역할을 기대하면서 평양에 9사를 건립한 것(신동하, 1988) 등으로 이해되고 있다. 이와는 반대로 문맥상 '九寺'를 '아홉 관청(혹은 관사)'으로 이해하는 것이 역사적 전개와 더 자연스럽게 맞물린다는 의견도 있다.(조우연, 2011) '寺'의 실체와 관련해, 한대(漢代) 이래로 9경(卿)의 관서(관청)를 '寺'라 했다는 점에 주목하면서 광개토왕대에 이르러 구(舊) 낙랑(樂浪)지역에 새롭게 관청(9寺)을 창설한 것은 본격적인 평양 천도를 위한 중앙관료기관의 창건이었을 가능성이 있다는 것이다.

한편 순도조려조에는 고구려 불교를 흥하게 한 인물들이 나열된 세주가 달려 있다.

> 順道肇麗[순도공의 다음에 또한 법심·의연·담엄의 무리가 서로 잇따라 불교를 興하게 하였으나, 고전에는 기록이 없으므로 여기서도 감히 순서를 따라 편집할 수가 없다. 자세한 것은 『승전』에 보인다.]

위의 기록에 의하면 고구려 불교사의 전개와 관련해 순도-법심-의연-담엄을 기록하고 있는데, 승전에서 인용한 것이라고 적고 있다. 여기서의 승전을 해동고승전이라고 볼 때, 해동고승전에는 순도-망명-의연-담시의 순서로 서술되고 있다. 두 기록을 비교해 볼 때 법심-망명과 담엄-담시가 서로 연관되고 있다. 즉 법심과 망명이 동일인이고, 담엄과 담시도 동일인일 가능성이 있다고 한다.(남무희, 2011) 그런데 해동고승전에도 법심과 담엄에 대한 기록은 확인되지 않고, 여타 기록에도 이들 두 승려의 이름은 보이지 않는다. 해동고승전에서의 망명, 순도, 담시 등은 고구려 불교 전래 및 수용시기의 인물들이고, 의연은 6세기 중반 이후 평원왕대에 활동했던 인물인 것이다. 그런 점에서 일단 망명(亡名)은 동진의 고승 지둔과 서신 교류를 하던 고구려 도인으로서 소수림왕대 이전 이미 고구려에 불교가 전해졌다는 사실을 알려 주고 있는바, 순도보다 앞선 시기에 활동하였던 인물로 보인다. 망명은 그것 자체가 이름이었다기보다는 이름이 실전된 고구려 도인이었던 것으로 여겨진다. 담시는 광개토왕대에 요동으로 와서 활동하던 승려로 기록되어 있다. 만약 삼국유사의 세주의 기록이 순도-법심-의연-담엄의 순서를 시간순으로 기록한 것이라면, 해동고승전의 기록과는 많은 차이를 보인다. 그것은 시간순으로 보면 망명이 순도 앞에 기술되어야 하고, 담시도 의연보다 이른 시기에 활동하였던 인물이기 때문이다. 따라서 삼국유사와 해동고승전에서 언급되고 있는 승려인 법심과 망명, 담엄과 담시가 동일인이라기보다는 서로 다른 인물들로 보아야 할 듯하다.

한편 삼국유사에는 신라의 불교 전래와 관련하여 아도기라조에 고구려 승려인 묵호자 혹은 아도가 등장한다. 신라에 불교가 전래된 것이 고구려에 의해서라는 것이다.

阿道基羅[혹은 我道 또는 阿頭라고도 함]

「新羅本記」 제4권에 이런 말이 있다. 제19대 눌지왕 때에 사문 묵호자가 고구려로부터 일선군에 이르니 郡人 모례[혹은 모록이라고도 씀]가 집 안에 굴실을 만들어 있게 했다. (중략) 또 제21대 비처왕 때에 이르러 我道和尙이라는 이가 侍者 세 사람과 역시 모례의 집에 왔다. 겉모습이 묵호자와 비슷하였으며, 수년 동안 거주하다가 병 없이 생애를 마쳤다. 그 시자 세 사람은 그대로 머물면서 경율을 강독하였는데 이따금 불교를 믿는 사람이 생겼다. [주에, 본비 및 제전기와 다르다고 하였다. 『고승전』에서는 서천축사람이라 하였고, 혹은 오에서 왔다고 하였다.]

「我道本碑」를 살펴보면 다음과 같다. 我道는 고구려 사람이다. 어머니는 고도령으로서, 정시연간에 조위 사람 아[아는 성임]굴마가 고구려에 사신으로 왔다가 고도령과 사통하고 돌아갔는데, 이로 인하여 임신하였다. 스님이 다섯 살이 되었을 때, 그 어머니가 출가시켰다. 열여섯 살에는 위나라에 가서 아버지 굴마를 찾아뵙고, 현창화상의 문하에 들어가 수업했다. 열아홉 살 때 다시 돌아와 어머니를 뵈니, 어머니가 말하였다. "이 나라는 지금까지 불법을 모르지만, 이후 3천몇 달이 지나면 계림에 성왕이 나시어 불교를 크게 일으킬 것이다. 그 서울에는 일곱 군데의 절터가 있다. (중략) 이렇게 보면, 본기와 본비의 두 설이 서로 어긋나서 같지 않음이 이와 같다. 한번 시론해 보면 다음과 같다. 양·당 두 고승전 및 『삼국본사』에는 모두 고구려와 백제 두 나라 불교의 시작이 동진 말년 태원 연간이라 하였는데, 二道法師가 소수림왕 갑술년에 고구려에 온 것은 분명하므로 이 전은 틀리지 않았다. 만약 비처왕 때에 비로소 신라에 왔다고 하면 이것은 고구려에서 백여 년이나 있다가 온 것이 된다. 아무리 위대한 성인의 행동거지와 나타나고 없어짐이 다르다고 하더라도 반드시 다 그렇지는 않을 것이다. 그리고 아마 신라에서 불교를 믿은 것이 이처럼 매우 늦지는 않았을 것이다. 또 만약 미추왕 때였다고 하면 도리어 고구려에 온 갑술년보다 백여 년을 앞서게 된다. 이때는 신라에 아직 문물예교도 없었고 나라 이름도 정해지지 않았는데 어느 겨를에 아도가 와서 불교를 받들자고 하였겠는가? 또 고구려에도 오지 않은 채 신라로 넘어갔다는 것은 이치에 맞지 않는다. 설사 잠시 흥하였다가 곧 없어졌다 하더라도 어찌 그 사이에 그토록 적막하여 소문이 없었을 것이며 향의 이름조차 알지 못했을까? 하나는 연대가 너무 뒤지고, 하나는 너무 앞서지 않은가? 생각건대 무릇 동방으로 전파되는 형세는 반드시 고구려·백제에서 시작하여 신라에서 마칠 것이다. 눌지왕대는 소수림왕대와 서로 맞닿으므로, 아도가 고구려를 떠나 신라에 온 것은 마땅히 눌지왕 때가 될 것이다. 또 왕녀의 병을 고쳤다는 것도 모두 아도가 한 일이라고 전하고 있으니 이른바 묵호자라는 것도 진짜 이름이 아니라 그저 지목해서 한 말이다. 마치 양나라 사람들이 달마를 가리켜 벽안호라 하고 진나라에서 승려 도안을 조롱하여 칠도인이라고 한 것과 같은 것이다. 이것은 아도가 위태로운 일을 하느라고 이름을 숨겨 성명을 말하지 않았기 때문이다. 아마 국인이 그 소문에 따라, 묵호자·아도 두 이름을 두 사람으로 나누어 전기를 지은 것이리라. 더구나 아도의 겉모습이 묵호자와 비슷하다고 하였는데, 이것으로 보아도 한 사람임을 알 수가 있다.(중략)

위 기록은 신라의 불교 전래에 있어서 묵호자, 아도 등의 고구려 승려가 중심적인 역할을 하고 있었다는 사실을 전하고 있다. 신라의 불교 전래를 고구려와 연관시키고 있는데, 고구려에서 활동하였던 아도와 신라에 불교를 전한 아도가 동일인으로 볼 수 있는지가 우선 문제가 된다. 소수림왕 4년에 와서 이불란사에 주석한 아도와 신라에 불법을 전한 아도의 이름이 동일하기 때문이다. 삼국유사에서는 신라에 온 아도는 소수림왕 때 고구려에 온 아도와 동일인으로 보는 해동고승전의 설에 따르고 있다. 특히 아도를 계림잡전(鷄林雜傳)의 묵호자와 동명이인일 가능성도 제시하였다. 아도기라조는 너무나 설화적인 내용이 많아서 그 연대와 사실성 등에서 많은 문제점을 안고 있다. 일연 역시도 마찬가지로 생각한 듯하다. 아도기라조에는 삼국사기, 아도본비, 해동고승전, 고승전, 속고승전 등 많은 전거가 있지만, 각 전거마다 내용이 다르기 때문에 삼국유사에는 그 사실성을 논증하기 위해 애쓴 흔적이 뚜렷하게 보인다. 그렇지만 삼국사기 찬술자들 역시 이 문제에 대해 명확한 결론을 도출하지는 못하였다. 이러한 전승에 대한 사실성 여부는 알기가 어렵지만, 이들이 동일 인물일 가능성은 매우 낮다고 할 것이다.

한편 삼국유사에는 고구려 불교 전래 이후에 흥법편에서 유일하게 고구려 말기의 보덕과 관련한 내용을 다루었다. 이는 고구려가 불교를 대신하여 도교를 신봉한 것을 비판하고 결국 고구려가 멸망에 이르게 되었다는 사실과 연결시킨 것으로 보인다.

寶藏王이 도교를 신봉하고 普德이 암자를 옮기다.

『高麗本記』에 이르기를 "고구려 말기인 武德, 貞觀 연간에 國人이 다투어 五斗米敎를 신봉하는데 唐 高祖가 이것을 듣고 道士로 하여금 天尊像을 보내어 와서 『도덕경』을 강의하게 하니 왕과 國人이 그것을 들었다. 곧 27대 영류왕 즉위 7년이요, 무덕 7년 갑신이다. 그 이듬해에 사신을 보내어 唐에 가서 불교와 도교를 배우기를 청하니 당나라 황제가[고조를 가리킴] 그것을 허락하였다. 보장왕이 즉위할 때에 이르러[정관 16년 임인년] 역시 세 가지 교를 함께 진흥시키고자 하였다. 당시 총애받던 재상 蓋蘇文이 왕에게 말하기를 '유교와 불교는 모두 융성하지만 도교는 성하지 못하니 당나라에 특별히 사신을 보내어 도교를 구하자'고 하였다. 당시 보덕화상이 반룡사에 있으면서 도교가 불교와 병행하면 국운이 위태롭게 될 것을 근심하여 여러 번 諫했으나 듣지 않았다. 이에 神力으로 거처하던 방을 날려 남쪽에 完山州[지금의 全州]의 孤大山으로 옮겨 살았으니 바로 永徽 원년 경술년 6월이다.[또 『本傳』에는 이르기를 乾封 2년 정묘년 3월 3일이라 함] 그 후 얼마 못되어 나라가 망하였으니[摠章 원년 무진에 나라가 망했으니 헤아려 보면 경술년보다 19년 뒤] 지금의 景福寺에 있는 '飛來方丈'이란 것이 바로 이것이다"라고 하였다. [이상은 『國史』임] 이 사실을 眞樂公은 시를 지어 서재에 남기고 文烈公은 보덕의 전기를 지어 세상에 전했다. (중략) 金이 왕께 아뢰기를 '솥은 세 발이 있고 나라에는 세가지 敎가 있는데 제가 우리나라를 볼 때에 다만 유교와 불교가 있을 뿐 도교가 없으므로 나라가 위태롭습니다'하니 왕이 이를 옳게 여겨 당나라에 청해 아뢰었더니 태종이 敍達 등 道士 여덟 사람을 보냈다. [『國史』에는 "武德 8년 을유(625)에 사신을 당나라에 보내어 불교와 도교를 구했더니 당나라 황제가 이를 허락하였다"고 하였다. 여기에 의하면 양명이 갑술년에 죽어서 이 곳에 태어났다면 겨우 나이가 열 몇 살일 텐데 총애받는 재상이 되고 왕에게 말하여 사신을 보내고 (도교를) 청했다고 하였으니 그 연월이 반드시 한쪽은 틀린 것이다. 지금 두 기록 모두 써 둠.] 왕이 기뻐하여 절로써 道館을 삼고, 道士를 높여 儒士의 윗자리에 앉게 하였다. 도사들은 국내의 유명한 산천을 찾아다니며 진호하였다. (중략) 발문에 이르기를 "고구려 보장왕이 도교에 혹하여 불교를 믿지 않으므로 스님이 이에 승방을 날려 남쪽의 이 산에 이르렀다. 그 후 神人이 고구려의 馬嶺에 나타나서 사람들에게 말하기를 '며칠 못 가서 너희 나라는 망할 것이다'라고 하였다"한다. 모두가 『國史』의 기사와 같고 나머지는 모두 『本傳』과 『僧傳』에 적혀 있다.

위 기록은 삼국사기 고구려본기를 인용하면서 영류왕 때 고구려에 오두미교가 크게 유행하였고, 당에서 이를 먼저 알고 도사를 파견할 만큼 고구려와 당과의 관계가 일시적으로 우호적인 분위기였던 사실을 보여 주고 있다. 당(唐) 고조가 도사로 하여금 천존상(天尊像)을 보내어 와서 『도덕경』을 강의하게 하니 왕이 직접 들었고, 이후 당에 사신을 보내어 불교와 도교를 배우기를 청하였다는 것이다. 보장왕 즉위년에는 연개소문의 요청에 의해 세 가지 교를 함께 진흥시키고자 도교를 수용하였다. 특히 연개소문은 당의 도교를 통해 불교 교단을 통제하려 하였던 것으로 여겨진다. 보덕은 이에 반대하였던 고구려의 적극적인 도교 진흥책에 대한 부정과 반발의 차원에서 평양성으로부터 대보산의 영탑사와 반룡사 등을 전전하였던 것으로 보인다. 보덕은 반룡사에 주석하고 있으면서도 보장왕에게 도교를 진흥하면 나라가 위태로워질 것으로 여러 차례 건의하였다고 한다. 그러나 결국 불교정책이 변화되지 않자 650년 고구려를 떠나 열반사상이 유행하던 백제로 이주하게 되고, 완산 고대산에 경복사를 창건하였던 것이다. 아울러 보덕이 양성한 제자들이 이후의 불교를 홍법시킨 인물들이었음을 강조하면서 보덕의 역할이 강조되고 있는 것이다. 결국 삼국유사의 보덕과 관련한 내용은 고구려의 불교 쇠퇴를 말하면서 고구려의 도교 신봉이 국가를 멸망하게 이끈 원인으로 인식하고 있다. 도교에 대한 진흥이 고구려 멸망의 원인으로까지 인식하고 있는 것은 결국 국가나 왕실이 불교를 홍하게 하는 것이 바람직한 것으로 본 것이다.

보덕이 백제로 이주한 시기는 영휘(永徽) 원년 경술년(650) 6월과 『본전』을 인용한 건봉(乾封) 2년 정묘년(667) 3월 3일로 나타나고 있다. 이에 관해서 650년은 고구려를 떠난 시점으로, 667년은 경복사가 완성되어 이주가 완전히 마무리된 시점으로 보기도 한다.(노용필, 1989) 반면 삼국사기와 삼국유사 모두에서 언급한 650년을 정확한 시점으로 상정하면서 667년은 보덕전을 쓴 최치원의 인식에 의한 것으로 최치원이 보덕의 이주와 고구려 멸망을 연결하였기 때문인 것으로 보기도 한다.(김주성, 2003) 마지막 부분의 일연이 쓴 찬에는 유교와 도교를 숭상하면 조종을 망친다는 점을 강조하면서 고구려왕의 행위가 잘못되었음을 비판하고 있다. 이는 아도기라조에도 보이는데, 담시가 도교로부터 불법을 지켜 홍기시키려 하였다는 인식이나 도교를 일으킨 최호나 구겸지가 재앙을 받아 멸문된 사실을 강조한 것과 동일한 인식이기도 하다.

3. 탑상편의 고구려 불교사 서술

삼국유사 탑상편은 탑이나 불상 및 불전, 범종, 사리 등 불교 조형물에 대한 기록으로 불교미술사의 풍부한 자료를 제공해 준다.(이기백, 1987) 특히 탑상편에는 유연국토신앙으로부터 이어진 불국토신앙이 많이 나타나 있다. 탑상편의 고구려 불교사는 단 2개의 조에 불과하여 그 내용이 풍부하지는 않다. 요동성육왕탑조와 고려영탑사조는 고구려에 전해진 유연국토신앙을 알려 준다. 요동성에는 본래 인도 아육왕이 보낸 불탑이 묻혔던 자리에 고구려 성왕이 7층 목탑을 세운 내용이고, 고려 영탑사는 보덕이 신인의 말을 따라 땅을 파서 8면 7층탑을 얻은 곳에 세운 사찰이라는 것이다. 땅속에 있었던 불탑은 전불시대의 인도로부터 유래한 것이라고 함으로써 유연국토신앙을 갖게 하였다.(김두진, 2014)

고구려가 요동을 완전하게 확보한 시기는 대체로 광개토왕대로 여겨진다. 고구려가 요동을 확보한 이후에 요동성에 탑을 건립하였음은 요동성 아육왕탑조를 통해 살펴볼 수 있다.

요동성의 아육왕탑

『三寶感通錄』에 이렇게 기재되었다. 고구려 요동성 옆에 있는 탑은 옛 노인들의 전하는 말에 의하면 옛날 고구려 聖王이 국경을 순행하다가 이 성에 이르러 오색 구름이 땅을 덮는 것을 보았다. 가서 구름 속을 찾아보았더니 중이 지팡이를 짚고 서 있었다. 그런데 가까이 가면 곧 없어져 버리고 멀리서 보면 다시 나타나는 것이었다. 그 옆에 삼중의 토탑이 있었는데 그 위는 가마솥을 엎은 것 같지만 무엇인지 알 수 없었다. 다시 가서 중을 찾아보니 무성한 풀만 있을 뿐이었다. 그곳을 한 길쯤 파 보니 지팡이와 신이 나오고, 또 파 보니 銘이 나왔는데 위에는 梵書가 쓰여 있었다. 侍臣이 그 글을 알아보고 불탑이라고 했다. 왕이 자세히 물으니 侍臣은 답했다. "한나라 때 있었던 것입니다. 그 이름은 蒲圖王(원래는 休屠王이라고 했는데 祭天하는 金人이다)이라고 합니다." 聖王은 이로 인하여 신앙심이 생겨 七重木塔을 세웠는데, 그 후 불법이 전래하자 그 始末을 자세히 알게 되었다. 지금 그 높이가 더 줄었고 본 탑은 썩어 무너졌다. 아육왕이 통일했던 염부제주에는 곳곳에 탑을 세웠으니 괴이하게 여길 것이 없다. (중략) 西漢과 三國의『地理志』를 살펴보면 요동성은 압록강 밖에 있으며 漢나라 幽州에 속해 있었다. 고구려 聖王은 어느 임금인지 알 수 없다. 혹 東明聖帝라 하나 그렇지 않은 것 같다. 東明帝는 前漢의 元帝 建昭 2년에 즉위하여 成帝 鴻嘉 2년 임인년에 세상을 떠났으니, 그 때는 漢나라에서도 아직 불경을 보지 못했는데 어찌 해외의 陪臣이 벌써 梵書를 알 수 있을까. 그러나 부처를 蒲圖王이라 했으니, 아마 西漢時代에도 서역 문서를 혹 아는 이가 있었기에 梵書라 했을 것이다.

위의 기록은 도선(道宣, 596-667)이 664년에 편찬한 『집신주삼보감통록(集神州三寶感通錄)』의 기록과 거의 동일한 관계로 그 전거는 『집신주삼보감통록』이었을 것으로 보인다. 삼국유사에서는 삼보감통록이라고 적고 있다. 내용은 고구려 성왕에 의해 요동성에 아육왕탑이 건립되었다는 것이다. 여기에 보이는 고구려 성왕과 관련하여 삼국유사 편찬자들은 성왕이 누구인지는 알 수 없으나 당시까지 언급되고 있는 동명성왕은 아닌 것을 지적하였는데, 동명성왕 당시에는 불교가 전래되지 않았다는 것으로 설명하였다.

과거 삼국유사의 아육왕탑과 칠중목탑(七重木塔)의 기록에 대해서 발해 시기 사실의 오전(誤傳)으로 인식하기도 하였고(고유섭, 1967) 1930년대의 일본 학자들은 성왕을 동명성왕이라고 전제하면서 목탑의 누각식은 중국에서 시작된 것인데, 고구려에서는 그 시기에 7층의 목탑을 세울 수 없다는 논리로 아육왕탑이 고구려에 있었다는 사실조차 부정하기도 하였다. 그러나 이후 요동성 아육왕탑이 실재하였다는 견해가 제기되면서 고구려 성왕이 동명성왕이 아닌 후대의 고구려왕이라는 점이 지적되었다. 고구려 성왕에 대해서는 고국양왕이 요동으로 진출한 후 순행하면서 만든 탑일 가능성이 지적된 바 있으나,(김선숙, 2004) 대체로 학계에서는 성왕을 광개토왕으로 보고 있는 분위기이다.(문명대, 1983; 신동하, 1988; 정선여, 2007; 윤세원, 2014) 또한 '성왕'은 전륜성왕(轉輪聖王)을 의미하는 것으로 5세기 초반경의 광개토왕으로 보기도 한다.(조경철, 2008; 윤세원, 2014) 그러나 전륜성왕을 광개토왕이라고 확정하기보다는 성왕의 실체에 대해서는 좀 더 고민이 필요할 듯하다.

아육왕탑과 관련하여 인도의 설화에 의하면 석가모니께서 열반에 드신 후 다비를 하고 나온 사리는 모두 8등분하여 여덟 개의 탑을 세웠다. 그런데 그 후 1백 년 정도 뒤에 아소카왕이 인도 전역을 통일하고 이들 여덟 개의 탑에 있던 사리들을 꺼내어 제국 영토에 골고루 도합 8만 4천 개의 탑을 세워 그 안에 각각 분산하여 봉안했다고 한다. 그러나 인도에서의 설화는 이 8만 4천 개의 탑이 모두 인도에 세워진 것이었을 뿐 중국에까지 세웠다는 이야기는 아니었다. 이들 수많은 탑이 세워진 곳 중에 중국이나 고구려가 포함되었다는 이야기는 물론 후대에 해당 지역의 사람들이 만들어 냈을 것이다. 『집신주삼보감통록』에 등장하는 아소카왕이 세운 탑은 돌과 비슷한 재질로 만들었고, 높이는 1.4척, 그리고 5단의 상륜부를 가졌으며, 그 모습이 인도와 호탄의 불탑과 비슷했다고 한다. 고구려왕이 발견한 요동성의 아소카왕 탑은 3층의 토탑이었다.

그 위에 솥을 엎어 놓은 것 같은 구조물이 있다고 했으니 이는『집신주삼보감통록』에서 인도나 호탄의 탑과 같다는 설명과 일치한다고 할 수 있다. 고구려왕은 이 탑을 보호하기 위해 7층의 목탑을 건립하였는데, 아마 8면 7층탑이었을 가능성이 있다. 그것은 고구려에서 주로 팔각형의 탑을 세웠는데, 고려영탑사조에도 8면 7층탑이 보인다.

요동성은 요양에 있었던 고구려의 거점 성 가운데 하나로 현재는 그 흔적을 확인하기 어렵다. 요동성의 모습을 알 수 있는 자료가 남아 있는데, '요동성총'에 남아 있는 요동성도를 통해 짐작해 볼 수 있다. 요동성총은 평안남도 순천시 북창면 용봉리에 있는 고구려 벽화무덤으로 무덤 내부에 성곽도가 그려져 있고, '遼東城'이란 묵서명이 있어 이 무덤을 요동성총이라 부른다. 앞방의 남벽 중앙에 성곽도가 그려져 있다. 대체로 무덤축조 및 벽화제작 시기는 4개의 현실, 측실과 두 개의 널길이 달린 전실 등 중국 요양삼도호고분(遼陽三道壕古墳)과 같은 모습으로 4세기 후반경으로 보기도 하지만, 고구려가 요동 지배를 굳힌 이후 일정한 기간이 지난 후인 5세기 전반경에 축조된 무덤으로 생각된다.(정호섭, 2011) 성곽의 모습은 중앙에 내성·외성의 이중성벽을 가진 것인데, 내성 내부에는 골기와를 얹은 이층집과 삼층 누각이 그려져 있다. 외성 내부에는 서쪽문 바깥에 단층집이 한 채씩 있는데, 그 오른쪽 집 밑에 해서로 '遼東城'이라고 내려쓴 묵서가 있다. 요동성의 안과 밖에 고층 누각이 그려져 있는 것을 볼 수 있는데, 이것이 탑을 묘사한 것이 아닐까 추정되기도 한다. 특히 요동성 밖에 있는 누각 형태의 건물이 요동성 육왕탑일 개연성이 지적된 바 있다.(장상렬, 1967) 요동성 옆에 육왕탑이 있다고 한 삼국유사의 기록을 볼 때 위치상 내성의 탑보다는 성 밖의 탑이 해당된다고 할 수도 있겠지만, 문제는 요동성총이 만들어진 이후에 탑이 조영되었을 개연성도 있고, 벽화에 묘사된 탑이 7층 형태로는 보이지 않아서 이 탑을 요동성 육왕탑으로 단언하기는 어렵다.

삼국유사에는 인도 아육왕과 관련한 내용이 각각 고구려와 신라에 등장한다. 삼국유사의 요동성 육왕탑조에서 아육왕탑이 세워진 곳이 불교와 깊은 인연이 있음을 강조하고 있는데, 이를 통해서 고구려에 불교의 연원이 오래된 것으로 강조하려는 의도가 반영되어 있음이 확인된다. 또한 아육왕탑이 발견되는 과정에 한 승려의 모습이 가까이 가면 사라지고 멀리서 보면 나타나는 신이한 정황이 묘사되었는데, 이것은 아육왕탑의 출현 상황에 신비함을 주기 위한 것으로, 이러한 방식은 『삼국유사』에서도 인용된 당(唐)의 도선(道宣)이 편찬한 『집신주삼보감통록』에 있는 각종 불탑이나 불상 관련 설화에서 많이 확인된다. 아육왕탑이 중국 여러 곳에서 발견되었다는 설화는 동진(東晉) 이후에 많이 나타나기 때문에, 요동성육왕탑과 관련된 설은 동진 시기 이후에 수용된 것으로 추정이 된다.(신동하, 2000) 한편 『삼국유사』에는 아육왕과 연관된 내용이 『삼국유사』 황룡사장육조에서 보인다. 아육왕이 보낸 불상과 모본과 금이 경주의 동쪽 해안인 울산 부근에 도착했다는 내용이다. 이러한 내용도 결국은 중국을 통하여 수용된 연기설의 연장으로 생각해 볼 수 있다. 아육왕이 사망한 수백 년이 지난 뒤 인도의 불상이 신라에 도착하였다고 함으로써, 인도에서 크게 불사를 일으킨 아육왕의 후광을 받아서 신라의 불교도 발전하게 된다고 믿는 신라인의 사상적 일면을 반영한 것이다.(김리나, 1979) 따라서 삼국유사에 수록된 아육왕과 관련한 2건이 수록된 의도는 거의 동일하다고 할 것이다.

삼국유사 탑상편에 수록된 또 다른 고구려 관련 기록은 영탑사에 대한 것이다.

고려의 영탑사

『高僧傳』에 중 보덕의 자는 智法이며, 전 고구려 용강현의 사람이라고 했다. 자세한 것은 이 아래의 『本傳』에 나타나 있다. 스님은 늘 평양성에 살았는데, 山方 노승이 와서 불경을 강연해 주기를 청하니 보덕은 굳이 사양하다가 마지못해 가서 『涅槃經』 40여 권을 강연했다. 강연을 마치고 성 서쪽 大寶山 바위굴 밑에 이르러 참선을 했다. 神人이 와서 청하기를 이 곳에 사는 것이 좋다고 하고 지팡이를 앞에 놓고 땅을 가리키면서 말했다. "이 땅속에 8면 7층탑이 있을 것이다." 그 땅을 파 보니 과연 그러했다. 그로 인하여 절을 세워 영탑사라 하고 그곳에 살았다

위의 기록에 의하면 보덕은 고구려 용강현 출신으로 평양성에 거주하였다. 보덕은 열반경 40여 권을 강연할 정도로 열반경에 정통하였던 인물이었던 것으로 보인다. 보덕이 열반경을 강연한 시기는 잘 알 수가 없지만, 연개소문 집권기로 이해하는가 하면(노용필, 1989), 영류왕 때의 일로 보기도 한다.(정선여, 2007) 보덕이 강연한 열반경 40여 권은 421년에 담무참에 의해 번역된 열반경 40권이었을 것으로 여겨진다. 강연을 마친 후 보덕은 대보산 바위굴 아래에서 참선에 전념하였고, 여기에서 신인이 대보산에서 거하고 탑의 존재를 알려 주었다고 한다. 보덕은 평양성을 떠나 중앙과 약간 떨어진 대보산에 거하면서 영탑사를 창건하였고, 여기에 8면 7층탑을 세운 것으로 여겨진다. 그것은 당시 고구려의 분위기가 도교가 수용되는 분위기였기 때문에 평양성과 일정 부분 떨어진 곳으로 이주한 것으로 여겨지는데, 대보산이 어디에 있는 산인지는 분명하지 않지만 평양성을 떠난 것으로 짐작할 수 있다.

보덕은 이후 반룡사로 다시 옮겼다. 반룡사는 보통 평남 용강군에 위치하였던 사찰로 여겨지는데, 보덕은 대보산 영탑사를 떠나 반룡사로 다시 옮겨 주석하게 되었다. 반룡사로 옮긴 시기는 연개소문 정변 직후였을 것으로 생각된다. 반룡사가 용강군에 있는 사찰이라면 원래 출신지로 돌아간 것이 된다. 아마 출가한 사찰로 되돌아와서 주석한 것으로 보이는데, 여러 차례 왕에게 불교를 신봉할 것을 간하지만 받아들여지지 않았다. 특히 연개소문이 불사를 도관으로 바꾸고 도사들이 전국의 산천으로 돌아다니며 진압하는 분위기가 이어지며 불교탄압이 심화되자 보덕은 결국 고구려를 떠나 백제지역으로 이주하였던 것으로 판단된다.

연개소문이 불교를 탄압하고 보덕이 고구려를 떠나 백제지역으로 이주하자 고구려 불교는 더욱 쇠퇴하였을 것이다. 그것은 당시 보덕이 고구려 불교계의 중추적 인물 중의 한 사람이었기 때문이다. 보덕이 백제지역을 선택하였던 이유로는 보덕이 백제 불교에 대한 정보를 가지고 있었고, 당시의 고구려와 백제 관계가 우호적이었기 때문으로 이해하기도 한다. 또한 제자였던 백제 출신으로 추정되기도 하는 명덕의 역할이 강조될 수도 있다.(노용필, 1989; 정선여, 2007) 한편으로 생각해 보면 보덕은 신라와 연개소문 정권이 대립하고 있는 상황에서 신라로 가는 것이 훨씬 좋은 대우를 받을 수도 있었고, 원효나 의상과도 인연이 있었기 때문에 신라지역을 선택할 수도 있었다고도 여겨지지만, 결과적으로 보덕은 백제의 거점지역이었던 완산지역으로 옮겼다. 보덕이 완산지역으로 옮긴 후 경복사를 창건하였다고 홍법편에 전하고 있는데,『동국여지승람(東國輿地勝覽)』 전주부(全州府) 불우(佛宇)조에 "景福寺 在高達山 寺之飛來堂 有普德大士畵像"라는 것으로 볼 때 경복사가 있었다고 한 이 고대산(孤大山)은 고달산인 듯하다. 경복사는 전북 완주군 구이면 평촌리 고달산에 있던 사찰로 창건 이후 원효, 의상이 이곳에서 열반경과 유마경을 배웠으며, 보덕의 진영이 고려 때까지 봉안되었다고 전하고 있다. 보덕은 여기에서 많은 제자들을 양성하였음은 다음 기록에 보인다.

> 보덕법사에게는 뛰어난 제자 열한 사람이 있었는데, 無上和尙과 그의 제자 金趣 등은 金洞寺를 세웠으며, 寂滅, 義融 두 스님은 珍丘寺를 세우고 智藪는 大乘寺를 세우고 一乘과 心正, 大原 등은 大原寺를 세우고 水淨은 維摩寺를 세우고 四大와 契育 등은 中臺寺를 세우고 開原和尙은 開原寺를 세우고 明德은 燕口寺를 세웠다. 開心과 普明은 또한 傳이 있는데 모두『本傳』과 같다.

보덕이 백제지역으로 이주할 때에 단신으로 옮긴 것인지는 분명하지는 않다. 11명의 제자들 가운데에는 고구려에서부터 양성한 제자도 포함되었을 개연성이 있다고 여겨진다. 이들 11명의 제자들이 창건한 사찰들 가운데 상당수가 주로 전북지역에 있는 사찰로 여겨지며(김방룡, 2003) 통일신라 불교계를 이끌어 간 것으로 여겨지는 개심과 보명도 있다. 고구려 불교가 백제지역인 완산을 중심으로 하여 이식된 것으로 볼 수 있다. 후에 670년에 금마저에 보덕국을 세운 것과 연관된다고 이해하기도 한다.(김수태, 1994)

삼국유사에 고려 영탑사조가 서술된 것은 보덕과 관련이 있어서이기도 하고, 8면 7층탑이라는 구체적인 탑의 존재 때문이었을 것이다. 신인이 나타나 보덕에게 알려 준 탑으로 상징되긴 하였지만, 결국은 보덕과 보덕을 따르던 세력들이 창건한 사찰과 석탑이었기에 가능한 것으로 여겨진다. 결국 보덕은 고구려와 백제뿐만 아니라 이후 신라의 불교 발전에 기여한 인물이었기 때문에 특히 삼국유사에 관련된 조목들에 수록될 수 있을 것으로 여겨진다.

4. 맺음말

삼국유사의 불교 관련 내용이 대부분 신라와 관련한 것이지만, 고구려 불교사와 관련되는 흥법편과 탑상편의 조목을 살펴보았다. 고구려의 불교사와 관련하여 삼국유사 편찬자들의 관심은 주로 중국으로부터 불교 전래에 있어서의 고구려의 선구적 역할과 고구려 멸망기 도교에 반대하고 이후 신라와 백제의 불교 발전에도 기여하였던 보덕을 주로 주목한 것 같다. 또한 아육왕과 관련하여 신라뿐만 아니라 고구려도 불교와 깊은 인연이 오래되었음을 강조하고 있다. 그렇지만, 고구려 불교에 대한 것은 자료의 부족 때문이었을 수도 있으나, 삼국유사 찬자들의 관심은 신라 불교를 중심에 둔 것으로 이해된다. 때문에 고구려 불교사의 흐름을 체계적으로 살피지 못한 한계가 있다.

고구려의 불교사와 관련하여 삼국유사의 기록은 너무나 소략한 편이다. 삼국유사에는 고구려의 승려로 신라로 건너가 승통이 된 혜량이나 해동고승전에 기록되어 있으면서 고구려 불교를 한 단계 발전시킨 것으로 여겨지는 의연 등에 관련한 구체적인 내용조차 보이지 않는다. 삼국사기에 보이는 475년경 백제에서 첩자로 활약했던 고구려 승려 도림과 고승전 등에 장수왕대 활약한 것으로 전해지는 승랑에 대한 내용도 수록되지 못하였다. 그 밖에도 고구려 출신 승려들은 속고승전이나 해동고승전 등에 다수 보인다. 또한 많은 고구려의 승려들이 중국, 일본, 신라, 백제 등에서 활동한 내용들도 여러 문헌에서 확인되는데, 이들은 동아시아 불교 발전에 공헌하기도 하였다. 그럼에도 불구하고 삼국유사 찬자들은 이들에 관한 내용은 수록하지 않았는데, 이것은 이러한 인물들이 해동 불교와는 무관한 것으로 인식되었던 것으로 보인다. 이러한 점에서도 삼국유사의 고구려 불교사와 관련한 한계를 지적할 수 있다. 향후 고구려 불교사의 편린을 담은 삼국유사와 여러 문헌기록과 실물자료 등을 통해 고구려 불교사의 흐름을 체계적으로 살펴보고, 아울러 고구려 불교가 가지는 동아시아에서의 위상을 구명할 필요성이 있을 것이다.

◎ 참고문헌

고유섭, 1967, 『한국탑파의 연구』.

김두진, 2011, 「고구려 초전불교의 공인과 그 의미」, 『한국학논총』36.

______, 2014, 『삼국유사의 사학사적 연구』.

김리나, 1979, 「皇龍寺의 丈六尊像과 新羅의 阿育王像系佛像」, 『진단학보』46·47.

김방룡, 2003, 「신라 통일기 불교사상의 전개와 보덕의 열반종」, 『보덕화상과 경복사지』.

김복순, 2011, 「4-5세기 삼국사기의 승려 및 사찰」, 『신라문화』38.

김상현, 2005, 「중국문헌소재 고구려 불교사 기록의 검토」, 『고구려의 사상과 문화』.

______, 2007, 「고구려의 불교와 문화」, 『고구려의 문화와 사상』.

김선숙, 2004, 「삼국유사 요동성육왕탑조의 성왕에 대한 일고」, 『신라사학보』1.

김수태, 1994, 「통일기 신라의 고구려유민 지배」, 『이기백선생고희기념한국사학논총(상)』.

김영태, 1986, 「高句麗 佛教傳來의 諸問題」, 『佛教學報』23.

______, 1990, 『삼국시대 불교신앙 연구』.

김주성, 2003, 「보덕전의 검토와 보덕의 고달산 이주」, 『한국사연구』121.

남무희, 2011, 『고구려 승랑 연구』.

노용필, 1989, 「보덕의 사상과 활동」, 『한국상고사학보』2.

문명대, 1983, 「고구려 불탑의 고찰」, 『역사교육논집』5.

______, 1998, 「고구려 초창불교사원 초문사 이불란사의 고찰」, 『강좌 미술사』10.

박윤선, 2004, 「고구려의 불교 수용」, 『한국고대사연구』35.

서영대, 1981, 「고구려 평양천도의 동기」, 『한국문화』2.

신동하, 1988, 「고구려 사원조성과 그 의미」, 『한국사론』19.

______, 2000, 「新羅 佛國土思想의 展開樣相과 歷史的 意義」, 서울대학교 박사학위 논문.

신종원, 1992, 『신라 초기 불교사 연구』.

______, 1993, 「삼국유사 아도기라조 역주」, 『송갑호교수정년퇴임기념논문집』.

______, 2006, 「삼국의 불교초전자와 초기불교의 성격」, 『한국고대사연구』44.

______, 2016, 「삼국유사 아도기라조의 새로운 역주」, 『민족문화』47.

윤세원, 2014, 「삼국유사 요동성육왕탑조에 대한 일고찰」, 『신라문화제학술발표논문집』35.
이기백, 1954, 「삼국시대 불교 전래와 그 사회적 성격」, 『역사학보』6.
______, 1986, 「三國時代 佛敎受容과 그 社的 意義」, 『新羅思想史硏究』.
______, 1987, 「삼국유사 탑상편의 의의」, 『두계이병도박사구순기념 한국사학논총』.
이용범, 1973, 「북조 전기불교의 고구려 전래」, 『동국대학교논문집』12.
장상렬, 1967, 「료동성탑」, 『고고민속』1967-1.
전호태, 2000, 『고구려 고분벽화 연구』.
정선여, 2007, 『고구려 불교사 연구』.
정호섭, 2011, 『고구려 고분의 조영과 제의』.
조경철, 2008, 「광개토왕대 영락 연호와 불교」, 『동북아역사논총』20.
조우연, 2011, 「4-5세기 고구려의 불교 수용과 그 성격」, 『한국고대사탐구』7.
최광식, 1991, 「신라의 불교 전래, 수용 및 공인」, 『신라문화제학술발표회논문집』12.
______, 2007, 「토착신앙과 불교의 관계」, 『한국 고대의 토착신앙과 불교』.
표영관, 2008, 「고구려 불교 전래 재고」, 『고구려발해연구』32.

『삼국유사』 '법왕금살(法王禁殺)'조의 의미

박현숙(고려대학교 역사교육과 교수)

* 본 논문은 박현숙, 2014, 〈백제사의 興法과 『三國遺事』 '法王禁殺'條의 의미〉 《신라문화》43집을 기초로 하여 정리한 것이다.

1. 머리말

『삼국유사』는 고려 충렬왕 7년(1281)경 일연 스님이 50여 년에 걸쳐 수집한 자료를 집대성한 역사서로 전해지고 있다. 『삼국유사』의 백제사 관련 사료들은 신라사에 비해 상대적으로 미비하지만, 비교적 다양한 내용들이 수록되어 있다. 백제의 왕력에 대한 것, 삼한과 백제의 건국에 관한 것, 백제의 부여 계승 문제, 불교 전래 문제, 백제 관련 지명, 무왕과 서동요, 대외 관계, 백제의 문화, 백제의 멸망과 관련된 내용 등이 그것이다. 『삼국사기』의 내용과 유사한 부분도 있지만, 『삼국사기』에는 보이지 않는 내용들도 보인다.

『삼국유사』는 총 9편으로 구성되어 있는데, 그 가운데 제1편 왕력(王歷)과 제2편 기이(紀異)가 일반적인 역사 이야기라고 한다면, 제3편 홍법(興法) 이하의 7편은 불교에 대한 이야기이다. 따라서 불교 이야기 가운데 홍법편은 가장 첫 번째에 해당된다. 『삼국유사』 홍법편의 '순도조려(順道肇麗)', '난타벽제(難陀闢濟)', '아도기라(阿道基羅)'는 삼국시대 불교의 도입을 고구려, 백제, 신라 순으로 정리하고 있다.

불교의 도입 이후, 각 나라에서의 홍법과 관련하여 의미 있는 사건을 두 가지씩 정리해 놓은 것이 홍법편이라고 할 수 있다. 『삼국유사』 홍법편에서 백제의 홍법과 관련해서는 침류왕 원년(384)의 불교 수용을 다룬 '난타벽제(難陀闢濟)'조와 법흥왕대의 불교 진흥책을 기록한 '법왕금살(法王禁殺)'조가 있다. 즉,

『삼국유사』의 필자는 이 두 사건을 백제사의 홍법과 관련하여 가장 의미 있는 사건이라고 인식한 것이다.

『삼국사기』와 『삼국유사』에서는 침류왕 원년(384)과 2년(385)에 백제 불교 수용과 관련된 기록이 보인 이후, 웅진으로 천도하기 전까지 홍법과 관련된 구체적인 기록들이 보이지 않는다. 따라서 백제 사비 시기인 법왕대의 홍법 이야기가 실린 『삼국유사』 홍법편의 '법왕금살'조는 주목해 볼 만한 기록이다.

최근의 연구성과를 보면, 백제 사비 시기의 홍법을 대표할 수 있는 왕은 법왕보다는 성왕이나 위덕왕, 또는 무왕이라고 할 수 있다. 그런데 『삼국유사』에서는 백제사의 홍법의 왕으로 왜 법왕을 선택하여 홍법편에 배치하였을까. 본고는 이러한 궁금증을 가지고 먼저 백제사에서의 홍법의 전개 양상을 살펴보고자 한다. 그리고 이를 바탕으로 법왕이 불교의 '불살생계율(不殺生戒律)'에 충실하여 수렵과 어로 기구들을 모두 불사르는 등, 살생을 왕명으로 금지하는 '법왕금살'조가 『삼국유사』 홍법편에 설정된 이유를 모색해 보고자 한다. 이를 통해 『삼국유사』의 사서적 특징에 대해서도 다시 한번 생각해 볼 수 있을 것이다.

2. 백제사에서 홍법의 전개 양상

1) 한성 시기의 불교 수용 양상

『삼국유사』에서 불교 역사 이야기의 시작으로 홍법편을 둔 것은 지극히 당연해 보이며(李基白, 2000), 탑상편부터 효선편까지 서술되어 있는 신라 불교의 발전 배경을 설명하기 위해서 홍법편이 설정된 것으로 보인다.(金福順, 2000) 홍법편에서 백제의 홍법과 관련해서는 '난타벽제'조와 '법왕금살'조를 두고 있다. 그렇다면 침류왕 원년(384)의 불교 수용 이후, '법왕금살'조가 백제의 불교 융성과 관련하여 대표성을 가질 수 있을까.

『삼국사기』를 살펴보면, 침류왕의 불교 수용 이후 백제 왕실이 웅진으로 천도하기까지 불교와 관련된 구체적인 기록들이 보이지 않는다. 침류왕 원년(384)에 호승(胡僧)인 마라난타가 진(晉)나라로부터 와서 불법을 전함으로써 백제의 불교가 시작되었다. 그리고 침류왕은 재위 2년(385) 봄 2월에 한산에 절을 창건하고 승려 10명에게 도첩을 주며 홍법에 힘썼다.(이기백, 1991; 신종원, 2006) 그러나 11월에 침류왕이 죽게 됨으로써 홍법의 숙원은 이룩되지 못하였다.

침류왕이 죽고 그의 동생 진사왕의 통치 기간 동안에는 불교에 대한 언급이 없다. 『삼국사기』에는 보이지 않으나, 『삼국유사』 홍법 '난타벽제'조에서는 침류왕의 원자인 아신왕이 즉위하면서 그해(392) 2월에 "불법을 높여 믿고 복을 구하라"는 교지를 내리고 있음을 기록하고 있다. 그 뒤 한동안 불교 관련 기록들은 찾아지지 않는다.

『삼국사기』의 기록에서는 아신왕과 전지왕이 즉위 2년 봄 정월에 동명왕의 사당에 배알하고 남쪽 제단에서 천지신명에게 제사를 지내고 있다. 그리고 가뭄이 들자 아신왕은 횡악에서 기우제를 지내고 있다. 또한 동성왕도 11년 겨울 10월에 제단을 만들어 천지신명에게 제사를 지냈다.

이와 같이 백제사에서 침류왕대에 불교가 전래되었다고는 하지만, 국왕의 즉위 의례 등 국가의 대소사는 불교보다는 여전히 전통적인 시조신이나 천지신, 산악의례에 치중하고 있었음을 알 수 있다. 삼국은 각각 천강신화(天降神話)를 만들고 하늘의 자손임을 강조하여 그 시조에 대한 묘를 세웠으며, 이에 대한 제사 의례를 통하여 왕권의 강화를 도모하였다.(차용걸, 1978; 최광식, 1994)

백제 초기에는 이러한 제사 의례를 내적인 지배이데올로기로 활용하였고, 나아가 주변 세력을 정복할 수 있는 배타적인 지배이데올로기로 확립하였다. 따라서 백제 초기에는 아직 불교가 배타적인 지배이데올로기로서의 위상을 확보하지 못했음을 알 수 있다. 이러한 백제의 전통적인 사회 모습에 문화적인 자극을 가져온 것은 중국과의 교류, 그 가운데서도 양(梁)나라와의 문화교류였다.

2) 웅진~사비 시기의 흥법 양상

양나라와의 활발한 교류는 무령왕대를 기점으로 이루어진다. 양나라와의 외교를 통해 무령왕은 재위 21년(524)에 '사지절도독 백제제군사 영동대장군(使持節都督 百濟諸軍事 寧東大將軍)'의 작호를, 성왕은 재위 2년(524)에 '지절도독 백제제군사 수동대장군(持節都督 百濟諸軍事 綏東大將軍)'의 작호를 받았다. 웅진 시기에 무령왕과 성왕은 중국 남조의 양나라에 사신을 파견하여 책봉을 받고 우호관계를 돈독히 함으로써 고구려를 견제하고, 중국의 불교문화와 다양한 기술을 본격적으로 받아들일 수 있었던 것이다.

백제는 양나라와의 정치적인 교류는 물론, 성왕 재위 19년(541)에 모시박사(毛詩博士)와 열반경 등의 경의(經義)와 공장(工匠)과 화사(畵師) 등을 보내 달라고 요청하는 등 문화교류도 활발하게 진행하였다. 백제 성왕은 30년(552)에 일본에 불상과 경론을 보내 주기도 하였다.

이와 같은 성왕대의 불교진흥 배경으로 창건된 사찰이 대통사라고 생각된다. 한성 시기 사찰의 조영과 관련해서는 아직 이렇다 할 흔적을 찾지 못하고 있다. 또한 웅진 시기의 불교 관련 기록도 영세한 편이다. 공주지역에서 수원사지·동혈사지·서혈사지·남혈사지·주미사지 등이 모두 백제시대의 사찰 터로 전해져 오고 있으나, 실제로 발굴조사를 해 본 결과 이들 사찰은 모두 통일신라시대 이후에 창건되었다고 한다.(조원창, 1999; 이남석·서정석, 2000) 따라서 웅진 시기 사찰의 창건 기록이나 유적은 거의 찾아보기 힘든 상황이다.

그런데 『삼국유사』 흥법편의 '원종흥법(原宗興法) 염촉멸신(厭髑滅身)'조에는 웅진 시기 사찰의 창건과 관련하여 "대통사를 창건하였다"는 기록이 보인다. '원종흥법 염촉멸신'조에서는 대통사의 창건 연대와 창건 목적을 전하고 있다. 즉, 527년에 신라 법흥왕이 백제의 수도인 웅진에 양나라 황제를 위해서 창건한 사찰이 대통사라는 것이다. 그러나 대통사가 세워진 곳이 웅진이고 웅진이 백제의 도읍인 상황 속에서 파악한다면, 대통사는 신라의 법흥왕이 아니라 백

제 성왕이 재위 5년(527)에 창건한 것으로 보아야 한다.(李南奭, 2002)

그렇다면, 대통사는 백제 사찰 가운데 창건 연대와 그 흔적을 구체적으로 알 수 있는 가장 이른 시기의 사찰이 되는 셈이다. 백제는 고구려·신라와의 관계 속에서 양나라와의 교류에 적극성을 보일 수밖에 없었으며, 외교적 필요에 의해 불교를 적극적으로 발전시킨 면이 없지 않았다.

성왕이 재위 16년에 사비 천도를 단행한 것도 실추된 왕실의 권위를 회복하고 왕권을 강화하고자 하는 목적이 있었다. 이러한 안정적인 정치체제의 확립을 통한 왕권 강화를 위해서 반드시 필요했던 것이 지배이데올로기였고, 성왕은 그러한 지배이데올로기로서 불교를 중흥시키려고 하였던 것이다. 그리고 그 상징이 바로 대통사였던 것이다.(趙景徹, 2000, 2007; 朴賢淑, 2011) 성왕은 대통사 창건을 통하여 왕권 강화와 이를 통한 백제의 불국토 건설이라는(김영태, 1990) 꿈을 계획하였던 것이다.

이와 같이 법왕 이전인 성왕대에 백제에서는 이미 불교를 진흥시키고 있었음을 알 수 있다. 대통사 창건 등을 통해 홍법에 힘썼던 성왕의 불교치국책은 그의 불행한 죽음으로 위기를 맞았지만, 후대의 왕들에 의해 계승·발전되어 나갔다. 성왕에 버금가는 홍법의 왕으로 위덕왕을 주목해 볼 수 있다. 위덕왕은 부왕의 사망 직후에 승려로 출가할 결의를 보였고, 왕위에 오른 이후에는 다수의 승려를 배출하고 대규모의 사찰과 사리탑을 연이어 건설하는 등 적극적인 숭불 정책을 추진하였다.

위덕왕의 능사 조영과 왕홍사 창건을 통해 이를 이해할 수 있을 것이다. 『삼국사기』나 『삼국유사』 등의 문헌에는 위덕왕대의 능사 조영이나 왕홍사 창건에 대한 기록이 보이지 않는다. 그러나 고고학 발굴을 통해 위덕왕대에 이루어진 홍법에 대해 확인할 수 있다. 위덕왕은 554년 관산성 전투에서 전사한 부왕인 성왕의 명복을 빌기 위해 능산리 옆에 국가적인 대규모의 원찰인 능사(陵寺)를 창건하고 목탑에 사리를 봉안하였다.(金壽泰, 1998) 그리고 1백 명을 출가시켜 공덕을 닦도록 하였다. 위덕왕은 성왕의 위업을 기리는 한편, 능사의 조영

을 통해 왕권의 강화를 도모하고 그것을 상징적으로 드러내려고 하였던 것이다.(金相鉉, 1999)

아버지를 위해 567년에 능사를 완공한 위덕왕은 죽은 아들을 위해 577년에 원찰을 세우게 된다. 『삼국사기』와 『삼국유사』에서는 '법왕이 터를 닦고 무왕이 왕흥사를 창건하였다'고 기록되어 있다. 그런데 부여군 규암리 신리 일대에서 '王興(왕흥)'이 새겨진 고려시대 기와 편이 수습됨으로써 이곳이 왕흥사지임이 밝혀졌다. 2007년 8차 발굴조사 과정에서 왕흥사지 목탑지에서 사리기와 많은 공양품들이 출토되었다. 사리기의 청동사리함에 사리봉안과 관련된 29자가 새겨져 있었는데, 위덕왕이 재위 20년(577)에 죽은 아들을 위해 사찰을 세우고 사리를 봉안했음이 명문을 통해 밝혀지게 되었다.(국립부여문화재연구소, 2008; 金台植, 2007; 李道學, 2008; 梁起錫, 2009; 길기태, 2009; 조경철, 2010) 따라서 『삼국사기』나 『삼국유사』의 기록과 달리 위덕왕대부터 왕흥사에 대한 사찰 건립이 시작되었음을 알 수 있다.

그렇다면, 위덕왕대에 시작된 왕흥사 창건이 법왕을 거쳐 무왕 35년에 완성되었다고 보아야 할 것이다. 따라서 최근의 고고학 발굴성과를 통해 볼 때, 『삼국사기』나 『삼국유사』에 보이는 법왕대의 왕흥사 창건은 위덕왕대로 소급될 여지가 있다. 물론, 법왕대에 위덕왕의 원찰을 왕흥사로 명명했을 가능성도 있다.(梁起錫, 2009) 그러나 왕흥사지 청동사리함의 명문 발견으로 왕흥사 창건과 관련한 법왕의 홍법 의미는 상대적으로 축소되지 않을 수 없을 것이다. 왕흥사의 창건 목적은 왕실의 흥성과 왕권의 강화였다고 볼 수 있다. 따라서 위덕왕은 능사 및 왕흥사의 조성, 그리고 일본에 불사리를 전하는 등 불교에 돈독한 군주로서의 모습을 보이고 있다. 위덕왕은 불교를 숭상하는 훌륭한 국왕이라는 의미로서 불경에 빈번하게 등장하고 있는데, 불경에 보이는 용어가 그의 시호에 그대로 사용된 것은 불교적 이상군주를 지향하였던 위덕왕의 통치 성격을 잘 보여 주는 것이라고 생각된다.(최연식, 2011)

무왕대 역시 홍법과 관련해서 백제사에서 주목해 볼 수 있는 시기이다. 법왕을 이어 즉위한 무왕은 선대의 국왕들을 이어서 적극적인 불교 장려책을 펼쳤다. 『삼국사기』 백제본기 무왕조를 보면, "무왕 35년에 왕흥사가 창건되었다"고 한다. 무왕은 법왕대에 터를 닦아 놓은 왕흥사 건설을 34년이나 이어 가서 재위 35년(634) 봄 2월에 드디어 완성한 셈이 된다.

그리고 무왕은 미륵사를 조영하였다. 2009년에는 미륵사지 서쪽 석탑에서 사리봉안기가 발견되었다. 명문에 의하면, 639년에 백제의 사택왕후가 무왕의 축수를 기원하기 위해 사찰을 만들고 사리를 봉안하였다고 기록되어 있어,(이귀영, 2009; 김상현, 2009) 미륵사 건립의 주체로 사택씨 왕후가 부각되기도 하였다. 아무튼 무왕 후기에 벌어진 신라와의 전쟁에서 백제가 우위를 점할 수 있었던 것으로 보아, 무왕대의 익산 경영과 미륵사 창건은 미륵불국의 이상을 실현하고 국력을 통합하는 데 긍정적인 영향을 주었다고 평가된다. 즉, 미륵사 건립은 왕실과 국가의 역량을 총동원한 것으로, 이러한 규모의 사찰을 창건하였다는 것은 무왕의 통치정책에서 불교가 차지하는 위상이 대단히 높았음을 보여 주는 것이기도 하다.

3. 『삼국유사』 법왕금살조와 『삼국사기』 법왕조의 비교

앞에서 살펴본 바와 같이, 최근의 문헌 연구와 고고학 발굴성과를 통해서 성왕의 대통사 창건과 불교 진흥책, 그리고 위덕왕의 능사와 왕흥사 조영, 무왕의 왕흥사 완공과 미륵사 창건 등의 대역사가 진행되었음을 확인할 수 있었다. 그럼에도 불구하고, 『삼국유사』에서는 성왕이나 위덕왕이 아닌 법왕을 백제사의 '홍법'의 왕으로 선택하여 '법왕금살'조를 홍법편에 배치한 것은 선뜻 이해가 되지 않는다. 사실 법왕은 2년이라는 짧은 기간밖에 재위하지 않아서 성왕이나 위덕왕 그리고 무왕보다 혁혁한 홍법을 주도한 군주였다고 보기 어려우며,

법왕이 내린 '금살생령(禁殺生令)'의 실효성에 대해서도 의문을(조경철, 2010) 가질 여지가 있기 때문이다.

그런데 『삼국유사』 홍법편 '법왕금살'조는 백제의 법왕이 불교의 불살생(不殺生) 계율에 충실하여 수렵과 어로 기구들을 모두 불사르는 등 살생을 금지하는 왕명을 내리는 내용으로 구성되어 있다.(金福順, 2000) '난타벽제' 이후 백제의 홍법과 관련하여 가장 주목되는 사건으로 『삼국유사』에 선정된 것이다. 『삼국유사』 홍법편 '법왕금살'조의 내용을 검토해 보기 위해 『삼국사기』 법왕 관련 기사와 비교해 보면 다음과 같다.

A. 백제 제29대 법왕의 이름은 선(宣) 혹은 효순(孝順)이라고 한다. 개황(開皇) 19년 기미에 즉위하였다. 이해 겨울에 조서를 내려 살생을 금지하게 하여, 민가에서 기르는 응안(鷹鶡) 등을 놓아 주고 어렵의 도구를 불사르게 해 일체 금지하였다.

이듬해 경신년에는 30명의 승려에게 도첩을 주고 그 당시의 서울인 사비성(지금의 부여)에 왕흥사를 세웠는데, 겨우 터를 닦아 놓고 세상을 떠났다. 무왕이 왕위를 이으니 아버지가 터를 닦은 것을 아들이 지어 수십 년에 걸쳐서 낙성시켰다. 그 절 이름을 또한 미륵사라고도 한다. 산을 등지고 물이 내려다보이는 곳이며, 꽃과 나무가 수려하여 사계절의 아름다움을 갖추었다. 왕은 언제나 배를 타고 강물을 따라 절에 가서 그 지형과 경치의 장엄하고 수려함을 구경하였다. [고기(古記)의 기록과는 조금 다르다. 무왕은 가난한 어머니가 연못의 용과 관계하여 낳았다. 어릴 때 이름은 서동인데, 즉위한 후에 시호를 무왕이라고 하였다. 이 절은 처음에 왕비와 함께 창건한 것이다.]

찬(讚)하기를,

날짐승과 길짐승에 대한 너그러움은 천구(千丘)의 은혜요.

산짐승과 물고기에 대한 덕택의 흡족함은 사해(四海)의 인(仁)이다.

성군이 갑자기 떠남을 말하지 마라. 도솔천 하늘에는 꽃 피는 봄이 한창이리오.

【『삼국유사』 권3, 홍법 법왕금살조】

B. 법왕의 이름은 선(宣) 혹은 효순(孝順)이라고 한다. 혜왕의 맏아들이다. 혜왕이 죽자, 아들 宣(선)이 왕위를 이었다. [「수서」에는 선(宣)을 창왕(昌王)의 아들이라고 하였다.] 겨울 12월에 명령을 내려 살생을 금지하여 민가에서 기르던 응요(鷹鷂)를 거두어 놓아 주고 어렵의 도구를 불태웠다.

2년 봄 정월에 왕홍사를 창건하고 승려 30명에게 도첩을 주었다. 크게 가물어 왕이 칠악사에 가서 기우제를 지냈다. 여름 5월에 왕이 세상을 떠났다. 시호를 법왕이라고 하였다.

【『삼국사기』 권27, 백제본기 제5 법왕조】

사료 A『삼국유사』에서는 "혜왕의 맏아들이다"라는 서술이 누락되어 있고, 그 대신에 '개황 19년'이라는 즉위년이 보인다. 그리고 살생을 금지하는 명령에 대해 적고 있으며, 법왕 2년에 승려 30인에 대한 도첩과 왕홍사에 대한 조영 시작, 무왕대의 왕홍사 완성, 그리고 왕홍사를 미륵사라고도 했다는 점, 왕홍사의 수려한 위치 등을 기록하고 있다. 또한 고기의 기록을 인용하여『삼국유사』 제2편 기이편 무왕조의 내용을 요약해 놓았으며, 법왕의 금살생령(禁殺生令) 실시에 대해 성군이라고 찬(讚)하고 있다.

법왕에 대한 기록을 먼저 정리했을 사료 B의『삼국사기』에서는 법왕 원년조에 왕의 이름과 즉위과정, 겨울 12월의 금살생령(禁殺生令), 법왕 2년의 왕홍사 창건과 승려 30인에 대한 도첩, 칠악사에서의 기우제, 여름 5월의 왕의 죽음에 대해 간략하게 기록하고 있다. 이와 같이,『삼국유사』 법왕금살조의 내용을『삼국사기』와 비교해 보면, 법왕의 계율 시행에 대한 기록이 비슷한 듯이 보이지만 몇 가지 점에서 차이가 난다.『삼국유사』는『삼국사기』를 바탕으로 내용을 전개하면서도 법왕의 즉위과정에 대한 이설(異說)을 싣고 있는「수서」의 기록을 의식하였는지, 혜왕과의 부자관계 등은 삭제하고 대신 '개황 19년'이라는 즉위년을 적고 있다.

또한『삼국유사』에서는『삼국사기』에 보이지 않는 일체금지(一切禁止)라는 구절이 보인다. '법왕금살'조의 내용은 민가에서 기르는 매 종류 등을 놓아 주고 물고기를 잡는 그물과 사냥도구를 제거하라는 명령이지, 모든 동물을 무조건 죽이지 말라는 의미는 아니다. 이는 원광의 살생유택(殺生有擇)에 대한 해석을 연상시킨다. 법왕이 선포한 금살생령(禁殺生令)도 이런 의미로 해석해야 될 것이다.(김주성, 2001) 삼국이 계속된 전쟁을 하고 있던 시기였으므로 일체의 살생을 금지하는 것은 현실적으로 불가능한 일이었을 것이다. 따라서 '일체금지'는 모든 살생을 금지한다는 것이 아니라, 계율의 실천을 통해 살생을 자제하고 불법을 실행하고자 한 뜻을 강조하기 위해서 『삼국사기』의 기록을 저본으로 『삼국유사』에서 추가한 것임을 알 수 있다.

사료 B 『삼국사기』에서는 법왕이 '금살생령'을 내리고 난 다음해인 2년 정월에 "왕흥사를 창건하고 승려 30인에게 도첩을 주었다"라고 기록하여, 법왕 때 왕흥사가 창건된 것으로 보았다. 그러나 『삼국유사』 백제본기 무왕조나 『삼국유사』에서는 법왕이 왕흥사의 기초만을 다지고, 무왕대에 왕흥사가 완공된 것으로 기록하고 있다.

일연은 『삼국유사』 제3편 홍법 이전에 제2편 기이 '무왕'조에서 무왕의 미륵사 창건설화를 「고기」를 기반으로 정리하였다. 그런데 『삼국사기』 백제본기 무왕조에서는 무왕 35년에 준공된 사찰로 왕흥사만 보이고, 미륵사에 대한 기록은 보이지 않는다. 따라서 일연은 『삼국유사』 '법왕금살'조를 기록하기 위해 『삼국사기』 백제본기 '법왕'조와 '무왕'조, 그리고 『삼국유사』 기이편 '무왕'조 사이의 합리적인 해석을 시도하였을 것이다. 즉, 『삼국사기』에서 무왕 35년에 왕홍사가 완공되었다고 기록하고 있기 때문에 법왕대에는 왕흥사의 기초만 다진 것으로 본 것이다. 법왕대에 왕흥사가 완공되지 못하였기 때문에 『삼국사기』와 같이 "봄 정월에 왕흥사를 창건하고 승려 30인에게 도첩을 주었다"고 하지 않고, 『삼국유사』에서는 "30인에게 도첩을 주었다"라는 것을 먼저 기록하고, 그 다음에 "왕흥사 건립이 시작되었으나 법왕이 마무리하지 못하고 세상을 떠났다"고 서술한 것으로 보인다.

그리고 『삼국유사』 기이편 무왕조에서 "무왕대에 만들어졌다."고 한 미륵사에 대한 기록이 『삼국사기』에는 서술되어 있지 않았기 때문에, 『삼국사기』 '무왕'조에서 "무왕 35년에 준공되었다"라고 한 왕흥사를 미륵사와 같은 사찰로 이해하여, '법왕금살'조의 왕흥사와 관련하여 "미륵사라고도 불리웠다."라는 『삼국사기』에 없는 기록을 추가한 것으로 보인다.

내용의 대부분이 인용문으로 구성되어 있는 『삼국유사』는 서술에 대한 전거를 거의 일일이 제시하고 있다. 『삼국유사』의 찬자는 인용된 원사료에 대해서 이견이 있거나 보충 설명의 필요를 느낄 때 협주나 내용 추가 등의 형식으로 서술하고 있다. 그래서 가끔은 『삼국유사』 안에서 서로 모순되는 내용이 보이는 경우도 있다. 그러나 이러한 찬술태도로 인하여 『삼국유사』는 인용된 원사료의 모습을 잘 보여 주고 있으며, 이는 사서로서의 사료적 가치를 높여 주는 장점으로 작용하기도 한다.

4. 『삼국유사』 법왕금살조와 법왕

이와 같이 백제사의 홍법과 관련하여 주목되는 성왕이나 위덕왕·무왕이 아닌 법왕을 『삼국유사』 홍법편에서 홍법의 왕으로 주목한 이유에 대해서 세 가지 측면에서 생각해 볼 수 있을 것이다. 첫째는 『삼국사기』를 바탕으로 한 사료적 한계 때문이라고 생각된다. 즉 『삼국유사』 집필 시에 삼국의 정치사와 관련된 부분에 대해서는 『삼국사기』를 근간으로 하였기 때문에 나타난 현상으로 보인다. 『삼국유사』는 『삼국사기』를 인용하면서 온전하게 『삼국사기』로 표기하거나 혹은 허다한 대목에서 『국사』나 『삼국사』 등으로 불러 인용하였다. 인용의 대체적인 맥락은 『삼국사기』와는 다른 정보를 담은 자료와의 대교(對校)에 있었다. 전체적으로 보아 『삼국유사』 작업 시에 이루어진 대교의 결과는 『삼국사기』에 크게 신뢰를 부여하는 형태로 나타나고 있다. 무엇보다도 『삼국유사』 찬자에게 있어『삼국사기』는 삼국의 근본 사서였기 때문이다.(이강래, 2005)『삼국유사』찬자는 신앙의 이적에 대한 존중과 별개로 역사적 사실의 고증에 있어서 지극히 합리적인 기준에 충실하려고 했음을 알 수 있다.(이기백, 2000)

『삼국유사』홍법편을 집필하면서『삼국사기』를 근간으로 하였다면, 침류왕 이후 백제사에서 홍법과 관련하여 기록된 중요한 사건은 법왕의 금살생령(禁殺生令)과 관련된 일련의 불교 진흥책이었을 것이다. 백제는 침류왕 원년이라는 시기에 불교를 수용하였지만, 무령왕 이전까지 불교는 그 위상을 제대로 확보하지 못하고 있었다. 즉, 무령왕대까지만 해도 백제에서 불교가 배타적 지배이데올로기로서의 위상을 확보하지 못했던 것이다. 법왕 이전에 이루어진 성왕의 대통사 창건도, 위덕왕의 능사 창건과 왕홍사 조영도『삼국사기』에는 기록되어 있지 않다.『삼국사기』에 의거하면, 침류왕 이후 의미 있는 불교 관련 기사가 보이는 것은 법왕대인 것이다. 따라서 '법왕금살'조가『삼국유사』홍법편에 수록된 것은 당연한 결과였다고 보인다.

두 번째 이유는 법왕이라는 왕호에 기인한다고 생각된다. 물론 법왕뿐만 아니라, 성왕·위덕왕도 불교식 왕호로 해석할 수 있다.(조경철, 2006) 성왕은 전륜성왕에서 유래한 것으로 보이며,(김영태, 1990) 위덕왕도「관세음보살수기경」에서 석가의 전신으로 나타난다.(조경철, 2006) 법왕이라는 시호는 계율을 적극적으로 시행하려고 했던 까닭에 비롯되었다고 보인다. 법왕의 효순(孝順)이라는 이름이 유학에서 널리 쓰이기도 하지만, 효순이라는 이름 역시 법망경에 대한 이해에서 연유된 불교와 관련된 이름이라고 해석할 수 있다.(김수태, 2000; 김주성, 2001)

법왕은『법화경』을 위시한 불경에서 흔히 석가를 말한다. 불교에서 세간의 군주를 말할 때 인왕(人王), 출세간의 군주를 말할 때 법왕(法王)이라고 하였다. 백제 당대인들이 불교식 왕호 가운데서도 법왕(法王)이라는 특별한 시호를 주었다는 것은 그가 불심이 돈독하고 불교 진흥을 위해 힘썼다는 것을 인정한 것이라는 점에서 일연에게는 의미 있게 다가왔을 것이다.

신라의 법흥왕(法興王)과 백제의 법왕(法王)이라는 왕호는 이러한 점에서 일맥상통하는 부분이 있다. 일연의 입장에서 생각한다면, 삼국의 역사와 관련하여 서술의 근간이 되었던 『삼국사기』 백제본기의 기록과 법왕이라는 시호에 따르는 백제인들의 평가는 '법왕금살(法王禁殺)'조를 신라의 '원종흥법(原宗興法)·염촉멸신(厭髑滅身)'에 견줄 만한 백제사의 홍법 사건으로 판단할 수 있는 준거가 되었을 것이다.

세 번째 이유는 왕호뿐 아니라, 불교 진흥책에서 나타나는 백제 법왕과 신라 법흥왕과의 공통점 때문이라고 생각된다. 『삼국유사』 흥법편에 보이는 신라 '원종흥법·염촉멸신'조의 법흥왕은 백제 법왕 즉위년(599)에 앞서서 재위 16년(529)에 금살생령(禁殺生令)을 내리고 있다. 신라의 법흥왕과 백제의 법왕은 시호뿐 아니라, 불교 진흥책에 있어서도 '금살생령'이라는 불교의 교리를 실천하는 모습을 공통적으로 보이고 있는 것이다. 따라서 『삼국유사』 찬자는 신라 법흥왕과 같은 홍법의 왕으로 백제 법왕을 선택한 것이라고 판단된다. 그리하여 신라 '원종흥법·염촉멸신'조와 짝하여 백제의 '법왕금살'조가 『삼국유사』 흥법편에 선택된 것이 아닌가 한다.

『삼국유사』 흥법편 '법왕금살'조 마지막 부분 찬(讚)에서 법왕의 금살생령 조치에 대해 성군이라고 칭송하고 있는데, 찬(讚)의 내용을 살펴보면 법왕을 신라 법흥왕에 비견되는 백제 홍법의 왕으로 인식하고 있음을 알 수 있다. 따라서 『삼국유사』 흥법편은 한국 고대 불교의 홍법과 관련된 의미 있는 사건들을 고민하여 설정하고, 이를 충실하게 고증하여 기록한 것이라고 생각된다.

5. 맺음말

『삼국유사』 흥법편에서는 백제의 불교 수용을 다룬 '난타백제(難陀闢濟)'조와 법왕의 불교 진흥책을 기록한 '법왕금살(法王禁殺)'조를 백제사의 홍법과 관련하여 가장 의미 있는 사건으로 인식하였다. 특히『삼국유사』 흥법편 '법왕금살' 조는 백제의 법왕이 불교의 불살생(不殺生) 계율에 충실하여 수렵과 어로 기구들을 불사르는 등 살생을 금지하는 왕명을 시행하는 내용으로 구성되어 있다. '난타벽제' 이후 백제의 흥법과 관련하여 가장 주목되는 사건으로『삼국유사』에서 선택한 것이다.

그러나 최근의 문헌 연구와 고고학 발굴성과를 통해, 성왕대의 대통사 창건과 불교 진흥책, 그리고 위덕왕대의 능사와 왕흥사 조영, 무왕대의 왕흥사 완공과 미륵사 창건 등의 대역사가 백제사에서 진행되었음을 알 수 있었다. 따라서『삼국유사』에서 성왕이나 위덕왕이 아닌 법왕을 백제사의 '흥법'의 왕으로 선택하여 '법왕금살'조를 흥법편에 배치한 것은 선뜻 이해가 되지 않는 부분이다.

그래서『삼국유사』 흥법편에서 백제 흥법의 왕으로 법왕을 주목한 이유에 대해서 살펴보았다. 첫째는『삼국사기』를 바탕으로 한 사료적 한계 때문이라고 생각된다. 또 하나는 법왕이라는 왕호에 주목해 볼 수 있다. 백제 당대인들이 불교식 왕호 가운데서도 '법왕'이라는 특별한 시호를 주었다는 것은 그가 불심이 돈독하고 불교 진흥을 위해 힘썼다는 것을 인정한 것이라는 점에서『삼국유사』 찬자에게는 의미 있게 다가왔을 것이다. 신라의 법흥왕과 백제의 법왕이라는 왕호는 이러한 점에서 일맥상통한다.

또한 신라의 법흥왕과 백제의 법왕은 시호뿐 아니라, 불교 진흥책에 있어서도 금살생령(禁殺生令)이라는 불교의 교리를 실천하는 모습을 공통적으로 보여주고 있다.『삼국유사』 흥법편 '법왕금살'조 마지막 부분에서도 법왕의 금살생령(禁殺生令)의 조치에 대해 성군이라며 칭송하고 있는데, 그 내용을 살펴보면 백제 법왕을 신라 법흥왕에 비교하여 흥법의 왕으로 인식하고 있음을 잘 보여준다.『삼국유사』 찬자는 신라 법흥왕과 같은 흥법의 왕으로 백제 법왕의 금살생령(禁殺生令)을 주목하였던 것이다.

『삼국유사』는 국가와 불교의 문제를 다루고 있으며, 또한 나름의 합리적인 고증을 시도하여 구체적인 역사적 사실을 추구하려고 한 역사서라고 생각된다. 『삼국유사』 흥법편은 『삼국사기』를 바탕으로 『삼국사기』에서 다 이야기하지 못한 삼국시대 불법의 성쇠와 관련하여 의미가 있다고 생각되는 대표적인 사건들을 선정하여 기록하였다. 따라서 『삼국유사』 흥법편은 불교에 대한 인식을 바탕으로 삼국시대를 새롭게 바라볼 수 있게 해 준다는 점에서 의미를 가진다고 생각된다.

◎ 참고문헌

국립부여문화재연구소, 2008, 『부여왕흥사지 출토 사리기의 의미』.

길기태, 2009, 「百濟 威德王의 능산리 사원 창건과 제의」, 『백제문화』41.

金福順, 2000, 「『三國遺事』「興法」篇과 中古期의 설정」, 『慶州史學』19.

金相鉉, 1999, 「百濟 威德王代의 父王을 위한 追福과 夢扶觀音」『韓國古代史硏究』15.

______, 2009a, 「미륵사 서탑 봉안기의 기초적 검토」, 『대발견 사리장엄 彌勒寺의 再照明』.

______, 2009b, 「백제 무왕대 불교계의 동향과 미륵사」, 『韓國史學報』37.

金壽泰, 1998, 「百濟 威德王代의 扶餘 陵山里 寺院의 創建」, 『百濟硏究』27.

______, 2000, 「백제 법왕대의 불교」, 『선사와 고대』15.

______, 2009a, 「백제 무왕대의 대 신라관계」, 『대발견 사리장엄 彌勒寺의 再照明』.

______, 2009b, 「백제 무왕대의 미륵사 서탑 사리봉안」, 『新羅史學報』16.

김영태, 1990, 『삼국시대 불교신앙 연구』, 불광출판사.

김주성, 2001, 「백제 법왕과 무왕의 불교정책」, 『마한백제문화』15.

______, 2009, 「백제 무왕의 정국운영」, 『新羅史學報』16.

金台植, 2007, 「부여 왕흥사지 昌王銘 사리구에 관한 고찰」, 『文化史學』28.

박현숙, 2009, 「百濟 武王의 益山 경영과 彌勒寺」, 『韓國史學報』36.

______, 2011, 「百濟 熊津時期의 정국과 大通寺」, 『韓國史硏究』155.

______, 2012, 「『三國遺事』「卞韓百濟」條에 투영된 百濟史 認識」, 『百濟硏究』57.

蘇賢淑, 2009, 「梁 武帝의 佛敎政策」, 『韓國古代史探究』2.

손환일, 2008, 「백제 왕흥사지 출토 청동사리함명문의 서체」, 『부여 왕흥사지 출토 사리기의 의미』, 국립부여문화재연구소.

신종원, 1996, 「『三國遺事』原宗興法 厭髑滅身條 譯註」, 『겨레문화』10.

______, 2006, 「삼국의 불교 初傳者와 초기 불교의 성격」, 『한국고대사연구』44.

梁起錫, 2009, 「百濟 王興寺의 創建과 변천」, 『百濟文化』41.

______, 2009, 「百濟 威德王代 王興寺의 創建과 背景」, 『文化史學』29.

이강래, 2005, 「『삼국유사』의 사서적 성격」, 『한국고대사연구』40.

이기백, 1991, 「백제 불교 수용연대의 검토」, 『진단학보』 71·72합집.
______, 2000, 「『三國遺事』興法篇의 趣旨」, 『震檀學報』 89.
이남석·서정석, 2000, 『大通寺址』, 公州大學校博物館·忠淸南道 公州市.
李南奭, 2002, 「百濟 大通寺址와 그 出土遺物」, 『호서고고학』 6·7합집.
李道學, 2008, 「「王興寺址 舍利器 銘文」 分析을 통해 본 百濟 威德王의 政治와 佛教」, 『韓國史硏究』 142.
______, 2009, 「彌勒寺址 西塔 「舍利奉安記」의 分析」, 『白山學報』 83.
鄭求福, 1987, 「三國遺事의 史學史的 考察」, 『三國遺事의 綜合的 檢討』, 한국정신문화연구원.
정재윤, 2009, 「彌勒寺 舍利奉安記 통해 본 武王·義慈王代의 政治的 動向」, 『韓國史學報』 37.
趙景徹, 2000, 「百濟 聖王代 儒佛政治理念」, 『韓國思想史學』 15.
______, 2006, 「동아시아의 불교식 왕호 비교」, 『한국고대사연구』 43.
______, 2007, 「百濟 웅진 大通寺와 大通信仰」, 『百濟文化』 36.
______, 2008, 「백제 무왕대 神都 건설과 彌勒寺·帝釋寺 창건」, 『백제문화』 41.
______, 2010, 「백제 왕흥사의 창건과정과 미륵사」, 『史叢』 70.
趙源昌, 1999, 「公州地域 寺址硏究」, 『百濟文化』 28.
차용걸, 1978, 「백제의 제천사지와 정치체제의 변화」, 『한국학보』 11.
최광식, 1994, 「고대 한국의 국가와 제사」, 한길사.
최광식·박대재 역주, 2014, 「삼국유사」 1, 고려대출판부.

『삼국유사』 속 여성의 불교적 이해

신선혜(고려대학교 한국사연구소 연구교수)

1. 머리말
—불교의 여성 인식과 한국 고대사회로의 전래

불교가 발생할 당시 인도에서 여성은 브라만교의 영향 아래 그 지위와 처우가 낮은 상황이었다. 인도의 토착 사회는 다양하고 독창적인 친여성적 문화를 뿌리내렸지만, 외래 민족인 아리안의 가부장적 문화로 인해 남성 우위의 사회 구조로 변화되지 않을 수 없었다. 여성은 가족 내에서 아내나 딸로서의 지위는 낮아지고 사회 활동 역시 많은 제약과 의무가 따랐던 것이다.

그런데 기원전 5세기 중엽 불교가 출현한 후 여성 신자로서 출가승 야사의 어머니와 아내에 관한 기록이 찾아져 여성의 사회적·종교적 활동 양상이 드러나기 시작한다. 두 여인은 야사를 좇아 부처님께 귀의하여 출가자들이 경제적으로 안정된 생활을 할 수 있도록 재가자로서 도우며 불교 교단의 성립에 기여하였다. 반면 여성 출가자의 출현은 부처님의 양어머니인 마하파자파티의 출가로 시작되어, 재가자에 비해 늦게 여성 출가가 허락된다. 이렇듯 부처님이 여성의 출가를 쉽게 허락하지 않았던 점과 여성 출가자에게만 해당되는 8가지 조항의 규칙, 즉 팔경법(八敬法)을 준수하는 조건으로 출가를 허락한 점 등은 부처님이 여성의 능력과 자질에 대해 부정적 시각을 가지고 있었던 것으로 보이기도 한다.

그러나 초기 경전을 통해 인도의 자연환경에서 여성의 출가생활은 많은 제약과 어려움이 있었기 때문에 부처님은 여성들을 승단 내로 쉽게 받아들이지 못하고 그들의 출가를 쉽게 허락하지 않았던 것일 뿐 인간 사회에 존재하는 온갖 구별을 무의미한 것으로 파악하였음을 알 수 있다. 즉 『숫타니파타(Sutta Nipāta)』에 "몸을 받아 태어난 것들에는 각기 구별이 있지만 인간 사이에서는 그 구별이 존재하지 않는다"라는 내용이나, 초기의 비구니 교단 구성원들이 그들의 심경을 노래한 『장로니게(長老尼偈)』에 당시 여성이 가정 내에서 상당한 권위를 가졌으며 남편의 보조자, 동료, 후견인으로서의 지위를 가졌다는 내용은 불교 출현 후 그 평등관으로 인해 당시 여성에 대한 인식이 변화된 것으로 볼 수 있다.

다만 부처님 입멸 후에는 불교 교단에서의 여성에 대한 인식이 당시의 사회적 분위기나 문화적 여건 속에서 변화의 양상을 보인다. 대체로 기원전 1세기경 형성된 것으로 보이는 여성불성론(女性不成論)의 대두가 그것으로, 여성의 불교 입문은 허용하되 그들이 성불하는 것은 궁극적으로 불가능하다는 주장이다. 이는 주로 여인오장설(女人五障說)로 전개되는데, 여성에게 장애가 있어 제석천(帝釋天), 범천(梵天), 마천(魔天), 전륜성왕(轉輪聖王), 부처님과 같은 존재는 될 수 없다는 사상이다. 이러한 남성 우위의 문화는 당시가 교단의 분열로 사상의 변화가 심한 과도기 상태였고, 불교계를 주도하던 이들 대부분이 남성 출가자였던 상황 속에서 형성된 것이라 하겠다.

한편 교단의 분열 후 출가와 재가, 남성과 여성 등 대립적 인식의 틀을 부정하는 대승불교가 출현하면서 여성 성불에 대한 인식은 다시 한번 변화를 보인다. 즉 기존 교단의 반발을 무마하면서도 대승불교의 정신에 위배되지 않는 여성성불론이 필요했을 것으로, 여성이 여성 몸 그대로는 성불할 수 없기 때문에 남성의 몸이 된 뒤에야 성불이 가능하다는 변성남자성불론(變成男子成佛論)이 먼저 대두하였다. 이는 대승경전인 『아미타경(阿彌陀經)』, 『무량수경(無量壽經)』 등에서 구체화되었는데, "설사 내가 부처가 될 수 있다고 하더라도 모든 부처님 세계에 있는 여인들이 나의 이름을 듣고 환희하여 보리심을 일으켜 여자 몸을 싫어하고도 목숨이 다한 뒤에 다시 여성이 된다면 정각을 이루지 않겠습니다"라거나, "나의 나라에는 부인, 여인이 없고 나의 나라에 태어나는 여인은 모두 남자로 변하기를 원한다" 등의 내용이 그것이다. 이는 여성에게 당장의 성불은 불가능하지만 미래세에는 성불할 수 있다는 믿음을 준 것으로, 과도기적인 여성인식이라 하겠다. 이러한 성불론은 여성을 종교생활의 장으로 끌어들일 수 있는 원동력이 되었고, 이후 여성즉신성불론(女性卽身成佛論)의 대두를 촉발하였다. 『법화경(法華經)』에서는 "만일 선남자 선여인이 내가 멸도한 이후에 남몰래 한 사람을 위해 『법화경』의 한 구절이라도 설하면 마땅히 알아야 한다. 이 사람은 바로 여래의 사도요, 여래가 보내어 여래의 일을 한 사람이다"라고 하여 설법자를 선남자와 선여인으로 보고 있다. 즉 친여성적 문화가 불교계에 점차 조성되면서 여성의 몸 그대로 성불할 수 있다는 사상이 등장한 것이다. 이후 『유마경(維摩經)』, 『승만경(勝鬘經)』 등에서 계층과 성별에 구애되지 않는 모든 중생의 성불 가능성을 보여 줌으로써 부처님의 친여성적 인식태도가 회복된다.(이현옥, 2003; 이창숙, 2015)

불교의 여성인식은 이러한 변화를 거쳐 중국을 통해 한반도로 전래되었다. 그런 만큼 고대 한국 불교계가 인도 및 중국 불교계에서 진행된 여성에 대한 다양한 인식체계를 받아들였을 것이지만, 불교 전래를 전후한 시기 삼국 사회에 여사제(女司祭)의 유풍이 남아 있었다는 점은 여성의 위상이 불교 전래 초기부터 대체로 높았을 것임을 짐작하게 한다.

삼국의 건국신화 속 유화(柳花), 알영(閼英) 등을 통해서도 알 수 있듯이 당시 여성은 여신 내지 지모신(地母神)으로 이해되었다. 지모신에 대한 제사 또한 일반적으로 여사제가 맡았는데, 남해왕의 누이인 아로(阿老)가 제사의 주관을 맡고 남해왕비인 운제부인(雲帝夫人)이 운제산의 성모(聖母)가 되어 기우제를 드리면 효험이 있었다고 한다. 이와 함께 알영이나 탈해를 양육한 존재인 노구(老嫗) 역시 신모의 존재와 무관하지 않다. 이는 신모 자신이 현신한 존재거나 신모가 양육을 부탁한 보호신령으로, 당시 토착 사회에서 여성은 제사를 관할

하거나 왕정을 보필하는 등 그 지위가 높은 편이었다고 파악된다.(최광식, 2007; 강영경, 1982)

여사제적 유풍은 『삼국유사』 연오랑세오녀(延烏郎細烏女)조에서도 발견된다. 해와 달의 정기로 여겨졌던 연오랑과 세오녀가 일본으로 건너가서 왕과 왕비가 되자, 신라에서는 해와 달이 광채를 잃었다. 신라 조정은 사신을 보내 이들을 모셔 오려 했으나, 세오녀는 돌아가지 않은 대신 스스로 짠 베를 가져가 천신에게 제사하면 될 것이라 하였고, 이를 사신이 가져와 제사하니 과연 해와 달이 옛날과 같아졌다고 한다. 이때 영일현 지역에 존재했던 제의를 주관한 여사제가 세오녀로 표현된 것으로 해석된다.

이러한 여성의 지위는 삼국에 불교가 전래되고 수용되는 과정에서 여성이 주요한 역할을 함으로써 계승되었을 것으로 보인다. 여성의 구체적인 불교적 역할을 파악하기 위해 『삼국유사』에 나타난 불교적 존재로서의 여성 사례를 정리하면 총 19조목 23명으로 파악된다.(구자상, 2017)

편목	조목	등장여성
흥법(興法)	아도기라(阿道基羅)	아도의 어머니 고도령
탑상(塔像)	원종흥법염촉멸신(原宗興法厭髑滅身)	법흥왕비 파조부인
	금관성파사석탑(金官城婆娑石塔)	수로왕비 허황옥
	민장사(敏藏寺)	장춘의 어머니 보개
	남백월이성노힐부득달달박박(南白月二聖努肹夫得怛怛朴朴)	무명의 낭자
	분황사천수대비맹아득안(芬皇寺千手大悲盲兒得眼)	맹아의 어머니 희명
	낙산이대성관음정취조신(洛山二大聖觀音正趣調信)	벼 베는 여인, 월수백 빠는 여인, 덕기, 김낭자
	대산월정사오류성중(臺山月精寺五類聖衆)	노부(老婦)
	무장사미타전(鍪藏寺彌陀殿)	소성대왕비 계화왕후
감통(感通)	선도성모수희불사(仙桃聖母隨喜佛事)	지혜 비구니, 선도산 성모
	욱면비염불서승(郁面婢念佛西昇)	욱면

편목	조목	등장여성
	광덕엄장(廣德嚴莊)	광덕의 아내
	경흥우성(憬興遇聖)	무명의 비구니
	선율환생(善律還生)	무명의 망녀(亡女)
	김현감호(金現感虎)	호녀(虎女)
	정수사구빙녀(正秀師救氷女)	걸녀(乞女)
피은(避隱)	연회도명문수점(緣會逃名文殊岾)	무명의 노파
효선 (孝善)	진정사효선쌍미(眞定師孝善雙美)	진정의 어머니
	대성효이세부모신문대(大城孝二世父母神文代)	대성의 전생 어머니 경조

이를 역할에 따라 분류하면 불교의 전래와 홍법의 주체, 그리고 새로운 신앙 및 경전 등의 유입과 타인의 구원·불교에의 귀의를 이끄는 조력자, 보살을 위시한 성불한 존재로서의 여성 등으로 나눌 수 있다. 이 중 특히 여성을 성불한 존재로 서술한 사례는 앞서 언급한 여성성불론이 한국 고대사회에서 전개된 양상으로 설명될 수 있을 것이다.

2. 『삼국유사』 속 여성의 불교적 역할

1) 불교 전래와 홍법 주체로서의 여성

불교 전래 초기 여성의 위상은 고구려와 신라로 불교가 전래되는 과정에 여성이 주요한 역할을 담당한 사례를 통해서 알 수 있다. 『삼국유사』 아도기라조에서는 아도본비(我道本碑)를 인용하여 신라에 처음 불교를 전했다고 하는 아도의 어머니인 고구려인 고도령(高道寧)이 3천여 월 후 계림에 성왕이 나서 불교를 크게 일으킬 것이며, 그 서울 안에 일곱 가람의 옛터가 있음을 예언하였다고 한다. 또한 아도의 출가 수행 등 모든 행적이 고도령의 교훈에 따른 것으로 나타나 있는데, 이 기록은 비록 신라의 불교 전래에 초점을 맞추고 있으나 당시 고구려에서 여성이 불교 포교에 적극적이었음을 말해 준다. 이후 아도는 신라로 와서 모례의 집에 안착하였는데, 이로 인해 모례(毛禮)와 누이가 불법을 전수받고, 나아가 누이인 사씨(史氏)는 출가하여 신라 최초의 비구니가 되었다. 신라 최초의 출가자가 여성으로 나타난다는 점은 당시 여성들에게 계를 줄 만한 남성 출가자 집단이 형성되지 않았음에 비춰 그 사실성이 의심되기도 하지만, 불교 전래 당시 남성과 더불어 여성에게도 불교의 전수가 함께 이루어졌다는 점은 주목할 수 있다.

한편 같은 기록에서 신라 최초의 사찰 창건이 왕녀의 치병(治病)을 계기로 이루어졌음이 발견된다. 즉 왕녀의 병을 낫게 하기 위해 사방으로 사람을 구하였지만, 무의(巫醫)도 효험이 없던 상황에서 아도가 병을 치료하자 그에 대한 왕실의 대가로 사찰의 창건을 허락해 준 것이다. 이러한 행위는 불교와 왕실의 교류에 접점을 마련하는 주체로서 왕실 여성을 등장시켜 불교 전래에 있어 여성의 역할을 부각시킨 사례라 하겠다.(이현주, 2017)

불교 전래와 홍법의 과정에서 왕실 여성의 역할은 법흥왕비와 진흥왕비의 출가사실을 통해 더욱 구체화된다. 두 왕비의 출가에 대해서 『삼국사기』에는 진흥왕과 왕비의 출가만을, 『해동고승전』에는 법흥왕과 왕비, 진흥왕의 출가만이 언급되었다. 반면 『삼국유사』에서는 왕력·기이·홍법편에서 4명 모두의 출가 사실을 기록하고 있어 왕실 여성의 출가 여부와 그로 인한 홍법에 더욱 관심을 가지고 있었던 것으로 생각할 수 있다.(박미선, 2015) 특히 법흥왕비의 경우 최초의 비구니 사찰인 영흥사를 창건하여 그곳에 주석하고, 진흥왕비 역시 출가 후 영흥사에 머물렀다는 점에서 여성의 불교 활동이 불교 전래 초기부터 니사(尼寺)를 중심으로 전개되었음을 알 수 있다. 이러한 두 왕비의 출가와 니사 창건 등의 활동은 앞서 아도 시기의 왕녀, 사씨 등의 존재가 불교 전래 초기 기록에 남겨지게 된 계기로 작용하였다고도 생각된다.(김영미, 1995)

이와 함께 『삼국유사』 자장정율(慈藏定律)조에 따르면, 신라에는 진흥왕 11년

(550)-12년(551)에 걸쳐 대서성(大書省), 국통(國統), 대도유나(大都維那) 등 승관(僧官)이 설치되었다. 승관 설치에 대해서는 『삼국사기』에도 기록이 보이는데, 여타의 승관과 함께 도유나랑(都唯那娘) 1인의 설치 사실이 기록되어 주목된다. 도유나랑은 '랑'이라는 명칭과 여성을 가리키는 '아니(阿尼)'가 임명되었던 점에서 여성 승직임이 분명하다. 중국, 일본 등 신라와 동 시기의 타 불교계에서 승관제가 확대된 불교계에 대한 통제의 일환으로 실시되었던 것과 달리 신라에서는 승려의 우대 및 불교의 부흥을 위한 정책의 일환이었던 점을 참고한다면(신선혜, 2006), 도유나랑의 설치는 왕비의 출가 및 불교적 활동을 계기로 여성의 출가 등 불교적 활동을 지원하고 니사를 운영하는 등의 역할을 위함이었다고 생각된다. 비록 사료의 제약으로 도유나랑은 신라에서만 발견되지만, 초대 국통에 고구려에서 귀부한 혜량(惠亮)이 임명되었다는 점에서 고구려 불교계에서 여성의 위상 역시 짐작할 수 있겠다.

여성이 홍법의 주체로 활동한 사례는 『삼국유사』 선도성모수희불사조에서도 찾을 수 있다. 진평왕대 활동한 비구니 지혜는 선도산 성모의 도움으로 사찰을 수리하였고, 해마다 선남선녀를 모아 점찰법회(占察法會)를 정례적으로 개설하였다고 한다. 성모와 비구니가 결합한 점은 토착신앙과 불교의 융합 양상을 대변할 뿐만 아니라(최광식, 2007), 여성이 주체가 된 신앙결사의 초기 양상을 보여 주는 사례로 해석할 수 있다.(이동민, 1982) 즉 점찰법회란 세간에서 행하는 점복(占卜)과는 다른 것으로, 불교신자가 많은 장애로 수행할 수 없을 때 과거의 선악업과 현재의 고락길흉(苦樂吉凶)의 일을 점찰하여 스스로 마음을 깨우치고 어려움을 극복하게 하는 법회이다. 원광서학(圓光西學)조에서도 원광이 가서갑(嘉栖岬)에 점찰보를 두어 항규(恒規)로 삼았다고 하는데, 이때 단월니(檀越尼)가 시주했음이 발견된다. 이렇듯 신라를 위시한 한국 고대사회에서 여성은 불교 전래 및 홍법 주체로서 불교적 역할이 중요시되었다.

2) 조력자 및 구도자로서의 여성

왕비·왕녀 등 왕실 여성들의 출가와 불교적 활동이 불교계에 있어 일정한 역할을 하였음은 불교 전래 초기뿐만 아니라 이후 밀교(密敎)와 같은 불교의 새로운 사상이나 『금강삼매경(金剛三昧經)』과 같은 새로운 경전 유입 등의 계기가 된 사례로도 나타난다. 『삼국유사』 혜통항룡(惠通降龍)조에는 문무왕대 초에 당나라 공주가 병이 들자 신라승 혜통이 비밀주법(秘密呪法)으로 병을 고쳤고, 효소왕대에도 왕녀가 갑자기 병이 들어 혜통을 불러 치료하게 하니 병이 나았다고 한다. 또한 『송고승전(宋高僧傳)』 원효조에, "신라왕의 부인이 종기로 매우 앓았으나 어떠한 의술로도 효험이 없었다. … 용왕이 사신을 보고 '그대 나라의 왕후는 청제(靑帝)의 셋째 딸이다. 우리 궁중에는 『금강삼매경』이 있는데, 지금 왕후의 병은 훌륭한 불사(佛事)의 인연을 짓기 위한 것이므로 이 경을 줄테니 그대 나라에 유포시키도록 하여라' … 신라왕이 시키는 대로 하니 왕후의 병이 나았다"고 하여 새로운 사상 및 경전 유입에 왕실 여성이 조력자로서 역할을 하였음을 알 수 있다. 지배층 여성들이 계기가 됨으로써 새로운 사상과 기존 신앙체계 간의 갈등을 무마시키고 경전 유입을 통해 불교 교리가 홍포(弘布)될 수 있는 기반을 마련한 것으로 볼 수 있다.

한편 여성이 독실한 신앙 생활을 통해 부처님의 가피를 입은 예가 찾아지는데, 이때는 주로 어머니로서 등장한다. 『삼국유사』 민장사조에서 보개는 장사치를 따라 집을 나간 아들이 오래도록 돌아오지 않아 7일 기도를 드리자 아들이 돌아왔고, 분황사천수대비 맹아득안조에서는 어머니의 지극한 기도가 딸의 눈을 밝게 한다. 이렇듯 어머니의 원력으로 아들과 딸의 어려움이 해소된다. 특히 후자의 경우 '안(眼)'이 '목(目)'과는 다르게 마음의 시선과 결부되어, '멀어버린 눈'은 밝은 깨달음을 얻지 못한 무명(無明)의 상태를 지칭한다고 파악된다. 즉 '득안'이라 함은 절망적인 상황에 처한 인간이 밝은 희망의 빛인 깨달음을 얻게 됨을 가리킨다.(허혜정, 2004) 이렇듯 어머니는 딸을 불교적 깨달음의 길로 이끄는 역할을 하였다.

나아가 진정사효선쌍미조에서 진정의 어머니는 유일한 재산이었던 솥을 시주할 만큼 독실한 신자였을 뿐만 아니라 아들인 진정이 어머니가 홀로 살아갈 것을 걱정하여 출가를 미루려 하자 "불법은 만나기 어렵고 인생은 빠른데 효를 다한 뒤라면 늦지 않겠는가"라고 하며 아들의 출가를 재촉하였다. 어머니로서 아들의 출가를 돕는 조력자일 뿐만 아니라 재가자로서 구도자의 삶을 사는 여성의 모습을 보여 준다고 하겠다.

조력자로서 여성의 역할은 광덕엄장조에서 광덕의 처를 통해서도 드러난다. 그녀는 남편이 죽자 광덕과 수행을 함께 한 엄장의 처소에서 함께 지냈는데, 엄장이 그녀를 범하려 하자 "스님께서 서방정토를 구하는 것은 마치 나무에 올라가 물고기를 구하는 것"이라 꾸짖으며 광덕이 매일 밤마다 독실한 수행으로 서방정토에 이르게 되었음을 역설하였다. 이에 엄장은 부끄러워하며 잘못을 뉘우치고 도를 닦아 결국 서방정토로 올라가게 되었다. 광덕의 처는 광덕뿐만 아니라 엄장에게도 수행의 올바른 길을 제시하고 성불로 이끄는 역할을 담당하였던 것이다.

이와 함께 김현감호조에 따르면 원성왕대에 호랑이가 여인으로 변하여 복회(福會)에 참석하였고, 이후 하늘의 재앙을 막기 위해 희생을 감내한 대가로 호원사라는 사찰의 건립과 『범망경(梵網經)』의 강설이 이루어진다. 이는 살신(殺身)을 무릅쓴 신라 여성의 구도자적 역할을 보여 주는데, 종교적 차원에서 생명을 사랑하고 죽음의 공포를 초월한 자세로 이타적인 사상을 지녔던 신라 여성의 불교관이자 생활자세를 알 수 있다.(이동민, 1982)

3) 성불(가능)한 존재로서의 여성

앞서 여성의 성불 가능성에 대해 초기 불교에서부터 논란이 있었음을 언급하였는데, 이와는 달리 『삼국유사』에서는 여성을 성불한 혹은 성불 가능한 존재인 보살로서 설정한 사례가 다수 보여 주목된다. 특히 보살의 경우는 관음보살의 화현(化現)으로 표현되어 관음신앙의 전래와 확산 양상에 대한 중요한 자료로서도 이용된다.

『삼국유사』 욱면비염불서승조는 여성의 성불이 가능하다고 인식하였음을 단적으로 보여 주는 조목이다. 욱면은 아간 귀진의 여종으로, 주인을 따라 절에 가면 법당이 아닌 뜰에서 염불하곤 하였다. 주인이 이마저도 못마땅하게 여겼으나 염불하기를 게을리하지 않았으니, 결국 몸이 솟구쳐 법당의 대들보를 뚫고 나가 진신(眞身)으로 변하였고 연화대에 앉아 대광명을 발하였다. 이때 서쪽 하늘에서 음악소리가 들리고 솟구친 몸이 서쪽 교외에 이르러 진신으로 변하였다고 하는데, 이는 욱면이 아미타불이 되었음을 말한다. 나아가 욱면이 여성이었을 뿐만 아니라 노비의 신분이었으므로 이 사례는 남녀노소, 지위고하를 막론하고 누구나 성불이 가능함을 보여 준다.

한편 여성이 관음보살의 화신으로 표현된 사례는 남백월이성노힐부득달달박박조와 낙산이대성관음정취조신, 경흥우성조에 보인다. 먼저 남백월이성노힐부득달달박박조에서는 미륵불과 아미타불이 되고자 수행하는 노힐부득, 달달박박을 여인의 모습으로 현현한 관음보살이 도와주는 것으로 서술되어 있다. 그런데 그들은 여인이 관음보살인지 알지 못한 채 여성은 청정도량에 머물 수 없다며 동거를 거부하는 모습을 보여 여성을 남성을 시험하는 존재로서 인식하고 있었음을 알 수 있다. 그러나 여인은 오히려 그들의 성불을 도와줌으로써 여성이 불도수행의 장애로서 부정과 극복의 대상이 아니라 함께 수행해야 하는 존재로 표현되었다. 이러한 모습은 앞서 살핀 광덕엄장조에서도 광덕의 처가 엄장의 여성에 대한 부정적 인식을 타파하는 존재이면서 동시에 관음의 19응신(應身) 중 하나라 하여 백월산의 여인과 같은 성불(가능)한 여성상으로 표현되었다.

낙산이대성관음정취조신조는 의상과 원효가 관음을 친견하기 위해 낙산으로 가는 과정으로 구성된다. 이때 의상은 관음을 친견한 반면 원효는 관음의 현현임을 알지 못한 채 논에서 벼를 베는 여인에게 익지도 않은 벼를 달라거나 개울에서 월수백(月水帛: 생리대)을 빠는 여인에게 물을 달라는 등 희롱함으로써 결국 친견하지 못하였다는 내용이 보인다. 삼라만상이 오직 마음에 있음을 깨달아 중국 유학을 포기했던 원효조차도 분별심을 버리지 못해 보살 친견의 기회를 놓쳤다는 점에서 남녀의 분별을 경계한 것으로 해석된다.(김기종, 2016) 나아가 이상의 내용들에 여성을 장애의 존재로 인식한 욱면의 주인, 노힐부득, 엄장, 원효 등을 등장시켜 여성의 불교적 역할을 극대화하였다는 점도 지적할 수 있다.

한편 앞의 조목들에는 관음의 화신이 일반 여성으로 표현된 반면, 경흥우성조에서는 여승으로 현현하였다는 점에 차이가 있다. 즉 경흥이 병이 들어 한 달이 지나도록 낫지 않자, 한 여승이 찾아와 그 병이 근심으로 인해 생긴 것이니 즐겁게 웃으면 나을 것이라고 하였다. 그런 다음 11가지의 모습으로 춤을 추고 웃는 사이 경흥의 병이 나았는데, 이후 여승이 가지고 있던 지팡이만이 십일면원통상(十一面圓通像) 앞에 남아 있었다고 한다. 11가지의 모습을 드러낸 것이나 십일면원통상이 나타난 점을 통해 여승이 관음보살의 화신이었음을 알 수 있고, 보살이 여성으로 표현된 점과 함께 비구인 경흥에게 비구니가 가르침을 주었다는 점에서 팔경법 등에 의해 비구 종속적으로 인식된 비구니와는 다른 모습이었음을 보여 준다.(구자상, 2017)

3. 불교적 역할의 배경

1) 재가 불교의 확산

한국 고대불교계에서 여성이 다양한 역할을 담당할 수 있었던 배경에는 그러한 여성의 역할을 당시 사회에서 계도적(啓導的)으로 받아들였다는 점이 전제되어야 한다. 이렇게 볼 때 앞서 〈표〉에서 제시한 총 23명의 여성 중 2명을 제외한 대부분이 출가자가 아닌 재가자였음이 주목된다. 이를 현실적인 제약으로 인해 당시 여성 출가자가 많지 않았기 때문이라 생각할 수도 있겠지만, 재가자가 불교 활동의 주체로서 출가자만큼의 영향력을 가질 수 있었던 배경이 형성되었던 것으로도 생각할 수 있다.

재가자의 역할이 중요했음은 묵호자(墨胡子), 아도 등 전법승(傳法僧) 못지않게 신사(信士)로 표현된 모례가 신라 불교 전래에 중요한 역할을 담당하였던 점을 통해서도 알 수 있다. 전법승들은 신라 도착 후 모례의 집에 머물며 불교를 널리 알렸고, 이로 인해 누이인 사씨가 출가하여 신라 최초의 비구니가 되는 계기가 되기도 했던 것이다.

실상 출가자와 재가자의 기본적인 관계는 재시(財施)와 법시(法施)의 교환에서 시작된다. 즉 출·재가자는 상호 의존하여 참된 법과 최상의 안온함에 이르는 것이다. 출가자는 재가자로부터 의류와 생필품, 침구, 약품을 받고, 출가자는 재가자에 의지하여 지혜와 선정을 닦는다.(곽도령, 2011)

이렇듯 재가자의 역할은 초기 불교에서부터 중요하게 인식되었는데, 신라에서도 역시 재가 신도를 주축으로 교단을 확대시키고 그들의 영향력을 공고히 하고자 한 것으로 보인다. 재가 신도가 일반민을 깨우침으로 이끄는 지도자적인 상을 가지고 있음과 동시에 출가자와 능력을 겨루고 그들에게 조언하는 존재로 표현되었던 것이다. 이는 『삼국유사』 문호왕법민(文虎王法敏)조의 거득공(車得公) 사례와 밀본최사(密本摧邪)조의 거사(居士)와 출가자가 능력을 겨루는 내용을 통해 알 수 있다.

먼저 거득공은 문무왕의 명을 받고서 승복(僧服)을 입고 거사의 형색으로 서울을 나와 아슬라주(阿瑟羅州), 우수주(牛首州) 등을 순행하니 주리(州吏)인 안길(安吉)이 그가 비범한 사람임을 알고 집으로 모시어 정성을 다하였다고 한다. 이때 거사란 일반적인 재가 신도의 의미뿐만 아니라 재물을 많이 가진 사람, 선비 등의 뜻을 내포하고 있으면서 출가하지 않고 재가 생활을 하면서 항상 수도에 정진하는 사람을 가리킨다. 이러한 거사의 신이함과 비범함이 당시 사회에 폭넓게 받아들여지고 있었던 것이다. 이와 함께 김유신과 교분이 있던 또 다른 거사는 인혜사(因惠師)라는 스님과 신통력을 겨루었는데, 스님이 향을 피우고 주문을 외우니 오색 구름이 정상을 둘러싸고 하늘의 꽃이 흩어 뿌려지는 이적(異蹟)을 보인 반면, 거사는 손가락을 한번 튕기는 것만으로 스님을 공중에 띄우고 말뚝처럼 머리를 땅에 박히게 하였다고 한다.

이러한 양상은『유마경』,『승만경』의 신라 유입과 밀접하게 관련된다. 앞서 서술하였듯이 두 경전은 재가 신도의 중요성과 함께 친여성적 불교관을 보여주어 출가자와 재가자 모두가 대승불교운동 주체로서의 보살이라는 인간형을 정립하는 데 주도적인 역할을 한 경전이다.(이희재, 2009) 이 중『승만경』이 신라로 유입된 것은『삼국사기』진흥왕 37년조에 따르면 안홍법사(安弘法師)에 의한 것으로 보인다. 반면『유마경』의 경우 유입의 직접적 기록은 찾을 수 없지만, 원효가 그에 대한 주석서를 쓴 점과 솔거(率居)가 그린 단속사의 유마상 등을 통해 신라 중고기(中古期)에 신라에서 유행하였음을 알 수 있다.

한편『대각국사문집(大覺國師文集)』에 따르면 원효는 고구려에서 백제로 귀화한 보덕화상(普德和尙)에게서『유마경』을 배웠다고 한다. 안악3호분의 묘주와 덕흥리고분의 피장자가 평상 위에서 가부좌한 손에 깃부채를 쥔 유마힐의 모습과 유사하다는 지적과 소수림왕대 이전에 이미 고구려 도인(道人)과 교류한 지둔도림(支遁道林)이『유마힐찬(維摩詰讚)』을 저술하였던 점 등을 참고하면 신라뿐만 아니라 고구려에서도 역시 재가자의 위상과 그에 대한 관심이 적지 않았던 것으로 볼 수 있다.(신선혜, 2016) 이러한 배경 속에서 여성의 불교적 활동이 중요하게 인식되어 그들을 주체로 한 교화·감통 등의 사례 형성이 가능하였던 것이다.

2) 여왕 등극의 정당성 확보

한국사에서 여왕이 등장하는 시기는 고대가 유일하다. 특히 신라에서만 3명의 여왕이 즉위하였는데, 『삼국유사』에 따르면 최초의 여왕인 선덕여왕의 등극은 '성골남진(聖骨男盡)'으로 인하였다고 하여 주로 신분제의 시각에서 여왕 즉위의 이유가 조명되었다. 그러나 하대(下代) 진성여왕의 경우는 이러한 배경이 적용되지 못한다. 당시 진골 남성이 있었음에도 왕위에 올랐기 때문이다. 이렇게 본다면 세 여왕의 등극에 공통적으로 배경이 된 요소로 불교의 여성관을 주목할 수 있다.

진평왕은 스스로 백정(白淨)이라 이름하고 부인을 마야부인(摩耶夫人), 두 동생을 백반(伯飯)과 국반(國飯)이라 칭하는 등 자신의 가계를 석가족으로 삼으려 하였다. 아마도 그가 아들을 낳았다면 이를 부처님의 환생으로 여겼을 수도 있겠다. 끝내 아들을 얻지 못하였지만, 여왕의 등극을 뒷받침해 줄 성골 관념을 구축하여 귀족들의 반발을 무마시키고자 하였다. 그러나 선덕 및 진덕여왕의 즉위 전후에 칠숙(柒宿)과 석품(石品), 비담(毗曇)과 염종(廉宗)의 반란이 일어났고, 『삼국유사』 선덕왕지기삼사(善德王知幾三事)조에 보이는 바, 당 태종이 향기 없는 모란에 선덕여왕을 비유함으로써 그녀가 짝이 없음을 희롱하였다는 점, 나아가 『삼국사기』 선덕왕 20년조에 여자를 왕으로 삼고 있으므로 이웃 나라의 업신여김을 받게 되고 왕의 도리를 잃어 도둑을 불러들이게 되어 편안한 때가 없다고 한 사례 등은 전통적인 여성관에 의해 여왕 등극에 대한 국내외적 반발이 지속적으로 있었음을 보여 준다.

이러한 상황에서 『승만경』에 보이는 승만부인의 즉신성불 사례나 『열반경(涅槃經)』에서 중생을 교화하고자 일부러 여성의 몸을 받아 태어난 덕만 우바이의 내용은 왕실의 주목을 끌기에 충분했다.(남동신, 1995) 앞서 언급하였듯이 『승만경』이 진흥왕대 신라에 유입되었고, 이후 진평왕이 그의 딸인 진덕여왕의 이름을 '승만'이라 지었던 점에서 이 경전은 비교적 빠른 기간에 신라에 수용되었던 것으로 보인다. 그중 '만(曼)'자가 선덕, 진덕 나아가 진성여왕의 이름에도 쓰였음은 시사하는 바가 크다. 신라 왕실에서 왕의 이름으로 경전의 주인공 이름이 쓰였다면 이 경전에 대한 인식이 강했다고 볼 수 있기 때문이다. 『열반경』

또한 『삼국유사』 원광서학조에서 진평왕대 원광이 중국 유학 과정에서 습득하였다고 하니, 최초의 여왕 등극과 여왕 통치의 정당성을 확보하기 위해 진평왕은 불교의 여성관을 홍포하고 왕실에 투영하고자 노력한 것이다.(신선혜, 2016) 불교 전래 이전, 여성의 지위는 여사제적 전통에 따라 비교적 높은 위상을 가졌었고 이러한 위상이 불교 전래와 홍법의 과정에 반영되었다고 한다면, 중고기에는 여왕의 등극과 통치의 과정에서 공고화되었다. 이는 조력자 및 구도자, 나아가 성불(가능)한 여성의 사례가 중대 이후 다수 등장하게 되는 배경이 되었다고 할 수 있다.

그렇지만 하대까지도 여왕에 대한 반감이 있었음은 『삼국사기』 헌안왕 5년조의 "우리나라의 옛일에 비록 선덕과 진덕 두 여왕이 있었으나, 이는 암탉이 새벽을 알리는 것과 비슷하므로 본받을 일이 못된다"라는 기사에서 드러난다. 결국 헌안왕은 사위인 경문왕에게 왕위를 물려주지만, 그럼에도 26년 뒤 진성여왕에게 왕위가 돌아간다. 진성이 왕위에 오를 수 있었던 배경에는 경문왕과 헌강·정강의 후광, 그리고 선덕·진덕 때 기반을 잡았던 여성성불론이 있었을 것이다. 물론 신라 중대 이후 유교적 이념에 따라 여성의 성불 가능성에 대한 부정의 사례도 발견되나, 여전히 『법화경』, 『승만경』의 여성성불에 대한 전통이 남아 있었던 것이다.(조경철, 2009)

실상 진성여왕은 선덕여왕을 모범으로 정책을 실행하였다. 즉위 직후에 죄수를 사면하고, 조세를 감면하였으며 황룡사에서 백좌강회(百座講會)를 개최하여 호국의지를 다졌으며, 대국민 위무책과 종교행사에 깊은 관심을 나타내었다.(김선주, 2017) 특히 백좌강회는 『인왕경(仁王經)』에 근거한 대표적인 호국법회로, 이 자리에서는 진성여왕이 왕위에 오른 정당성을 불교적 측면에서 뒷받침할 다양한 설법이 행해졌을 것임이 짐작된다. 이로 인해 선덕·진덕 치세기의 불교적 업적 역시 주목·환기되기도 하였을 것이다.

이렇듯 중고기~하대에 걸쳐 여왕의 등극이 가능했던 것은 지속적으로 여성성불론이 강조되었기 때문이고, 이는 또한 신라 전 시기에 걸쳐 여성의 불교적 역할이 긍정적으로 인식되는 배경이 되기도 하였다.

3) 여신적 관음보살신앙의 전개

『삼국유사』에는 관음신앙과 관련하여 총 13개 조목, 22개의 사례가 실려 있다. 이들이 모두 신라를 배경으로 하고 있는 만큼 관음신앙이 신라 사회에 폭넓게 받아들여졌음을 알 수 있다. 그 내용은 관음신앙의 소의경전에 따라 현세구제, 진신상주(眞身常住), 미타협시, 변화관음 등 다양한 양상으로 전개되는데, 그중에서도 관음이 현세구제적 역할을 담당한 사례가 대부분인 것으로 보아 이것이 신라 관음신앙의 일반적인 모습이었을 것으로 생각된다. 이는『법화경』「보문품(普門品)」에 의거한 신앙으로, 그 속에서 관음보살은 칠난(七難一火難, 水難, 風難, 劍難, 鬼難, 獄難, 賊難)에서 자식을 구하는 것에 이르기까지 다양한 고난에 대한 구제를 약속한다.『삼국유사』에서 관음이 옥난(獄難), 구자(求子), 수난(水難), 풍난(風難) 등에서 중생을 구제하는 모습은 이 경전의 영향이라 하겠다.

아울러 현세구제적 관음신앙이 주로 재가자들에게 받아들여졌던 점 역시 주목된다. 그들은 현실적인 어려움을 호소하는 방법으로 이전부터 자신의 소원을 빌던 방식인 기도와 예배라는 형태로 관음을 신앙하는데, 엄격한 형식이 요구되지 않았던 점에서 재가자에게 수월하게 받아들여질 수 있었던 것이다.(신선혜, 2015)

그런데『삼국유사』에서 관음보살은 주로 여성으로 현현하여 중생의 조력자 역할을 담당하고 있다. 실상 관음의 원형인 인도의 아바로키테슈바는 남신이었다. 이 남신이 여신으로 얼굴을 바꾼 것은 불교가 중국으로 전래된 이후이다. 중국에서도 초기에는 여성적인 면이 부각되지 않았으나 5세기를 기점으로 여성적 이미지로 전환되는데, 샤머니즘과 도교의 영향, 특히 서왕모(西王母)신앙의 영향이 크다고 할 수 있다. 서왕모는 도교에서 옥황상제의 조력자로 동왕

공(東王公)과 더불어 삼위를 형성하면서 중국에서 시조모(始祖母)이자 성모(聖母)로 인식되었다. 이러한 이미지가 관음의 근본 특징인 자비심과 이타성, 그것으로써 환기되는 모성성에 투영된 것이다. 이는 서왕모가 왕모낭낭(王母娘娘)으로 불리는 것과 마찬가지로 관음 역시 낭낭관음(娘娘觀音)이라고 불렸던 사실을 통해서도 알 수 있다.(조현설, 2003; 박상란, 2003)

중국에서 여신화 과정을 거친 관음신앙이 한반도에 전해지지만 삼국의 문화적, 종교적 전통에 적응하는 과정에서 다시 한번 독특한 양상의 관음신앙이 형성되었다. 대표적인 예로 고대에 여신이 지모신으로 중요한 역할을 담당했다는 점과 원효가 낙산에서 만난 여인의 행위를 비교해 볼 수 있다. 앞서 유화가 지모신적 성격을 가졌음은 언급하였는데, 주몽이 길을 떠나려고 할 때 곡식의 씨앗을 주었던 것은 그녀가 곡모신(穀母神)적 존재이기도 했기 때문이다. 원효가 만난 여인, 즉 관음보살 역시 벼에 쭉정이밖에 없다고 하여 원효의 수행이 아직 덜 익었음을 힐난하는 장치로 곡물을 이용하고 있다. 이는 곡물신으로서의 여신과 관음이 연결되었던 것임을 짐작하게 한다.(김진경, 2008) 신라에서 관음의 모성성이 다른 보살에 비해 더욱 두드러졌음은 『삼국유사』에 문수보살이나 미륵, 보현보살이 비구, 거사 등 남성으로 화현하거나 이인(異人), 노인(老人), 노승(老僧) 등 성별이 드러나지 않게 표현된 점과 대비된다.

한편 관음의 지모신적 성격은 사찰의 창건과 불사(佛事)에 여성이 적극적으로 참여할 수 있는 계기를 제공하기도 하였다.(김두진, 1994) 소성왕이 돌아가자 왕비인 계화부인은 왕의 명복을 빌기 위해 재물을 희사하여 무장사의 미타상을 봉안하였으며, 경문왕의 누이인 단의장공주는 토지와 노비를 봉암사 등의 절에 희사하였다. 또한 상원사종의 단월은 휴도리라는 여성이었다. 이렇듯 땅을 관장하는 지모신과 관음이 동일시된 여신적 관음신앙의 전개로 당시인들에게 여성은 보살과 동일하게 인식되어 사찰을 매개로 한 다양한 불교적 활동이 가능하게 되었던 것이다.

4. 맺음말—『삼국유사』의 여성 인식

『삼국유사』에는 일연과 그 문도에 의해 수십 년에 걸쳐 수집된 객관적 자료와 함께 편찬 당시의 사회상과 일연을 비롯한 편찬자들의 사상과 의도를 알 수 있는 내용들이 담겨 있다. 이에 수록된 여성 관련 사례들의 분석을 통해 신라뿐만 아니라 고려사회의 여성에 대한 인식도 파악해 볼 수 있다.

신라 당대에 여성의 성불 가능성을 비롯한 역할을 어떻게 인식하였는지는 승려들의 주석서를 통해 짐작할 수 있다. 원효의 경우 그의 저술에 오장설을 직접 언급한『대지도론(大智度論)』과 함께 여성에 대해 부정적인 내용이 포함된 경전이 다수 인용되어 그가 여인오장설을 알고 있었던 점을 알 수 있다. 그러나 장부(丈夫)에 대한 설명에서 모든 남녀가 선지식 등 네 가지의 법을 갖추면 모두 장부라고 이름한다는『열반경』의 내용을 장황하게 인용한 점에서 원효는 남녀의 차이를 인정하지 않았다고 생각된다. 신문왕 때 활동한 경흥 역시『금광명경(金光明經)』의 "여의보광천녀(如意寶光天女)가 깊은 법을 듣고 기뻐하였다"는 구절이 여인을 비롯한 모든 수도자가 깨달을 수 있음을 설한 것이라는 해석을 받아들였던 점에서 여성의 성불 가능성을 부정하지 않았던 것으로 생각된다. 그런데 이러한 인식은 7-8세기에 들면 변화되는 양상을 보인다. 태현이나 둔륜은 전생에 계를 어겨 여성의 몸으로 태어나는 것은 괴로움이라 하였고, 여인의 몸을 받는 것을 악취업(惡趣業)과 같은 것으로 간주했다. 아마도 당시 유행한『유가론(瑜伽論)』등의 여성들에 대한 부정적 인식이 영향을 끼쳤을 것으로 짐작된다.(김영미, 2008)

그럼에도『삼국유사』에 신라 중·하대를 배경으로 하여 욱면과 같이 성불한 여성이나 여성으로 현현한 관음보살이 등장하는 것은 앞서 언급한 신라 당대의 특징적 배경과 함께 고려 사회의 여성 인식과 이에 영향받은 일연의 인식이 투영된 것이다. 즉 종교는 사회적 현상과 무관하지 않으므로, 결국 고려 사회에서 여성의 지위가 낮지 않았기에 그들의 수행과 성불을 인정하는 분위기가 자연스럽게 형성된 것이다. 고려 사회에서 여성의 지위가 높았음은 상속권이 인정되고 균등한 재산 분배가 이루어졌다는 점을 통해 알 수 있다. 또한 여성은 가계를 계승할 수 있었고, 출가 여부와 상관없이 재산을 상속할 수 있었다. 아마도 이러한 배경에서 여성의 시주가 자유롭게 이루어질 수 있었던 것이라 하겠다.(구자상, 2017)

이와 함께 고려 후기 선종(禪宗)에서 여성들에게 화두를 준 경우가 적지 않았음이 주목된다. 진각국사 혜심은 비구니와 최충헌의 부인에게 화두를 주었으며, 나옹혜근 역시 비구니에게 화두를 주었다. 고려 말 승려들의 비문이나 저술 속에 비구니와 우바이(優婆夷), 즉 여성 재가 신자의 명단이 거론되는 것은 여성을 정식문도로서 인정하고 받아들였던 점을 말해 준다. 또한 충숙왕 10년에 제작된 관경십육관변상도(觀經十六觀變相圖)의 왕생인의 묘사에 비구니와 여성 재가신자가 포함되어 있는 점은 여성의 왕생과 여신성불의 가능성이 교·선종을 막론하고 인정되었음을 보여 준다.(김영미, 2012)

이러한 분위기 속에서 일연은 『삼국유사』를 통해 고대로부터 이어져 온 여성의 불교적 역할에 주목하고 이에 대한 자료를 수집, 기록하였던 것이다. 이는 『삼국사기』에서 여왕의 등극에 대해 "천도로써 말한다면 양은 강하고 음은 유한 것이다. 이를 인도로써 말한다면 남자는 높고 여자는 낮은 것이다. 어찌 여자가 규방에서 나와 국가의 정사를 결단할 수 있으리오. 신라는 여자를 세워 왕위에 있게 했으니 참으로 세상을 어지럽히는 일이다. 이러고도 나라가 망하지 않은 것은 요행이다"라고 한 점과 극명하게 대비된다고 하겠다. 『삼국유사』의 전법서(傳法書)적 성격을 상정해 본다면, 고양된 여성의 위상과 이익을 보호하고 그들에 의한 교단 지원 행위의 지속성을 보장받기 위해 일연은 여성의 다양한 불교적 역할의 사례를 실었던 것이다.

◎ 참고문헌

강영경, 1982, 「한국고대사회의 여성」, 『숙대사론』11·12.

곽도령, 2011, 「초기불교 재가불자의 전법과 역할에 관한 연구」, 동국대 박사학위 논문.

구자상, 2017, 「『삼국유사』 소재 여성주체설화의 수록배경 연구」, 『동아시아불교문화』31.

김기종, 2016, 「『삼국유사』 소재 불교설화의 '불·보살 現身' 양상과 그 의미」, 『불교학보』75.

김두진, 1994, 「한국 古代 女性의 지위」, 『한국사 시민강좌』15, 일조각.

김선주, 2017, 「善德王 지기삼사의 형성 시기와 배경」, 『한국고대사탐구』25.

김영미, 1995, 「신라불교사에 나타난 여성의 신앙생활과 승려들의 여성관」, 『여성신학논집』1.

______, 2008, 「신라 승려들의 女性에 대한 인식과 그 영향」, 『천태학연구』11.

______, 2012, 「고려말 여신성불론과 그 영향」, 『한국사상사학』41.

김정숙, 2010, 「신라 불교에서 비구니의 존재와 활동」, 『대구사학』99.

김진경, 2008, 「『삼국유사』에 나타난 관음의 여성적 이미지」, 한신대 석사학위 논문.

남동신, 1995, 「원효의 대중교화와 사상체계」, 서울대 박사학위 논문.

박미선, 2015, 「신라 불교 수용기 왕실여성의 역할」, 『인문학연구』29.

박상란, 2003, 「한국 불교설화에 나타난 여성상—불전설화와의 비교를 통해서」, 『한국고전여성문학연구』6.

신선혜, 2006, 「新羅 中古期 불교계의 동향과 僧政」, 『한국사학보』25.

______, 2015, 「『삼국유사』 탑상편 백률사조의 종합적 검토」, 『신라문화제학술발표논문집』36.

______, 2016, 「신라 중고기 불교 교단 연구」, 고려대 박사학위 논문.

이동민, 1982, 「신라불교사에 있어서의 여성의 역할—삼국유사를 중심으로—」, 이화여대 석사학위 논문.

이창숙, 2015, 『불교의 여성성불 사상』, 인북스.

이현옥, 2003, 「여성성불의 근거와 그 의미」, 『불교학보』40.

이현주, 2017, 「신라 중고기 왕실여성과 불교」, 『사림』60.

이형우, 2004, 「『삼국사기』 열전을 통해 본 신라의 여성」, 『신라문화제학술발표논문집』25.

이희재, 2009, 「한국불교사에서의 『유마경(維摩經)』의 지위」, 『한국학연구』31.

조경철, 2009, 「신라의 여왕과 여성성불론」, 『역사와현실』71.
조현설, 2003, 「동아시아 관음보살의 여신적 성격에 관한 시론」, 『동아시아고대학』7.
주보돈, 2010, 「한국 고대사회 속 여성의 지위」, 『계명사학』21.
최광식, 2007, 『한국 고대의 토착신앙과 불교』, 고려대학교출판부.
최광식·박대재, 2014, 『삼국유사』, 고려대학교출판부.
하경숙, 2016, 「『삼국유사』 수로부인조에 구현된 여성인물의 형상과 특질」, 『한국문학과 예술』18.
허혜정, 2004, 「불교 여성주의적 관점에서 본 〈盲兒得眼歌〉 연구」, 『불교학연구』8.

『삼국유사』에 보이는 원당(願堂)의 사례와 그 상징

박윤진(한경대학교 강사)

* 본 논문은 박윤진, 2015, 「『삼국유사』 탑상편 「천룡사」·「유덕사」조 검토」, 『신라문화제학술발표논문집』36을 기초로 하여 정리한 것이다.

1. 원당이란 무엇이고 어떻게 만들어지는가

원당(願堂)은 문자 그대로 설명하면 '복을 빌기 위한 사원'으로 원찰(願刹)이라고도 불렸다. 전문적으로는 '어떤 사원에 대한 창건·중수·시납 등으로 관련을 맺게 된 개인이나 집단이, 그 사원에서 발원을 위한 불사를 열 뿐만 아니라 그 운영에도 영향력을 행사하는 사원'으로 설명되고 있다. 좀 더 쉽게 풀어보면 '한 개인이나 집단이 사원을 새롭게 만들거나 수리할 때 도움을 주고 해당 사원에 자신과 그 가족·친족을 위해 생전의 복을 빌거나 사후 명복을 기원해 주는 일을 위임하는 사원'을 말한다. 또는 개인의 생전·사후의 복을 빌기 위해 해당 사원에 경제적인 지원을 하는 경우도 원당이 될 수 있다. 불교에서는 열반을 목표로 해야 하지만 이는 지난한 과정을 거쳐야 하므로 대중에게 쉽게 접근하기 위해 개인의 복을 빌어 주는 기복적인 면모를 가지기도 하는데, 원당은 바로 종교 공간인 사원이 개인의 소망을 위해 기원해 주는 곳으로 변형된 것이다.

특정 사원을 원당으로 만들기 위한 경제적인 원조는 사원의 창건·중수나 사원에서 행해지는 각종 불사(佛事)에 대한 도움으로 구분된다. 이때 들어온 시주를 일순간에 모두 소비하기도 하지만, 보시된 곡식이나 토지를 본전으로 해서 지속적으로 이자를 얻어 불사에 이용하는 경향이 있었다. 토지의 경우 해마다의 수확물, 보시로 들어온 곡식이나 돈을 원금으로 대출해 준 후 받은 이자가 매년 해당 사원에서 이용할 수 있는 자금이 되었다.

그러므로 원당을 만들면서 시주한 재산은 해당 사원의 중요한 운영비가 되었다. 게다가 사원에 시주를 할 때 재물의 사용처를 지정하는 경우도 있었다. 사원에 보시를 하는 것이었지만, 자신이나 가족의 복을 빌어 주는 행사에 사용하도록 지목하기도 했다. 예를 들면 지눌(知訥)에 의해서 만들어진 수선사에 고위 관료들이 시납한 토지에는 기일보(忌日寶) 등의 명목이 정해져 있기도 했다. 이렇게 명목이 정해져 있으면 거기서 나오는 이익은 그 목적에만 사용되어야 한다. 중국의 경우 사원에 시납된 토지나 물품에 대한 시주자의 의견이나 권리가 존중되었다. 심지어 이에 대한 변경은 범죄로 간주되었다고 한다. 우리나라에서는 중국과 같은 법적 근거까지 찾아지지는 않지만, 유사한 사회적 분위기가 있었다고 추정된다.

한 개인이나 집단의 경제적인 지원을 받아 그들의 복을 빌어 주는 원당은 이미 존재했던 사원에 설치할 수 있고 새롭게 창건할 수도 있다. 후대로 갈수록 새로운 사원을 만들기 위한 국가의 허락을 받는 것이 쉽지 않아 폐허가 된 사원을 다시 중창하는 방법을 통해 원당을 만들기도 했다. 국가가 새로운 사원의 창건을 규제했던 것은 사원의 수가 늘어나는 데 비례해서 사원 소속의 승려와 토지도 증가하는 것을 막기 위해서였다. 이와 연계되어 불교가 융성한 이후에는 개인이 사원을 새롭게 만드는 것은 힘들었으며, 기존에 존재하다가 어떠한 이유로 폐허가 된 사원을 중창하는 방법이 이용되었다. 새로운 사원의 창건은 허가가 쉽지 않았겠지만, 폐사를 중창하는 것은 사원의 증가로 여기지 않아서 비교적 쉽게 허용되었다.

한편 새로운 절을 만들어서 원당으로 하고자 할 때는 사원의 크기가 대규모가 아니어도 가능한데 가장 쉬운 방법이 '사가위사(捨家爲寺)'이다. '사가위사'란 집을 보시하여 사원으로 만드는 것으로 자신의 신앙심을 표현하는 방식으로 이해되었다. 또한 자신이 살던 집을 절로 만드는 것은 불교가 전래된 이후 사원을 전국적으로 그리고 대량으로 만들어 내는 하나의 수단이 되기도 했다. 불교를 받아들인 후 국가적인 사원의 창건도 있지만, 개인적으로 자신의 집을 사원으로 만드는 방식은 전국적으로 사원의 수를 늘리고 불교계의 영향력을 키우는 방법이 되었다. '사가위사'로 만들어진 사원은 『삼국유사』에서도 많이 찾아지는데, 민장사(敏藏寺; 『三國遺事』 권3, 塔像4 敏藏寺), 효가원(孝家院; 『三國遺事』 권3, 塔像4 臺山五萬眞身), 백엄사(伯嚴寺; 『三國遺事』 권3, 塔像4 伯嚴寺石塔舍利), 초개사(初開寺; 『三國遺事』 권4, 義解5 元曉不羈), 금광사(金光寺; 『三國遺事』 권5, 神呪6 明朗神印), 법왕사(法王寺; 『三國遺事』 권5, 感通7 郁面婢念佛西昇), 홍효사(弘孝寺; 『三國遺事』 권5, 孝善9 孫順埋兒 興德王代), 양존사(兩尊寺; 『三國遺事』 권5, 孝善9 貧女養母) 등이 있다. 이러한 사원은 개인의 집을 보시한 것이기 때문에 본래의 주인이었던 인물과 밀접한 관련을 맺을 수밖에 없었다. 더 나아가 절을 희사한 개인의 원당이 되기도 했다.

개인적으로 자신의 신앙심을 드러내는 방법이 되고, 불교적으로는 그 교세를 넓히는 수단이 된 '사가위사'는 불교 전래 초기에 장려되기도 했지만, 사원의 원당화와 연결되면서 여러 가지 문제가 생겨 고려시대가 되면 금지되기도 했다. 사원이 늘어나면 그곳의 소속 승려와 토지도 함께 증가하므로 국가의 입장에서는 세금을 납부할 국민과 토지가 줄어드는 양상과 연결되어 문제시될 수 있었다. 고려 태조의 훈요 10조에서는 원당을 명분으로 만들어진 사원이 땅의 기운을 손상시켜 신라가 망하는 이유가 되었다고 하면서 원당의 창건을 경계하고 있다. 지덕의 손상은 명분이었을 것이고 사원의 증가는 경제적으로 국가에 불이익을 주는 면이 있어 원당의 창건을 금지하고자 했을 것이다. 그러나 무분별한 원당의 창건을 경계한 태조도 후백제에서 사망한 자신의 사촌인 대광(大匡) 왕신(王信)의 원당을 지었고, 광종이 아버지인 태조를 위해 봉은사(奉恩寺)를 창건하기도 해서 '사가위사'나 원당의 창건을 금지하는 분위기 속에서도 원당은 지속적으로 만들어졌다.

2.『삼국유사』에 보이는 원당의 사례와 그 상징

『삼국유사(三國遺事)』에서도 많은 원당이 확인된다.『삼국유사』 권1 기이편 「미추왕 죽엽군(未鄒王 竹葉軍)」에 의하면 혜공왕은 김유신을 위해 취선사(鷲仙寺)에 토지 30결을 공덕보(功德寶)로 희사하여 그의 명복을 빌게 했다. 보(寶)란 기부된 곡식이나 돈을 가지고 이자를 얻어 영구히 그 이익을 사용하도록 한 기금을 말한다. 그렇다면 혜공왕은 김유신의 명복을 빌기 위한 명목으로 취선사에 토지를 기부했던 것이다. 취선사는 김유신이 평양을 점령한 이후 그의 복을 빌기 위해 세워진 원당인데, 혜공왕 때 다시 한번 김유신의 명복을 비는 행사의 비용을 위해 국왕이 토지를 시주했다.『삼국유사』 권2 기이편 성덕왕(聖德王)조에 의하면 성덕왕이 태종무열왕 김춘추를 위해 봉덕사(奉德寺)를 창건했다고 한다. 또 「가락국기(駕洛國記)」에서는 가야의 질지왕(銍知王)이 수로왕(首露王)의 아내였던 허황옥(許黃玉)의 명복을 빌기 위해 수로왕과 허황후가 처음 결혼한 장소에 왕후사(王后寺)를 창건하고 평전(平田) 10결을 시주하였다고 한다.

『삼국유사』 권3 탑상편 「민장사 미타전(鏊藏寺 彌陁殿)」에서는 원성왕(元聖王)의 아버지 효양(孝讓)이 그 숙부를 추숭(追崇)하기 위해 무장사를 창건한 것이라고 서술되었다. 복을 빌 대상인 그 숙부의 이름마저 전하고 있지 않지만, 진골 집안에서 자신의 친속을 위해 원당을 만든 사례이다. 「백엄사석탑사리(伯嚴寺石塔舍利)」에서는 백엄사가 엄흔(嚴欣)·백흔(伯欣) 두 사람의 집을 사가위사(捨家爲寺)해서 만든 것이라는 언전(諺傳)을 전하면서 백엄사에는 앞선 두 사람과 근악(近岳)에게 공양을 드리기 위한 보(寶)가 있다고도 하므로 백엄사는 엄흔·백흔 등의 원당이었다. 엄흔·백흔이 절을 보호한다든가 양명신(兩明神)이라고 표현되고 있어 이들은 백엄사를 창건한 인물이자 이후 절을 지키는 수호신으로 존중받기까지 했음을 확인할 수 있다. 「유덕사(有德寺)」에서는 해당 사원이 신라시대의 태대각간(太大角干)이었던 최유덕(崔有德)이 자신의 집을 희사하여 절로 만들었기 때문에 유덕사라 불린다고 하면서 그 후손인 신라 말 고려 초의 인물인 최언위(崔彦撝)가 최유덕의 진영을 그곳에 모셔 두었다고 한다. '사가위사'로 만들어진 사원이며, 최유덕의 초상화가 모셔졌으므로 그에 대한 의례가 있었다고 생각된다. 그러므로 유덕사는 최유덕의 원당인 것이다.

뿐만 아니라 신주편「혜통항룡(惠通降龍)」에서는 신문왕이 전생에 원한을 만든 신충(信忠)의 명복을 빌고 그 한을 풀어 주기 위해 신충봉성사(信忠奉聖寺)를 창건했고 감통편「김현감호(金現感虎)」에서는 김현이 자신에 의해 죽은 호랑이를 위해 호원사(虎願寺)를 창건하여 그 호랑이의 내생을 위해 기도했다고 한다. 실제 있었던 이야기인지 창건설화인지는 구별하기 힘들지만, 신충봉성사나 호원사도 특정 대상의 명복을 빌어 주는 원당이었다. 효선편「대성효이세부모 신문대(大城孝二世父母 神文代)」에서는 김대성이 곰을 사냥한 후 꿈에서 곰이 변한 귀신의 원망을 듣고 죽은 곰을 위해 장수사(長壽寺)를 창건하고 현생의 부모와 전생의 부모를 위해서 불국사(佛國寺)와 석불사(石佛寺; 석굴암)를 만들었다고 전하고 있다. 장수사·불국사·석굴암은 김대성에 의해 창건된 원당이었던 것이다. 한편 감통편「진신수공(眞身受供)」에서는 효소왕이 망덕사(望德寺)를 창건하여 당나라 황실의 복을 기원했는데, 안·사의 난이 일어났을 때 망덕사의 탑이 흔들렸다고 한다. 이 이야기는 망덕사가 당 황실을 위한 기도를 드리던 곳인 만큼 당나라의 위급함을 보여 주어 그 관련성이 깊었음을 드러내고자 한 것이다. 고려시대에 송나라 철종이 사망했을 때 대안사(大安寺)에서 그 명복을 빌었다거나 원간섭기 때 묘련사(妙蓮寺) 등에서 원 황실의 복을 기원했던 것과 유사한 경우이다. 외교적 수사이기는 하지만 원당의 역할을 한 것은 분명하다.

한편 고려시대의 원당 창건이『삼국유사』에 기록되기도 했는데, 탑상편의「천룡사(天龍寺)」에서 현종(顯宗)부터 문종(文宗)대에 활동하고 고려 최고의 관직인 문하시중까지 역임한 최제안(崔齊顔)이 천룡사를 중창한 후 그 절을 지키는 가람신(伽藍神)이 되었다는 이야기를 전하고 있다. 이는 천룡사가 최제안의 원당에서 발전하여 그가 천룡사를 지키는 신으로 섬겨지고 있음을 확인시켜 준다. 앞서 백엄사가 엄흔·백흔의 집을 사원으로 만든 후 그들이 절을 지키는 신으로 섬겨진 것과 유사한 사례이다. 의해편「보양이목(寶壤梨木)」에서는 고려의 태조 왕건이 견성(犬城)을 함락시키는 데 공을 세운 승려 보양을 위해 봉성사(奉聖寺)를 창건했는데, 이 사원에는 태조와 보양의 초상화를 모셔 두었다고 한다. 역시 이들에 대한 의례가 봉성사에서 행해졌을 것이다. 또한 사원의 이름 자체가 성인(聖人)을 받든다는 의미의 '봉성사'라는 점에서도 원당임을 표시하고 있다. 신주편의「명랑신인(明朗神印)」에서는 태조 왕건이 자신을 따라 다니며 공로를 세웠던 신인종(神印宗) 승려 광학(廣學)과 대연(大緣) 형제의 부모 기일보(忌日寶)를 돌백사(埃白寺)에 지급하였다는 내용이 전한다. 기일보는 그들의 제사를 지내 줄 수 있는 기금을 의미하며 이를 통해 돌백사에서 광학과 대연 형제의 부모에 대한 제사가 매년 행해지고 있었다는 것을 유추할 수 있는데, 그렇다면 돌백사는 이들 가족의 원당으로 이용된 것이다.

이상과 같이 고려시대의 상황을 보여 주는 것을 제외하더라도『삼국유사』에 전하는 삼국시대의 원당 사례는 꽤 많은 편이다.『삼국유사』에 실려 있는 내용이 삼국시대 전체와 비교했을 때 아주 적은 양이라는 것을 감안한다면, 고구려·백제·신라와 통일신라 때 존재했던 원당의 존재는 엄청났다고 이해된다. 국가적으로 창건된 사원이라고 해도 일부 전각에 국왕이나 진골 귀족의 원당이 마련되었을 것이다. 더욱이 개인에 의해 창건된 소규모의 사원은 경제적으로 지원을 해 준 개인이나 그 친족 집단과 밀착될 수밖에 없었고 원당으로 활용되기 쉬웠을 것이다.

이러한 원당은 해당 사원이 특정인의 생전과 사후의 복을 빌기 위한 장소라는 것을 분명하게 보여 주는 상징물을 보유하기도 했다. 취선사(鷲仙寺)의 공덕보(功德寶)나 돌백사(埃白寺)의 기일보(忌日寶)처럼 기금을 조성하고 그 사용처를 지정하여 제사 대상을 밝히는 것도 한 방법이지만, 그보다 더 확실한 증거인 상징물이 있는 편이 원당의 기능을 지속시키는 데 유리하기 때문이다. 유덕사(有德寺)처럼 최유덕의 초상화를 모셔 두게 되면 대내외적으로 해당 사원이 특정 인물을 위한 사원이라는 것을 명백하게 드러낼 수 있었다. 이런 경우가 꽤 있었던 것으로 추정되는데, 봉성사(奉聖寺)에 있었던 태조 왕건(王建)과 보양(寶壤)의 초상화도 그 사례이다. 또한 천룡사의 경우 최제안이 가람을 지키는 신이 되어 그 영험함이 많이 드러났다고 하며, 백엄사에도 엄흔·백흔이 역시 호법신(護法神)으로 여겨져서 근악까지 포함한 세 사람의 신위가 모셔져 있었다고 한다. 사원을 보호하는 신적 존재로 믿어졌던 최제안은 백엄사의 엄흔·백흔의 신위처럼 천룡사에 그를 특정하는 상징물이 있었다고 보는 것이 옳을 것이다. 초상화나 소상과 같은 상징물을 만들어서 모셔 두거나 최소한 신위라도 만들어 최제안에 대한 제의를 행했을 것이다. 원당이 특정 인물이나 그 친족에 대한 복을 빌기 위한 종교적 공간으로 사용되려면 그 의례에 초상화나 해당 인물의 상(像), 혹은 신위와 같은 것이 존재해야 했다. 그렇다면 유덕사·봉성사·천룡사·백엄사와 같이 해당 사원에서 행해지는 의례의 대상과 관련된 형상이 사료상으로 확인되는 곳 이외에도 원당이라면 기복 대상을 보여 주는 상징물이 존재했을 것이다.

3. 최제안의 원당인 천룡사의 주지 승계 방식

특정 인물이나 집단의 원당이 된 사원은 해당 인물과의 연관성을 드러내기 위해 초상화와 같은 전신상을 사원에 봉안하고 그에 대한 의례를 행하기도 했다. 거기다 제의에 필요한 비용을 보(寶)의 형태로 기증하여 경제적인 지원을 받기도 하였다. 그러므로 원당을 만든 사람의 입장에서는 사원의 운영을 영구히 장악하여 이상과 같은 개인과 사원의 유착을 유지하고 싶어했다. 이러한 양상을 보여 주는 내용이 『삼국유사』 권3 탑상편 천룡사(天龍寺)조에 보인다. 그 내용을 구체적으로 살펴보자.

최제안(崔齊顏)이 중수하여 폐사한 것을 일으키고 이에 석가만일도량(釋迦萬日道

場)을 두었다. 조지(朝旨)를 받고 겸하여 신서(信書)와 원문(願文)을 절에 남겨 두었다. (최제안이) 죽은 후 가람(伽藍)을 지키는 신이 되어 자못 영이(靈異)함이 드러났다. 신서(信書)를 요약하면 다음과 같다. "단월(檀越)인 내사시랑동내사문하평장사(內史侍郎同內史門下平章事)·주국(柱國) 최제안이 장(狀)하였다. 동경(東京) 고위산(高位山) 천룡사(天龍寺)가 잔파(殘破)한 지 여러 해인데, 제자(弟子)인 최제안이 특별히 임금의 만수무강과 백성·국가가 안태(安泰)하기를 바라는 서원을 위하여 전당(殿堂)·낭각(廊閣)·방사(房舍)·주고(廚庫)를 이미 일으켜 세우는 것을 마치고 석조(石造)와 니소(泥塑)의 불상 몇 구를 갖추어 석가만일도량을 열었다. 이미 국가를 위해 수영(修營)하였으니 당연히 관가(官家)에서 주인(主人)을 차정(差定)하는 것이 또한 옳지만, 주지를 번갈아 교대할 때를 당해 도량(道場)의 승중(僧衆)이 안심하지 못한다. 입전(入田)하여 사원을 풍족하게 시킨 경우를 보면, 공산(公山) 지장사(地藏寺)의 입전(入田) 2백 결, 비슬산(毗瑟山) 도선사(道仙寺)의 입전 20결, 서경(西京) 4면(面) 산사(山寺)의 각 전(田) 20결의 예와 같은데, 모두 유직(有職)·무직(無職)을 논하지 않고 계행을 갖추고 재주가 높은 자를 골라 사중(社中)의 중망(衆望)으로 연달아 주지하여 분수(焚修)케 하는 것을 항규(恒規)로 삼았다고 한다. 제자가 이 풍습을 듣고 기뻐하였다. 나는 이 천룡사 또한 사중(社衆) 중에서 재주와 덕이 모두 높은 대덕(大德)을 선택하여 겸하여 동량(棟梁)으로 삼고 주인(主人)으로 뽑아 진장분수(鎭長焚修)하도록 하겠다. 문자(文字)를 갖추어 기록하여 강사(剛司)에게 맡기어 두고 지금의 주인(主人)부터 시작한다. 유수관(留守官)의 문통(文通)을 받아 도량(道場)의 여러 무리에게 보이니 각각 마땅히 알도록 하라. 중희(重熙) 9年(1040) 6月日. [앞서와 같이 직함을 갖추어 서명함]"

천룡사는 원래 천녀(天女)와 용녀(龍女)라는 딸을 위해 부모가 창건한 절이지만 신라 말에 폐허가 되었다가 최제안에 의해 중창되었는데 그는 죽은 후 가람을 수호하는 신이 되었다[爲護伽藍神]고 한다. 최제안이 천룡사의 수호신이 되어 영이(靈異)함이 자못 드러났다는 설명을 통해 수호신인 그의 모습이 그림이나 형상으로 천룡사에 봉안되었을 것이라고 앞서 언급하였다. 뿐만 아니라 국가의 명령[朝旨]을 받은 사실을 기록한 신서(信書)가 천룡사에 남겨져 있었는데, 그에 의하면 최제안이 천룡사를 중수한 사정과 함께 주지 임명을 국가의 관여 없이 자체적으로 선출할 수 있도록 공적으로 허가를 받았다. 즉 천룡사조에 있는 신서는 천룡사에서 자체적으로 주지 임명을 할 수 있다는 공식 증명서였다.

신서의 내용을 구체적으로 살펴보면, 단월 즉 천룡사를 중창하는 데 큰 역할을 한 재가 신자였던 최제안이 당시 평장사로 재상의 지위에 있었다. 이후 그는 수상인 문하시중까지 역임했고 문종의 묘정에 배향된 공신이 되기도 했다. 그러나 이미 이 신서가 만들어진 당시에도 평장사라는 중서문하성 재신(宰臣)의 지위에 있었으므로 이와 같은 신서를 국가로부터 받을 수 있는 영향력과 권력이 있었던 것으로 보인다.

신서에서는 나라를 위해 천룡사를 창건하였으므로 국가에서 주지를 뽑아 보내야 하지만, 주지를 교체할 때마다 천룡사 도량의 대중이 불안할 것이라고 이야기한다. 여기의 대중은 사원 내의 승려와 재가 신자를 포함하는 것이고, 겉으로는 승려의 동요를 걱정하는 듯하지만 내면적으로는 천룡사를 중창하고 시주를 한 최제안 가계의 불안감일 것이다. 또한 천룡사에서 자체적으로 주지를 선출할 수 있도록 하기 위한 근거로 다른 사원의 사례를 예시하고 있다. 공산 지장사와 비슬산 도선사, 서경의 4면 산사(山寺) 등에서 사원 내의 여러 사람들이 희망하는 대로 주지를 선출하고 있으니 천룡사도 그 예를 따르겠다는 것이다. 이때 지장사와 같은 사원이 스스로 주지 선출을 할 수 있었던 것은 이들 절에 납입된 토지 때문이다. 지장사 등의 사례를 근거로 이야기하고 있는 것으로 보아 천룡사에도 토지의 시납이 있었다. 신서의 내용에서는 토지 시납의 주체가 정확히 제시되지 않았지만, 중창자이자 신서를 작성한 최제안에 의한 것임은 분명하다. 즉 천룡사의 중창자일 뿐만 아니라 그 경제적 기반을 제공한 최제안에 의해 해당 사원의 주지 선출을 천룡사 내에서 결정하도록 국가로부터 허가받은 것이 신서의 목적이다.

그럼 최제안과 천룡사는 왜 국가의 간섭을 막고 자율적인 주지 임명을 할 수 있도록 국가의 허락까지 받은 것일까. 신서에서 전례로 이야기한 지장사 등에서 자체적인 주지 임명이 가능하게 된 근거는 소위 토지의 시납이었다. 다시 말하자면 지장사나 천룡사가 주지 임명을 자체적으로 하고자 한 또 다른 이유는 해당 사원에 시납된 토지에 대한 경제적 운영권을 지키기 위한 것이다. 최제안의 입장에서는 자신이 시주한 토지의 운영권이 자신이나 후손의 영향권 안에서 유지되고, 그 토지의 수확물이 지속적으로 최제안이 처음 시주한 명목으로 운영되기를 원했기 때문에 주지 임명권을 국가가 아닌 천룡사가 자율적으로 하도록 희망했고 이를 성사시켰다.

사원을 개창·중창하다 보면 전각이나 불상·불탑을 세우기 위한 보시를 할 뿐만 아니라 그 사원의 원활한 운영을 위해 토지나 곡식을 시주하기도 하였다. 이렇게 보시한 토지나 곡식은 시주 당시 그의 사용처를 지정하기도 했다. 이러한 토지·곡식의 운영이 처음 목적과 같이 지속적으로 유지되기 위해서는 당시의 뜻을 계승할 인물이 사원의 경제적 운영을 책임지는 주지가 되어야 한다. 그러나 국가의 입장에서는 사원 더 나아가 불교계를 통제해야 했고, 이를 구현하는 것이 주지 임명권을 장악하는 것이므로 전국 사원의 주지 임명을 국가가 장악하려는 정책을 지속적으로 펴고 있었다. 국가로부터 주지 임명이 이루어지면서 개창·중창 당시의 의도를 계승해야 할 필요가 없는 전혀 다른 종파나 계열의 인물이 주지가 될 경우, 개창·중창주의 토지 시납은 시주 당시와는 다른 목적으로 사용될 수 있다. 그래서 시주자나 사원을 개창·중창한 인물의 입장에서는 국가의 주지 임명을 꺼릴 수밖에 없었고 원당을 처음 만든 인물의 의지를 계승할 주지를 국가의 간섭 없이 자율적으로 임명하기를 원했던 것이다. 사원 주지 임명을 사원 내의 의사로 결정해야 한다는 근거로 사원에 시주된 토지를 이유로 거론하면서 말이다.

4. 혈족간 주지 승계와 그 의미

앞서 살펴본 천룡사에 남겨진 신서에 의하면 주지는 재주와 덕이 모두 높은 대덕(大德)을 선발하겠다고 하였고, 비교 대상으로 삼은 지장사 등에서도 여러 사람의 추천[衆望]을 받은 사람으로 선택하였다고 하여 사원 내의 승려 중에서 주지가 될 만한 인물로 선출한다고만 되어 있다. 이에 대해 천룡사의 주지 임명을 개인 차원의 사원 성립·형성과 관련된 것으로 이해하고, 부동사원(不動寺院) 혹은 법손사원(法孫寺院)과 유사한 형태로 파악한 견해가 있다.

부동사원 혹은 법손사원은 뛰어난 고승을 정점으로 그들의 제자가 새로운 인맥이 되어 배타적으로 해당 사원을 장악하기 위해 국가의 허락을 받아 주지의 임명이 법손으로 이어지는 것을 의미한다. 다시 말하자면 국가에서 왕사나 국사와 같은 고승을 위해 그와 그 제자들에게만 특정 사원의 주지직 승계를 허락한 사원을 부동사원·법손사원이라고 부른다. 부동(不動)이란 주지직이 다른 계열로 움직이지 않는다는 것을 표시하며 법손사원이란 해당 승려의 제자인 법손만이 주지직을 계승할 수 있다는 뜻이다.

천룡사와 같은 경우는 법손사원처럼 특정 승려의 제자로만 주지가 계승되는 것은 아니지만, 개인 원당을 성립한 원당주가 국가의 주지 파견을 막고 해당 사원에 소속된 승려로만 주지를 지속적으로 임명할 수 있는 특혜를 신서라는 방식으로 얻어 낸 것이다. 즉 국가의 간섭을 배제하고 사원 내에서 주지를 선출하면서, 원당주가 사원에 영향력을 사석으로 행사하기 위해 국가로부터 허가를 받은 것이 신서이고 이것이 『삼국유사』에까지 기록된 것이다. 물론 모든 원당이 이러한 방식으로 주지 임명을 자체적으로 하지는 못했겠지만, 원당을 만든 인물의 입장에서는 천룡사와 같이 자율적으로 주지를 임명하기 위해 노력했을 것이다.

그렇다면 실제로 어떠한 인물이 이들 사원의 주지로 임명되었는지 살펴보자. 이상의 신서 내용은 원당주의 사적 영향력을 유지하기 위해 국가로부터 주지 파견을 막았다고만 해석되었을 뿐 이들 주지가 어떠한 인물이었는지에 대해서는 구체적으로 설명하지 않고 있다. 법손사원의 경우는 '법손상계주지(法孫相繼住持)', '사영전우법손(使永傳于法孫)'과 같은 표현을 사용하여 법손 즉 제자로 주지직을 계승하겠다고 분명히 하였다. '법손상계주지(法孫相繼住持)'는 법손이 서로 이어서 주지가 되었다, '사영전우법손(使永傳于法孫)'은 영구히 법손으로 주지직을 승계한다고 해석되고 이러한 주지직 승계가 이루어지는 곳은 '법손사원'이라고 개념화해 왔다. 그에 비해 천룡사는 신서에 근거하면 재행을 겸비한 인물을 사원 내 여러 사람의 희망에 따라 선출하겠다고만 했다. 법손사원도 국가의 주지 임명을 회피하고 있으므로 천룡사와 비교할 만한데, 백양사(白羊寺)라는 법손사원에서 일어난 주지 임명을 둘러싼 일련의 사건이 참고가 된다.

정토사(淨土寺)라고도 불렸던 백양사는 1330년대에 수선사 13대 사주이기도 한 복구(復丘)에 의해 중창되었고, 그 제자들이 서로 계승하여 주지가 될 수 있다는 내용이 사원 내의 서류인 사적(寺籍)에 기록되어 있었다고 한다. 그렇기 때문에 주지직과 관련한 분규가 세 차례 정도 있을 때마다 법손사원을 명분으로 국가의 주지 파견을 거부하고 자신들이 선출한 인물이 주지가 되도록 국가와 합의할 수 있었다. 한편 백양사에는 제자들이 서로 계승하여 사원의 주지가 될 수 있다는 내용과 함께 천룡사의 주지 선출 원칙과 유사하게 그 무리에서 스스로 적당한 사람[其人]을 선택하여 주지직을 전수한다는 규정도 있었다.

그런데 백양사 주지와 관련해서 국가와 분규가 생길 때마다 중창자인 복구의 세속 가문인 고성 이씨 출신의 관인들이 앞장서서 백양사의 내규와 같이 주지가 임명되도록 조정을 해 주고 있다. 그뿐만 아니라 당시 백양사의 주지는 고성 이씨의 혈족이자 그 전대 승려의 법손이었다. 즉 백양사는 표면적으로는 법손사원으로 주지 승계가 이루어지고 있었지만, 실제로는 주지직을 승계하는 제자가 가까운 근친이었고 그들은 중창자인 복구의 후손이었다. 다시 말하자면 백양사 중창자인 복구(復丘)의 세속 혈족인 고성 이씨 가문은 복구의 의사대로 백양사 내의 승려만이 주지가 될 수 있도록 정치적으로 적극 협조하고 있었다. 그런데 고성 이씨의 협조 아래 백양사 내규대로 주지가 된 이들은 복구의 혈족이면서 승려로서 사제 간이기도 했다. 백양사가 복구에 의해 창건된 이후 해당 사원은 복구와 그 혈족인 고성 이씨 가문에 의해서 장악되었던 것이다.

백양사의 주지직을 친속끼리 계승했던 것과 같이 고려시대에는 혈족 간에 사제관계로 이어지고 특정 사원의 주지직을 계승한 경우가 꽤 있었다. 묘향산의 보현사를 창건한 탐밀(探密)은 조카인 굉곽(宏廓)을 제자로 맞이하여 법손으로 보현사의 주지직을 계승시켰다. 또 승련사를 중창한 연온(衍昷)은 여동생의 아들을 제자로 맞이하여 승련사의 주지직을 잇도록 하였다. 수원의 만의사(萬義寺)는 혼기(混其)라는 승려에 의해 중창된 후 그 조카인 의선(義旋)에게 주지직을 승계시켰고, 의선은 다시 그의 조카인 묘혜(妙慧)에게 주지직을 넘겨 주었다. 만의사는 주지직이 3대째 평양 조씨 일가에 의해서 장악되었다.

한편 주지직 계승 여부를 떠나 혈족끼리 사제관계를 맺은 경우도 다수 찾아지는데, 유가종(瑜伽宗)에서는 청주 김씨 출신의 영념(英念)-순진(純眞)-덕겸(德謙) 3대가 삼촌과 조카 사이로 스승과 제자의 관계를 계속하였고, 수주 최씨로 상지(尙之)-관오(觀奧)가 역시 3촌 간으로 사제가 되기도 하였다. 이런 사례는 고려 후기의 수선사나 천태종에서도 찾아진다. 또한 왕실의 경우도 의천(義天)-징엄(澄儼)-종린(宗璘)-충희(冲曦)의 4대에 걸친 근친이 사제관계를 맺어 화엄종의 중요 승려로 활약한 사례가 있다. 대각국사 의천으로부터 4대에 걸쳐 숙부와 조카가 연달아 사제관계를 맺으면서 고려 왕실에서 화엄종에 영향력을 유지했던 것이다.

승련사의 주지직이 연온에서 각운(覺雲)으로 이어진 것에 대해 설명하면서 "친족으로는 조카[甥]가 되고 법계로는 후사[嗣]가 된다"고 하거나 "각운(覺雲) 스님에게 주지직을 전하는 것은 친속 관계와 제자 관계로서 하였다"라고 한 표현에서 엿볼 수 있듯이 이들은 법손으로 주지직이 이어지는 형식을 띠고 있으면서도 자신의 조카에게 주지직을 승계시키고 있다. 이와 같이 근친끼리 사제관계를 맺는 것은 자신들의 혈족이 사원이나 종파에서 가지고 있었던 영향력을 강화하고 지속시킬 수 있는 방법이었기 때문이다. 또한 개인이나 친족집단이 창건하거나 중창한 사원을 법손사원으로 상속하는 방식을 통해서 사원에 보시한 경제력을 자신들 혈족의 영향력 안에 계속 둘 수 있는 방법이기도 했다. 법손사원으로 주지직을 승계한다는 형식을 가지게 되면, 특정 혈족에 의한 사원의 사유화라는 현상을 숨길 수 있었으므로 실제로는 친족끼리 주지직을 승계하면서도 법손 승계 원칙을 내세웠다고 생각된다.

앞서 천룡사의 신서에서 주지는 사원 내 여러 사람의 추천을 받을 정도로 덕과 도가 높은 자를 선택하겠다고 했을 뿐이다. 그러나 천룡사에 대한 토지의 시주를 명분으로 주지 선출을 자율적으로 할 수 있도록 국가로부터 허가를 받았다면, 위의 사례와 같이 해당 사원이 가지고 있는 토지의 운영을 최제안의 중창 당시와 같은 방식으로 하기 위해서 그의 가계와 관련된 인물이 주지로 임명되었을 가능성이 높다. 백양사가 법손사원의 형태를 가지고 있으면서도 그 자리에 적당한 자로 임명하겠다고 한 점이나 고성 이씨 출신의 승려로 주지직이 계승되었던 상황과도 비교가능하다. 천룡사도 재주와 덕을 갖춘 자를 선택하겠다고 했지만, 최제안의 형상이 모셔져서 천룡사를 지키는 신으로 섬겨질 정도라면 최제안과 그 가계의 영향력이 천룡사에서는 절대적이었을테니 그 가계의 인물이 주지직을 승계하기 수월했을 것이다.

한편 아주 간략한 내용만을 전하는 『삼국유사』 탑상편 유덕사조는 최유덕이 유덕사를 개창하고 그 후손인 최언위가 그를 기리기 위해 초상화와 비를 유덕사에 세웠다고만 서술되어 있다. 비의 내용은 전하지 않지만, 최언위가 최유덕의 초상화를 보관하였고 인하여[仍] 비를 세웠다는 서술은 최언위가 최유덕의 초상화를 봉안하는 과정을 비문에 기록하였다고 이해하는 것이 타당하다. 뿐만 아니라 이 비의 내용에는 천룡사의 신서와 같이 유덕사의 주지 승계와 관련한, 혹은 유덕사의 운영과 관련된 내용이 있었을 가능성이 높다. 실제로 고승들의 비문이 세워지는 사원은 그 비를 근거로 해당 고승의 제자들이 배타적으로 상속할 수 있는 사원이 되었다는 이해가 있다. 왕사나 국사로 책봉·추봉된 승려의 탑과 함께 세워진 비문은 해당 승려의 일생을 기리는 기록이 되기도 하지만, 해당 승려의 제자들에게 그 비가 세워진 사원의 소유권을 보장해 주는 근거가 되었다는 것이다. 게다가 몇몇 고승비의 이면이나 음기에는 그 고승 제자들의 명단을 기록하고 있고, 심지어는 그곳에 기록된 제자와 그 법손만이 관련 사원을 승계할 수 있다는 언급이 있기도 하다.

마찬가지로 앞서 언급한 승련사의 경우도 이색의 「승련사기(勝蓮寺記)」를 통해, 금강사(金剛寺)라고 불리던 사원을 연온이 개창한 후 연온으로부터 시작하여 주지 1대가 되고 다시 전하여 2대가 되어서, 백천대까지 변함이 없을 것을 보이기 위해 승련사로 개명을 하고 그를 증명하기 위한 기록을 남긴다고 했다. 즉 연온은 중창자인 본인부터 승련사의 소유와 상속을 분명히 하기 위해 「승련사기」를 남기고 있는 것이다. 그러므로 유덕사에 있었던 비도 최언위가 최유덕의 초상화를 봉안하면서 함께한 일이었으므로 사원 승계와 관련한 내용이 분명히 있었을 것이다.

고려 초의 최언위가 봉안한 최유덕의 초상화와 비의 존재, 최제안이 중창한 천룡사 신서의 내용이 『삼국유사』에 기록되었다는 것은 초상화와 비문, 신서가 『삼국유사』 편찬을 전후로 한 시기까지 남아 있었음을 확인시켜 준다. 그리고 이것은 유덕사와 최언위, 천룡사와 최제안 가계와의 관계가 『삼국유사』 편찬 당시까지 지속되었음도 증명해 준다. 유덕사와 천룡사가 각각 최언위·최제안 가계의 원당임을 보여 주는 초상화 같은 상징이 계속 봉안되어 있고, 그의 공덕 더 나아가 사원의 운영, 독자적인 주지 승계 방식 등이 기록된 비와 신서가 해당 사원에 남아 있다는 것은 이 사원들이 최언위·최제안 가계의 원당으로 유지되었음을 보여 준다.

『삼국유사』「가락국기」의 내용 중에서 금관가야 수로왕을 위한 제사를 당시 김해지역의 새로운 호족으로 등장한 집단이 탈취하려고 했을 때 천벌을 받게 되면서 김수로의 혈족에게 다시 그 제사를 넘겨준 이야기가 있다. 이는 조상에 대한 제의가 그 혈손에 의해 이루어져야 한다는 의식을 분명히 드러낸다. 원당에서 행해지는 불교식 의례라고 하더라도 마찬가지이다. 원당으로 만들어진 사원에 경제적인 원조까지 하여, 개창주에 대한 의례를 유지했던 가문은 그 사원을 영구적으로 관할하고자 했을 것이고 자신들의 혈족으로 그 사원의 주지직을 차지하는 것은 하나의 방법이었다. 해당 사원의 창건이나 중창 과정에서 행해진 시주에 대한 권리를 지키기 위한 명분, 원당주를 위해 이루어지는 의례에 그 혈족이 참여해야 한다는 명분 등이 원당의 주지직 임명에 대한 권리를 국가로부터 얻어 낼 수 있게 했다. 물론 모든 사원이 가능한 것은 아니고 최제안과 같은 고위 관료를 배출한 가문이 계획하고 실행할 수 있었다.

한편 최제안의 가계는 최은함(崔殷含)-최승로(崔承老; 丞魯, 承魯)-최숙(崔肅)-최제안(崔齊顏)-최계훈(崔繼勳) 정도가 확인된다. 『삼국유사』 천룡사(天龍寺)조에서 '중생사(衆生寺)의 대성(大聖)이 젖 먹인, 최은함의 아들 최승로'라고 최승로를 강조했듯이 그로 인해 이 가문은 크게 번영했다. 『삼국유사』의 탑상편 삼소관음 중생사(三所觀音 衆生寺)조에서 좀 더 자세히 최승로의 탄생설화에 대해서 언급하고 있는데, 그는 중생사의 관세음보살에게 기도하여 태어났고 견훤이 쳐들어 온 혼란 속에서 관세음보살의 보호 아래서 생존했다는 이야기를 가지고 있는 인물이다. 더 나아가 고려 성종 때 그 유명한 시무책을 제시하여 성종 당시의 유교적 정치를 이끈 것으로 알려진 인물이기도 하다. 그의 후손인 최제안은 조상의 고향인 경주에 천룡사를 중창하고 그곳을 자신의 원당으로 만들었다. 그는 문하시중이라는 고려 최고의 관직을 역임하고 문종의 배향공신까지 된 인물임에도 그 아들인 최계훈의 이름과 초직 임명만을 확인할 수 있을 뿐이다. 그러나 삼소관음 중생사조에서 최제안으로부터 후사가 끊기지 않았고[自此繼嗣不絶] 고려에서 대성(大姓)이 되었다고 서술되어 있으므로 『삼국유사』 서술 당시까지 유력 가문의 위세를 유지했다고 이해된다. 심지어 조선 숙종대 천룡사에서 『묘법연화경(妙法蓮華經)』이 간행되었는데 이 간행의 보시자 중 한 명이 최승철(崔承哲)이었고, 천룡사 근처에 최씨의 묘가 남아 있는 점들을 들어 천룡사와 최제안 가문의 관계가 조선시대까지 계속되었다고 한다.

물론 『삼국유사』가 서술된 고려 후기에 최승로·최제안 가계의 인물이 공식적인 기록에 남겨지지는 않았지만, 『삼국유사』 편찬 당시까지 천룡사의 신서가 남겨져 있는 것이 이들 가계가 유지되었다는 증거가 될 수 있다. 즉 천룡사 중창, 신서의 내용은 천룡사에 대한 최제안 가계의 영향력을 증명해 주는 것이고, 이것이 남겨져 있는 이상 그들 가계와 천룡사의 관계는 지속되었다. 한편 이러한 사실은 역으로 이때까지 최제안 가계가 존속했음을 확인시켜 준다.

요컨대 천룡사의 경우 최제안에 의해 중창된 사원과의 밀접함을 해당 사원에 모셔 둔 상(像)으로 증명하고, 신서를 통해 그 사실을 국가적으로 확인받았으므로 명실상부한 원당이라고 할 수 있다. 또한 이러한 원당의 성격을 유지하기 위해 국가로부터 주지 임명을 자율적으로 해도 좋다는 허락을 받은 후 자신의 가계와 연결되는 인물을 주지가 되도록 시도했을 것이다. 사원의 원당화는 귀족 관인층의 사유재산 보존책과 축재 수단으로 여겨지며, 그렇기 때문에 국가 입장에서 이를 막기 위해 태조의 훈요에서 언급하거나 여러 번의 규제로 금지하고자 했다. 다시 말하자면 국가 입장에서 개인 원당의 확대는 불교계의 사유화, 국가에 세금을 납부하는 토지의 축소 등의 원인이 되므로, 원당화된 사원을 국가에서 관리하는, 즉 주지를 파견하는 사원으로 전환시키고자 했을 것이다. 그러나 백양사의 사례에서처럼 승속(僧俗)으로 퍼져 있는 혈족이 원당에 대한 자신들의 영향력을 지키기 위해 지속적으로 노력하고 있으며, 그것이 일부 실현되었다. 마찬가지로 『삼국유사』에 서술되어 있는 천룡사와 같은 원당은 정종(靖宗) 대의 최제안으로부터 시작된 관계가 『삼국유사』가 편찬될 때까지 유지되어 기록되었다. 그 외 『삼국유사』에 거론된 원당도 마찬가지였다고 생각된다. 즉 원당에 대한 국가의 여러 규제에도 불구하고 신서나 비문을 통해, 그리고 이를 실현시키고자 하는 승속을 포괄한 혈족의 협력으로 개별 원당들은 고려시대 내내 유지되었다. 그 증거가 『삼국유사』에 전하는 원당의 존재이고, 그 사원이 원당임을 분명하게 표시하기 위해 원당주의 형상을 그리거나 만들어 보관하고 있었던 것이다.

◎ 참고문헌

高榮燮, 2014, 「『삼국유사』「흥법」과 「탑상」의 성격과 특징」, 『신라문화제학술논문집』35.

金福順, 1992, 「崔致遠과 崔承老」, 『慶州史學』11.

김재원, 2001, 「羅麗時代 天龍寺·衆生寺와 崔承老 家門」, 『韓國中世社會의 諸問題』, 정림사.

金晧東, 1986, 「崔殷含-承老 家門에 관한 硏究」, 『嶠南史學』2.

문명대, 1990, 「『三國遺事』塔像編과 一然의 佛敎美術史觀」, 『美術史學』2.

朴胤珍, 2008, 「高麗時代 승려의 血族間 師承과 그 意味」, 『韓國史硏究』142.

朴胤珍, 2015, 「『삼국유사』 탑상편 '천룡사'·'유덕사'조 검토」, 『신라문화제학술논문집』35.

이기대, 2013, 「『삼국유사』에 수록된 최승로 관련 설화의 양상과 특징」, 『어문논집』68.

李炳熙, 1997, 「高麗末 朝鮮初 白羊寺의 重創과 經濟問題」, 『韓國史硏究』99·100합.

李炳熙, 2007, 「高麗後期 寺院의 重修·重創과 經濟 問題」, 『文化史學』27.

鄭淳模, 1998, 「唐後期 造寺와 '家寺'」, 『魏晉隋唐史硏究』4.

최연식, 2013, 「高麗時代 高僧의 僧碑와 門徒」, 『한국중세사연구』35.

韓基汶, 1998, 「寺院의 願堂으로서 기능」, 『高麗寺院의 構造와 機能』, 民族社.

韓基汶, 1998, 「寺院의 組織과 運營」, 『高麗寺院의 構造와 機能』, 民族社.

『삼국유사』 전후소장사리조 고려 예종대 불아 장래 설화의 재검토

이진한(고려대학교 한국사학과 교수)

* 본 논문은 이진한, 2018, 「『三國遺事』의 高麗 睿宗代 佛牙 將來 記錄과 그 將來者에 대하여」, 『民族文化研究』79를 기초로 하여 정리한 것이다.

1. 한국 고·중세 사리 신앙과 전후소장사리조

불교 국가에서 부처의 진신 사리는 신앙에 있어서 가장 소중한 경배의 대상이다. 특히 불사리의 소지는 인도와 중국에서 최고권력의 상징으로 여겨졌기 때문에,(주경미, 동양학, 2003a) 그 영향을 받은 고려에서도 정종, 현종, 예종, 인종, 명종, 고종, 공민왕 등 역대 국왕들이 자신의 권위를 높이기 위해 불사리공양회(佛舍利供養會)를 하는 사례가 적지 않았다.(장미란, 2014)

그러므로 한국 고대의 불교신앙에 관한 다양한 기록을 담고 있는 『삼국유사』에서도 따로 전후소장사리(前後所將舍利)조를 두고 불아와 관련된 여러 가지 서사를 담았으며,(주경미, 책, 2003b) 그 가운데 많은 비중을 차지하는 것이 고려 예종대 정극영이 송에서 가져왔다고[將來] (諸橋轍次, 『漢和大辭典』(修訂版), 권4, 1985, '將', 將來)하는 불아에 관한 기록이다. 주요한 내용은 불아의 전래 경위, 예종의 경배, 강화천도 시기에 잠시 사라졌던 불아를 다시 찾은 이야기, 개경환도를 겪고 일연과 무극이 살았던 충렬왕대까지 존속된 상세한 내력 등을 담고 있다. 한편 고려시대의 정사인 『고려사』에도 예종대 송에서 전래된 불골에 관한 기록이 있는데, 그것의 전래자를 비롯하여 봉안 장소 등에 있어서 『삼국유사』와는 사뭇 다른 사실들이 적지 않다. 더욱이 『삼국유사』 불아의 장래자는 정극영(鄭克永, 1066-1127)이고, 『고려사』에서 불골을 받아 왔던 사람은 왕자지(王字之, 1066-1122)라고 분명히 다르게 기록되어 있는데도, 누가 진정한 장래자였

는지를 구명하고자 하는 시도가 거의 없었다.(남동신, 2016)

이러한 점을 고려하여 본고에서는 『삼국유사』 전후소장사리조의 전체 내용을 이야기별로 나누고, 핵심 용어와 봉안 장소, 전거 등을 『고려사』 불골 관련 기록과 비교하고 분석하여 각 부분별로 사실 여부를 확인할 것이다. 이어 예종대에 불아가 고려에 오게 된 외교적 배경을 살펴보고, 정극영과 왕자지에 대한 기록을 검토하여 누가 장래자로서의 역할을 했는지를 밝혀 볼 것이다. 아울러 두 사서에서 서로 다른 인물을 기록하고, 『삼국유사』에서 정극영이 불아의 장래자가 되었던 이유를 인종 초의 정국변화에서 찾아보겠다. 이 연구의 결과가 『삼국유사』 설화의 신빙성에 관해 새롭게 인식하는 계기가 되기를 바란다.

2. 『삼국유사』 전후소장사리조의 내용 분석

『삼국유사』의 전후소장사리조는 신라와 고려의 여러 사리에 관한 설화를 기록하고 있다. 먼저 선덕여왕 때 자장율사가 당에서 불두골, 불아, 불사리 1백粒을 가져와 통도사 계단에 둔 것을 고려 강화천도기에 사신을 보내 확인해 보니 돌함의 유리통(琉璃筒) 속에 4과(顆) 밖에 남지 않아서, 수정함에 간수하도록 했다고 한다. 그다음이 신라 의상법사가 당의 도선율사(道宣律師)에게 부탁하여 제석궁에 있던 불아를 7일 기한으로 전해 받았다는 것이다. 의상은 그 불아에 경배하고 대내(大內)에 안치하였다. 그 뒤 고려 예종 때 정극영이 송에서 불아를 가져왔고, 예종이 전각에 모셔 예를 행하였다. 몽골의 침입으로 수도를 강화로 옮기는 과정에서 몇 년간 분실하였다가 다시 찾았고, 개경으로 환도할 때 삼별초의 환란을 겪으면서도 불아는 무사히 일연이 살던 충렬왕대까지 전해졌다고 한다. 특히 후자에 관해서는 『삼국유사』라는 책이름이 무색할 만큼 주요 내용이 고려시대에 있었던 사건이었을 뿐 아니라, 그 일을 경험한 각유(覺猷), 심감(心鑑), 무극(無極) 등의 승려가 제시되어 매우 이례적이다. 이 안에는 불아에 관한 설화가 많이 섞여 있어 신비로운 것들이 적지 않은데, 이 장에서는 그러한 내용들을 제외하고 사료의 교차 확인으로 검증할 수 있는 부분들을 중심으로 사실 여부를 확인해 보려고 한다. 그럼 전후소장사리조의 실제 기록을 구체적으로 살펴보자.

A-①. 대송 선화(宣和) 원년 기해[예묘(睿廟) 15년]에 입공사(入貢使) 정극영(鄭克永)과 이지미(李之美) 등이 가지고 온 불아는 지금 내전에 모셔 둔 바로 그것이다.

A-②. 전하는 말에 이르기를 옛날 의상법사가 당에 들어가서 종남산(終南山) 지상사(至相寺) 지엄존자(智儼尊者)가 있는 곳에 이르니 그 이웃에 선율사(宣律師)가 있었다. … 의상법사는 도선율사에게 조용히 말하기를 "스님은 이미 천제의 존경을 받고 계신데, 듣건대 제석궁에는 부처의 40개 이[齒] 가운데의 한 어금니[牙]가 있다고 하니 우리들을 위하여 천제에게 청하여 그것을 인간에 내려보내어 복을 삼게 하는 것이 어떻습니까?"라고 하였다. 율사가 그 후에 천사와 함께 그 뜻을 상제에게 전달하니 상제는 7일을 기한으로 의상에게 보내 주었다. 의상은 예경을 마친 후 맞이하여 대궐[大內]에 모셨다. 그 후 대송 휘종(徽宗) 때에 이르러 좌도(左道: 도교)를 숭상하여 받드니, 그때 나라 사람들이 도참을 전파하여 말하기를 "금인(金人)이 나라를 멸망시킨다"라고 하였다. 황건(黃巾: 도사)의 무리들이 일관(日官: 천문관)을 움직여 아뢰기를 "금인이란 불교를 이름이니 장차 국가에 이롭지 않을 것입니다"라고 하였다. 의논하여 불교를 파멸시키고 모든 승려를 묻어 죽이고 경전을 불사르며 작은 배를 만들어 불아를 실어 큰 바다에 띄워 어디든지 흘러가게 하려고 하였다. 그때 마침 본조(本朝: 고려) 사신이 송에 갔다가 그 일을 듣고 천화용(天花茸: 용=이) 50령과 저포 3백 필을 배를 호송하는 관원[內史]에게 뇌물로 주고, 몰래 불아만 받고 빈 배를 띄우게 하였다. 사신들이 부처의 어금니를 가지고 돌아와 아뢰었다. 예종은 크게 기뻐하며, 시원전(十員殿) 왼쪽에 있는 작은 전각에 모시고, 항상 자물쇠로 잠그며 밖에서 향을 피우고 등불을 밝혔다. 매번 왕이 친히 행차하는 날에는 전각의 문을 열고 예를 올렸다. …

A-③. 임진년(1232) 서울을 옮길 때에 내관이 바쁘고 당황하여 불아를 잊고 챙기지 못하였다. 병신년(1236) 4월에 이르러 왕의 원당 신효사(神孝寺)의 승려 온광이 불아에 예배하기를 청하여 왕에게 아뢰니 왕은 내신을 시켜 궁중을 두루 찾아보았으나 찾지 못하였다. … 3일이 지난 밤중에 김서룡(金瑞龍)의 집 담 안으로 무슨 물건을 던지는 소리가 나서 불을 켜서 살펴보니 곧 불아가 든 함이었다. 함은 본래 안쪽 한 겹은 침향합(沈香合), 그다음 겹은 순금합(純金合), 그다음 겹은 백은함(白銀函), 그다음 바깥은 유리함(瑠璃函), 또 그다음 바깥 겹은 나전함으로 각 너비[幅子]는 서로 맞게 되어 있었는데, 지금은 유리함뿐이었다. 함을 얻은 것을 기뻐하여 대궐로 들어가 아뢰었다. 유사가 의논하여 김서룡과 양전(兩殿: 御佛堂과 景靈殿)에서 지키던 자[上守]들을 죽이고자 하니 진양부(晉陽府: 崔怡)가 아뢰기를 "불사로 인해 사람을 상하게 하는 것은 옳지 않습니다"라고 하므로 모두 놓아 주었다. 다시 명하여 시원전 안뜰에 특별히 불아전을 만들어 봉안하고 장사로 하여금 지키게 하였다. 또 길일을 택하여 신효사 상방(上房) 온광을 청하여 무리 30명을 거느리고 궐 내로 들어와 재를 올리고 정성을 드리게 하였다. 입직한 승선 최홍(崔弘) 등이 … 사리를 머리에 이고 예를 올렸는데 불아함의 틈 사이에 있는 사리는 그 수를 알 수 없었다. 진양부가 白銀合에 담아 보관하였다. … 이 「실록(實錄)」은 당시 내전 분수승(焚修僧)이었던 전 기림사(祇林寺)의 대선사(大禪師) 각유에게서 얻은 것인데 친히 본 바라 하여 나에게 기록하게 하였다. … 또 경오년 환도할 때의 난리는 낭패가 심함이 임진년보다도 더하였는데, 시원전의 감주였던 선사 심감은 위험을 무릅쓰고 불아를 가지고 와 도적의 환란에서 화를 면하게 되었다. 대궐에 알려져 그 공을 크게 포상하여 이름난 절로 옮겨 주었으니 지금 빙산사(氷山寺)에 주석하고 있다. 이 역시 그에게 친히 들은 바이다. …

A-④. 도리천(忉利天)의 하루 밤낮은 인간 세계의 1백 년에 해당되는데, 또 의상법사가 처음으로 당에 들어간 신유년(辛酉年, 661)으로부터 고종 임진년(壬辰年, 1232)까지를 계산하면 693년이요, 경자년(庚子年, 1249)에 이르러야 비로소 7백 년이 되며, 7일의 기한이 찬다. 강도로부터 나오던 至元 7년 경오년(庚午年, 1270)까지

는 730년이니, 만약 천제의 말과 같이 7일 후에 불아가 천궁으로 돌아갔다고 한다면, 선사 심감이 강도를 나올 때 가지고 와서 바친 것은 아마 진짜 불아가 아닌 듯하다. 이해 봄 강도를 나오기 전에 대궐에서 모든 종파의 고승을 모아서 불아·사리를 얻고자 정성껏 빌었으나 한 매도 얻지 못하였으므로 7일의 기한이 다 차서 하늘로 올라갔다는 것도 그럴 듯하다.

A-⑤. 지원 21년 갑신년(1284)에 국청사 금탑을 보수하였다. 왕은 장목왕후(莊穆王后)와 같이 묘각사(妙覺寺)에 행차하여 대중을 모아 경찬법회(經讚法會)를 하였다. 그런 뒤 앞서 이야기한 불아와 낙산사의 수정염주(水晶念珠)·여의주(如意珠)를 군신과 대중이 모두 떠받들어 경배한 후 함께 금탑 안에 넣어 두었다. 나 또한 이 모임에 참례하여 이른바 부처님 어금니라는 것을 직접 보았는데, 그 길이가 3촌쯤 되고 사리는 없었다. 무극(無極)이 기록한다.

【『삼국유사』 권4, 탑상】

이상의 기록을 내용상 몇 개로 나누어 상세하게 분석해 보겠다. A-①은 이 이야기의 대강이다. 1119년 입공사 정극영과 이지미 등이 송에서 불아를 가져왔고, 그것이 일연의 생존 시기에 內殿에 있었다는 것이다. 이후의 기록을 정밀하게 살펴보면 불아의 행방이 묘연해진 시기도 있고, 일연의 제자 무극은 불아에 대해 의심하기도 하지만, 일연은 당시 내전의 불아가 예종 때 송에서 가져온 것이라고 하였다.(하정룡, 2005; 김상현, 2007; 이강래, 2010; 윤선태, 2015)

A-②의 내용은 의상법사가 제석궁에 있던 불아를 받아 대내에 안치하였던 이야기와 송에 있던 불아가 고려에 전래되는 경위를 담은 부분이다. 일연은 이 대목에서 은연중에 의상이 받은 불아가 정극영이 송에서 가져온 바로 그것인 것처럼 문장을 배치하였는데, 불교에서 소중하게 여겨지는 불사리 가운데서도 가장 귀중한 불아가 고려에 왔다가 사라지게 된 데에는 분명히 특별한 이유와 연기(緣起)가 있었음을 설명하려는 의도였을 것이다.

그 내력은 도교가 숭상되던 송 휘종대에 금인이 나라를 멸망시킨다는 참언이 있었고, 그 금인이 불교라는 황건의 주장에 따라 불교를 탄압하게 되자, 불아도 배에 실려 바다에 띄워 보내게 되었다. 그 때 본조—고려—의 사신이 송에 있다가 그 사실을 알고 담당 관원에게 천화용과 저포를 주고 불아를 받았으며,(諸橋轍次,『漢和大辭典』(修訂版), 권3, 1985, 天, 天花蕈, 天花菜) 고려에 그것을 가져와 예종에게 바쳤다는 것이다. 천화용과 저포는 귀한 불아를 얻어 가는 사람이 그것이 있던 사찰에 바치는 공양물로서의 상징성이 있는데, 흥미로운 점은 불아를 받은 사람을 정극영이라고 명시하지 않고, 불아를 배에 띄워 보내려 했던 때에 송에 있었던 사신이라고 하였다는 점이다. 그러므로 천화용과 저포를 내사에게 주고 불아를 받은 사람과 가져온 사람이 다를 수 있다는 사실을 염두에 두어야 한다.

A-③은 몽골의 침입을 피해 고려가 강화도로 천도하는 과정에서 잃어버렸던 불아를 되찾는 이야기이다. 1236년 4월에 신효사 승려 온광이 불아의 예배를 요청한 것을 계기로 불아가 없어졌다는 것을 알게 되었고, 그것을 찾기 시작하여『자금일기(紫禁日記)』에 마지막으로 받았다고 기록된 김서룡을 조사하였으며, 그로부터 사흘 만에 누군가 그의 집에 불아를 던져 주어 되찾게 되었다. 유사가 김서룡 등을 처벌하려고 하자 최우가 불사로 인해 사람을 다치게 하는 것은 옳지 않다고 하여 풀려나게 되었고 온광의 주재하에 재를 올렸는데 불아함의 구멍에서 나타나는 사리의 수효가 많았다고 한다. 본래 불아를 담은 그릇은 안쪽부터 침향합, 순금합, 백은함, 유리함, 나전함 순이었는데, 되돌아온 것은 사리를 담은 유리함 뿐이었다.(周炅美, 2003a) 합은 뚜껑이 있는 둥그런 모양의 그릇일 것이고, 함은 장방형 또는 정방형으로 뚜껑이 있는 것이다. 사라졌다가 다시 돌아온 불아는 유리함에 담겨져 있었으며, 최우가 다시 백은합에 담아 모셨다. 여기서 주목해야 할 점은 불아 사이에 헤아릴 수 없는 사리가 있었다는 것이다. 이것은 불아와 더불어 사리가 있었음을 암시하며, 불사리는 침향합, 순금합, 백은함 등과 더불어 끝내 찾지 못하였다. 전후소장사리조에서 일연이 하고자 하던 이야기의 핵심이 불아였기 때문에 주로 그것에 대해 서술

했지만, 불아가 있던 함에 부처의 또 다른 사리가 있었던 것 같다.

그리고 일연은 이상에 관한 내용을 담은 「실록」을 '각유'에게 얻었으며, 각유는 일연에게 직접 보고 들었다고 하였다. 각유의 생존 연대를 고려하건대(최광식·박대재, 2014) 그가 본 것은 백은합에 담아 모신 불아였고, 그가 전해 들은 것은 1232년 강화로 천도하면서 불아가 없어졌다가 1236년 불아를 되찾는 과정과 그것을 담은 합과 함의 재질 및 순서에 관한 것이다. 또한 개경으로 환도할 때 삼별초의 반란이 일어나 혼란함이 강화천도보다 더 심하였으나 시원전의 감주 심감이 잘 보관하여 무사하였으며, 이것은 일연이 심감으로부터 직접 들은 것이라고 한다.

A-④에서는 불아가 도리천의 7일에 해당되는 7백 년 만에 천궁으로 돌아간다는 설과 같이 불아는 되돌아갔으며, 심감이 가지고 나왔다고 하는 불아는 진짜가 아니라고 의심하고 있다. 왜냐하면 강도에서 나오기 전에 원종이 여러 종파의 승려를 모아 불아·사리를 얻고자 기도하였으나 하나도 얻지 못했기 때문이라는 것이다. 전후소장사리조의 주요 내용이 불아였으므로 예종대 들어온 불아의 소재와 행방에 대해서 주로 서술하였고, 불아를 분실했다가 다시 찾을 때 불아함을 묘사하면서 불아 이외에 사리가 등장하며 원종이 찾고자 한 것에서 '불아·사리'로 바뀌어 나타난다.

A-⑤는 불아가 국청사 금탑에 모셔졌다는 것이다. 1284년에 충렬왕이 장목왕후와 함께 묘각사에 행차하여 신도와 함께 경하 찬미하고, 심감이 구한 불아, 낙산사의 수정 염주와 여의주를 새롭게 보수한 국청사의 금탑으로 옮겼다는 것이다. 이 내용으로 보건대, 묘각사에서 국왕을 비롯한 여러 신도들이 불아를 친견하는 기회가 있었으며, 이때 무극 역시 보았는데 길이가 세 치 정도 되었으며 사리는 없었다고 한다. 마지막 부분에서 불아와 사리를 구분하고, 불아만이 전해지고 있음을 증언하고 있다.

이상에서 일연은 의상이 천제에게 받았고 예종 때 송에서 가져온 불아에 관해 있었던 여러 가지 사건을 상세히 기록하였으며, 강화에 천도하면서 불아를 잃어버렸다가 찾은 일, 개경환도할 때 불아를 보전한 일, 국청사 금탑에 있는 불아를 본 일들은 모두 내용이 상세하고 그것을 실제 경험한 승려가 전한 것이었다. 반면에 정극영이 불아를 가져왔다는 것부터 예종이 예불한 일까지는 그에 대한 전달자를 밝히지 않았으니, 오래전부터 전해진 설화를 옮겨 놓은 것이다.

3. 전후소장사리조의 내용과 『고려사』의 불아 관련 기록의 비교

『삼국유사』 전후소장사리조의 내용은 귀중한 불아가 송에서 고려에 장래되는 이유와 과정 등을 상세하고 흥미롭게 서술하고 있다. 다만, 그 내용이 불교의 연기설화적 서술을 하고 있기 때문에 믿기 어려운 점도 있는 것 같다. 따라서 이 부분에 대해서 조금 더 구체적인 검증이 필요한데, 다행히 『고려사』에 비교할 만한 사료들이 있다. 그 내용은 다음과 같다.

B-1. (예종 15년 5월) 무진일에 부처의 불골을 궁궐 안[禁中]으로 들여왔다. 처음에 王字之가 사신으로 송에 갔다가 귀국하는 편에 송 황제가 금함(金函)에 불아(佛牙)와 두골(頭骨)을 담아서 하사한 것을 외제석원(外帝釋院)에 안치하였다가 이때에 와서 산호정(山呼亭)으로 옮긴 것이다.

【『고려사』 권14, 「世家」】

B-2. (인종 7년 하4월) 대안사(大安寺)에서 불골(佛骨)을 맞이하여 인덕궁(仁德宮)에 두었다.

【『고려사』 권16, 「世家」】

B-3. (인종 8년 추7월) 을묘일에 불골을 중화전(重華殿)에서 받들었다[供].

【『고려사』 권16, 「世家」】

B-4. (명종 12년 5월) 갑신일에 근신(近臣)을 보내 불골을 시원전(十員殿)에서 맞이하였다.

【『고려사』 권20, 「世家」】

B-1은 불골이 대궐로 들어온 경위와 예종대 안치 장소를 알려 주고 있다. 송에 사신으로 갔던 왕자지가 금함에 담아 가져온 불골을 외제석원에 두었다가 산호정으로 옮겼다는 것이다. B-2는 1129년 4월에 대안사에 있던 불골을 맞이하여 인덕궁에 두었다는 것이고, B-3은 1130년 7월에 그 불골을 重華殿에서 받드는 행사를 했다는 것이며, B-4는 1182년 5월에 명종이 近臣을 보내 불골을 가져오게 하고 十員殿에서 맞이하였다는 것이다.

고려에서 예종 이전의 왕들도 불사리를 모시고 의식을 치른 적이 있었다. 예를 들어 946년(정종 1)에 정종이 의장(儀仗)을 갖추고 불사리를 받들고 걸어서 10리 떨어진 개국사(開國寺)에 이르러 봉안(奉安)하였고,(『고려사』 권2, 「世家」) 1021년(현종 12) 5월에 상서좌승(尙書左丞) 이가도(李可道)가 왕명을 받고 경주 고선사(高僊寺)의 금라가사(金羅袈裟)와 불정골, 창림사(昌林寺)의 불아를 가져왔으며, 모두 內殿에 안치하였다.(『고려사』 권4, 「世家」) 그런데 현종이 행사를 치렀던 불정골과 불아는 왕실의 소유 또는 관리하에 있던 것이 아니었던 것 같다. 왜냐하면 이가도를 보내 고선사의 불정골과 창림사의 불아를 개경으로 가져와 내전에 모셨기 때문이다.

반면 예종이 불골을 들여와 궁궐 안의 산호정에 봉안한 것은 그것이 왕실의 소유였음을 천명한 것이며, 그의 아들 인종과 그의 손자 명종 등이 모두 궁궐 내에 불골을 안치하고 의례를 행하였던 것은 사리가 갖는 상징성을 이용하여 왕권을 높이려는 의도가 있는 것이다.(조경시, 2007) 인종이 1129년 인덕궁과 1130년 중화전에 불골을 모시고 행사를 한 것은 1126년에 이자겸의 난으로 대궐이 불탄 이후 민심을 수습하면서 자신이 고려의 정통 군주임을 과시하려 했던 것이다. 명종도 무신정권으로 국왕의 권위가 추락해 있었다는 점에서 인종과 유사한 효과를 노리고 의례를 치렀던 것이었다.

또한 예종은 사리를 탑에 안치하지 않고 언제나 볼 수 있고 필요할 때마다 꺼내어 공양을 올릴 수 있도록 전각에 불골을 모셨으며, 이러한 방식은 사리를 친견하여 그 신이를 보고자 하는 신앙에서 비롯된 것으로 중국 사리장엄 방식의 한 특징이다.(주경미, 2003) 그러므로 불골이 한 곳에만 머무르지 않았고, 예종 때 외제석원에서 산호정으로, 인종 때는 대안사에서 인덕궁으로 각각 옮겼고, 1130년에는 중화전에서 의례를 하였으며 명종 때에는 시원전으로 이운(移運)되어 의례가 치러졌다.(김혜완, 2014)

그럼 이와 같은 『고려사』 내용을 『삼국유사』 전후소장사리조—이하 『삼국유사』로 줄임—와 비교해 보겠다. 『고려사』에서는 왕자지가 송에서 가져온 불골이 불아와 두골의 합칭이라고 하였고, 이후 불골로 일관되게 기록하고 있는데, 『삼국유사』는 처음부터 불아만이 있었던 것처럼 서술하고 있다. 정극영이 가져온 것[將來佛牙], 송 휘종대 불교를 탄압하면서 바다에 띄워 보내려 했던 것, 온광이 경배하려 하였던 것 등이 모두 불아였고, 강화 천도할 때 없어졌다가 찾은 것은 불아함이었으며, 그것을 모신 곳은 불아전이었고, 각유가 그 함에 있던 것을 보았다고 한 것 역시 불아였다. 그러다가 중간중간에 불아와 사리가 함께 언급되고 있다. 즉, 불아전에서 고종을 모시고 정성을 드릴 때 불아함의 구멍 사이에서 나타나는 사리의 수효가 헤아릴 수 없었다고 하고, 1270년 개경으로 환도하기 전에 원종은 대궐에서 모든 종파의 고승을 모아 불아와 사리를 빌어 구하기에 정성을 다하였다고 하며, 무극은 불아를 직접 보았지만 사리는 없었다고 하였다.(권희경, 2000)

『고려사』의 불골과 『삼국유사』의 불아는 같은 불사리의 범주에 드는 것이지만, 전자는 불아와 두골을 포함한다는 점에서 분명히 구별된다. 그런데도 『삼국유사』의 찬자는 예종대 송에서 가져온 불골은 강화천도와 개경환도, 삼별초 등의 혼란을 겪으면서 두골은 없어지고 불아만이 충렬왕대까지 전해졌으므로 그러한 현실을 그대로 받아들여 애초에 정극영 등이 불아만을 가져온 것이라고 서술했던 것이다. 그러한 기록은 정확한 것은 아니지만, 반드시 잘못된 것이라고 할 수 없다.

다음으로 송에서 불아를 얻는 과정의 차이이다. 『삼국유사』에서는 정극영 일행이 송에 갔을 때 불아를 바다에 떠내려 보내려는 것을 알고 사신 중의 한 사람이 담당 관원에게 천화용과 저포를 주고 불아를 몰래 받아 가져왔다고 하였다. 반면에 『고려사』에는 왕자지가 송에 사신으로 갔다가 돌아올 때 송 황제가 불골을 금함에 담아 하사하였다고 한다. 고려에 오게 된 사유를 비교하건대, 불골이 송 황제로부터 고려 국왕에게 전해진 것이므로 그것의 권위 측면에서도 『고려사』의 기록이 실제 있었던 일로 여겨진다.(남동신, 2016)

그리고 송 휘종은 금함에 불골을 담아 주었다고 하는데, 『삼국유사』에는 불아가 가장 안쪽의 침향합에서부터 나전함까지 5중으로 담겨 있었고, 그 가운데 순금합은 안쪽 두 번째였으며, 그것도 금함이 아니라 순금합이었다고 한다. 함은 장방형에 뚜껑이 석쇠 등으로 붙어 있는 것이고, 합은 보통 둥근 모양에 뚜껑이 분리되는 것이니 분명히 다르다.(신대현, 2003) 다만, 서로 다른 시기의 기록이므로 어느 것이 옳고 그르다고 단정할 수 없다. 정황상, 『고려사』의 내용과 같이 예종 때 송에서 가져온 불골은 금함에 담겨져 왔고, 이후 고려의 역대 국왕들이 사리공양회를 거행하면서 금함 이외에 나전함과 유리함 등이 새롭게 제작되고 『삼국유사』의 기록과 같이 금함의 안쪽에 침향합 등이, 금함의 바깥쪽에는 나전함 등이 추가되었을 것이다.

불골 또는 불아를 봉안하던 곳도 양 사서에는 다르게 기록되어 있다. 『삼국유사』에서는 송에서 가져온 불아를 예종이 시원전에 두고 경배하였으며, 강화천도 시기에 잃어버렸다가 다시 되찾은 이후에 강도 궁궐의 시원전 안뜰에 불아전을 따로 만들어 안치했다고 하였다. 그러나 『고려사』에서는 1120년에 외제석원에 있던 불골을 산호정으로 옮겨 봉안했다고 하였으니 1120년 5월 이전에는 궁궐 밖 송악산에 있는 외제석원에 있다가 궁궐 안의 禁苑에 있는 산호정으로 옮겨 모셨던 것이다. 이어 1129년에 대안사에서 인덕궁으로 옮겼다고 하므로 (김창현, 2011a) 그 사이 대안사에 안치되었다가 인덕궁에 모셔지게 된 것이며, 다음 해에는 중화전에서 인종이 의식을 치렀다.(김창현, 2011a) 1182년 5월에는 명종이 近臣을 보내 불골을 十員殿에서 맞이하였는데, 시원전은 궁궐 안의 내전 가운데 하나였다.(김창현, 2011b)

『고려사』의 불골과 『삼국유사』의 불아가 봉안된 곳을 비교하면 전자는 처음 봉안된 곳이 외제석원이었다가 산호정, 대안사, 인덕궁, 중화전, 시원전의 순

〈표 1〉 『삼국유사』 불아와 『고려사』 불골에 관한 기록의 비교

	『삼국유사』	『고려사』
명칭	불아(예종–강화천도직전) → 불아+사리(강화천도기) → 불아 → 불아+불사리(충렬왕대)	불골(불아+두골)
장래자	정극영 이지미	왕자지
장래 시기	1119년(정극영의 귀국 시기)	1115년 또는 1116년(송에 갔던 왕자지의 귀국 시기)
구득 방식	불아를 배에 떠내려 보내는 일을 담당한 관원에게 뇌물을 주고 몰래 받음[行賂於押舡內史 密授佛牙]	송황제가 금함에 불아·두골을 담아 하사함[帝以金函盛佛牙頭骨以賜]
봉안 용기	沈香合, 純金合, 白銀函, 瑠璃函, 螺鈿函(강화천도 이전) → 유리함(강화천도 시기, 분실된 불아가 되돌아왔을 때의 용기) → 白銀合(진양부가 만듬)	金函(송 휘종의 하사를 받고 고려에 장래할 때의 상태)
봉안 장소	시원전(예종대 불아 장래 이후 강화천도 직전) → (御佛堂 또는 景靈殿, 천도 후) → 분실 또는 도난 뒤에 김서룡의 집으로 반환 → 강도 궁궐의 시원전 내 불아전 → 국청사 금탑(불아와 낙산사의 수정염주·여의주를 함께 봉안)	외제석원 → 산호정(1120, 예종 15) → 대안사 → 인덕궁(1129, 인종 7) → 중화전(1130, 인종 8) → 시원전(1182, 명종 12)
기록의 성격	불아의 장래 과정, 봉안 이후 불아와 관련하여 발생한 여러 사건과 복잡한 내용, 불아 숭배신앙 등에 관한 이야기.	예종, 인종, 명종 등 역대 국왕이 불골을 맞이하고 봉안한 장소에 대한 단편적인 사실과 불골 숭배에 대한 비판적인 사신의 論.
기록의 전거	개경 환도 이전은 내전 분수승 각유가 보고 들은 것을 적은 『실록』, 心鑑의 말, 충렬왕대는 불아사리를 친견한 무극의 기록.	고려사 편찬 시에 참고한 『예종실록』 등 역대 국왕의 실록.

으로 바뀌었다. 반면 후자는 예종대부터 시원전에 있었고, 강화 천도기 불아를 되찾은 이후에도 강도 궁궐의 시원전에 모셔졌다고 기록되어 있다. 불골의 봉안 장소에 관한 기록이 훨씬 다양하고 상세하다.

요컨대 양사서에서 비교가 불가능한 고종 이후의 『삼국유사』 부분을 배제하고 불아와 불골의 기록을 대조해 보건대, 역대 실록을 참고하여 편찬된 『고려사』와 당대의 전승과 각유 등이 전해 준 자료에 근거하여 편찬된 『삼국유사』 사이에 구별되는 것들이 많았다. 불골의 구득 과정이나 그것을 봉안한 장소나 국왕이 의례를 행한 것에 관한 내용들이 매우 구체적인 『고려사』의 기록이 사실성이 높아 보이는 반면, 견주어지는 부분의 『삼국유사』 기록은 신빙성에 의심 가는 면이 있었다.

4. 『삼국유사』 전후소장사리조 불아장래자에 대한 새로운 이해

『삼국유사』의 전후소장사리조에는 고대와 고려시대 불사리에 관한 상세한 설화들이 실려 있다. 그 가운데 가장 많은 부분이 의상이 천제로부터 받았고, 고려 예종 때 송에서 장래된 불아에 관한 것으로 고려에 가져오게 되는 과정과 예종의 불아 숭배, 몽골과의 전쟁 시기에 그것을 잃어버렸다가 되찾고 삼별초의 반란 시기에도 무사히 지켜 낸 일, 충렬왕대 국청사 탑에 불아를 봉안하고 그것을 친견한 증언 등의 여러 가지 이야기를 담고 있다. 그런데, 내용을 분석해 보면 몽골과의 전쟁 시기부터 충렬왕대의 일화는 비교적 당대의 일들로 각유, 심감, 무극 등에 의해 전해진 데 반하여 예종대 내용은 일연 시기에도 150년 이상 오랜 일이었으므로 『고려사』 등과 대조하여 사료의 신빙성을 검증해 보았다.

먼저 『삼국유사』에서는 예종대 송에서 가져와 충렬왕대까지 남아 있는 것이 불아라고 했지만, 『고려사』의 불골은 불아와 더불어 두골을 포함하고 있어 차이가 있으며, 『삼국유사』에서는 중간에 불아와 사리가 함께 있었던 것처럼 묘사되기도 하고 불아가 진짜인지 여부에 대해 의심하는 견해도 있었다. 그것을 가져온 사람에 대해서 전자는 정극영이 장래했다고 하였으나, 후자는 왕자지가 송 휘종으로부터 하사받아 왔다고 하였다.

불아를 담은 용기인 불아함은 『고려사』의 기록에는 송에서 순금합에 불골을 담아 왔다고 하였으며, 『삼국유사』에 실제 그것을 본 기록에 의하면, 침향합, 순금합, 백은함, 유리함, 나전함 등이었다고 한다. 처음에는 순금합에 담겨져 왔으며 후대에 더해져 모두 다섯 개의 합과 함의 안쪽에 불아가 들어 있게 되었으나, 불아를 잃어버렸다가 찾았을 때는 유리함만 돌아왔고, 다시 백은함에 담겨 모셔지게 되었다.

불골을 봉안한 장소는 처음에 궁궐 밖의 외제석원에 있다가 예종대 궁궐의 후원인 산호정으로 옮겼고, 인종대 인덕궁과 중화전을 거쳐 명종대 시원전에 두었는데, 주로 궁궐 내의 전각이었으며 그것은 국왕이 불아의 소유자임을 뜻하는 것이다. 반면 『삼국유사』에서는 예종대 시원전에 있었으며, 불아를 되찾은 이후에도 강도 궁궐의 시원전 전각에 두었다고 하였다. 불골은 궁궐 내에 모셔지다가 국왕이 행사를 한다거나 고승의 요청에 따라 잠시 안치 장소가 바뀌기도 했는데, 이 경우 그것을 받아가는 관원이 '준수기'를 작성하였고, 『자문일기』에 그 내용이 기록되었다.

예종대 불교에서 가장 소중하게 여기는 불아를 고려 사신이 송에서 가져올 수 있었던 것은 요가 쇠퇴하는 국제정세 아래에서 송이 고려와 연합하여 요를 제압하려는 외교적 전략에 따라 중요한 문화적 산물을 주어 고려의 환심을 사고자 했기 때문이다. 그런데, 양 사서를 비교했을 때 여러 가지가 다르지만, 가장 큰 차이는 예종대 송에서 불골 또는 불아를 가져오는 것에 관한 부분이다.

『고려사』의 예종대 기록이 예종 사후 편찬된 『예종실록』을 인용한 것이 많았고, 『삼국유사』의 설화적인 내용과 달리 간결하게 예종, 인종, 명종 등의 불골 관련 의식을 적었으므로 사실성이 높다고 생각된다. 따라서 송에서 불골을 가져오는 데 가장 큰 기여를 한 인물은 왕자지였음이 분명하며, 『삼국유사』의 기록을 존중한다면 왕자지의 외교적 노력이 성과를 거두어 송 휘종으로부터 불골을 하사하겠다는 약속을 받고, 뒤에 정극영이 그것을 받아왔다고 하는 합작설을 생각해 볼 수도 있다.

그런데도, 정극영이 불아의 장래자로 『삼국유사』에 전하는 것은 인종 초 정국의 변화에 따라 두 인물의 부침이 있었기 때문이다. 왕자지는 예종 말에 죽고 사돈인 이자겸 덕분에 예종묘정에 배향되는 영예를 누렸지만 이자겸 몰락 이후 배향이 철회되었다. 반면에 정극영은 이자겸의 반대세력인 한안인의 당여라고 하여 1122년 말에 유배되었으나 1126년 이자겸의 난이 평정되고 나서 사면되었다. 이러한 상황은 불아의 장래자에 대한 기억에도 영향을 끼쳐서, 왕자지의 역할은 사라지고, 대신 정극영이 그 일을 한 것으로 바뀌었다.

그 뒤에 금이 송을 멸망시킨 상황 등을 반영하여, 송 휘종의 도교 숭상과 불교 배척을 연관시키고 "금인이 송을 멸망시킨다"는 도참으로 불교가 탄압받아 결국 불아사리가 배에 실려 해외로 떠내려가게 하려 했다는 이야기를 지어냈다. 그리고 장래자인 정극영의 활동 내력을 참고하여, 정극영이 그것을 알고 관원에게 천화용 50령과 저포 3백 필을 뇌물로 주고 불아를 몰래 받아 가져오고, 빈 배는 떠내려 보냈다는 '불아를 가져오는 경위'를 담은 '전후소장사리조'의 설화가 만들어졌던 것이다. 그런 점에서 정극영의 '불아장래설'은 1122년 이자겸파의 한안인파 숙청, 이자겸의 난 진압, 한안인파의 복권으로 이어지는 정국변화가 낳은 역사적 산물이라고 할 수 있다.

◎ 참고문헌

權熹耕, 2000, 「三國遺事를 통해 본 高麗的 시각」, 『書誌學硏究』20.

김상현, 2007, 「三國遺事의 編纂과 刊行에 대한 研究 現況」, 『불교연구』26.

金昌賢, 2011a, 「고려 개경의 별궁」, 『고려 개경의 편제와 궁궐』, 경인문화사.

______, 2011b, 「고려의 여러 도량과 개경」, 『고려의 불교와 상도 개경』, 신서원.

김혜완, 2014, 「고려후기 불사리신앙－진신과 분신사리신앙－」, 『역사와현실』91.

남동신, 2016, 「『三國遺事』 속의 『三國遺事』: 前後所將舍利조」, 『신라문화제학술회의논문집』36.

신대현, 2003, 『한국의 사리장엄』, 혜안.

윤선태, 2015, 「『三國遺事』의 後人夾註에 대한 재검토」, 『한국고대사연구』78.

이강래, 2010, 「『삼국유사』 편찬의 유기성 문제」, 『역사학연구』40.

장미란, 2014, 「한국 사리 신앙의 전래와 성격」, 『한국의 사리신앙 연구』(오대산월정사 편), 운주사.

조경시, 2007, 「高麗 顯宗의 佛教信仰과 정책」, 『韓國思想史學』29.

周炅美, 2003(a), 「中國 古代 皇室發願 佛舍利莊嚴의 정치적 성격－易姓革命의 선전물로서의 眞身舍利供養－」, 『東洋學』33.

______, 2003(b), 『중국 고대 불사리 장엄 연구』, 일지사.

최광식·박대재 역주, 2014, 『삼국유사』2, 고려대출판부.

河廷龍, 2005, 『삼국유사 사료비판』, 민족사.

諸橋轍次, 1985, 『漢和大辭典』(修訂版), 권3, 大修館書店.

________, 1985, 『漢和大辭典』(修訂版), 권4, 大修館書店.

* 신라 왕경의 황룡사 탑과 금당 전경(VR 복원)

4부

『삼국유사』 속의 신앙과 민속

환웅신화에 보이는 천왕(天王)의 성격

김도현(강원대학교 강사)

1. 머리말

『삼국유사(三國遺事)』 고조선조(古朝鮮條)에는 「위서」와 「고기」를 인용하여 고조선의 성립과 관련한 신화, 즉 환인(桓因)·환웅(桓雄)·단군(檀君)이 등장하여 고조선의 건국에 이르는 과정을 소개한 신화가 실려 있다. 이후 쓰인 『제왕운기(帝王韻紀)』를 비롯한 많은 사서(史書)에도 환웅신화[단웅신화]가 실려 있지만 세부 내용은 부분적으로 차이가 있다. 그러나 대부분의 기록에는 기본적으로 천신(天神)으로 인식되는 환인, 지상 세계에 내려와 신불(神市)(신종원, 2004)을 열고 고조선 건국 시조인 단군을 탄생시킨 환웅, 그리고 인간적 존재로 고조선을 처음 연 단군왕검이 신화를 이끌어 가는 주인공으로 소개되어 있다.

고조선의 건국 과정을 소개한 신화 관련 기존의 연구는 주로 환인과 단군에 주목한 연구가 대부분이었으나, 최근 고조선 건국을 실질적으로 가능하게 한 환웅천왕의 신화적 성격에 주목한 연구(최광식, 2015)가 있어 '단군신화'가 아닌 '환웅신화'로 새롭게 인식하여야 함을 제시하여 고조선 성립 관련 신화를 좀 더 다양한 시각으로 인식할 수 있는 토대를 제공하였다.

지금까지 고조선 건국신화를 단군신화라 하여 단군에 의한 건국을 주목하였으나, 세 분의 신령이 존재한다는 인식과 함께 단인(檀因)·단웅(檀雄)·단군(檀君)을 모신 삼성사(三聖祠)를 소개한 『고려사(高麗史)』 지리지(地理志) 유주조(儒州條) 기록, 구월산 삼성사에서 환인·환웅·단군을 각각 모셨다는 『조선왕조실록

(朝鮮王朝實錄)』 기록 등은 환인·단군과 함께 또 다른 성격을 지닌 신령으로서의 환웅에 주목하여야 함을 잘 보여 준다.

고조선 건국을 실질적으로 가능하게 한 존재인 웅(雄)은 『삼국유사』에서 환웅천왕(桓雄天王), 『제왕운기』에서 단웅천왕(檀雄天王)으로 소개되어 있다. 구월산 삼성사에 모신 단웅(檀雄)[桓雄] 또한 단웅천왕이다. 즉, 웅은 천신으로 여겨지는 환인(桓因)[檀因], 장당경(藏唐京)으로 옮겼다가 후에 아사달(阿斯達)에 돌아와 산신(山神)이 된 단군과 구분되는 신령인 천왕(天王)으로 인식되었다고 볼 수 있다.

이에, 『삼국유사』를 비롯한 각종 기록과 민속 현장에 현재까지 등장하는 천왕이 지닌 성격과 관련하여 천신·산신과 구분되는 신령으로서의 천왕을 설정할 필요가 있음이 제기되었다.(김도현, 2017),

그러나, 천왕과 관련한 대부분의 연구는 천신 또는 산신이 천왕으로 이행한 것으로 규정하는 등 별도의 성격을 지닌 신령으로 여기지 않는다. 즉, 기존의 연구는 웅(雄)의 다양한 역할을 인정하나, 환인과 구분하지 않고, 천신의 아들 또는 승려 일연이 쓴 『삼국유사』, 불교에 심취하였던 이승휴가 쓴 『제왕운기』이기에 불교에서의 천왕 역할을 수행하는 존재로 인식하였다. 그리고 고조선 건국신화에 삼신(三神)이 존재함은 대부분의 환웅신화 관련 연구에서 언급하며, 천신으로서의 환인과 단군의 산신화에는 주목하나, 환웅이 독자성을 띤 신령인 천왕으로 존재한다는 사실에는 주목하지 않았다. 그 이유는 환인의 아들로서 당연히 천신, 또는 신단수(神檀樹)가 마련된 산에 좌정하였기에 산신이라는 관념이 작용한 것으로 보인다.

분명한 것은 환인·환웅·단군이 등장하는 환웅신화에서 이들 존재를 각각의 역할을 수행하는 삼신으로 여기며, 구월산 삼성사에서 단인(檀因)[환인(桓因)]천왕(天王)·단웅(檀雄)[환웅(桓雄)]천왕(天王)·단군천왕(檀君天王)이라 불리운 신상 또는 위패를 각각 모시는 등 고려와 조선시대를 지나 현재에 이르기까지 천왕을 모신 다양한 사례들이 있다는 사실이다. 이는 환웅신화를 이해함에 있어 천신·산신과 구분되는 별도의 기능을 수행하는 신령으로서의 천왕(天王)에 주목할 필요가 있음을 잘 보여 준다.

이 글은 각종 사료와 민속 현장에서 수집된 자료들을 분석·정리하여 『삼국유사』·『제왕운기』 등에 실린 환웅신화 속에 언급된 천왕이 지닌 신령으로서의 의미와 성격을 규명하기 위한 시론(試論)이다.

2. '천왕(天王)'으로서의 환웅(桓雄)

환웅신화를 수록한 사서(史書) 중 천왕이 소개된 것은 『삼국유사』·『제왕운기』를 비롯하여 권람(權擥)이 1461년에 쓴 『응제시주(應制詩註)』, 홍만종이 1666년 편찬한 『해동이적(海東異蹟)』, 이종휘(1731-1797)가 쓴 『동사(東史)』, 홍경모(洪敬模, 1774-1851)가 쓴 『총사(叢史)』 중 「단군계파(檀君系派)」 등이 있다. 몇 가지 사례를 소개하면 다음과 같다.

『삼국유사』 고조선조에서 「고기」에 실린 내용이라 하여 환웅 관련 내용을 다음과 같이 소개하였다.

> … 고기(古記)에 이르기를, 옛날에 환인(桓因)[제석(帝釋)을 이름]의 서자(庶子) 환웅(桓雄)이 있어, 자주 천하(天下)에 뜻을 두고 인간 세상을 구하고자 하였다. 아버지가 아들의 뜻을 알고 삼위태백(三危太伯)을 내려다보니 인간을 널리 이롭게 할 만하기에 천부인(天符印) 3개를 주어, 인간 세상에 가서 다스리게 하였다. 웅(雄)이 무리 3천 명을 거느리고 태백산(太白山) 꼭대기[태백은 지금의 묘향산] 신단수(神壇樹) 아래에 내려와 여기를 신불(神市)이라 하고, 그를 환웅천왕(桓雄天王)이라 하였다. 그는 풍백(風伯)·우사(雨師)·운사(雲師)를 거느리고 곡(穀)·명(命)·병(病)·형(刑)·선(善)·악(惡) 등 무릇 인간의 360여 가지 일을 맡아서 세상을 다스리고 교화하였

다. 이때 곰과 호랑이 한 마리가 같은 굴에 살면서 항상 신웅(神雄)에게 사람이 되게 해 달라고 빌었다. 신(神, 환웅으로 여겨짐)이 신령스러운 쑥 한 타래와 마늘 20쪽을 주면서 이르기를 '너희들이 이것을 먹고 백 일 동안 햇빛을 보지 않으면 곧 사람이 되리라고 하였다. 곰과 호랑이가 이것을 먹고 삼칠일(三七日) 동안 금기하였는데, 곰은 여자의 몸이 되었으나, 호랑이는 금기를 지키지 못하여 사람이 되지 못하였다. 웅녀(熊女)는 그녀와 혼인해 주는 이가 없으므로 항상 단수(壇樹) 아래에서 아이를 갖게 해 달라고 빌었다. 웅이 이에 잠시 변하여 웅녀와 결혼한 후 임신하여 아들을 낳으니 이름을 단군왕검(壇君王儉)이라고 하였다. …

웅(雄)과 관련하여 『삼국유사』에 실린 위의 신화 내용을 정리하면, 첫째, 웅은 천신인 환인의 아들이므로 천신 계통으로 이해할 수 있다. 둘째, 인간 세상에 내려와 신단수 아래에 신불을 열어 독자적인 위상을 지니게 된 '환웅천왕' 즉 천왕으로 자리매김한 존재이다. 셋째, 고조선을 건국하여 우리 민족의 역사를 처음 연 단군왕검이 웅과 웅녀가 결혼하여 낳은 아들이라는 점을 보여 주고 있다.

그러므로 웅은 천왕의 지위를 지닌 존재로서, 우리 민족사의 시작인 고조선 이전의 세상을 처음 열었고, 고조선을 건국한 단군왕검의 아버지, 즉 역사상의 시조를 있게 한 신화상의 시조였음을 알 수 있다.

천왕으로서의 웅 관련 이야기는 이승휴가 쓴 『제왕운기』에서도 확인할 수 있다.

이승휴가 쓴 『제왕운기』에는 본문이 아닌 주석으로 본기(本紀)를 인용하여 다음과 같이 환웅 관련 내용을 소개하였다.

본기(本紀)에 이르기를, "상제 환인에게 서자가 있었으니 이름이 웅(雄)이라 불리었는데, 환인이 웅에게 말하기를 '지상의 삼위태백에 내려가 인간을 이롭게 할지어다'라고 하였다. 이리하여 웅이 천부인 세 개를 받고, 귀신 3천을 거느려 태백산 꼭대기에 있는 신단수 아래에 내려왔으니 이분을 단웅천왕(檀雄天王)이라 한다"라고 하였다. 손녀에게 약을 먹여 사람이 되게 하여 단수신(檀樹神)과 결혼하여 아들을 낳으니 단군이라 하였으며, 조선의 땅을 차지하여 왕이 되었다.

비록 주석으로 처리한 내용이지만, 이승휴 또한『제왕운기』에서 천신인 환인의 아들 단웅(檀雄)을 인간 세계를 새롭게 연 신화상의 존재인 단웅천왕으로 여겼음을 알 수 있다. 그리고 사람이 된 손녀와 단수신(檀樹神)이 혼인하여 낳은 아들이 고조선을 건국한 단군이다. 여기서 단수신이 단웅, 또는 난웅이 상제 환인의 서자이므로 환인의 또 다른 아들을 이르는 것으로 보는 견해가 있고(신종원, 2004), 별개의 존재로 여기는 견해도 있다. 중요한 것은『제왕운기』에서도 천왕으로 여겨지는 단웅이라는 존재가 있으며, 이 신격은 인간이 살아가는 세상을 처음 연 신화상의 시조로 인식되었다는 점이다.

권람이 1461년에 쓴『응제시주』에는 환웅과 관련하여 다음과 같은 기록이 보인다.

… 고기(古記)에 상제(上帝) 환인의 서자 웅이 풍백, 우사, 운사 3인을 하늘에서 거느리고, … 태백산 신단수 아래로 내려와서, 이를 환웅천왕(桓雄天王)이라 한다, '환(桓)'은 혹 '단(檀)'이라고도 한다.

권근이 쓴『응제시(應製詩)』에는 단군이 신단수에 직접 하강하여 국인(國人)의 추대를 받아 왕이 되어 대대로 왕위를 세습하였다는 내용을 소개하였다. 후손인 권람이 쓴『응제시주』 주석에 고기를 인용하여 쓴 위의 내용에는 환웅신화 역시 세상을 열고, 단군을 탄생시킨 존재로 환웅천왕, 즉, 천왕의 신격으로 불리는 존재였음을 알 수 있고, 웅을 환웅 또는 단웅이라 한 것으로 보아『삼국유사』와『제왕운기』 내용을 적절하게 이해한 상황에서 서술한 것으로 보인다.

홍만종이 1666년 편찬한『해동이적』에는 천신 환인(天神 桓因), 신불(神市)을 열고 웅녀와 결혼하여 단군을 낳은 환웅천왕(桓雄天王), 역사상의 인물로 고조선을 건국한 단군(檀君) 관련 내용을 소개하였다. 다른 사료와는 달리 환인을 상제 또는 석제로 표현하지 않고, 천신으로 규정한 것은 환인의 성격을 좀 더 명확하게 보여 주는 사서로 볼 수 있다.

홍경모가 쓴 『총사』 중 「단군계파」에 실린 환웅신화 내용 또한 『삼국유사』에 실린 환웅 이야기를 전재하여 서술하였다. 차이점은 이름인 웅(雄)을 거명하지 않고, 천왕이 주체가 되어 수행한 일들을 적시하였다. 즉, 천왕이 태백산 신단수 아래로 천부인 세 개와 무리 삼천을 이끌고 내려왔으며, 신불이라 불리는 곳에서 신령인 천왕이 설교(說敎)하고, 풍백·우사·운사를 거느렸음을 적었다. 그리고 사람이 된 곰과 결혼하여 건국 시조인 단군의 아버지가 되었음을 기록하였다. 다른 사료와는 달리 단군의 아버지를 신불천왕(神市天王)으로 설정하고, 어머니는 태백산의 웅(熊)으로 적었다. 즉, 보편성을 띤 천왕이 아닌 특정지역을 관장하는 천왕으로 기록하였다는 점은 현재 태백산 천왕사, 지리산 천왕 등 특정지역을 관장하는 천왕을 연상시킨다.

『규원사화(揆園史話)』에 소개된 환웅신화에는 환인과 환웅을 상하관계로 묘사하여 환웅의 지위가 낮아졌으나, 천지와 인간을 창조하는 등 한편으로는 그 역할이 크게 강조되었다. 뿐만 아니라 『삼국유사』에서 웅(雄)이 지배한 영역으로 표현되었던 신불을 신불씨(神市氏)라 이르는 것으로 보아 처음 개창한 '신불'이라 불린 지역을 매우 중시하였음을 알 수 있다.

『규원사화』와 홍경모가 쓴 『총사』에는 환웅신화와 관련하여 다른 기록과는 달리 신불을 천왕과 직접 관련시킴으로써, 천왕이 관장하는 범주를 구체적으로 설정하기 시작하였음을 알 수 있다.

고조선 건국과 관련하여 위에서 소개한 신화는 『삼국유사』 유형, 『제왕운기』 유형, 『응제시』 유형, 『규원사화』 유형으로 구분할 수 있다.(서영대, 2001) 천왕의 위상을 지닌 웅과 관련한 기록은 이들 네 가지 유형 중 『제왕운기』 유형, 『응제시』 유형에서 환웅의 존재가 보이지 않고, 하늘의 후손인 단군이 역사상의 국가인 고조선을 건국한 시조로서 정치 지도자 역할을 수행하다가 말년에 산신이 되었다는 이야기가 주를 이룬다. 그러나 이들 두 가지 유형의 사서에서도 본기 또는 고기 등을 인용하여 환인의 서자 웅에 대한 이야기를 소개하였기에 본질적으로『삼국유사』유형에서 크게 벗어나지 않은 모습을 보여 주고 있다.

위에서 소개한 사서에 실린 웅(雄) 관련 내용을 정리하면 다음과 같다.

첫째, 그 연원은 천신인 환인의 후손으로 소개되어 있다. 환인은 상제 또는 석제라고 부연 설명이 되어 있기에 천신으로 볼 수 있다.

둘째, 세상을 다스림에 있어 필요한 요소를 가지고 내려와 신불을 열어 인간 세상을 교화한 존재이다.

셋째, 그 신격을 천왕이라 하였다.

넷째. 신화상의 시조인 웅의 아들 단군이 우리의 역사를 처음 연 고조선을 건국한 시조로 설정되어 있다.

다섯째, 웅을 부르는 명칭이 환웅 또는 단웅이라는 사실이다. 즉 천신의 아들임을 강조하고자 할 때는 환웅, 신불에 설치된 신단수에서의 제의를 관장하는 역할을 강조할 때는 단웅으로 불린 것으로 보인다.

환웅신화에 환인·환웅·단군이 등장한 것은 삼신(三神) 또는 삼성(三聖)이 신화의 주역이라는 것을 잘 보여 준다. 여기서 환웅 또는 단웅은 '천왕'이라는 별도의 신령으로 인식될 수 있기에, 불교적으로 변이된 것으로 여기거나, 천신 또는 산신으로 여기는 인식을 바탕으로 그 기능이나 의미에 대한 다양한 논의가 다음과 같이 있었다.

첫째,「고기」의 기록 단계에서부터 환웅신화가 불교적으로 변이된 것으로 인식하여 제석이 수미산의 정상에 머무는 데 반하여 천왕은 그 수미산의 중턱에 머물러 제석의 통솔을 받으면서 사방을 진호하는 신령으로 숭배된다고 보는 견해가 있다.(최병헌, 2001) 이와 같은 주장의 내면에는 환인의 서자로서 천상에서 지상으로 내려와 반신반인(半神半人)의 모습으로 인간계를 지배하는 환웅을 천왕으로 표현한 것은 불교적 세계관으로서는 자연스러울 수 있다.

그러나 『삼국유사』나 『제왕운기』에 실린 환웅신화가 불교적 색채를 많이 지닌 것으로 볼 수는 있으나, 제석(帝釋) 이외에 불교적 요소가 있는가 라는 의문을 제기하는 학자들이 많다. 즉, 고려에 이어 조선시대 유학자들에 의해 쓰인 환웅신화에도 천왕은 계속 등장한다. 그러나 이때 쓰인 천왕 관련 사료를 보면 불교적 의미를 지닌 천왕으로 볼 수 없는 사례가 매우 많다. 그러므로 환웅신화에 소개된 '천왕'을 불교적 세계관이 반영된 것으로 볼 수 있는지에 대한 좀 더 치밀한 논의가 필요해 보인다.

둘째, 『삼국유사』와 『제왕운기』에 실려 있는 신단수가 환웅 또는 단웅의 신체이자 태백산 산신의 신체로 볼 수 있기에, 다른 사료에 등장하는 환웅 또한 산신의 성격을 지닌 신령으로 여기는 견해가 있다. 이와 함께 천신인 환인의 아들이기에 천신으로 이해하여야 한다는 의견도 있다.

그런데, 위에서 소개한 대부분의 환웅신화에 '환인(단인)·환웅(단웅)·단군'이 등장한다. 나름의 독립적인 역할을 수행하는 존재들이기에 신화를 이끌어 가는 존재로 구분하여 서술된 것이다. 그리고 『고려사』와 『조선왕조실록』을 보면 황해도 구월산 삼성사에 단인[환인]천왕, 단웅[환웅]천왕, 단군천왕을 각각 모셨음이 기록되어 있다. 이 기록은 성격을 달리하는 신령 3위를 모신 것으로 볼 수 있다. 이들 신령과 관련된 기존의 연구성과에 따르면 단인[환인]은 천신, 단군은 아사달산에 들어가 산신이 되었기에 단웅[환웅]은 천왕이라는 별도의 신령으로 설정하여 그 의미와 기능을 살펴볼 필요가 있다.

이에 환웅신화를 수록한 네 가지 유형의 사서를 보면 환웅[단웅]은 천왕이라 불리우는 신령으로서 신불을 열고, 역사시대를 처음 연 고조선의 시조로 인식되는 단군을 낳은 신화상의 시조로 볼 수 있다. 이와 같은 기능들은 천신이나 산신과 구분하여 이해되어야 할 신령임을 잘 보여 준다.

그러므로 환웅[단웅]천왕, 즉 천왕의 성격을 천신, 산신, 또는 불교적 연원으로 이해하기보다는 별도 성격을 지닌 신령으로서의 천왕을 설정하여 그 기능과 의미를 정리할 필요가 있다. 이에 필자는 환웅신화에 등장하는 천왕을 다음과 같이 정리할 수 있다고 본다.

『삼국유사』를 비롯하여 환웅신화를 수록한 각종 사서에 소개된 '천왕'이라 불린 신령을 이르는 세부 명칭은 '환웅천왕 → 단웅천왕 → 신불천왕'으로 변동되어 왔음을 알 수 있다. 환웅천왕은 신불을 열고, 역사상의 국가인 고조선을 처음 개창한 시조인 단군을 탄생시킨 신화상의 시조라는 의미로 이해된다. 단웅천왕은 신불을 구성하는 핵심 요소인 신단수에서의 제의를 관장하는 존재인 웅을 이르는 것으로 여겨진다. 신불천왕은 고조선 건국 이전에 존재하였던 '신불'이라는 신성 구역으로 설정된 일정한 영역을 관장하였던 신령으로 이해할 수 있다.

환웅신화에 등장하는 '天王'이라 불린 신령을 이르는 세부 명칭이 위와 같이 다양하나, 실제 수행한 기능은 신불을 열어 세상을 교화하고, 최초의 국가 즉, 고조선을 건국한 시조인 단군을 탄생시킨 신화상의 시조로 볼 수 있다.

3. 신령(神靈)으로서의 '천왕(天王)'

환웅신화를 소개한 각종 사서와 함께 환인(桓因)[단인(檀因)]·환웅(桓雄)[단웅(檀雄)]·단군(檀君)을 모신 사례를 소개한 사료 또는 유적이 다양하게 나타난다.

삼성사(三聖祠)를 소개한 『고려사』 지리지 유주조 기록, 구월산 삼성사에서 단인[환웅]·단웅[환웅]·단군을 각각 모셨다는 『조선왕조실록』 기록, 단군성조(檀君聖祖)를 중심으로 환인과 환웅, 즉 삼신을 모신 것을 기록한 『무당내력(巫堂來歷)』, 조선 후기에 이만운이 편찬한 역사책 『기년아람(紀年兒覽)』 권5 단군조선(檀君朝鮮), 최민열(1896-1980)의 글을 모은 『종양집』 등에서 그 사례들을 확인할 수 있다.

『고려사』 지리지 유주조에는 삼성사에 단인·단웅·단군을 모셨다고 소개하였는데, 『조선왕조실록』에도 환웅신화에 등장하는 삼신을 구월산 삼성사에서 각각 모셨음을 기록하였다. 이와 관련하여 『조선왕조실록』에서 확인할 수 있는 사료를 소개하면 다음과 같다.

… 구월산(九月山)은 이 현의 주산(主山)입니다. 단군조선 때에 있어서는 이름을 아사달산(阿斯達山)이라고 하였고, … 재의 중허리에 신당(神堂)이 있는데 어느 시대에 처음 세웠는지 알지 못합니다. 북쪽 벽에는 단웅천왕(檀雄天王), 동쪽 벽에는 단인천왕(檀因天王), 서쪽 벽에는 단군천왕(檀君天王)을 문화현 사람들은 삼성당(三聖堂)이라고 항상 부르며, 그 산 아래에 있는 동리를 또한 성당리(聖堂里)라고 일컫습니다. …

【『세종실록』 권40, 세종 10년 6월 14일 을미】

… 부로(父老)들이 말하기를, '구월산은 이 고을의 주산인데 단군 때에는 아사달산이라 이름하였다' 하였습니다. 산의 동쪽 재[嶺]가 높고 커서 연접하였는데 그 산 허리에는 신당이 있습니다. 어느 시대에 창건하였는지 알지 못하나, 북쪽 벽에 단인천왕이 있고 동쪽 벽에는 단웅천왕이 있고 서쪽 벽에는 단군천왕이 있는데, 고을 사람들이 삼성당이라고 칭하고 그 산 아래에 사람이 사는 곳도 또한 성당리라 칭합니다. …

【『단종실록』 권1, 단종 즉위년 6월 28일 기축】

… "사람들의 말에는 '단군(檀君)의 천왕당(天王堂)은 본래 구월산의 상봉(上峯)에 있었는데, 뒤에 패엽사(貝葉寺)가 그 아래에 있다 하여, 당(堂)이 불찰(佛刹)의 위에 있음은 마땅하지 아니하여, 절[寺]의 앞 봉우리에 옮겼다가 뒤에 또 산기슭에 옮겨, 천왕(天王) 삼위(三位)를 설치하였으며' …"

【『성종실록』 권13, 성종 2년 11월 28일 병인】

… 삼성당(三聖堂)에 환인천왕(桓因天王)은 남향(南向)하고, 환웅천왕(桓雄天王)은 서향(西向)하고, 단군천왕(檀君天王)은 동향(東向)하여 다 위패가 있습니다. 속설에 전하기를, 옛날에는 모두 목상(木像)이 있었는데, 태종조(太宗朝)에 하륜(河崙)이 제

사(諸祠)의 목상을 혁파할 것을 건의하여 삼성(三聖)의 목상도 또한 예(例)에 따라 파하였다 하며, 의물(儀物)의 설치 여부는 알 수 없습니다. …

【『성종실록』 권15, 성종 3년 2월 6일 계유】

위의 사료와 함께 『선조실록』 권89 선조 30년 6월 11일 경오, 『현종실록』 권3 현종 1년 9월 5일 정사, 『영조실록』 권106 영조 41년 12월 8일 기유, 『정조실록』 권12 정조 5년 11월 28일 병인, 『정조실록』 권27 정조 13년 6월 6일 경신조에도 구월산 삼성사 관련 내용들을 기록하였다.

이들 기록을 통해 삼성사에 모신 신령 명칭이 단인·단웅·단군 또는 환인·환웅·단군이었음을 알 수 있으나 명칭의 차이가 신령들이 지닌 의미의 차이로 볼 수는 없다. 그리고 신령의 배치가 세종대에는 환웅을 중심으로 좌우에 환인과 단군을 배치하는 형태였으나, 이후에는 환인을 중심으로 환웅과 단군을 배치하는 형태로 변동되었음을 알 수 있다. 신령의 배치는 매우 중요한 문제인데, 이와 관련하여 『조선왕조실록』에 별다른 언급이 없으며, 다른 기록에도 이 문제를 자세하게 언급하지 않았다. 『세종실록』에 관련 내용을 잘못 기록한 것으로 여겨지나, 다른 이유가 있는지에 대한 추가 조사가 필요하다. 『단종실록』과 그 이후에 작성된 왕조실록에 환인을 중심으로 좌우에 환웅과 단군을 배치하였다는 기록으로 보아 환인을 상당신으로 모신 삼성사 운영이 지속되었음을 알 수 있다. 또한 신령 배치 순서는 삼성사에서 행해지는 제의에서 중요하게 여긴 신령이 누구였는지를 잘 보여 주는 기록이다.

그리고 『성종실록』의 기록을 통해 삼성사에 모신 신령들이 모두 목상이었으나, 태종조에 하륜이 제사(諸司)의 목상을 혁파할 것을 건의함에 따라 구월산 삼성사의 목상도 예에 따라 파하였다고 한 것으로 보아 태종 이후 위패 형태로 신령들을 모셨음을 알 수 있다.

그런데, 각각 다른 의미를 지닌 세 분 신령을 이르는 명칭은 모두 천왕이다. 환웅신화를 소개한 각종 기록에 천왕은 웅이었다고 하였으며, 구월산 삼성사에서 환인·단군도 천왕으로 호칭하였다는 것은 천신으로서의 환인, 고조선을 건국한 시조로서의 단군이 지닌 위상보다는 이들 모두를 천왕, 즉 신불을 열어 인간이 살 수 있는 세계를 만든 신화상의 시조 역할을 한 신령으로 인식하였음을 보여 준다. 즉, 고려시대와 조선시대에 쓰인 환웅신화에는 환인·환웅·단군이 지닌 역할과 의미를 구분하여 소개하였으나, 구월산 삼성사 기록을 통해 민속 현장에서는 환인·환웅·단군이 지닌 신격과 다양한 의미를 인정하면서도 이들 삼신이 공통적으로 각각의 영역에서 시조신 역할을 수행하기에 '천왕'이란 명칭을 공통적으로 사용하였다고 볼 수 있다.

위에서 소개한 『조선왕조실록』 구월산 삼성사 관련 기록과는 달리 조선 말기에 편찬된 것으로 여겨지는 『무당내력』에서는 환인과 환웅을 언급하지 않고 단군을 제석으로 설정하여 단군을 삼신제석(三神帝釋)이라고 하였다. 자료를 소개하면 다음과 같다.

『무당내력(巫堂來歷)』 고도서본(규장각 古1430-18)

- 感應請陪

俗稱 산바라기 致誠時 巫女望太白山 口呼聖靈憾應三遍 近日望豊德德物山 崔將軍請陪云 失眞大矣

- 帝釋巨里

檀君稱曰三神帝釋 高句麗山上王無子 禱于三神 果得貴子 故生子發願成俗耳

- 別星巨里

檀君侍臣高矢禮 敎民稼穡 故人民不忘其恩 近日巫女謂之崔將軍請陪時 思悼世子陪 行云 尤極橫說竪說

『무당내력(巫堂來歷)』 가람본(규정각 가람古398.3M883)

- 不精巨里

始作或有不精之慮 無名雜鬼 使之安定 此巨 里年久傳來云耳

- 感應請陪

致誠時 巫女手執白紙 望太白山 口呼聖靈 咸應三遍 謂之檀君請陪 近日謂之崔將軍請陪 失眞大矣

- 帝釋巨里

帝釋卽檀君聖祖 稱曰三神帝釋 小兒十歲之內 或有危險之地 三神必爲保護云 故高句麗上山王無子 禱于三神 見夢而生貴子 後生子發願 因爲成俗

- 別星巨里

檀君請陪時 侍臣高矢禮 始播百穀 敎民稼穡 故百姓不忘其恩矣 近日謂之思悼世子云 尤極橫說竪說

『삼국유사』를 비롯하여 환웅신화를 소개한 많은 사서에서 환인을 제석으로 여기는데, 위에서 소개한 『무당내력』 제석거리(帝釋巨里)에서 단군을 제석으로 소개하면서 삼신제석이라 칭하였다. 여기서 삼신제석은 환인·환웅·단군을 이르는 것으로 볼 수 있다.

이는 구한말에도 단군의 출생과 건국, 재위 연수에 대하여 조선시대의 것이 그대로 통용되었기에, 신인(神人) 단군이 직접 태백산으로 하강하여 고조선을 건국하고 평양에 도읍했다는 것이다. 즉, 구한말에 단군은 민족의 공통시조이고, 우리 민족은 단군의 후손이며, 따라서 단일민족이란 인식이 나타난다.(서영대, 2008)

그러므로 조선 후기에서 일제강점기를 지나면서 환인보다는 단군을 중시함에 따라 단군 중심의 환웅신화 서술 체계가 많이 나타나면서 단군이 제석으로 여겨지고, 환인·환웅·단군을 삼신(三神)으로 인식하면서 단군이 이들 신령을 모두 아우르는 형태로 표현되었음을 알 수 있다.

그러므로 천왕의 역할을 중요시한 구월산 삼성사 사례와 확연히 구분되는 모습을 보이는 『무당내력』이 쓰인 시기에는 산신이 된 최고의 조상신으로서의 단군을 중요하게 여겼기에 환인과 환웅이 지닌 위상과 종교적 기능을 단군이 수행하였다는 인식이 보편화되었음을 알 수 있다.

단군을 중심으로 건국신화를 인식하려는 위의 인식과는 달리 구한말에 환인·환웅·단군이 지닌 종교적 성격을 구분하여 이해하려는 경향도 표면적으로 드러나게 된다. 「대한매일신보」 동국고대선교고(東國古代仙敎考, 1910.3.11)에서 1778년에 이만운이 편찬한 역사책 『기년아람』 권5 단군조선 내용을 참고하여 다음과 같이 환인·환웅·단군을 소개하였다.

> … 桓雄天王이 人間 吉凶禍福을 주재하며 子 檀君을 生하였다 하였으나, 『紀年兒覽』에는 왈 桓因은 天이요, 桓雄은 神(市)이라 하였으니, 桓因·桓雄·檀君은 즉, 소위 三神(又曰 三聖)이요, 三神은 즉, 仙敎創立의 祖라, 然則 桓因·桓雄은 실재의 人이 아니오, 즉, 추상의 神이니, 其 義가 대략 耶蘇敎의 三位一體와 佛敎의 三佛如來와 如한 者어늘, 後世 編史者가 往往 檀君의 祖가 桓因이요, 父가 桓雄이라 하니 어찌 可笑치 아니뇨.

즉, 환웅신화에 등장하는 환인·환웅·단군을 위계질서에 의한 존재가 아닌 각각 독립된 존재로 인식하여야 할 신령으로 여겨야 한다고 말하고 있다. 이러한 인식은 천왕을 환인·단군과 구분되는 별개의 신령으로 설정해야 함을 잘 보여 주는 사례로 볼 수 있다.

천왕이 지닌 성격과 관련하여 환웅신화의 내용을 통해 신불을 개창하여 교

자료 1 지리산 천왕사 내 성모상

화하고, 신화에서의 시조 역할을 수행하는 존재로 설정하였는데, 좀 더 구체적으로 그 성격을 규명하기 위한 노력이 필요하다. 이와 관련하여 이규보의 『동명왕편(東明王篇)』, 이승휴의 『제왕운기(帝王韻紀)』 내용은 天王의 성격을 좀 더 구체적으로 보여 주고 있다.

먼저 이규보의 『東明王篇』 내용 중 해모수(解慕漱) 관련 기록을 소개하면 다음과 같다.

『東明王篇』 本詩 … 海東의 解慕漱니 참으로 天帝子라

本紀(『구삼국사』의 「동명왕본기」)에 다음과 같이 적혀 있다. … 그 옛 도읍 터에는 解慕漱가 天帝의 아들로서 와 도읍을 정하였다.

공중에서 내릴적에 / 오룡거에 몸을 싣고

따른 이백여 인은 / 고니타고 羽衣 날려
맑은 풍악 퍼져 가고 / 채운은 뭉게뭉게
…
자고로 수명군은 / 모두가 천인이나
대낮에 하늘 내림 / 예부터 드물었다
아침에는 인간 세상 / 저녁에는 하늘 나라
(아침이면 정사를 보살피고, 저녁이면 하늘에 올랐으니, 세상에서 그를 천왕랑[天王郞]이라 고 일렀다.)
…

위 자료를 통해 해모수가 『삼국유사』·『제왕운기』에 등장하는 환웅[단웅]과 같이 하늘의 아들로서 인간세상을 연 신화상의 존재로 묘사되었음을 알 수 있다. 특히 해모수의 구체적인 역할을 '아침이면 정사를 보살피고, 저녁이면 하늘에 올랐으니'라 하였으며, 그 이름을 '천왕랑(天王郞)'이라 한 것은 천왕의 위상과 역할이 무엇이었는지를 좀 더 명확하게 보여 준다. 이승휴의 『제왕운기』에 천왕과 관련하여 '단웅천왕' 기록과 함께 다음 내용이 실려 있다.

… 성골장군(聖骨將軍) 휘(諱)는 호경(虎景)이며, 지금의 구룡산천왕(九龍山天王)이다. 처음에 백두산(白頭山)에서 9명을 데리고 사냥하러 송악에 왔다. … 장군이 나오니 동굴이 무너져 9인이 모두 파묻혔다. 호랑이가 변신하여 여인이 되어 말하기를, "나는 과부로 이 산에 살고 있는데, 원컨대 당신과 함께 신정(神政)을 다스리고자 한다"라고 하였다. 이로 인하여 혼인하여 신(神)이 되었다. 이 때문에 호경이라 이름하였고, 그 산은 구룡이라 이름한 것이다. …

… 이곳에서 성인의 지혜를 가진 아이를 낳았으며, 성모(聖母) 지리산천왕(智異山天王)이다. 도선국사(道詵國師)에게 명하여, 이곳을 명당이라 이르게 하고는, 이곳을 종제지지(種穄之地)로 삼았으니, 이로 인하여 왕(王)세간에 기장[穄]을 왕이라

일렀으니, 대저 왕업(王業)을 일으키는 것을 말한 것이다. …

【『帝王韻紀』 卷下 本朝君王世系年代】

위의 구룡산천왕 관련 기록은 호랑이가 변신하여 여인이 된 존재와 결혼하여 신정(神政)을 펼친 고려 태조 왕건의 조상인 호경에 대한 이야기이다. 즉, 태조 왕건의 조상을 천왕으로 설정하여 고려를 개창한 왕으로서의 정당성을 강조한 것으로 볼 수 있다. 이에 더하여 '聖母命詵師(智異山天王也)'라고 소개한 기록은 성모를 지리산 천왕으로 여겼음을 알 수 있다. 이와 관련하여 『신증동국여지승람』에 실려 있는 성모·천왕 관련 기록을 소개하면 다음과 같다.

성모사 : 지리산 천왕봉 꼭대기에 있다. 성모상이 있는데, 이마에 칼 흔적이 있다. 속설에는 "왜구가 우리 태조에게 격파당해서 궁하게 되자 천왕이 도우지 않은 탓이라 하며 분함을 이기지 못하여 칼로 찍고 갔다"한다.

【『신증동국여지승람』 경상도 진주목(晋州牧) 사묘(祠廟)】

성모사 : 사당이 둘이다. 하나는 지리산 천왕봉의 위에 있고, 하나는 군 남쪽 엄천리에 있다. 고려 이승휴의 제왕운기에 "성모 태조의 모친 위숙왕후라 한다"하였다.

【『신증동국여지승람』 경상도 함양군(咸陽郡) 사묘(祠廟)】

『제왕운기』에 지리산 천왕을 성모라 하였으며, 지리산 성모는 고려 태조의 모친 위숙왕후라는 『신증동국여지승람』의 기록은 고려를 창건한 왕건을 낳은 위숙왕후를 지리산 성모로 여겼고, 『제왕운기』에서 이를 천왕이라 하였으므로 위숙왕후는 환웅신화에 등장하는 웅의 역할을 한 것으로 볼 수 있다.

이들 기록을 통해 인간 세상을 열거나 새로운 왕조를 개창한 인물을 탄생시킨 시조를 '성모(聖母)'라 하였으며, 이를 '天王'이라 한 것은 환웅신화에 소개된 '천왕'에 대한 이해를 좀 더 분명하게 할 수 있게 한다.(김도현, 2017)

그리고 경상도 대구, 현풍, 창녕 등에서 마을 제사를 지낼 때 천왕을 모신 사

자료 2 대구 논공 천왕당 위에 있는 산신당의 제단

자료 3 대구 논공 천왕당 전경

자료 4 대구 논공 천왕당 편액

례들을 발견할 수 있다. 대구 논공천왕당 사례를 보면 '천왕당'이라 쓴 편액을 건 제당을 만들어 매년 정월대보름에 마을 제사를 지낸다. 천왕당이 위치한 곳 위에 장방형으로 2~3단 석축을 쌓아 조성한 산신당이 있다. 산신당에서 산신을 먼저 위한 후 천왕당에서 마을 제사를 지낸다. 마을 주민들이 천왕의 성격을 구체적으로 알지 못하나, 내면적으로는 마을을 개창한 조상신으로 여겨 마을의 안녕과 풍요를 관장하는 신령으로 여긴다.

천왕의 성격과 관련하여 천왕을 천신으로 볼 것인지 산신으로 볼 것인지에 대한 논란이 있을 수 있다.

이와 관련하여 18세기부터 단종이 사후(死後) 태백산신(太白山神)으로 좌정하였다는 믿음이 태백산 주변 및 영월지역 주민과 무당들 사이에 뿌리내렸으나, 단종대왕을 천왕으로 여기는 사례가 없다는 사실은 태백산신과 천왕을 별개로 여겨야 함을 보여 준다. 이와 함께 태백산 사길령 산령각 등 태백산 자락에 있는 산령각에서 태백산신을 모실 때 '천왕'이라 표현한 사례가 없으며, 1735년부터 1737년 사이에 기록된 이인상(李麟祥)의 「유태백산기(遊太白山記)」에 다음과 같은 천왕 관련 기록이 전한다.

… 천왕당(天王堂)에 도착했다. 통금시간까지 도착하기로 약정했는데 드디어 60리 길을 걸어온 것이다. 천왕당 서쪽당에는 석불(石佛)이 있고 동쪽 당에는 나무상이 있는데 이것을 이른바 天王이라고 한다. …

【이인상, 「유태백산기(遊太白山記)」】

이는 당시 태백산 천왕당[태백당]에서 모신 신령을 태백산 산신 또는 단종대왕으로 여기지 않고, 천왕으로 여긴 것은 천왕을 산신으로 비정하기 어렵다는 것을 보여 준다.

그리고 고구려 '천왕지신총(天王地神塚)' 고분벽화에 천왕과 지신을 묵서(墨書)한 도상이 등장한다. 천왕은 상투를 올린 가인(佳人)이 봉황을 타고 날아다니는 모습인데, 영원히 죽지 않는 신선이 된 모습을 표현한 것으로 이해된다. 국내의 주요 산에서도 '천왕'이 등장한다. 지리산 성모천왕을 비롯하여 구월산 삼성사에서 모신 환인천왕·환웅천왕·단군천왕, 속리산 천왕사 사례 등이 있다. 이와 같은 사례들을 통해 천왕을 천신으로 비정하는 것 또한 무리가 따름을 알 수 있다.

천왕의 성격과 관련하여 지리산 성모천왕, 속리산 '태백재천왕굿(太白在天王굿)'에서 하위 놀이로 남근 큰 것을 봉헌하는 사례, '태백(太伯) 천왕당(天王堂)', 이승휴의 『제왕운기』에 "지리산 성모(聖母)는 지리산 천왕이다"라고 한 표현 등을 통해 천왕이 하늘의 아들이기에 확보한 권위와 함께 지리적 공간을 설정하여 천상의 원리가 지상에서 실현 가능하도록 교화한 존재였음을 알 수 있다. 그러므로 천왕은 천신이나 산신과는 다른 성격의 신령으로 구분할 필요가 있다.(김도현, 2017)

왜냐하면 '지리산(智異山) 천왕(天王)'이라 표현한 것은 지리산이라는 특정지역을 지칭한 것으로 한정된 지역을 의미한다. 이와 같이 특정지역을 한정한 것은 '천왕'을 '천신'으로 인식할 수 없음을 보여 준다. '천신'은 특정지역으로 한정하여 모시는 신령이 아니기 때문이다.

자료 5 삼척 쉰움산 원당에서의 산멕이(2012년 5월)

이와 관련하여 삼척지역을 중심으로 전승되는 산멕이에서 산은 산에 좌정한 조상신을 의미하는데, 이 지역에서 산멕이를 행하기 위해 찾는 최고의 산은 태백산이고, 거리 문제로 못 갈 경우 인근의 근산이나 두타산·쉰움산 등을 찾는다. 이들 산에 역시 천왕을 모신 천왕사나 조상신을 모신 산당이 존재하였다. 이는 천왕을 영험한 산에 좌정한 신화상의 시조신(始祖神)으로 규정할 수 있기에 가능하다.(김도현, 2017)

그러므로 신령(神靈)으로서의 '천왕'은 구월산 삼성사에서 세 분 신령을 모두 천왕으로 여긴 사례, 고려 태조 왕건의 조상인 호경이 神政을 펼친 구룡산 천왕으로 묘사되었다는 사실과 "지리산 성모(聖母)는 지리산 천왕이다"라고 한 『제왕운기』 기록, 대구 논공천왕당 사례 등을 통해 환웅신화에서 보여 주는 천왕으로서의 활동 범위와 성격을 넘어서는 천왕의 모습을 볼 수 있다.

즉, 천왕은 신화상의 시조신으로서 천신이나 산신을 모두 아우르는 모습을 보여 주는 신령으로 여겨지기도 하며, 이에 더하여 우리 민족 최초의 국가는 아니지만 고려를 건국한 태조 왕건을 낳은 위숙왕후를 성모천왕이라 한 것은 새로운 국가를 만든 인물을 탄생시킨 존재를 성모, 즉 천왕으로 여겼음을 알 수 있다. 이와 같은 인식은 더욱 확대되어 경상도 일부 지역에서는 마을을 개창한 조상신 또는 조상신을 탄생시킨 시조를 천왕이라 하여 마을 제사에서 모시는 주신(主神)으로 좌정시킨 사례들 또한 시조신으로서의 의미를 지닌 천왕을 독자적인 신령으로 여겨야 함을 잘 보여 준다.

4. 맺음말

『삼국유사』 고조선조에서 천왕(天王)인 웅(雄)이 삼사를 거느리고, 하늘로부터 내려와 360여 가지 일을 맡아서 세상을 다스리고 교화하였다는 것은 일단 아버지인 환인의 지시 또는 내락으로 한 일이다. 사람이 되어 웅녀와 결혼하여 단군을 낳은 것은 그의 자의적인 판단에 의한 것이다. 이에 천왕으로서의 환웅은 고조선을 건국한 시조인 단군을 낳게 한 신화상의 시조신으로서의 의미를 지닌 독자적인 성격을 지닌 신령으로 볼 수 있다.

그리고 환웅신화는 고조선이 어떻게 생성되었는가를 설명함에 있어 시조 단군의 근본을 풀이하는 데 초점을 맞추고 있기에 단군의 조상에 해당하는 환인과 환웅의 역할이 각각 존재한다. 이와 관련하여 구월산 삼성사에서 상당신으로 '환인천왕'을 모시고, 그 좌우에 환웅천왕과 단군천왕이 협시하는 형태였으며, 모신 신령들의 명칭을 공통적으로 '천왕'이라 한 것은 환인·환웅·단군을 모두 우리 민족 형성과 관련한 신화에서의 시조로 인식하여 이들을 모셨다는 점을 잘 드러내고 있다. 결국 천신·천왕·산신이 등장한 고조선 건국신화가 고려와 조선시대에는 환웅신화에 등장하는 3위의 신령을 신화상의 시조신 성격을 띤 것으로 인식하면서 공통적으로 '천왕'이라 규정한 것으로 볼 수 있다.

이와 같은 의미를 지닌 천왕은 환웅신화에 머무르지 않고, 우리의 역사 전개 과정에서 천왕의 역할을 한 해모수, 구룡산 천왕이 되어 神政을 펼친 고려 태조 왕건의 조상인 호경, 고려를 건국한 왕건의 어머니인 위숙왕후를 지리산 성모, 즉 천왕으로 인식하게 된다. 즉, 부여의 해모수, 왕건의 조상인 호경과 왕건의 어머니는 환웅신화에 등장하는 환웅천왕과 같은 의미로 여겨진 것이다.

이에 더하여 천왕은 마을을 개창한 조상 또는 그 조상을 있게 한 시조를 일컫는 신령으로 여겨져서 마을 제사에서 주신(主神)으로 모셔지는 단계에 이르렀음을 알 수 있었다.

그러므로 『삼국유사』·『제왕운기』를 비롯한 다양한 사서에 수록된 '환웅신화'에서 고조선 건국과 관련하여 소개된 천왕은 천신인 환인의 아들이면서 신불을 열어 천상의 원리가 지상에서 실현 가능하도록 교화하고, 다른 한편으로는 고조선을 건국한 단군의 아버지로 여겨지기에 천신인 환인, 산신이 된 단군과 구분되는 신령이다. 그리고 천왕이 지닌 신령으로서의 의미가 확대 적용되어 국가나 마을, 집안 등을 새롭게 개창한 조상을 탄생시킨 시조신으로서의 위상을 지닌 존재로 현재까지 모셔지고 인식된다.

◎ 참고문헌

『고려사』.

權擥, 1461, 『應制詩註』.

「대한매일신보」 東國 古代 仙教考 (1910.3.11.)

『巫堂來歷』(규장각 古1430-18, 가람古398.3M883)

이규보, 『동명왕편』.

이승휴, 『제왕운기』.

李麟祥, 「遊太白山記」.

이종휘, 『東史』.

일연, 『삼국유사』.

『신증동국여지승람』.

『조선왕조실록』.

홍만종, 1666, 『海東異蹟』.

洪敬模, 『叢史』 중 「檀君系派」.

김도현, 2009, 「강원도 영동 남부지역 고을 및 마을신앙」, 고려대학교 대학원 박사학위 논문.

_____, 2009, 『史料로 읽는 太白山과 天祭』, 강원도민일보사, 강원도, 태백시.

_____, 2009, 「삼척시 미로면 내미로리 쉰움산 산메기」, 『박물관지』15집, 강원대학교 중앙박물관.

_____, 2017, 「한말~일제강점기 태백산에서의 祭儀 전승과 변동」, 『역사민속학』53호, 한국역사민속학회.

서영대, 2000, 「단군신화의 의미와 기능」, 『단군과 고조선사』, 사계절.

_____, 2001, 「단군관계 문헌자료 연구」, 『단군, 그 이해와 자료』, 서울대학교 출판부.

_____, 2008, 「근대 한국의 단군 인식과 민족주의」, 『동북아역사논총』20호, 동북아역사재단.

신종원, 2004, 「단군신화에 보이는 나무신앙 및 역사 인식」, 『삼국유사 새로 읽기(1)』, 일지사.

_____, 2016, 「고대사 사료로서의 『제왕운기』」, 『한국사학사학보』34집, 한국사학사학회.

윤이흠 외, 2001, 『단군, 그 이해와 자료』, 서울대학교 출판부.

이태호, 1981, 「고구려벽화고분23: 인물풍속, 사신도—천왕지신총」, 『북한』112권, 북한연구소.

최광식, 1994, 『고대 한국의 국가와 제사』, 한길사.

_____, 2015, 「桓雄天王과 檀君王儉에 대한 역사민속학적 고찰」, 『한국사학보』60집, 고려사학회.

최병헌, 2001, 「단군 인식의 역사적 변천」, 『단군, 그 이해와 자료』, 서울대학교 출판부.

최종성, 2018, 「〈『帝王韻紀』에 수록된 '天王' 기사 분석(-〈檀雄神話〉에 보이는 天王의 성격을 중심으로-; 김도현 발표)〉에 대한 토론문」, 『2018년 동안 이승휴 학술대회(3회) 발표 자료집』, (사)동안이승휴사상선양회.

한국 산신신앙의 역사와 산신도의 유형

김영자(화랑 람 대표)

* 본 논문은 필자의 다음 논문을 결합하여 수정·보완한 글이다.
김영자, 2003,「산신도에 나타난 호랑이, 배경, 지물의 상징성」,『민속학연구』12호, 국립민속박물관.
김영자, 2005,「산신도(山神圖)에 표현된 산신(山神)의 유형」,『한국민속학』제41권, 한국민속학회.

1. 머리말

산신도(山神圖)는 불화(佛畫), 무신도(巫神圖), 민화(民畵)에 모두 속하는 대표적인 전통 회화이다. 단군(檀君)이 아사달에 들어가 산신이 되었다는 『삼국유사(三國遺事)』의 기록을 통해 우리나라에서의 산신 숭배는 오랜 연원을 지니고 있음을 알 수 있다. 산신은 한국의 가장 대표적인 신령으로 다양한 종교적인 염원을 수용한다. 개별 마을들에서는 마을의 평화(平和)와 안녕(安寧)을 기원(祈願)하고 인간을 보살펴 주는 신령으로 섬기며, 무속인들 사이에서는 일월성군 다음으로 중시되는 신령 중 하나이기도 하다. 이외에 사찰에서도 산신각에 산신을 모셔서 다양한 종교적 염원을 기원한다.

이러한 산신의 구체적인 성격은 그 모습을 담고 있는 산신도를 통해 구현된다. 산신은 매우 다양한 모습으로 표현되는데 산중의 왕으로 불리는 호랑이로 직접 등장하기도 하며 인간의 모습으로 나타나기도 한다. 인간의 모습은 수염이 길고 잘생긴 나이 든 선인(仙人)이 소나무 아래 앉아 있는 모습, 사자(使者)로 호랑이와 동자(童子)를 동반하는 모습 또는 여자 신령 등으로 나타난다. 산신이라는 막연한 대상이 구체적으로 표현된 산신도는 산신이 지닌 다양한 성격을 확인할 수 있는 귀중한 자료가 된다.

산신도에 대한 논의가 윤열수에 의해 구체적으로 이루어진 이후에는 별다른 논의의 진전이 없었다. 윤열수는 산신도의 도상을 형식에 따라 세 가지 형식으로 나누었다. 즉, 1형식은 명부전의 시왕과 같은 모습의 산신도, 2형식은 신중탱화와 같은 모습과 사천왕상을 기초로 제작된 모습의 산신도, 3형식은 해인사 중심으로 남아 있는 불모(佛母) 금암당(金庵堂) 천여(天如) 작품 계열의 산신도와 송광사를 중심으로 활동한 서운당(瑞雲堂) 도순(道詢)의 작품으로 보았다. 그는 3형식의 산신도는 1형식의 지장도 형식과 2형식의 신장상의 영향을 수용하여 융합시킨 형태로 파악했다. 그러나 이러한 분류는 형식상에 있어 산신도가 시대에 따라 변화한다는 속성을 드러내는 데는 유리하지만 산신도의 실상을 파악하기 위해서는 보다 정치한 분류가 요구된다. 또한, 산신도는 불교보다 무속과 관련된 것이 주를 이루므로 산신도의 전반적인 모습을 파악하는 데에는 다소 무리가 있다. 산신도는 우리 민족의 원초적인 신앙의 대상인 산신에 대한 그림이므로 토착신앙 대상물이며, 산신도에 있어 주를 이루는 무신도까지 연구대상으로 삼아야 할 것이다.

특히 무업에 종사하는 강신무라면 누구라도 모시는 신령이 산신이다. 영험하기도 하지만 신선하고 깨끗한 신령이므로, 산신은 무당이 무의식을 하는 데 있어 청결하고 맑은 정기를 주는 신령으로 알려져 있다. 무엇보다 중요한 것은 무속의 성격이 그러하듯이 한국인의 기본적이고 원초적인 심성이 담겨 있다는 점이다. 산신도에는 그러한 기본적인 속성이 잘 드러난다. 따라서 보다 다양하게 변화·발전된 무속의 산신도를 포함하여 산신도의 종합적인 고찰이 요구된다.

산신이 등장하는 산신도에 대한 연구는 산신도에 나타난 호랑이, 배경, 지물의 상징성을 다룬 논의가 있다.(김영자, 2003) 이 글은 산신 또는 산신의 사자로 상징되는 호랑이에 주목한 것이다. 김영자는 산신도에 등장하는 호랑이를 산신으로서의 호랑이, 산신의 사자로서의 호랑이, 벽사적 의미, 수호적 의미, 방위신적 의미, 해학적 의미로 호랑이의 의미를 나누어 살펴보았다.

『삼국유사』의 산신에 대한 논의에는, 우선 『삼국유사』에 등장하는 산신 기사를 검토하여 산신의 명칭·성격 등을 구분하고, 이를 통해 『삼국유사』의 서술 방향을 살펴본 글이 있다.(하정용, 2003) 또한 한중 고대 산신설화를 『삼국유사』

와 『태평광기(太平廣記)』 소재 설화를 중심으로 비교한 연구에서는, 한국과 중국의 산신을 형상과 지위, 권능과 기능면에서 나누어 비교한 후, 이를 양대 문화권의 문화적 특성 내지 민족성의 반영이라는 측면에서 설명하였다.(정경주, 2004)

최근에는 한국 불교 속의 산신신앙과 『삼국유사』에 나타난 민간신앙에 대해 주목하면서, 호법 선신이었던 산신이 불교화한 모습으로 다시 독립된 신앙의 모습을 갖추게 되고, 나아가 사원 내에 산신각을 짓고 산신탱화를 봉안하게 되는 과정을 설명한 연구도 나왔다. 논자는 산신탱화의 도설은 산신의 인격신과 산신의 화신으로서 호랑이를 끌어들이는 일은 재래의 고유 신앙이나 설화에서 자주 산견되는데, 불교는 이러한 발상법을 받아들여 산신신앙으로 수용한 것으로 보았다.(장정태, 2013)

본고에서는 이러한 선행 연구를 바탕으로 한국에서 펼쳐진 산신신앙의 기원과 역사를 살펴보고, 불교와 무속을 중심으로 종교의례 현장에서 사용하는 산신도의 유형을 구분하여 논의를 전개하고자 한다.

2. 산신신앙의 기원과 역사

한국 산신의 시원은 단군신화에 등장하는 단군으로 그 기원은 고조선까지 올라가기에 오랜 역사를 지니고 있다. 고대의 산신신앙은 공동체 의식을 강화시키는 집단 의식이었으며, 국가적 차원뿐만 아니라 고을 단위에서도 이루어졌던 공동체 신앙의 형태였다.

1) 고조선시대의 산신신앙

고대사회의 산신은 『삼국유사』 고조선조에 처음 나타난다. 단군이 죽어 아사달에 돌아와 산신이 되었다는 내용이다.

산신은 한국 무속의 근원적 신령이다. 단군이 산신으로 되었다는 것은 선화(仙化)하여 산천에 묻혔다는 것을 의미한다. 단군신화에서 단군을 국조이자 산신으로 본 이능화는 『조선무속고(朝鮮巫俗攷)』에서 "단군이 산신신앙과 일치하고 있다"라고 했다. 이능화는 무속이 단군 신교에서 유래했다는 것을 다양한 사례를 들어 주장하였다. 또한 '환웅'이나 '단군'이란 이름 자체가 '무당'을 뜻하며, 그것은 마한(馬韓)의 제사장인 '천군(天君)'과 같은 것이고 신라의 왕호인 '차차웅(次次雄)'으로 이어진다고 하였다. 곰과 호랑이가 환웅에게 인간이 되기를 빌어 쑥과 마늘만을 먹고 21일 동안 시련을 겪고 곰이 인간이 된 이야기를 필자는 한 생명이 현 단계에서 다른 단계로 탈바꿈된다는 의미로 보며, 신과 소통하는 능력을 터득하는 성무(成巫) 과정인 통과의례로 본다. 제정일치 단계의 초기국가에서는 왕이 곧 무당이었기 때문에 단군신화에 나타난 단군은 왕이자 무당으로서 최고 지도자로 그 영향력이 지대했다는 것을 알 수 있다. 단군은 하느님(桓因)으로부터 천부인(天符印)을 받아서 내려온 환웅의 아들로서, 고조선을 다스리다가 뒤에 아사달에 돌아와 산신이 되었다.

2) 삼국 – 통일신라시대의 산신신앙

고대사회에서 거행되었던 천신을 주로 모셨던 제사가 삼국시대에는 국가의 시조제(始祖祭), 농신제(農神祭), 산천제(山川祭) 등으로 분화된다. 이 과정에서 삼국시대의 산신신앙은 고대 무속과 연계되어 나타나게 된다.

산신제의 역사에 대해서는 이병도가 한국 최고(最古)의 금석문 〈점제현신사비(秥蟬縣神祠碑)〉(기원후 85)의 내용을 통해 살펴본 적이 있다. 〈점제현신사비〉에는 낙랑군의 점제현에서 산신인 '□평산군(□平山君)'을 모셨다고 새겨져 있는데, 산군은 산신에 대한 높임말이고, '□평'은 용강의 진산(鎭山)인 곤평(昆平)이라고 해설하였다. 고을 주민과 관리들은 산신에게 비바람을 순탄하게 하고,

농토를 윤택하게 하며, 백성이 장수하고, 오곡의 풍성과 도적이 일어나지 않기를 기원했다. 이를 통해 보면 점제현만이 아니라 다른 지역에서도 산군(山君)이라 표현된 산신을 믿었을 것으로 추정해 볼 수 있다.

우리 민족에게 산악은 삶의 원천이고, 터전이며, 근원이라 할 수 있다. 또한 신이 강림(降臨)한 장소이고, 신이 존재하는 곳이며, 신과 소통하는 영험한 성소이기도 하다. 곧 산악은 우리 민족의 기도처이며 대상이고, 혼란한 정신의 안식처이며 귀의처라 할 수 있다.

삼국시대 산신신앙의 양상을 전해 주는 사료에는 『삼국사기』와 『삼국유사』가 있다. 산신이 거처하는 산악신앙과 관련된 기록은 『삼국유사』 권1 진덕왕조(眞德王條), 권2 남부여(南夫餘)·전백제(前百濟)·북부여(北扶餘)조, 권3 오대산오만진신(五臺山五萬眞身)조에서 찾아볼 수 있다. 그 내용은 다음과 같다.

A. 신라(新羅)에는 네 곳의 신령(神靈)한 산이 있으니, 동(東)의 청송산(靑松山), 남(南)의 우지산(于知山), 서(西)의 피전산(皮田山), 북(北)의 금강산(金剛山)이다. 나라에 큰일이 있을 때는 대신(大臣)들이 여기 모여서 의논하면, 그 일이 반드시 이뤄진다.

【『삼국유사』 권1, 기이(1) 진덕왕】

B. 호암사(虎嵓寺)에는 정사암(政事嵓)이 있는데, 국가에서 장차 재상을 뽑으려 할 때 당선될 사람 3-4명의 이름을 써서 함에 넣고, 봉해 바위 위에 놓아둔 뒤 얼마 후에 보고 이름 위에 인장 자국이 있는 자를 재상으로 삼았다. … 또 군 안에 3개의 산이 있어 일산(日山), 오산(吳山), 부산(浮山)이라고 한다. 국가가 전성했을 때 각각 신인(神人)이 그 위에 살면서 날아서 서로 왕래함이 조석으로 끊이지 않았다.

【『삼국유사』 권2, 기이(2) 남부여 전백제】

C. 정신대왕(淨神大王)의 태자 보천(寶川), 효명(孝明) 두 형제의 눈에는 오대산(五臺山)의 여러 산악이 마치 불보살(佛菩薩)의 오만진신(五萬眞身)으로 보여 일일이 예배했다. 어떤 때는 부처의 얼굴, 눈, 손, 발 모양이 나타나고, 혹은 보주(寶珠), 보탑(寶塔), 만등(萬燈) 모양 혹은 금다리(金橋) 모양, 혹은 금북(金鼓), 금종(金鐘), 금륜(金

輪), 신통(神通, 불보살(佛菩薩)의 형상) 모양 혹은 금다락(金樓), 혹은 금옹기(金甕) 모양 혹은 금비녀 모양 혹은 오색광명(五色光明), 원광(圓光) 모양 혹은 길상초(吉祥草) 모양 혹은 푸른 연꽃 모양 혹은 금, 은전 모양 혹은 뇌전(雷電) 모양 혹은 지신(地神)이 솟아나오는 모양, 혹은 말이 사자를 낳는 모양, 혹은 노는 멧돼지 모양, 금봉황(金鳳凰), 금까마귀, 청룡(青龍), 흰 코끼리, 까치, 뱀 모양을 지었다.

【『삼국유사』 권3, 탑상(4) 대산오만진신】

A를 보면 네 방위(方位)의 신령한 산은 신라인들에게 영혼의 안식처였다. 특히 나라의 중대사를 위해 그곳에 가서 숙의하면 반드시 이뤄진다는 믿음이 존재했다는 것을 알 수 있다.

B는 호암사에서 국가의 재상을 뽑았으며 정사암 회의가 이루어졌다는 것을 보여 준다. 정사암 회의는 백제가 538년에 사비성으로 도읍을 천도하고 실행한 귀족 회의로 하늘과 통하는 곳이라는 신성함을 지니고 있었다. 그리고 군안의 세 산의 산신들은 국가가 전성기를 구가할 때에 서로 왕래했다는 기록을 통해 백제인들에게 신령한 곳으로 인식되고 있었다는 것을 알 수 있다.

C를 통해 신라 정신대왕의 두 아들 보천과 효명태자의 눈에는 오대산이 모두 신불(神佛)과 만물로 보였다는 것을 통해, 신라인의 유서 깊은 산악숭배신앙을 엿볼 수 있다.

고조선시대와 마찬가지로 고구려, 신라, 백제 및 부여 등 고대국가에서는 국가 차원의 산신제를 지냈으며 이와 관련된 기록은 『삼국사기』와 『삼국유사』에 나타난다.

D. 고구려 평원왕(平原王) 5년(563) 여름에 크게 가물어 왕이 평상시의 반찬을 줄이고 산천에 기도드렸다.

【『삼국사기』 권19, 고구려본기7 평원왕】

E. 동부여에서는 해부루(解夫婁)왕이 늙고 아들이 없어서 산천에 제사를 지내

후사를 구했다.

【『삼국유사』 권1, 기이(1) 동부여】

F. 고구려에서는 산천에 제(祭)를 지냈다는 사실이 전하고, 신라에서는 삼산(三山)·오악(五岳) 이외의 명산대천으로 나누어 대(大)·중(中)·소사(小祀)로 삼았다. 대사를 지내는 삼산은 나력(奈歷: 습비부), 골화(骨火: 절야화군), 혈례(穴禮: 대성군)였고, 중사를 지내는 오악은 동쪽 토함산(대성군), 남쪽 지리산(청주), 서쪽 계룡산(웅천주), 북쪽 태백산(나이군), 중앙 부악(父岳: 또는 공산, 압독군)이었다. … 소사는 상악(霜岳: 고성군), 설악(雪岳: 수성군), 화악(花岳: 근평군), 겸악(鎌岳: 칠중성), 부아악(負兒岳: 북한산주), 월나악(月奈岳: 월나군), 무진악(武珍岳: 무진주), 도서성(道西城: 만노군), 동노악(冬老岳), 죽지(竹旨), 웅지(熊只), 우화(于火), 삼기(三岐), 훼황(卉黃) …에서 지냈다.

【『삼국사기』 권32, 잡지1 제사】

G. 고이왕 10년(243) 봄 정월에 큰 제단(大壇)을 설치하고 천지산천(天地山川)에 제사를 지냈다.

【『삼국사기』 권24, 백제본기2 고이왕】

D는 평원왕이 기우제를 지냈고, E는 후사를 위해 해부루왕이 산천제를 지냈다는 내용이다. F는 고구려의 산천제에 대한 기록과 함께 신라가 삼산, 오악 이하의 명산대천에 제를 드렸다는 기록이고, G는 백제에서도 삼산이 있어 천지산천에 제사를 지냈다는 사실을 전하고 있다. 즉, 한반도의 70% 이상이 산지이기 때문에 고대부터 각 부족과 마을에서는 본향신인 산신을 숭배했다. 따라서 이러한 신앙의 전통은 삼국시대에 국가의례를 정비하는 과정에서 국가가 주도하는 산신신앙으로 확립되었다고 볼 수 있다.

3) 고려–조선시대의 산신신앙

고조선과 삼국시대를 거치며 형성된 전통적인 산신신앙은 고려조에 이르러 변화하기 시작한다. 중국 제도를 중심으로 하는 중앙정부의 국가 의례와 마찬가지로 지방의 산신신앙도 외형적 변화를 보인다.

고려 성종(재위 981-997)은 중국의 제도에 따라 국가 제례를 확정한다. 산신제가 길례(吉禮)의 대·중·소사에 끼지 못하고 산신신앙은 팔관회 속에 포함되어 존속하게 되었다. 이전 고려 태조는 천령(天靈) 및 오악·명산·대천·용신(龍神) 등을 섬기는 팔관회를 잘 지켜 나갈 것을 후대 임금들에게 당부했다. 팔관회에 대해서는 고려 태조의 「훈요십조(訓要十條)」의 제6조에 다음과 같은 내용이 전한다.

> 나의 지극한 소원은 연등회(燃燈會)나 팔관회(八關會)에 있다. 연등회는 부처를 섬기는 일이고, 팔관회는 하늘의 신령과 오악·명산·대천·용신 등을 섬기는 일이다. 후세에 간신들이 이 행사를 더하거나 줄일 것을 건의하는 행위를 단연코 금지하라. 나도 당초 행사 일자가 국가의 기일(忌日)과 맞물리지 않게 하고 임금과 신하가 함께 즐기겠다고 마음으로 맹세했으니 내 뜻을 받들어 마땅히 시행하도록 하라.
>
> 【『고려사』 권2, 세가(2) 태조 25년 계묘(癸卯) 4월조】

고대부터 전해진 천제의 전통을 계승한 팔관회에서는 천령(天靈), 오악[(토함(吐含), 계룡(鷄龍), 지리(地理·智異), 태백(太伯), 부악(父岳, 八公山)], 명산대천, 용신(龍神) 등을 숭배했다. 고려에서는 이를 매개로 산신신앙의 수용이 이뤄졌다. 그리고 고려 왕실에서는 도선(道詵)이 추점(推占)한 산천순역(山川順逆)을 강조하여 불교와 풍수지리(風水地理)와 관련된 자연 숭배가 자리 잡게 되었다.

잡사(雜祀)의 각종 제사에는 명산대천(名山大川)에 제사 지냄이 삽입되게 된다. 국가제도 차원에서 주로 이루어졌던 신라시대의 산신제와 비교해 보면 이 시기의 국가제례로서 산신신앙은 위축되게 된다.(조홍윤, 1999) 또 고려의 산신신앙의 변화로 주목할 만한 것은 산신의 가호와 음조(陰助)에 보답하고자 중앙정부가 각 지역마다 명산의 산신에게 종종 작호(爵號)를 내리고 제사하게 했다는 사실이다. 고려 숙종 3년(1098) 10월에는 왕이 명산대천에 신호(神號)를 붙였고, 고려 인종 7년(1129)에는 서경(西京)의 새 궁전이 축조되자 왕이 그곳에 왕림하면서 산신들에게 각각 존호(尊號)를 붙이고 새 궁궐의 주산(主山)을 제전(祭典)에 등록하게 했다. 이러한 움직임은 고려 말까지 지속되었다.

고려의 산신신앙은 전체적으로 신라시대에 비해 여러 갈래로 분화되고 제도화되는 경향을 보인다. 첫째, 산신숭배를 포함한 팔관회이고, 둘째, 잡사의 각종 제사에서 치러진 명산대천제이다. 셋째, 민간에서 각 지역의 전통적인 산신신앙을 바탕으로 한 마을굿 또는 산신제이다.(조흥윤, 1999)

고려시대 들어 산신신앙의 방식에는 변화가 나타났지만 산신의 기능에는 별로 달라진 것이 없었다. 고려의 역대 왕들이 명산에서 기우제를 비롯한 제를 많이 지냈고 고려 명종은 태자의 후사(後嗣)를 위해 백두산에서 제를 지내게 했고, 공민왕은 도적이 일어나 국가가 위태롭게 되자 중요 명산의 산신들에게 도움을 청했다. 인종의 치병을 위해서도 명산에서 제가 행해졌다. 이를 볼 때 고려의 산신제에서는 치병, 후사기원, 풍농, 국가수호, 태평기원을 목적으로 신령에 대한 숭배가 이루어졌다는 것을 확인할 수 있다.

조선시대의 산신신앙 역시 무교, 불교, 유교 등 종교의 변화 속에서 그 역사를 살펴보아야 한다. 조선시대 들어서도 고려의 산악숭배가 계승되었고 국가수호, 왕조보존 및 천재지변(天災地變)의 극복과 관련되어 그 역할이 유지되었다. 그럼에도 불구하고 산신신앙은 큰 변화가 발생하게 된다. 조선은 중앙정부의 국가적 의례뿐만 아니라 지방의 산신신앙도 외형적으로 많은 변화가 나타나는데, 이는 조선이 무속을 억압했기 때문이다.

하지만 모순적이게도 왕실의 산신신앙은 보존되었다. 더욱이 국가제례로서의 산신제는 고려 때에 비해 비중이 강화된 것으로 볼 수 있다. 산신제를 중사(中祀) 또는 소사에 편입하였기 때문이다.(유동식, 1975)

이러한 과정을 통해 조선의 마을굿과 산신제는 유교적 형식으로 재편되게 된다. 조선은 유교를 통치이념으로 받아들인 유교국가로서, 유교 체제에 의한 국가제사의 정비가 이루어지도록 노력했다. 이러한 상황에서 산신신앙이 위축될 수밖에 없었으나, 국가 차원의 산신제, 무당의 굿과 마을굿에서 산신을 모시는 전통이 이어짐에 따라 산신신앙이 전승될 수 있었다.

이러한 유구한 전통을 지니는 산신신앙은 역사 전환기인 19세기 후반부터 20세기 전반을 거쳐 현재까지도 민간신앙에서 매우 중요한 위치를 차지하여 면면이 이어지고 있다.(김도현, 2017)

3. 산신도의 유형

사찰에 가면 법당 위쪽에 산신각(山神閣), 산령각(山靈閣), 산왕각(山王閣), 산신당(山神堂), 산제각(山祭閣), 삼성각(三聖閣), 독성각(獨聖閣), 칠성각(七星閣)이라 명명된 조그마한 전각을 흔히 볼 수 있다. 이러한 전각에서 흔히 볼 수 있는 것이 산신도이다. 여기서 삼신각, 독성각, 칠성각 등의 전각 비중이 적은 것은 아니지만, 산신각이 가장 보편적이다. 산신은 불교의 토착 신령이 아니라 한국에 불교가 수입된 이후 재래의 신이 불교에 유입된 신령이다. 이에 산신은 불교신앙과 토착재래신앙의 융합을 보여 주는 것으로 보기도 한다.(최광식, 1981) 고대사회에서 선종(禪宗)의 유행 이후로 사찰이 산속에 위치하게 되면서 실제 산의 주인인 산신에 대한 숭배가 더욱 강조되었을 것이다. 이러한 과정 속에서 산신은 불교의 신령으로 흡수되어 산신각에 모셔지게 되었을 것이며, 그 결과 산신도로 표현되었을 것이다.

한편 무업에 종사하는 종교 직능자라면 누구라도 모시고 있는 신령이 바로 산신이다. 산신은 산신 할아버지, 할아버지, 산신령님, 신령님 또는 각 도처에 있는 명산의 이름을 붙여 '아무개 산신령' 등으로 다양하게 불린다. 산신은 위의 명칭으로 볼 때에 신령인 동시에 여성 혹은 남성으로 의인화된다.

이처럼 고대부터 모셨던 신령인 산신은 불교를 비롯한 무속 등의 의례과정에서 각기 중요한 신령으로 모셔졌다. 그러나 그러한 산신을 표현한 산신도는 각 종교마다 그 종교의 특성에 입각하여 그려지곤 했지만 토착신이라는 성향 때문에 다른 종교에서 매우 유사하게 묘사되기도 했다. 이러한 점은 결국 산신이 지닌 오랜 신앙성, 중요성에 의한 것으로 이러한 산신도를 종합적으로 파악함으로써 산신에 대한 이해를 증진시키고자 한다. 그러기 위해서 먼저 각 종교별로 독특하게 묘사된 산신도의 종류를 파악하고 그 다음에는 두 종교에서 공통적으로 묘사하고 있는 산신도를 살펴보고자 한다. 토착 신인 산신의 모습을 불교와 무속에서는 어떻게 자신들만의 모습으로 표현하였는가는 결국 산신의 이해에 있어 각 종교적 심성을 파악하는 데 도움이 될 것이며 두 종교의 신념이 만들어 낸 공통분모를 지닌 산신도를 통해서 산신의 성격을 보다 분명하게 살펴볼 수 있을 것이다.

본고에서는 불교 계통의 산신도(승려형 산신, 신중형 산신)를 우선 다루고, 무속 계통의 산신도(대감형 산신, 신장형 산신)를 살펴본 후에 불교와 무속에 모두 보이는 산신도[도인형산신(기호산신형, 산신·호랑이·시동의 삼위일체형, 산신보위형)과 여성형 산신]를 중심으로 논의를 전개하고자 한다.

1) 불교계통의 산신도

사찰경내의 산신각에 해당되는 건물에 모셔진 산신도는 그 종류가 매우 다양하다. 그중 불교계통의 산신도로 볼 수 있는 것으로는 승려형 산신도와 신중형 산신도가 있다.

(1) 승려형 산신도

불화 계통의 산신도에 많이 등장하는 승려형 산신도는 산신의 모습이 승려의 모습을 하고 있어, 불교적인 색채를 엿볼 수 있다. 승려형 산신도의 원형은 서울 근교 경국사 외벽에 그려진 풍간기호도(豊干騎虎圖)(자료 1)에서 볼 수 있다. 풍간은 중국에 널리 알려진 일승(逸僧)이며, 그 제자인 한산과 습득은 낙천적이고 탈속적인 승려이다. 그들은 불교의 형식적인 교리에 얽매이지 않으면서도 불교의 이치를 통달하였기에 불가에서나 속가에서 회자(膾炙)의 대상이 되었고, 또한 그림으로도 나타난다. 이때 풍간은 호랑이를 타고 다니는 모습으로 그려졌다고 한다. 이러한 그림은 산신도가 유행하는 18세기 이전에도 종종 그려졌다.

정선의 「송암복호(松嵓伏虎)」의 경우에는 산신과 소나무 그리고 호랑이의 위치 등 기본적인 배치는 산신도와 거의 유사하나, 필치와 화법상의 특징이 기본적인 산신도와는 다르다. 또한 달마가 호랑이를 타고 있는 모습으로도 그려지곤 했는데 이러한 유행이 어느 정도 승려형 산신도에 영향을 주었으리라 생각된다.

독성형 또는 승려형 산신도에 등장하는 호랑이는 대개 크기가 아주 작은 모습으로, 불교의 승려인 듯한 산신에 귀의하는 나약한 모습으로 나타난다. 그 대표적인 예로 에밀레박물관의 산신도(자료 2)가 있다. 해학적이며 언뜻 보기

자료 1 풍간기호도(경국사 소장)

자료 2 산신도(에밀레박물관 소장)

에는 쭈그리고 앉은 큰 고양이 같다. 산신의 사자(使者)가 되려면 산신으로부터 영약을 받아 마시고, 피가 깨끗해져야만 비로소 신화(神化)되고 사자로서의 자격을 갖추게 된다. 그 절차가 바로 이 그림이다. 또 다른 승려형 산신으로 그려진 예는 서울대학교 박물관의 산신도가 있다. 이는 아주 드문 산신도로서 산신의 머리가 아무 치장 없이 비구니 머리같이 표현되었지만, 형형한 두 눈은 눈초리가 강하게 올라가면서 진하게 그려져 산신의 인상이 매우 이지적으로 보일 뿐 아니라 정신 세계에 존재하는 스님의 상을 잘 보여 주고 있다. 에밀레박물관의 승려형 산신도의 경우도 좋은 예가 된다. 흑백 도판이므로 실물을 확인할 수 없지만, 호리병이 달린 석장을 든 승려형 산신의 오른쪽에 호랑이를 그리고, 그 좌측에는 동자를 대동하고 있는 모습이다. 특별한 배경이 없는 이러한 산신도는 불교의 영험으로 감복된 호랑이의 모습과 그러한 산신의 모습이 일반적인 승려의 모습을 하고 있는 점 등 불교 계통의 교화적 목적이 강하게 엿보인다.

(2) 신중형(神衆形) 산신도

신중은 불교의 호법신(護法神)으로 법당의 중심부에서 왼쪽과 오른쪽 벽에 봉안된다. 한국 최초의 신중탱화는 화엄신중신앙(華嚴神衆信仰)에 바탕을 둔 39위(位) 신중탱화이다. 신중탱화에는 한국 재래의 신들이 많이 등장하기도 한다.

이러한 신중이 산신으로 등장하는 예는 1820년에 제작된 경북 의성 고운사의 산신도(자료 3)이고 무속식 신장형 산신도는 1821년경에 그려진 대구 영남대학교 박물관의 산신도(자료 4)이다. 이 두 그림은 매우 유사하여 상호 연관이 있음을 알 수 있다. 이 그림에는 호랑이가 등장하지 않고 머리에 봉익형(鳳翼形) 장식에 삼지창이 꽂힌 무사의 투구를 쓰고 어피(魚皮) 갑옷을 입었으며 탁자에 두 다리를 벌린 채 정면을 노려보며 걸터앉아 있다. 오른손에 장검을 곧추세우고 왼손은 긴 턱수염을 쓰다듬고 있다. 좌우 어깨에는 일월도가 각기 그려져 있다. 고운사 산신도에는 공양물을 받쳐 든 동자가 좌우에 시립해 있다.

자료 3 신중형 산신(경북 의성 고운사 소장)

자료 4 신중형 산신(영남대학교 박물관 소장)

봉익형의 장식에 삼지창이 꽂힌 무사의 투구는 흔히 동진보살의 모습에서 찾을 수 있다. 동진보살은 불법(佛法)을 수호하는 보살로 천진난만함을 그 본성으로 하는 보살을 뜻한다. 이 보살은 흔히 초선천(初禪天)에 있는 범왕(梵王)으로 보기도 한다. 그 얼굴이 동자를 닮았고 방울을 들었으며, 붉은 번(幡)을 가지고 공작을 타고 있다. 이외에 불법을 수호하는 신으로서, 위타천(韋陀天)·위천장군(韋天將軍)·위태천신(韋汰天神)이라고도 한다. 이 신령은 사천왕 중 남방 증장천(增長天)의 8장군 가운데 하나로서 32천의 우두머리이기도 하다. 이처럼 중요한 동진보살의 모습을 산신으로 표현한 것은 32천의 우두머리라는 성격에서 비롯된 것으로 여겨진다. 불법의 수호신답게 무장(武將)의 모습을 하고 있다. 그러나 무속에서 무장의 모습은 산신을 표현하는 적당한 방식이 아니다. 이러한 모습은 오히려 신장(神將)에서 찾을 수 있다. 불교에서는 신장=신중이지만 무속에서는 신중이라는 표현은 전혀 사용하지 않으며 그저 신장으로 표현한다. 신장은 산신과는 별개의 존재로 여긴다. 무속에서 산신은 산속의 고요함을 담고 있는 존재로, 인간의 공간이 아닌 신령의 공간인 산이라는 공간과 어울리게 은밀함과 적적함을 곁들여 표현한다. 인간 세상에서나 요구되는 힘의 논리를 수용한 존재로, 무력(武力)을 지닌 존재인 신장은 산신의 고요함과 달리 역동적이다. 때문에 무속에서는 신장형 산신이 드물 수밖에 없다.

불교식 산신도에 투구를 쓴 동진보살형의 산신이 등장하는 것은 산의 수호자인 산신을 불법의 수호자로서의 가장 큰 존재와 동일시하였기 때문으로 여겨진다. 이들 산신도에는 각기 명문이 쓰여 있는데, 고운사 산신도에는 '대권산왕지영(大權山王之影)'이라 되어 있고, 영남대학교 박물관 것에는 '나무산왕대신지영(南無山王大神之影)'이라 쓰여 있다. 대권산왕지영이란 '큰 권세를 지닌 산왕(=산신)'을 의미하며 나무산왕대신지영이란 '산왕대신(=산신)에게 돌아간다'는 뜻이므로 두 명문 모두 큰 산신의 존재를 표현하고 있다. 따라서 산신이 동진보살의 모습을 취한 것은 동진보살이 지닌 큰 수호신이라는 속성을 취했기 때문이라 하겠다.

2) 무속계통 산신도

무속에서 산신은 가장 중요한 신령으로 가장 많은 수의 무신도로 존재한다. 무신도 중 산신도의 명칭은 흔히 '산신 할아버지', '할아버지', '산신령님', '신령님', '삼신', '본산신령(本山神靈)', '태백산 신령', '구월산 신령', '삼각산 신령', '여산신', '산신령 내외분', '산토신령(山土神靈)', '산신도사(山神道士)' 등으로 불린다. 이러한 명칭을 통해서 볼 때 산신은 의인화되어 남성이나 여성 단독으로 나타나기도 하고 부부신으로 함께 나타나기도 한다. 의인화되지 않을 경우에는 그저 산신령님, 신령님, 삼신 등으로 표현된다. 때로는 지역의 명칭을 붙인 채 등장하기도 한다. 간혹은 '산신도사'로 표현되기도 한다. 이처럼 산신은 명칭으로도 매우 다양하게 존재함을 알 수 있다. 그렇다면 무속에서 중요한 신령인 산신을 표현한 산신도의 유형은 크게 대감형 산신과 신장형 산신으로 구분할 수 있다.

(1) 대감형 산신

황해도 만신 김금화 소장의 산신도(자료 5)의 예에서 대감형 산신도의 모습을 볼 수 있다. 불교와 무교가 습합된 듯한 산신은 빨간 관복에 까만 관모를 쓰고 관화를 신었다. 머리는 여자의 긴 머리처럼 어깨까지 늘어졌고, 턱수염과 같은 붓놀림으로 처리된 카이젤 콧수염이 이채롭다. 긴 머리와 함께 시대 감각을 물씬 풍기는 것 같다. 한쪽 손에는 불로초를, 또 다른 손에는 산삼을 들고 있으니, 장수와 건강을 관장하는 산신이라는 것

자료 5 대감형 산신(황해도 만신 김금화 소장)

을 상징적으로 표현한 것이다. 불로초는 무병장수를 상징하고 산삼은 죽음을 회생시킬 수 있는 마력을 지니고 있다.

산은 풀 한 포기 없는 민둥산으로 표현하였는데 산꼭대기의 소나무만 빽빽이 병풍을 친 것처럼 그렸고 구름은 어린아이가 그린 뭉게구름 형태로 처리하였다. 뒤에는 산과 나무와 구름이 어린아이가 그린 듯한 느낌이 들긴 하지만, 전통적이고 관념적인 사고에서 과감히 탈피한 형식으로 개성 있고 예민한 시대 감각이 돋보인다. 산신의 빨간 옷, 빨간 입술 그리고 빨간 불로초와 꽃들, 또한 같은 색 계통인 오렌지색 산과 검은 선의 소나무, 그리고 오렌지색 호랑이 몸과 검은색 줄무늬가 색의 대비와 반복을 보여 줌으로써, 그림 전체에 흐르는 느낌이 따뜻하고 호랑이 네 발의 특이한 처리가 약간은 만화적이다.

이 밖에 대구의 건들바우박물관에 보관된 무신도(1900년도)에는 대감형의 산신 두 명이 호랑이에 걸터앉아 서로 마주 보며 앉아 있다. 각기 뒤에는 두 명씩 시종자를 거느렸다. 왼쪽 산신은 붉은색 도포를, 오른쪽 산신은 녹색 도포를 입었다. 명문을 통해 볼 때에 이 쌍둥이처럼 생긴 두 산신은 '비룡산신령(飛龍山神靈)'이다. 두 명의 대감형 남성이 주신인 비룡산산신도는 독산신과 달리 번화함이 느껴진다.

대감형으로 산신을 표현한 것은 산신에게 바라는 바람이 응축된 결과로 여겨진다. 대감은 정2품의 고관의 별칭이지만 이것이 무속에서는 흔히 강력한 힘을 지닌 존재로 표현된다. 별상대감, 성주대감, 천신대감, 사해용왕대감, 산대감, 영산대감, 홍씨대감, 외인대감 등으로 여러 신명에 대감이 추가된다. 이럴 때에 대감은 세속의 정치권에서 강력한 힘을 발휘할 수 있는 존재로서 인간의 바램을 실현시켜 줄 수 있는 실질적인 권력을 지닌 존재로 관념되었다고 볼 수 있다. 강력한 정치적인 힘을 지닌 존재가 강력한 주력(呪力)을 지닌 존재로 여겨진 것이다. 특히 산대감은 산에 계시는 대감이며, 천신대감은 하늘에 계시는 대감으로서 우주의 현상을 지배하고 인간의 행복과 재화를 담당한다고 여긴다.(이필영, 2004) 이처럼 산과 천신을 대감으로 관념하는 것은 결국 대감형 산신도가 존재할 수 있는 배경을 의미한다.

대감형 산신도의 경우 가슴에 쌍학(雙鶴) 혹은 단학(單鶴)이 그려진 흉배를 달고 관복에 사모를 쓴 문관의 모습을 취하는 것이 보다 일반적이다. 산신을 무관이 아닌 문관의 모습으로 묘사하고 있는 것은 왜일까? 문관은 어느 시대에나 최고의 관직을 대변하는 것으로, 임금 다음으로 가장 강력한 힘을 지닌 존재로 여겨지기 때문이다. 이러한 최고라는 성향은 문관=산신의 관념을 생성케 한 것 같다. 간혹 문관이 걸맞지 않게 호랑이를 안고 있기도 하다. 다른 무신도와 달리 이때의 호랑이는 대호(大虎)가 아니라, 새끼 호랑이(개호주)이다. 새끼 호랑이는 결국 산신의 성격 중 기자(祈子)와 연결된 것이 아닐까 한다. 아이를 점지하는 산신이라는 성향이 강조될 때에 새끼 호랑이를 안고 있는 것으로 표현된 것으로 볼 수 있기 때문이다. 걸맞지 않은 모습, 그것은 무속적인 상상력에 따라 필요에 의해 취사선택한 결과라 하겠다. 최강자의 권력, 아이를 부여하는 존재 이 두 가지는 산신의 성격을 잘 드러내 준다.

(2) 신장형(神將形) 산신

신장은 원래 하늘을 관할하는 구천신장(九天神將), 지상의 동서남북과 중앙을 지키는 오방신장(五方神將), 일년 삼백육십오일을 관장하는 간지신장(干支神將), 다섯 곳의 명산 위에 있는 오악신장(五嶽神將) 등이 있다. 즉 신장은 하늘(구천, 九天), 땅과 산(오악, 五嶽), 바다(사해, 四海), 방위(오방, 五方), 해와 달의 음양조화(간지, 干支) 등을 관장한다. 여러 종류의 신장들은 각각 정해진 역할에 따라 그 기능이 다르다.(양종승, 1999) 그러나 무속에서는 이를 용맹스러운

자료 6 무화 기호신장도(정해석 소장)

장수를 표현한 신령으로 이해한다. 산신이 호랑이를 타고 있으며, 한 손에는 모든 재액을 잘라 버린다는 칠성도를 휘두르고, 다른 손에는 삼지창을 들고 있는 신장으로 묘사되어 있다.(Covell, Alan Carter, 1986) 이러한 그림은 매우 드물다. 앞의 신중형 산신도에서도 언급했듯이 무속에서는 신장을 장군으로 이해하므로 산신과는 다른 존재로 여긴다.

3) 불교와 무속에 공통으로 등장하는 산신도

(1) 도인형(道人形) 산신

산신의 모습이 도교 인물상처럼 표현되는 도인형 산신도는 산신도의 대부분을 차지한다. 산신이 도인으로 나타나는 것은 도교의 도인이 은일(隱逸)한 존재라는 관념에서 비롯된 것으로 볼 수 있다. 산중에서 도를 닦는 도인이란 산신으로 보일 여지가 농후하다.

무속에서는 도인형 산신을 흔히 '산신 도사'라 표현한다. 불교의 부처처럼 도의 경지에 든 도사이면서 신으로 군림한 자로 이해된다. 산신 도사로 표현될 경우 불교에서 사용하는 백팔염주를 목에 걸고 있는 것은 불교의 도를 닦았음을 드러낸다. 백발의 산신 도사가 오른손에는 도사 지팡이를 들고 왼손에는 신선 부채를 들고 있다. 또한 항시 시중드는 선녀를 동반한다. 선녀는 자손 점지를 상징하는 천도복숭아 세 개를 가지고 있다. 산속의 기암절벽(奇巖絶壁)에 앉아 도인의 경지에 들어 있는 모습을 자아낸다. 무당은 굿을 할 때 산신 도사를 청하기 위해서 도사처럼 하얀 도포를 입고 부채를 들고서 무가를 부른다. 이처럼 도인형 산신도는 무속식 산신과 달리 불교적인 색채가 농후하다.

불교에서의 도인형 산신도는 호랑이를 거느리기도 하고 산신 홀로 등장하기도 한다. 홀로 존재할 경우에는 이를 독성(獨聖)으로 보기도 한다. 독성은 한국불교에서만 숭상하는 신앙의 대상 가운데 하나이다. 독성수(獨聖修) 또는 독성존자라고도 한다. 독성은 홀로 인연의 이치를 깨달아서 도를 이룬 소승불교의 성자들에 대한 통칭으로 사용되었으나, 나반존자가 홀로 깨친이라는 뜻에서 독성 또는 독성님이라고 부른다. 그 모습은 하얀 머리카락을 드리우고 있으며 눈썹은 매우 길며 미소를 띤 경우가 많다. 최남선(崔南善)은 나반존자가 불교의 것이 아닌 민족 고유 신앙의 것으로서 단군의 상으로 보았다. 반면에 불교계 일부에서는 이를 말세에 복을 줄 수 있는 아라한의 한 분으로 신앙하고 있으며, 십팔나한의 하나인 빈두로존자(賓頭盧尊者)로도 보고 있다.

이처럼 두 종교에서 각기 도인을 산신으로 표현하는 것은 산신과 도인이 지닌 특성 때문이다. 산속에서 도를 닦는 도인의 이미지는 어느 종교를 막론하고 산신으로 표현될 수 있기 때문이다.

이러한 도인형 산신도에는 때로는 호랑이를 동반하기도 하지만 산신만 혼자 등장하는 경우도 있다. 호랑이를 동반하는 경우의 빈도가 높으므로 이를 대상으로 하여 그 유형을 구분하면 다음의 세 가지 유형으로 구분된다. 첫째, 호랑이가 산신이 타고 있는 승물(乘物)로 나타나는 기호산신형(騎虎山神型), 둘째, 호랑이가 산신 옆에 웅크리고 앉아 옆에 있는 시동(侍童)과 삼위일체가 되어 나타나는 경우, 셋째, 호랑이가 산신의 몸을 감싸면서 나타나는 산신보위형(山神保衛型)의 경우이다. 이를 개별적으로 살피면 아래와 같다.

① 기호산신형(騎虎山神型)

현존하는 최고(最古)의 산신도는 현재 경북 영천 은해사에서 소장 중인 산신탱(山神幀, 자료 7)이다. 19세기에 그려진 이 산신탱은 미술사적으로도 드물게 불상처럼 후광과 신광을 겸비한 산신도이다. 초기 산신탱이 불화의 영향을 받았음을 보여 주는 귀중한 예로, 그 화필(畵筆)이 매우 정교하고 섬세하다. 이 작품은 산신이 한쪽 어깨는 옷을 걸치지 않고 맨살을 내놓고 있다. 이는 매우 드문 경우이며 획기적이며 대담한 수법이다. 옷에는 불화에 나타나는 만자문(卍字文)을 산스크리트어로 새겨 놓았다. 이것은 불화 계통 산신도에 나타나는 특징이다. 특히 산신은 호랑이 위에 마치 의자처럼 편안하게 걸터앉아 있다. 배경

자료 7 기호형 산신(경북 은해사 소장)

자료 8 산신도(금어교환 작)

이 되는 소나무와 소나무 잎 처리를 대담하고 추상적으로 처리했다. 금빛 나무인 양 금박을 입혔고 뒷배경을 전부 차지한 소나무 잎도 검은 점으로 뿌려져 있어 약간은 일본화 분위기를 풍긴다. 두 명의 동자가 등장하는데 한 명이 보병을 받쳐 들고 있고 또 다른 동자는 큰 소나무 뒤에서 반쯤 모습을 드러낸 채 호기심 어린 눈으로 호랑이를 엿보고 있다.

이러한 기호산신형 산신은 초기 산신탱에 비교적 자주 나타나는 소재인 듯하다. 두려움의 대상인 용맹한 호랑이를 불교적으로 포용하여 산신이 다스리는 모습을 상징적으로 보여 주려는 의도로 보인다. 즉, 교화의 목적이 내포되어 있는 것으로 생각된다.

그 대표적인 예가 가경(嘉慶)12년(1807)의 명문(銘文)이 있는 산신탱(자료 8)이다. 특히 산신탱을 그린 금어교환(金魚敎桓) 화승(畵僧)의 명문도 함께 발견되어 산신탱 연구의 중요한 자료가 되고 있다. 산신의 자세는 말을 타듯이 호랑이를 타고 앉아 있는데 마치 도교의 신선같다. 흰 대머리에 족두리 같은 것을 올려놓았고 머리에서부터 불룩 나온 배까지 맨살을 드러냈으며 붉은색에 검은 테두리를 친 의복을 걸친 산신의 자태는 대담하고 당당해 보인다. 오른손에는 파초선을 지니고 왼손에는 긴 석장을 잡고 있다. 석장의 끝에는 경함(經函)과 두루마리, 그리고 불자(拂子)가 비단 끈에 매달려 있다. 산신을 등에 태운 호랑이의 얼굴 표정은 해학적이며 꼬리는 치켜 올라가 있다. 오색이 영롱한 구름이 상반부를 덮고 있으나 소나무는 확실히 보이지 않는다. 산신 양쪽에 있는 두 시동은 천도복숭아를 받쳐 들고 있다. 이 산신탱의 특이한 구도는 산신의 왼쪽 부분에 불화에 자주 등장하는 금강역사(金剛力士)가 오른손에 긴 칼을 잡고 왼쪽 발을 호랑이 뒤쪽 발 위에 올려놓고 있다는 점이다. 산신의 신변을 지켜 주는 수호신 역할을 하는 것으로 보인다. 당시 불화계통 화풍의 영향을 보여 주는 또 다른 중요한 예이다. 이 작품은 여태껏 금암당(錦庵堂) 천여(天如)의 작품(자료 9)으로 알려진 경남 해인사 소장 산신도(1831)와 좌우가 바뀌었을 뿐 너무나 흡사하다. 세부적으로 약간의 변화가 있을 뿐 구도, 색채 등 모든 면에서 거의 유사하다. 금어교환과 금암당 천여의 관계가 집중적으로 연구되어야 할 것으로 보인다. 금암당 천여는 해인사 산신도를 비롯하여 함양 벽송사 신중탱화(1871)에 이르기까지 40여 년 동안 전라도 일원에서 작품 활동을 하였다. 따라서 1831년 작으로 알려진 해인사 소장 산신도는 천여가 막 그림을 시작하던 초기작에 해당한다. 하지만 이 그림은 화풍상 너무나 뛰어난 완숙한 경지의 필치를 보여 주고 있다. 따라서 금암당 천여의 작품이라기보다는 금어교환의 작품을 모방하였거나 최소한 그 초본을 구했을 것으로 볼 수 있는 가능성이 있다.

영국 대영박물관에 보관된 산신도

자료 9 산신도(금암당 천여 작)

자료 10 산신도(영국 대영박물관)

자료 11 탱화 산신도(에밀레박물관 소장)

(자료 10)에는 한국 재래신앙의 신격인 산신과 불로장생의 도교적 상징물인 십장생(十長生)이 함께 표현되어 있다. 화면에는 두 갈래로 곧게 자란 소나무와 기괴한 암벽 및 폭포 등을 배경으로 오른손에 불로초를 들고 있는 산신이 정면을 바라보고 있다. 사실적인 호랑이의 표현 등으로 미루어 보아 20세기 전반에 제작된 작품으로 추정되며, 산신도 중 수작으로 평가된다.

② 산신(山神), 호랑이, 시동(侍童)의 삼위일체형

도인형 산신도의 두 번째 유형으로는 산신, 호랑이 그리고 시동이 삼위일체형으로 표현되어 있는 그림이다. 그 유형에서 드러나는 호랑이의 모습은 대체로 순한 동물이나 인격이 갖추어진 산신의 미소와 닮은꼴임을 알 수 있다. 이러한 경우는 옆에 시립한 시동의 모습에도 나타난다.

가장 대표적인 예로 에밀레박물관장 고(故) 조자용 소장 산신도(자료 11)가

자료 12 산신도(설악산 중대암 소장)

자료 13 산신도(경북 직지사 소장)

있다. 산신의 머리 장식의 의습은 도교의 신선 차림이지만, 전체적으로 흐르는 느낌은 한국적이고 무속적이다. 유난히도 가늘고 긴 손가락과 손톱이 눈에 띄고 가사의 꽃무늬와 옷 가장자리를 장식한 꽃무늬도 한국적으로 단군의 초상을 많이 닮았다.

이러한 종류의 산신도는 하나의 화파를 형성했던 것으로 보이는데 이와 유사한 구도, 필치를 설악산 중대암 산신도(자료 12)와 직지사 소장 산신도(자료 13)에서도 엿볼 수 있기 때문이다. 이들 도상에서 드러나는 특징은 마치 호랑이가 산신의 또 다른 모습으로 화신(化身)한 느낌을 준다는 점이다. 땅에 배를 깔고 산신 옆에 엎드려 있는 호랑이의 표정은 산신의 표정과 일맥상통한다. 즉 기독교에서 성신(聖神), 성부(聖父), 성자(聖子)가 성삼위일체(聖三位一體)를 이루듯이 이 산신탱에서도 산신과 호랑이 그리고 동자가 각기 다른 모습 속에서 하나의 일체된 모습을 구현하고 있는 것이다. 이를 통해 산신탱을 그린 화승(畵僧)의 뛰어난 필치와 아이디어를 엿볼 수 있다.

동자는 산신과 대조적으로 흰 얼굴에 독특하고 긴 귀 끝에 고리 걸이를 하였으며 두 손으로 받쳐 든 불자(拂子)에는 긴 술이 늘어져 있다. 허리에는 빨간 허리띠와 표주박을 찼으며 맨발에 짚신을 신었다. 어깨에 두른 나뭇잎 쾌자는 신선의 세계를 강조하였다. 특히 동자의 흘러내린 바지와 맨발과 짚신, 또 앞으로 약간 흩날리는 옷고름 자락은 단원 김홍도의 「선동취적(仙童吹笛)」에 나오는 선동을 연상케 한다.

긴 눈썹, 긴 수염, 긴 귀, 또 길게 옆으로 그어진 눈, 긴 손가락과 손톱, 모두가 보통이 아닌 형상으로 표현되었지만, 산신의 얼굴표정은 한없이 어질고 착하기만 하다. 이러한 표정은 옆에 있는 시동의 모습과 호랑이의 얼굴에서도 그대로 드러난다. 일반적인 산신도의 예에서는 호랑이가 산신령의 사자(使者)처럼 표현되었지만, 이 유형의 산신도에서는 산신과 호랑이, 그리고 시동까지 각기 다른 형태의 모습이긴 하지만, 모두 산신의 신령스러움을 삼위일체된 모습으로 보여 주고 있다.

③ 산신(山神)보위형

호랑이가 산신의 화신(化身)처럼 시좌(侍坐)하고 있는 위의 예와 달리 호랑이가 산신의 몸을 완전히 감싸고 있는 경우도 있다. 마치 산신의 복장인 양 밀착되어 나타나는 형태이다. 서울 화장사 소장의 산신도(자료 14)가 그 대표적인 예이다. 산신의 모습은 도교적인 면과 유교적인 면이 섞여 있으며 머리 뒤에는 후광이 그려져 있다. 붉은 도포가 성스럽게 보이며 머리 장식과 금비녀가 고귀한 느낌을 준다. 호랑이를 소파처럼 기대고 앉아 있는 자세인데 얼굴

자료 14 산신도(서울 화장사 소장)

에는 약간의 미소가 서려 있다. 배경이 되는 소나무도 가운데 있는 산신을 중심으로 양쪽에서 마치 산신을 보호하려는 듯 늘어져 있다. 소나무가 마치 뭉게구름이 피어오르는 것 같다. 산신의 다리 높이에도 못 미치는 동자들은 산신의 본체와 위력을 극대화시키려는 의도이다. 동자는 쟁반 위에 금두꺼비를 받쳐 들고 다른 동자는 지팡이에 불로초를 담은 바구니를 메고 있다. 금두꺼비는 재물을, 불로초는 장수를 뜻한다.

이러한 예는 송광사 소장 산신도(자료 15)에도 나타난다. 두건을 쓴 도교적인 산신은 머리에 리본을 달고 있는데 그 두 끝이 앞가슴까지 늘어졌다. 흰 눈썹, 흰 콧수염, 흰 턱수염이 산신을 더욱 위엄 있고 덕스럽게 만든다. 짙은 붉은색 꽃무늬가 기하학적으로 그려진 도포는 산신의 흰 피부와 함께 돋보인다. 산신의 자세는 호랑이를 기대고 앉은 모습이다. 굵은 소나무가 위로 올라가 구름을 이고 산신의 머리 위로 드리워져 있다. 대각선으로 굵게 올라간 소나무와 비슷한 높이로 유연하게 올라간 호랑이 꼬리가 보인다. 소나무 위로 물 흐르듯 처리한 구름은 퍽 평화스럽고 율동적이다.

이에 반하여 호랑이는 꼬리를 하늘로 치켜들고 얼굴은 고양이 상(像)을 하고 엎드려 있다. 위로 찢어진 눈과 날카롭게 뻗어 나온 송곳니가 호랑이의 인상을 약간 표독스럽게 만들긴 하지만, 호랑이 인상은 역시 전체적으로 해학적이다. 이러한 해학적 호랑이의 얼굴이 비교적 늦은 시기에 나오는 것이라는 설이 있지만 이미 17세기 초 무관의 흉배에 이

자료 15 탱화 산신도(승주 송광사 소장)

러한 해학적 호랑이가 표현되어 있다. 따라서 이 설은 재고되어야 한다.

국립 중앙박물관에 소장되어 있는 조선시대 무관 조경(趙儆, 1541-1609)의 1604년 영정(자료 16)에 표현된 호랑이에는 이미 근엄한 표정과 대조되는 아주 해학적인 모습의 호랑이가 등장하고 있다. 이외에도 도인형 산신도의 경우, 호랑이가 산신의 편안한 소파처럼 등장하는 경우 말고도 산신과 분리되어 시좌(侍坐)하고 있는 경우, 산신 옆에 시동이 등장하지 않는 경우도 나타난다.

자료 16 조경 영정(국립중앙박물관 소장)

(2) 여성형 산신

가장 보편적으로 나타나는 산신은 위에서 살펴본 도인형의 남성 산신도이다. 그러나 종종 여성이 산신으로 표현되기도 한다. 이러한 점은 지금도 계룡산, 지리산의 산신을 여성으로 보는 관념과 무관하지 않을 것이다.

무속에서는 여성 산신은 산신아기씨(山神阿只氏), 부군아기씨(府君阿只氏), 삼신할머니, 여산신 등으로 여성이 강조되는 이름을 지닌다. 단순히 여성이 강조되는 명칭을 사용하기도 하지만 아기씨, 할머니 등으로 그 모습을 유추해 볼 수 있는 것도 있다. 이는 산신이 '할머니'라는 노파의 모습을 띠기도 하지만 '아기씨'라는 명칭에서처럼 젊은 아가씨의 모습도 지니고 있다.

이러한 여성 산신의 존재를 역사 문헌에서 살핀다면 산신이 여성으로 간주되는 것이 흔하다. 여성 산신의 존재는 신라의 선도산 성모인 운제부인이나 가야국의 정견왕후, 지리산의 성모인 고려 태조의 어머니인 위숙왕후, 고려 태조의 시조인 구룡산 여산신 등을 통해 살필 수 있다. 설화 속에 등장하는 여성 산신과 관련된 자료 가운데 대표적인 기록을 소개하면 다음과 같다.

제상이 왜국에서 죽으니 그를 생각하는 마음을 이기지 못하여 치술령에 올라 왜를 바라보며 통곡하다 죽어 치술령의 신모가 되니, 신모사를 지어 제사하였다.(神母祠 在 鵄述嶺上 神母卽朴提上妻也 提上死於倭國 基妻不勝其慕 登鵄述嶺望日本 痛哭而縱 遂爲鵄述嶺神慕 其村人 至令祀之)

【『신증동국여지승람(新增東國輿地勝覽)』 권21, 경주부(慶州府) 사묘(祠廟)】

정견천왕사는 합천 해인사 입구에 있다. 속설에 대가야국 왕후 정견이 죽어서 산신이 되었다.(正見大王祠 在海印寺中 俗傳大伽倻國王后正見 死爲山神)

【『신증동국여지승람』 권30, 합천군(陜川郡) 사묘】

성모사(聖母祠)는 사당이 둘이다. 하나는 지리산 천왕봉 위에 있고, 하나는 군 남쪽 엄천리에 있다. 고려 이승휴(李承休)의 『제왕운기(帝王韻記)』에, "성모는 태조의 모친 위숙왕후(威肅王后)라 한다"라고 하였다.

【『신증동국여지승람』 권31, 함양군(咸陽郡) 사묘】

위의 내용에는 고대로부터 고려에 이르기까지 주요 산에 좌정한 신령은 여성으로 표현된다. 이들이 각기 다른 산의 성모(聖母)로 표현되었지만 성모는 결국 여성 산신을 일컫는 별칭인 셈이다. 지금도 지리산은 노구산(老嫗山)이라 불린다. 상봉인 천왕봉에는 고려 태조의 어머니인 위숙왕후라 별칭되는 여인의 상이 모셔진 천왕사가 있다. 이외에도 여성이 산의 주인이었다는 사실은 지명에서도 확인된다. 모악산(母岳山), 모산(母山), 모후산(母后山), 대모산(大母山), 부산(婦山)등의 산명이 여성인 것은 산신이 여성인 것과 무관하지 않다.

여성이 지닌 신비성은 남성 위주의 유교사회가 보편화되기 이전까지는 그 중요성이 인정되었을 것이며, 그 결과로 큰 믿음의 대상인 산신이 여성으로 표현될 수 있었을 것이다. 그러나 가부장(家父長) 사회가 진전될수록 여성 산신은 남성 산신에게 그 자리를 내어주지 않으면 안 되었을 것이다. 현존하는 산신도의 대부분이 조선 후기의 것이라는 점을 감안할 때에 남성 산신도의 보편화는 가부장 사회로의 진전 결과라 하겠다.

한편 여성 산신이 재래의 토착종교인 무속에서 강조된다는 것은 결국 이러한 여성 산신에 대한 전통이 지속되고 있는 것으로 이해된다. 여성이 산신으로 표현되는 것은 산에서 아이를 구하는 기도가 베풀어지는 것과 무관하지는 않을 것이다. 『삼국사기』 고구려본기 시조 동명성왕조에도 부여의 해모수가 자식이 없어 산천(山川)에서 아이를 구하니 금와(金蛙)를 얻었다는 내용이 수록되어 있다. 이처럼 산은 아이를 구하는 곳이기도 한 것이다. 아이와 연관된 신령이 삼신할머니이듯 산신이 여성으로 표현되는 것이다.

실제 사찰 경내의 산신각 혹은 삼신각, 칠성각 등에서의 치성이 대부분 여성에 의해서 이루어지며, 여성들은 가내의 평안을 빌기도 하지만 대부분 기자(祈子) 치성을 행한다는 점이다. 때문에 간혹 삼신각에는 독성, 산신, 칠성이 함께 모셔지기도 하지만 여성 삼신[三神, 産神]이 모셔지기도 한다. 삼신은 전통사회에서 아이를 점지하고 보살피는 대표적인 존재로 그 구체적인 모습이 여성 산신으로 표현된 것이 아닌가 한다.

또한 강한 남성이 지닌 위엄보다는 여성이 지닌 자애로움은 일반 서민의 종교적인 요구를 해결하던 무속인들에게 보다 친밀했을 것이다. 무속신앙의 수요자로서의 여성은 자신들의 소망을 해결하는 창구로써 남성 산신보다는 여성 산신의 자애로움이 필요했던 것이 아닐까 한다.

여성 산신도는 무신도 가운데 몇 점을 볼 수 있고 전통 산신도와 같은 기법으로 제작된 사원용 여성 산신도는 대구 건들바우 박물관과 지리산 쌍계사 산신각 등에서 확인할 수 있다. 여산신은 대개 주름살이 많은 할머니 상인데 호랑이나 소나무, 동자, 주변 배경, 앉은 자세, 지물 등으로 볼 때 일반적인 산신과 같다. 여성 산신으로서 약한 이미지 때문인지는 몰라도 남성 산신의 경우 호랑이가 등장하지 않는 경우도 있었으나 대개의 여성 산신도에서는 호랑이가 반드시 함께 등장하고 있다. 맹수인 호랑이를 등장시켜 여성 산신의 이미지를 강화시키려는 의도로 보인다. 성비(性比)의 차이점은 얼굴과 머리 부분인데, 지체 높은 여인들의 머리형인 얹은 머리나 어여머리에 왕관이나 화관 같은 화려한 관을 썼다. 본래 산신의 성은 여성이었다는 기록이나 상당한 근거 자료를 통해 볼 때 실제 여성 산신도가 남아 있다는 사실은 매우 흥미로운 일이다. 대표적인 예가 정해석 소장의 여성 산신도(자료 17)다.

자료 17 탱화 여성산신도(정해석 소장)

신선은 도교식 의상을 걸치고 있으며 여성 산신의 머리 치장이 화려하고 특이하며 양 귀밑에서 어깨까지 늘어진 술 장식이 특이하다. 자세는 땅바닥에 가부좌로 반듯하게 앉아 있는 모습이다. 호랑이의 모습은 해학적이며 포효하는 듯 입을 벌리고 막 달려 나갈 듯한 자세이다. 여성 산신 머리 위로 뻗쳐 올라간 꼬리가 특이하다. 또한 여성 산신이 들고 있는 영지버섯 부채, 천도복숭아와 불로초는 장수를 상징한다. 이 산신도의 특징은 십장생 그림의 소재가 많이 등장하는 것이라고 할 수 있다.

또한 이러한 여성 산신상은 조각으로도 제작되었는데, 동학사 여성 산신상은 일반적인 산신도와 같은 구성인데 소나무와 배경이 없는 흉상이다. 곱상한 미모의 얼굴이며 붉은 댕기를 한쪽으로 비스듬히 맨 머리에 흰 도포를 입었고 손에는 불로초를 부채처럼 들고 있다. 석상에 흰색을 칠하여 마치 할머니처럼 보이지만 조각을 자세히 살펴보면 단정하면서도 넉넉한 우리네 어머니 같은 너그러운 미소가 인상적이다.

또 다른 여성 산신은 구불거리는 머리에 여왕 같은 관을 쓰고 빨간 도포를 입고 석장을 든 여성 산신이 퍽 덕스럽게 보인다.

이 그림에서 여성 산신은 호랑이와 두 동자를 거느리고 있다. 산신의 성이 여성이라고 생각하는 것은 고대 모계사회의 한 단면을 보여 주는 것이다. 특히 무속신앙이나 민간신앙 속에서는 신앙의 대상이 여성이었던 사례가 많았음을 참고해 볼 수 있다. 정해석 소장 여성 산신이 젊은 부인의 얼굴을 가진 반면, 이 산신의 얼굴은 늙은 노파의 얼굴을 하고 있으며 목에 주름이 그대로 표현되어 있다. 특히 이 상은 서울 정릉 북한산 바위 전체를 신앙 대상으로 삼아 여성 산신과 함께 삼위일체를 이루고 있다. 마애 여성 산신의 오른편에는 명문이 있는데 1861년(또는 1863년) 조정섭이라는 사람이 진사시험 합격 후 오래 살고 아들을 많이 낳아 부귀영화를 누리기를 축원하는 내용을 새겨 놓았다. 특히 무신도의 경우 여성 산신은 젊은 여자로 표현되기도 하고 중년의 여인으로 표현되기도 하고, 노년의 할머니로 표현되기도 한다.(David A. Mason, 1999) 대부분의 남성 산신이 노인으로 표현되는 것과는 대조적이다. 다양한 나이로 표현되는 여성 산신은 그에 걸맞은 직능을 지니고 있을 것이다. 젊은 여인은 세속의 여인이 그러하듯이 생명을 잉태할 수 있는 직능을 지닌 존재로 여겨진다. 중국에서도 생산의 여신은 젊은 여인이며(조홍윤, 1984), 한국의 무가(巫歌)에서도 생산의 여신은 젊은 여인으로 간주된다.(신동흔, 2004) 젊은 여인의 산신도는 생산을 해야 하는 젊은 여인들에게 그러한 면에서 생산신(生産神)으로서 존재하게 되었을 것이다.

반면에 노파는 삶의 다양한 경험과 그에 따른 경륜을 지닌 존재이며 동시에 죽음을 앞둔 존재로서 삶의 완성 단계에 들어선 존재이다. 이러한 노파가 지닌 이미지에 걸맞게 완성자로서의 산신 역할을 수행하는 것이다.

4. 맺음말

위에서 산신신앙의 역사적 기원과 전개 과정, 한국 산신도의 유형에 대해 살펴보았다. 고조선부터 조선시대까지의 산신숭배의 역사를 정리하면 다음과 같다.

단군신화에서 단군이 천신이자 시조신이고 산신의 성격을 가지고 있었던 것을 보면, 고조선대부터 우리 민족은 산악숭배 사상과 더불어 산신을 숭배하고 경외하며 섬겨 왔다. 이런 산신신앙은 고구려, 백제, 신라까지 이어졌다. 특히 신라는 삼국 통일 이후에도 제례를 삼사(三祀)로 나누어 국가적 차원에서 산신을 숭배했다. 그러나 고려시대에는 산신제가 잡사에 속하게 되었는데, 이는 산신제가 삼국에 비해 다소 위축되었음을 보여 준다. 그러나 고려에선 재변(災變)이나 국가적 위기를 맞을 때마다 오악명산(五岳名山)에 간구하여 난국(亂國)을 타개(打開)하려고 했다. 이는 고려 역시 산신신앙이 여전히 중요한 위치를 지니고 있었음을 보여 주는 것이다. 조선시대에는 산신제가 국가제사에 다시 편입되지만 이는 산신신앙이 강력해진 것이 아니라 제례를 국가에서 관리하기 위한 방편이 되었다. 산신제를 국가가 주도하면서 유교화되었다. 이때문에 산신신앙은 다소 위축되었으나 무속이나 마을굿에서의 산신숭배를 통해 여전히 중요한 영향력을 가지고 있었다.

산신이 지닌 비중 때문인지 그 형태에 있어서는 매우 다양한 면모를 보여 주고 있다. 산신은 한국 토착신령으로 그 중요성은 고대부터 부각되었다. 자연신으로 모시는 해, 달, 별과 더불어 최고 위상을 지닌 산신은 무속뿐만 아니라 불교에서도 중시되었다. 그 결과 산신이라는 동일한 존재에 대한 이해의 방식을 살필 수 있었다. 산신도는 산신을 표현하는 도구이다. 무속과 불교에서 산신을 표현하는 방식의 유사점과 특이점은 종교적 설행의 차이를 잘 드러낸다.

먼저 불교식 산신도의 특징을 정리하면 다음과 같다.

첫째, 사찰 내의 여러 전각 중의 하나로 산신각이 있다. 산신각, 삼성각 등으로 다양하게 불리지만 그 성격은 대동소이하다. 산신은 토착신령으로 고대사회의 불교의 수용에 따라 두 종교가 융합되어 새로운 모습을 갖추게 되었다. 사찰에 봉안된 산신도에는 산신에게 불교식 외피(外皮)를 입히고 있다. 보편적으로 산신이 도사형으로 표현되는 데 반해 사찰의 산신도에는 스님형의 산신도가 나타난다. 스님은 불타의 가르침에 따라 수행하는 구도자로서 산신의 모습과는 다른 특별한 형태라 할 수 있다. 불타의 가르침을 실천하는 공간인 사찰이라는 특징의 결과 스님과 같은 형태의 산신도를 봉안하게 되었을 것이다. 스님형 산신도는 결국 불교와 토착신앙의 융합이 빚은 산물이라 하겠다. 불교에 없는 산신이 한국의 사찰에 봉안되고 그 결과 산신이 전통적인 형태가 아니라 불교식으로 발전하였다고 볼 수 있다. 한편 승려형 산신도는 산신이 승려 모습을 하고 있어 더욱 불교적 색채를 엿볼 수 있다. 승려형 산신도에 등장하는 호랑이는 대개 크기가 아주 작은 모습으로 불교형 산신에게 귀의하는 모습으로 나타난다.

둘째, 불교 계통의 산신도에만 나타나는 신중형 산신도에 관한 내용이다. 신중은 불교의 호법신(護法神)인데 이중 동진보살은 제석천과 더불어 불법을 수호하는 중요한 존재이다. 여기서 산신을 신중으로 표현한 것은 불교식 산신도가 지닌 독특한 면이라 하겠다. 이러한 산신도에는 호랑이가 등장하지 않는 것이 또 하나의 특징이다.

다음으로 무속 계통의 산신도의 특징을 살펴보도록 하자. 무속식 산신도에는 불교식 산신도에서 전혀 등장하지 않는 여성 산신도가 등장하며, 대감형 산신도, 판관형 산신도 등의 변이형도 다수 존재한다. '대감'은 정2품의 관직자를 부르는 보통명사이나 이는 세상의 권력자를 상징한다. 이러한 대감의 강력한 힘은 특히 무속에서 매우 보편적으로 나타난다. 대감은 우주와 현상을 지배하고 운수와 재화를 담당하며, 무당이 굿을 할 때 흥을 돋우는 신령으로 여겨진다. 천신대감, 성주대감, 산대감, 홍대감, 영산대감 등으로 불린다. 특히 경기 이북의 강신무들 사이에서는 반드시 모셔지는 존재이기도 한다. 이처럼 중요한 대감의 형식으로 산신을 모시는 것은 무속인의 대감에 대한 친숙성과 대감이 절대적인 힘의 원천이라는 믿음에 기인한다고 하겠다.

불교와 무속 계통에서 모두 등장하는 산신도의 특징은 다음과 같다.

첫째, 가장 많은 양을 차지하는 도인형 산신의 경우, 호랑이에 따라 세 가지, 즉 호랑이가 산신이 타는 승물(乘物)로 나타나는 경우의 기호산신형, 호랑이가 산신 옆에서 동자와 함께 같은 표정으로 표현되는 삼위일체형, 그리고 호랑이가 산신의 몸을 감싸면서 나타나는 산신보위형이 있다. 이들 세 가지의 경우는 모두 호랑이가 산신의 신변을 지켜 주는 수호신의 역할을 하는 것으로 보인다. 화풍상으로는 불화 계통의 영향을 많이 보여 주고 있다. 특히 산신, 호랑이, 동자의 삼위일체형의 경우, 각기 다른 모습 속에서 하나의 일체된 모습을 구현하고 있어 화승의 뛰어난 필치와 아이디어를 살펴볼 수 있다.

둘째, 여성 산신도의 경우 여성의 나약한 이미지를 보완하려는 듯, 반드시 호랑이를 시자로 등장시킨다. 도인형 산신과 호랑이, 여산신과 호랑이라는 구성요소는 주인과 시자로 유사하지만 그 기능은 상이하다 하겠다. 여성 산신도가 등장한다는 것은 오늘날 산신을 흔히 할아버지로 관념하는 것에 비추어 볼 때 특징이라 할 수 있다. 이러한 점은 고대 모계사회의 한 단면을 보여 주는 것이 아닐까 한다.

여성 산신도의 경우 사찰이나 무당의 제당이 건립된 산의 주신이 여성이라면 산신각에서 여성 산신이 모셔진다는 점이다. 노구가 주신인 지리산의 쌍계사나 여러 암자나 막연하게 여성이 주신이라고 여겨지는 계룡산의 사찰 내의 산신각에는 산신이 모두 여성으로 표현된다. 이는 사찰의 경내임을 감안할 때에 산신에 대한 고유한 관념이 투영된 결과로 그것은 불교 재래의 것이라기보다는 고유한 산에 대한 관념에 기인한 것이라 하겠다. 고유한 산에 대한 관념이 불교로 흡수되어 표현되는 것은 결국 무불습합(巫佛習合)의 형태를 보여 주는 것이다.

무신도의 경우 여성 산신도는 무당의 암자에 주로 봉안되고 있다. 이는 고대 사회에서 여성을 신성하게 여긴 흔적으로 볼 수 있다. 특히 여성의 고유한 능력인 출산이 여성의 신성성과 연관되는데, 산천에서 자녀를 구한 것도 그 능력을 중시했기 때문이었다. 여성 산신의 경우에는 남성 산신에 비해 자녀를 점지하고 양육하는 삼신(三神, 産神)의 성격을 엿볼 수 있지 않을까 한다. 더불어 여성의 자애로움, 깨끗함은 산신의 성격과 일맥상통하는 면도 있다. 지금까지도 지리산의 천왕봉이나 공주의 계룡산, 부여의 아미산 등의 주신이 여성 산신으로 여겨지는데 이러한 면은 여성 산신도의 존재를 가능케 한다.

여성 산신도의 경우 젊은 존재라기보다는 할머니로 표현된다. 얼굴에 주름이 잡힌 할머니 산신은 때로는 중후하게, 때로는 엄하게, 때로는 자애로운 모습으로 나타난다. 이러한 모습은 결국 인간 세계에서 할머니가 지닌 성격을 지닌 것이라 할 수 있다. 할머니의 자애롭고 희생적인 모습이 그대로 신령의 모습으로 드러난 것이라 하겠다.

이처럼 산신의 모습이 다양하다는 것은 산신에 대한 다양한 관념을 가지고 있음을 의미한다. 산이 지니는 은밀함은 결국 산신을 세속과는 무관한 존재인 도사나 승려로 표현하였다. 또한 산에 대한 지역민의 전통적인 관념은 산신을 여성으로 표현하기도 하고 남성으로 표현하기도 하였다. 여성 산신은 전통적인 산에 대한 관념에 기인하기도 하지만 산신에게 바라는 인간의 가장 강렬한 소망으로 자녀 생산(生産)이라는 점이 부각되기도 한다. 세상에서 가장 막강한 힘을 지닌 존재인 임금이나 대감은 강력한 종교적인 힘을 바라는 민간인들의 종교적인 바람을 충족시켜 줄 수 있는 대상이기도 하다. 이처럼 산신은 막연한 산의 주인이 아니라 인간에게 다양하게 다가서는 존재인 것이다.

◎ 참고문헌

국립중앙박물관, 1998, 『특별전 우리 호랑이』.

김도현, 2017, 「한말~일제강점기 태백산에서의 祭儀 전승과 변동」, 『역사민속학』53호, 한국역사민속학회.

김영자, 2003, 「산신도에 나타난 호랑이, 배경, 지물의 상징성」, 『민속학연구』12호.

김은향, 2016, 「한국 산신도의 호랑이 표현방식 연구」, 한양대 박사학위 논문.

김태곤·박용순, 1999, 『한국무신도』, 열화당.

김호근·윤열수, 1986, 『한국 호랑이』, 열화당.

박용숙, 1989, 「도상으로서의 무신도와 그 회화성」, 『한국무신도』, 열화당.

서영대, 1992, 「동예사회의 호신숭배에 대하여」, 『역사민속학』2.

손진태, 1934, 「한국 고대 산신의 성(性)에 대하여」, 『진단학보』1.

신동흔, 2004, 『살아 있는 우리신화』, 한겨레출판사.

양종승, 1999, 「한국 무신(巫神)의 구조연구」, 『비교문화연구』5호.

윤열수, 1998, 『산신도』, 대원사.

이필영, 1994, 『마을신앙으로 보는 우리 문화이야기』, 웅진닷컴.

장정태, 2010, 「삼국유사에 나타난 민간 신앙」, 『한국 사상과 문화』2집.

______, 2013, 「한국 불교 속의 산신신앙 연구」, 『한국불교사 연구』3호.

정경주, 2004, 「한중 고대 산신설화 비교 연구」, 『어문학교육』29집.

조흥윤, 1984, 『중국의 신령』, 정음사.

천미경, 1991, 「한국 무신도에 나타난 색채연구」, 동아대학교 석사학위 논문.

최광식, 1981, 「무속신앙이 한국불교에 끼친 영향」, 『백산학보』26집.

______, 1981, 「삼국사기 소재 노구의 성격」, 『사총』25, 고려대학교 역사연구소.

______, 1982, 「삼신할머니의 기원과 성격」, 『여성문제연구』11, 대구효성여대 사회과학연구소.

______, 1994, 『고대 한국의 국가와 제사』, 한길사.

최광식·박대재, 2009, 『점교 삼국유사』, 고려대출판부.

____________, 2014, 『삼국유사』, 고려대출판부.

최광식, 2015, 『읽기 쉬운 삼국유사』, 고려대출판부.
편집부(편), 1982, 『한국불교대사전』, 보운각.
하정용, 2003, 「삼국유사 소재 산신 관계 기사와 그 성격에 대한 일고찰」, 『종교와 문화』9권 9호.
홍윤식 글, 홍윤식·윤열수 사진, 1989, 『불화』, 대원사.

Covell, Alan Carter, 1986, Folk Art and Magic-Shamanism in Korea, Hollym.
David A. Mason, 1999, Spirit of The Mountains, Hollym.

신라 오대산의 신앙과 의례

연제영(미등)
(전 불교문화재연구소 소장)

1. 들어가는 말

신라에 불교가 전래된 시기에 대해서는 문헌, 유물, 유적 등 관점에 따라 아도설, 북방설, 남래설 등 그 견해가 다양하다.(신종원, 2001) 어느 견해를 따르든 신라에서 불교는 법흥왕 14년(527)에 이차돈의 순교를 계기로 공인되었으며, 이후 통일신라시대까지 호국불교의 성격을 지니고 널리 신앙되며 정치, 사회, 문화를 주도하였다. 오늘날까지 전하는 문헌, 유물, 유적 등으로 미루어 볼 때 불교는 신라인에게 정신적으로 중심에 자리했던 것으로 본다. 이러한 신라의 불교문화를 온전하게 이해하기 위해서는 신앙의 대상을 표현한 불상과 탱화 등 유형문화와 신앙의 행위를 표현한 의례나 풍속 등 무형문화를 서로 연계한 입체적인 이해가 필요하다.

특정한 시기의 신앙을 분석하고 고찰하는 작업에는 다양한 방법이 동원된다. 그 방법은 결국 관점에 따른 것으로 크게 종교적 관점과 사회적 관점으로 나눌 수 있다. 사회적 관점으로는 당시의 정치, 제도, 풍속 등 생활문화를 통해 추론하는 방법을 들 수 있을 것이다. 종교적 관점으로는 당시에 유행하던 사상과 신앙을 통해 추론하는 방법과 유물과 유적을 통해 추론하는 방법을 들 수 있다. 여기서 종교적 특성이 짙은 신앙과 의례는 종교적 관점으로 접근하는 것이 더 적합할 것으로 본다.

신앙은 의례를 통해 발현된다. 의례에는 그 종교의 교리와 사상이 반영되어 있다. 따라서 의례를 구성하는 사상을 분석함으로 그 의례가 성행하던 시기의 세계관과 보편적인 인식을 읽어 낼 수 있다. 마찬가지로 세계관과 인식을 통해서 의례가 설행되던 시기에 어떤 신앙이 유행되었으며, 어떤 의례가 성행되고, 어떤 유형의 경전이 유행되었는지를 읽어 낼 수 있다. 유행의 정도는 관련 저술활동과 관련 경전의 간행 빈도를 통해서 추론이 가능할 것이다.

신라시대 불교를 온전히 이해하기 위해서는 신앙과 의례에 대한 이해가 반드시 필요하다. 그런데 신라시대의 의례를 통해 당시의 신앙을 밝히는 작업은 어려움과 한계를 갖는다. 이는 신라시대의 신앙의례를 살펴볼 수 있는 의궤에 관한 자료가 별도로 전하지 않기 때문이다. 그러나 어떤 의례가 설행되었는가를 통해 당시의 신앙과 의례에 대한 인식은 밝힐 수 있을 것으로 본다.

지금까지 신라의 불교문화에 대하여『삼국유사(三國遺事)』를 자료로 하여 불교학, 국문학, 역사학, 미술사학계를 중심으로 다양한 연구성과가 축적되었다. 그러나 무형문화 가운데 매우 큰 비중을 차지하는 신앙과 의례에 대한 연구에 있어서는 아쉬움이 크다. 따라서 본고에서『삼국유사』권3 탑상(塔像)4 대산오만진신(臺山五萬眞身)조를 중심자료로 하고 명주오대산보질도태자전기(溟州五臺山寶叱徒太子傳記)조와 대산월정사오류성중(臺山月精寺五類聖衆)조를 참고자료로 하여 신라의 오대산을 중심으로 한 신앙과 의례를 고찰해 보고자 한다. 이러한 작업을 통해 신라의 불교신앙과 불교의례의 성격을 밝힐 수 있을 것이다. 나아가 신앙에 대한 관념이 개인의 생활과 사회의 공동체 속에서 어떻게 활용되고 변용되었는가를 이해하는 데 일조가 되기를 기대한다.

2. 신라 오대산의 불교적 배경

오대산에서 불교신앙이 성립된 시기에 대해서는 견해가 엇갈린다. 그러나『삼국유사』를 근간으로 할 때 오대산 불교신앙의 시작은 월정사와 깊은 연관을 보인다. 월정사 창건과 관련한 내용을 『삼국유사』의 대산오만진신조와 대산월정사오류성중조와 『오대산사적』의 신효거사친견오류성사적(信孝居士親見五類聖事迹)에서 확인할 수 있다. 그런데 이 세 자료는 창건 시기에 있어서는 서로 차이를 보이고 있다. 그러나 창건 인물에 대해서는 모두 자장율사로 기록하고 있다. 대산오만진신조에 따르면 자장율사가 신라 선덕왕 때인 당 정관(貞觀) 10년(636)에 당나라 청량산(오대산)으로 유학을 갔을 때 문수보살로부터 "그대의 본국 동북방 명주 땅에 오대산이 있는데, 1만의 문수보살께서 항상 거기에 머무르고 계시니 그대는 가서 뵙도록 하시오"라는 부촉을 받는다. 그리고 태화지(太和池) 용으로부터 "절을 짓고 탑을 세울 것을 부탁받고" 정관 17년(643)에 귀국을 한다. 자장은 귀국 후 문수보살을 만나기 위해 오대산에 모옥(茅屋)을 짓고 머무르는데 이때부터 오대산 신앙이 시작된 것으로 본다. 대산월정사오류성중조에서 범일(梵日)의 문인인 신의(信義)가 자장이 머물렀던 자리에 암자를 지었는데 이 암자를 월정사의 전신으로 본 것에 근거한 것이다. 학계에서는 이후 약 1백여 년이 흐른 8세기 초에 보천(寶川)과 효명(孝明)에 의해 오대산의 불교신앙은 크게 발전하며 체계화된 것으로 보고 있다.(서윤길, 2006)

오대산의 지명과 관련해서는 『신증동국여지승람』 권44 강원도 강릉대도호부 산천조에서 다음과 같이 설명하고 있다. "동쪽의 만월(滿月), 남쪽의 기린(麒麟), 서쪽의 장령(長嶺), 북쪽의 상왕(象王), 가운데의 지노(智爐) 등 다섯 봉우리가 고리처럼 벌려 섰으며, 크고 작음이 고른 까닭에 오대(五臺)라 이름하였다"고 한다. 이 자료의 설명으로는 오대산의 지명을 이해하는 데 아쉬움이 남는다. '오대(五臺)'를 직역하면 '다섯 제단' 쯤으로 해석된다. 따라서 다섯 봉우리마다 신앙의 대상을 모신 것에서 지명의 유래를 설명하는 것이 훨씬 설득력이 있을 것이다. 『삼국유사』 대산오만진신조에서 오대의 근거를 찾을 수 있다.

A-1. 두 태자가 산속에 이르렀는데 갑자기 푸른 연꽃이 땅 위에 피어나니, 형 태자가 그곳에 암자를 짓고 살면서 보천암이라고 하였다. 동북쪽으로 6백여 보를

가니 북대(北臺) 남쪽 기슭에도 역시 푸른 연꽃이 피어난 곳이 있어 아우 태자 효명도 그곳에 암자를 짓고 머무르며 각각 부지런히 불법을 닦았다.

하루는 다섯 봉우리에 올라가 예불을 올리려고 하였는데, 동대(東臺)인 만월산에는 1만 관세음보살의 진신이 나타나 있었고, 남대(南臺)인 기린산에는 팔대보살을 우두머리로 한 1만의 지장보살, 서대(西臺)인 장령산에는 무량수여래를 우두머리로 한 1만의 대세지보살, 북대(北臺)인 상왕산에는 석가여래를 우두머리로 한 5백 대아라한, 중대(中臺)인 풍로산(風盧山), 다른 이름으로 지로산(地盧山)에는 비로자나를 우두머리로 한 1만의 문수보살 진신 등이 나타나 있었다.

A-1 자료에서 오대산의 다섯 봉우리마다 각각 신앙의 대상을 배대하고 있는 내용이 오대의 근거를 제공해 주고 있다. 즉 오대는 다섯 봉우리마다 신앙의 대상을 높고 신성한 단(壇)에 모신 것에서 붙여진 이름이다. 이처럼 오대의 명칭에서 보여 주고 있듯이 오대산은 불교신앙과 매우 밀접한 관계가 있다.

앞서 오대의 명칭에서 보여 주고 있듯이 오대산 신앙은 각각의 봉우리에 따라 다르다. 신앙의 차이는 각각의 오대에서 설행한 의례에도 반영되어 서로 다르게 나타나는데 대산오만진신조에서 다음과 같이 보여 주고 있다.

A-2. 보천이 장차 입적하려고 하던 날, 뒷날 산중에서 행하는 것으로 나라에 도움을 주는 일들을 기록하여 남겼다. 기록에 이르기를 "이 산은 곧 백두산의 큰 줄기로 각 대(臺)에는 불보살들의 진신이 항상 거주하는 땅이다.

청색(靑色)의 방위인 동대의 북쪽 귀퉁이 아래, 북대 남쪽 기슭 끝에는 마땅히 관음방(觀音房)을 두고, 원상(圓像)의 관음보살과 푸른 바탕에 1만의 관음보살상을 그려서 봉안하여라. 복전승(福田僧)으로는 5명을 두어, 낮에는 8권의 『금광명경(金光明經)』과 『인왕반야경(仁王般若經)』, 『천수다라니(千手陀羅尼)』를 독송하게 하고, 밤에는 '관음예참(觀音禮懺)'을 염송하게 하며, 이름을 원통사(圓通社)라고 칭하도록 하여라.

적색(赤色)의 방위인 남대의 남쪽 면에는 지장방(地藏房)을 두고, 원상의 지장보살과 붉은 바탕에 팔대보살을 위수로 한 1만의 지장보살상을 그려 봉안하여라. 복전승 5명에게 낮에는 『지장경(地藏經)』과 『금강반야경(金剛般若經)』을 독송하게 하고, 밤에는 '점찰예참(占察禮懺)'을 염송하게 하며, 금강사(金剛社)라 칭하게 하여라.

백색(白色)의 방위인 서대의 남쪽 면에는 미타방(彌陀房)을 두고, 원상의 무량수여래와 흰색 바탕에 무량수여래를 위수로 한 1만 대세지보살을 그려 봉안하여라. 복전승 5명에게 낮으로는 8권의 『법화경(法華經)』을 독송하게 하고, 밤으로는 '미타예참(彌陀禮懺)'을 염송하게 하며, 수정사(水精社)라 칭하게 하여라.

흑색(黑色)의 방위에 해당하는 땅인 북대의 남쪽 면에는 나한당(羅漢堂)을 두고, 원상의 석가여래와 검은 바탕에 석가여래를 위수로 한 오백 나한을 그려 봉안하여라. 복전승 5명에게는 낮에는 『불보은경(佛報恩經)』과 『열반경(涅槃經)』을 독송하게 하고, 밤에는 '열반예참(涅槃禮懺)'을 염송하게 하며, 백련사(白蓮社)라 칭하게 하여라.

황색(黃色)의 방위에 위치한 중대의 진여원(眞如院) 안에는 흙으로 빚은 문수보살부동상(文殊菩薩不動像)을 봉안하고, 뒷벽에는 황색 바탕에 비로자나불을 위수한 36가지의 형태를 그려 봉안하여라. 복전승 5명에게 낮에는 『화엄경(華嚴經)』과 『육백반야경(六百般若經)』을 독송하게 하고, 밤에는 '문수예참(文殊禮懺)'을 염송하게 하며, 화엄사(華嚴社)라고 칭하여라.

보천암(寶川庵)은 화장사(華藏寺)로 개창하고 원상의 비로자나 삼존불과 『대장경(大藏經)』을 봉안하여라. 복전승 5명에게 항상 『대장경』을 열람하게 하고, 밤에는 '화엄신중(華嚴神衆)'을 염송하게 하여라. 매년 화엄회(華嚴會)를 백일 동안 베풀고, 이름을 법륜사(法輪社)라 칭하여라. 이 화장사를 오대사(五臺社)의 본사(本寺)로 삼아 굳게 보호하고 지키며 행실이 정결한 복전승들에게 명하여 오래도록 향화(香火)를 받들게 하면, 국왕이 천추를 누리고 백성이 평안하며 문무가 화평하고 백곡이 풍요로울 것이다.

또한 더하여 하원(下院)의 문수갑사(文殊岬寺)를 열어 결사의 도회(都會)로 삼고 복전승 7명에게 밤낮으로 항상 '화엄신중예참(華嚴神衆禮懺)'을 행하게 하라. 이상 37명의 재에 필요한 재료들과 의복의 비용은 하서부(河西府)의 도(道)에 속한 여덟 주(州)의 세금으로써 네 가지 일에 드는 비용을 충당하여라. 대대로 군왕들이 잊지 않고 받들어 행한다면 다행일 것이다"라고 하였다.

이상 A-1과 A-2의 자료에서 제공하고 있는 신라 오대산의 신앙과 의례의 단서는 크게 세 가지로 정리된다. 하나는 동남중서북의 다섯 봉우리마다 신앙의 대상을 모시고 각 방위에 따라 오방색을 배대하고 있는 점이다. 또 하나는 낮 시간에 독경의식이 설행된 점이며, 또 다른 하나는 밤 시간에 예참의례가 설행된 점이다. 이 세 단서를 중심으로 신라 오대산의 신앙과 의례를 고찰해 보자.

1) 오대의 신앙과 오방색

A-1의 자료에서 오대는 만월산의 동대, 기린산의 남대, 장령산의 서대, 상왕산의 북대, 풍로산의 중대를 말한다. 오늘날에는 동대 관음암, 남대 지장암, 서대 수정암, 북대 미륵암, 중대 사자암을 오대로 칭하고 있다. A-2의 자료에서 동쪽을 청색의 방위로 보고 관음보살을 배치하고, 남쪽은 적색의 방위로 보고 지장보살을 배치하였다. 서쪽은 백색의 방위로 보고 무량수여래를 배치하고, 북쪽은 흑색의 방위로 보고 석가여래를 배치하였다. 그리고 중앙은 황색의 방위로 보고 비로자나불을 배치하고 있다. 이와 같은 오대의 신앙과 오방색은 명주오대산보질도태자전기조에서도 동일하게 나타난다. 대산오만진신조와 명주오대산보질도태자전기조를 자료로 하여 오대에서 신앙의 대상으로 모신 주불과 각각 방위에 따른 오방색을 정리하면, 〈표 1〉 '오대의 주불과 오방색'과 같다.

방위에 따라 색상을 배대하는 형식은 불교의 사상과 세계관이 담긴 불교경전에서도 찾을 수 있는데 그 자세한 내용을 살펴보자.

〈표 1〉 오대의 주불과 오방색

五臺	山名	五方色	名稱	主佛
東臺	滿月山	青色	觀音房	觀音菩薩
南臺	麒麟山	赤色	地藏房	地藏菩薩
中臺	風盧山(地盧山)	黃色	眞如院	毘盧遮那佛
西臺	長嶺山	白色	彌陀房	無量壽如來
北臺	象王山	黑色	羅漢堂	釋迦如來

먼저 오방불에서는 차이를 보이나 오방색에 있어서는 '대산오만진신'조와 동일한 내용을 『삼종실지파지옥전업장출삼계비밀다라니법(三種悉地破地獄轉業障出三界秘密陀羅尼法)』(『大正藏』 제18권, p909b9.)에서 찾을 수 있다. 그 내용을 정리하면 〈표 2〉 '삼종실지의궤'와 같다.

〈표 2〉 삼종실지의궤

方位	五季	五行	五方色	五佛
東方	춘	목	청	阿閦佛
南方	하	화	적	寶生佛
中方		토	황	大日如來
西方	추	금	백	阿彌陀佛
北方	동	수	흑	不空成就佛

위의 『삼종실지의궤』에서는 오자(五字), 오부(五部), 오불(五佛), 오온(五蘊), 오근(五根), 오륜(五輪) 등 불교적 내용뿐만 아니라 오방(五方), 오행(五行), 오장(五臟), 오미(五味), 오계(五季), 오신(五神) 등도 언급하고 있다. 『삼종실지의궤』와 대산오만진신조에서 오방색의 내용이 일치하고 있는 점을 고려한다 하더라도 오대산 신앙이 『삼종실지의궤』의 영향을 받은 것으로 보기에는 의심이 따른

다. 그 까닭은 오대의 주불과 현격하게 차이가 나기 때문이다. 따라서 오대에 배대된 오방색은『삼종실지의궤』에 근거한 것으로 보기보다는 당시 민간에 널리 퍼져 있던 도교적 세계관이 반영되었을 가능성에 비중을 둔다.

다음은 신라에 널리 유통되며 호국불교사상을 정립하는 데 일조를 한 것으로 보이는『인왕호국반야바라밀다경다라니염송의궤(仁王護國般若波羅密多經陀羅尼念誦儀軌)』(『大正藏』 제19권, pp.514a18-c20. 이하『인왕반야경의궤』)를 살펴보자. 『인왕반야경의궤』에서는 방위에 따라 색상을 배대하고 오방보살의 위덕을 설명하고 있다. 그 내용을 정리하면 〈표 3〉 '인왕반야경의궤'와 같다.

〈표 3〉 **인왕반야경의궤**

方位	色相	분노형보살	자비형보살	수호천왕
東方	青色光明	金剛手菩薩	普賢菩薩	持國天王
南方	日色光明	金剛摩尼菩薩	虛空藏菩薩	增長天王
中方	五色光明	金剛波羅密菩薩	轉法輪菩薩	帝釋天王
西方	金色光明	金剛利菩薩	文殊師利菩薩	廣目天王
北方	琉璃色光明	金剛藥叉菩薩	魔怨菩薩	多聞天王

『인왕반야경의궤』에서 언급하고 있는 오방불과 오방색은 대산오만진신조의 내용과 차이를 보인다. 참고로『인왕반야경의궤』에서는 방위에 따른 색상의 의미를 다음과 같이 설명하고 있다. 청색의 광명은 악마의 군중들을 제거함을 드러내는 것이며, 백색의 광명은 아수라 등을 제거함을 드러내는 것이며, 금색의 광명은 악한 독룡 등을 없앨 수 있음을 드러내는 것이며, 유리빛 광명은 야차들을 없앨 수 있음을 의미하는 것이며, 오색광명은 많은 덕을 갖추고 모든 어둠을 물리칠 수 있음을 의미하는 것으로 설명하고 있다.『인왕반야경의궤』에서 중방을 표현한 '오색광명'이 대산오만진신조에서 말하는 오대의 오방색과 동일한 의미로 보기는 힘들다.

그리고 불교에서 오방과 관련한 내용은 우주의 본질을 밝힌 만다라를 통해서도 찾아볼 수 있다. 만다라는 크게 『금강정경(金剛頂經)』을 소의경전으로 하는 금강계만다라(金剛界曼荼羅)와 『대일경(大日經)』을 소의경전으로 하는 태장계만다라(胎藏界曼荼羅)로 나뉜다. 이 두 만다라에서 오방과 관련한 내용을 정리하면 〈표 4〉 '만다라의 오방불과 오방색'과 같다.

〈표 4〉 만다라의 오방불과 오방색

方位	色	金剛界曼荼羅	胎藏界曼荼羅
東方	青色	阿閦佛	寶幢如來
南方	黃色	寶生佛	開敷華王如來
中方	白色	毘盧遮那佛	大日如來
西方	赤色	阿彌陀佛	無量壽如來
北方	綠色	不空成就佛	天鼓雷音如來

〈표 4〉 '만다라의 오방불과 오방색(이하 만다라)'에서 보여 주는 오방불과 오방색의 내용도 대산오만진신조의 내용과 일치하지는 않는다. 동방을 상징하는 색상은 만다라와 대산오만진신조가 동일하게 청색으로 표현되고 있다. 그러나 만다라에서는 남쪽이 황색으로 표현되고 있는데 오대산에서는 적색으로 표현되고 있으며, 만다라에서는 서쪽이 적색으로 표현되고 있는데 오대산에서는 백색으로 표현되고 있다. 그리고 만다라에서는 북쪽이 녹색으로 표현되고 있는데 오대산에서는 흑색으로 표현되고 있다. 만다라에서는 중앙의 비로자나불이 백색으로 표현되고 있는데 오대산에서는 황색으로 표현되고 있다. 따라서 오대의 신앙은 불교에 기반을 두고 있으나 오대를 상징적으로 표현하는 오방색은 오행사상에 기반을 두었을 가능성이 크다.

한자문화권에서의 세계관은 공간 개념인 방위와 시간 개념인 계절을 서로 연계하여 하나로 보았다. 동쪽은 봄, 남쪽은 여름, 서쪽은 가을, 북쪽은 겨울에 배대하는 관념은 단정하기 힘드나 신라에 불교가 들어오기 이전부터 이미 형성되어 있었던 것으로 본다. 이러한 세계관은 사계의 시간과 사방의 공간에 수호동물인 신수(神獸)를 배치하는 문화로 연결된다. 그 결과 동쪽에 청룡, 남쪽에 주작, 서쪽에 백호, 북쪽에 현무를 배치하는 문화로 나타났다. 사방에 중앙을 더하여 다섯 방위에 따라 색상을 배대하는 인식은 오행사상으로 정리된다. 즉 동쪽은 왼쪽[左]을 상징하며 목의 기운으로 청색, 남쪽은 앞쪽[前]을 상징하며 화의 기운으로 적색, 중앙은 가운데를 상징하며 토의 기운으로 황색, 서쪽은 오른쪽[右]을 상징하며 금의 기운으로 백색, 북쪽은 뒤쪽[後]을 상징하며 수의 기운으로 흑색으로 표현하였다. 이러한 시간과 공간에 대한 인식은 사회규범, 생활풍속, 의례의식 등 다양한 분야에 깊이 작용하며 다양한 문화를 낳았다. 이러한 세계관을 정리하면 〈표 5〉 '오행론에 따른 오방색과 신수'와 같다.

〈표 5〉 오행론에 따른 오방색과 신수

방위	시간	색상	五行	神獸
동방	春	靑	木	靑龍
남방	夏	赤	火	朱雀
중방		黃	土	
서방	秋	白	金	白虎
북방	冬	黑	水	玄武

오대에 배대된 오방색의 의미는 도교사상에 근거하여 시간과 공간을 하나로 연결하여 영원성과 무한성을 상징한 것으로 해석한다.

이상과 같이 다섯 방위와 관련하여 경전을 자료로 하여 검토하였다. 오대에 신앙의 대상으로 관음보살, 지장보살, 비로자나불, 무량수여래, 석가여래를 배대한 형식적 측면에서 볼 때 만다라와 유사하다. 그러나 구체적인 내용에 있어서는 대산오만진신조와 『삼종실지의궤』, 『인왕경』, 『금강정경』, 『대일경』 등 경전의 내용이 차이를 보인다. 따라서 오대에 배치된 주불의 형식은 경전에서 그 근거를 찾을 수 없는 형식으로서 신라불교의 특징으로 이해된다. 오방색의 내용에 있어서도『인왕반야경』을 제외하고는 유사한 내용을 보이고 있는 것처럼 보인다. 불교의 종교적 특성에서 신앙의 대상이 갖는 비중을 고려할 때 오대에 배대된 오방색은 당시 민간에 널리 퍼져 있던 도교사상이 반영된 것으로 본다.

만다라에서 보여 주는 오방불과 오방색의 사상은 가람배치, 불상과 불화, 의례의식 등 불교문화에 크게 영향을 미친다. 그리고 석탑과 불상의 복장, 탑신부와 사리장치함의 조형, 그리고 사방불 등 다양한 불교문화에도 반영된 사실을 다양한 유물을 통해 확인할 수 있다. 특히 방위에 따른 색상과 관련해서는 불상의 복장물을 통해서 확인되고 있다.

오방색으로 시간과 공간의 특수성을 상징하는 문화는 오늘날까지 전승되고 있다. 개산대재나 진산식 등의 불교 행사나 수륙재, 영산재, 산신재 등 특별한 법회의 도량장엄에서 그 모습을 확인할 수 있다.

2) 낮 시간에 설행된 독경의식

A-2의 자료에 따르면 신라시대 오대산의 오대에서 낮 시간에 독경의식이 설행되었다. 독경은 목소리를 내어 경전을 읽는 것으로 독송(讀誦), 송경(誦經), 염경(念經), 전경(轉經) 등으로 불리기도 한다. 독경이 경전 내용의 이해에 의미가 있다면, 송경은 경전을 찬탄하는 기도에 의미를 두고 있다. 그리고 전경은 부처님의 말씀을 소리 내어 읽는 행위를 법륜을 굴리는 것에 비유하여 붙여진 명칭이다.

불교에서 독경의식은 신심과 정성으로 부처님의 가르침을 소리 내어 읽음으로써 업(業)을 정화시키고 지혜를 기르는 수행법의 하나다. 그러나 독경의식은 순순하게 수행의식으로만 설행되지는 않았다. A-2에서 대산오만진신조의 내용을 기록하게 된 동기와 목적을 밝힌 기사에서 독경의식을 비롯한 불교의례의 성격을 확인할 수 있다. "산중에서 행하는 것으로 나라에 도움을 주는 일들을 기록하여 남겼다"는 기록이 의례의 설행 목적이 수행적 성격보다는 나라의 안녕을 기원하는 기복적 성격을 보여 주고 있다. 그리고 A-2의 자료 말미에 있는 "매년 화엄회를 백일 동안 베풀고, 이름을 법륜사라 칭하여라. 이 화장사를 오대사(五臺社)의 본사로 삼아 굳게 보호하고 지키며 행실이 정결한 복전승들에게 명하여 오래도록 향화(香火)를 받들게 하면, 국왕이 천추를 누리고 백성이 평안하며 문무가 화평하고 백곡이 풍요로울 것이다"라는 내용에서도 의례의 기복적 성격을 보여 주고 있다.

그러면 오대에서 낮 시간에 설행한 독경의식에서 독송된 경전을 통해 오대의 신앙과 의례의 성격을 분석해 보기로 하자.

첫째, 오대산의 동대에서는 관세음보살을 모시고 『금광명경』과 『인왕반야경』과 『천수다라니』를 독송하였다. 『금광명경』은 『금광명최승왕경(金光明最勝王經)』으로 『금광경(金光經)』 또는 『금경(金經)』으로도 불리며 신라시대에 널리 유통된 경전이다. 원효의 『금광명경소』, 경흥(憬興)의 『금광명경략의(金光明經略意)』, 『금광명경술찬(金光明經述贊)』, 『금광명최승경략찬(金光明最勝經略贊)』, 『금광명최승왕경』, 태현(太賢)의 『금광명경술기』, 『금광명경과간(金光明經科簡)』, 승장(勝莊)의 『금광명최승왕경소』, 도륜(道倫)의 『금광명경략기(金光明經略記)』가 유통의 정황을 말해 준다. 『금광명경』은 뒤에 거론되는 『인왕반야경』과 『법화경』과 더불어 '호국삼부경(護國三部經)'으로 불린다. 이 경전이 호국의 경전으로 자리매김하게 된 것은 제6 사천왕품(四天王品)에서 사천왕이 이 경을 독송하고 강설하는 국왕과 백성을 수호하여 국난과 기아와 액병을 제거하고, 국가의 안온과 풍년을 가져다준다는 내용에 기인한 것으로 본다. 이 경전의 현세이익적인 신앙은 더욱 확대되는데 고려시대 들어서는 이 경에 근거를 두고 다수의 금광명도량을 열었던 것에서 알 수 있다. 이 경전이 널리 신앙되며 제3 참회품(懺悔品)에서 보이는 찬탄(讚歎), 참회(懺悔), 권청(勸請), 수희(隨喜), 회향(廻向)의 구조는 오늘날 불교의례의 전형으로 정립되는 데 지대한 영향을 미치게 된다.

'인왕반야(仁王般若)'에 대하여 『인왕경(仁王經)』과 『반야경(般若經)』으로 보는 견해도 있으나 이는 『인왕반야경』으로 보는 것이 타당할 것이다. 그 근거로는 첫째, 신라에서 『인왕반야경』이 널리 유행되었다는 점이다. 『인왕경』과 관련하여 다수의 주석서가 저술된 사실이 유행의 정도를 말해 준다. 원측의 『인왕반야경소』(6권)와 대현(大賢)의 『인왕경고적기(仁王經古跡記)』, 예원(禮元)의 『인왕경주(仁王經注)』와 『인왕경과(仁王經科)』, 현범(玄範)의 『인왕반야경소』(2권) 등이 그것이다. 둘째, 신라에서 『인왕반야경』에 근거한 인왕신앙이 널리 성행한 점이다. 이것은 신라에서 다른 법회에 비해 인왕백고좌법회가 다수 개설된 사실이 이를 말해 주고 있다. 셋째, 오대의 남대에서 독송한 『금강반야경』과 중대에서 독송한 『육백반야경』을 참고로 할 때 『인왕반야경』으로 보는 것이 자연스럽다. 『인왕경』과 『반야경』으로 나뉜다면 이때 등장하게 되는 『반야경』은 『금강반야경』과 『육백반야경』과 비교할 때 변별성이 모호하다. 이러한 점을 고려하여 『인왕반야경』으로 본 것이다. 『인왕반야경』은 『인왕반야바라밀경(仁王般若波羅密經)』, 『인왕호국반야바라밀경(仁王護國般若波羅密經)』의 약칭이다. 『인왕반야경』이 호국의 경전으로 자리매김하게 된 것은 제5 호국품(護國品)에서 내호(內護)와 외호(外護)를 통해 국가를 수호하고 번영하게 한다는 내용에 기인한 것으로 보인다.

『천수다라니』는 『천수천안대비심대다라니(千手千眼大悲心大陀羅尼)』로 동대에서 주불로 모신 관세음보살을 중심으로 한 관음신앙의 소의경전이기도 하다. 이 경전은 관세음보살에 의지하고 참회와 발원을 통해 죄업을 소멸하여 현세의 고통에서 벗어나 무량삼매를 이루는 내용으로 구성되어 있다. 따라서 이 경전은 개인적으로 윤리의식의 고취를 통해 사회의 안정에 기여하는 데 목적을 둔 것으로 해석된다. 경전의 내용적 측면에서 다소의 상이점이 있으나 오늘날 한국불교 의례에서 기본으로 독송되고 있는 『천수경』의 전통이 신라시대부터 전승되었음을 보여 주고 있다.

동대 신앙의 특징은 현세구복적인 관음신앙의 모습을 보인다. 그리고 동대에서 설행한 독경의식은 『금강명경』과 『인왕반야경』을 통해 호국의 기원을 성취하고자 한 것으로 해석되며, 『천수다라니』를 통해 사회 안정에 목적을 둔 의례로 해석된다.

둘째, 남대에서는 지장보살을 모시고 『지장경』과 『금강반야경』을 독송하였다. 『지장경』은 『지장보살본원경(地藏菩薩本願經)』으로 육도중생을 교화하고, 중생들을 평등하게 해탈하게 하려는 지장보살의 서원을 내용으로 하고 있다. 이 경전은 남대에서 주불로 모시고 있는 지장보살을 중심으로 한 지장신앙의 소의경전이기도 하다. 동대의 관음신앙을 현세적 신앙으로 본다면 남대의 지장신앙은 내세적 신앙으로 볼 수 있다. 일반적으로 지장신앙은 지장보살의 본원력에 의거하여 사후 구원의 신앙으로 인식되고 있다. 그러나 오대의 남대에서 지장보살을 주불로 모시고 『지장경』을 독송한 것은 지장신앙의 일반론적인 성격과는 달리 호국의 이념에 기반을 둔 것으로 보인다. 『지장십륜경』으로도 불리는 『대방광십륜경(大方廣十輪經)』 제3권, 제4 관정유품(灌頂喩品)(『대정장』 제13권, p690c26.)에 의하면 지장보살을 외호(外護)하는 관정찰리대왕(灌頂刹利大王)이 네 부류의 군대를 거느리고[馬, 車, 象, 步兵] 나라를 두루 순찰하고, 산업을 두루 살피어 적군의 원수나 도적을 방어하여, 모든 백성이 편안하고 즐겁게 한다는 내용이 등장한다. 이에 근거하여 신라의 지장신앙은 호국안민(護國安民)에 비중을 두고 신앙된 것으로 본다.

『금강반야경』은 『금강반야바라밀경(金剛般若波羅蜜經)』의 약칭으로 지혜로서 제법의 실상을 관하는 이치를 설명한 경전이다. 이 경전은 선종(禪宗)에서 6조 혜능(六祖慧能) 이후 소의경전으로 중시된 경전이다. 그런데 지장보살을 주불로 모신 남대에서 『금강경』이 독송된 점이 주목된다.

셋째, 서대에서는 무량수여래를 위수로 한 1만 대세지보살을 봉안하고 『법화경』을 독송하였다. 『법화경』은 『묘법연화경(妙法蓮華經)』을 말하는데 삼국시대 신라에서는 물론 고려시대와 조선시대를 거쳐 가장 많이 간행되었으며 널리 유통된 경전이다. 신라에서 『법화경』이 널리 유통된 정황을 원효의 『법화경종요(法華經宗要)』·『법화경방편품료간(法華經方便品料簡)』·『법화경요략(法華經要略)』·『법화략술(法華略述)』, 경흥(憬興)의 『법화경소』, 순영(順璟)의 『법화경료간』, 현일(玄一)의 『법화경소』, 의적(義寂)의 『법화경논술기(法華經論述記)』·『법화경강목(法華經綱目)』·『법화경료간』·『법화경험기(法華經驗記)』, 돈윤(遁倫)의 『법화경소』, 태현(太賢)의 『법화경고적기』 등 왕성한 저술을 통해 확인할 수 있다. 『법화경』은 제25품인 '관세음보살보문품'의 내용에 근거하여 관음신앙의 소의경전이기도 하다. 이러한 경전이 무량수여래를 주불로 모신 서대에서 독송되었다는 점이 주목된다. 그 까닭을 제15품 종지용출품(從地涌出品)과 제16품 여래수량품(如來壽量品)에서 찾아본다. '종지용출품'에서 시간과 공간을 초월한 허공장보살이 무량한 생명의 상징인 부처님을 뵙는 내용과 '여래수량품'에서 영원한 생명을 깨닫는 것을 이상으로 삼는 불타관(佛陀觀)의 내용에서 그 의미를 연관지을 수 있기 때문이다.

넷째, 북대에서는 석가여래를 위수로 한 오백나한을 봉안하고 『불보은경』과 『열반경』을 독송하였다. 『불보은경』은 『대방편불보은경(大方便佛報恩經)』으로 부처님의 은혜에 보답하는 길로 보리심의 대원을 세우고 인과를 믿고 불교의 기본적인 계율을 지키는 것을 내용으로 하고 있다.

『열반경』은 『대반열반경(大般涅槃經)』으로 석가모니 부처님의 열반을 전후하여 행적과 설법, 다비 등을 기록한 경전이다. 신라에서 『열반경』이 유통된 사실을 원효의 『열반경종요』을 통해서 짐작할 수 있다. 『불보은경』과 『열반경』의 내용은 북대에서 주불로 모신 석가여래와 궤를 같이한다.

다섯째, 중대에서는 비로자나불과 문수보살을 봉안하고 『화엄경』과 『육백반야경』을 독송하였다. 『화엄경』은 『대방광불화엄경(大方廣佛華嚴經)』으로 신라의 자장율사가 당나라에서 귀국할 때 이 경전을 들여와 유포되기 시작하였다. 이 경전에 의거한 화엄사상은 원효와 의상에 의해 크게 발달하여 신라사회에 크게 영향을 미쳤다. 원효의 『화엄강목(華嚴綱目)』·『화엄경소』·『화엄경종요(華嚴經宗要)』·『화엄경입법계품초(華嚴經入法界品抄)』, 의상의 『일승법계도(一乘法界

圖)』·『입법계도(入法界品)』·『화엄십문간법관(華嚴十門看法觀)』, 지통(智通)의 『화엄추동기(華嚴錐洞記)』, 도신(道身)의 『화엄일승문답(華嚴一乘問答)』, 표원(表員)의 『화엄경문의요결문답(華嚴經文義要決問答)』·『화엄경요의문답(華嚴經要義問答)』, 명효(明皛)의 『해인삼매론』, 태현의 『화엄경고적기』, 연기(緣起)의 『화엄경요결(華嚴經要訣)』·『화엄경진류환원약도(華嚴經眞流還源藥圖)』·『화엄경개종결의(華嚴經開宗決疑)』, 견등(見登)의 『화엄일승성불묘의(華嚴一乘成佛妙義)』, 진숭(珍嵩)의 『일승법계도기(一乘法界圖記)』·『화엄공목기(華嚴孔目記)』, 의융(義融)의 『화엄경석명장(華嚴經釋名章)』, 심상(審祥)의 『화엄경개종결의(華嚴經開宗決疑)』, 범여(梵如)의 『화엄경요결(華嚴經要訣)』, 가귀(可歸)의 『화엄경의강(華嚴經義綱)』, 법융(法融)의 『법계도기(法界圖記)』 등의 저술이 이를 말해 준다.

『육백반야경』은 단일한 경전의 명칭으로 보기보다는 반야부 계통의 경전을 집대성한 『대반야경(大般若經)』으로 보인다. 당(唐)나라 현장(玄奘)이 번역한 『대반야경』이 6백 권에 달하여 이를 육백부반야경(六百部般若經)이라 칭한 것에 근거한다. 이 경전의 내용은 국가적으로는 진호국가(鎭護國家)요 개인적으로는 제재초복(除災招福) 한다는 인식에 기반을 두고 있다. 따라서 이 경을 독송하면 천재, 병란, 질병, 기근 등의 재난을 없앨 수 있다고 믿었다. 이 경전에 대한 이러한 인식은 고려시대 몽고군의 침입 때에도 확인된다. 신라에서 『육백반야경』이 널리 신앙되었다는 사실을 『삼국유사』 권5 감통(感通)7 선율환생(善律還生)조에서 찾을 수 있다. 이에 따르면 망덕사 승려 선율이 시주를 받아 『육백반야경』을 조성하고자 하였으나 그 뜻을 이루지 못하고 죽게 되었다. 선율이 명부에 도착하니 지옥의 명사(冥司)가 수명은 비록 다 되었으나 좋은 발원을 마치지 못했으니 마땅히 다시 인간세계로 돌아가 보전(寶典)을 완성시키라고 돌려보내 주어 마침내 완성시켰다는 이야기다.

이상과 같이 신라시대 오대산의 오대에서는 낮 시간에 독경의식이 설행되었다. 앞서 언급했듯이 종교적 관점에서 독경의식은 수행의례의 성격을 지니고 있다. 그러나 신라의 오대산에서 설행된 독경의식을 수행의례로 정리하기엔

의문점이 남는다. 오대에서 설행한 독경의식에서 언급된 각 경전의 내용적 특징에 주목할 때 독경의식은 국토의 보호와 나라의 안녕, 질병과 재난의 소멸을 목적으로 하는 기복적 성격을 보이기 때문이다. 신라 오대산의 독경의식은 경전의 내용을 이해하는 수행의식의 성격과 더불어 불보살의 가피로 복을 구하는 기복적 성격으로 설행되었다.

신라에서 『금광명경』과 『인왕반야경』 등 호국경전을 중심으로 경전을 독송하는 의식은 고려시대에도 계승된다. 『고려사』에 등장하는 강경법회(講經法會) 가운데 『금광명경』과 『인왕반야경』이 가장 많은 비중을 차지하고 있는 것이 이를 말해 준다. 이는 불교가 고려시대에도 신라시대와 마찬가지로 호국적 성격을 가지고 있었다는 이야기이기도 하다. 이후 조선시대에 들어서는 호국경전의 비중이 약해지며 독경의식에서 다양한 경전이 독송된 것으로 본다.

불교에서는 불법승(佛法僧) 삼보를 신앙의 대상으로 삼고 있다. 삼보 가운데 법보는 의미적으로 부처님의 가르침인 진리를 뜻하는데 형상적으로는 경전을 말한다. 이러한 경전을 서사(書寫), 수지(受持), 독송(讀誦), 해설(解說)하는 의례 행위를 통한 경전신앙의 모습을 신라의 오대산에서 설행되었던 독경의례에서 찾을 수 있다.

3) 밤 시간에 설행된 예참의례

A-2의 자료에 따르면 신라시대 오대산의 오대에서 밤 시간에 예참의례가 설행되었다. 동대에서는 관세음보살을 모시고 '관음예참'을 염송하였으며, 남대에서는 지장보살을 모시고 '점찰예참'을 염송하였다. 서대에서는 무량수여래를 모시고 '미타예참'을 염송하였으며, 북대에서는 석가여래를 모시고 '열반예참'을 염송하였다. 그리고 중대에서는 비로자나불을 모시고 '문수예참'을 염송하였다.

예참의례는 '참법(懺法)', '참의(懺儀)', '예참의(禮懺儀)', '참원의(懺願儀)'라고도

하는데 특정한 예참의례문을 읽으면서 '예경'과 '참회'를 하는 수행의례다. 예참의례문은 예배와 찬탄, 그리고 참회와 발원의 내용으로 구성되어 있다. 여기서 예경의 대상과 의례문의 소의경전에 따라 예참의례의 명칭이 달라진다.

신라시대에는 참법의례가 널리 설행되었다. 『금광명경』, 『인왕반야경』, 『점찰선악업보경』 등의 경전이 유행한 사실과 원효의 『대승육정참회(大乘六情懺悔)』가 널리 유통된 사실에서 참법의례의 성행 정도를 유추할 수 있다. 원효는 『대승육정참회』(『韓國佛敎全書』 제1책, p842.)에서 참회를 '죄가 본래 무생(無生)임을 깨닫고 일심으로 돌아가는 것'으로 설명하였다. 그리고 잘못된 죄악을 참회하는 정도에서 머물지 않는 화엄행자의 일심참회법을 소개하고 있는 것에서, 신라사회에서 참법의례의 성행 정도를 짐작할 수 있겠다. 신라에서 참법의례가 어느 정도 성행하였는가를 보여 주는 자료가 또 하나 있다. 9세기 중반 불경을 구하기 위해 당나라로 간 일본의 엔닌[圓仁]이 9년 6개월간의 견문을 기록한 『입당구법순례기(入唐求法巡禮行記)』에서 신라의 참법의례와 관련한 내용을 다음과 같이 보여 주고 있다.

> 적산원에서 『법화경』 강의를 시작했는데 내년 정월 보름까지가 기한이다. 주위의 여러 곳에서 온 승려들과 인연이 있는 시주들이 와서 동참한다. 그중 성림화상(聖林和尙)이 불경을 강의하는 좌주(座主)이다. 그 외 두 사람이 더 강론을 하는데 돈증(頓證)과 상적(常寂)이 그들이다. 남녀와 승려와 속인이 함께 절에 모여 낮에는 강의를 듣고 밤에는 예불과 참회를 하며, 불경과 차제(次第)(釋禪波羅密次第法門)를 들었다. 승려들이 모이는 숫자는 40명이다. 불경의 강의나 예불과 참회는 신라의 풍속에 따르고 있다. 다만 황혼과 새벽에 있는 두 차례의 예불과 참회는 당나라의 풍속을 따르지만 그 밖의 의식은 신라어로 한다. 그 집회에 참석하는 사람들은 승려든 속인이든, 노인이든 젊은이든, 귀족이든 평민이든 모두가 신라인이며, 다만 승려 3명과 행자 1명 등 우리들만이 일본인이다.

이 자료는 당나라에 소재한 신라 사원인 적산원에서 설행된 의식을 기록한 것이다. 당나라의 신라 사원에서 밤 시간에 참법의례를 설행하던 모습이 신라에서 참법의례가 수행의례로 자리매김하였음을 보여 주고 있다. 따라서 이러한 정황을 근거로 할 때 참법의례가 신라에 널리 유행하였음을 짐작할 수 있다. 그러면 오대에서 설행한 참법의례에 대해서 살펴보자.

첫째, 오대산의 동대에서 설행한 '관음예참'은 관음신앙에 의거한다. 이 의례에서 어떤 의례문이 독송되었는가에 대해서는 단정하기 어렵다. 예참문의 명칭이 '관음예참문'으로 나타나는 자료를 찾을 수 없기 때문이다. 예찬(禮讚)의 성격을 지닌 『관음예문』이 활용되었을 가능성도 있으나 낮 시간에 독송된 『금광명경』과 『인왕반야경』과 연관지을 때 그 가능성이 크지 않다. 동대에서 관세음보살을 주불로 모신 점과 낮 시간에 『천수다라니』를 독송한 점으로 미루어 본다면 『천수천안대비심다라니참법(千手千眼大悲心陀羅尼懺法)』(약칭, 千手千眼大悲懺法 또는 大悲懺)이 독송되었을 가능성이 크다. 그렇다면 당연히 『대비심다라니경(大悲心陀羅尼經)』을 소의경전으로 하였을 것이다. 한편 '관음예참'의 성격을 관음신앙에 근거한 참법으로 그 범주를 넓혀 보면 천태준식(天台遵式)의 『청관세음보살소복독해다라니삼매의(請觀世音菩薩消伏毒害陀羅尼三昧儀)』(『대정장(大正藏)』제46권, p968a6.)가 독송되었을 가능성도 있다. 그 까닭은 이 참법의 다른 이름이 『금광명최승참의(金光明最勝懺儀)』로 낮 시간에 독송된 『금광명경』과 맥락이 닿기 때문이다. 이렇게 본다면 동대에서 행한 관음예참은 『청관세음보살소복독해다라니주경(請觀世音菩薩消伏毒害陀羅尼咒經)』을 소의경전으로 하였을 가능성도 있다. 다른 한편으로는 『자비관음보참(慈悲觀音寶懺)』이 설행되었을 가능성도 배제할 수 없다.

둘째, 남대에서 설행한 '점찰예참'은 지장보살을 주불로 모신 지장신앙에 의거한 의례로 '점찰참법(占察懺法)', '점찰참회(占察懺悔)', '육륜회(六輪會)' 등으로도 불린다. 이 의례는 『점찰선악업보경(占察善惡業報經)』, 『대승대집지장십륜경(大乘大集地藏十輪經)』, 『지장보살본원경(地裝菩薩本願經)』 등 지장삼부경을 소의 경전으로 한다. 이 예참에서는 『점찰선악업보참법(占察善惡業報懺法)』, 『점찰참의(占察懺儀)』, 『점찰선악업보경행법(占察善惡業報經行法)』 등의 의례문이 독송되었을 것으로 본다. 그런데 남대에서 지장보살을 주불로 모시고 지장신앙에 의지한 의례로 '지장예참(地藏禮懺)'이 아닌 '점찰예참'이 설행된 점이 주목된다. 이것은 신라에서 지장신앙으로 점찰참법이 그만큼 유행하였음을 말해 준다 하겠다. 참고로 지장참법 의례문으로는 『자비지장보살참법』과 『찬례지장보살참원의(讚禮地藏菩薩懺願儀)』가 있다. 원광(圓光)에 의해 신라에서 처음 설행되기 시작한 점찰참법은 점차 유행하게 되는데 신라에서 빈번히 개최된 점찰법석이 이를 말해 준다. 그러면 『삼국유사』를 자료로 하여 신라에서 설행된 점찰참법의 성격에 대하여 살펴보자. 점찰참법은 초기에는 계법(戒法)에 귀의하여 번뇌를 제거하고 참회하는 성격으로 설행되었다.(『삼국유사』 권4, 의해5 원광서학조) 한편 매년 설행하는 기제사의 성격으로(『삼국유사』 권4, 의해5 사복불언조) 또는 춘추(春秋)에 일체함령(一切含靈)을 위해 설행하는 시식의 성격으로(『삼국유사』 권5, 감통7 선도성모·수희불사조) 설행되기도 하였다. 이처럼 점찰참법은 개인의 수행을 위한 의례로, 때로는 망자의 명복을 위한 의례로도 설행되었다.

셋째, 서대에서 행한 '미타예참'은 '정토참(淨土懺)'이라고도 하며 관련 의례문로는 『예념미타도량참법(禮念彌陀道場懺法)』과 『왕생정토참원의(往生淨土懺願儀)』가 있다. 이 의례는 정토신앙에 의거하며 『아미타경』, 『무량수경』, 『관무량수경(觀無量壽經)』 등 '정토삼부경'을 소의경전으로 한다.

넷째, 북대에서는 석가여래를 주불로 모시고 '열반예참'을 설행하였다. 이 참법을 설행하며 어떠한 의례문이 독송되었는지는 확실치 않으나 석가모니 일대기를 찬탄하는 내용으로 볼 때 『석가여래열반예찬문(釋迦如來涅槃禮讚文)』이 독송되었을 가능성이 크다. 이는 낮시간에 독송된 「열반경」과도 궤를 같이하기 때문이다.

다섯째, 중대에서 비로자나불을 주불로 모시고 설행한 '문수예참'은 『대방광불화엄경』을 소의경전으로 한다. 이 참법에는 문수보살예찬문(文殊菩薩禮讚文)

이나 문수사리예법신불문(文殊師利禮法身佛文)의 내용을 포함하고 있는 『집제경예참의(集諸經禮懺儀)』(『대정장(大正藏)』제47권, p456b1.)가 독송되었을 가능성이 있다. 한편 중대의 신앙에 따른 소의경전의 측면에서 본다면 『대방광불화엄경해인도량십중행원상편예참의(大方廣佛華嚴經海印道場十重行願常徧禮懺儀)』가 독송되었을 가능성도 있다. 오대의 중심인 중대에서 설행한 '문수예참'은 당나라 오대산에 유학한 자장율사가 문수보살의 수기를 받고 귀국하여 오대산에서 불교를 중흥시킨 역사를 반영한 것으로 보인다. 여기서 하원의 문수갑사에서 '화엄신중예참'을 설행한 사실을 참고할 필요가 있다. 이 의례도 『화엄경』을 소의경전으로 한다. 그러나 여기서는 앞서 중대에서 활용되었을 의례문과는 달리 7처 9회의 39품을 내용으로 하는 『화엄예참문』이 독송되었을 가능성이 크다. 의례의 명칭에 '화엄신중'이라는 용어가 사용된 점으로 보아 신중이 국토를 보호해 준다는 신앙에 비중을 두었던 것으로 본다. 따라서 이 참법에서는 『화엄경』에 등장하는 39류 신중의 명호를 중시하였을 가능성이 크다. 이렇게 본다면 『대방광불화엄경해인도량십중행원상편예참의』의 의례문은 하원의 문수갑사보다는 중대에서의 활용이 더 적합하다.

이상에서 살펴보았듯이 신라의 오대산에서 다양한 참법의례가 설행되었다. 신라에서의 참법의례는 처음에는 수행의례의 성격으로 설행되었으나 점차 의례의 기능이 확대되며 기복의례의 성격으로 변화하였다. 그럼에도 수행의례로서의 참법의례에서 신라 불교의례의 특징을 찾을 수 있다.

3. 참법의례의 전승

불교에서는 수행의 기본을 계율에 두고 있다. 계는 정과 혜로 연기되어 마침내 깨달음의 완성으로 이어지는 것으로 보기 때문이다. 인과응보에 따른 업설(業說)의 입장에서도 지계(持戒)의 수행은 신구의(身口意)를 청정하게 하고 삼업

(三業)이 청정해야 삼독(三毒)에서 벗어나 마침내 해탈에 이르는 것으로 설명하고 있다. 이러한 수행론과 인과론의 관점에서 삼업의 청정과 삼학의 완성에 이르는 수행법 가운데 하나로 '예참의례'가 있다.

신라에서 널리 성행하던 참법의례의 전통은 이후에도 지속된다. 고려시대에 들어 수행의례로서의 예참의례는 천태예참법(天台禮懺法)(『고려사(高麗史)』 卷第10, 宣宗 9年6月 壬申) 자비참도량(慈悲懺道場)(『고려사(高麗史)』 卷第12, 睿宗 元年 冬十月 己未) 화엄삼매참도량(華嚴三昧懺道場)(『고려사(高麗史)』 卷第40, 恭愍王 12年 三月 庚申) 등 다양한 참법으로 계승된다. 참법이라는 명칭을 직접적으로 사용하지는 않았으나 『고려사』에서 법화회(法華會)·화엄법회(華嚴法會)·문수회(文殊會)·금광명경도량(金光明經道場)·문두루도량(文豆婁道場)·반야도량(般若道場)·마리지도량(摩利支道場) 등 다양한 명칭으로 설행된 의례도 참법의례의 형식으로 설행되었을 가능성이 크다. 고려 정종 7년(1041) 5월부터 공양왕 즉위년(1398) 9월까지 금광명경도량과 법회가 모두 37회나 개설되었다. 이 도량과 법회가 『금광명참법보조의(金光明懺法補助儀)』와 『금광명최승참의(金光明最勝懺儀)』에 의해 개설된 것으로 보는 견해가 참법의례의 형식으로 설행되었을 가능성을 뒷받침한다.(서윤길, 2006)

고려시대 정혜결사(定慧結社)로 수선(修禪)에 중점을 두었던 보조지눌(普照知訥)이 찬술한 『염불요문(念佛要門)』에서도 참법수행의 전통을 찾을 수 있다. 지눌은 『염불요문』에서 십악팔사(十惡八邪)를 끊고 오계십선(五戒十善)을 닦는 방법으로 십종염불(十種念佛)을 제시하고 있다. 즉 ① 계신(戒身), ② 계구(戒口), ③ 계의(戒意), ④ 동억(動憶), ⑤ 정억(靜憶), ⑥ 어지(語持), ⑦ 묵지(默持), ⑧ 관상(觀想), ⑨ 무심(無心), ⑩ 진여(眞如)의 구조에서 참법수행의 모습을 찾을 수 있다.

또한 원묘요세(圓妙了世)가 주도한 백련결사(白蓮結社)는 재가 신행자를 대상으로 하여 천태지관·법화삼매예참·구생정토를 수행체계로 삼았다. 이처럼 백련결사의 수행체계에서도 참법의례에 비중을 두었던 것으로 보아 당시 수행법으로서 참법의례의 보편성을 읽을 수 있다. 최자(崔滋)가 지은「만덕산백련사원묘국사비명(萬德山白蓮社圓妙國師碑銘)」(『석가여래행적송』, p451.)에 근거하면 요세는 "대중을 부드럽게 거두어들이기 위해 참회행을 실천하였는데, 간절하고 지극하게 용맹정진하며 매일 53불께 열두 번 절하였다. 비록 날이 아주 춥거나 무더워도 게으름 피우지 않았으니, 좌선만을 집착하는 무리들은 스님을 일러 서참회(徐懺悔)라 하였다"한다. 이처럼 요세는 반행반좌삼매(半行半坐三昧)의 옛 법을 계승하여(『석가여래행적송』, 천인(天因),「제선사원묘국사문(祭先師圓妙國師文)」, p458.) 선과 참회를 겸수하고, 참회와 염불을 겸수하였던 모습에서 참법수행의 전통을 읽을 수 있다.

그리고 참법의례의 전통과 관련하여 균여(均如)가 지은『보현십종원왕가(普賢十種願往歌)』도 주목할 만하다. 그 내용이 ① 예경제불가(禮敬諸佛歌), ② 칭찬여래가(稱讚如來歌), ③ 광수공양가(廣修供養歌), ④ 참회업장가(懺悔業障歌), ⑤ 수희공덕가(隨喜功德歌), ⑥ 청전법륜가(請轉法輪歌), ⑦ 청불주세가(請佛住世歌), ⑧ 상수불학가(常隨佛學歌), ⑨ 항순중생가(恒順衆生歌), ⑩ 보개회향가(普皆廻向歌), ⑪ 총결무진가(總結無盡歌)로 구성되고 있는 점에서 참법의례의 보편성을 읽을 수 있다.

한편 충렬왕 24년(1298)에 원참(元旵)이 야반(夜半)에 낙서(樂西)라는 도인을 만나 정토왕생의 참법을 전수받아『현행서방경(現行西方經)』을 찬술하였다 한다. 또한 혜영(惠永, 慧永)이 찬술한『백의해(白衣解)』는 보타낙가산(補陀洛伽山)에 있는 성백의관자재보살(聖白衣觀自在菩薩)에 대한 귀명예문(歸命禮文)과 찬송(讚頌), 송주(誦呪), 그리고 십악업(十惡業)을 하나씩 참회하여 무량수국(無量壽國)에 왕생할 것을 발원하는 내용으로 구성되고 있다. 이러한 사례에서도 참법의례와의 연관성을 찾을 수 있다.

참법의례는 의례의 기능이 확대되며 조선시대에도 전승된다. 기신재(忌晨齋)(『태조실록(太祖實錄)』 3年 4月 戊戌)나 추천재(追薦齋)(『태조실록(太祖實錄)』 6年 3月 丁巳) 또는 반승(飯僧)(『태조실록(太祖實錄)』 7年 1月 乙卯)에서 화엄삼매참법이 설행되는가 하면 수륙재에서 제석예참(帝釋禮懺)(『태종실록(太宗實錄)』 1年 1月 丁卯)이 설행되기도 한다. 망자의 명복을 빌기 위한 칠칠재의 하나로 참경법석(懺經法席)(『태종실록(太宗實錄)』 8年 5月 癸酉)이 설행되기도 한다. 이처럼 의례의 기능이 확대되는 모습은 빈전(殯殿)에서 화엄삼매참법석(『태종실록(太宗實錄)』 8年 6月 癸巳)이나 법화삼매참법석(『태종실록(太宗實錄)』 8年 7月 甲寅), 또는 미타참법(『세종실록(世宗實錄)』 1年 11月 癸卯)을 설행한 사실에서 확인된다. 조선시대 참법의례의 성행을 가늠하는 자료로 참법과 관련하여 간행된 의례문을 살펴볼 필요가 있다. 참법의례문으로 관음예참문(觀音禮懺文), 상교정본자비도량참법(詳校正本慈悲道場懺法), 예념미타도량참법(禮念彌陀道場懺法), 화엄예참문(華嚴禮懺文), 선문조사예참문(禪門祖師禮懺文), 현행법회예참의식(現行法會禮懺儀式), 승가예참문(僧家禮懺文), 지장경본원참의(地藏經本願懺儀) 등 다양한 의례문이 간행된 사실을 통해 참법의례의 전승을 읽을 수 있다.

4. 나가는 말

신라의 문화를 이해하기 위해서는 불교문화에 대한 이해가 필요하다. 불교문화는 유형문화와 무형문화를 서로 연계시켜 접근할 때 온전한 이해가 가능하다. 여기서 종교행위에 해당하는 신앙과 의례에 대한 이해는 매우 중요한 의미를 갖는다. 의례는 신앙의 행위적인 표현으로 사상과 교리에 바탕을 두고 있지만 그 의례가 유통되었던 시기와 지역의 사회와 문화를 읽어 내는 데 있어 매우 중요한 지표가 되기 때문이다. 이러한 전제를 바탕으로 『삼국유사』의 대산오만진신조를 자료로 하여 신라 오대산의 신앙과 의례를 고찰하는 작업을 진행하였다.

먼저 오대에 배대된 주불과 오방색의 근거를 추적하였다. 그 결과 『삼종실지의궤』, 『인왕경』, 『금강정경』, 『대일경』 등의 경전에서 오방불과 오방색에 대한 내용을 확인하였으나 대산오만진신조와는 상관성이 미약한 사실을 확인하였다. 오대에 관음보살, 지장보살, 비로자나불, 무량수여래, 석가여래 등 신앙의 대상을 배대한 형식적 측면에서 볼 때 만다라와 유사하다. 그러나 『금강정경』과 『대일경』 등 만다라 관련 경전에서 언급되고 있는 오방불의 내용과는 크게 다르다는 사실을 확인하였다. 또한 오방과 관련한 내용이 언급되고 있는 『삼종실지의궤』와 『인왕경』에서 보이는 오방불의 내용과도 차이를 보인다. 이러한 점을 근거로 하여 신라시대 오대산의 오방불신앙을 신라불교의 특징으로 정리하였다. 그리고 오대에 배대된 오방색의 근거를 도출하는 작업도 병행한 결과 오대의 오방색은 도교적 성격을 지닌 민간사상에 근거하여 시간과 공간을 하나로 연결하여 영원성과 무한성을 상징한 것으로 해석하였다.

다음 오대에서 낮 시간에 독경의식이 설행된 점에 주목하였다. 독경의식은 경전의 내용을 이해하기 위한 방편으로 목소리를 내어 경전을 읽는 일종의 수행의식이다. 그러나 대산오만진신조를 기록하게 된 목적을 밝힌 기사의 내용을 참고로 하고 오대에서 독송된 경전의 특징을 내용적 측면에 주목하여 독경의식이 호국안민 제재초복의 기복적 성격으로 설행된 것으로 해석하였다. 이러한 결과를 종합하여 신라 오대산에서 설행된 독경의식은 경전 내용의 이해를 돕는 것을 목적으로 하는 수행의식과 국토의 보호와 나라의 안녕, 질병과 재난의 소멸을 목적으로 하는 기복의식을 포괄하는 성격으로 설행된 사실을 밝혔다.

그리고 오대에서 밤 시간에 예참의례가 설행된 사실에도 주목하였다. 오대에서 설행된 참법의례는 각 방위에 따라 주불로 모신 신앙과 관련한 내용의 예참의례가 설행되었다. 참법의례는 지은 죄과를 참회하여 악업을 없애는 것은 물론이고 나아가 악인(惡因)을 끊음으로써, 자비를 실천하여 지혜를 닦는 일종의 수행의례다. 신라시대 설행된 예참의례는 초기에는 수행의례의 성격을 보이나 의례의 기능이 확대 변화하며 기복의례로 설행되는 모습을 보인다. 즉 처음에는 종교의 기능적 측면에서 의례와 수행의 일체화를 보여 주었으나 점차 사회적 기능으로 비중이 옮겨 가며 국가의 안녕과 민간의 소재구복을 추구하는 기복적 성격이 공존하는 모습으로 변화하였다.

끝으로 예참의례가 고려시대를 거쳐 조선시대까지 지속적으로 설행되었다는 사실에 주목하였다. 예참의례가 지속적으로 설행될 수 있었던 원인을 처음의 수행의례의 성격에 머무르지 않고 그 기능이 변화하여 기복적인 성격으로까지 확대된 것에서 찾았다. 어떤 의례이던 관계치 않고 수행, 기도, 추천 등 다양한 기능으로 활용되었던 불교의례는 조선시대에 들어서 다양한 기능에 따라 각각의 의례가 요구되는 환경을 만나게 된다. 조선시대에는 불교를 배척하기 위한 방안으로 성리학에 기반을 둔 유교의례의 보급과 정착을 위해 노력하였다. 그 결과 유교의례가 어느 정도 자리매김하게 되는 데 이러한 사회적 환경은 불교의례가 분화되는 요인과 무관치 않았을 것으로 본다. 즉 다양한 기능으로 설행되었던 불교의례는 유교의례에 발을 맞추어야 하는 시대적 요구를 외면하기 힘들었을 것이다. 그 결과 앞선 시대에 비해 구복을 위한 불공의식과 사자의 추천을 목적으로 하는 시식의례를 중심으로 하는 의례집의 간행으로 연결된 것으로 본다.

이상과 같이 대산오만진신조를 중심으로 신라의 불교의례를 고찰한 결과 신라에서는 독경, 참회, 염불, 참선 등을 모두 수행의 하나로 보았으며 어느 하나에 치우치지 않았다. 의례의 성격이 수행의례에서 기복의례로 확대 변화되기는 하였으나 수행의례라는 종교의례의 본질적 측면에서 신라 불교의례의 특성을 찾을 수 있다. 특히 오대에서 설행된 독경의식과 예참의례가 종교의례에서 흔히 나타나는 신통력(神通力), 영이력(靈異力), 영위력(靈威力), 영험력(靈驗力)의 모습을 보여 주기보다는 일상적인 수행의례의 모습을 보여 주고 있다는 점에서 신라 불교의례의 특징을 찾았다.

◎ 참고문헌

『高麗史』.

『金剛頂經』.

『大方廣十輪經』.

『大日經』.

『新增東國輿地勝覽』.

『三種悉地破地獄轉業障出三界秘密陀羅尼法』.

『仁王護國般若波羅密多經陀羅尼念誦儀軌』.

『五臺山事迹』.

『朝鮮王朝實錄』.

대한불교조계종교육원, 2001, 『석가여래행적송』, 조계종출판사.

서윤길, 2006, 『한국밀교사상사』, 운주사.

신종원, 2001, 『新羅初期佛教史研究』, 「新羅 佛教傳來의 諸樣相」, 민족사.

엔닌, 신복룡 역, 2007, 『입당구법순례행기』, 선인.

원효, 1979, 「大乘六情懺悔」, 『韓國佛教全書』제1책, 동국대출판부.

최광식·박대재, 2014, 『삼국유사』2, 고려대출판부.

『삼국유사』와 해양신앙

윤재운(대구대학교 역사교육과 교수)

* 본 논문은 윤재운, 2006, 「발해의 해양신앙」, 『고구려연구』22에 수록된 내용을 수정·보완한 것이다.

『삼국유사』는 『삼국사기』와 함께 고대사 연구의 중요한 책으로 전해져 오고 있다. 『삼국유사』는 『삼국사기』와 마찬가지로 고구려·백제·신라 삼국의 역사를 기록한 역사책이지만, 그 밖에 고조선·기자 및 위만조선을 비롯하여 가야 등의 역사도 포함되어 있다.

삼국유사는 다음과 같은 체제로 되어 있다. 권1에는 신라·고구려·백제·가락국 및 후삼국의 연대표가 실려 있는 왕력(王曆)편과 고조선 이하 삼한·부여·고구려와 통일 이전의 신라에 대한 기록을 담고 있는 기이(紀異) 1편이 있다. 권2에서는 신라 문무왕 이후 통일신라시대를 비롯하여 백제·후백제 등에 관한 기록과 가락에 대해서 서술하고 있다. 권3에서는 불교 전래의 유래와 고승(高僧)의 행적을 다룬 흥법(興法)편과 사기(寺記)와 탑·불상 등에 얽힌 승려들의 전기와 사탑(寺塔)의 유래를 다룬 탑상(塔像)편이 수록되어 있다. 권4에서는 고승들의 행적을 다루고 있고, 권5는 이승(異僧)들의 전기를 다룬 신주(神呪)편과 영험(靈驗)·감응(感應)의 영이(靈異)한 기록을 다룬 감통(感通)편, 은둔한 승려들의 기록을 다룬 피은(避隱)편, 효행(孝行)·선행(善行)·미담의 기록을 다룬 효선(孝善)편 등으로 구성되어 있다.(이민수, 1983)

『삼국유사』는 신앙만이 아니라 국가나 가정의 문제까지 다룸으로써 『삼국사기』와 비교될 수 있는 요소가 있다. 또한 일연은 50여 년에 걸쳐 수집한 많은 설화, 금석문, 고문서, 사지 기타 역사서들을 수록함으로써 『삼국사기』와 다른 많은 내용을 전해 주고 있다. 설화를 문장으로 실을 때에는 그의 문학적 능력이 가해질 수 있었다. 그러나 금석문, 고문서, 사지는 그대로 실려 역사내용을 보완해 주었다.(정구복, 1987) 『삼국사기』보다 다양한 내용을 수록하고 있는 『삼국유사』는 당시대의 생생한 모습을 좀 더 잘 보여 주는 책이라 할 수 있다. 이하에서는 삼국유사 중에서 해양신앙에 관련된 부분을 살펴보고자 한다.

바다를 매개로 한 하나의 문명권이 되는 데 운송 수단으로서 배는 불가결한 존재이다. 그러나 항해는 안전을 보장해 주지는 않는다. 고대에는 항해의 안전을 어지럽히는 원인을 사람의 지혜를 뛰어넘는 거대한 힘, 신의 의지라고 생각하였다. 헤아릴 수 없이 깊은 바다 그 자체가 신비적인 존재이고, 그것에서 신을 생각해 낸 사람들의 마음은, 현대의 우리들에게도 용이하게 이해된다.

고대인들은 바다신의 노여움이 폭발하는 것을 예견할 수 없었다. 평온하게 바다와 합하는 방식은 오로지 기도밖에 없었다. 삶과 죽음의 갈림길에 존재하는 긴박한 상황에서 신앙이나 의례 등을 가진 종교가 다가갈 수밖에 없었던 것이다.(다카하시, 2002)

여기서 고려해야 할 것은 해양신앙의 스펙트럼이나 내용, 형태 등이 굉장히 광범위하다는 것이다. 그래서 편의상 해양신앙의 대상인 신격(神格)에 의해 존재 양상을 검토해 보고자 한다. 신격(神格)에 의해 해양신앙의 존재 양상을 분류할 경우, 크게 바다에 관한 모든 것을 관장하는 용왕신(龍王神)·풍어에 관한 신·항해신·선신(船神)·연안지역 육지의 수호신 등으로 나누어 볼 수 있을 것이다.

해양신앙의 첫 번째 사례로는 용왕신(龍王神)을 들 수 있다.

> 제31대 신문대왕(神文大王)의 이름은 정명(政明)이며, 성은 김씨다. 개요(開耀) 원년 신사(辛巳) 7월 7일에 왕위에 올랐다. 아버지인 문무대왕(文武大王)을 위해 동해 근처에 감은사(感恩寺)를 세웠다. 절에 있는 기록에는 이런 말이 있다. 문무왕이 왜병을 진압하고자 이 절을 처음으로 짓다가 다 끝마치지 못하고 죽어 바다의 용이 되었다. 그 아들 신문왕이 왕위에 올라 개요 2년(682)에 끝마쳤다. 금당 섬돌 아래에 동쪽을 향해 구멍 하나를 뚫어 두었는데, 이는 용이 들어와서 서리고 있게 하기

위해서였다. 대개 유언으로 유골을 간직한 곳을 대왕암(大王岩)이라고 하고, 절을 감은사라고 불렀으며, 뒤에 용이 나타난 것을 본 곳을 이견대(利見臺)라고 하였다.

이듬해 임오(壬午) 5월 초하루에 해관(海官) 파진찬(波珍湌) 박숙청(朴夙淸)이 아뢰기를, "동해 중의 작은 산 하나가 물에 떠서 감은사를 향해 오는데, 물결을 따라서 왔다 갔다 합니다"라고 하였다. 왕은 이를 이상히 여겨 일관(日官) 김춘질(金春質)에게 점을 치도록 하였다. 그가 아뢰기를, "돌아가신 부왕께서 지금 바다의 용이 되어 삼한(三韓)을 수호하고 있습니다. 또 김유신(金庾信)도 33천의 한 아들로서 지금 인간 세상에 내려와 대신이 되었습니다. 두 성인이 덕을 같이하여 나라를 지킬 보배를 내어 주려 하시니, 만약 폐하께서 해변으로 나가시면 값으로 계산할 수 없는 큰 보배를 반드시 얻게 될 것입니다"라고 하였다. 왕이 기뻐하여 그달 7일에 이견대로 행차하여 그 산을 바라보면서 사자를 보내 살펴보도록 했더니, 산의 형세는 거북의 머리 같고, 그 위에는 한 줄기 대나무가 있는데, 낮에는 둘이 되고 밤에는 합하여 하나가 되었다. 일설에는 산도 역시 밤낮으로 합치고 갈라짐이 대나무와 같았다고 한다. 사자가 와서 그것을 아뢰니, 왕은 감은사로 가서 유숙하였다.

이튿날 오시(午時)에 대나무가 합하여 하나가 되고, 천지가 진동하며 비바람이 몰아쳐 7일 동안이나 어두웠다. 그 달 16일이 되어서야 바람이 잦아들고 물결도 평온해졌다. 왕이 배를 타고 그 산에 들어가니, 용이 검은 옥대(玉帶)를 가져다 바쳤다. 왕이 영접하여 함께 앉아서 묻기를, "이 산과 대나무가 혹은 갈라지기도 하고 혹은 합해지기도 하는 것은 무엇 때문인가?"라고 하였다. 용이 대답하기를, "이것은 비유하자면, 한 손으로 치면 소리가 나지 않고, 두 손으로 치면 소리가 나는 것과 같아서, 이 대나무라는 물건은 합한 후에야 소리가 납니다. 성왕(聖王)께서는 소리로써 천하를 다스릴 좋은 징조입니다. 대왕께서 이 대나무를 가지고 피리를 만들어 불면 천하가 화평할 것입니다. 이제 대왕의 아버님께서는 바다 속의 큰 용이 되셨고, 유신은 다시 천신(天神)이 되셨는데, 두 성인이 같은 마음으로, 이처럼 값으로 따질 수 없는 보배를 보내 저를 시켜 이를 바치는 것입니다"라고 하였다.

【『삼국유사』 권2, 기이(2) 만파식적(万波息笛)】

신라 혜공왕이 왕 12년 정월 감은사에 거동하여 바다에 망제(望祭)를 지냈다고 한다. 감은사는 문무왕의 원당으로, 감은사 앞 바다에는 문무왕의 수중릉이 있다. 그렇다면 혜공왕이 감은사에서 지낸 망제는 문무왕을 추모하기 위한 것으로 여길 수 있을 것이다. 그런데 문무왕은 죽어서 해룡이 되었다고 한다. 이 점을 염두에 둔다면 혜공왕이 바다에 지냈다는 망제는 해룡이 된 문무왕에 대한 제사로, 이 제사는 해신 즉 용에 대한 제사로 여길 수 있을 것이다.(채미하, 2005)

이때에 대왕이 개운포(開雲浦)ㅡ학성(鶴城)의 서남쪽에 있으며, 지금의 울주(蔚州)ㅡ에 나가 놀다가 바야흐로 돌아가려 했다. 낮에 물가에서 쉬는데 갑자기 구름과 안개가 자욱해져 길을 잃게 되었다. 왕은 괴이하게 여겨 좌우에게 물으니 일관(日官)이 아뢰기를, "이것은 동해용의 조화이오니 마땅히 좋은 일을 행하시어 이를 풀어야 될 것입니다"라고 하였다. 이에 유사(有司)에게 칙명을 내려 용을 위해 그 근처에 절을 세우도록 했다. 왕령이 내려지자 구름이 개이고 안개가 흩어졌다. 이로 말미암아 개운포라고 이름하였다. 동해의 용은 기뻐하여 이에 일곱 아들을 거느리고 왕 앞에 나타나 왕의 덕을 찬양하여 춤을 추며 풍악을 연주하였다. 그중 한 아들이 왕의 수레를 따라 서울로 들어와 정사를 도왔는데 이름은 처용(處容)이라 했다. 왕이 서울에 돌아오자 영취산(靈鷲山) 동쪽 기슭의 경치 좋은 곳에 절을 세우고 이름을 망해사(望海寺)라고 했다. 또한 신방사(新房寺)라고도 이름하였으니 곧 용을 위해 세운 것이다.

【『삼국유사』 권2, 기이(2) 처용랑 망해사(處容郎 望海寺)】

위의 사료를 통해서도 해신을 구체적으로 '용'으로 인식하고 있음을 알 수가 있다. 『신증동국여지승람』 권22 경상도 울산군 불우조(佛宇條)에 의하면, 망해사가 문수산(文殊山)에 있다고 하였다. 용은 민간의 용신앙에서 국가의 호국신, 불교의 신격으로 수용되고 있는데, 헌강왕은 울주 일대의 용신앙을 국가적 신앙체계의 통제 아래 두려고 하였던 것으로 생각된다. 이런 점에서 볼 때, 망해사와 그 주변이 토착종교와 관련을 지닌 곳일 가능성이 높다. 바닷길의 안전과 관련된 제사인 망해제(望海祭)와의 관련성도 고려될 수 있다.(전호태, 2001)

망해사(望海寺)는 신방사(新房寺)라고도 불렸는데, 신방사라는 이름의 신방(新房)에 주목하여 처용을 효공왕 요(嶢)로 비정하는 견해가 있다. 즉 신방사는 절 이름으로는 적합하지 않은데, 본 명칭인 망해사 외에 어떤 사연으로 인하여 그 지역 민간에서 부르던 절의 다른 이름으로 생각된다. 그들은 망해사가 누군가의 첫날밤이 있었던 신방(新房)의 역할과 관련된 절임을 알고 이같이 불렀다고 한다. 그런데 동해용(東海龍)이 해변에서 꽤 떨어진 산중턱 망해사 터에 신방을 차릴 리는 없을 것이며, 절을 짓게 한 헌강왕의 신방 역할을 했던 유궁(帷宮) 즉 천막으로 된 행재소(行在所)가 있었던 곳에 절이 섰을 가능성이 있다. 여기서 울산 지방 유력자의 딸을 왕의 눈에 띄게 하여 야합(野合)의 신방을 차리게 했던 듯하다. 망해사 터에서 첫날밤을 지내고 아들 요를 얻게 된 왕은, 바로 그곳에서 멀리 내려다보이는 개운포와 그곳의 운무를 상기하면서 용의 신성한 조화 속에 아들을 잉태했다고 여겼을 만하다고 한다. 이에 이미 애장왕(哀莊王) 7년(806)의 창사(創寺) 금지령이 있음에도 불구하고, 용의 은혜에 보답하고자 환궁한 후 곧 망해사를 짓도록 명한 것이라고 한다.(김기흥, 2001) 그러나 당시는 물론 고려시대까지도 혼인 첫날의 의미로 신방(新房)이라는 용어는 사용되지 않았다면서 이를 부정하는 의견도 있다.(전기웅, 2005)

이 왕의 시대에 아찬 양패는 왕의 막내아들이었다. 당나라에 사신으로 갈 때에 백제의 해적이 진도(津島)에서 길을 막는다는 이야기를 듣고 궁수 50명을 뽑아서 그를 따르게 했다. 배가 곡도(鵠島)에 이르니 풍랑이 크게 일어났으므로 열흘 남짓 묵게 되었다. 공이 근심하여 사람을 시켜 점을 치니, 말하기를 “섬에 신령한 못이 있으니 그곳에 제사 지내는 것이 좋겠습니다”라고 하였다. 이에 못 위에 제전을 갖추었더니, 못물이 한 길 남짓이나 솟아올랐다. 그날 밤 꿈에 노인이 나타나 공에게 말하기를, "활 잘 쏘는 사람 한 사람을 이 섬 안에 머무르게 하면 순풍을 얻을 수 있을 것입니다"라고 하였다. 공은 꿈에서 깨어나 좌우 사람들에게 물었다. "누구를 머무르게 하는 것이 좋겠는가?"라고 하니, 사람들이 말하기를, "나무 조각 50쪽에 우리 이름들을 써서 물에 띄워 가라앉는 것으로 제비를 뽑읍시다"라고 하니 공이 이를 따랐다. 군사 중에 거타지(居陀知)란 자가 있어 그의 이름이 물속에 가라앉았으므로 이에 그를 머물게 하니 순풍이 갑자기 일어나 배는 지체없이 나아갔다. 거타가 수심에 쌓여 섬에 서 있었더니 갑자기 한 노인이 못으로부터 나와서 말하기를, "나는 서쪽 바다의 신이오. 매번 한 중이 해가 뜰 때에 하늘로부터 내려와 다라니를 외우면서 이 못을 세 바퀴 돌면 우리 부부와 자손들이 모두 물 위에 떠오르는데 중은 내 자손의 간과 창자를 취하여 다 먹어 버리고 오직 우리 부부와 딸 아이 하나가 남았을 뿐이오. 내일 아침에 또 반드시 올 것이니 청컨대 그대가 중을 쏘아 주시오"라고 하였다. 거타가 말하기를, "활 쏘는 일은 나의 장기이니 말씀대로 따르겠습니다"고 하였다. 노인이 그에게 고맙다고 하고는 사라지고 거타는 숨어서 기다렸다. 다음날 동쪽(扶桑)에서 해가 뜨자 중이 과연 와서 전과 같이 주문을 외우며 늙은 용의 간을 취하려고 하였다. 이때 거타가 활을 쏘아 중을 맞추니 곧 늙은 여우로 변하여 땅에 떨어져 죽었다.

이때 노인이 나타나 감사히 여기며 말하기를, "공의 은덕을 받아 우리가 목숨을 보전하였으니 내 딸을 공에게 아내로 드리겠소!"라고 하였다. 거타가 말하였다. "(따님을) 주시고 저버리지 않으시니 진실로 원하던 바입니다." 노인은 그 딸을 한 꽃가지로 바꾸어 품속에 넣어 주고 이내 두 용을 시켜 거타를 받들고 사신의 배를 쫓아가서 그 배를 호위하게 하여 당나라의 영역에 들어갔다. 당나라 사람들이 신라의 배를 두 용이 지고 오는 것을 보고서 이 사실을 황제에게 아뢰니, 황제가 말하기를 "신라의 사신은 반드시 평범한 사람이 아닐 것이다"라고 하였다. 잔치를 베풀어 여러 신하들의 위에 자리하게 하고 금과 비단을 후하게 내려 주었다. 고국에 돌아와서 거타가 꽃가지를 꺼내니, 꽃이 여자로 변하였으므로 함께 살았다.

【『삼국유사』 권2, 기이(2) 진성여대왕(眞聖女大王) 거타지(居陀知)】

그리고 위의 기록에 따르면 아찬 양패가 당에 가는 도중에 곡도(지금의 백령도) 앞바다에서 풍랑을 만나게 되자 점을 친 후 섬에 상륙하여 못에서 나온 신에게 제전을 차려 놓고 제사를 지내고 있다. 이후 신의 당부로 섬에 남겨진 거타지에게 다시 신이 나타나 자신을 '서해약(西海若)'이라 자칭하고, 자신의 가족을 해치는 중을 없애 달라고 부탁하고 있다. 여기에서 제사를 지낸 대상인 용은 스스로를 '서해약'이라고 칭하였다는 점에서 해신임을 알 수 있다. 곧 '서해약'은 서해용왕으로 볼 수 있을 것이다.(이용범, 1969) 따라서 항해 도중 풍랑을 만났을 때 당시 사람들은 용신에게 제사를 지냈던 사실을 알 수 있다.

해양신앙의 두 번째 사례로는 사해(四海) 즉 연안지역 육지의 수호신을 들 수 있다. 『예기(禮記)』 곡례(曲禮)에 의하면 천자는 천지(天地), 사방(四方), 사망(四望), 산천(山川), 오사(五祀)에 대한 제사를 지내고, 제후는 산천과 오사에 대한 제사를 지낸다고 한다. 사방(사망)은 '오악(五嶽)·사진(四鎭)·사독(四瀆)'으로, 이러한 사방(사망) 제도가 성립할 때 바다 역시 종교의례의 대상이었다는 점에서 사방(사망)에는 사해도 포함된다고 할 수 있다. 사방(사망)제사는 한대(漢代)부터 시작되었는데, 수대(隋代)에는 중사에, 당대(唐代)에는 악·진·해·독으로 중사에 편제되어 있었다. 이러한 중국의 사해신(四海神)은 바다보다는 연안지역의 수호신적인 성격이 강한 것으로 보인다.(모리타, 2003) 신라는 통일 이전 진덕왕대부터 중국의 제사에 관심을 가졌고, 통일 후 그것을 수용하고 있다.(채미하, 2002) 따라서 통일신라기 해신에 대한 제사가 국가제사에 편제될 수 있었던 것은 이러한 중국 제사제도의 영향도 있었을 것이다.

그리고 신라는 일찍부터 바다에 대한 관심을 가지고 있었다. 이것은 선박과 항해에 관한 업무를 전담하는 관서인 선부서의 설치 및 그것의 개편에서 알 수가 있다. 또한 당은 성덕왕에게 '영해군사(寧海軍使)'라는 관작을 내리고 있다. 이것은 당이 발해와의 관계 속에서 신라왕에게 황해 지배권을 위탁한 것으로,(하마다, 1998) 이러한 영해군사라는 관작은 경덕왕, 선덕왕, 헌덕왕, 홍덕왕대로 이어지고 있다. 뿐만 아니라 청해진 설치 이후 해상 요충지에 당성진, 혈

구진, 장구진 등이 설치된 것에서도 알 수 있다. 이처럼 신라가 일찍부터 바다를 중요시하였다는 점을 염두에 둔다면 통일기 해신에 대한 제사는 중요한 국가제사의 하나였을 것이다.

『삼국유사』 수로부인조에는 다음과 같은 내용이 실려 있다.

A-①. 성덕왕 때 순정공(純貞公)이 강릉태수(江陵太守)로 부임하는 길에 바닷가에서 점심을 먹었다.

A-②. 그 곁에는 바위 봉우리가 병풍과 같이 바다를 둘러 있고, 높이가 천 길이나 되고, 그 위에는 철쭉 꽃이 활짝 피어 있었다. 공의 부인 수로(水路)가 그것을 보고 좌우 사람들에게 말하기를, "저 꽃을 꺾어다 줄 사람은 없는가?"라고 하였다. 그러나 종자들이 말하기를, "사람의 발길이 닿기 어려운 곳입니다"라고 하면서 모두 사양하였다. 그 곁으로 한 늙은이가 암소를 끌고 지나가다가 부인의 말을 듣고 그 꽃을 꺾어와 또한 가사를 지어 바쳤다. 그 늙은이는 어떤 사람인지 알 수 없었다.

A-③. 다시 이틀 길을 가다가 또 임해정(臨海亭)에서 점심을 먹고 있었는데, 바다의 용이 갑자기 부인을 끌고 바다로 들어가 버렸다. 공이 엎어지면서 땅을 쳐 보아도 아무런 방법이 없었다. 또 한 노인이 말하기를, "옛사람의 말에 여러 사람의 말은 쇠도 녹인다고 했으니, 이제 바닷속의 미물인들 어찌 여러 사람의 입을 두려워하지 않겠습니까? 마땅히 경내의 백성을 모아 노래를 지어 부르면서 막대기로 언덕을 치면 부인을 볼 수 있을 것입니다"라고 하였다. 공이 그 말을 따르니, 용이 부인을 받들고 바다에서 나와 바쳤다.

A-④. 공이 부인에게 바닷속의 일을 물으니, 대답하기를, "칠보 궁전에 음식은 달고 부드러우며 향기롭고 깨끗하여 인간의 음식(煙火)이 아니었습니다"라고 하였다. 이 부인의 옷에는 이상한 향기가 풍겼는데, 이 세상에서는 맡아 보지 못한 것이었다. 수로는 용모와 자색이 세상에서 뛰어나 깊은 산이나 큰 못을 지날 때마다 여러 번 신물(神物)에게 붙들려 갔다.

위의 내용은 크게 네 부분으로 나누어 볼 수 있다. A-①은 순정공의 강릉 태수 부임, A-②는 수로부인의 절화(折花) 요청과 노인의 헌화(獻花), A-③은 해룡의 수로부인 납치와 노인·순정공·백성들의 구출, A-④는 수로부인의 반응과 신이한 면모이다.

먼저 순정공과 수로부인을 강릉에 보낸 사실에서 두 사람이 성덕왕의 측근이었음을 알 수가 있다. 수로부인 설화에 나오는 순정공은 상재(上宰)를 역임한 김순정(金順貞)으로 보인다.(정구복 외, 1997) 중대에 상재로 등장하는 김순정(金順貞)-김옹(金邕)-김주원(金周元), 그리고 성덕왕 전반의 개원(愷元) 가운데, 개원은 무열왕의 여섯째 아들이고, 김주원은 무열왕의 둘째 아들인 김인문의 5세손이다. 최고 종친이 내성사신을 맡은 것이나 김순정이 개원공을 승계한 것으로 미루어 볼 때, 김순정-김옹으로 이어지는 가계 또한 무열왕계였다고 보아도 좋을 듯하다. 이렇게 보면 중대의 상재직은 무열왕계가 장악하였다고 여겨진다.(박남수, 2012) 결국 김순정은 무열왕의 직계였기 때문에 강릉태수로 부임하게 된 것으로 보인다. 따라서 순정공과 수로부인은 애초부터 성덕왕의 중요한 측근이자 유력한 인물이면서, 강릉태수 부임을 계기로 그 관계가 더욱 돈독해졌을 수밖에 없었다.

둘째로 수로부인의 절화 요청과 노인의 헌화에 대해 살펴보겠다. 기이편의 구성을 보았을 때, 수로부인조의 주인공은 수로부인이지 노인이 아니다. 노인의 절화는 노인이 신성한 능력이 있어서라기보다는 이곳의 지형을 잘 알고 있기 때문에 가능했을 것이다. 노인은 현지 지형에 밝은 재지세력으로 여겨진다. 이는 순정공과 수로부인이 백성을 위무하는 것이 아니라 노인이 수로부인의 바람을 들어주는 것으로 보는 것이 좋을 듯하다.(엄태웅, 2015)

셋째 문단은 바다의 용이 나타나 부인을 납치해 가자, 순정공이 한 노인의 제안으로 백성들을 모아 바다의 용이 부인을 돌려보내게 하는 데 성공하는 내용이다. 이 대목에서는 해룡의 정체와 해룡이 수로부인을 납치해 가는 이유에 대해서 의견이 분분하다.

수로부인 설화에 대해 역사학계는 대체로 전반부와 후반부의 시간적 배경인 '주선(晝饍)'을 제의로 올리는 음식으로 해석하는 주장에 힘입어 제의의 구술상관물(口述相關物)이라는 쪽으로 견해가 모아지고 있다.(서영대, 2002) 그리고 그 모습은 경내의 백성들이 모여서 함께 행한 합동제의(合同祭儀)였다. 어떤 성격의 제의를 설명하는 것이냐에 대해서는 다양한 견해가 제기되었지만, 그중에는 망해제로 보는 견해가 타당할 듯으로 보인다.(김창겸, 2007) 그리고 이 제의를 주관한 자는 중앙에서 파견된 지방관 순정공(順貞公)이었다.

중사(中祀)에 해당하는 사해(四海)의 제사는 동해의 경우는 국왕이 직접 거행하기도 했으나, 나머지 세 곳은 왕경으로부터 멀리 떨어진 거리상의 이유로 수로부인 설화에서 보듯이 순정공처럼 중앙에서 파견된 관리가 국왕을 대신하여 거행하였을 것이다. 이때에는 지역의 재지세력들이 함께 참석하면서 어떤 형태로든 제사 비용을 담당하였으리라 추측된다. 제사가 끝난 뒤에 이 자리는 축제의 장이 이루어져 지역민들에게 화합의 기회가 제공되었을 것이다. 그러나 때로는 재지세력 간에는 여기에서 파생되는 주도권을 두고 갈등 양상을 보이는 경우도 있었을 것이다.(김창겸, 2007)

12년 2월에 전사서(典祀署)를 설치하였다.

【『삼국사기』 권8, 성덕왕 12년 봄 2월】

전사서는 예부(禮部)에 속한 것으로 성덕왕 12년에 설치하였다. 감(監)이 1명인데 관등은 나마에서 대나마까지이다. 대사(大舍) 2명을 진덕왕 5년에 두었는데 관등은 사지에서 나마까지이다. 사(史) 4인을 두었다.

【『삼국사기』 권38, 잡지(7) 직관상(職官上)】

위의 사료에 의하면 성덕왕 12년(713)에 전사서를 설치하여 예부에 속하도록 하고 감(監) 1인 등을 두었다. 전사서는 국가제사를 전담하는 부서였다. 이는 유교적 의례에 입각하여 각종 예제(禮制)를 제정한 것으로, 왕권의 강화를 의도

한 것이다. 아래 사료에 의하면 진덕왕 5년(651)에 전사서의 차관직인 대사 2인을 두었다고 하는 것으로 보아, 전사서는 651년 관제개혁 때에 처음으로 설치된 것임을 알 수 있다. 다만 성덕왕 본기와 직관지에 713년에 설치되었다고 한 것을 보면, 이때 장관직으로 감을 두면서 그 기구가 격상 증편된 것으로 보인다.(이기동, 1998) 아울러 전사서의 설치는 사해(四海) 또는 용신(龍神)에 대한 제의권 장악을 통한 왕권강화의 노력의 결과로 생각된다.

결국 수로부인조의 서술 의도는 성덕왕의 측근인 순정공과 수로부인을 통해, 동해안지역의 제의권 장악을 확보한 것이라고 할 수 있다.

이와 관련하여 주목되는 것이 청해진이다. 청해진은 『삼국사기』 잡지(雜志) 제사조(祭祀條)에 중사로 편제되어 있다. 청해진은 흥덕왕 3년(828)에 설치되었기 때문에, 국가제사에 편제된 것은 흥덕왕 3년 이후의 어느 시기로 보인다. 청해진이 국가제사에 편제된 것은 이 지역이 해상의 요충지로 군사적으로 중요한 지역이기 때문이었다.(최광식, 1994) 청해진 장도에서 발굴된 유구는 청해진 조음도에서 중사를 지냈다는 기록과 밀접한 관련이 있다. 유구는 제단으로 생각되는 건물터와 함께 확인되었는데, 건물터 동편에 직경 1m, 깊이 70㎝ 정도의 원형 구덩이를 파고 인위적으로 유물을 묻었다. 출토유물 가운데 철제 솥, 철제 반(盤), 청동 병 등은 일상용기와는 다른 유물로 국가가 주관하는 제사유적의 양상을 보여 주는 것으로 생각된다.(국립문화재연구소, 1991)

청해진의 경우처럼 해상교통의 요충지에서 국가제사가 거행된 장소로는 부안 죽막동 제사유적과 일본의 오키노시마(沖ノ島) 유적(오다, 1988)이 참고된다. 전북 부안 죽막동(竹幕洞) 제사유적은 주로 백제와 관련되어 있다. 당시에는 단경호(短頸壺), 고배(高杯), 개배(蓋杯), 기대(器臺) 등의 각종 토기와 중국 청자를 제사 용기로 사용하였다. 이곳에서 출토된 중국 청자는 사비시대 이전의 수입품으로 추정되며, 절터나 궁궐터에서 출토되는 양상으로 보아 백제 왕실로 대표되는 국가와 관련된 물품으로 보인다. 즉 백제가 수입하여 지방에 분여(分與)하거나 직접 사용하던 것으로 생각된다. 따라서 이 단계의 제사는 백제 중앙의 관여를 상정케 한다. 특히 백제의 중심지에서 멀리 떨어진 이곳에서 다량의 토기를 사용한 대규모의 제사를 지냈다는 점에서 백제의 의도적인 제사권(祭祀權)의 행사를 엿보게 한다.

한성·웅진시대의 백제는 4세기 이후 중국 대륙의 각 왕조와 교류하였고, 고구려의 침공이라는 국가적인 위기를 맞은 5세기에는 바다 건너 왜와도 긴밀한 관계를 수립하였다. 이러한 상태에서 5세기 이후 중국 연안과 한반도 서남해안과 일본열도를 잇는 항로의 연장선상에 돌출되어 위치한 죽막동은 지정학적으로 중요하였을 것이다. 그리고 주변의 다른 제사유적에 비해 특이한 경관과 포구를 가지고 있었기 때문에 전문적인 제장(祭場)으로 선택되기에도 보다 유리하였을 것이다.(유병하, 2002)

일본 야마토[大和] 정권은 정치적·군사적 목적에서 대내적으로 이즈모타이샤[出雲大社], 대외적으로는 오키노시마 유적을 가장 중요한 제사로 받들었다고 한다. 이 중 오키노시마 유적은 해상의 안전과 호국신을 제사하는 성격을 지닌 것으로 이곳 역시 전략적 요충지에 위치하고 있다.

해양신앙의 세 번째 사례로는 항해신을 들 수 있다. 항해신의 대표적인 예로는 관음신앙과 마조신앙(媽祖信仰)을 들 수 있다. 관음신앙은 지금까지 연구에 의하면 동아시아뿐만 아니라 한반도, 일본, 중국 연안, 그리고 인도까지 그 영역이 확대되어 있다. 따라서 관음신앙은 아시아 해역에서 보편적인 항해 수호신으로 존재했다고 할 수 있다. 반면에 마조신앙의 해역은 중국 연안, 일본열도 일부, 류큐열도 일부, 그리고 화인(華人)사회가 퍼져 있는 동남아시아지역이다. 마조신앙은 중국사회와 밀접한 관계를 맺고 있지만 관음신앙의 해역에 비하면 조금 한정되어 있다고 할 수 있다.(도미야마, 2005)

관음신앙과 관련해서는 장보고가 산동성, 즉 등주(登州) 문등현(文登縣) 청녕향(淸寧鄕) 적산촌(赤山村)에 세운 법화원(法花院)이 주목된다. 엔닌[圓仁]의 『입당구법순례행기(入唐求法巡禮行記)』에 따르면 법화원에서는 겨울에는 『법화경(法華經)』을 여름에는 『금광명경(金光明經)』을 강설하였다고 한다. 여름 강설인 『금광명경』은 국태민안(國泰民安)과 현세이익을 구하고자 하는 염원에서 행해진 것이었으나, 엔닌 일행은 경험하지 못하였다. 그렇지만 엔닌은 그가 경험한『법화경』의 강설에 대해서 상세히 기술하고 있다. 그리고 법화원의 송경의식을 보면 현세의 이익을 구하고 서방정토 세계에 왕생하고자 하는 염원으로 약사여래의 명호와 대자대비를 근본염원으로 하는 관세음보살의 명호가 찬탄되고 있다.

법화원이란 명칭은『법화경』에서 유래한 것으로,『법화경』은 일찍부터 관음신앙의 소의경전으로 주목받았다. 특히『법화경』에서 설해진 관음신앙은 항해와 관련이 깊다.『법화경』 관세음보살보문품(觀世音菩薩普門品) 제25에 따르면 보물을 얻기 위하여 큰 바다에 들어갔다가 폭풍을 만나 배가 뒤집힐 지경에 이르렀을 때 그 배에 타고 있던 사람 가운데 한 사람이라도 관세음보살의 이름을 부르면 동승한 여러 사람들이 위험으로부터 벗어날 수 있다고 하였다. 이로 보면『법화경』 보문품의 내용은 해상활동을 하는 이들과 아주 밀접한 관계가 있었음을 짐작할 수 있다.(권덕영, 2001; 조범환, 2002) 그러하다면 법화원은 창건동기부터 항해의 안전을 기원하기 위해 건립된 사찰로, 관음신앙과 밀접한 관계가 있지 않았을까 한다.(김문경, 1999)

이외에도 북송기(北宋期) 이후로 중국에서는 여신인 마조(媽祖)를 항해신으로 제사 지내기도 하였다. 마조신앙은 북송 말에 복건성(福建省) 보전(甫田)지방에서 일어났던 여신신앙이다. 마조는 복건(福建) 미주(湄州)의 임가(林家)출신으로, 생전에는 무녀(巫女)였다. 사후(死後)에 상인뿐만 아니라 국가차원에서 안전항해를 기원하기 위해 제사가 행해졌다고 한다.(마쓰모토, 2004) 마조는 현재 중국과 대만에서 만능 신으로 추앙받는다. 그러나 본래 마조는 항해 수호신이었고, 지금도 그 성격은 계속 유지되고 있다고 한다.(도미야마, 2005)

한편 9세기 이후 일본에서는 안전항해를 기원하기 위해 '신라신'을 모시기도 하였다. 즉 일본 천태종문의 개산조 사이초[最澄, 767-822]가 804년 입당에 앞서 부젠국[豊前國] 우사[宇佐: 오이타현 우사군]와 가와라[香春: 후쿠오카현 다가와군]에서 신라신을 봉제하고, 귀국 뒤에는 본인의 뜻으로 신궁원(神宮院)을 창건했던 일이나, 엔닌의 제자들이 스승의 유지에 따라 적산신라신(赤山新羅神)을 봉헌한 사실에서나, 엔진[圓珍]이 '신라국명신(新羅國明神)'을 온조지[園城寺]에 봉제한 일들을 통해 볼 때, 일본인들은 항해와 구법(求法)에 앞서 반드시 신라신을 봉제하였다. 그것은 당시 동북아시아의 해상교역을 독점하고 있었던 신라상인들과 이 시기 기타큐슈(北九州)에 뿌리내린 신라 이주민 사회의 힘이 강성했기 때문이라고 하였다.(김문경, 1987)

해양신앙의 네 번째 사례로는 어업신 즉 풍어신을 들 수 있다. 풍어신의 대표적인 사례로는 임경업장군신을 들 수 있다. 연평도 일대 서해안에서는 임경업이 조석 변화를 이용하여 조기를 잡아 병사들을 먹여 살렸다고 한다. 그리고 이런 일들을 계기로 그는 조기의 신이 된다. 현재까지도 풍어를 기원하기 위해 임경업 장군에 제사를 지낸다고 한다.(주강현, 1998)

해양신앙의 마지막 사례로서는 선신(船神)을 들 수 있다. 이와 관련해서는 배서낭(船王)이 주목된다. 배 서낭은 배를 수호하고 풍어와 안전한 항해를 주관하는 배의 신(神)이다. 배 서낭은 여 선왕, 남 선왕, 조상선왕, 명태선왕, 부적선왕 등 여러 신격(神格)으로 불리며, 이 신격에 따라 한지(韓紙)에 북어를 묶은 것, 한지를 삼색 실로 묶은 것, 옷감, 삼색 실과 바늘, 부적 등 여러 가지 형태의 신체(神體)를 모신다. 신격은 선주나 가족, 도목수 등 그 배에 관련된 사람들의 꿈에 나타난 내용에 따라 결정되며 특히 성을 구분하여 여 선왕 또는 남 선왕을 모시게 된다. 어민들은 배 서낭의 영험을 믿기 때문에 선실에 정성껏 신체를 모시고 배 고사 때에도 제일 먼저 이곳에서 제사를 지낸다.(국립해양유물전시관, 1998)

참고로 발해에도 해양신앙의 존재가 주목된다. 당(唐)·신라·백제 등의 바다 관련 국가제사의 가장 큰 공통점은 무엇보다도 해상교통의 요충지에서 행해졌다는 것을 들 수가 있다. 그렇다면 당에만 120여 회, 일본에는 34회의 사절단을 바다를 통해 파견(윤재운, 2005)하였던 발해가 바다 관련 국가제사를 지냈을 가능성은 높다고 할 수 있다. 필자는 그 유력한 후보지로 러시아 연해주 크라스키노 토성을 주목하고 싶다. 주지하다시피 크라스키노 토성은 발해 때 염주

(鹽州)의 치소로 일본으로 가는 항로의 출발지였다.

아울러 발해의 해양신앙과 관련해서 외교사절단의 구성원으로 당이나 일본에 파견된 천문생(天文生)이 주목된다. 이들은 명칭이나 역할을 고려할 때, 신라 '견당사'의 구성원인 '복인(卜人)'에 비견할 수 있다. 천문생은 발해의 대일사절단 가운데 두 사례가 확인되는데 나머지 사절단에도 계속 참여했을 가능성이 크다.

바다를 건너는 것은 기상조건에 의하여 크게 영향을 받았으므로 날씨와 지리를 관측하는 일은 매우 중요한 일 가운데 하나였다. 그 일을 전담하는 사람이 바로 천문과 지리를 관찰·판단하고 점을 쳐서 장래의 일을 예언하는 복인이었다.(권덕영, 1997) 복인은 천문·지리의 관측뿐만 아니라 항해의 안전을 빌기 위한 여러 가지 제사도 주관하였다. 진성왕대의 견당사 양패(良貝)에게 풍랑을 가라앉히기 위하여 곡도(鵠島)의 신지(神池)에서 바다 신에게 제사 지낼 것을 건의한 사람이 복인이었으므로, 그 제사 역시 복인이 주관하였을 것이다. 839년 4월 18일에 일본 견당사가 무사귀환을 기원하기 위하여 스미요시대신[住吉大神]과 해룡왕(海龍王) 등에게 제사를 지냈는데, 그 제사를 주관한 사람은 복부(卜部)였다고 한다.

발해는 당, 일본 등과 활발한 해상을 통한 교류를 하고 있었다. 따라서 동아시아 여타 다른 국가들의 경우와 마찬가지로 해양신앙이 있었을 가능성이 크다고 생각된다. 그리고 그 유력한 증거로 천문생을 들 수 있지 않을까 한다.(윤재운, 2006)

이상에서 『삼국유사』에 나오는 해양신앙 관련 부분을 해양신앙의 신격에 의해 살펴보았다. 『삼국유사』가 『삼국사기』와 가장 큰 차이나 특징을 보이고 있는 부분이 서사라고 할 때, 해양신앙은 그것을 가장 분명하게 드러나게 하는 주제가 아닐까 한다. 『삼국유사』의 가치는 이루 다 말할 수가 없지만, 무엇보다도 해양신앙으로 대표되는 해양문화의 서사를 담고 있는 보고(寶庫)라는 점에 있지 않을까 생각한다.

◎ 참고문헌

국립문화재연구소, 1991, 『將島 淸海鎭 유적발굴조사보고서』I.

국립해양유물전시관, 1998, 『물·바다·사람·배·꿈·삶·그 자국』.

權悳永, 1997, 『古代韓中外交史-遣唐使硏究』, 一潮閣.

_____, 2001, 「재당 신라인 사회와 적산 법화원」, 『史學硏究』62.

김기흥, 2001, 「新羅 處容說話의 역사적 진실」, 『歷史敎育』80.

金文經, 1987, 「唐日文化 交流와 新羅神信仰-日本天台僧 最澄·圓仁·圓珍을 中心으로-」, 『東方學志』54·55·56合集.

_____, 1999, 「신라 무역선단과 관세음신앙」, 『장보고와 21세기』, 혜안.

金昌謙, 2007, 「新羅 中祀의 '四海'와 海洋信仰」, 『한국고대사연구』47.

박남수, 2012, 「新羅 聖德王代 '上宰' 金順貞과 對日交涉」, 『신라사학보』25.

서영대, 2002, 「水路夫人설화 다시 읽기」, 『용, 그 설화와 문화』, 민속원.

엄태웅, 2015, 「『三國遺事』, 「紀異」, 〈水路夫人〉의 서술 의도-〈성덕왕〉과의 관련성을 전제로」, 『국학연구론총』16, 택민국학연구원.

유병하, 2002, 「해양교류와 고대 제사유적-한반도 서남해안 일대를 중심으로-」, 『해양교류의 고고학』-26회 한국고고학대회발표요지문-.

尹載云, 2005, 「南北國時代의 네트워크」, 『韓國硏究センター年報』5, 九州大學韓國硏究センター.

_____, 2006, 「발해의 해양신앙」, 『고구려발해연구』22.

李基東, 1998, 「新羅 聖德王代의 政治와 社會-'君子國'의 內部事情」, 『歷史學報』160.

李民樹 譯, 1983, 『三國遺事』, 乙酉文化社.

李龍範, 1969, 「처용 설화의 신고찰」, 『震檀學報』32.

전기웅, 2005, 「憲康王代의 정치사회와 '處容郎望海寺'條 설화」, 『新羅文化』26.

전호태, 2001, 「울산지역 신라 불교유적의 현황과 과제」, 『울산연구』3.

鄭求福, 1987, 「三國遺事의 史學史的 考察」, 『三國遺事의 綜合的 檢討』, 한국정신문화연구원.

정구복 외, 1997, 『역주 삼국사기』3-주석편(상).

조범환, 2002, 「장보고와 적산 법화원」, 『대외문물교류연구』창간호, (재)해상왕장보고기념사업회.

朱剛玄, 1998, 『조기에 관한 명상』, 한겨레신문사.
채미하, 2002, 「신라 종묘제의 수용과 그 의미」, 『歷史學報』176.
______, 2005, 「청해진의 祀典편제와 해양신앙」, 『震檀學報』99.
최광식, 1994, 『한국 고대의 국가와 제사』, 한길사.

高橋徹, 2002, 「海への祈り」, 『海の古代史-東アジア地中海考-』, 角川書店.
濱田耕策, 1998, 『新羅國史の研究』, 吉川弘文館.
森田健太郎, 2003, 「宋朝四海信仰實狀」, 『早稻田大學大學院 文學硏究科紀要』49.
小田富士雄 編, 1988, 『古代を考える沖ノ島と古代祭祀』, 吉川弘文館.
松本浩一, 2004, 「船人たちが傳えた海の神-媽祖信仰とその廣がり-」, 『アジア遊學』70-特集 波騷ぐ東アジア-, 勉誠出版.
豊見山和行 著·김정환 譯, 2005, 「바다의 신앙」, 『바다의 아시아』5 -국경을 넘는 네트워크, 다리미디어.

『삼국유사』 속 꿈(夢)의 존재 양상과 그 의미

김효경(한남대학교 강사)

1. 머리말

꿈은 수면 중에 일어나는 일련의 시각적 심상(心想)이다. 인간은 매일 꿈을 꾸지만 그중 일부만이 기억될 뿐이다. 누구나 꾸는 것이 꿈이지만, 그 내용은 천차만별이다. 이에 기억되는 꿈을 대상으로 해석되기도 하고 특정 기능이 부여되기도 한다. 프로이트는 꿈을 해석하며 꿈은 억눌린 욕망이 표출된 것으로, 경험한 것이 기억으로 옮겨 가는 과정이라고 했다. 그의 해석대로라면 꿈은 '하루의 잔상(day-residue)'일 뿐이다. 그러나 꿈이 무엇인가에 대한 질문은 지금까지 지속되고 있지만 명확한 해답은 없는 실정이다. 논리적이든 비논리적이든 특별한 이야기를 담고 있는 꿈은 영원히 관심의 대상일 수밖에 없다.

그렇다면 삼국시대에 꿈은 어떻게 존재했겠는가? 신분제 사회로 계층이 존재했고, 불교·유교·토착신앙 등 다양한 종교적 양상이 사회에 영향을 미쳤기에 꿈은 시대적 의미를 지닌 채 존재했을 것이다. 이 시기의 꿈에 대한 연구는 다각도로 이루어졌다. 꿈의 의미는 현실에서 불가능한 것들을 신비의 상황에서 구하려는 소망의 표현으로 보았고(최기숙, 1996), 꿈의 종류는 화소를 중심으로 해몽(解夢), 태몽(胎夢), 길몽(吉夢), 흉몽(凶夢), 현몽(現夢), 동몽(同蒙), 연몽(緣夢) 등으로 구분하기도 했고,(임재해, 1988) 특정 인물 중심의 꿈을 대상으로 인물을 이해하는 수단으로 삼기도 했고,(양승목, 2014) 일연이 삼국유사에 꿈을 수록한 것은 교육적 의도라고 보기도 했다. 그러나 『삼국유사』는 일연이 직업에 충실해서 당시까지 남았던 일반사와 불교문화사에 해당되는 자료를 구축한 '민족문화 데이터베이스'로 시대를 읽는 자료로,(최광식, 2017; 147) 그 안에는 불교의 홍포와 종교적 감동을 위해 불교문화사적 입장과 저자가 처한 시대적 배경이 녹아 있다.(이강래, 2005) 비록 괴력난신의 허무맹랑한 이야기의 형식을 띠고 있지만 그 꿈에는 당대인들 사이에 통용되던 규칙화된 암호와 인식체계가 내재되어 있다. 이에『삼국유사』에 수록된 꿈의 존재 양상과 그 의미를 통해 시대적 심상을 살펴보자.

2.『삼국유사』속 꿈의 존재 양상

『삼국유사』에 수록된 꿈과 관련한 자료는 이 책의 편제 기준인 기이(紀異), 흥법(興法), 탑상(塔像), 의해(義解), 신주(神呪), 감통(感通), 피은(避隱), 효선(孝善)편의 다양한 영역에서 확인된다. 꿈을 주요 주제로 다루지는 않았지만 주제별 전개에 있어 중요한 전환 국면을 이룬다. 꿈을 주제별로 유형화하여 흥불(興佛), 사찰의 창건, 망자의 해원(解冤), 신령의 현몽(現夢), 예지몽(叡智夢), 종교적 염원 등으로 구분해 각 유형별 존재 양상을 살펴보자.

1) 흥법(興法)

『삼국유사』에 수록된 불교문화 관련 기사 중 꿈과 관련한 기사가 다수 존재한다. 그중 많은 수는 사찰의 창건, 석불의 봉안 등과 관련되며, 그 이외에 망자의 해원, 승려가 수행 과정에서 부처로부터 게(偈)나 계(戒)를 받는 행위가 포함된다.

먼저 사찰의 창건과 석불의 봉안 등의 불교신앙물과 관련된 기사를 보자. 가장 이른 시기의 기록은 선도성모수희불사(仙桃聖母隨喜佛事)편의 지혜라는 비구니가 안홍사에 살면서 새로운 사찰을 건립하고자 한 사례이다. 자금이 부족해 고민하던 중 그녀의 꿈에 선도산 성모가 나타나 금이 묻힌 곳을 일러 주며 그 절에서 모실 신령과 제사 일시까지 제시한다. 선도산 성모는 토착신앙의 신령으로, 새롭게 확산되고 있던 불교의 조력자가 되어 무불습합(巫佛習合)의 새로운 분위기를 주도했다. 꿈은 이 둘의 이질적인 종교가 조우하는 공간으로, 새로운 불교가 탄생하는 순간이자, 이를 공식화하는 시간이었다. 신성한 존재가 현현한 꿈은 그의 공신력이 사회적 지배력으로 선언되는 기회를 제공했다.

무장사의 미타전(武將寺 彌陀殿)편에는 한 노승의 꿈에 진인이 석탑의 동북쪽에서 설법하는 것을 보고 불법이 머무를 터를 예견한 내용이 수록되어 있다. 꿈에 본 터를 개간하자 평탄하여 집을 세울 만한 신령스러운 공간이 되었다. 공간에 대한 경험이 많은 장인(匠人)이나 불교적 지식과 삶의 연륜과 경험이 풍부한 노승은 속세에서는 불법이 머물 공간을 알아채지 못했다. 꿈속에서 진인의 게시를 통해서만이 알 수 있었다. 꿈은 깨달음의 공간으로 진인과 만나는 특별한 시·공간인 셈이다.

생의사석미륵(生義寺石彌勒)편에는 꿈에 석미륵을 발견한 스님이야기가 수록되어 있다. 한 스님이 다른 스님을 데리고 산에 올라가 풀을 묶어 표시를 해 두는 꿈을 꾼다. 현실에서 친구와 함께 실제 그곳을 찾아 땅을 파니 석불이 나왔다. 이때의 꿈은 위의 사례들과 마찬가지로 석미륵의 현현을 게시하는 시공간이다. 석불은 그 존재 자체만으로도 신성하지만 꿈을 통해 현현함으로써 그의 신성은 비로소 드러나게 되고, 동행자의 확인을 통해 공식화된다. 꿈은 지극히 개인적인 경험이지만 신성을 사회적으로 공인하는 수단이 되었다.

낙산이대성 관음 정취 조신(洛山二大聖 觀音 正趣 調信)편에는 조사가 꿈에 약조한 바가 있다는 사미의 말을 듣고 깨어나 그녀를 찾아 나선다. 그 약조가 무엇인지 알 수 없었지만 사미와 그녀의 8세 아들을 통해 보살상의 존재를 확인한다. 그녀의 아들이 자신의 금빛 아이와 놀고 있다는 이야기를 듣고 따라가서 냇가에서 아이와 노는 보살상을 찾았다. 그 보살상의 왼쪽 귀가 잘려 있는 것을 보고 그 형상이 꿈에서 본 사미의 모습과 동일했기에 낙산의 사찰로 옮겨 모셨다. 이때 꿈은 조사에게 사미의 존재를 알려 주는 수단일 뿐이다. 속인인 사미나 그의 8살 아들이나 조사는 정취보살의 존재를 알지 못했다. 다만 구도자인 조사는 다른 속인과 달리 꿈을 통해 사미의 모습을 보았고, 그 모습을 회상하여 정취보살상을 확인하고 낙산사에 봉안도 했다. 속인은 홍불의 주체가 될 수 없으며, 꿈은 홍불을 일으키는 계기이자 해결의 실마리를 제공하는 것임을 분명히 한다.

낙산이대성 관음 정취 조신편에는 또 다른 꿈이 소개되어 있다. 관음보살상 앞에서 기도를 하던 조신은 꿈을 꾼다. 현실에서는 불가능한 사랑하는 여인과 혼인을 하고 사랑을 하고, 자녀도 출산했지만 삶의 질곡 속에서 자녀도 잃고, 생계의 고통을 당하면서 사랑의 무의미함을 깨닫고 헤어진다. 이윽고 꿈에서 깬 후 자신의 소망하는 바가 무의미했음을 깨닫고 정심사를 건립하고 정진한다. 일장춘몽(一場春夢)처럼 삶의 허무함을 깨닫고 더욱더 불교에 정진하게 된다. 꿈은 신성이 관장하는 도구로, 조사의 기도에 반응하는 관음보살의 영적 현현의 공간인 것이다.

욱면비념불서승(郁面婢念佛西昇)편에는 여종 욱면이 법왕사를 짓기 위해 재목을 운반할 때에 꿈에 노인이 나타나 칡신과 삼신[麻葛屨]를 각기 한 켤레씩 주었다는 내용이 수록되어 있다. 칡신과 삼신은 짚신에 비해 질긴 소재의 신발로, 노동을 위해 필요한 도구이다. 육체적 고통을 절감시켜 줄 적절한 도구를 돕기 위해 불보살이 꿈을 통해 은택을 내린 것이다.

삼소관음 중생사(三所觀音 衆生寺)편에는 절의 주지가 관음보살 앞에서 열심히 정진했음에도 불구하고 절이 곤궁해지자 그 자리를 떠나려 하직 인사를 하자 꿈에 보살이 나타나 그곳에 계속 머물기를 권고하며, 선인을 보내 식량을 보내 주겠다고 약속한다는 내용이 수록되어 있다. 개인적으로 열심히 구도했으나 생활이 곤궁해지자 그 사찰을 떠날 수밖에 없다는 승려의 판단은 자못 흥미롭다. 지극히 실용적인 인간적인 모습으로, 경제적 지원이 없으면 불교적 영험도 없는 것처럼 보인다. 꿈은 영적 존재와 조우하는 기회이며, 보살은 경제적 문제까지 관여하는 실용적인 성격의 존재임을 보여 준다.

이상의 홍법과 관련한 기사 속 꿈은 성스러운 존재를 만나는 시·공간이다. 불보살이 꿈을 통해 홍법의 기회를 제공하고 그것을 찾는 승려의 구도를 통해 실현되었다. 꿈은 당시 종교적 영험을 표현하는 절대적인 도구로 사용된 것이다.

꿈을 꾼 자와 꿈에 등장한 불보살은 가장 이른 시기의 자료인 비구니와 선도산 성모를 제외하면 모두 노승-진인, 노승-다른 스님, 승려-노인, 승려-꿈속에서 낳은 자신의 딸(관음보살), 스님-관음보살 등으로 불교적 성격의 존재이다. 초기 기록에는 불보살이 진인, 노인 등으로 덜 구체적이지만 후대의 기록에는 관음보살, 정취보살 등으로 구체적 신성을 지닌 존재로 부각된다. 불교에 대한 이해의 성숙과 대중 불교화의 진전이라 하겠다.

꿈은 스스로의 힘이 아닌 타력(他力)에 의해 홍법을 일으킨다. 꿈속에서 진인, 노인, 보살 등이 홍법의 계기를 제공하면, 이를 구도자가 확인하고 성사시켰다. 구도자는 철저하게 타력에 의해 홍법을 이루었다. 꿈속에 등장한 인물 중 이질적인 존재로 노인이 있다. 노인은 삶의 경험이 많은 존재로, 죽음을 목전에 둔 자로, 초월적인 존재와 만나 교감하고, 그와 함께 문제를 해결할 수 있는 능력을 갖춘 유일한 존재로 등장하였다. 더불어 부처와 보살이 평범한 군중의 모습으로 등장하는 것은 불·보살이 우리와 함께하는 존재임을 보여 준다. 이는 누구나 불성을 갖고 있다는 '일체중생 실유불성(一切衆生 悉有佛性)'의 형상화라 하겠다.(김기종, 2016; 198)

한편 신이한 꿈을 통해 이루어진 홍법의 기회는 만인이 확인함으로써 공론화되었다. 생의사 스님은 꿈을 확인하러 갈 때에 친구와 동행하고, 조신은 수십 명을 거느리고 사미를 만나러 가서 정취보살을 찾았다. 이들은 홍법의 대상이자 공론화하는 증인이다. 여럿이 함께 확인하는 설정은 사회적 공감대를 통한 꿈의 공인을 염두에 둔 행위라 하겠다.

이와는 달리 불교도에게 있어 중요한 계율을 얻게 되는 꿈을 통해 홍법의 기회를 얻기도 한다. 승려는 불보살로부터 게와 계를 꿈을 통해 받는다. 특히 이러한 기록은 자장과 관련되어 나타난다. 대산오만진신(臺山五萬眞身)편에서 자장은 중국에서 문수보살 앞에서 기도를 하던 중 꿈에서 대성으로부터 게를 받는다. 부처를 칭송하는 7자의 시인 게를 직접 받는다. 자장율사(慈藏定律)편에는 자장의 꿈에 천인이 나타나 5계를 주었다거나 자장이 소상 앞에서 기도를 할 때에 소상이 범게를 주는 꿈을 꾸었다. 부처님을 칭송하는 노래인 게와 불교의 계율인 계를 받는 행위는 모두 꿈을 통해 이루어졌다. 자장은 오대산과 문수보살이 연계하여 화엄경을 설한 대표적인 존재로, 계를 받아 불교에 귀의하는 법도를 만들었다. 그에게 꿈은 신성과 교류하는 장이었다.

진정사효선쌍미(眞定師孝善雙美)편에는 이와 달리 진정국사의 구도 모습이 소개되어 있다. 그는 어머니의 부음을 듣고도 결가부좌를 하고 7일 만에 풀고 일어났으며, 그 뒤에도 부음에 응하지 않고 오히려 의상에게 알려 의상과 문도들을 이끌고 소백산의 추동에서 화엄대전을 90일간이나 강의했다. 이처럼 불심에 의지해 생활하자 그것이 오히려 감화되어 꿈에 어머니가 "나는 하늘에 환생했다"라고 현몽했다. 이때 어머니의 환생 소식이 꿈으로 표출되었다. 때문에 이 기록은 홍불이 아닌 효선편에 포함되었다. 이는 구도자로서의 진정보다는 꿈에 현몽한 어머니의 환생 소식이 중시되었기 때문이다. 그러나 진정국사의 구도 노력이 결국 효로 귀결된 것이다. 승려의 구도가 어머니의 환생을 연결짓는 것은 자식의 구도가 그 주변인을 구제할 수 있다는 불교적 세계관을 보여준다. 이것은 훗날 불교가 망자를 위한 적극적인 구도 노력을 기울일 수 있는 배경이기도 하다.

이와는 별개로 당시 승려들의 구도자로서의 삶에 대한 열정을 엿볼 수 있는 꿈도 있다. 은둔한 승려들의 일상을 소개한 피은(避隱) 포산이성(包山二聖)편에 "포단에 누워 잠을 자는데, 꿈속에서조차 속세의 굴레에 미치지 못하였다"라는 표현을 보자. 꿈에서조차 구도자로 살기를 원하는 강력한 실천 의지가 내포되어 있다.

마지막으로 불교적 존재의 현몽을 보자. 미륵선화 미시랑 진자사(彌勒仙化·未尸郞·眞慈師)편에 진지왕(?-579)대에 진자가 미륵선화를 만나기를 원하니 꿈에 한 승려가 나타나 "공주(公州)의 수원사(水源寺)로 가면 미륵선화(彌勒仙花)를 볼 수 있을 것이다"라고 한 기록이 있다. 꿈은 미륵선화와 구도자가 교유하는 통로로 활용되었다.

자장율사편에 자장은 꿈에 문수보살이 갈반지에서 만날 것을 예견했다. 갈반지란 전통신앙의 처소인 소도가 불교적 신성처로 변화된 곳으로,(서영대, 1979; 35-37) 경주를 벗어나 지방으로 포교가 가능하도록 이끌고자 꿈을 이용했다.

삼소관음 중생사편에 중국 황제의 여인을 그리던 화공이 실수를 하게 되어 황제로부터 죄를 얻은 이야기가 수록되어 있다. 황제가 화공에게 자신의 꿈에 본 형상을 그려 올리면 용서하겠다고 하자 화공이 11면 관음보살상을 그려서 바쳤다. 황제는 자신이 꿈에 본 것과 일치한다고 하여 그를 놓아 주었고, 화공은 신라국으로 불법을 전하러 왔다. 이는 화공의 전교가 관음보살의 계시로 이루어졌다. 화공은 신라에서 불교를 전파토록 한 시련을 받게 되지만 황제의 꿈이 확인되는 순간 그는 자유를 얻게 된다. 꿈을 꾼 주체인 황제는 비록 홍불을 위한 구도자는 아니었지만 관음보살의 현신을 증언함으로써 불교전파의 계기를 제공했다. 이것도 여전히 꿈이 홍법의 도구로 이용되었음을 보여 준다.

남백월이성 노힐부득 달달박박(南白月二聖 努肹夫得 怛怛朴朴)편에는 노힐부득과 달달박박 두 사람이 세속에서 혼인을 하며 정신을 수련하며 살다가 꿈을 통해 득도를 하는 내용이 수록되어 있다. 그 둘은 꿈에 백호의 빛이 서쪽에서 비치며 금색의 팔이 내려와 두 사람의 이마를 만져 주는 꿈을 동시에 꾸고 인간세상을 떠나 골짜기로 숨어 각기 미륵과 아미타불을 구했다. 이때의 꿈은 부처를 만나 득도를 하는 순간으로, 극적인 국면 전환의 도구로 활용되었다. 속세와 탈속세의 갈림길에서 꿈이라는 비논리적인 도구를 통해 신성을 경험하였기에 국면전환을 이루었다. 여기서 꿈은 신성이 하강하는 순간이었다.

욱면비념불서승편에는 경덕왕대의 한 여종인 욱면의 신실한 믿음을 보여 주는 사례가 있다. 주인 아간이 미타사에서 불공드리는 것을 보고 따라서 염불하였으며, 그녀는 그를 따라 염불하였는데, 하가산에서 꿈에 감응을 받아 도심을 발하였다. 이 사례에서도 꿈은 여전히 불교적 감응의 시공간으로 활용되고 있다.

이들 자료 중 중국 황제를 제외하면 모두 꿈을 통해 불보살을 통해 감응했다. 대체로 승려들로 불교적 수행의 주체이다. 그들에게 꿈은 불보살과의 만남을 통한 득도의 순간이었다. 욱면도 스스로 꿈을 통해 득도했다. 반면 중국 황제는 화공을 득도에 이르도록 하는 존재로 득도의 주체는 화공이다. 욱면은 속인으로서 정진 중 꿈을 통해 스스로 득도에 이른다. 이처럼 꿈은 불교의 깨달음의 순간을 표현하는 하나의 수단이었다.

한편 득도의 순간을 제시한 불·보살은 미륵불, 문수보살, 관음보살, 아미타불의 순이다. 이는 삼국시대 불교에서 유행한 불상의 실체와 밀접하다. 통일 전쟁기의 혼란한 세상을 극복하기 위해 미륵불이 주로 제작되었으나, 통일 전쟁 이후에는 불력에 의해 극락왕생하고, 현세에서의 안위를 위해 관음과 아미타불이 주로 조상되었다. 해당 득도의 주체들은 이처럼 실제적인 사회 현실에 기반하고 있다.

따라서 홍불과 관련된 꿈은 불교적 영적인 존재와 구도자와 만나는 순간으로, 불보살과의 만남을 통해 홍불의 도구인 불보살상, 사찰터, 불교의 계율, 망자의 환생을 위한 구도 등이 발현되는 순간이었으며, 스스로 구도자의 삶을 택하는 기회로 활용되었다.

2) 예지몽(叡智夢)

미래는 알지 못하는 불안감과 더불어 다가올 새로운 시간으로, 현재에 예상 가능한 시간이기에 궁금증이 크다. 이 궁금증을 해소하는 방법으로 꿈이 동원된다. 미리 짐작함으로써 미래를 설명할 수 있고, 설계하여 예상 가능한 세계로 이끌 수도 있기 때문이다. 예지몽은 태몽(胎夢), 삶을 개척하고자 하는 강력한 의지를 담은 적극적 예지몽과 단순한 미래를 보여 주는 소극적 예지몽으로 구분해 볼 수 있다.

우선 태몽을 보자. 『삼국유사』에 수록된 태기(胎氣)와 관련한 기록은 다섯 가지이다. 원효부기(元曉不羈)편에는 원효의 어머니가 유성이 품속으로 들어오는 꿈을 꾸어 잉태되었다고 기록되어 있고, 자장정률(慈藏定律)편에는 자장의 어머니가 별이 떨어져 품안으로 들어오는 꿈을 꾸고 잉태했다고 기록되어 있고, 명랑신인(明朗神印)편에는 명랑신인의 어머니가 청색구슬을 삼키고 임신을 했다고 기록되어 있다. 김유신(金庾信)편에는 고구려의 원혼인 추남이 김유신으로 환생하였고, 죽지랑(竹旨郞)편에는 죽지랑은 인연이 있는 사망한 거사가 환생하여 잉태되었다고 기록되어 있다. 이들 태몽은 모두 잉태 이전에 꾸었는데, 이것에는 태어날 아이의 운명과 성격을 규정지을 수 있는 상징성이 내포되어 있다.

태몽 주인공의 신분은 승려, 왕족, 귀족 등으로 지배계층이 주를 이룬다. 이 중 자장과 원효와 같은 대표 승려는 유성, 별 등의 천문과 관계된 꿈을 꾸고 잉태되었다. 천문은 국가와 임금의 운명과도 연결되는 신비한 대상이므로 그에 견줄 만한 영웅의 탄생을 예고한다고 하겠다. 반면 김유신의 태몽은 다양한데, 『삼국유사』에는 고구려의 점쟁이 추남의 영혼이라고 하지만, 『삼국사기』 김유신편에 부친의 태몽은 별이 떨어지는 꿈으로, 모친의 태몽은 동자가 금으로 된 갑옷을 입고 내려오는 꿈으로 소개되어 있다. 그렇다면 두 책에 수록된 태몽이 차이는 무엇 때문인가? 이는 서책의 관점과 무관하지 않다. 신라의 통일의 관점에서 쓰인 『삼국사기』에서 김유신은 장수로서의 모습, 별로 상징화되는 귀족적인 탄생이 중시되었으나, 불교적 관점에서 쓰인 『삼국유사』에는 불교적 세계관에 입각해 죽은 이의 영혼의 환생으로 묘사한 것으로 볼 수 있다.

한편 김유신과 죽지랑의 태몽은 다른 태몽과 사뭇 다르다. 신성성을 지녔다기보다 원혼을 지닌 망자의 영혼이 새 생명으로 태어난 환생으로 묘사되고 있다. 죽지랑의 부친이 임지로 오던 길에 죽지령에서 거사를 만났는데, 고갯길을 닦던 거사의 모습에 찬탄했고, 거사는 부친의 위세가 성함을 존대했다. 서로에 대한 호감이 극적으로 표출되었다. 이는 중앙세력인 죽지랑의 부친이 도독이 되어 지방의 장관으로 임명되는 것을 반기는 토착세력의 환대일 것이다. 그와의 유대가 있다고 해도 죽지랑의 부친이 거사가 자신의 집에 태어날 것이라 예견하는 모습은 쉽게 납득되지 않는다. 언뜻 보기에는 거사의 존재는 특별하지 않다. 다만 그의 사망한 날에 그가 현몽했다는 사실과 그러한 내용의 꿈을 부모 두 사람이 동시에 꾸었다는 사실 뿐이다. 보다 중요한 사실은 그의 무덤에 묻은 미륵불이다. 화랑인 죽지랑의 정체성은 미륵불을 통해 구체화된다. 미륵불은 죽은 이의 명복을 위한 존재라기보다는 새로 태어날 죽지랑의 운명을 예견하는 존재이다. 미륵은 당시 화랑의 우두머리 화랑인 국선(國仙)을 상징으로 젊고 새롭게 미완성을 보완하는 희망과 이상의 상징이다.(강철구, 2004; 9) 죽지랑은 미륵의 상징성을 지닌다. 죽은 이가 환생한 김유신(추남), 죽지랑(거사)은 불교적 계세적(繼世的) 윤회관을 보여 준다.

태몽을 신분제라는 범주에서 볼 때에 특이한 점이 있다. 『삼국사기』에 6두품 강수의 태몽이 "그 어머니가 꿈에 뿔이 달린 사람을 보고 임신하였는데, 낳아 보니 머리 뒷부분에 높이 솟은 뼈가 있었다"라고 기록되어 있다. 실제 그는 상서로운 두상을 지니고 있었다. 이와 관련해서 "이 (아이)는 성인(聖人)·현인(賢人)은 같은 무리여서 그 모습이 또한 보통 사람과 같지 않다고 하기도 하고, 또 아이의 머리를 보니 검은 점(黶)이 있다. 관상을 보는 법에 얼굴의 검은 점은 좋지 않으나 머리의 검은 점은 나쁠 것이 없다고 하였으니 이 (아이)는 필시 기이한 인물이로다"(『삼국사기』, 강수)라고 기록되어 있다. 이 태몽에는 강수의 외형적인 특징이 그대로 묘사되어 있다. 평범하지 않은 외형만이 강조될 뿐 『삼국유사』 속 원효, 자장, 명랑신인 등의 승려의 태몽처럼 천문과 연계된 성스러운 상징물이 등장하지 않는다. 강수뿐만 아니라 가야계 귀족인 김유신의 여러 개의 꿈 중 어머니가 꾼 꿈도 여타의 성직자나 귀족의 것과 차원이 다르다. 성직자나 귀족은 태몽에 유성, 토성과 화성, 청색구슬 등의 비일상적이며 인간이 소유할 수 없는 지극히 존귀한 것으로 표상화되어 있다. 이와 달리 김유신과 강수의 꿈에는 금갑옷을 입은 장수나 머리에 뿔이 난 장수로 해당 인물의 특성을 부각시키는 인물이 등장한다. 이는 신분에 따라 태몽에 위계로 볼 수 있다. 그렇다면 태몽은 신분제 사회의 신분과 해당 신분을 상징하는 정치적 위상이 표출된 것이라 하겠다.

자신의 삶을 예지몽을 통해 적극적으로 개척한 사례도 있다. 황룡사탑을 세우는 날 백제의 장인 아비지는 자신의 모국인 백제가 멸망하는 꿈을 꾸었다. 백제 멸망이 믿기지 않은 아비지가 놀라 공사를 멈추자 지진이 일어나고 노승과 장사가 나타나 기둥을 세우고 사라졌다. 이러한 역사를 본 아비지는 마음을 고쳐먹고 탑을 완성했다.(『삼국유사』, 황룡사구층탑) 아비지의 꿈을 통해 백제의 멸망은 기정사실화되었다. 그 꿈을 확인시키기 위해 노승과 장사라는 조력자가 등장하는데, 이는 불력과 무력에 의해 백제가 굴복될 것이라는 예지가 담겨 있다. 결국 아비지는 꿈에 순종하고 탑을 완성한다. 이때의 꿈은 미래 현실의 반영으로, 현실에 순응케 하는 도구로 사용되었다.

왕위계승서열 2위로 왕위계승이 불가능했던 원성왕이 꿈 해몽을 통해 자신이 왕이 될 것이라는 예지를 듣고, 그것을 실현해 갔다. 그의 꿈은 해몽하는 자에 따라 정반대의 내용으로 읽혔다. 누구인지는 모르나 이 꿈은 신하에 의해 먼저 해몽되었는데, 이것이 흉조라 하여 김경신은 몸을 사렸다. 그러던 중 아찬 여산의 권유로 새롭게 해몽되었다. 해몽의 주체는 김경신 스스로가 아니라 아찬에 의해서 주도되었다. 여산은 자신을 버리지 않겠다는 약조를 얻은 후에야 긍정적인 해몽을 한다.(『삼국유사』, 元聖大王) 이처럼 김경신의 꿈은 철저하게 계산되어 해몽되었다. 당시는 갑작스레 후손을 두지 못하고 사망한 선덕왕의 뒤를 이어 왕위를 계승할 수 있는 인물인 김주원과 당대의 상대등이었던 김경신(훗날 원성왕)은 왕위계승전에서 갈등이 있던 시기로, 어떠한 방식으로든 해결되어야 하는 상황이었다. 아찬의 해몽처럼 김경신이 왕위계승을 하는데, 그것은 북천신의 도움으로 가능했다고 묘사되어 있다. 여기서 꿈은 원성왕이 바라던 일을 세상에 내보이는 수단으로, “꿈도 못 꿀 상황”이 꿈을 통해 표출됐다. 불확실한 상황에서 꿈을 꾼 자와 조력자는 북천신의 도움이라 표명하고 자신들의 반란을 정당화했다.

이와 달리 미래가 현실에서 그대로 재현되는 직관적인 꿈도 있다. 신충괘관(信忠掛冠)편에 “건너편 언덕에 산이 있어 번번이 꿈에 보이니, 죽어서도 향을 피워 내 임금의 복을 빌리라”라는 꿈을 꾸었다. 건너편의 언덕에 있는 산은 망자의 매장처로 이것이 빈번히 보이는 것을 두고 죽음을 생각했다.

한편 직관적인 꿈은 가장 널리 알려진 꿈으로 김춘추와 혼인한 김유신의 여동생 문희의 꿈이다. 문희는 누이로부터 오줌 누는 꿈을 사고, 왕위를 이을 아들들을 낳았다는 이야기가 있다. 보희가 남산 위에서 오줌을 누니 수도에 가득 차는 꿈을 꾸었는데, 이를 동생인 문희가 비단 치마를 넘기고 샀다.(『삼국유사』, 太宗春秋公) 이는 꿈은 사고 팔 수 있는 매매의 대상임을 의미하며, 꿈을 산 문희는 보희와 달리 꿈을 해몽할 줄 아는 예지력을 지닌 존재로, 세상을 평정할 야망을 품은 존재인 동시에 능력자임을 알게 한다. 꿈의 매매 방식은 꿈을 판다는 말을 통해 계약이 체결되었고, 그 대가로 비단 치마를 지불한다. 거래 관행의 형식을 엿볼 수 있다. 한편 오줌이 수도를 덮는 꿈은 세상을 품는다는 은유적 표현으로, 오줌은 신체의 분비물이므로 그녀의 자녀들로 치환해 볼 수 있다. 실제 꿈을 산 문희는 김춘추와의 사이에서 아들 5명을 낳았고, 그의 아들인 태자가 왕위계승을 했다.(『삼국유사』, 太宗春秋公) 꿈이 현실로 재현된 것이다. 오줌=자신의 몸으로부터 나온 자녀들이 왕위를 계승함으로써 세상을 얻은 것이다. 오줌의 은유를 통해 미래의 사실을 실증하는 자료였다. 한편 의상은 해동으로부터 중국까지 널리 알려진 존재이다. 그의 위상은 가지를 뻗고 있는 큰 나무와 같은 존재로 표현되었다. 이 꿈은 중국의 고승 지엄이 의상과의 만남을 앞두고 꾼 꿈에서 표현되었다.(『삼국유사』, 義相傳敎) 그것은 현실에서 그대로 재현되었다.

이처럼 꿈은 미래를 예지하는 수단으로 그것에 인간의 생각이나 의지가 적극적으로 투영되어 있기도 하고, 단순히 미래를 보여 주기도 한다. 이에 꿈은 미래를 적극적으로 개척하는 수단으로 혹은 가까운 미래를 투시하는 단순 예지로 활용되었다.

3) 신령이나 영혼의 현몽(現夢)과 게시

인간은 다양한 방법으로 신령이나 영혼과 조우한다. 기도나 꿈은 비가시적인 존재와 만나는 통로로, 꿈은 이러한 현상들을 설명한다. 『삼국유사』의 일반사의 내용을 담고 있는 기이편에만 신령이나 영혼의 현몽이 수록되어 있다. 기이편의 서(序)에 '삼국의 시조가 모두 신이(神異)한 데서 나왔는데 이것들을 어찌 괴이하다 할 수 있겠는가?'라는 인식처럼 다양한 신이한 일이 소개되어 있다.

가장 이른 시기의 자료로는 주몽이 고구려를 건국할 땅이니 천제가 북부여왕 해부루의 신하에게 현몽해 그 땅을 비워 주기를 청했다는 내용이다.(『삼국유사』, 東扶餘) 천제의 뜻대로 주몽에 의해 고구려가 건국되었고, 주몽은 천손족을 자처한다. 천자로부터 예견된 고구려의 건국을 의미한다.

그다음은 태종무열왕의 꿈에 노인의 형상으로 나타난 탈해가 자신의 유골로 소상을 만들어 토함산에 안치하고 국가제사를 지내 달라고 요청하니 왕이 그에 따랐다는 기록이다.(『삼국유사』, 脫解王) 토함산은 탈해가 사로지역에서 이주하는 과정에 근거로 삼았던 지역으로,(김형우, 1994; 25) 수백 년이 지난 신라 중대에 탈해의 후손들도 자신들의 근거지에서 탈해를 정점으로 위상을 새롭게 하고자 하는 노력으로 볼 수 있다. 통일의 위업을 달성한 태종무열왕의 꿈에 나타난 것은 새롭게 통일 정국을 조성하는 과정에서 신성에 대한 재배치로 볼 수 있다. 탈해 후손에 대한 공간적 지배를 인정하는 조치였다 하겠다.

다음으로 진성여왕의 막내아들이 당나라로 가던 중 백제의 해적을 만나 섬에서 체류 중 태풍을 만났다. 그 섬의 신령한 못에서 제사를 지내자 노인이 나타나 한 사람을 뽑아 이 섬 안에 머무르게 하면 순풍을 얻을 수 있다고 제시했다. 이때 활을 잘 쏘는 거타지가 뽑혀 활을 쏘아 서해 바다 신의 가족을 잡아먹는 여우를 명중시켰다.(『삼국유사』, 眞聖女王代 居陀知) 이때 서해의 용왕이 직접 대면하지 않고 꿈을 통해 자신의 요구를 제시한다. 바람을 좌지우지할 수 있는 존재가 서해의 용왕이지만 자신을 괴롭히는 존재는 잡지 못한다. 활을 잘 쏘는 거타지의 힘을 빌려야 자신의 문제를 해결할 수 있었다. 거타지라는 무장세력에 의존할 수밖에 없는 지방세력의 모습으로 볼 수 있다.

가야의 수로왕과 아유타국의 공주의 혼인은 아유타국의 공주 꿈에 의해 성사되었다. 황천으로부터 가락국의 수로의 배필이 되라는 계시를 받고 가야로 왔다.(『삼국유사』, 駕洛國記) 두 사람의 혼인은 꿈을 통해 황천으로부터 인증된 혼인임이 어필되었다. 아유타국이 인도의 남쪽이든 북쪽이든 간에 황천의 중매로 인해 이루어진 신혼(神婚)으로 묘사될 정도로 두 사람의 혼인은 극적이다. 신령의 중매로 인한 혼인이라는 사실은 사회적 편견과 문제를 극복하는 도구로 활용되었을 것이다.

신라 하대의 어느 때에 수로왕의 제전 문제가 대두된다. 제전이 부족함에도 불구하고 양전사가 그 양이 많다는 장계를 올린다. 수로왕에 대한 제사는 문무왕대에 모계 조상인 수로왕에 대한 제사를 신라의 종묘와 함께 올리도록 할 정도로 중시되었다.(박초롱, 2017; 127) 신라 하대는 중대와 달리 진골귀족의 왕위계승 전쟁이 극도로 난립되고 있었기에 문무왕의 모계로 중시되었던 수로왕의 제전에 관심을 둘 여력이 없었다. 그 결과 귀신들이 나타나 양전사를 죽이려 했으며, 꿈에서 깬 그 양전사가 놀라 도망했으나 결국 관문을 지나 죽었으며, 그후 검사를 하니 제전이 부족했기에 채워 주었다고 기록되어 있다.(『삼국유사』, 駕洛國記) 수로왕을 중심으로 한 세력이 꿈을 통해 자신들의 정치적 입장을 드러낸 것으로, 꿈은 양전사의 죽음을 합리화하고 자신들의 권위를 드러내고자 하는 극적인 수단으로 활용했다. 이외에도 수로왕의 묘소는 그를 수호하는 7명의 귀신 이외에 갑옷을 입고 투구를 쓰고 활에 살을 당긴 한 용사, 사람 7~8명을 물어 죽인 큰 구렁이 등이 수호하고 있다고 묘사되고 있어 강력한 무력을 지닌 자들의 존재를 짐작할 수 있다.

이같은 기이편의 꿈 자료에는 신령이나 죽은 영혼의 현몽으로 표현되어 있지만 이것은 단순한 예지몽과 달리 원인과 결과가 분명하다. 이것은 특별한 목적을 지닌 꿈으로 정치적, 경제적, 사회적 문제를 해결하기 위한 방편이라 할 만하다. 꿈이라는 신이함을 통해 현실의 불편함을 해소하고, 그것으로 인한 문제를 최소화하고자 한 조치인 것이다.

이러한 문제의 해결자로 등장한 존재는 천제(天帝), 황천(皇天), 서해의 신령(노인), 탈해왕(용맹한 노인), 수로왕을 수호하는 귀신 등으로 다양하다. 국가 간의 문제는 천제와 황천이 등장해 해결했다. 서해의 신령, 탈해왕, 수로왕 수호귀신 등은 자신의 문제를 해결하기 위해 직접 현몽해 계시했다. 이들 신령의 요구는 현실적인 문제로 자신들의 이익을 대변하는 정치적인 것이 주를 이룬다. 영적인 존재와 교유하는 통로인 꿈에서 신령의 계시라는 외피를 쓰고 정치적, 경제적 문제를 해결한 것이다. 이들 신령의 꿈을 통한 계시는 일방적으로 전달되었다. 일방적이지만 신령의 계시였기에 그 자체로 당위성이 부여되고, 수용되었다. 꿈과 영적 존재의 우위를 인정하는 세계관을 엿볼 수 있다.

4) 종교적 소망 성취: 망자의 위무(慰撫)

망자의 영혼 위무가 꿈을 통해 발현되기도 한다. 사망한 곰과 나라를 위해 싸우다 전사한 호국 영령이 꿈을 통해 영혼 위무를 위한 종교적 의례를 요청했다. 하나는 백제를 토벌하는 중에 장춘랑과 파랑이 태종무열왕의 꿈에 나타나 전쟁에 출전하여 나라를 위하여 목숨을 바치고 백골이 된 장수인 자신들을 위해 힘을 보태 달라고 요구했다.(『삼국유사』, 장춘랑 파랑·태종무열왕) 태종무열왕은 이 꿈을 계기로 두 혼령을 위해 직접 장의사(壯義寺)라는 사찰을 세운다. 이는 통일 전쟁으로 많은 장수들의 죽음을 목도한 왕이 꿈을 통해 장춘랑과 파랑의 요구에 응하는 형식을 취하고 있지만 전몰장병의 위무는 임금이 베풀어야 하는 위민(爲民)의 한 방법이기도 하다. 그들을 위한 사찰을 장의사라 명명한 것에서 볼 수 있듯이 '씩씩한 장병들의 의로운 죽음을 위무하는 곳'이기에 왕도 정치의 예라 하겠다. 그럴 때 태조의 꿈은 태종의 정치적 입지를 공고히 하고자 신이한 이적을 동원한 것으로 볼 수 있다.

신문왕대에 김대성이 생전에 곰을 죽인 사건과 관련해 영혼을 불교식으로 위무한 사례도 있다. 곰이 꿈에 나타나 자신을 죽인 대성을 탓하며 너를 먹겠다고 엄포를 놓자 대성이 곰에게 용서를 구했고, 곰이 절을 창건하면 용서해 주겠다고 하여, 곰을 잡았던 곳에 장수사(長壽寺)라는 절을 지었다.(『삼국유사』, 大城孝二世父母神文代) 사찰의 명칭이 장수사인 것은 장수하지 못하고 죽임을 당한 곰의 넋을 기리기 위함으로, 불교적 신념인 살생 금지를 실천하고자 하는 의도이기도 하다. 사람이 아닌 동물의 영혼까지 해원의 대상으로 삼은 것은 불교적 실천 의지로 읽을 수 있다.

이처럼 꿈은 죽은 자와 산 자를 연결하는 통로이지만 그것을 활용하고자 하는 의도에 따라 그것이 파급하는 효과는 실로 다양하다. 태종처럼 정치적인 입지를 공고히 하기 위해 꿈을 활용했고, 김대성은 불교적 실천 의지를 드러내기 위해 꿈을 동원했다. 그러나 두 기사 모두 망자를 현실로 끌어들여 문제의 해결을 이루었다는 점에서 여전히 종교적인 신이가 사회적 이슈로 작용되는 사회였다고 하겠다.

3. 『삼국유사』 속 꿈의 의미

1) 불교와 비불교의 성격이 공존

『삼국유사』에 수록된 꿈에 등장하는 존재는 불교적 존재와 비불교적 존재로 유형화된다. 이는 『삼국유사』가 불교문화사와 일반사 자료가 두루 포괄되어 있는 서지적 특성과 관계가 깊다. 불교적 색채의 존재로는 진인(眞人), 대성(大聖), 사미, 천인(天人), 관음보살, 금색의 팔, 문수보살, 스님 등의 불·보살과 불교 수행자이다. 비불교적 존재로는 선도산 성모(聖母), 탈해왕, 수로왕을 지키는 귀신들, 곰의 혼령, 장춘랑과 파랑의 장수, 사망한 거사, 사망한 자장의 어머니, 노인 등이다. 후자는 불교와 연관되어 등장하기도 하지만 그 존재 자체로는 비불교적이라는 점이 특징이다. 특히 기이편에 수록된 꿈과 관련된 인물은 천제와 서해의 용왕을 제외하면 '곰, 사망한 장춘랑과 파랑, 고구려의 점쟁이 추남, 탈해왕, 수로왕' 등으로 사망한 망자로 그 성격이 비불교적이다. 일부의 망자는 원혼 위무의 대상으로 묘사되기도 하지만 환생의 존재로도 표현되어 비불교적 존재인 동시에 불교적 성격을 지닌 존재이다.

꿈에 등장하는 인물 중 보다 높은 빈도로 등장하는 존재로 노인이 있다. 불교와 관련된 노인으로는 욱면이 법왕사를 짓기 위해 재목을 운반할 때에 삼신과 칡신을 각 한 켤레씩 준 노인이 유일하다. 반면에 비불교적 존재로 토함산에 뼈를 묻어 달라는 탈해왕, 거타지의 도움을 요청하는 서해의 용왕 등은 노인으로 표현되지만 그 존재는 토착신앙의 성격을 지닌다. 노인은 노구와 달리 남자 노인이다. 탈해왕은 신령으로 추앙되기를 소망하는 망자이고, 서해의 용왕은 상상의 존재이다. 그렇다면 이들 노인의 성격은 무엇인가? 동양에서 노인은 전 시기에 걸쳐 서양의 노인과 달리 능력을 상실한 잉여적 존재가 아니라 존로(尊老)의 대상이다.(김선희, 2016) 유교를 숭앙하기 시작하면서 노인은 나이가 들어 비록 육체적으로는 쇠했지만 유교적 덕목을 꾸준히 수양한 도덕적 군자로서 오히려 존경의 대상으로 언급된다. 그러나 불교적 성향의 『삼국유사』 속 노인은 존로의 비유교적 인물로 신성을 지닌 존재로 묘사되어 있다. 삼국의 통일 전쟁 이전의 토착신앙의 대상은 주로 노구(老嫗)로 여성성을 띠었던 데 반해 그 이후로는 전쟁을 극복한 남성이 강조되면서 노인으로 표현된다.(최광식, 1981; 18) 불교적 신령관도 남성 위주이므로 신성한 존재는 노인으로만 묘사된다. 그러나 노인은 다양한 경험을 한 존재로 지적으로나 영적으로나 월등한 존재이기도 하다.

이처럼 『삼국유사』 속 꿈에 등장하는 주체들은 불교적 세계관을 표현하는 존재들이지만 일부는 비불교적 성격을 띤다. 이러한 사실은 당대의 생사관, 세계관 등이 불교와 더불어 비불교가 여전히 공존하고 있었음을 반증한다.

2) 개인 차원의 꿈은 특정 조치를 통해 공식화된다.

꿈은 지극히 개인적이고 은밀한 것이지만 그것이 특별한 조건을 갖추게 되면 사회적 힘을 지닌다. 그 첫째가 해몽(解夢)이다. 해몽을 통해 개인의 꿈은 사회적 의미를 지닌다. 자장율사가 받은 계는 다른 스님이 해석함으로써 10명 중 8~9명이 불교로 귀의하게 되는 계기가 되었다. 해몽이 사회적 영향을 미치는 도구로 사용된 것이다. 원성왕(김경신)이 꾼 꿈도 그를 지지하는 세력인 아찬 여산에 의해 해석되면서 왕위계승이 공식화되었다. 해몽은 꿈을 꾼 자의 몫이 아니라 그것을 해석하는 사람의 몫이기는 하지만 꿈을 꾼 사람의 의지가 투영된 꿈을 해석하는 것이므로 개인의 소망이 이루어지게 되는 방향으로 작동한다.

다음으로 꿈은 홀로 꾸었을 때에는 개인적 차원에 머물지만 둘이 동일한 내용을 함께 꾸면 그 자체로 공신력을 얻게 된다. 죽지랑의 부모가 거사의 꿈을 동시에 꾼 것과 노힐부득과 달달박박이 동일한 꿈을 꾸고 세속을 등지고 무등곡에 들어가 수행해 정진하게 된 것이 그것이다. 두 사람이 동일한 꿈을 꾸는 것은 매우 이례적인 것으로, 신비함이 배가되는 순간이다. 자칫하면 무시될 수 있는 개인적 꿈이 공식화될 기여를 부여받게 된다. 이와 유사하게 꿈은 확인의 과정을 거쳐 공신력을 얻는다. 여러 사람이 동원되어 꿈을 확인한다. 두 사람이 꿈을 꾸는 것과 마찬가지로 공식화의 과정이다. 죽지랑의 부모가 다른 이들을 시켜 거사의 죽음을 확인하는 과정이나, 김유신이 고구려의 추남의 화신임을 여러 사람이 인정하는 순간이나, 꿈에서 본 석불을 찾기 위해 친구와 함께 가는 것이나, 사미를 확인하기 위해 무리를 지어 찾아가는 것은 꿈을 공신하는 순간이 된다. 꿈은 개인적인 심리적, 영적 체험이지만 이것이 공식화되어 영향력을 미치게 되는 것은 꿈이 사회에서 통용되는 하나의 암호임을 의미한다.

3) 꿈은 현실의 문제를 해결하는 도구로 활용된다.

꿈은 현실의 문제를 설명하는 도구이다. 현몽 혹은 게시를 통해 현재의 상황을 설명한다. 현재의 소망하는 바를 이루고자 할 때에 천자, 부처, 보살, 원혼을 지닌 곰, 원혼을 지닌 장수 등이 현몽한다. 그 꿈에서 제시된 게시는 온전히 수용되며 그것을 통해 현실의 사건은 해결되고 설명된다. 꿈이 아니라면 이해되기 어려운 문제들이 비현실적이고 비논리적인 꿈을 통해 실현된다.

탈해왕, 수로왕, 김유신 등은 중대에는 왕실에서 중시하는 존재였지만 후대로 갈수록 그 존재는 미약해진다. 김유신의 경우 『삼국유사』 미추왕 죽엽군조에서 볼 수 있듯이 김유신과 중대왕실의 연대가 끊겼다.(이현태, 2006; 8) 한편 꿈은 불보살과 같은 신성과의 만남, 득도의 순간, 망자와 산자의 만남, 서해의 용왕과 인간의 만남, 죽은 곰의 영혼과 인간의 만남 등으로 이질적인 두 세계를 연결하는 통로로 이용되었다. 이질적인 존재는 꿈을 통해서만 조우할 수 있다. 때문에 불교도 신성에 이의를 제기할 수 없는 강력한 힘을 지닌 꿈을 이용해 신성을 확보한 것이다.

4) 꿈은 신분에 따라 계서적(階序的)으로 꾼다.

신분제 사회에서 꿈은 신분에 따라 각기 달라지기도 한다. 꿈의 주인공은 대다수가 승려이다. 승려의 홍법과 수행의 주체로 꿈을 적극적으로 활용했다. 신분이 다른 의상, 자장, 욱면 등은 모두 꿈을 통해 득도의 순간을 잡았다. 불교계 내에서는 신분적 갈등이 꿈으로 표출되지는 않았다.

그러나 태몽에는 승려와 달리 가야계 왕족과 6두품은 확연히 다른 상징으로 표현되었다. 승려의 경우에는 유성, 별 등의 천문과 연관된 것이 해당 인물의 상징으로 등장하는 데 반해, 6두품이나 가야계 귀족 등은 인간이 태몽의 주제로 등장한다. 금갑옷을 입은 장수나 머리에 뿔이 달린 인물, 죽은 거사 등이 등장한다.

4. 맺음말

이상에서 살펴본 바와 같이 『삼국유사』에 수록된 꿈 관련 기사는 신성을 나타내는 순간에 주로 등장했다. 대다수는 홍법과 관련되었는데, 이는 『삼국유사』의 서지적 성격과 무관하지 않다. 그러나 그것에는 불교적, 비불교적 성격이 두루 꿈을 통해 묘사되어 있다. 불교적 세계관으로 쓰였지만 그것에는 비불교적이고 토착적인 면이 내포되어 있다. 또한 꿈은 신이적인 존재와 인간이 만나는 순간이자 통로로 주로 이용되었다.

꿈은 기본적으로 신이함에 기반하며 꿈을 통해 사회적, 종교적, 정치적 요구가 해소된다. 신성한 존재와의 만남, 특히 불·보살과의 접촉이 이루어지는 꿈은 불교의 종교적 권능을 인정하고, 현실의 문제를 해결한다. 가장 흔한 것이 석불의 발견, 불교의 게나 계를 받는 행위가 꿈을 통해 이루어진다. 이때의 꿈은 초월적인 존재와 승려 혹은 수행 도중의 속인과 만나는 장이다. 속인은 직접 꿈을 통해 천상의 존재나 불·보살과 소통할 수 없다. 불·보살과의 접촉은 성직자의 고유 권능이다. 승려들은 천인, 진인, 불·보살과 꿈을 통해 소통하고, 민간은 성직자들로부터 불교적 권능을 전달받는다. 민간인은 보아도 그것이 무엇인지 알지 못한다. 금색 아이와 놀던 사미의 아들의 말에 이끌려 나간 냇물에서 금동불은 승려가 건져 낸다. 금색 아이를 확인하는 것은 역시 꿈을 통해 이루어진다. 꿈은 인간의 능력 밖의 신성을 확인하는 과정인 것이다.

승려의 종교적 권능도 꿈을 통해 현현된 불보살을 통해 인정된다. 이때의 꿈은 종교적 소통의 방법이라 하겠다.

비불교적인 존재도 꿈을 통해 소통한다. 특히 불운한 죽음을 해원하는 방식으로 주로 활용된다. 이때 그 존재들은 자신의 해원을 도와줄 수 있는 국왕이나 자신에게 해코지를 한 대상에게 직접 현몽한다. 가장 권위와 현실적인 능력을 지닌 국왕에게 직접 현몽한 존재는 사회적 공감대를 지닌 존재로, 통일 전쟁기의 전몰장병이다. 이들은 자신을 위해 작은 일 즉 불사를 일으켜 주기를 꿈을 통해 전달한다. 국왕과 전몰장병과의 대화는 개인적인 차원의 해원이 아니라 국가적 혹은 사회적 차원의 해원으로 이어진다. 전쟁으로 인한 피로감을 꿈속에서 본 장수의 해원 요구를 통해 극복한 것이다. 이때 해원의 존재는 사람이나 동물에 걸쳐 다양하다. 해원의 방식은 고구려의 추남처럼 김유신으로 새 생명으로 탄생되기도 하고, 김대성에게 죽임을 당한 곰처럼 사찰 건립을 통해 위무받고자 한다. 그 선택은 철저히 원혼인 망자의 선택이다. 망자는 그 사실을 꿈을 통해 전달한다. 새 생명으로의 환생은 불교적 생명관인 윤회설에 입각한 것이다.

이외에 현실적인 요구가 꿈으로 표현되기도 한다. 정치적으로 소외된 세력이 자신의 지지기반 유지를 위해 꿈을 활용한다. 탈해는 자신의 근거지인 토함산에 주신으로 봉안되기를 국왕에게 요구했고, 수로왕을 수호하는 귀신들이 나서서 부족한 제전을 확보했다. 이러한 꿈은 해몽되거나 여러 사람이 확인하거나, 두 사람 이상이 동시에 꿈으로써 공식화된다.

이처럼 『삼국유사』 속 꿈은 불교적 혹은 비불교적인 차원에서 사회적, 개인적 문제를 해결하는 국면 전환에 주로 활용되었다. 꿈은 종교적 권능을 확인하고 완성하는 도구로 해당 시기의 종교적 세계관, 영혼관에 입각한 사회적 암호로 제 기능하고 있었다고 하겠다.

◎ 참고문헌

강철구, 2004, 『삼국유사에 나타난 왕생(往生)설화 연구: 미륵과 아미타정토를 중심으로』, 동국대 불교대학원 석사학위 논문.

김기종, 2016, 「"삼국유사" 소재 불교설화의 '불·보살 현신' 양상과 그 의미」, 『불교학보』75집, 동국대 불교문화연구원.

김선희, 2016, 「백발과 지팡이-조선 유학자들이 대면한 노년에 대하여」, 『한국인물사연구』제26호, 한국인물사연구.

김형우, 1994, 「탈해 집단의 사로지역 이주에 대하여」, 『신라문화재학술발표논문집』, 신라문화선양회.

박초롱, 2007, 「문무왕대 고구려·가야의 조상제사 재개 조치와 그 의미—중국 二王後 제도와의 비교를 중심으로」, 『한국고대사연구』86호.

서영대, 1979, 「갈반지 소고」, 『종교학연구』2.

양승목, 2014, 「"삼국유사" 속 꿈 화소의 활용 양상과 '조신'의 위상」, 『동양한문학연구』39, 동양학문학연구.

이강래, 2005, 「삼국유사의 사서적 성격」, 『한국고대사연구』40, 한국고대사연구회.

이현태, 2006, 『신라시대 김유신 가문과 신김씨』, 경희대 석사학위 논문.

임재해, 1988, 「꿈 이야기의 종류와 꿈에 관한 인식」, 『문학과 비평』통권6호, 문학과 비평사.

정구복 외, 2012, 『역주 삼국사기』4 주석편(하), 한국정신문화연구원.

최광식, 1981, 「삼국사기 소재 노구의 성격」, 『사총』25권, 고대사학회.

______, 2017, 「삼국유사의 문화사적 가치」, 『신라문화』49, 동국대 신라문화연구소.

최기숙, 1996, 「"삼국유사" 소재 꿈의 서사적 의미와 성격」, 『열상고전연구』제9집, 열상고전연구회.

『삼국유사』 속 축국(蹴鞠) 고찰

신근영(고려대학교 글로벌일본연구원 연구교수)

1. 머리말

『삼국유사』 기이(紀異)편에 보이는 '축국(蹴鞠)'은 김유신과 김춘추의 유대관계를 보다 확실히 다지는 계기로 등장하고 있다. 상오일(上午日)에 둘은 유신의 집 앞에서 축국을 하다가 춘추의 옷고름이 떨어졌고 이를 고치기 위해 유신의 집에 갔다가 유신의 누이를 만나게 되어 결국 혼인까지 이어진 것이다. 이 사건은 『삼국유사』뿐 아니라 『삼국사기』에도 기술되어 있고 서술상 여러 부분에서 차이를 보이고 있지만 김유신과 김춘추가 '축국'을 했다는 것만큼은 두 기록 모두 동일하게 기술하고 있다.

이때 축국은 유신과 춘추의 친밀한 관계를 잘 드러내는 기제이자 미혼의 남녀가 꼭 만나야 하는 이유를 만들기 위해서 필요한 장치라고 해석할 수 있다. 여기서 알 수 있는 것은 당시 축국이 김유신, 김춘추와 같은 귀족 자제들의 신체 단련용이었다는 점과 고구려나 당나라와 마찬가지로 신라에서도 민간에서 널리 유행하는 스포츠였다는 사실이다.

이 축국은 대개 한국 축구(蹴毬)의 기원으로 여겨지고 있다. 많은 연구서와 교양서, 사전 등에서도 우리나라 축구의 원류를 삼국시대의 축국으로 삼고 있다. 현대 한국인이 축구를 매우 좋아하는 것이 이해되는 대목이다.

다만 아쉬운 것은 『삼국유사』나 『삼국사기』의 기록만으로는 당시 축국의 연행 모습이나 구체적인 경기 내용을 알 수 없다는 점이다. 이에 본고에서는 『삼국유사』에 보이는 축국 기사를 통해 삼국시대 축국의 모습을 살펴보고 비슷한 시기에 서술된 축국 관련 기록을 통해 당시 축국의 여러 양상을 고찰하고자 한다.

2. 축국(蹴鞠)과 농주(弄珠)

김유신과 김춘추의 축국 장면에 대해 『삼국유사』에서는 다음과 같이 전하고 있다.

> 後旬日庾信與春秋公正月午忌日 (見上射琴匣事, 乃崔致遠之說) 蹴鞠于庾信宅前.(羅人謂蹴鞠爲弄珠之戲)故踏春秋之裙裂其襟紐, 請曰 "入吾家縫之", 公從之.(밑줄필자)
>
> 【『삼국유사』 권1, 기이 태종춘추공(太宗春秋公)조】

위 인용문에 밑줄친 부분은 『삼국유사』의 지은이 일연(一然, 본명 김견명, 1206-1289)이 달은 주(注)이다. 주의 내용은 "신라인들은 공을 가지고 노는 것을 축국이라고 부른다"이다. 즉 일연이 살았던 고려 후반에는 공을 갖고 노는 것을 농주라고 부르고 있었고, 이 농주를 신라 사람들은 축국이라고 부른다며 설명해 주고 있는 것이다. 그렇다면 적어도 고려 후반에는 축국과 농주(농주지희)가 유사한 개념으로 이해되고 있다고 할 수 있다. 아니면 일연이 축국과 농주를 잘못 알고 있었던 것은 아닐까. 본고의 문제 제기는 여기서 출발한다.

1) 축국의 유입과 성행

한자어 축국(蹴鞠)이 등장하는 가장 오래된 기록은 중국에서 찾을 수 있다. 현재도 중국은 축구의 원류가 자기들에 있다고 주장하는데 그 근거로서 두 가지 기원설을 제시하고 있다. 첫째는 황제(黃帝: 중국 화하족의 조상) 기원설이다. 황제가 치우(蚩尤)와 격전을 치르고 승리를 거둔 것을 기념하여 치우의 위를 털로 채워 공으로 만든 후 사람들에게 놀게 했다는 전설이 있다. 둘째는 전국시대 기원설이다. 전국시대 제나라에서 축국이 매우 성행했고 민간에서 오락으로 삼고 있었다는 기록을 다수 발견할 수 있다. 정확한 기원은 오리무중이지만 확실한 것은 한나라 때에 이르면 축국이 군대에서뿐만 아니라 궁정의 귀족들 사이에서도 유행했다는 사실이다.

반고(班固)의 『한서(漢書)』에 따르면 축국이 '병기고(兵技巧)'에 해당하는데 병기고란 '손발을 연습해 무기를 마음대로 다루고 복잡한 병기를 비축하여 공격하고 방어하는 데 승리할 수 있도록 하는 것'이라고 설명하고 있다.(최형섭, 2011) 즉 한대에 이미 축국은 군대에서 신체를 단련하기 위한 무술이자 군사 체육의 일종으로 인식되었음을 알 수 있다. 이를 두고 한 왕조와 대립관계에 있던 흉노(匈奴)와 대적하기 위해 한나라에서 기마병을 육성했는데 이들의 신체 단련 및 기초체력 향상을 위해 축국을 훈련 수단으로 사용했다고 주장하는 중국 학자도 있다.

한편 한나라를 세운 유방(劉邦, 기원전 256-기원전 195)은 아버지를 위해 투계(鬪鷄)와 축국을 하기 위한 성을 쌓았다는 기록도 있다. 궁궐의 따분한 생활에 우울해진 아버지를 달래기 위해 고향을 본 딴 성을 쌓고 고향 사람들을 이주시켜 축국 등을 하게 하여 소일거리로 삼았다는 것이다. 이러한 일화들은 한대에 이르면 군대뿐만 아니라 민간에서도 축국이 성행했었음을 알려 준다.

한나라의 많은 궁정 잡기들과 체육 종목들은 위진남북조시대에도 여전히 성행하고 있었는데, 고구려는 중원의 여러 나라와 경쟁하는 관계에 있으면서도 그들의 문화를 적극적으로 수용했다. 고구려 고분벽화에 등장하는 수많은 산악백희(散樂百戲) 장면들은 고구려가 중국의 여러 나라들과 단순한 대립관계에만 머물러 있지 않았다는 것을 여실히 보여 주고 있다.

고구려 고분벽화 각저총과 장천 1호분에는 백희기악도(百戲伎樂圖)가 그려져 있고, 안악3호분과 무용총에는 수박희(手搏, 씨름)가 전하고 있다. 또한 서역에서 전해진 금(琴)과 완함, 퉁소의 모습과 서역인 무용수의 모습이 보이고, 각종 기록에는 강국(康國: 우즈베키스탄 사마르칸트)에서 전해진 호선무(胡旋舞)와 안국(安國: 우즈베키스탄 부하라)에서 전해진 가지서(歌芝栖) 등의 가무가 성행했다고 전하고 있다. 고구려의 악(樂)은 다시 수나라, 당나라, 일본 등에 전해져 매우 유행했다.(전경욱, 2004) 고구려는 중국의 제 왕조들과 끊임없이 전쟁을 겪으면서도 문화적으로 개방적인 자세를 취했으며, 축국도 바로 그런 흐름 속에서 유입된 것으로 이해할 수 있다.

고구려인들이 축국에 매우 능했다는 기록은『구당서』,『신당서』등 중국의 사서들에서도 전한다.

衣裳服飾, 唯王五綵, 以白羅爲冠, 白皮小帶, 其冠及帶, 咸以金飾. 官之貴者, 則靑羅爲冠, 次以緋羅, 揷二鳥羽, 及金銀爲飾, 衫筒袖, 袴大口, 白韋帶, 黃韋履. 國人衣褐戴弁, 婦人首加巾幗. 好圍棊投壺之戲, 人能蹴鞠. 食用籩豆·簠簋·罇俎·罍洗, 頗有箕子之遺風.(밑줄필자)

【『구당서』 동이열전 고구려조】

王服五采, 以白羅製冠, 革帶皆金釦. 大臣靑羅冠, 次絳羅, 珥兩鳥羽, 金銀雜釦, 衫筩袖, 袴大口, 白韋帶, 黃革履. 庶人衣褐, 戴弁. 女子首巾幗. 俗喜弈·投壺·蹴鞠. 食用籩·豆·簠·簋·罍·洗. 居依山谷, 以草茨屋, 惟王宮·官府·佛廬以瓦. 窶民盛冬作長坑, 熅火以取煖.(밑줄필자)

【『신당서』 동이열전 고구려조】

두 사료에서는 공통적으로 고구려 사람들이 투호(投壺)와 축국을 잘한다고 적고 있다. 투호는 화살 꽂기를, 축국은 발로 공을 차며 노는 것을 말하는데 투호와 축국 모두 군에서 유행할 만한 종목들이다. 투호를 잘한다는 것은 활을 잘 다루는 것으로, 축국에 능한 것은 힘겨루기를 잘하고 몸싸움이나 조직력이 좋은 것으로 이해된다. 아마도 고구려는 긴 국경을 지키기 위해 많은 병력이 필요했을 터이며 강한 군대 육성에 힘을 쏟았을 것이다. 필시 군대뿐만 아니라 민간에서도 축국이 성행하고 사람들이 친숙하게 여긴 것이리라.

고구려 사람들이 축국을 잘한 것은 놀이와 무예의 양면성을 잘 보여 주고 있다. 격렬한 승부놀이를 통해 체력을 단련하고 정신을 수양하는 것이다. 축국을 하다 보면 신체 접촉을 피할 수 없는데, 김유신과 김춘추가 축국을 하다가 옷고름을 찢은 것도 바로 축국이 갖고 있는 격렬한 승부성에서 기인한다고 할 수 있다.

백제인들의 생활을 전하는 기록 중 축국에 관한 부분은 보이지 않는다. 백제인들은 축국 대신 농주(弄珠)에 능했다고 한다. 『북사(北史)』와 『수서(隋書)』 등에는 백제인의 오락으로 공통적으로 투호와 농주(농주지희)를 꼽고 있다.

> 兵有弓箭刀矟. 俗重騎射, 兼愛墳史, 而秀異者頗解屬文, 能吏事. 又知醫藥·蓍龜, 與相術·陰陽五行法. 有僧尼, 多寺塔, 而無道士. 有鼓角·箜篌·箏竽·箎笛之樂, 投壺·摴蒲·弄珠·握槊等雜戲. 尤尚奕棊. 行宋元嘉曆, 以建寅月爲歲首. 賦稅以布·絹·絲·麻及米等, 量歲豐儉, 差等輸之.(밑줄필자)
>
> 【『북사』 열전 백제조】

> 其衣服與高麗略同. 婦人不加粉黛, 女辮髮垂後, 已出嫁則分爲兩道, 盤於頭上. 俗尙騎射, 讀書史, 能吏事, 亦知醫藥·蓍龜·占相之術. 以兩手據地爲敬. 有僧尼, 多寺塔. 有鼓角·箜篌·箏·竽·篪·笛之樂, 投壺·圍棋·樗蒲·握槊·弄珠之戲. 行宋元嘉曆, 以建寅月爲歲首.(밑줄필자)
>
> 【『수서』 동이열전 백제조】

농주(弄珠)란 말 그대로 '둥근 것을 놀린다'는 뜻이다. 선행연구들에서는 이 농주가 방울받기라는 연희의 기원이거나 우리말의 한자어 표현이라고 설명하고 있다. 유사한 용어는 농환(弄丸), 금환(金丸), 보기(寶伎) 등이 있다.(전경욱,

2004) 현재의 연행 형태를 놓고 비교하자면 축국과 농주는 각각 축구와 방울받기의 기원이 되므로 이 둘은 닮은 점이 거의 없어 보인다. 그렇다면 농주(농주지희)는 축국과는 전혀 다른 종목이었을까. 이 의문점은 『삼국유사』에 실린 한 줄의 주로 인해 더욱 증폭된다.

삼국시대 축국이나 농주의 연행 양상이 확실히 밝혀지지 않은 상황이라 단언은 어렵지만 신라인과 고구려인들이 즐겼던 축국과 백제인들이 능했던 농주는 분명 차이가 있는 종목이었을 것이다. 이 기록들에는 공통적으로 삼국시대 사람들이 '투호'를 즐겼다고 적혀 있는데, 투호라는 용어에는 변함이 없고 축국과 농주를 따로 표기하고 있음을 볼 수 있다.

물론 백제인의 문화를 전하는 『수서』나 『북사』는 7세기에 서술된 것이고, 고구려인의 문화를 전하는 『구당서』, 『신당서』 등은 10세기 이후에 기술된 것이므로 연대적인 차이가 있다. 게다가 『수서』나 『북사』에도 고려(고구려)조가 있지만 축국에 관한 기록은 보이지 않는다. 그 이유에 대해서는 고구려나 백제가 아니라 중국 측 사정에서 찾아야 할 것이다. 왜냐하면 위진남북조시대를 거치며 혼란했던 중국 사회에서 축국은 잠시 잊힌 종목이었기 때문이다.

남북조시대에 침체기를 맞았던 중국의 축국은 당대(唐代)에 이르러 다시 부활하여 크게 성행하게 되었다. 9세기 당 문종(文宗) 때 기록을 보면 기구(氣球)를 발명하면서 공에 공기를 주입하는 것에 상당히 구체적인 인식과 규정이 있었음을 알 수 있다. 기구의 발명은 공을 차는 방법과 기술에 획기적인 변화를 가져왔고, 이는 축국의 경기 규칙에도 큰 변화를 불러왔던 셈이다.

기존의 공은 원형을 유지하기 위해 공 내부에 털 같은 것들을 잔뜩 집어 넣어 무겁고 탄성이 적었던 데 비해 공기를 주입한 공은 가볍고 부드러운데다 탄성이 강해 공을 높이 찰 수 있었다.(최형섭, 2011) 즉 한대-위진남북조시대에 연행된 축국은 공을 빼앗기 위해 여러 명이 우르르 몰려다니며 때로는 몸싸움도 벌여야 하는 격한 운동이었으나 당대 중반부터는 골대를 사이에 두고 직접적인 신체 접촉을 피하는 간접 대항 방식으로 진행되었던 것이다.

당대의 축국은 군대에서뿐만 아니라 민간에서도 행해졌는데 특히 한식(寒食)이나 청명절(淸明節) 같은 세시에 젊은이들이 곳곳에서 축국을 즐겼다. 당대에 부활한 축국은 송대-원대-명대까지도 이어졌고 심지어 여자 축국이 크게 유행하기도 했다. 이렇게 당·송대를 지나며 중국의 축국이 다시 성행하면서 주변국의 축국 연행에도 관심을 갖게 된 것이고 특히 고구려에서 축국을 잘했다는 기록이 남게 된 것은 아닐까.

신라와 고구려에서는 축국을, 백제에서는 농주를 즐겼다고 하는데 두 종목 모두 '둥근 것'을 이용한다는 점에 주목해 보자. 축국은 발을 사용해 공을 놀리는 것이고, 농주는 아마도 손이나 도구를 사용해 공을 놀리는 종목이었을 것이다. 농주와 같이 손이나 도구를 사용해 공을 놀리는 기예 즉 농환류 기예가 백제에서만 유행한 것은 아니다. 기실 고구려에서도 이 농환에 관한 자료가 전하는데, 바로 고구려 고분벽화에 그려진 연희 장면이다.

우선 장천 1호분 고분벽화에는 공 6개를 놀리는 연희자가 묘사되어 있다. 전형적인 농환의 연행 모습이다. 이를 발전시킨 것이 수산리 고분벽화에 등장하는 농환 장면이다. 수산리 고분벽화의 연희자는 공과 막대기를 여러 개 공중에 띄우고 기예를 펼치고 있다. 공과 막대기를 같이 연행하기란 여간 어려운 일이 아니다. 공과 막대기는 운동에너지가 다르므로 이 둘을 함께 연행한다는 것은 매우 높은 수준의 기예를 가졌음을 알 수 있다. 그렇다면 고구려에서는 손으로 공을 놀리는 농환(농주)과 발로 공을 놀리는 축국이 함께 있었으며 두 종목 모두 아주 우수한 편이었다는 결론에 이르게 된다.

축국이 고구려 고분벽화에 묘사되지 않은 까닭에 대해서는 여러 면으로 가정을 해 볼 수 있는데, 아무래도 고분벽화에 그려진 연희 장면들은 공연예술로서 인정받은 기예들이 위주가 되었기 때문일 것으로 보는 것이 타당할 것이다. 당시 축국은 군대나 민간에서 체력단련을 위해 연행한 일종의 놀이이자 훈련에 해당하므로 고분벽화 속에는 들어가지 않은 것으로 보인다.

2) 축국과 농주의 비교

이제 남은 것은 일연이 왜 축국을 농주(농주지희)와 유사한 것으로 인식했을까이다. 우선 농주에 대해 자세히 살펴보자.

통일신라시대 최치원이 지은 「향악잡영(鄕樂雜詠)」 5수는 최지원이 직접 본 다섯 가지 연회를 시로 읊고 있는 것인데 금환(金丸), 월전(月顚), 대면(大面), 속독(束毒), 산예(狻猊) 등이다. 이중 금환이 농환 즉 농주의 일종으로 여겨진다.

金丸	금환
迴身掉臂弄金丸,	몸을 돌리고 팔을 흔들며 방울 놀리니
月轉星浮滿眼看.	달은 돌고 별은 떠 다녀 눈 안에 가득하네.
縱有宜僚那勝此.	의료의 재주인들 이보다 나으랴.
定知鯨海息波瀾.	동해 바다 파도 소리 잠잠하겠네.

금환은 공을 공중에 여러 개 던지며 놀리는 기예이다. 시에 등장하는 의료(宜僚)는 중국의 유명한 농환 연희자의 이름이다. 신라 연희자의 농환 솜씨가 중국의 전설적인 연희자 못지않게 뛰어나다는 것을 자랑하고 있으며 그가 던지는 공들의 움직임이 마치 달이 돌고 별이 떠 다니는 듯하다며 칭찬하는 글이다.

신라에는 농환류 기예가 일찍부터 소개되어 있었는데 가야국 출신 우륵(于勒)이 가실왕의 명으로 12곡을 제작했다고 하는데 그중 보기(寶伎)라는 연희가 농환류인 것으로 추정된다.(전경욱, 2004) 우륵이 신라에 귀화한 후 세 제자에게 각각 악기 연주, 노래, 춤을 가르쳤다고 하는데, 이때 우륵이 지은 12곡은 가야금 곡조만이 아니고 악기, 노래, 춤이 어울리는 종합 기예였던 것이다.

신라에는 이른 시기에 농환류 기예가 유입되었고 그 수준도 꽤 괜찮았던 것으로 보인다. 그렇다면 신라 역시 축국과 별개로 농환 즉 농주가 연행되고 있었다고 추정할 수 있다. 백제를 제외하면 고구려와 신라 모두 축국과 농주(농환)가 별개의 종목으로 인식되고 연행되고 있었던 셈이다. 축국은 직접적인 신체 대결을 펼치고 승부를 내야 하는 스포츠의 일종으로, 농주(농환)는 전문적인 연희자에 의해 연행되고 전승되는 공연예술로서 자리매김했다. 본래 동아시아의 종합예술로 시작된 산악백희는 시간이 지남에 따라 역사적·사회적 변천을 겪으며 갈라지고 특화되는 특징이 있었다는 점을 감안하면 축국과 농주가 각자의 길을 걷게 된 것도 매우 자연스러운 현상으로 이해된다.

그런데 고려시대 기록 중에는 축국이나 농주에 관한 것을 거의 찾을 수 없다. 삼국시대까지만 해도 귀족은 물론 민간에서도 체력단련을 위해 행했던 축국이 사라져 버린 것일까. 공연예술로서 활발히 연행되던 농주(농환) 역시 기록이 보이지 않는다. 고려시대에 감쪽같이 사라진 축국과 농주. 대체 어찌된 일일까.

고려시대 축국에 관한 문헌은 별로 보이지 않지만, 고려 후기 이규보의 『동국이상국집(東國李相國集)』에서 다음과 같은 기록을 찾을 수 있다.

氣滿成毬體	공기가 가득 차서 공이 되었을 땐
因人一蹴沖,	사람에게 한 번 채여 하늘 높이 올랐는데,
氣收人亦散	공기가 빠지자 사람 역시 내버리니
縮作一囊空.	쭈그러져 하나의 빈 주머니가 되었구려.

공기가 가득 차서 공이 되었을 때 사람에게 차여서 하늘 높이 올랐지만 공기가 빠지자 사람에게 버려져서 쭈그러져 빈 주머니가 되었다는 내용은 시적으로 다양한 의미가 연상됨은 물론이지만 시 구절에서 희미하나마 축국의 흔적을 찾고는 한다. 공 안에 공기를 채워 넣고 그 공을 높이 차올릴 수 있었다는 점은 앞서 당나라에서 개발된 공기 주입 방식으로 인한 공의 변화와 경기 방식의 변화를 연상케 한다. 그러나 이 시에 묘사된 축국 장면은 매우 단편적이어서 고려시대 축국의 연행 양상 전반을 추론해 내기는 어려운 일이다.

이렇듯 축국에 관해서는 고려시대 내내 언급조차 드문 반면 그 자리를 대신할 새로운 경기가 눈에 띈다. 바로 격구(擊毬)의 성행이다.

격구는 말 위에서 긴 채(장시)를 이용해 공을 쳐서 상대의 구문에 넣는 경기이다. 기원전 5백 년경 페르시아에서 발생해 티베트, 중국을 거쳐 한국에 유입되었다. 고려 태조 원년(937) 9월 적장 아자개(阿字蓋)가 투항하자 격구장에서 환영식을 거행했다는 기록이 나온다. 이미 고려 초에 격구장이 건설될 만큼 알려진 종목이었다고 설명할 수 있다. 격구가 우리 역사에 처음 등장한 것은 발해시대이다. 발해는 격구가 널리 유행했으며 일본에 여러 차례에 걸쳐 사신을 파견해 격구 시범을 보이기도 했다고 한다.(송기호, 1997) 발해는 당에서 직접 격구를 수용해 일본에 전파할 정도로 성장한 것이다.

격구는 기본적으로 말 위에서 연행하는 마상 격구에서 비롯되지만 시간이 지나면서 지상 격구로 변모하기도 하는데 그것은 조선 후기에 이르러서야 발견되는 현상이므로 본고에서는 논하지 않도록 하겠다.

통일신라시대에 당나라를 통해 격구가 유입되었는지는 기록에 전하지 않지만, 발해와 후삼국시대에는 확실히 연행되고 있었다. 위에서 보듯 고려 건국 초에 격구장을 설치한 것은 이미 격구가 널리 알려져 있었다는 증거가 된다.

고려시대에는 왕이나 무인들이 마상 무예술을 기르거나 놀이로서 격구를 즐겼다.(정형호, 2010) 고려 의종은 격구 관람을 몹시 좋아했으며 본인 역시 뛰어난 격구술을 지녔다고 한다. 격구 경기를 며칠에 걸쳐 관람한 적도 여러 번이고 격구에 뛰어난 사람에게 관직을 제수하기도 했다. 무신정권대에 이르면 격구에 큰 관심을 가져 개인이 호화스런 격구장을 소유하기도 했다.

격구의 성행 이면에는 축국의 몰락이 있었던 것은 아닐까. 고려 귀족층과 무인들을 중심으로 격구가 유행하면서 축국은 설 자리를 잃었다. 더 이상 체력 단련이나 군대 훈련을 위한 방편으로 사용되지 않았으며 민간의 젊은이들이 소소하게 즐기는 놀이로 인식되었다. 격구가 고려 후기에 이르러야 민간 일부에서 향유하는 세시 풍속이 되기도 하는 길을 걸었던 것과는 매우 대조적인 현상이었다.

고려의 농주를 살펴보자. 고려시대 내내 송나라와 긴밀한 교류를 하며 각종 백희가 발달했음은 주지의 사실이다. 팔관회(八關會)와 연등회(燃燈會), 우란분재(盂蘭盆齋), 나례(儺禮), 수희(水戲), 왕의 행행(行幸)과 환궁(還宮), 궁중연회(宮中宴會), 개선장군 환영잔치, 과거 급제자 축하행사 및 각종 행사에 매우 다양한 산악백희 종목들이 연행되었다. 주로 곡예적인 기예들과 환술(幻術), 교방의 궁중정재(宮中呈才), 가면희, 우희(優戲) 등이 주를 이뤘다. 농주 역시 곡예적 기예에 해당하는 연희로서 비록 기록은 전하지 않으나 고려시대 산악백희 중 하나로서 제 기능을 다했을 것으로 보인다. 조선 초 성현(成俔, 1439-1504)의 『허백당집(虛白堂集)』에 수록된 「관나희(觀儺戲)」라는 시에 '농환(弄丸)'이라는 용어가 등장하는 것으로 보아 삼국시대의 농환류 기예가 조선시대로 전승되었고, 이를 통해 고려시대에도 응당 해당 연희가 연행되고 있었다고 할 수 있다.

농주(농환)류 기예에 관한 고려시대 자료들이 적은 것은 축국과 마찬가지로 민간화와 대중화에 이유가 있다고 하겠다. 삼국시대 축국이 귀족 자제들의 훈련용 경기로 활용되었다면 고려시대 축국은 길거리에서 젊은이들의 놀잇거리로 대중화되었다. 삼국시대 농주(농환)가 전문적인 연희자 집단에 의해 주로 공적 행사에서 연행되던 대표적 공연예술이었다면 고려시대 농주는 수많은 행사에서 빈번히 보이는 공연예술의 일부로 행해졌다. 유행기가 지난 축국과 농주는 민간의 놀이, 유희로 연행되면서 그 특징과 대표성을 잃어 갔던 것은 아닐까.

일연의 신분이 승려였으므로 팔관회나 연등회 등에서 농주(농환)를 보지 않았을 리 없고, 그 기예가 어떤 것인지 충분히 인지하고 있었을 가능성이 높다. 팔관회와 연등회는 고려시대 산악백희를 총체적으로 보여 주는 매우 중요한 행사였기 때문이다. 다만 일연에게 축국이란 용어는 익숙하지 않았을지도 모른다. 고려 후기가 되면 더 이상 축국이 행해지지 않고 오히려 격구가 왕성히 성행하던 시절이었으므로, 승려 일연은 축국이라는 종목이 정확히 어떤 특징을 갖고 있는지 자세히 알고 있지 않았을 수 있다. 그는 무인도 아니었고 축국을 해 본 적도 없었을 것이다. 결국 그가 생각한 축국은 당시 각종 행사에서 연행되던 공을 놀리는 연희 즉 농주(농주지희)였던 셈이다.

여기서 한 가지 가설을 대조하자면 그것은 고려시대 축국과 농주가 비슷한 방식으로 연행되던 종목이었다는 것이다. 말 그대로 고려 후기가 되면 축국과 농주가 유사한 양상을 갖게 된 것으로 봐야 한다는 설정이다. 즉 축국은 발이나 손 모두 사용할 수 있는 경기가 되고, 농주 역시 손이나 발, 기타 도구를 써서 공을 놀리는 기예 전반을 말한다는 것이다. 그래야 일연이 말한 '신라인들은 공을 놀리는 것을 축국이라 부른다(羅人謂蹴鞠爲弄珠之戲)'는 구절과 맞아 떨어지기 때문이다. 고려 후기에 이르러 공을 갖고 연희하는 모든 기예를 '농주(농주지희)'라 부르게 되고 이런 배경 위에 신라인들이 공을 차며 즐긴 행위 즉 축국 역시 농주의 범위 안에서 해석이 가능하다는 설명이다.

축국이나 농주에 대한 정확한 기록이 전하지 않는 상황에서 이러한 가설도 일견 타당해 보인다. 그런데 이 가설이 성립하기 위해서는 고려가 망한 뒤 세워진 조선시대에도 축국과 농주가 분리되지 않은 채 연행되어야 하는 전제가 따른다. 고려 후기에 합쳐진 축국 겸 농주가 조선 초에도 그대로 연행되고 있어야 한다. 그러나 적어도 농주 즉 농환류 기예는 조선 초 기록만 보더라도 삼국시대 농환과 거의 별 차이 없이 연행되고 있음이 앞서 성현의 시「관나희」를 통해 확인되었다. 즉 농주는 축국과 섞이는 일 없이 원래 모습을 지키며 연행되고 있었다고 할 수 있다.

3. 축국 연행에 관하여

김유신과 김춘추가 보희를 통해 굳건한 인연을 맺는 장면은『삼국유사』와『삼국사기』에 모두 소개되어 있다. 두 기사의 얼개는 비슷하지만 많은 부분 차이를 보인다. 특히『삼국유사』에 실린 기사에는 보다 상세하게 축국이 벌어지던 날을 묘사하고 있다.

初文姬之姊寶姬夢登西岳捨溺浵滿京城. 旦與妹說夢文姬聞之謂曰, "我買此夢." 姊曰 "與何物乎", 曰 "鬻錦裙可乎", 姊曰諾. 妹開襟受之, 姊曰 "疇昔之夢傳付於汝." 妹以錦裙酬之. 後旬日庾信與春秋公正月午忌日.(見上射琴匣事, 乃崔致遠之說) 蹴鞠于庾信宅前.(羅人謂蹴鞠爲弄珠之戱) 故踏春秋之裙裂其襟紐, 請曰 "入吾家縫之", 公從之. 庾信命阿海奉針, 海曰 "豈以細事軽近貴公子子" 因辭 古本云因病不進. 乃命阿之. 公知庾信之意遂幸之, 自後數數來往. 庾信知其有娠乃嘖之曰, "爾不告父母而有娠何也", 乃宣言於國中欲焚其妹. 一日俟善徳王遊幸南山積薪於庭中焚火烟起. 王望之問 "何烟", 左右奏曰 "殆庾信之焚妹也." 王問其故, 曰 "爲其妹無夫有娠." 王曰 "是誰所爲", 時公昵侍在前顔色大變. 王曰 "是汝所爲也速往救之." 公受命馳馬傳宣沮之, 自後現行婚禮.

처음 문희의 언니 보희(寶姬)가 서악(西岳)에 올라가 오줌을 누는데 그 오줌이 수도에 가득 차는 꿈을 꾸었다. 다음날 아침 꿈 이야기를 누이에게 했더니 문희가 이야기를 듣고 "내가 이 꿈을 사겠어요" 하였다. 언니가 말하기를 "어떤 물건을 주겠느냐?" 하자 문희가 "비단 치마[錦裙]를 주면 되겠지요" 하니 언니가 승낙하였다. 문희가 치마폭을 펼쳐 꿈을 받을 때 언니가 말하기를 "어젯밤의 꿈을 너에게 준다" 하였다. 문희는 비단 치마로써 그 꿈을 갚았다. 10일이 지나 유신이 춘추공과 함께 정월 상오 기일 (忌日: 앞의 사금갑조에 자세히 보이며 최치원의 견해이다)에 유신의 집 앞에서 공을 찼다.[축국(蹴鞠): 신라인들은 공을 가지고 노는 것을 축국이라고 하였다.] 일부러 춘추공의 옷을 밟아 저고리 고름[襟紐]을 떨어뜨리게 하고 말하기를 "청컨대 저의 집에 들어가서 옷고름을 답시다" 하니 [춘추]공이 그 말을 따랐다. 유신이 아해(阿海)에게 "옷고름을 달아 드리라[奉針]"고 명하니 아해는 "어찌 사소한 일로써 가벼이 귀공자와 가깝게 하겠습니까" 하고 사양하였다. 고본에는 병을 핑계로 나아가지 않았다고 한다. 이에 아지(阿之)에게 명하였다. [춘추]공이 유신의 뜻을 알아차리고 마침내 문희와 [정을] 통하였는데, 이후 춘추공이 자주 왕래하였다. 유신은 아지가 임신한 것을 알고 그녀를 책망하여 말하기를 "네가 부모에게 고하지도 않고 임신을 하였으니 무슨 까닭이냐?" 하고 이에 온 나라에 말을 퍼뜨려 아지를 불태워 죽인다고 하였다. 하루는 선덕왕(善德王)이 남산(南山)에 거둥할 때를 기다렸다가 뜰에 땔나무를 쌓아 놓고 불을 지르니 연기가 일어났다. 왕이 그것을 바라보고 "무슨 연기인가?" 하고 묻자 좌우에서 아뢰기를 "아마도 유신이 누이를 불태우려는 것 같습니다" 하였다. 왕이 그 까닭을 물으니, 아뢰었다. "그 누이가 남편도 없이 임신하였기 때문입니다" 왕이 이르기를 "그것은 누구의 소행이냐?"고 물었다. 마침 [춘추]공이 왕을 모시고 앞에 있다가 얼굴색이 붉게 변했다. [그것을 보고] 왕이 말하기를 "이는 너의 소행이니 속히 가서 그녀를 구하도록 하여라" 하였다. 춘추공이 임금의 명을 받고 말을 달려 왕명을 전하여 죽이지 못하게 하고 그 후 떳떳이 혼례를 올렸다.(밑줄필자)

【『삼국유사』 기이 태종춘추공(太宗春秋公)조】

이에 따르면 김유신과 김춘추가 축국을 한 날은 정월 상오(上午) 기일(忌日)이다. 위의 밑줄 친 부분은 『삼국사기』에는 없는 내용이다.

文武王立. 諱法敏, 太宗王之元子. 母金氏文明王后, 蘇判舒玄之季女, 庾信之妹也. 其姊夢登西兄山頂, 坐旋流徧國內. 覺與季言夢, 季戲曰, "予願買兄此夢." 因與錦裙爲直. 後數日, 庾信與春秋公蹴鞠, 因踐落春秋衣紐. 庾信曰, "吾家幸近, 請往綴紐." 因與俱往宅. 置酒, 從容喚寶姬, 特針線來縫. 其姊有故不進, 其季進前縫綴. 淡粧輕服, 光艶炤人. 春秋見而悅之, 乃請婚成禮. 則有娠生男, 是謂法敏. 妃慈儀王后, 波珍飡善品之女也. 法敏姿表英特, 聰明多智略. 永徽初如唐, 高宗授以大府卿. 太宗元年以波珍飡為兵部令, 尋封為太子. 顯慶五年, 太宗與唐将蘇定方平百濟, 法敏從之, 有大功. 至是即位.

문무왕(文武王)이 왕위에 올랐다. 이름은 법민(法敏)으로, 태종왕(太宗王)의 맏아들이다. 어머니는 김씨 문명왕후(文明王后)로, 소판(蘇判) 서현(舒玄)의 막내딸이며 유신(庾信)의 누이이다. 언니가 서형산(西兄山) 꼭대기에 올라가 앉고는 오줌을 누어 온 나라 안에 가득 퍼진 꿈을 꾸었다. 꿈에서 깨어나 동생에게 꿈을 말하니, 동생은 웃으면서 "내가 언니의 이 꿈을 사고 싶다"고 말하였다. 그래서 비단 치마를 주고서 꿈 값을 치뤘다. 며칠 뒤 유신이 춘추공(春秋公)과 축국(蹴鞠)을 하다가 춘추의 옷고름을 밟아 떨어뜨렸다. 유신은 "우리 집이 다행히 가까이 있으니 가서 옷고름을 꿰맵시다"라 청하고는 함께 집으로 갔다. 술상을 차려 놓고 조용히 보희(寶姬)를 불러서 바늘과 실을 가지고 [옷고름을] 꿰매게 하였다. 언니는 일이 있어 나오지 못하고, 동생이 나와서 그 앞에서 꿰매어 주었다. 옅은 화장과 가벼운 옷차림을 하였는데, 빛이 곱게 사람을 비추는 모습이었다. 춘추가 보고 기뻐하여 바로 혼인하자고 요청하고는 곧 예식을 치렀다. 임신하여 아들을 낳았는데, 그가 법민(法敏)이다. 왕비는 자의왕후(慈儀王后)로 파진찬(波珍飡) 선품(善品)의 딸이다. 법민은 평소에 맵시가 영특하고 총명하며 지략이 많았다. 영휘(永徽) 초에 당나라에 갔는데, 고종(高宗)이 태부경(太府卿)의 관작을 주었다. 태종[왕] 원년(654)에 파진찬으로써 병부령(兵部令)이 되었다가 이윽고 태자가 되었다. 현경(顯慶) 5년(660)에 태종이 당나라 장수 소정방(蘇定方)과 함께 백제를 평정할 때 법민이 종군하여 큰 공을 세웠다. 이때에 이르러 왕위에 올랐다.

【『삼국사기』 권6, 신라본기 문무왕(文武王) 1년】

위에 보듯『삼국사기』에서는 보희와 문희의 꿈 사고팔기가 끝난 '며칠 뒤' 라고만 되어 있지만『삼국유사』에서는 정확히 '10일 뒤'라고 명시했을 뿐만 아니라, 그날이 마침 오기일(까마귀 삼간날)이라고 명시하고 그날의 연유에 대해서도 '사금갑조'를 참조하라고 한다.

상오일이 기일이 된 연유는『삼국유사』사금갑조에 자세히 나와 있다는 일연의 주도 달려 있다. 사금갑조의 내용은 다음과 같다.

自爾國俗每正月上亥·上子·上午等日忌愼百事不敢動作. 以十五日爲烏忌之日以

糯飯祭之, 至今行之. 俚言怛忉言悲愁而禁忌百事也. 命其池曰書出池.

이로부터 나라의 풍습에 해마다 정월 상해일(上亥日)·상자일(上子日)·상오일(上午日)에는 모든 일을 조심히 하고 감히 움직이지 않았다. 15일을 오기일(烏忌日)로 삼아 찰밥으로 제사를 지냈는데 지금까지 이를 행한다. 향언(鄕言)으로 이것을 달도(怛忉)라고 하니 슬퍼하고 조심하며 모든 일을 금하고 꺼려 한다는 것을 말한다. 그 연못을 서출지(書出池)라고 부른다.

【『삼국유사』 기이 사금갑(射琴匣)조】

이 사금갑조는 정월 초하루부터 정월 대보름에 이르기까지 한 해를 시작하는 처음을 모두 삼가고 조심하게 보낸다는 뜻을 갖게 된 기원설화로 해석된다. 본고에서는 앞의 부분을 생략했는데 주 내용은 신라 비처왕(毗處王) 때 거문고갑에서 사통하던 궁주와 분향 수도 승려를 화살로 쏘아 발견하는 일이 있었고, 앞날의 일을 까마귀, 쥐, 돼지가 알려 주었기 때문에 이후부터는 정월 첫 돼지날, 첫 쥐날, 첫 말날에는 모든 일을 삼가고 조심히 했다는 것이다. 특히 대보름날은 까마귀 삼간 날로 삼아 찰밥을 지어 제사를 지내는데 민간에서는 이를 두고 달도(怛忉)라고 하며 고려 후기까지 그 풍속이 이어져 오고 있다는 설명을 달았다.

위 기사들을 통해 신라의 축국 연행에 관한 몇 가지 사실들을 추론할 수 있다.

① 신라에서는 귀족층을 중심으로 축국을 연행했다.

② 축국만을 위한 전용 공간이 있는 것은 아니고 집 앞이나 길가에서 연행했다.

③ 축국을 하면 옷이 틀어질 정도로 격한 신체 접촉이 발생했다.

④ 정월 대보름은 중요한 세시로서 대개 만사를 조심하는 날이지만 축국은 괜찮았다.

그런데 이상의 사항들 중에 ④의 경우는 설명이 필요할 듯하다.

신라시대의 세시 중에 정월 대보름은 오기일(烏忌日)이라고 하며 찰밥을 지어 제사 지내고 모든 일을 삼가고 조심스러워 하는 날이라고 하는데 그 전날

유신과 춘추는 집 앞에서 축국을 하고 있었다. 근신하고 삼가는 모습이라고는 보기 힘들다. 이날은 즐거운 경삿날이 아니라 정월 초에 해당하는 날들로서 한 해의 시작을 경건한 마음으로 준비해야 하는 때인데도 귀족의 자제들이 집 앞에서 축국을 하고 있었다는 것은 어떻게 해석해야 하는가. 선행 연구들에선 이에 대한 언급이 거의 없다. 민속학적 연구를 보더라도 주로 꿈 사고팔기 행위에 초점을 맞추거나 춘추가 유신의 집에 들어가게 되는 과정 혹은 문희와의 만남 등에 관심을 기울이고 있다. 일연의 설명에 따르더라도 고려 후기까지는 정월 초하루부터 대보름날(오기일)까지는 조심하고 백사를 금하고 있었고, 민간에서도 이때를 달도라고 부르며 슬퍼하고 있었다는데, 유신과 춘추 귀족 자제들이 격한 운동을 하고 있었다니 좀처럼 납득이 가지 않는 대목이다.

이에 대해 필자 나름의 추정을 해 보고자 한다. 신라시대부터 이미 정월 초하루부터 대보름날까지는 삼가고 근신하는 날이었다. 이때를 삼가고 근신하는 것은 명절과 뜻 있는 날들에 마음이 들떠서 좋아하지만 말고, 삼가고 조심성 있는 마음가짐을 가지라는 뜻으로도 해석된다. 아마도 명절을 맞아 공식적인 행사나 외출이 없어진 유신과 춘추 등 젊은이들은 이 기간동안 집안에서 하릴없이 며칠씩 지내는 것이 매우 무료했을 것이다. 그들은 세시가 거의 끝나가는 오기일 즉 대보름날에 잠시 모여 겨울의 추위를 잊는 운동을 하자고 한 것은 아닐까. 어디 멀리 나가지 못하고 유신의 집 앞에서 잠깐 땀을 내려고 시작한 축국이었으나 격한 몸싸움과 승부욕 탓에 춘추의 옷고름이 터졌고 이를 수습하기 위해 유신의 집에 들렀다가 문희를 만나 사랑에 빠지게 되었다.

특히『삼국유사』에서는 유신이 일부러 춘추의 옷고름을 찢어서 기회를 만들었다거나, 문희를 혼내는 과정을 온 나라에 말을 퍼뜨렸다고 하는 등 일련의 만남과 사건들이 계획적이었다고 서술하고 있다. 김유신의 의도는 본고에서 다룰 사항은 아니므로 논하지 않겠으나, 유신과 춘추 등 젊은 귀족 자제들이 삼가야 할 날에 밖에서 격한 경기를 하다 옷고름을 망가뜨린 일은 딱히 잘한 일이 아니었다는 것을 그들도 잘 알고 있었을 것이다. 아무 일도 없었던 듯 급히 봉합하려고 한 것이 두 집안의 인연을 만드는 계기가 되고 이후 삼국통일에 이르기까지 원대한 여정을 함께하게 된 우연하고도 역사적인 사건이라 할 수 있다.

4. 결론

본고에서는 『삼국유사』 기이편에 등장한 '축국'을 중심소재로 삼아 삼국시대 및 고려시대의 연희양상을 고찰하고 아울러 이 기사에 담긴 당대의 민속적 요소를 함께 살피고자 하였다.

『삼국유사』에 소개된 김유신과 김춘추의 축국 이야기는 『삼국사기』의 기사와는 사뭇 다른 점이 많았는데 본고에서는 특히 지은이 일연의 注에 착목하여 축국(蹴鞠)과 농주(弄珠)의 관계를 밝히는 데 논의의 중점을 두었다. 일연은 축국이 곧 농주(농주지희)라는 설명을 달았으나 이것은 그의 오해로서 축국과 농주는 다른 종목이었음을 논하였다.

고려 후기 축국이 쇠퇴하면서 제대로 전승되지 않은 상황에서 '공을 갖고 노는 것'을 모두 농주나 축국이라고 오해하면서 시작된 것이라고 보았다. 이를 설명하기 위해 축국의 연원 및 역사적 전개를 알아보고, 신라의 축국과 백제의 농주에 대해서 논의하였다. 특히 당나라와 송나라에서 연행된 축국의 모습을 고구려나 신라의 축국과 비교하였고, 『삼국유사』가 작성되었을 당시 성행했던 격구의 연행 양상을 살펴보았다. 그리고 삼국시대의 농환(농주)과 조선시대의 농환을 비교하여 고려시대의 농주에 변함이 없었음을 밝히고, 축국과 농주가 결합되거나 융합된 것이 아님을 증명하고자 하였다. 이로써 『삼국유사』에 등장한 '공을 갖고 노는 것을 축국이라 부른다'는 구절은 엄밀한 의미에서 사실이 아니며, 이는 일연의 오해이거나 '농주'라는 공연종목을 정확히 알지 못한 채 글자의 의미대로 해석한 것은 아닌지 덧붙이고 싶다.

◎ 참고문헌

국립민속박물관, 2009, 『한국세시풍속사전』.

__________, 2015, 『한국민속예술사전』.

나현성, 1969, 「韓國蹴鞠·擊毬考」, 『민족문화연구』3, 고려대학교 민족문화연구원.

박귀순, 2015, 「한국의 축국에 관한 연구」, 『한국체육사학회지』20-4, 한국체육사학회.

송기호, 1997, 「발해와 왜의 문화교류」, 『문화와 나』6, 삼성문화재단.

전경욱, 2004, 『한국의 전통연희』, 월인.

전경욱 외, 2014, 『한국전통연희사전』, 민속원.

정신문화연구원, 1991, 『한국민족문화대백과사전』, 편찬부.

정형호, 2010, 「동아시아 격구의 전승 양상과 비교 연구」, 『비교민속연구』41, 비교민속학회.

최광식 역, 2015, 『(읽기 쉬운) 삼국유사』, 고려대학교 출판문화원.

최광식·박대재 역주, 2014, 『삼국유사』, 고려대출판부.

최형섭, 2011, 「唐詩를 통해 본 중국 蹴鞠 문화」, 『중국어문학지』37, 중국어문학회.

처용무의 성립과 각 지방의 관련 민속연희 및 민속

전경욱(고려대학교 국어교육과 교수)

1. 머리말

처용무는 통일신라시대로부터 고려와 조선시대를 거쳐 현재까지 꾸준히 전승되면서, 시대의 변천에 따라 다양한 변화를 겪은 것으로 나타난다. 그러므로 이러한 처용무의 변천 과정에 대해서는 이미 필자가 고찰한 바 있다.(전경욱, 2004) 본고에서는 처용무가 전승되는 과정에서 후대에 각 지방의 연희에 끼친 영향에 대해서 고찰하고, 처용무가 민간에서 민속화한 경우도 살펴봄으로써, 처용무와 관련된 각 지방의 연희 및 민속의 유래와 특징을 밝히고자 한다.

처용무는 『삼국유사』 권2 처용랑(處容郎) 망해사(望海寺)조의 처용 설화를 통해 그 유래를 살펴볼 수 있다. 이 설화는 신라 제49대 헌강왕(憲康王, 재위 875-886) 때의 것인데, 그 내용을 요약하면 다음과 같다. 처용이 밖에 나가 밤늦도록 놀다가 집에 돌아오니 역신이 자기의 아내를 차지하고 있었는데, 처용이 그것을 보고도 노여워하지 않고 「처용가」라는 향가를 지어 불렀다. 그랬더니 역신이 나타나 용서를 빌면서 "맹세코 이후로는 공(公)의 형용을 그린 것만 보아도 그 문에 들어가지 않겠습니다"라고 말하고는 물러갔다고 한다. 이에 처용의 형상으로써 역귀를 피할 수 있게 되었다는 것이다. 이 설화는 처용을 문신(門神)으로 신격화하면서, 처용의 모습이 역귀를 퇴치할 수 있는 주술력을 갖게 되는 과정을 잘 보여 준다.

이는 나례(儺禮)와 매우 유사하다. 나례의 주목적이 바로 역귀로 대변되는 재앙을 물리치는 것이기 때문이다. 나례가 우리나라에 들어온 사실을 전하는 첫 기록은 고려시대 정종(靖宗) 6년(1040)에 나타나지만, 실제로 나례가 우리나라에 들어온 것은 그 이전이었을 것으로 추정된다. 정종 6년의 기록은 중국의 궁중나례가 고려의 궁중나례에 수입된 것을 말한다. 『삼국사기』에 수록된 최치원의 「향악잡영 5수(鄕樂雜詠五首)」에 나오는 「대면(大面)」의 등장인물이 벽사색인 황금색의 가면을 쓰고 나와서 채찍을 휘두르며 귀신을 쫓는 모습은 신라시대에 이미 나례가 존재했을 가능성을 보여 준다. 또 귀와(鬼瓦)와 김유신(金庾信) 장군 묘의 주위에 조각해 놓은 12지신상(支神像) 등을 통해서도 신라시대에 이미 나례와 유사한 '귀신쫓기 신앙'이 있었음을 알 수 있다. 처용 설화도 처용이 자기 아내에게 붙은 역신을 쫓아내는 내용이므로 나례와 유사한 구역(驅疫) 즉 '역귀(疫鬼)쫓기 행사'이다.

따라서 이상의 여러 예로 보아 신라시대에 이미 나례나 나례와 유사한 귀신쫓기 행사가 있었을 것으로 추정된다. 고려시대에 도입된 공식적 나례는 궁중나례인데, 민간의 나례는 이미 신라시대에 들어와 있었을 가능성이 높은 것이다. 어쨌든 처용 설화는 우리나라에서 처용무가 역귀로 대변되는 재앙을 물리치는 벽사의례(辟邪儀禮)의 기원이 되었음을 전해 준다. 이렇게 시작된 처용무는 고려시대와 조선시대의 나례와 연회 등에서 계속 전승되었는데, 가면을 착용하고 역귀를 쫓아내는 춤을 추었다.

이러한 처용 설화와 처용무의 성립에 대해 그동안 많은 견해가 제시되었다. 우선 이두현은 처용 설화에서 중국의 종규(鍾馗) 설화나 불교설화 등의 영향을 볼 수 있으나, 그 기층에는 여전히 신라 이전부터 전승되어 온 주술 종교적인 토착신앙이 핵심을 이루고 있다고 지적했다. 처용무는 신라 이전부터 내려온 한국 토착의 고대전승인 벽사가면과 산신(山神)탈굿과 용신(龍神)탈굿 등의 복합에서 출발했지만, 점차 대륙계 가면무의 영향을 받아 이차적·삼차적 변용을 거듭하여 오늘날의 오방처용무(五方處容舞)에 이르렀다는 것이다.(이두현, 1992)

서대석(徐大錫)은 처용과 역신의 관계에 대해 무속적 입장의 견해를 제시했다. 그는 처용을 강신무(降神巫)로 보고 있다. 처용 설화는 무당인 처용이 가무로써 자기 처에게 붙은 역신을 퇴치하는 내용이며, 처용이 가정수호신(家庭守護神)인 문신(門神)으로 정립되기까지의 과정을 기술한 무속신화라는 점을 지적하고, 처용이 구역신(驅疫神)의 신격으로 숭앙되었다고 밝혔다.(서대석, 1975)

그런데 처용이 문신으로서 역신을 쫓고 역신의 침입을 막는 것은 바로 중국의 나례신(儺禮神)인 종규와 통하고 있다. 처용과 종규는 발생설화, 문신으로서의 성격, 가면무희로서의 특징, 나례의 구역신으로서의 위치 등 여러 면에서 유사점 내지 공통점이 있다. 그래서 김학주는 처용이 중국 종규의 영향을 받은 것이라는 견해를 제시했다.(김학주, 1965)

한편 역사학계에서는 처용을 아랍인으로 보는 견해가 상당한 설득력을 얻고 있다. 미술사학계에서는 경주에서 출토된 서역 관련 유물을 논하면서, 신라와 서역의 교류가 활발했음을 밝히고 있다.

역사학자 이용범은 동해 용의 아들로서 그 모양이 괴이하고 의관도 달랐던 처용을 이슬람 상인으로 간주했다. 처용 설화는 당말(唐末) 광주(廣州)에서 양주(揚州) 일대까지의 지역에서 해상무역권을 장악하고 있던 이슬람 상인의 표착전설(漂着傳說)이라는 것이다. 용의 조화로 인해 생긴 것으로 간주되던 기상의 급변을 치르고 출현한 용과 용자(龍子)는, 울산만(蔚山灣)에 표류하다가 도착한 선박과 탑승원의 모습을 묘사한 것이라는 설명이다.(이용범, 1989)

『삼국사기』의 "그 생김이 괴이하고 또 의관도 다르다"는 내용이나, 『경상도지리지(慶尙道地理志)』와 『세종실록(世宗實錄)』 지리지 중 처용을 묘사하며 "그 생김이 기괴했다(狀貌奇怪)"는 내용은 처용이 신라인이 아니고 아랍인이라는 점을 암시하는 것으로 보인다. 조선시대의 『악학궤범(樂學軌範)』 제5권 학(鶴)·연화대(蓮花臺)·처용무(處容舞) 합설(合設)조의 처용가에서는 처용의 생김을 "넓은 이마, 무성한 눈썹, 우그러진 귀, 붉은 모양(얼굴), 우묵한(우뚝 솟은) 코, 밀어 나온 턱, 숙어진 어깨" 등으로 묘사하고 있다. 그리고 『악학궤범』 제9권 관복도설(冠服圖說) 중 처용관복도설(處容冠服圖說)에 그려져 있는 처용의 모습도 역시 서

자료 1 악학궤범의 처용가면 모습

자료 2 원성왕릉(괘릉)의 이란계 무인 석상

역인의 모습이다.(자료 1)

서역인들이 신라에 정착해 있었던 증거로는 신라의 국제적인 문화교류와 함께, 신라 제38대 원성왕(元聖王, 785-798)의 능인 괘릉(掛陵), 제41대 헌덕왕(憲德王, 809-826)의 능, 제42대 흥덕왕(興德王, 826-836)의 능 등의 이란계 무인(武人) 석상(石像)을 들 수 있다. 이 이란계 무인 석상들은 깊은 눈과 높은 코의 용모를 하고 있으며, 허리에는 호인(胡人)들이 자주 차고 다니는 전포(錢布)를 매달고 있다.(권영필, 1992) (자료 2)

더욱이 경주 황성동(皇城洞) 석실분(石室墳)에서 호모(胡帽)를 착용하고 깊은 눈과 높은 코를 가진 호인풍(胡人風)의 토용(土俑)이 출토되었으며, 용강동(龍江洞)의 석실분에서도 홀(笏)을 들고 서 있는 턱수염이 긴 서역인풍(西域人風)의 문관상(文官像) 토용이 발굴되어, 서역인들이 이른 시기에 신라에 도래하여 활약하고 있었을 가능성을 시사하고 있다.(민병훈, 1999) 특히 서역인풍의 문관상은 처용의 왕정보좌(王政輔佐)와도 연결된다.

본고에서는 처용무가 후대의 연희에 끼친 영향을 밝히기 위해 조선시대의 각종 연희 가운데 처용무와 관련된 내용을 조사하고, 그 관련성에 대해 고찰할 것이다. 이를 통해 해당 연희의 내용과 의미에 대한 심도 있는 논의가 가능할 것이다. 처용무는 현존 가면극의 가면·의상·소도구 및 배역 구성과 갈등구조에 영향을 끼친 것으로 나타나기 때문이다.

또한 조선시대부터 현재에 이르기까지 문배와 제웅치기 등 각 지방에서 전승되어 온 민속 가운데 처용의 벽사적·주술적 기능과 관련된 민속을 조사하여, 이러한 민속의 유래와 특징을 논의할 것이다.

2. 처용무가 후대의 민속연희에 끼친 영향

처용무가 후대 연희에 끼친 영향은 진주오광대·마산오광대·가산오광대 등의 가면극에 나오는 오방신장무, 강릉관노가면극에 등장하는 양반광대·소매각시·시시딱딱이의 삼각관계, 양주별산대놀이와 봉산탈춤 등의 노장과장에서 취발이와 노장이 소무를 차지하기 위해 싸우는, 취발이·소무·노장의 삼각관계, 그리고 양주별산대놀이와 송파산대놀이의 연잎 가면과 눈끔적이 가면이 파계한 상좌를 쫓아 버리는 모습 등을 통해서 살펴볼 수 있다. 결국 처용무가 가면극의 가면·의상·소도구, 가면극의 배역 구성 및 갈등구조에 커다란 영향을 끼친 것이다. 본장에서는 이를 구체적으로 고찰하고자 한다.

1) 가면극의 가면·의상·소도구에 끼친 처용무의 영향

처용무는 가면극 오방신장무의 가면과 의상에 영향을 끼친 것으로 나타난다. 고려 말 이색의 「구나행」이라는 한시는 크게 두 부분으로 나뉜다. 전반부(1구~14구)는 12지신과 진자들이 역귀를 쫓는 의식을 묘사하고 있고, 후반부

(15구~28구)는 구나의식이 끝난 후 연희자들이 펼치는 각종 잡희를 묘사하고 있다. 후반부에서 묘사한 각종 연희는 오방귀무, 사자무, 서역의 호인희, 처용무, 불 토해 내기, 줄타기, 칼 삼키기, 인형극, 각종 동물로 분장한 가면희 등이다.

이 가운데 제일 처음 나오는 '오방귀무(五方鬼舞)'는 이미 중국의 나례에서도 발견된다. 송나라 오자목(吳自牧, 1270 전후)의 『몽량록(夢梁錄)』 권6 제야(除夜)조에 보면, 나례의 구역신(驅疫神)으로 장군(將軍), 부사(符使), 판관(判官), 종규(鍾馗), 육정(六丁), 육갑(六甲), 신병(神兵), 조군(竈君), 토지(土地), 문호(門戶), 신위(神尉) 등의 신과 함께 오방귀사(五方鬼使)가 나온다.

중국과 한국의 나례에는 모두 오방귀가 보이는데, 특히 「구나행」에서는 후반부의 첫 구절인 15구에 오방귀의 춤이 설정되어 있다. 후반부는 각종 잡희를 연행하는 내용인데, 그 첫 부분에 오방귀무가 있는 것이다. 이 춤은 성현의 『악학궤범』에 나례에서 연행한 것으로 기록하고 있는 「학연화대처용무합설」의 오방처용무(五方處容舞)와 함께, 현존하는 가면극의 오방신장무(五方神將舞)과장과 관련된 것으로 보인다. 「구나행」에서는 오방귀무가 잡희의 첫부분에 설정되어 있으면서, 잡귀를 쫓고 놀이판을 정화하는 성격을 띠고 있다. 이 춤에 나오는 오방귀가 어떤 의상과 가면을 쓰고 나왔는지에 대해서는 구체적인 서술이 없어 알 수 없으나, 『악학궤범』에 의하면 나례에서 오방처용이 다섯 방위를 상징하는 청, 적, 황, 백, 흑색의 의상에 처용의 가면을 쓰고 사방의 잡귀를 물리치는 춤을 추었다는 점에 비추어 볼 때, 「구나행」의 오방귀도 각기 다섯 방위를 상징하는 색의 의상을 입고 나왔을 것으로 추정된다.

가면극의 오방신장무는 현재 중요무형문화재 제73호로 지정된 가산오광대와 경상남도 무형문화재로 지정된 진주오광대에 있고, 이미 전승이 중단된 마산오광대에도 있었던 것으로 나타난다. 이 가면극들에서는 오방신장무가 첫 과장에 설정되어 있고, 동, 남, 중앙, 서, 북의 다섯 방위를 맡은 다섯 신장이 각 방위의 색을 나타내는 청, 적, 황, 백, 흑색의 가면과 의상을 착용하고 나와 춤을 추면서 사방의 잡귀를 쫓고 놀이판을 정화하는 의식무의 성격을 띠고 있다는 점을 주목해 보자. 가면극의 오방신장무는 고려 말 나례에서 연행되던 오방귀무 및 조선시대의 나례에서 연행되던 오방처용무와 그 가면 및 의상 등에서 매우 밀접한 관련을 보이는 것이다. 그러므로 가면극의 오방신장무는 나례의 오방귀무와 오방처용무의 영향 아래 형성된 것으로 생각된다.

그리고 현재 중요무형문화재 제2호 양주별산대놀이, 제17호 봉산탈춤, 제34호 강령탈춤, 제49호 송파산대놀이, 제61호 은율탈춤 등에서 전승되고 있는 노장과장의 취발이는 처용과 매우 흡사한 가면과 소도구를 사용하고 있다. 취발이는 붉은 가면을 쓰고 술에 취한 모습으로, 손에 버드나무 가지를 꺾어서 머리 위로 치켜들고 등장한다. 이는 고려 말 이색이 「구나행」에서 처용무를 "신라의 처용은 칠보장식을 했는데, 머리 위의 꽃가지에선 향기로운 이슬 떨어지네. 긴 소매 이리저리 흔들며 태평무를 추는데, 불그레히 취한 얼굴은 아직도 다 깨지 않은 듯"이라고 묘사한 내용과 매우 유사하다. 붉은색은 벽사할 수 있는, 즉 귀신을 쫓을 수 있는 색이다. 고려 말의 나례에서 처용이 붉은색의 가면을 쓰고 벽사적인 성격을 띤 복숭아나무 가지를 머리에 꽂고 나와 역신을 쫓는 모습이나, 취발이가 붉은색의 가면을 쓰고 역시 벽사할 수 있는 푸른 버드나무 가지를 머리 위로 치켜들고 나와서 사회적 재앙인 노장을 쫓아내는 모습이 통하고 있는 것이다. 취발이가 다리에 방울을 매달고 나오는 것도 방울 소리를 통해 역귀를 쫓아내려는 사고의 반영으로 보인다.

가면극의 연잎 가면과 눈꿈적이 가면은 처용무의 관처용(觀處容) 가면과 관련된 것으로 보인다. 양주별산대놀이와 송파산대놀이에는 연잎이라는 배역이 있는데, 이 인물은 머리 부분을 연잎 모양으로 만든 가면을 착용한다. 그래서 연잎이라는 명칭이 생긴 것이다. 그리고 이 가면극들의 눈꿈쩍이도 머리 부분을 연잎 모양으로 만든 가면을 착용한다. 주목되는 점은 처용무의 무동(舞童)도 역시 머리에 연꽃과 연잎 모양으로 된 가면인 동연화관(銅蓮花冠)을 착용하고, 연화대무의 동녀(童女) 2인은 머리에 연화관을 착용한다는 사실이다. 이 가운데 특히 전자가 연잎 및 눈꿈적이 가면과 매우 유사하다. 전자는 가면에 동으로 만든 연화관을 붙인 것이지만, 후자는 고종 때의 『정재무도홀기(呈才舞圖笏記)』(1893)에 의하면 가면은 없고 연화관만 쓰는 것이기 때문이다. 그러므로 여기서는 처용무의 무동이 착용하는 동연화관을 중심으로 살펴보고자 한다.

앞에서 살펴본 바와 같이, 조선 전기의 나례에서 오방처용무가 연행되었는데, 『악학궤범』(1493) 제9권 무동관복도설(舞童冠服圖說)조에 동연화관(銅蓮花冠)의 그림과 함께 다음과 같은 설명이 보인다.(자료 3)

> 동연화관(銅蓮花冠) (가면을 첨부한다. 관처용(觀處容)에 쓴다.) 이 관은 구리로 얇게 만들되 위는 연꽃을 엎어 놓은 모양으로 하고, 아래는 연잎을 드리운 모양으로 하며, 가면은 옻칠한 베로 껍데기를 만드는데, 모두 채색한다.
>
> 【銅蓮花冠(假面附 ○ 觀處容用之) 右冠以銅鐵薄造 上覆蓮花 下垂蓮葉 假面漆布爲殼 並着彩】

인용문에서 구리로 얇게 만든 연화관을 붙인 가면을 착용하는 관처용(觀處

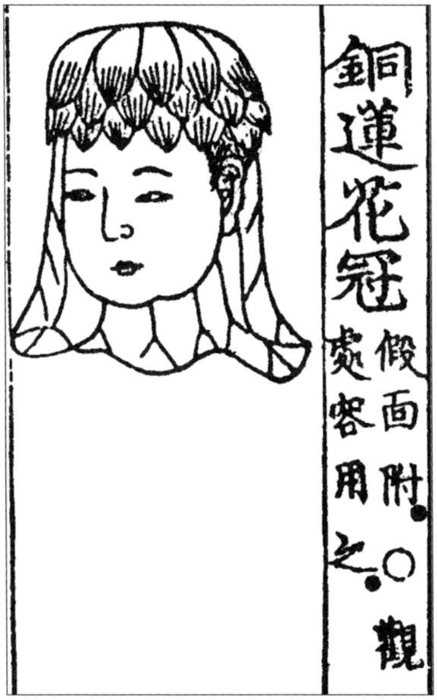

자료 3 악학궤범의 무동 가면인 동연화관

자료 4 양주별산대놀이의 연잎

容)은 명칭으로 보아 처용무와 관련이 있는 듯한데, 구체적으로 무엇을 의미하는가 하는 의문이 생긴다. 『악학궤범』의 학·연화대·처용무 합설조에는 관처용이라는 무동이 보이지 않기 때문이다.

그런데 마침 성현의 『용재총화』 권1의 처용지희(處容之戲)에 다음과 같이 무동관복의 관처용이 어떤 존재인지를 짐작할 수 있는 내용이 있다.

> 처음에 승도(僧徒)가 불공하는 것을 모방하여 기생들이 영산회상불보살을 제창하고, 외정(外庭)에서 돌아 들어오면 영인(伶人)들이 각각 악기를 잡는데, 쌍학인(雙鶴人)·오처용(五處容)·가면 10인(假面十人)이 모두 따라가면서 느리게 세 번 노래하고, 자리에 들어가 소리를 점점 돋구다가 큰 북을 두드리고 영인과 기생이 한참동안 몸을 흔들며 발을 움직이다가 멈추면, 이때 연화대놀이(蓮花臺戲)를 한다.
> (初倣僧徒供佛 群妓齊唱靈山會相上佛菩薩 自外庭回匝而入 伶人各執樂器 雙鶴人五處容假面十人 皆隨行緩唱三回 入就位而聲漸促 撞大鼓 伶妓搖身動足 良久乃罷 於是作蓮花臺戲)

인용문은 조선 전기의 오방처용무를 설명하는 대목의 일부인데, 학의 가면을 쓰고 학으로 분장한 2명, 처용 가면 5명, 그리고 가면 10인이 있다. 이 가면 10인이 바로 '관처용'이라고 표기된 무동인 것으로 보인다. 『국역 악학궤범』 II(민족문화추진회, 1989), 189쪽의 무동관복도설의 각주 65에서도 관처용 가면을 무동 10인으로 보았다. 결국 조선 전기의 오방처용무에서는 5명의 처용 이외에 10명의 무동이 가면을 썼는데, 이 무동 가면은 가면극의 연잎 가면과 매우 흡사한 모습을 하고 있는 것이다.

연꽃은 불교에서 오랜 수행 끝에 번뇌의 바다에서 벗어나 깨달음에 이른 수행자의 모습에 비유되고, 빛의 상징이자 생명의 근원인 연꽃 하나하나에 부처가 탄생한다는 무한 창조 관념이 깃들었다. 『무량수경(無量壽經)』에서 연꽃은 정토에 생명을 탄생시키는 화생(化生)의 근원으로 설명되고 있다. 부처의 세계에 태어나고자 하는 세 종류의 사람 중, 상배자(上輩者)는 부처님을 따라 극락

의 칠보 연화 가운데 화생하며, 신통 자재(自在)로운 존재가 된다.(조희웅, 1992)

처용무의 무동 가면이나 가면극의 연잎 가면은 바로 이런 불교적 배경에 의해 형성된 인물로 보인다. 조선 전기의 처용무는「학·연화대·처용무 합설」로 연행되었는데, 처용무를 두 번 추었다. 앞의 것을 '전도(前度) 처용무', 뒤의 것을 '후도(後度) 처용무'라고 한다. 이 중 후도 처용무는 청학춤과 백학춤, 오방처용무, 연화대무로 짜여 있을 뿐만 아니라, 다양한 음악 반주와 노래가 동원되는 등 종합가무극의 성격을 띠고 있다. 먼저 악공들이 영산회상(靈山會相) 만기(慢機)를 연주하면, 여기와 악공들이 일제히 가사「영산회상불보살(靈山會相佛菩薩)」을 부르고, 오방처용은 춤을 춘다. 이어 음악이 보허자(步虛子)의 영(令)을 연주하고 박을 치면, 청학과 백학이 나아가고 물러나며 춤을 추다가 연화를 쫀다. 그 속에서 두 동녀가 나오면 두 학이 놀라 뛰어서 물러간다. 두 동녀가 지당(池塘)에서 내려가 가지런히 한 줄을 지어 서서, 절차대로 연기한다. 이것이 연화대무이다. 다시 음악이 처용의 만기를 연주하면, 오방의 처용이 춤을 춘다. 이어서《미타찬(彌陀讚)》,《본사찬(本師讚)》,《관음찬(觀音讚)》의 연주에 맞추어 여기들이 노래를 부른다.

이상과 같이, 오방처용무의 반주 음악과 노래 가사는《영산회상》,《영산회상불보살》,《미타찬》,《본사찬》,《관음찬》 등 불교음악이다. 그러므로 처용무에서 연잎 모양의 동연화관을 착용하고 나오는 무동 가면은 바로 불교적 배경 아래 형성된 것을 알 수 있다. 무동 가면은 이러한 불교적 성격과 함께 처용무가 연행되는 나례의 성격을 함께 갖고 있다는 점에 주목해 보자.

이는 가면극의 연잎 가면과 눈꿈적이 가면이 오랜 수행 끝에 번뇌의 바다에서 벗어나 깨달음에 이른 수행자의 모습이고, 부처의 세계에 태어날 신통 자재로운 존재를 비유하고 있으며, 파계한 중인 상좌와 옴중을 물리치는 역할을 하는 점과 매우 유사하다. 따라서 가면극의 연잎 가면과 눈꿈적이 가면은 오방처용무의 무동인 관처용 가면과 밀접한 관련 아래 성립된 것으로 추정된다.

2) 가면극의 배역 구성 및 갈등구조에 끼친 처용무의 영향

강릉관노가면극에 등장하는 양반광대, 소매각시, 시시딱딱이의 배역 구성 및 갈등구조는 처용, 처용의 처, 역신의 관계와 매우 유사하다.(장정룡, 1989) 홍역의 역신으로 간주되는 시시딱딱이는 양반과 소매각시가 다정하게 춤추며 노는 것을 훼방 놓는다. 그리고 소매각시를 억지로 끌고가서 차지한다. 하지만 결국 양반이 시시딱딱이를 물리치고 다시 소매각시를 찾아온다. 처용 설화에서 처용이 자기의 처를 차지하고 있는 역신을 쫓아내고 처를 다시 찾는 구나(驅儺)의 형식과, 양반광대가 자기 여자인 소매각시를 빼앗아 갔던 시시딱딱이를 물리치고 소매각시를 되찾는 연극적 형식이 일치하고 있다.

가면극 노장과장의 배역 구성 및 갈등구조도 처용무와 관련된 것으로 보인다. 가면극에서 취발이와 노장의 관계는 나례에서 처용이 역귀를 쫓는 구나 형식과 매우 유사하기 때문이다. 노장은 가면부터가 시커멓고 음흉한 모습이다. 그래서 봉산탈춤에서는 노장이 놀이판에 입장하다가 자취를 감추었을 때, 먹중들이 노장을 흐린 날씨, 웅기짐, 숯짐, 대망이(큰 뱀) 등 검고 부정적인 대상으로 비유한다. 노장은 물리쳐야 할 사회적 재앙으로 간주되는 인물임을 의미한다. 그러므로 취발이가 노장을 쫓아내는 연극적 형식은 나례에서 처용이 귀신을 쫓아내는 구나 형식과 대응된다.

그리고 노장과장에서 취발이와 노장이 소무를 차지하기 위해 싸우는, 취발이·소무·노장의 삼각관계는 처용·처용의 처·역신과의 관계와 매우 유사하다. 처용 설화에서 처용이 자기의 처를 차지하고 있는 역신을 쫓아내고 처를 다시 찾는 내용과, 취발이가 소무를 데리고 있는 노장을 쫓아내고 소무를 차지하는 내용이 일치하고 있는 것이다.

가면극 연잎과 눈끔쩍이과장의 배역 구성 및 갈등구조도 처용무의 영향 아래 형성된 것으로 나타난다. 1930년에 경성제국대학 조선어문연구실에서 조사하고 김지연이 필사한 『산대도감극각본』은 양주별산대놀이의 대본이다. 이

대본의 고사 장면에 "연잎과 눈꿈쩍이가 중요한 자이기 때문에 가운데 둔다"라는 설명이 보인다. 그리고 연잎은 천살성(天殺星), 눈꿈쩍이는 지살성(地殺星)이라고 적어 놓았다

연잎은 앞에서 부채로 얼굴을 가리고, 눈꿈쩍이는 그 뒤에서 장삼으로 얼굴을 가린 채 등장한다. 연잎은 하늘만 쳐다보고 춤을 추며, 눈꿈쩍이는 땅만 내려다보고 춤을 춘다. 상좌들이 차례로 곱사위춤을 추고 연잎 앞에 가서 쳐다볼 때, 연잎이 부채를 떼면 상좌들이 놀라서 들어간다. 이때 옴이 "아따 그 자식들 무엇을 가 보고 그렇게 기절경풍을 하느냐?"하고 큰소리치면서 눈꿈쩍이가 얼굴을 가리고 있는 것을 홱 벗기면, 눈꿈쩍이가 눈을 꿈쩍꿈쩍하며 옴을 쫓아버린다. 눈꿈쩍이 가면의 눈동자 속에는 쇳조각을 달아 눈을 꿈쩍이게 만들었다.

양주별산대놀이에서 상좌와 옴은 타락한 중으로서 부정적 인물이다. 옴은 마마에 걸린 중으로서 역귀에 해당한다고 볼 수 있다. 이 옴중을 눈꿈쩍이가 눈을 꿈쩍꿈쩍하며 쫓아내는 모습은 바로 나례에서 역귀를 쫓는 구나의 주인공인 방상시 가면을 연상시킨다. 연잎과 눈꿈쩍이도 양주별산대놀이에서 중요한 배역이기 때문에 고사를 지낼 때 가운데 두며, 그 춤은 역귀를 쫓아내는 모습이므로, 이 가면들은 나례의 구나의식의 영향 아래 형성된 것을 알 수 있다. 나례를 담당했던 연희자들이 후대에 가면극을 놀게 되면서 나례의 방상시 가면과 같은 구나 가면을 변형시켜 연잎과 눈꿈적이 가면을 만들어 낸 것으로 보인다.

이미 살펴본 바와 같이, 조선시대의 나례에서 거행된 오방처용무에서는 연잎 가면을 쓴 무동 즉 관처용들이 처용과 함께 등장하여 벽사의식을 거행했다. 그런데 가면극에서도 가면의 머리 부분을 연잎처럼 꾸민 연잎 가면과 눈꿈적이 가면의 등장은 처용무의 관처용과 통하고 있는 것이다.

그리고 가산오광대와 진주오광대의 오방신장무는 첫과장에 설정되어 있는데, 다섯 방위를 맡은 다섯 신장이 각 방위의 색을 나타내는 가면과 의상을 착용하고 나와 춤을 추면서 사방의 잡귀를 쫓고 놀이판을 정화한다. 이는 바로

조선시대의 나례에서 연행되던 오방처용무와 배역 구성 및 갈등구조가 서로 통하고 있어서, 그 영향관계를 확인할 수 있다.

3. 처용무와 관련된 각 지방의 민속

조선시대에는 설날 도화서에서 수성(壽星), 선녀, 직일신장(直日神將)의 그림을 그려 임금에게 드리고, 민간에서는 대문에 닭이나 호랑이의 그림을 붙여 액이 물러가기를 기원했는데, 이를 세화(歲畵)라고 부른다. 그리고 세화와 더불어 대문으로 들어오는 액을 막기 위해 문배(門排)도 붙였는데, 문배는 일반적으로 중국의 예에 따라 종규(鍾馗)와 울지경덕(尉遲敬德)·진숙보(秦叔寶)의 그림을 사용했다. 그런데 처용의 화상도 문배에 사용했던 것으로 나타난다.

「처용(處容)」
신라 때부터 지금에 이르기까지
너도나도 다투어 그 모습을 꾸미고 그리네.
사악한 귀신 물리쳐 질병 고통 없애려고,
해마다 설날이면 문에다 붙이네.

【성현, 『허백당집(虛白堂集)』 권8】

「제석이수(除夕二首)」
문에는 울루(鬱壘)라는 글자 붙어 있고,
창에 붙인 처용의 머리는
역귀를 좇아 버리네.

【성현, 『허백당집(虛白堂集)』 보집(補集) 권2】

성현의 「처용」시와 「제석이수」시는 신라 이래 조선 전기까지 처용의 그림을 그렸고, 성현 당시에 해마다 설날이면 문배로서 처용의 화상을 문에 붙여 액이 집안으로 들어오는 것을 막았으며, 창문에도 처용의 화상을 붙여 역귀를 쫓아 버리는 풍속이 있었음을 전해 준다. 주목되는 점은 궁궐에서는 문배로 중국의 문신을 이용했지만, 민간에서는 그와 더불어 처용도 문신으로 이용했다는 사실이다.

한편 조선 후기에도 민간에서는 처용의 벽사적, 주술적 기능과 관련된 민속이 계속 전승되었다. '제웅치기'의 풍속도 그중 하나로 생각된다.

A. 남녀의 나이가 나후직성(羅睺直星)에 들면 추령(芻靈: 제웅)을 만든다. 이것을 사투리로 처용(處容)이라 한다. 짚으로 제웅을 만들면 머릿속에다 동전을 집어넣고 보름날 전날 곧 14일 밤 초저녁에 길에다 버려 액을 막는다. 그리하여 이때가 되면 아이들이 문 밖으로 몰려와 제웅을 내어 달라고 한다. 그래서 그것을 얻으면 머리 부분을 파헤쳐 다투어 돈만 꺼내고 나머지는 길에다 내동댕이친다. 이것을 타추희(打芻戲: 제웅치기)라고 한다. 처용의 명칭은 신라 헌강왕 때 동해 용왕의 아들 이름에서 나온 것이다. 장악원(掌樂院) 향악부(鄕樂部)에 처용무가 있는 것이 바로 이것이다. 그러므로 추령(芻靈)이란 이 처용에서 빌어 온 것이다.

【『동국세시기(東國歲時記)』 상원(上元)조】

B. 한성부에서 아뢰기를 "매년 상원일의 전야가 되면 각 동시(洞市)의 아이들이 으레 모여서 체용(體俑)을 두드리는 놀이를 합니다. 이번에는 동임(洞任)들이 모여서 두드리는 놀이를 하지 말도록 여러 가호에 지위하여, 마치 금령(禁令)이 있는 것처럼 했기 때문에 자못 소요가 이는 폐단이 많았습니다." …… 하교하기를 "상원일의 전야에 가시(街市)의 아동들이 무리로 대오를 이루어 다투어 제웅(草人)을 두드리는 것을 이름하여 처용희(處容戲)라고 하는데, 일이 불경(不經)스럽기는 하지만, 또 하나의 성대한 일인 것이다. 고장 사람들이 나례를 행할 때에는 성인도 오히려 경건한 마음가짐을 지녔었다. 대개 제석(除夕)의 나례와 원소(元宵)의 용희(俑戲)는 모두 국속에 비롯된 것이니, 어찌 설법하여 금지시킴으로써 소요가 이는

폐단을 초래할 수 있겠는가?"

【『정조실록』 5년 1월 17일 조】

A는 짚으로 인형(제웅)을 만들어 머릿속에다 동전을 집어 넣은 다음, 음력 정월 14일 밤 초저녁에 길에다 버려 액을 막는 풍속인 제웅치기를 소개하고 있다. 그리고 제웅치기의 제웅을 추령(芻靈)이라 부르면서, 추령이 처용무의 처용임을 밝히고 있다.

B도 제웅치기의 민속을 언급한 것이다. 제웅을 체용(體俑)이라 부르면서, 짚으로 만든 초인(草人) 제웅을 두드리는 것을 처용희(處容戲)라고 칭하고 있다.

A, B 모두 조선 후기에 행해진 제웅치기가 처용의 벽사적, 주술적 기능의 영향 아래 형성된 것임을 밝히고 있다.

제웅치기의 민속은 지금까지도 전국적으로 행해지고 있는데, 마침 국립문화재연구소에서 남한지역의 각 도별로 간행한 『세시풍속』 전 8권에 현재 행해지는 제웅치기가 조사되어 있다. 이 자료를 통해 오늘날까지 전해지는 제웅치기 민속의 분포와 민속활동 내용을 살펴볼 수 있다. 이 자료에는 서울 24개 동, 경기도 62개 마을, 강원도 24개 마을, 충남 10개 마을, 충북 28개 마을, 전남 31개 마을, 전북 22개 마을, 경남 37개 마을, 경북 23개 마을 등이 조사되어 있다. 제웅치기의 시기는 정초, 정월 14일, 정월 대보름으로 나타난다. 제웅치기의 풍속 내용을 몇 개만 제시하면 다음과 같다.

- 제웅 몸 안에 동전을 넣고 냇가나 인적 없는 곳에 버린다.(서울 강남구 세곡동, 정월 14일)
- 남자 11세부터 12년마다, 여자는 12세부터 12년마다 제웅직성이 든다. 제웅은 동네 영감들이 만들어 팔고, 그 안에 동전을 넣어 안방에 두고, 저녁에 아이들 등에 업혀 보낸다. 태우기도 하고 버리기도 한다.(서울 강남구 압구정동, 정월 14일)

- 보통 7살이거나 무당이 일러 준다. 사거나 만든 제웅에 머리, 양팔 다리에 동전을 넣고 아이에게 직접 업게 하고 마당 밖에 버리면, 동네 아이들이 태우거나 개천에 버린다.(서울 강동구 암사 3동, 정월 14일)
- 양손, 발바닥, 배꼽에 돈을 넣고 여자아이는 종이 버선을 만들어 지붕 위에 올려놓는다. '제웅 모시러 간다'고 말한다.(서울 동작구 흑석동, 정월 14일)
- 나이 수에 따라 묶는다. 무당의 지시에 따라 나이 수 대로 만들기도 한다. 머리, 배, 팔 등에 동전을 넣어 사거리에 버린다. 아이가 아플 때는 땅에 묻는다.(서울 서초구 염곡동, 정월 대보름)
- 빨간 주머니에 동전을 몇 개 넣어 허여비에 꽂아 삼거리나 밭두렁 논두렁 서낭나무 앞에 버린다. 대보름에 못하면 2월 초하루에 한다.(경기도 강화군 내가면 외포리, 정월 대보름)
- 허재비 안에 오곡밥과 사주팔자를 적어 넣어 버린다. 흉하게 말을 많이 해야 명이 길다고 하여 일부러 아무렇게나 버리는 것이라고 한다.(경기도 시흥시 도창동 강창마을, 정초)
- 허수아비와 씨름해서 자빠뜨리고, 돈을 넣어 사거리에 버리거나 태운다. 혹은 물에 띄워 보낸다.(경기도 시흥시 신현동 포동 새우개, 정월 대보름)
- 아이 운수가 나쁘면 허수아비 안에 동전과 소금을 넣고 동구 바깥에 버린다. 나이만큼 발자국을 떼어 삼거리 진 곳에 버린다.(경기도 양주군 회천읍 덕정리, 정월 대보름)
- 식구 수 대로 하거나 한 집에 하나씩 만들기도 한다. 팔다리에 돈을 꽂아 성황당에 버린다.(이천시 장호원읍 송산4리 산대마을, 정월 대보름)
- 동전을 넣거나 위에 던져 놓고, 먼저 점쟁이가 빌고 난 후에 던진다.(강원도 강릉시 옥계면 도직리 연어골, 정초)
- 나이 수 대로 돈이나 쌀을 넣고 생년월일시를 적어 삼거리에 버린다.(강원도 영월군 남면 연당2리, 정월 대보름)
- 짚인형을 3~4개 만들어 삼거리에 두고 칼을 던진다. 칼끝이 밖으로 향할 때

까지 던진다.(강원도 인제군 인제읍 귀둔1리 2반, 정월 대보름)

- 아이가 홍역, 마마에 걸렸을 때 허수아비에 쌀 돈 종이를 넣고 삼거리에 간다. 절대 고기를 올리지 않는다. 다음날 종이와 함께 태운다.(강원도 횡성군 강림면 강림2리, 정초)
- 허수아비 팔, 뱃속, 다리, 가슴에 동전을 한 개씩 넣는다. 아이들이 동전을 빼고 태운다.(충남 천안시 직산면 군동1리 구억말, 정월 대보름)
- 허재비에 동전과 오색 헝겊을 끼워 넣고 가슴에 빨간 물감으로 잡귀 속거천리라고 쓴 창호지를 붙인다. 개울이나 동구 밖에 버린다.(충북 진천군 덕산면 구산리 상구마을, 정월 대보름)
- 액막이굿을 한 뒤 허재비를 버리거나 태운다. 서낭당에서 굿을 하고 걸어 둔다.(청주시 흥덕구 수의2동 강촌마을, 정초)
- 노끈으로 일곱 매듭을 묶어 물에 띄우거나 물밥을 해서 삼거리에 묻는다.(전남 영광군 법성포읍 법성리 진내마을, 정초)
- 법사에 부탁해 집안에 공을 들이고 삼거리에 가서 태우고 온다.(전북 완주군 고산면 소향리 안남마을, 정초)
- 삼거리에 버리고 액막이. 사자밥과 천신밥 준비.(전북 정읍시 신태인읍 육리, 정초)
- 삼거리에 제웅을 세우고 돈과 오색 음식을 넣고 절을 하고 빈다. 음식 일부를 제웅 주위에 뿌린다.(경남 함안군 여항면 외암리, 정월 대보름)
- 허재비 안에 명태나 돈을 넣고 밤에 몰래 삼거리에 버린다. 시집올 때 마을 어귀나 시집 문앞에서 허재비를 발로 차고 들어온다.(경북 영주시 장수면 성곡2리 의산마을, 정초)
- 짚 허재비 머리에 하얀 종이를 씌워 눈 코 입을 그리고, 이름을 쓰고 동전이나 옷을 넣는다. 환자의 속옷을 넣고 삼거리에 버리거나 태운다.(경북 포항시 흥해읍 용한2리 소한마을, 정초)

이상과 같이, 제웅치기의 민속활동은 개인의 액을 쫓아 버린다는 동일한 주제를 가지고 있지만, 지방마다 약간씩 변이되어 전승되고 있다. 원래 처용무의 처용은 액을 물리치는 고귀한 존재였으나, 그것이 민속화된 제웅은 액을 버리는 도구로, 액을 실어 보내는 도구로 사용되고 있다. 즉 제웅치기의 제웅은 역귀와 액을 쫓아 버리는 처용의 위엄이 사라지고, 삼거리에 버리거나, 서낭당에 걸어 놓거나, 물에 띄워 보내거나, 땅에 묻거나, 불에 태우거나, 발로 차는 등의 대접을 받는 액막이의 짚인형으로 변이되었다.

4. 결론

신라 헌강왕 때의 처용 설화는 처용이 문신으로 신격화되고, 처용의 형상이 역귀를 퇴치할 수 있는 주술력을 갖게 되는 과정을 잘 보여 준다. 특히 처용에 대한 여러 기록이나 그림을 살펴보면, 처용은 매우 이국적인 모습을 갖고 있었던 것으로 나타난다. 그래서 신라 사회에 정착해 있던 이슬람 상인의 깊은 눈과 높은 코의 얼굴 모습이 매우 위협적으로 받아들여져, 벽사의 기능을 지닌 전설로 자리 잡게 된 듯하다는 견해가 설득력이 있다.

처용무는 현존 가면극의 가면·의상·소도구 및 배역 구성과 갈등구조에도 영향을 끼친 것으로 나타났다. 가면극의 오방신장무는 고려 말 나례에서 연행되던 오방귀무 및 조선시대의 나례에서 연행되던 오방처용무와 그 성격, 기능, 의상 등에서 매우 밀접한 관련을 보인다. 그러므로 오방신장무는 나례의 오방귀무와 오방처용무의 영향 아래 형성된 것으로 보인다

강릉관노가면극에서 양반광대, 소매각시, 시시딱딱이의 삼각관계가 처용, 처용의 처, 역신의 관계와 일치하는 점으로 볼 때 양자의 관련성을 엿볼 수 있다.

가면극에서 취발이가 붉은색의 가면을 쓰고, 역시 벽사할 수 있는 푸른 버드나무 가지를 머리 위로 치켜들고, 다리에 방울을 매달고 나와서 노장을 쫓아내

는 모습은 나례에서 처용이 역귀를 쫓는 구나(驅儺) 형식과 매우 유사하다.

가면극의 연잎 가면은 오랜 수행 끝에 번뇌의 바다에서 벗어나 깨달음에 이른 수행자의 모습이고, 부처의 세계에 태어날 신통 자재로운 존재를 비유하고 있으며, 파계한 중인 상좌를 물리치는 역할을 하는 점으로 볼 때, 오방처용무의 무동 가면과 밀접한 관련 아래 성립된 것으로 보인다.

조선시대에는 해마다 설날이면 문배로서 종규, 울지경덕, 진숙보와 함께 처용의 화상을 문에 붙였다. 그래서 문신의 역할을 하는 처용이 집안으로 들어오는 액을 막았다. 조선 후기에는 민간에서 처용의 벽사적, 주술적 기능과 관련된 풍속으로 '제웅치기'가 전승되었다. 이는 짚으로 인형(제웅)을 만들어 머릿속에다 동전을 집어넣은 다음, 음력 정월 14일 초저녁에 길에다 버려 액을 막는 풍속인데, 제웅은 처용으로 간주되었다. 오늘날도 제웅치기는 개인의 액을 쫓아 버린다는 동일한 주제를 가지고 있지만, 지방마다 약간씩 변이되어 전승되고 있다. 원래 처용은 액을 물리치는 고귀한 존재였으나, 제웅은 액막이의 짚인형으로 변이되었다.

◎ 참고문헌

강우방, 1991, 「新良志論」, 『미술자료』47호, 국립중앙박물관.

권영필, 1992, 「경주 괘릉인물석상 재고」, 『미술자료』50호, 국립중앙박물관.

김원룡, 1984, 「고대한국과 서역」, 『미술자료』34호, 국립중앙박물관.

김학주, 1965, 「종규의 변화발전과 처용」, 『아세아연구』8권 9호, 고려대 아세아문제연구소.

민병훈, 1999, 「실크로드를 통한 역사적 문화교류」, 국제한국학회, 『실크로드와 한국문화』, 소나무.

변영섭, 1975, 「괘릉고」, 『梨大史苑』12집, 이대사학회.

서대석, 1975, 「처용가의 무속적 고찰」, 『한국학논집』2집, 계명대 한국학연구소.

이두현, 1992, 『한국 가면극』, 일지사.

이석호 옮김, 1991, 『조선세시기』, 동문선.

이용범, 1989, 「처용 설화의 일고찰 — 당대(唐代) 이슬람 상인과 신라」, 『한만(韓滿)교류사 연구』, 동화출판사.

장정룡, 1989, 『강릉관노가면극연구』, 집문당.

전경욱, 2004, 『한국의 전통연희』, 학고재.

조희웅, 1992, 「연꽃」, 『한국문화상징사전』, 동아출판사.

최상수, 1984, 『야류 · 오광대 가면극의 연구』, 성문각.

______, 1985, 『산대 · 성황신제 가면극의 연구』, 성문각.

『삼국유사』 콘텐츠를 활용한 지역축제 양상

백영미(안산산업박물관 건립추진단 단장)

1. 머리말

지역축제는 지역의 고유한 문화가 상징화된 것으로, 지역축제 활성화가 지역의 문화적, 사회적, 경제적 기대 효과를 가져오기 때문에, 그 중요성만큼이나 각 지역에서 다양한 축제들이 증가하고 있다. 지방자치제가 도입된 1990년대 이후 꾸준히 증가하기 시작해서 현재는 1천 개가 넘는 지역축제가 성행하고 있다. 2018년 지역축제 계획은 서울 126, 부산 37, 경기 94, 충남북 139, 강원 75, 전남북 156, 경남북 135개 등 886개로 (www.mcst.go.kr/web/s_culture/festival) 이른바 대한민국은 축제공화국이라는 말이 생겨날 정도로 축제가 많아졌다.

그러나 이러한 양적 성장의 반작용으로 현재 우리나라에서 진행되는 축제 상당수는 특별한 상징성 없이 무분별하게 개최하여 실패하는 사례가 다수 발견된다. 개최 목적이 불분명하거나 상징하는 대상이 명확하지 않은 경우, 혹은 지방자치단체 선거나 특정 단체의 정치적 이해에 이용되는 데 원인이 있다. 그렇기 때문에 일률적으로 풍선, 불꽃, 등불 등이 게시되고, 흥미와 호기심을 유발하지 못하므로 지역민의 참여가 외면된다.

지역축제의 양적 성장에 따른 차별성 부재를 극복하고 경쟁력을 갖추어 축제의 질적 향상을 도모하기 위해서 전략적으로 제기되고 있는 기법 중 핵심은 다름 아닌 스토리텔링이다. 지역축제가 관광자원의 중요 요소로 인식되고 있는 요즘 지역축제가 직면한 현실과 축제의 차별화를 위해 스토리텔링의 필요성이 꾸준히 제기되고 있다.

이러한 의미에서 풍부한 콘텐츠를 담은 역사서 『삼국유사』는 지역축제 스토리텔링 자원이 되기에 충분한지 살펴볼 필요가 있겠다. 역사성이 있는 신화, 신앙, 생활상을 담고 있으므로 이러한 내용이 지역축제에서 바람직한 방향으로 활용될 수 있도록 고찰하는 연구가 필요할 것이다. 그러므로 『삼국유사』 콘텐츠를 활용한 이야기, 인물, 장소와 관련된 축제의 양상에 대해 살펴보고, 바람직한 발전 방향을 제시할 수 있기를 기대하며 본고를 작성하려고 한다.

이를 위해서 먼저 『삼국유사』가 갖고 있는 문화자산적 가치를 살펴보고, 이에 해당하는 주요 콘텐츠가 활용된 예를 검토한 후 지역축제 양상을 통해 문제점과 나아갈 방향을 고찰해 보고자 한다. 이로써 콘텐츠가 풍부한 사료를 지역축제에 최대한 활용할 수 있는 방법이 제시되고 궁극적으로 역사학의 대중성, 활용성을 더욱 높일 수 있는 여러 방안이 제시되기를 기대해 본다.

2. 『삼국유사』의 문화자산적 가치

『삼국유사』에 수록된 내용으로 살펴볼 때, 편찬자인 일연이 우리나라 고대문화 특징에서 가장 중요하게 서술한 내용은 문화융화현상이라고 할 수 있다. 그는 고대사회의 건국과정에서 보이는 천강신화와 난생신화의 융화현상에 주목하였을 뿐 아니라, 사상적으로 토착신앙과 불교가 융화하는 면에 주목하여 서술하였다.(최광식, 2017)

『삼국유사』 기이1은 고조선 단군왕검조부터 장춘랑 파랑조까지 36조가 기록되어 있는데 이 중에서 가장 중요한 내용은 고조선 단군왕검조로 '환웅신화'가 실려 있다는 점이다. 그는 환웅신화를 통해 우리나라 역사의 독자성과 유구함을 분명히 하고, 신성함을 부각하고 있다. 또한 기이편에는 각국 건국시조에 대해 상세하게 기록하고, 특히 신라에 대해서는 박혁거세, 석탈해, 김알지 시조 모두를 싣고 있다.

신화는 그 자체가 역사적 사실은 아니나 역사적인 상황이 상징적으로 반영되어 있고, 고고학적 자료와 민속학적 자료를 이용하여 재해석될 수 있기 때문에 중요한 문화사적 가치를 지니고 있다고 할 수 있다.(최광식, 2005)

종래 신화 연구에서는 천강신화와 난생신화를 북방문화와 남방문화를 나누는 도식적인 자료로 이용하기도 하고, 천신족과 지신족의 결합으로 이해하기도 하였다. 그러나 고고학 발굴성과로 인해 건국신화는 국가형성과 밀접한 관련이 있으며, 시대적 발전상이 반영된 것으로 볼 수 있다. 부여와 고구려 신화도 난생신화의 요소가 있고, 신라와 가야의 건국신화도 천강신화의 요소를 갖고 있으므로 지역적인 차이가 아니라 시대적 차이로 보는 것이 옳겠다.(최광식, 2007)

혁거세 신화는 천강신화와 난생신화가 결합되어 있고, 알영의 탄생은 우물과 관련이 있는데 이는 농경과 깊은 관련을 보이고 있다. 탈해는 고기잡이를 업으로 하고, 학문과 지리를 통해 실력을 과시한다. 토함산에 올라 양산을 바라보고 호공의 집을 취하였으며 요내정에서 하인 백의의 충성을 시험하는 등 신이한 요소보다는 후대적 요소가 강하다. 김알지 설화는 금함 안에 있는 사내아이로 신성성을 대표하였다고 볼 수 있는데, 이 설화에서 중요한 점은 발달한 철기와 제련기술이라고 할 수 있다.(최광식, 2007)

즉 혁거세는 농경, 탈해는 해상활동, 알지는 발달한 제철기술을 반영하므로, 각기 신화는 시기적 발전 과정을 보여 주고 있다. 이러한 여러 계통의 신화가 나타나는 것은 신라 국가형성의 특징을 반영한 것이라고 할 수 있다. 신라의 역사가 장구하며, 신라문화가 다양성과 융합성을 지니며 발전하였다는 점을 보여 주는 것이다.(최광식, 2017)

『삼국유사』의 불교 관련 기록은 승려 수가 250여 명, 사찰이 3백여 개소로,

불교 전적, 법회, 사찰의 창건에 관한 기사가 다수이다. 관련 내용은 주로 홍법, 탑상, 의해, 신축, 피은, 감통, 효선편 등에 나뉘어 기록되어 있다. 탑상편에는 황룡사탑을 비롯한 불교예술에 대한 내용이, 의해편에는 입당구법 사실과 불법을 전파하는 원광법사, 원효대사, 의상대사 등의 행적이 기록되어 있다. 신주편은 밀본, 혜통, 명랑 등 밀교 승려들의 행적을, 감통편은 불교의 신이함이 나타난 사실을 기록하고 있다. 피은편은 승려와 거사들이 속세를 떠나 은둔한 사실들을 남기고 있다.

이렇듯 『삼국유사』는 불교 중심으로 서술되어 있지만 불교가 어떠한 과정으로 수용되고 융화되는 과정을 보여 주는 시대상을 반영한 역사서라고 할 수 있다. 일연은 『삼국유사』에서 불교의 전래, 수용, 공인 과정을 구분하여 기록하고 있다. 그는 외국으로부터 불교가 전래된 것, 이것을 그 사회가 주체적으로 수용하는 것, 그리고 국가가 이를 법제적으로 공인하는 것은 많은 차이가 있고, 이는 오랜 기간에 걸쳐 점진적으로 이루어졌다는 점을 주목하였다.(최광식, 2017)

눌지왕대 묵호자가 고구려에서 와서 일선군 모례의 집에서 활동하였고 소지왕대에서는 분수승이 있었지만, 천경림에 사찰을 지으려다가 강한 반발을 경험하게 된다. 이는 당시 불교가 내부 토착신앙과 진통을 겪으며 발전되는 과정을 보여 주는 것으로 처음에는 토착신앙과 불교가 대립하였으나 차츰 융화하여 문화융합을 이루게 된 과정을 비교적 상세하게 기술하고 있는 것이다.(최광식, 2007)

아도기라조에서 볼 수 있듯이 7처가람 명칭을 통해 불교가 전래되기 이전에 토착신앙이 있었다는 점을 알 수 있다. 천경림은 천신신앙, 삼천기, 사천미는 하천신앙, 용궁은 용신신앙, 신유림은 수목신앙, 서청전은 토지신앙의 제장으로 고대 토착신앙의 면모를 보이고 있다. 또한 선도산 성모수희불사조는 토착신앙과 불교의 관계, 산신신앙과 불교의 융화현상을 보여 주고 있다. 우리나라 사찰에서 불보살을 모시는 대웅전과 산신을 모시는 산신각이 공존하는 전통은

고대사회 이전부터 시작되었다고 할 수 있다.(최광식, 1981)

『삼국유사』 서술 내용에서 또 다른 특징은 일연이 신앙을 중심으로 『삼국유사』를 서술하면서도 당시 사람들의 생활상에 주목하였다는 것을 알 수 있다. 고조선조에는 천신, 산신, 수목, 토테미즘 등 토착신앙 내용뿐만 아니라 백일, 돌 등의 민속의례, 노구, 노옹 등의 민속신앙도 보인다. 문무왕법민조에는 화장의례, 삼칠일, 용신신앙에 대한 자료가 남아 있고, 가락국기에서는 수로왕과 허황옥의 결혼의례 과정을 사실적으로 묘사하고 있다. 지금은 사라진 우리나라 여러 가지 민속생활들이 『삼국유사』에 기록되어 현재까지 전해지고 있다.(최광식, 2017)

『삼국유사』는 지배층뿐만 아니라 서민의 생활상에 대해 기록한 문화사 중심의 사서라고 할 수 있다. 설화는 권5에 집중되어 있는데 설화의 주인공이 지배층만 아니라 서민과 노비라는 점은 매우 중요한 의미가 있다. 일연이 왕실을 비롯한 집권층과 가깝게 지냈던 행적을 감안한다면, 서민들의 생활상에 대한 기록이 비교적 많이 실려 있다는 점은 특기할 만하다.(김태영, 1974)

효선편은 모두 빈곤, 무의탁 신분의 서민들이 효선으로 복을 받는다는 내용의 설화들이다. 황룡사 승려 정수는 거지 모자를 보살펴 주었고, 가노였던 지통과 여종이었던 욱면이 주인 귀족보다 먼저 성불의 길에 오른다는 내용이 대표적이다.

결론적으로 『삼국유사』의 문화자산적 가치를 요약한다면 편찬자인 일연은 문화융화, 생활상에 주목하여 사건보다 사람과 문화를 우위에 두고 저술하였다는 점에 의미가 있다.

고려 말 몽고의 침입으로 황룡사, 대장경이 불타고 소실되자 일연은 민족의 문화유산을 남겨야 한다는 사명감으로 자료를 모으기 시작하였다. 대장경을 다시 간행하는 작업에도 참여하였던 일연은 당시 시대적 상황에서 남아 있던 자료들을 모아 민족문화 데이터를 구축하였다. 그동안 민족의 자주성, 역사의 유구성을 강조한 『삼국유사』 편찬 의도는 주목되어 왔다. 이와 더불어 또 한가지 주목되어야 할 내용은 『삼국유사』는 신앙을 통한 문화융화와 생활사 중심의 대중성을 가진 문화자산으로서 그 가치가 매우 크다는 점이다.

3. 주요 콘텐츠 활용

『삼국유사』는 『삼국사기』와 달리 체계적인 역사 기록이 아니라 대안 역사서이면서 이야기를 담고 있는 민속지이다. 우리나라 고유의 설화들을 가장 많이 수록한 역사적인 설화집이자 가장 불교적인 설화집이기도 하며 가장 대중적인 설화집으로 이해된다.(임재해, 2007; 2009)

산문과 운문이 모두 실려 있으므로 서사문학과 시문학 자료집성이라고 할 수 있다. 향가는 14수가 주로 기이편과 감통편에 실려 있는데 신묘함과 기이지사를 담고 있고, 찬시 48수는 서사 운문으로 근대문학의 소재로서 활용되어 현재까지 삼국시대 문화의 맥을 이어 가고 있다고 할 수 있다.(최광식, 2017)

신화뿐 아니라, 설화, 향가, 찬시 등 고전문학의 자료를 담고 있는 문학의 보고로 이 중 가장 많이 활용되는 분야는 단연 이야기 즉 설화에 수록된 내용이다. 설화들은 단순한 이야기로 끝나는 것이 아니라 그 당시의 사회상을 잘 보여 주고 있기 때문에, 당시를 복원할 수 있고 흥미를 유발할 수 있는 내용이 풍부하다.

기존에 설화는 구비전승되는 특징 때문에 오랫동안 문학으로 인정받지 못하고 민속으로 인식되었지만 구비문학이 문학의 영역으로 들어오면서 설화도 문학으로 인정받기 시작했다. 『삼국유사』의 설화는 메타문학으로 주목될 뿐 아니라(임재해, 1999), 종교적 경전(황패강, 2000) 구비철학(조동일·김헌선, 2001)으로 재인식되고 있다.

『삼국유사』에는 단군신화처럼 가장 오래된 이야기의 원천 자료가 수록되어 있을 뿐 아니라, 자료의 출처를 분명히 하는 객관적 서술이 강조된 사서로 다른 자료에 없는 다양한 이야기들이 수록되어 있다. 따라서 같은 시대를 다루고 거의 같은 시대에 편찬되었지만 『삼국사기』보다 『삼국유사』가 현대사회에서 문화콘텐츠를 활용하는 데 있어서 더 각광받는 요소를 갖추었다고 볼 수 있다.(임재해, 2007)

설화는 『삼국유사』 권5 신주, 감통, 피은, 효선편에 집중적으로 실려 있는데 당시의 사회상을 잘 보여 주는 내용으로 구성되어 있다. 지배층뿐 아니라 도화녀, 장춘랑, 처용, 노힐부득, 달달박박, 조신, 욱면, 향득, 손순 등 서민과 노비가 나타난다는 점이 중요하다.(최광식, 2017) 이러한 설화들은 문학작품의 소재로 활용되고, 이후 드라마, 영화로도 제작되었다.

설화가 콘텐츠로 활용된 분야는 소설 등 문학작품에서 먼저 시작되었다. 대표적인 작품인 이광수의 꿈은 조신의 내용을 바탕으로 그의 꿈속에서 일어났던 일들을 소설화한 것이다. 김동리는 화랑과 원화에 관심을 가지고 회소곡, 기파랑, 수로부인, 원화 우륵, 미륵랑, 장보고, 호원사기, 원왕생가 등 16편의 작품을 남겼는데,『삼국유사』의 내용을 소재로 한 작품이 다수이다.

또한 연오랑 세오녀, 선덕왕 지기삼사, 만파식적은 단편 작품의 단골 소재이며, 향득사지할고공친, 손순매아, 빈녀양모조는 효를 주제로 한 소설과 드라마의 소재로 자주 활용되고 있다.

2000년 이후에는 삼국시대를 배경으로 한 영화와 장편 드라마가 다수 제작되어 인기를 누렸다. 이전과 달리 우리나라 고대사회를 배경으로 한 드라마가 유행하였는데 상당수가 『삼국유사』를 근거로 제작되었다. 당시 편찬된 다른 역사서인 『삼국사기』, 「동명왕편」, 「제왕운기」, 「해동고승전」보다 역사적으로 『삼국유사』에 담겨 있는 이야기가 활용성이 높다고 여겨지는 대목이다.

2000년 이후 삼국시대를 배경으로 한 영화 및 장편 드라마는 모두 17편인데, 이 중 『삼국유사』의 내용을 소재로 각색한 장편 드라마는 고구려, 발해 역사를 배경으로 한 《주몽》(2006) 《대조영》(2007)이 있고, 백제 역사를 배경으로 한 《서동요》(2005), 후백제 견훤의 이야기를 다룬 《태조왕건》(2002)이 있다. 또한 선덕왕대 신라 역사를 다룬 《선덕여왕》(2009)은 필사본 화랑세기의 등장인물인 미실을 내세워 인기를 누렸고, 신라 통일기를 배경으로 한 《대왕의꿈》(2012)과 장보고의 활약상을 그린 《해신(海神)》(2005)이 제작되어 인기를 누렸다.

2010년에는 가락국기를 바탕으로 한 가야 수로왕의 이야기 《김수로》(2010)가 제작되었다. 당시 인기가 많았던 작품으로 《주몽》, 《서동요》, 《해신》, 《선덕여왕》이 주목되는데, 해외에까지 수출되어 우리나라 역사문화를 알리는 데 크게 기여하고 있다.

『삼국유사』의 콘텐츠를 공간에 활용한 사례는 경주시의 「신라밀레니엄파크」와 포항시의 「연오랑 세오녀 테마공원」이 대표적이다. 특히 현상학적 장소론을 심화시킨 학자들이 주창한 '장소의 혼', '장소감 증대', '장소의 창조' 개념은 공간 스토리텔링의 범주화에 중요한 수단이 되어 테마공원 형태로 조성되었다.(안숭범·최혜실, 2010) 이 밖에도 효선편에 수록된 향득, 손순의 내용은 효자향덕비, 손순유허로 재현되었고, 수로부인은 삼척의 해신당공원에서 조형물로 활용되고 있다.

『삼국유사』의 콘텐츠를 지역문화 축제로 활용한 사례 역시 매우 흥미로운데, 축제는 종합예술이므로 상징성, 예술성, 서사성까지 두루 갖추고 지역민의 참여가 지속되고 있다. 역사문화 관련 축제는 역사서가 남긴 이야기의 의미를 추적하면서 신화를 역사적으로 해석하고, 역사를 신화적으로 읽어 내는 서사

〈표 1〉 삼국시대를 배경으로 한 영화 및 장편 드라마(2000년 이후)

국가	고구려	백제(후백제)	신라	발해, 가야
드라마 영화	《주몽》 2006년 《연개소문》 2006년 《태왕사신기》 2007년 《바람의 나라》 2009년 《자명고》 2009년 《광개토태왕》 2011년	《서동요》 2005년 《근초고왕》 2010년 《계백》 2011년 《황산벌》 2003년 《태조 왕건》 2002년	《해신(海神)》 2005년 《선덕여왕》 2009년 《대왕의꿈》 2012년 《평양성》 2011년	《대조영》 2007년 《김수로》 2010년

구조에 익숙해져 있다. 이러한 축제의 현장은 옛기억을 공유한 사람들에게 정신적 고향의 역할을 하며 지역민들이 함께 만나고 즐길 수 있는 교류의 장이 된다.

『삼국유사』 내용 중 건국을 주제로 한 지역축제는 신라문화제, 백제문화제, 한성백제문화제, 고령대가야체험축제가 대표적이다. 인물 중심의 지역축제는 처용문화제, 장보고축제가 대표적인데 각기 「처용랑 망해사」, 「신무대왕 염장 궁파」를 기반으로 하고 있다. 창원 남산상봉제는 한가위를 맞아 창원의 전통문화를 보존·전승하려는 목적에서 「노힐부득 달달박박」 설화를 인용하기도 하였다.

이러한 최근의 축제 경향을 반영하여 『삼국유사』의 설화 내용을 활용하여 축제 안을 제시한 연구성과도 있다. '김대성'의 다설화성을 문화 관광자원으로 활용하고, 김현감호 설화를 흥륜사지 탑돌이 축제로 재현하며, 김알지 신화를 금관축제 자원으로, 비형랑, 밀본최사를 귀신축제로 제시한 연구성과도 나왔다.(임재해, 2009) 또한 『삼국유사』 이야기와 관련된 세계문화유산을 스토리텔링하는 데 초점을 맞추어 효선편과 접목하여 '운문사-양동마을-불국사-석굴암'을 답사체험코스로 제시한 연구성과도 있다.(정진원, 2014)

최근에는 『삼국유사』를 영화나 드라마뿐 아니라 판타지소설, 애니메이션이나 게임 등에서 캐릭터화하여 다양한 장르에서 활용하고 이를 문화콘텐츠화하려는 노력이 지속적으로 이루어지고 있다.(문화콘텐츠의 범위는 매우 넓은데, 영화, 애니, 게임, 캐릭터와 같은 엔터테인먼트 산업에 들어가는 문화적 내용물을 의미하기도 한다. 김기덕, 2008)

과거에는 그림과 게임, 애니, 영화 등이 그 자체로 존재했지만 이제는 이러한 문화상품들이 감동 있는 이야기를 갖고 있지 않으면 부가가치를 제대로 창출할 수 없다. 이야기가 전승되는 데 머물지 않고 이야기가 캐릭터가 되고 게임이 되며, 애니메이션이 되고 영화가 되고 있기 때문이다.(임재해, 2009)

『삼국유사』는 문화자산으로서 가치가 높을 뿐 아니라, 문화콘텐츠의 원형으로서 그 활용도가 매우 다양함을 알 수 있다. 문학작품을 비롯하여 영화, 드라마 등 영상예술, 공간 스토리텔링, 지역축제, 엔터테인먼트 산업 등에 활용되고 있다. 이는『삼국유사』가 당시 생활사를 포함한 대중적이고 흥미로운 이야기를 풍부하게 담고 있기 때문에 가능한 것이다. 이야기는 매우 중요한 콘텐츠로 대중적이며 진실된 이야기가 공감과 더불어 감동을 주기 때문이다.

다음 장에서는『삼국유사』콘텐츠 활용 사례 중에서 종합예술 분야인 지역축제에서는 구체적으로 어떻게 구현되는지 살펴보고자 한다. 지역축제를 통해서 삼국시대 역사문화를 체험하는 과정을 확인하고, 더 나아가 지역축제 활성화와 참여자 만족도 향상을 위한 방법을 강구하고자 한다.

4. 지역축제 양상

급격한 산업화 과정을 통해 전통문화와의 단절을 경험한 우리나라의 경우 지역축제를 활성화하는 것은 축제 본연의 기능뿐만 아니라 전통문화의 복원이라는 기능까지 포함하여 지역이 가진 고유한 특징을 부각할 수 있다. 더욱이 콘텐츠가 풍부한 역사문화 관련 자료는 지역축제 참여자들에게 축제의 활성화 및 만족도를 높이는 긍정적 요소로 작용한다.

앞 장에서는『삼국유사』의 문화자산적 가치가 높고 설화를 비롯한 콘텐츠가 풍부함은 살펴보았으므로, 본 장에서는『삼국유사』의 콘텐츠를 활용한 지역축제 양상을 구체적으로 살펴보고자 한다. 이를 위해 우리나라 각 지방자치단체에서 주관하고 있는 8백여 개 축제를 대상으로『삼국유사』와 관련 있는 10개 축제를 선정하였다. 대부분 전통역사와 관련된 축제이며, 생태자연, 지역특산물 관련 축제도 포함되어 있다.(문화체육관광부에서는 축제 종류를 문화예술, 생태자연, 전통역사, 주민화합, 지역특산물로 분류하였다.)『삼국유사』와 직접 관련된 축제는 1개, 백제 관련 축제는 4개인데 이 중 백제국과 관련된 축제는 2개이며,

신라와 가야 관련 축제는 5개, 이 중 신라국과 가야국 관련 축제는 2개이다.

선정한 지역축제를 명칭에 따라 주요 개최지, 최초 개최연도 및 개최시기, 주요내용으로 요약하면 대략 〈표 2〉와 같다.

① 삼국유사 문화축전은 인각사, 일연학연구원, 군위군이 주최하며, 일연선사 추모 다례제(음력 7월 8일)를 시작으로 10월까지 삼국유사 문화의 밤, 학술대회, 퀴즈대회 등으로 진행된다. 학술대회에 앞서 일연의 사상과 『삼국유사』 내용 중 미발굴된 자료에 대한 논문을 공모하여 우수 논문 3편을 선정해 시상하고 발표회와 토론회를 진행한다. 또한 다음 달 군위군 내 삼국유사교육문화회관에서 청소년 대상 삼국유사 퀴즈대회를 개최한다. 추모 다례제 저녁에는 산사음악회와 다양한 문화공연이 어우러진 삼국유사 문화의 밤 행사가 인각사 경내에서 진행된다.

삼국유사 문화축전은 역사적 사실에 근거한 전통이 있는 축제로서 의미가 크다. 인각사는 일연이 『삼국유사』를 편찬하기 위해 머문 역사적 의미가 깊은 사찰로 올해까지 제729주기 추모 다례제가 진행되어 온 곳이다. 또한 군위도서관의 소장 도서를 중심으로 『삼국유사』 자료가 축적되어 있고 인각사내 일연관, 일연학연구소에 관련 자료가 상설 전시되어 있다.

이 밖에도 군위에서는 『삼국유사』의 명칭을 「삼국유사 화본마을 축제」, 「일연공원」 등 관련성이 없는 곳에 사용하고 있으나 직접 관련성은 없더라도 인지도에서는 의미가 있다. 군위를 『삼국유사』의 고장으로 알리는 매개체 역할에는 다분히 도움이 된다고 여겨지기 때문이다.

② 백제문화제는 공주시와 부여군이 함께 진행하는 지역축제로 혼불 깨움식을 시작으로 행렬, 체험 행사, 주민 한마당 등이 이어진다. 공주시와 부여군 일대에서 진행되며 각 유적지를 활용하고 중심 시내에서 행렬을 진행한다.

특히 백제의 역사와 문화를 행렬로 재현하는 경우가 많은데 전문 연출자와 시민, 외지 관광객이 함께 어우러지는 퍼레이드가 수년간 성공리에 진행되었다. 이는 축제의 참여자가 다수이며, 역사도시의 주민이라는 공감대가 잘 형성

〈표 2〉『삼국유사』의 콘텐츠를 활용한 지역축제의 주요내용

연번	지역축제명 (주요 개최지)	최초 개최연도 (횟수) 개최시기	축제 주요내용	개최자
1	삼국유사 문화축전 (인각사, 군위군 일원)	2009년 (10회) 매년 7/8일(음력)-10월	일연선사 추모다례제(729회) 문화의 밤 행사 삼국유사 국제 학술 심포지움 삼국유사 퀴즈대회	군위군/ 인각사/ (사)일연학 연구원
2	백제문화제 (백제유적지, 공주시, 부여군 일원)	1955년 (64회) 매년 9-10월	혼불 깨움식 대백제 교류 왕국 퍼레이드 백제마을 "고마촌" 체험 대백제의 혼 "웅진성 퍼레이드" 백제역사문화 행렬(6대왕) 백제사비정도 고유제 백제사비천도 행렬	공주시/ 부여군/ (재)백제 문화제 추진위원회
3	한성백제문화제 (올림픽공원 일원)	1994년 (18회) 매년 10월	한성백제혼불 채화식 한성백제 성곽 돌기 도전! 한성백제박사 역사문화거리행렬 한성백제 어울마당 전통놀이 및 문화체험	송파구/ 송파문화원/ 한성백제 문화제 추진위원회
4	부여서동연꽃축제 (궁남지 일원)	2003년 (16회) 매년 7-8월	50여 종의 궁남지 연꽃 감상 문화예술공연, 상설 체험, 농산물 특판장 등	부여군/ 부여서동 연꽃축제 추진위원회
5	정읍사문화제 (정읍사공원, 정읍천변일대)	1990년 (29회) 매년 10월	정읍사 거리 퍼레이드 정읍사 여인 추모식 망부상 및 정읍사 공원 점등 행사 정읍사 오솔길 걷기 행사 먹거리 및 체험 행사 농특산물 판매 등	정읍시/ 정읍사 문화제 제전위원회
6	신라문화제 (경주역사유적지구, 월정교)	1962년 (46회) 매년 10월	서제, 창작 뮤지컬 첨성대 재현 행사, 모두가 참여하는 줄다리기 전국시조경창대회, 문화공연 등	경주시
7	완도장보고 수산물축제 (완도읍해변공원 일원)	1996년 (21회) 매년 5월	장보고 대사 고유제 대형김밥 만들기 전통 노 젓기 대회 수산물 직거래장터	완도군/ 장보고축제 추진위원회

연번	지역축제명 (주요 개최지)	최초 개최연도 (횟수) 개최시기	축제 주요내용	개최자
8	일월문화제 (포함문화예술회관, 연오랑세오녀테마공원)	1996년 (12회) 격년 10월	특별전 "연오랑 세오녀" 연오랑세오녀 부부선발대회 일월신제, 일월야행, 일월 체험존	포항시/ 포항문화 재단
9	처용문화제 (태화강대공원)	1967년 (제52회) 매년 10월	처용제의, 처용무시연 선사문화 학술심포지엄 신화와 설화 전시 전국탈춤경연대회 거리퍼레이드 처용가면페스티벌 국제민속춤페스티벌 처용촌 개장, 울산풍물전	울산광역시/ 처용문화제 추진위원회
10	고령대가야체험축제 (대가야역사테마관광지, 대가야읍 일원)	2005년 (14회) 매년 4월	슬로건: "新4國의 개벽" 가야문화권 홍보관, 합동 퍼레이드 대가야 왕릉제, 우륵 추모제 가야사 국제 학술대회 세계 현페스티벌 대가야박물관 역사관 대가야왕릉 전시관	고령군/ 고령군 관광협의회

되어 있다는 의미이기도 하다.

③ 한성백제문화제 역시 혼불 채화식을 시작으로 성곽 돌기와 백제의 역사와 문화를 행렬로 재현하고 어울림 마당을 개최한다. 몽촌토성, 풍납토성 일대에서 진행되며 전통놀이와 문화체험을 병행한다.

백제문화제와 한성백제문화제는 주제가 같고 개최시기도 유사하므로 백제문화에 대해 3개 시군이 함께 진행하는 방안도 고려되어야 한다. 3개 시군이 함께 개최한다면 규모도 커질 뿐 아니라 축제의 참여도도 높아져 지역이 아닌 우리나라를 대표하는 축제로 거듭날 수 있을 것으로 사료되기 때문이다.

④ 부여서동연꽃축제는 궁남지에서 만개한 연꽃을 개방하는 내용이 주가 되며, 몇 가지 행사를 추가하고 있다. 서동 설화를 소재로 삼았지만 궁남지 연꽃

이 주된 테마이므로 생태자연 축제로 분류된다. 이 축제는 드라마 《서동요》로 무왕의 존재를 부각하여 "서동" 이미지를 "연꽃"에 접목하여 외지 관광객의 참여도를 높인 사례이다.

이와 별도로 익산시에서 개최하는 서동 축제가 있다. 이 축제는 백제 무왕 중심으로 "무왕 행차 퍼레이드", "서동 선발대회"와 문화공연이 진행된다.

⑤ 정읍사 문화제는 백제 여인의 사랑을 노래한 '정읍사'를 주제로 여인 추모식을 시작으로 정읍사공원을 개방하고 체험행사를 추가하고 있다. 정읍사가요제, 스타오디션, 체험프로그램이 진행되며 축하 공연, 불꽃쇼가 포함된다.

이 축제에서 특기할 점은 전야제 거리 퍼레이드를 전국적으로 공모한다는 점이다. "정읍을 나타낼 수 있는 모든 것"을 주제로 30인 이상 구성된 팀은 거주지나 국적제한 없이 참여할 수 있다. 정치 및 종교적 색채가 짙은 내용은 제한하고 상금을 지원하여 타 지역의 참여를 유도하고 있다. 『삼국유사』의 대표작품인 정읍사를 통해 타 지역의 참여와 공감을 유도하는 긍정적 효과를 나타내고 있다.

⑥ 경주는 신라의 역사문화의 주무대로 신라문화제 이외에도 화랑문화제, 경주벚꽃축제, 신라도자기축제 등 신라를 주제로 진행되는 다른 축제가 다수 있다. 또한 안압지에서 주말에 열리는 콘서트, 선덕여왕 행차 등도 정기적으로 진행된다.

2018년 신라문화제에서는 창작뮤지컬, 첨성대 재현 행사, 모두가 참여하는 줄다리기 행사 등이 포함된다. 『삼국유사』 설화를 자원으로 특화한 것은 없지만 올해 2월에서 3월까지 신라문화제 콘텐츠 제안 공모를 진행하였다. 이를 통해 신라문화의 정체성과 정통성을 살리면서도 공감하고 즐길 수 있는 작품을 선정하였다. 심사 결과 《우주를 향한 신라의 꿈을 표현한 마당놀이》, 《월정교의 세레나데》, 《밤도깨비 야행》으로 스토리가 탄탄한 작품이 수상하였다.

콘텐츠 제안 공모 형식으로 축제의 참여도를 높이고, 창작성은 물론 작품성과 완성도도 높이는 긍정적 효과를 기대한 것이라고 할 수 있다.

⑦ 장보고에 대한 기록은 『삼국유사』. 『삼국사기』, 『동사강목』에 소략하게 나타나고, 『입당구법순례기』, 『신당서』, 『번천문집』 등으로 자료를 확대해도 부족하다. 몇 년간 장보고 활약상을 소재로 삼은 드라마 《해신》의 촬영지 청해포구가 유명 관광명소로 인기를 누리다가 시들해지자 완도군은 2015년부터 수산물 판촉 프로그램을 강화하여 홍보와 지역 경제 활성화를 강조하고 있다. 역사적 인물인 장보고와는 다소 거리가 있는 행사이지만 지역에서 특산물 판매 활성화를 위한 방법으로 장보고의 인지도를 잘 활용한 사례라고 생각된다.

⑧ 일월 문화제는 1995년 경상북도 포항시와 영일군이 통합되면서 기존 두 지역에서 각각 치러지던 지역 문화제가 통합된 것으로 2007년 일월문화제로 명칭이 변경되었다. 이는 『삼국유사』에 등장하는 연오랑(해), 세오녀(달) 부부의 설화에 얽힌 일월사상에서 비롯되었다. 격년으로 개최되는 종합문화제로 10월 중에 열리며, 포항문화예술회관을 비롯한 포항지역 곳곳에서 다양한 프로그램을 진행한다.

연오랑세오녀 테마공원을 개방하여 일월신제를 시작으로 일월기행, 일월야행, 부부선발대회를 포함하고, 전국신진사진작가전, 창작공연, 국립경주박물관 연계 전시 특별전 등을 진행한다. 축제다운 요소가 많이 포함된 『삼국유사』 연오랑세오녀 설화를 지역사상과 연결하여 축제화한 대표적인 경우라고 사료된다.

⑨ 처용문화제는 처용 설화를 바탕으로 한 전통문화와 현대문화예술이 어우러지는 종합축제이다. 처용신을 모시는 의식으로 시작하여, 처용무, 처용가면페스티벌, 전국탈춤경연대회, 거리퍼레이드, 국제민속춤페스티벌, 선사문화학술심포지엄, 처용촌 개방, 울산풍물전 등이 진행된다.

이 축제는 1967년 울산시 승격에 맞추어 울산공업축제로부터 시작되었고, 1989년에는 시민대축제라는 명칭으로 개최되다가, 1995년 제29회부터 처용문화제로 명칭이 변경되었다. 이후 처용문화제추진위원회를 중심으로 민간주도형으로 전환되어 올해까지 52회를 개최하게 되었다. 처용문화제는 귀신, 무용,

가면 등 축제다운 요소를 가장 잘 갖추고 있고, 이에 맞추어 해마다 규모를 늘리고 내실을 기해 온 행사라고 할 수 있다.

⑩ 대가야 축제는 대가야 역사를 직접 체험하는 생생한 교육형 체험축제로서, 매년 새로운 주제를 선택해 특화된 프로그램을 펼친다. 2017년에는 "도전 가야 최고의 레전드", 2018년에는 '新4國의 개벽'이란 주제로 하여 공연, 전시, 체험프로그램을 운영하고, 가야문화권 홍보관과 국제 학술대회 등을 개최하였다.

가야문명을 재조명하고자 영호남의 22개 지자체가 가야사 복원에 동참하고, 각 시군의 대표 특산물, 기념품, 주요 관광지를 홍보하였다. 또한 올해에는 지금까지 지역별로 각각 진행됐던 가야사 연구를 통합하여 국제 가야사학술대회를 개최하였다.

지금까지 『삼국유사』 콘텐츠를 활용한 주요 10개 축제의 양상을 살펴보았는데 몇 가지 경우로 나눌 수 있다. 역사적 사실에 근거한 전통이 있는 축제, 참여자가 다수이며, 역사문화도시의 주민이라는 공감대가 잘 형성되어 있는 참여도 높은 축제, 『삼국유사』의 대표성을 통해 타 지역의 참여와 공감을 유도하는 축제도 있었다. 반면 『삼국유사』에 내재된 역사적 인물과 다소 거리가 있지만 지역축제 활성화를 위한 방법으로 인지도를 활용한 사례도 있었다. 또한 축제다운 요소가 많이 포함된 『삼국유사』 설화를 사상과 연결하여 지속적으로 개최한 축제로 구분할 수 있었다.

검토한 바에 따르면 지역축제에서 『삼국유사』 콘텐츠를 활용하는 데 있어서 역사적 사실과 동떨어진 내용으로 축제에서 매개 역할을 하지 못하는 경우는 드물었다. 비록 역사적 사실과 거리가 있지만, 전통적 인지도를 통한 지역민의 참여 증대, 공감대 형성, 지역 경제 활성화 등 긍정적인 면모를 찾을 수 있었기 때문이다.

5. 맺음말 — 제언

지금까지 『삼국유사』가 문화융화와 생활사 중심의 대중성을 가진 문화자산으로서 가치가 크고, 문화콘텐츠의 원형으로 그 활용이 문학작품, 영화, 드라마, 엔터테인먼트, 지역축제 등으로 광범위하다는 것을 알 수 있었다. 또한 지역축제의 구체적 양상을 주요 10개 축제를 중심으로 검토하여 공감대 형성을 통한 참여자 만족도를 높일 수 있다는 긍정적인 면을 검토하였다.

역사는 축소해석하거나 확대해석해서도 안 되지만, 현재와 동떨어진 과거의 것, 대중과 유리된 역사학자들의 전유물로 인식되어서도 곤란하다.(오종록, 1999) 그러므로 역사영화나 드라마를 무조건 허구로 치부하기보다는 역사를 알아 가는 매개체로 활용하고, 사실에 바탕을 둔 상상과 종합예술의 세계로 바라본다면 그 효과가 더욱 긍정적일 것이다. 또한 역사를 주제로 하는 영상예술은 역사 해석을 대중들에게 제공하는 가장 효율적인 창구가 되므로 역사 드라마, 영화, 다큐멘터리와 같은 영상예술의 발전을 간과해서도 곤란하다. 김기덕은 영상역사학은 역사학의 확장이며 책무라고 주장하면서 최근의 드라마에 의한 역사왜곡을 질책할 것이 아니라 정보 제공의 의미로 대화하고 역사적 대안과 상상력을 제시한다면 시너지 효과가 있을 것이라는 견해를 제시하였다.(김기덕, 2008)

그런 면에서 역사 연구자들도 역사 관련 소설, 영화 등이 역사성을 갖도록 자료를 제공해 주고 잘못된 역사적 사실에 대한 비판과 대안을 제시하는 등 대중의 역사 인식에도 관심을 가져야 한다. 대중매체에서 다루는 고대사 관련 드라마나 교양프로그램에 관련 전문지식을 제공하는 적극적인 자세도 보여야 한다.(최광식, 2016)

지역축제의 경우도 고증, 실증에만 치우쳐 축제의 역동성을 반감할 것이 아니라, 역사를 알아 가고 지역민의 참여를 높이는 매개체 역할에 중심을 둔다면 긍정적인 효과를 낼 수 있을 것이다. 앞서 살펴본 『삼국유사』 콘텐츠를 활용한

지역축제의 양상은 역사적 사실에 기초하여 전통을 유지하는 경우, 축제다운 요소가 많이 포함된 설화가 사상과 연결되어 지속적으로 개최한 경우, 명칭만 유지하고 지역의 필요에 의해 매개 역할을 하는 경우로 구분된다.

이 중에서 매개 역할에만 치우친 축제의 경우 비록 역사적 사실과는 다소 거리가 있지만, 인지도를 통한 참여도 증대, 공감대 형성, 지역경제 활성화 등 긍정적인 면을 부각할 수 있었다. 그러므로 역사 연구자에게는 대중들이 축제 현장에서 감동을 느끼고 상상력을 동원할 수 있도록 독려하는 자세가 요구된다고 하겠다.

고대사 연구가 사료비판에 입각하여 객관적이고 실증적이어야 한다는 것은 명백하지만 고대사 관련 대중문화의 콘텐츠화는 이와는 다른 별개의 문제이다. 대중의 참여를 위해 콘텐츠를 활용하고자 흥미를 가진 스토리텔링을 동원하는 방법은 다양성과 창조성을 요구하기 마련이다. 이러한 이유로 역사적 사실과 창조적 스토리텔링은 필연적으로 거리가 있게 되므로 양자가 이러한 차이를 이해하고 상호 협력하는 방안이 절실해 보인다.

◎ 참고문헌

고운기, 2002, 『우리가 정말 알아야 할 삼국유사』, 현암사.

김기덕, 2008, 「영상역사학: 역사학의 확장과 책무」, 『역사학보』200, 역사학회.

김병인, 2004, 『역사의 지역축제적 재해석』, 민속원.

______, 2006, 「축제를 통한 지역 정체성의 재구성」, 『호남문화연구』39, 호남문화연구소.

김영순·최민성 외, 2006, 『축제와 문화콘텐츠』, 다홀미디어.

김태영, 1974, 「삼국유사에 보이는 일연의 역사 인식에 대하여」, 『경희사학』5, 경희사학회.

김혜지·박상민·신홍철, 2016, 「문화관광 축제의 체험요소가 브랜드이미지, 지각된 품질, 만족도에 미치는 영향 —Pine & Gilmore의 체험경제이론 중심으로—」, 『호텔관광연구』66, 한국호텔관광학회.

김홍우, 1999, 「한국의 놀이와 축제(I): 현장답사를 중심으로」, 『연극교육연구』3, 한국연극교육학회.

______, 2002, 『한국의 놀이와 축제 1』, 집문당.

______, 2004, 『한국의 놀이와 축제 2』, 집문당.

서대석, 2000, 『한국 신화연구』, 집문당.

서정오, 2003, 『우리가 정말 알아야 할 우리 신화』, 현암사.

손춘익 편집, 2004, 『동화로 읽는 삼국유사』, 우리교육.

안숭범·최혜실, 2010, 「공간 스토리텔링을 적용한 테마파크 기획연구 : 포항 '연오랑세오녀 테마파크'를 중심으로」, 『인문콘텐츠』2010-03, 인문콘텐츠학회.

오종록, 1999, 「역사학의 전문성과 대중성」, 정신문화연구22-2, 정신문화연구원.

유예경·류지호, 「지역축제 지각과 관광객에 대한 태도, 구전 및 브랜드개발에 대한 영향: 부산불꽃축제를 대상으로」, 『호텔관광연구』67, 한국호텔관광학회.

윤선자, 2008, 『축제의 문화사』, 한길사.

이도흠, 1995, 「『三國遺事』의 구조 분석과 의미 해석」, 『동아시아 문화연구』26, 한양대학교 동아시아문화연구소.

______, 1996, 「新羅人의 世界觀과 意味作用에 대한 硏究」, 『한민족문화연구』1, 한민족문화학회.

______, 2000, 『신라인의 마음으로 삼국유사를 읽는다』, 푸른역사.

이어령, 2006, 『이어령의 삼국유사』, 서정시학.

이하나, 2016, 「역사영화를 매개로 한 역사비평의 가능성」, 『사학연구』121, 한국사학회.

임재해, 1999, 「메타구비문화와 민중의 설화 인식」, 『구비문학연구』8, 한국구비문학회.

______, 2009, 「삼국유사 설화 자원의 문화 콘텐츠화 길찾기」, 『구비문학연구』29, 한국구비문학회.

정진원, 2014, 「『삼국유사』를 통한 한국문화 콘텐츠 개발 시론 — '운문사'와 '효선' 편 관련 한국 세계문화유산을 중심으로」, 『한국학연구』50, 한국학연구소.

______, 2015, 「『三國遺事』의 한국학 콘텐츠 개발 연구」, 동국대학교박사학위 논문.

조범환, 2005, 『임금님 귀는 당나귀 귀?』, 푸른역사.

최광식, 1981, 「무속신앙이 한국 불교에 끼친 영향-산신각과 장승을 중심으로」, 『백산학보』26, 백산학회.

______, 2005, 「일연의 불교인식」, 『삼국유사연구』창간호, 일연학연구원.

______, 2007, 『한국고대의 토착신앙과 불교』, 고려대학교 출판부.

______, 2016, 「한국고대사의 대중화와 대중문화화」, 『韓國古代史硏究』84, 한국고대사학회.

______, 2017, 「『삼국유사』의 문화사적 가치」, 『신라문화』49, 동국대신라문화연구소.

표정옥, 2009, 『놀이와 축제의 신화성』, 서강대학교 출판부.

______, 2010, 『그곳 축제에서 삼국유사를 만나다』, 연세대학교 출판부.

한호성, 2016, 「지역축제 스토리텔링 속성에 의한 몰입이 브랜드 이미지와 지역 애호도에 미치는 영향」, 『관광연구저널』30, 한국관광연구학회.

황병익, 2011, 「역신(疫神)의 정체와 신라 「처용가」의 의미 고찰」, 『정신문화연구』34, 한국학중앙연구원.

황패강, 2000, 『한국 신화의 연구』, 새문사.

삼국유사의 세계